KUROWSKI · JÄGER DER SIEBEN MEERE

FRANZ KUROWSKI

JÄGER
DER SIEBEN MEERE

Die berühmtesten
U-Boot-Kommandanten
des II. Weltkriegs

Motor
buch
Verlag

Impressum

Einbandgestaltung: Johann Walentek, unter Verwendung von Vorlagen des Verfassers.

Die Abbildung auf der Titelseite zeigt U 100 unter Kapitänleutnant Schepke einlaufend nach Lorient.
Die Abbildung auf der Rückseite zeigt Kapitänleutnant Adalbert Schnee am Sehrohr von U 201.

Die zum Teil schlechte Bildqualität ist auf das Alter der Fotos zurückzuführen.

Bildnachweis: Archiv Verfasser.

ISBN 3-613-01633-8

2. Auflage 1998
Copyright © by Motorbuch Verlag, Postfach 103743, 70032 Stuttgart.
Ein Unternehmen der Paul Pietsch Verlage GmbH + Co.
Satz: Fotosatz Schönthaler, 71638 Ludwigsburg.
Druck: Gutmann + Co GmbH, 74388 Talheim.
Bindung: Heinrich Koch, 72072 Tübingen.
Printed in Germany.

Inhaltsverzeichnis

Vorwort

Die Konzeption der Rudeltaktik, die ich seit 1936 der U-Boot-Ausbildung, allen operativen Überlegungen für den U-Boot-Krieg und den Forderungen für den U-Boot-Bau zugrunde gelegt hatte, hat sich später im Krieg als richtig erwiesen.

Aber was wäre aus ihr geworden, wenn sie nicht ausgeführt und im selbständigen Angriff zum Erfolg gebracht worden wäre durch das Können der U-Boot-Kommandanten und ihre Besatzungen, durch die seelische Haltung tapferer Soldaten, die sich in diesem harten Kampf immer wieder bewähren mußten und bewährt haben.

Wir alle hoffen und wünschen heute, daß angesichts der Vernichtungskraft der modernen Waffen nie wieder ein Krieg geführt werden muß. Aber auch dann wird es zeitlos zu den höchsten menschlichen Tugenden gehören, sich schützend für die Gemeinschaft einzusetzen und, wenn es sein muß, sein Leben hinzugeben.

Ich neige mich in Ehrfurcht vor den gefallenen U-Boot-Männern.

Ich neige mich in Treue und Hochachtung vor den Männern, welche die Taten vollführten, die in diesem ausgezeichneten Buch so treffend und anschaulich geschildert werden.

Großadmiral a. D.
s. Z. Oberbefehlshaber der Kriegsmarine
und Befehlshaber der U-Boote

Zum Vorwort

Großadmiral a. D. Karl Dönitz hat das Vorwort, das diesem Werk vorangestellt ist, ursprünglich für das Werk RITTER DER SIEBEN MEERE vorgesehen.

Da es zur Zeit der Drucklegung des genannten Werkes noch nicht zur Verfügung stand, wurde es – mit Zustimmung des ehemaligen Befehlshabers der U-Boote – dem Werk ANGRIFF RAN VERSENKEN vorangestellt.

Wenn es nun im neu gestalteten erweiterten Werk JÄGER DER SIEBEN MEERE erscheint, dann ist ihm seine alte Sinngebung zurückgegeben.

Zur Schlacht im Atlantik

Es ist keine Übertreibung, wenn man sagt, daß Sieg oder Niederlage auf allen anderen Kriegsschauplätzen letztlich vom Ausgang jenes Kampfes abhing, der in den Weiten des Atlantiks ausgetragen wurde.

Hätte sich Großbritannien d o r t den Erfolg aus den Händen reißen lassen, dann hätte es in sehr kurzer Zeit der endgültigen Katastrophe gegenüber gestanden."

S. W. Roskill in ROYAL NAVY

Chronik einer Waffe

Vom ersten schwimmenden und tauchenden Menschen bis zum Unterwasserfahrzeug des holländischen Physikers Cornelius von Drebel, dem Leibarzt James I. von England, war ein weiter Weg.

Um das Jahr 1620 baute van Drebel das erste Unterwasserboot aus Holz, das er mit Leder und Talg dichtete. Zeitgenössische Chronisten schrieben, daß James I. mit diesem Boot auf der Strecke von Westminster nach Greenwich – ungefähr zwei Meilen – in fünfzehn Fuß Tiefe unter Wasser durch die Themse gerudert worden sei.

Damit hatte die Geschichte des wirklichen U-Bootes begonnen. Vorausschauend schrieb wenig später der Amerikaner John Wilkins über dieses seltsame Boot:

„Das Unterwasserboot könnte von großem Vorteil einem feindlichen Schiff gegenüber sein, da es fähig wäre, unterzutauchen, das Schiff ungesehen zu erreichen und es zu versenken."

Es dauerte nicht einmal hundert Jahre, bis sich Wilkins Worte bewahrheiteten. Im Jahre 1776, während des amerikanischen Unabhängigkeitskrieges, baute David Bushnell ein „Einmann-Unterseeschiff" und fuhr damit auf dem Hudson River. Bushnells Gehilfe Ezra Lee, Sergeant der US Army, fuhr mit diesem „Tiefseefisch mit dem gefährlichen Stachel", das Bushnell »Turtle«* nannte, zur englischen Fregatte »Eagle«, die im Hafen von New York ankerte, und versuchte, die mitgeführte Mine mittels eines sinnreichen Mechanismus am Rumpf des Schiffes zu befestigen. Dieses Vorhaben mißlang, da die hölzerne Bordwand der »Eagle« an jener Stelle mit Kupferblech beschlagen war und der „Bohrer", der die Mine befestigen sollte, immer wieder abglitt.
Da der bereits eingestellte Zeitpunkt der Detonation der Mine immer näher rückte, löste Lee sie von seinem Unterwasserboot und suchte das Weite. Die Mine detonierte, richtete aber keinen Schaden an.

Zum erstenmal in der Geschichte des Seekrieges hatte ein Einzelgänger versucht, gegen ein mit 64 Kanonen bestücktes großes Schiff anzugehen.

Ein weiterer Amerikaner setzte Bushnells Arbeit fort: Robert Fulton, der Erbauer des ersten Dampfschiffes der Welt. Fulton gab seinem ersten Unterwasserboot den Namen »Nautilus«**. Im Jahre 1801 führte Fulton sein Boot im französischen Atlantikhafen Brest vor. Napoleon aber lehnte die „verrückte Idee" ab.

Vier Jahre später bot Fulton das Boot der englischen Admiralität an. Der Erste Lord der Admiralität, Sir John Jervis, lehnte die Erfindung ebenfalls

---

* Schildkröte.
** Nach dem Nautilus Pompilius, der im Indischen Ozean in Tiefen bis zu 100 Meter lebt.

Die Anfänge der U-Boot-Fahrt: Die Boote U 8, U 9, U 10 und U 7 im Päckchen vertäut.

ab. Er hatte jedoch eine völlig andere Begründung für seine Ablehnung als Napoleon, denn er sagte:

„Don't look at it, and don't touch it. If we take it up, other nations will; and it will be the greatest blow at our supremacy on the sea that can be imagined." – „Seht nicht hin und rührt nicht dran. Wenn wir dieses (Projekt) aufnehmen, werden es die anderen Nationen auch tun; und es wird der größte Schlag gegen unsere Überlegenheit auf dem Meere sein, den man sich vorstellen kann."

In der Zeit des amerikanischen Bürgerkrieges der Nord- gegen die Südstaaten 1861 bis 1865 arbeiteten weitere Erfinder an einem U-Boot, dem »David«.

Mit einem solchen »David« wurde fünfmal vergeblich versucht, aus dem Hafen von Charleston in Süd-Carolina auszulaufen, um die Blockadeschiffe der Nordstaaten anzugreifen. Beim sechstenmal erreichte Lieutnant Dixon sein Ziel, die U.S.S. »Housatonic«. Sein Spierentorpedo traf die Pulverkammer der »Housatonic«. Das Schiff brach in einer mächtigen Detonation auseinander und sank. Doch auch Dixons »David« wurde durch diese Detonation vernichtet.

Damit war die United States Navy das Opfer des ersten erfolgreichen U-Boots-Angriffes der Geschichte.

In Deutschland arbeitete im Jahre 1849-50 der bayerische Drechslergeselle und Unteroffizier Wilhelm Bauer das Projekt eines U-Bootes aus. Nach der ersten Probefahrt sank dieses durch Muskelkraft getriebene Boot 1851 im Kieler Hafen, als es in zehn Meter Wassertiefe ein Leck bekam. Erst nach fünf Stunden konnten Taucher den Erfinder und fünf Matrosen retten*.

Ein Jahr nach diesem Debakel führte Bauer sein Boot in Triest, bei der Insel Wight, und schließlich auf der Seine vor. Doch die erhoffte staatliche Unterstützung zur Weiterentwicklung der neuen Seekriegswaffe wurde nirgends gewährt.

Erst in den Jahren 1854 bis 1856, nachdem Bauers Arbeit das Interesse des russischen Zaren gefunden hatte, gelang ihm bei Kronstadt mit seinem »Brandtaucher« ein Erfolg nach dem anderen. Bei der 143. Tauchfahrt versank jedoch auch dieser »Brandtaucher«, und nun entzog ihm auch die russische Regierung die Unterstützung.

Der Engländer Garrett unternahm 1880 weitere Versuche, diesmal mit einem dampfgetriebenen U-Boot. Fast gleichzeitig mit ihm baute der Schwede Nordenfeldt ein U-Boot, das als erstes eine Kanone trug. In diesem Nordenfeldtschen Boot war auch eines der ersten richtigen Torpedorohre eingebaut. Mit dem von Pupis und Whitehead erfundenen ersten Torpedo war das U-Boot endgültig zu einer gefährlichen Waffe geworden.

---

* Das Boot stand bis zur Zerstörung während des Zweiten Weltkrieges im Berliner Museum für Meereskunde.

Im Jahre 1886 entwickelten die Engländer Campbell und Ash das erste Elektro-U-Boot. Dieses Boot lief schon sieben Knoten und konnte 80 Meilen Fahrstrecke zurücklegen, bevor die Batterie aufgeladen werden mußte.

In den USA hatte ein irischer Schullehrer namens John P. Holland schon 1875 mit der Konstruktion von U-Booten begonnen. Er erhielt 1895 von der U.S. Navy den Auftrag, seinen »Plunger« (Taucher) zu bauen. Doch erst 1898 lief »Holland-9« vom Stapel und wurde als erstes U-Boot einer Kriegsmarine in Dienst gestellt.

Mit seinem »Argonaut« entwarf ein anderer Amerikaner namens Simon Lake ein Boot nach dem „Zweihüllenprinzip", das auch heute noch im U-Boots-Bau angewandt wird.

Auch in Frankreich wurde der U-Boots-Bau weiter entwickelt. 1898 schuf der Ingenieur Zédé ein U-Boot von 34 Meter Länge und 106 Tonnen Wasserverdrängung. Doch dieses Boot genügte den gestellten Ansprüchen

nicht. Erst die »Narval« des Franzosen Laubeuf war ein wirklich kriegs-
brauchbares U-Boot. Es war das Zweihüllenboot, das zum Vorbild aller
späteren Zweihüllenboote wurde. Das Boot fuhr über Wasser mit Petro-
leum-Motoren und unter Wasser mit Elektromotoren. In Überwasserfahrt
erreichte es eine Geschwindigkeit von elf Seemeilen in der Stunde; unter
Wasser acht Seemeilen in der Stunde (Knoten)*.

Im Jahre 1902 ging die Firma Krupp daran, das erste deutsche U-Boot auf
der Germania-Werft in Kiel zu bauen. Das Boot erhielt den Namen
»Forelle«. Am 23. September 1903 nahm Prinz Heinrich von Preußen als
erster Gast an einer Tauchfahrt der »Forelle« teil.

Im September 1904 bestellte die Kaiserliche Marine ein U-Boot bei
Krupp. Das Boot trug die Bezeichnung U 1 am Turm. Zwei Jahre später
wurde auf der marineeigenen Werft in Danzig U 2 gebaut, und bis zum
Jahre 1910 war die Serie der U-Boote auf U 18 gekommen. Die Motoren-
stärken hatten sich von 400 PS auf 1400 PS gesteigert.

Das im Jahre 1910 gebaute U 19 erhielt die erste Dieselmaschinen-
Anlage. Die beiden Motoren mit ihren 1700 PS ermöglichten dem Boot
eine Überwassergeschwindigkeit von 15 Seemeilen in der Stunde.

Im Oktober 1910 wurde die erste deutsche U-Boots-Flottille aufgestellt.
Ihr Chef war Korvettenkapitän Michaelis. Im März 1914 wurde sie von
Korvettenkapitän Hermann Bauer übernommen.

---

* 1 sm = 1,852 km. Knoten = 1 sm/h.

Kptlt. Schuhart wird von Großadmiral Raeder und Kpt. z. S. Dönitz beglückwünscht.

Als die Schüsse von Sarajewo am 28. Juni 1914 den Anstoß zum Ersten Weltkrieg gaben, besaß Deutschland einen frontreifen U-Boots-Typ. Die 2. U-Flottille besaß bereits die Boote U 19 bis U 25. Am 31. Juli 1914 traten die U-Boote ihren Marsch in die Nordsee an. Der U-Boots-Krieg hatte begonnen.

Am 5.September 1914 griff Kapitänleutnant Otto Hersing mit U 21 den englischen Kreuzer »Pathfinder« an und versenkte ihn mit dem ersten scharfen Torpedo, den ein U-Boot in der Seekriegsgeschichte abfeuerte.

Vier Jahre lang kämpften die U-Boote während des Ersten Weltkrieges. Der uneingeschränkte U-Boots-Krieg jedoch, der allein eine Entscheidung hätte herbeiführen können, wurde immer wieder hinausgeschoben. Als er endlich befohlen wurde, war es zu spät.

Am 14. Juni 1916 verließ »U-Deutschland« unter Kapitän König Wilhelmshaven. Es war das erste Handels-U-Boot, das den Atlantik überquerte, am 8. Juli die Lichter von Kap Henry sichtete, im noch neutralen Amerika Gummi, Nickel und Zinn lud und am 23. August wohlbehalten in den Hafen von Helgoland einlief.

Mit 42 Booten, von denen ein Teil sich noch im Bau befand, war Deutschland 1914 in den Krieg eingetreten. 811 weitere Boote wurden während des Krieges in Auftrag gegeben. Auf 178 U-Booten, die während des Ersten Weltkrieges den Weg in die Tiefe antraten, starben 5132 Besatzungsmitglieder den Seemannstod.

Von den 343 Booten, die zum Feindeinsatz ausgelaufen waren, kehrte über die Hälfte nicht zurück. Aber sie versenkten 5554 Schiffe von jeweils über 100 BRT mit insgesamt 12 191 996 BRT.

Kommandanten wie Otto Weddigen, der in wenig mehr als zwei Stunden drei britische Panzerkreuzer versenkte, Lothar von Arnauld de la Perière (mit rund 450 000 BRT versenkten Handelsschiffsraumes ist er damit der erfolgreichste U-Boots-Kommandant der Geschichte), Walter Forstmann (rund 380 000 BRT), Max Valentiner (rund 300 000 BRT) und Otto Steinbrinck (rund 290 000 BRT) standen an der Spitze der erfolgreichen Kommandanten, von denen 43 weitere eine Versenkungsziffer von je über 100 000 BRT erzielten.

Die Höchstzahl der gleichzeitig vorhandenen U-Boote betrug 140.

457 U-Boote, die sich in Bau befanden und von denen über 30 U-Kreuzer Ende 1918 fertig geworden wären, mußten ausgeliefert werden. Die deutsche U-Boots-Waffe hatte während eines vierjährigen Ringens ihre tödliche Kraft unter Beweis gestellt, und darum mußte sie verschwinden.

Unter den U-Boots-Kommandanten, die nach dem Kriege aus der Gefangenschaft heimkehrten, befand sich auch der Oberleutnant z. See Karl Dönitz, dessen Boot – UB 68 – am 4. Oktober 1918 beim Angriff auf einem Mittelmeer-Geleitzug vernichtet wurde.

Dönitz, im Juli 1919 heimgekehrt, erhielt das Angebot, weiter in der

Reichsmarine zu dienen. Der U-Boots-Kommandant legte dem Personalreferenten beim Marine-Stationskommando in Kiel, Korvettenkapitän Otto Schultze (ehemaliger Chef der 1. U-Boots-Flottille im Mittelmeer und Träger des Ordens Pour le mérite), die Frage vor:

„Werden wir wieder U-Boote haben?"

„Sicher werden wir das!" lautete die Antwort des Korvettenkapitäns. „Das bleibt ja nicht alles so. In etwa zwei Jahren werden wir hoffentlich wieder U-Boote haben."

Diese Antwort gab den Ausschlag. Oberleutnant z. See Dönitz wurde „Überwasserfahrer und -taktiker". Als Torpedoboots-Kommandant, als Chef einer Torpedoboots-Flottille und schließlich als Kommandant des Auslandskreuzers »Emden« erwarb er sich die praktischen Kenntnisse der Seekriegsführung. Damit hatte er in Krieg und Frieden über und unter Wasser eine doppelte Schulung erhalten, die ihm später als FdU und dann als BdU sowie als Oberbefehlshaber der Kriegsmarine unschätzbare Dienste leisten sollte.

Als im Juli 1935 der Leichte Kreuzer »Emden«, von einer Reise in die indischen Gewässer heimkehrend, auf Schilligreede in der Jademündung eintraf, überraschte der Ob. d. M., Generaladmiral Dr. h. c. Raeder, Fregattenkapitän Dönitz mit folgenden Worten:

„Dönitz, Sie übernehmen die neu zu bildende deutsche U-Boots-Waffe!"

Rückblickend schreibt Großadmiral Dönitz über diesen wohl denkwürdigsten Tag in seiner Laufbahn*

„Diese im Juli 1935 durch den Oberbefehlshaber befohlene Kommandierung war für mein ferneres Leben von einschneidender Bedeutung bis auf den heutigen Tag. Sie brachte mir alles, was ein Mannesleben menschlich ausfüllen kann: Verantwortung, Erfolg, Niederlagen, Treue und Verehrung von Menschen; die Notwendigkeit der eigenen Bewährung und Leid."

Dieser Kommandowechsel, der Fregattenkapitän Dönitz unvorbereitet traf, war durch ein besonderes Ereignis bedingt: das deutsch-englische Flottenabkommen vom 18. Juni 1935. Durch Zustimmung zu diesem Abkommen – in dem entgegen dem Versailler Vertrag Deutschland nunmehr erlaubt wurde, seine Flottenrüstung auf 35 Prozent der britischen zu bringen – sollte dokumentiert werden, daß Deutschland die britische Vorherrschaft zur See anerkenne. Diese 35-Prozent-Klausel war in bezug auf die U-Boote auf 45 Prozent erweitert worden; für Deutschland ein gewaltiger Fortschritt, denn bis dahin war noch immer jeglicher deutscher U-Boots-Bau nach dem Versailler Vertrag gänzlich verboten. Allerdings stellten 45 Prozent der englischen U-Boots-Tonnage nur eine Gesamttonnage von 24 000 Tonnen dar, denn England besaß nur eine kleine U-Boots-Waffe; ihre Stärke betrug zum Zeitpunkt des Abkommens nur etwa zwei Drittel der französischen.

---

* In „Zehn Jahre und zwanzig Tage."

Korvettenkapitän Schütze hat mit seinem U 103 das Eichenlaub erkämpft. Der Turm wird entsprechend verschönert.

Was fand nun Fregattenkapitän Dönitz bei Übernahme seines neuen Kommandos vor?

Nachdem schon in den Jahren 1930 und 1931 in der finnischen Hafenstadt Abo und dem südspanischen Kriegshafen Cadiz deutsche Seeoffiziere als Gäste auf U-Booten fuhren, die bei holländischen Firmen von deutschen Konstrukteuren und nach deutschen Unterlagen erbaut waren, bereitete die damalige Reichsmarineleitung im Jahre 1932 den Bau von U-Booten vor. Am 1. Oktober 1933 wurde in Kiel-Wik die U-Boots-Abwehrschule gegründet. Hier wurde das Stammpersonal für die ersten neuen U-Boote theoretisch ausgebildet. Die praktische Ausbildung erhielten die Offiziere und Mannschaften im Frühjahr 1934 in der finnischen Hafenstadt Abo.

Zur gleichen Zeit liefen auf der Germania-Werft in Kiel schon die Vorarbeiten zum Bau der ersten eigenen U-Boote. Ende September 1934 befanden sich die Boote U 1 bis U 6 in der „U-Boots-Abwehrschule". Sie standen unter dem Befehl von Fregattenkapitän Slevogt.

Ein Jahr später, am 28. Spetember 1935, wurde mit den Booten U 7, U 8, U 9 die U-Flottille „Weddigen" in Dienst gestellt. Chef dieser Flottille wurde Fregattenkapitän Dönitz. Kommandanten der drei Boote waren die Kapitänleutnants Grosse, Freiwald und Looff. Flottilleningenieur wurde Fregattenkapitän (Ing) Thedsen.

Die Ausbildung begann. Fregattenkapitän Dönitz schonte keinen Mann; sich am allerwenigsten. Charakterstärke, Kenntnis der Waffe, Menschenführung, bedingungsloser Einsatz und Draufgängertum, das trotzdem alle Chancen besonnen auszurechnen wußte, waren die Grundlagen, nach denen die U-Boots-Fahrer erzogen wurden. Und so wurden sie zu jener „Band of Brothers", die sie auch während des folgenden fürchterlichen Krieges im Hagel der Wasserbomben der Seestreitkräfte und der Bomben der Flugzeuge blieb.

Im Herbst 1936 wurde Dönitz, inzwischen Kapitän z. See, zum „Führer der U-Boote", FdU, ernannt.

Eine der wichtigsten Aufgaben, die sich Dönitz gestellt hatte, war die Lösung des Problems eines gemeinsamen Einsatzes von U-Booten. So wurde schon das Jahr 1935 zum Geburtsjahr der später von allen Beteiligten zu höchster Meisterschaft entwickelten Rudeltaktik. Diese Taktik des Zusammenoperierens von U-Booten wurde zum erstenmal in größerem Umfange anläßlich des Wehrmachtsmanövers im Herbst 1937 angewandt. Es gelang dem FdU, die U-Boote massiert an das Manövergeleit heranzuführen.

Im „Handbuch für U-Boot-Kommandanten" wurden alle Befehle für diese Gruppentaktik zusammengefaßt.

Weitere Flottillen wurden aufgestellt, und größere Bootstypen traten zu den „Einbäumen". Der Typ VII-C, mit seiner Größe von 769 cbm, sollte sich zum Haupttyp des Zweiten Weltkrieges entwickeln, von dem nicht weniger als 661 Boote gebaut wurden.

Im Januar 1938 kam Kapitänleutnant Godt zum Stab des FdU. Er wurde eine der hervorragendsten Persönlichkeiten in der Operationsabteilung, später ihr Chef.

Im Winter 1938 setzte der FdU ein Kriegsspiel im weiteren Seeraum des Atlantik an, das von den U-Booten ebenfalls gemeistert wurde. Über dieses erfolgreiche Kriegsspiel erstattete der FdU dem OKM einen Bericht. Der wichtigste Punkt dieses Berichtes war folgende, vom FdU erhobene Forderung:

„Für einen erfolgreichen Handelskrieg sind – wenn der Gegner, wie ich glaube, seinen Handel in gesicherten Geleitzügen zusammenfassen würde – mindestens 300 deutsche Front-U-Boote erforderlich. Bei dieser Zahl wird gerechnet, daß 100 U-Boote jeweils zur Überholung und Erholung der Besatzungen in der Werft liegen, 100 U-Boote sich auf dem Marsch zum und vom Operationsgebiet befinden und 100 U-Boote im Operationsgebiet am Feind stehen. Mit dieser Zahl glaube ich aber auch einen entscheidenden Erfolg im Handelskrieg erzielen zu können.

Mit der augenblicklichen Zahl der U-Boote und der nach der derzeitigen Bauzuteilung und dem Bautempo in den nächsten Jahren zu erwartenden sind nur Nadelstiche im Handelskrieg zu erzielen."

Diese Forderung des FdU stieß auf Ablehnung. Die politische Führung war der Überzeugung, daß es keinen Krieg mit England geben würde – dafür allein aber wäre die von Dönitz geforderte Anzahl von U-Booten nötig gewesen.

Als Kapitän z. See Dönitz am 15. August 1939 von einem Kuraufenthalt zurückgerufen wurde, um den Aufmarsch der U-Boote, der für den Fall der Mobilmachung nötig war, zu leiten, versuchte er abermals, sein Ziel – die Forcierung des U-Boots-Baues bis zu der von ihm für notwendig gehaltenen Stärke – zu erreichen. Noch einmal erhob er die Forderung, die erfüllt werden mußte, wenn die U-Boots-Waffe in einem Krieg mit der Seemacht England die ihr zufallenden Aufgaben lösen sollte. Vergebens.

Am 1. September 1939 wurden die Kampfhandlungen gegen Polen eröffnet. Am 3. September 1939 erklärten England und Frankreich Deutschland den Krieg.

Was Kapitän z. See Dönitz gefürchtet hatte, war eingetreten. Von den 57 U-Booten, die in Dienst standen, waren 46 Boote einsatzbereit. Von diesen letzteren jedoch nur 22 für Atlantikfahrt. Die übrigen 24 Boote waren kleine „Einbäume" vom Typ II A-D, die nur für küstennahe Einsätze in Frage kamen. Es konnten also im günstigsten Fall nur jeweils bis zu sieben Boote im Atlantik stehen und operieren.

Darüber hinaus wußte der FdU, daß der Tiefstand noch nicht erreicht war, weil den zu erwartenden Verlusten nicht genügend Neuzugänge gegenüberstanden.

Dennoch war die deutsche U-Boots-Waffe einsatzbereit. Das Nürnber-

U 29 unter Kptlt. Schuhart läuft im Herbst 1940 in Lorient ein. Das Boot versenkte am 17. 9. 1939 den britischen Flugzeugträger »Courageous«.

Kptlt. Wilhelm Rollmann Kdt. von
U 34 erhielt das RK am 31. 7. 1940.
Gefallen als KKpt. und Kommandant
von U 848 am 6. 11. 1943 im Südatlantik.

Engelbert Endrass erhielt als Oblt. z. S.
am 5. 9. 1940 das RK. Noch als Oblt. z. S.
wurde ihm am 10. 6. 1941 das 14. EL zum
RK verliehen. Er fiel als Kdt. von U 567
nordostwärts der Azoren.

ger Urteil gegen Großadmiral Dönitz gibt hierfür den Beweis. Es heißt darin:

„Die deutsche U-Boots-Waffe war, so gut es im Frieden überhaupt möglich ist, für den Krieg ausgebildet."

Nun mußte sie sich im Ernstfalle bewähren.

„Beginn Feindseligkeiten gegen England sofort!"

Mit diesem Funkspruch der deutschen Seekriegsleitung vom 3. September 1939 um 13.30 Uhr begann für die am 19. August vorsorglich ausgelaufenen U-Boote der Krieg. Einen Tag später ging die alarmierende Nachricht durch die Weltpresse, daß der Passagierdampfer »Athenia« gesunken sei; aber erst als U 30 unter Kapitänleutnant Lemp Ende September von Feindfahrt zurückkam, wurde es Gewißheit, daß U 30 die »Athenia« mit einem Hilfskreuzer verwechselt und versenkt hatte. Die ersten Handelsschiffe wurden nach Prisenordnung versenkt.

Am 19. September 1939 gelang U 29 unter Kapitänleutnant Schuhart ein aufsehenerregender Erfolg. Er versenkte mit einem Zweierfächer den Flugzeugträger »Courageous«. Das erste Kriegsschiff dieses blutigen Orlogs,

Kptlt. Jürgen Oesten erkämpfte mit
U 106 in mehreren Geleitzugschlachten
das RK.

Kptlt. Herbert Wohlfahrth, Kdt. von
U 556, erhielt am 15. 5. 1941 das RK.

mit einer Wasserverdrängung von 22 489 BRT, ging in die Tiefe. 578
Besatzungsmitglieder behielt die See.

Am 8. Oktober 1939 lief U 47 unter Kapitänleutnant Günther Prien aus
Kiel aus, drang in den englischen Kriegshafen Scapa Flow ein und versenkte dort das Schlachtschiff »Royal Oak«. Im Werk der britischen Seekriegsgeschichte heißt es darüber:

„Volle Anerkennung muß man Kapitänleutnant Priens Mut und Entschlossenheit zollen, mit welchen er Dönitz' Plan ausführte."

Als erster deutscher U-Boots-Kommandant erhielt Günther Prien am
18. Oktober 1939 das Ritterkreuz*.

Am 6. Januar 1940 wurden deutscherseits bestimmte Seegebiete zum
„Operationsgebiet" erklärt. Alle in diesem Gebiet angetroffenen Schiffe
würden warnungslos versenkt werden. Es handelte sich um den Seeraum
zwischen 51 und 56 Grad Nord und 00 bis 04 Grad West. Durch dieses

---

* Siehe Anlage „Träger des Ritterkreuzes und höherer Stufen", Seite 500

Gebiet mußte jedes Schiff, das nach England wollte. Dieses Operationsgebiet wurde Ende Mai 1940 noch erweitert.

Im ersten Halbjahr des Krieges blieben 14 deutsche U-Boote am Feind. Diesen 14 Booten standen 199 versenkte Feindschiffe mit 701 985 BRT gegenüber. Hinzu kamen noch 115 Schiffe, die auf von deutschen U-Booten gelegte Minen gelaufen und gesunken waren.

Anfang März 1940 standen nur drei U-Boote in See. Bis Mitte März sollten aber wieder acht Boote auslaufklar sein. Da erhielt die U-Boots-Führung von der SKL den Befehl, das Auslaufen weiterer U-Boote sofort abzustoppen.

Am Tage darauf wurde Dönitz – nach Scapa Flow zum Konteradmiral befördert – über die deutschen Landungsabsichten in Dänemark und Norwegen unterrichtet.

Alle verfügbaren U-Boote standen am 9. April auf den Positionen, die für die „Operation Weserübung" befohlen worden waren. Ihr Einsatz wurde ein Fiasko. Außer Oberleutnant z. See Hinsch, der am 10. April vor Stavanger mit U 4 das britische U-Boot »Thistle« versenkte, gingen alle anderen Boote leer aus. Nicht etwa, weil sie nicht angriffen, sondern weil – die Torpedos versagten! Nicht weniger als vier U-Boote kamen auf das Schlachtschiff »Warspite« zum Schuß. Vierzehnmal waren englische Kreuzer das Ziel deutscher Torpedos. Zehn Zerstörer und zehn große Transporter entgingen der Vernichtung ebenfalls nur durch das rätselhafte Versagen der deutschen Torpedos. Großadmiral Raeder erklärte:

„Die Torpedokrise ist ein nationales Unglück!"

Der BdU aber zog die Boote aus dem Nordraum zurück. Er wollte sie nicht mit „hölzernen Schwertern" kämpfen lassen.

In einem Ermittlungsverfahren wurden die Fehlerquellen aufgedeckt. Die verantwortlichen Mitarbeiter der Torpedo-Versuchsanstalt wurden zur Rechenschaft gezogen und verurteilt. Von diesem Augenblick an wurde der Torpedoentwicklung die größte Aufmerksamkeit gewidmet. Die Forschungsarbeiten führten zu Torpedos, die als Wunder technischer Entwicklung anzusehen sind.

Als erstes Boot nach dem Norwegeneinsatz lief U 37 unter Kapitänleutnant Oehrn am 15. Mai in den Seeraum westlich des Ärmelkanals. Als das Boot am 9. Juni wieder in Wilhelmshaven einlief, hatte es acht Schiffe mit 43 000 BRT versenkt.

Die erste Phase der „Schlacht im Atlantik" begann. Noch wußte niemand, daß diese „Schlacht im Atlantik" bis Mai 1943 dauern würde.

Der deutsche Sieg über Frankreich machte im Sommer 1940 die Biskaya-Häfen für die deutschen U-Boote frei und ersparte ihnen die langen An- und Rückmärsche zum Operationsgebiet. Das „Goldene Zeitalter" der U-Boote brach an. Am 23. Juni 1940 fuhr der BdU zur Biskayaküste, und am 7. Juli lief U 30 als erstes Boot in Lorient ein. Am 17. August wurde die englische Blockade gegen Deutschland mit der Erklärung der

Vorn U 48, in der Mitte U 65, beim Einlaufen am 25. 9. 1940 in Lorient.

Gegenblockade beantwortet. Am 29. August verlegte die U-Boots-Füh-rung vorübergehend nach Paris und von dort aus nach Kernevel bei Lorient.

Die Organisationsabteilung des BdU, unter Kapitän z. See von Friede-burg, ging mit dem organisatorischen und waffentechnischen Stab an die Ostsee, um von hier aus die Ausbildung der neu in Dienst gestellten U-Boote und ihres Personals zu leiten.

Die Operationsabteilung übernahm der bisherige 1. Admiralstabsoffi-zier, Korvettenkapitän Godt.

So ging das erste Jahr des Krieges zu Ende. Bei Kriegsbeginn betrug der Bestand an U-Booten 57. Der Indienststellung von weiteren 28 Booten im ersten Jahr stand ein Verlust von ebenfalls 28 Booten gegenüber*. Und wenn auch der Bestand an Frontbooten am 1. September 1940 57 Boote betrug, so waren es in Wirklichkeit doch zwölf Frontboote weniger, weil einmal Boote dem Frontboot-Kader zu Ausbildung neuer Mannschaften entnommen werden mußten und zum anderen sich noch einige der neu in Dienst gestellten Boote in der Erprobung befanden.

21

Diese Tatsache ist so unglaublich, daß auch die Fragebogen der englischen Admiralität, die Großadmiral Dönitz im Juli 1945 ausfüllen mußte, immer wieder die gleiche Frage enthielten:

„Warum haben die Deutschen nicht alles für den U-Boots-Bau getan, nachdem sie doch im Ersten Weltkrieg die Generalprobe gemacht hatten und wußten, was sie mit den U-Booten ausrichten konnten?"

„Diese Langsamkeit", so urteilt Captain Roskill*, „mit der die Deutschen ihren U-Boots-Bau vergrößerten, hatte für Britannien höchst glückliche Folgen."

Im ersten Kriegsjahr versenkte die deutsche U-Boots-Waffe:

> 1 Schlachtschiff,
> 1 Flugzeugträger,
> 3 Zerstörer,
> 2 U-Boote,
> 5 Hilfskreuzer,
> 440 Handelsschiffe mit 2 330 000 BRT.

11 Angehörigen der U-Boots-Waffe wurden im ersten Kriegsjahr das Ritterkreuz des Eisernen Kreuzes verliehen. Als drittem am 21. April 1940 Konteradmiral Karl Dönitz**.

Durch die neuen Biskayahäfen ergab sich, daß für jede Unternehmung nun eine Woche Marschzeit durch feindgefährdetes Gebiet gespart und die Kapazität der U-Boots-Waffe damit um 22 Prozent erhöht wurde.

Im Monat September 1940 wurden 52 Schiffe mit 265 773 BRT versenkt. Im Oktober gelang es einer Gruppe von acht Booten 63 Schiffe mit 352 407 BRT zu versenken. Die Werftkapazität Englands betrug zu diesem Zeitpunkt 200 000 BRT monatlich. Admiral Dönitz, der mindestens 100 Frontboote gefordert hatte, die am Feind stehen mußten (also 300 insgesamt), wäre mit der geforderten Zahl von Booten in der Lage gewesen, der feindlichen Handelsschiffahrt den Todesstoß zu versetzen. Doch es waren acht Boote, die am Feind standen und nicht 100. Sir Winston Churchill, der britische Premierminister und von Kriegsbeginn bis zum 10. Mai 1940 Erster Lord der Admiralität, schrieb in Band IV seiner Memoiren*** auf Seite 107:

„The U-boat attack was our worst evil. It would have been wise for the Germans to stake all upon it." (Die Angriffe der U-Boote stellten die größte Bedrohung für uns dar. Die Deutschen wären gut beraten gewesen, wenn sie sämtliche Kräfte darauf konzentriert hätten.)

---

* In „The War at See".
** Siehe Anlage „Träger des Ritterkreuzes und höherer Stufen", Seite 498
*** „The Second World War."

Bis Januar 1941 sanken die Versenkungszahlen auf 17 Schiffe mit 98 702 BRT. Die Ursache hierfür lag im Wetter und in der Zahl der Boote. Zu Weihnachten 1940 standen ganze zwei Boote in See. 300 U-Boots-Männer allein führten den Kampf gegen England!

Dann aber war die zweite Phase der „Schlacht im Atlantik" mit ihren großen Rudelschlachten angebrochen. Drei Kommandanten zeichneten sich immer wieder aus:

> Kapitänleutnant Otto Kretschmer,
> Kapitänleutnant Günther Prien,
> Kapitänleutnant Joachim Schepke.

Im März 1941 gingen die drei Boote dieser erfolgreichen Kommandanten verloren. Zwei weitere Boote kamen noch im gleichen Monat hinzu.

Der erste Einsatz deutscher U-Boote im Raum um Freetown an der Küste Westafrikas begann. Überwasser-Versorgungsschiffe wurden in diesen Seeraum entsandt mit Brennstoff und Torpedos für diese Boote, die dadurch in die Lage versetzt wurden, unmittelbar hintereinander zwei Operationen in diesem Seeraum durchzuführen. Insgesamt waren sieben Boote an diesem Einsatz beteiligt. Sie versenkten in Tag- und Nachtangriffen 74 Schiffe. Erfolgreichstes Boot war U 107 unter Kapitänleutnant Hessler, das 14 Schiffe mit 86 699 BRT versenkte. Insgesamt wurden im Seeraum um

U 123, ein Boot des Typs IX-B, wird von Kptlt. Moehle in Dienst gestellt. Sowohl Moehle als auch Reinhard Hardegen errangen mit diesem Boot große Erfolge.

Freetown bis Ende Juni 1941 119 Schiffe mit 635 635 BRT versenkt.

Hauptproblem war in diesem Sommer, im riesigen Operationsgebiet des Nordatlantik mit den wenigen Booten die feindlichen Konvois überhaupt zu finden. Die Operationsgebiete wurden bis in den Raum südlich von Grönland und in das Seegebiet südlich von Island verschoben.

Mit Beginn des Krieges gegen Rußland am 22. Juni 1941 wurden acht U-Boote in der Ostsee eingesetzt. Außerdem wurden insgesamt sechs Boote in das Polarmeer entsandt. Einige Erfolge wurden erzielt.

Mit „nur" 19 verlorengegangenen U-Booten war das zweite Kriegsjahr das Jahr der niedrigsten Verluste.

Als eingangs September 1941 die Lage der deutsch-italienischen Truppen in Afrika bedrohlich wurde, weil die über See gehenden Nachschubtransporte von Juli 1941 an zu über 70 Prozent von englischen Fliegern, U-Booten und Überwasser-Streitkräften versenkt wurden, befahl Hitler die Entsendung deutscher U-Boote ins Mittelmeer.

Ende September liefen sechs Atlantikboote durch die Straße von Gibraltar ins Mittelmeer. Im November folgten vier weitere Boote. Diese Boote erzielten große Erfolge. U 81 (Guggenberger) versenkte am 13. November 1941 den britischen Flugzeugträger »Arc Royal«. Am 25. November versenkte U 331 (von Tiesenhausen) das Schlachtschiff »Barham«, und am 14. Dezember war es U 557 (Paulsen), das westlich Alexandrien den Kreuzer »Galatea« versenkte.

Nach der Beschädigung der Schlachtschiffe »Valiant« und »Queen Elizabeth« durch italienische Torpedoreiter im Hafen von Alexandrien kamen die englischen Angriffe auf die Seeverbindungen von Italien nach Nordafrika zum Erliegen. Rommel konnte im Januar 1942 seine neue Offensive beginnen. Am 22. November 1941 wurde im Atlantik der deutsche Hilfskreuzer »Atlantis« und wenig später die »Python« südlich des Äquators durch britische Kreuzer versenkt. Eine in der Geschichte des Seekrieges einmalige Rettungsaktion begann. Es gelang deutschen U-Boots-Fahrern, die Überlebenden beider Schiffe nach Hause zu bringen.

Während des Einsatzes am Konvoi HG 76, der am 14. Dezember 1941 von Gibraltar nach England lief, gingen vier deutsche Boote verloren, darunter auch U 567 unter Eichenlaubträger Engelbert Endrass.

Als die für den Einsatz gegen die USA angeordneten Einschränkungen aufgehoben wurden, liefen vom 16. bis 25. Dezember 1941 fünf U-Boote aus den Atlantikhäfen mit Kurs Amerika aus. Mehr Boote standen nicht zur Verfügung.

Mit dem Befehl „Freigabe Paukenschlag!" am 13. Januar 1942 griffen diese Boote an. Sie versenkten 200 000 BRT feindlichen Schiffsraumes. Bevor sie das amerikanische Operationsgebiet verließen, standen schon drei weitere Boote dort. Allein im Januar wurden vor der amerikanischen Küste – nach englischen Quellen – 62 Schiffe mit 327 357 BRT versenkt.

U 123, das Boot mit dem Stahlhelm als Bootszeichen, läuft gemeinsam mit U 201 am 8. 6. 1941 in Lorient ein.

Zur gleichen Zeit wurden auch fünf große Boote in die Karibische See entsandt. Die Grauen Wölfe erschienen nun auch vor Aruba und an der Guayana-Küste. Als sechstes Boot kam U 126 hinzu (Ernst Bauer), das innerhalb weniger Tage neun Schiffe versenkte.

Am 14. April 1942 telegrafierte der gerade in London weilende Harry Hopkins, persönlicher Berater des amerikanischen Präsidenten, an Roosevelt, daß die Alliierten in den vergangenen drei Monaten 1 200 000 BRT verloren hätten und die Hälfte davon Tanker gewesen seien.

Mitten in dieser Phase großer Erfolge geschahen drei Ereignisse, die die U-Bootes-Führung alarmierten. Drei bereits auf dem Rückmarsch, also nicht etwa noch im Kampf befindlichen Boote gingen auf unerklärliche Weise verloren. Heute wissen wir, daß der Gegner dabei zum erstenmal sein neues Ortungsgerät Radar zur Anwendung brachte.

Ende April 1942 liefen dann die ersten U-Tanker aus. An diesen „Milchkühen" füllten 90 Prozent der in die Karibische See gehenden Boote ihren Treibstoff auf. Ohne diese Treibölversorger hätte der Schlag gegen die

Tanker-Tonnage nicht so hart geführt werden können. Von den zehn Booten diesen Typs überlebte keines.

Allein im Mai wurden in der Karibischen See 148 Schiffe mit 752 009 BRT versenkt. Im ersten Halbjahr 1942 waren es insgesamt 585 Schiffe mit 3 080 943 BRT, die der Gegner verlor.

Insgesamt kamen im ersten Halbjahr 1942 69 neue Boote zur Front. Für den Atlantik standen damit 101 Boote zur Verfügung. Im Juli traten 30 Boote neu zur Front, die höchste Zahl, die bis dahin ausgestoßen worden war. In den folgenden zwei Monaten waren es ebenfalls 30.

Im dritten Kriegsjahr gingen insgesamt 60 U-Boote verloren.

Im September 1942 wurden von deutschen U-Booten 87 Schiffe mit 435 997 BRT versenkt. Die U-Boots-Verluste sanken im gleichen Zeitraum auf sechs Prozent der Gesamtstärke.

Da die neuen Ortungsmittel des Gegners die deutschen U-Boote zwangen, sich in Zukunft auch mit den Geleitfahrzeugen auseinanderzusetzen, war die Forderung nach einem Torpodo erhoben worden, der sein Ziel selbständig suchte. Dieser Torpodo wurde gefunden. Es war der G 7a-FAT und der G 7e-FAT. Ihnen folgte bald der LUT-Torpedo*.
Der BdU wußte besser als jeder andere, daß Sieg oder Niederlage davon abhing, alliierten Handelsschiffsraum schneller zu versenken, als der Gegner in der Lage war, ihn zu ersetzen. Daß die deutsche Führung dies nicht erkannte und nicht spätestens nach der englischen Kriegserklärung U-Boote mit a l l e n Mitteln der deutschen Werftindustrie baute, wurde die Tragik des U-Boots-Krieges. Captain Roskill bestätigt diese Tatsache, indem er schreibt:

„Es ist keine Übertreibung, wenn man sagt, daß Sieg oder Niederlage für die Alliierten auf allen anderen Kriegsschauplätzen letztlich vom Ausgang des Kampfes abhing, der nun in den Weiten des Nordatlantiks ausgefochten wurde. Hätte Großbritannien sich dort den Erfolg aus den Händen winden lassen, hätte es in sehr kurzer Zeit der endgültigen Katastrophe gegenübergestanden."**
Im Oktober 1942 standen ständig zwei U-Boots-Gruppen zur Konvoibekämpfung im Nordatlantik zur Verfügung. Die Rudelschlachten wurden zu tödlichen Fahrten für die U-Boote, da die Konvois ständig besser gesichert wurden. Trotzdem griffen sie immer wieder an. Insgesamt fielen im Oktober 1942 90 Schiffe mit 580 407 BRT deutschen U-Booten zum Opfer. Aus den Konvois SL 125 und SC 107 wurden 18 und 15 Schiffe herausgeschossen. Die große Zeit der Rudelschlachten war auf ihrem zweiten Höhepunkt angelangt.

Als die SKL am 8. November 1942 dem BdU Mitteilung von der Landungsoperation der Amerikaner an der marokkanischen Küste machte,

---

* FAT = Feder-Apparate-Torpedo. LUT = Lagenunabhängiger Torpedo.
** In „Royal Navy".

Gerhard Bielig, als Kptlt. (Ing.) auf U 177, erhielt nach erfolgreicher Feindfahrt das RK am 10. 2. 1943.

Der zweite „Leitende" mit dem RK war Kptlt. (Ing.) Karl-Heinz Wiebe. Er errang die Auszeichnung während seiner Feindfahrt auf U 178 am 22. 5. 1944.

beorderte Admiral Dönitz alle Boote, die zwischen der Biskaya und den kapverdischen Inseln standen, dorthin.

Trotz stärkster Abwehr gelang es U 173 (Oberleutnant Schweichel), drei Transporter zu versenken. Auch U 130 (Kals) versenkt drei große Transporter mit insgesamt 34 000 BRT. U 515 (Henke) versenkte das Depotschiff »Hecla« und torpedierte den Zerstörer »Marne«. U 155 (Piening) versenkte den Geleitträger »Avenger« und den Transporter »Ettrich«. Die Landung konnte jedoch nicht aufgehalten werden, wenn auch das Gesamtergebnis des Monats November durch diese Erfolge auf 119 Schiffe mit 729 160 BRT erhöht werden konnte.

Insgesamt waren im Jahre 1942 durch deutsche und italienische U-Boote 1160 Schiffe mit 6 266 215 BRT versenkt worden.

Mitte Januar 1943 reichte Großadmiral Raeder seinen Rücktritt ein. Admiral Dönitz wurde – mit gleichzeitiger Beförderung zum Großadmiral – zum Oberbefehlshaber der Kriegsmarine ernannt. Er sagt darüber:

„Ich war mir der Größe der Verantwortung bewußt, die ich übernahm.

Als Kdt. von U 995 kämpfte Oblt. z. S.
Hans-Georg Hess ebenfalls an den
Eismeergeleitzügen. RK am
11. 2. 1945.

Obersteuermann Karl Jäckel stand auf
U 907 im Einsatz. Er fuhr auf U 29, U 160
und U 907 in zehn Feindfahrten mit.
Als letzter U-Boot-Kommandant erhielt er
am 9. 5. 1945 das RK.

An meiner Einstellung, daß meine einzige Verpflichtung als Soldat im
Kriege sei, mit aller Kraft gegen den äußeren Feind zu kämpfen, änderte
sich nichts."

Die Operationsabteilung des BdU unter Konteradmiral Godt verlegte
von Frankreich nach Berlin.

Im Januar 1943 operierten deutsche U-Boote zum erstenmal auch im
Schwarzen Meer. Ebenfalls im Januar 1943 begann die letzte – die drama-
tischste – Phase der „Schlacht im Atlantik". Der U-Boots-Waffe stand folgende Anzahl von Booten zur Verfügung:

Atlantik:	164 U-Boote
Mittelmeer:	24 U-Boote
Nordmeer:	21 U-Boote
Schwarzes Meer:	6 U-Boote.

Noch einmal entbrannten große Geleitzugschlachten. Den SC 118 traf es im Februar. 13 Schiffe wurden aus diesem Konvoi versenkt. Der ON 166 verlor 15 Schiffe mit 97 382 BRT und der SC 121 13 Schiffe mit 62 198 BRT. Am 13. März 1943 wurde der Konvoi HX 229 und einen Tag später der SC 122 durch den B-Dienst aufgefaßt. Die U-Boots-Gruppen »Stürmer«, »Raubgraf« und »Dränger« – insgesamt 41 Boote – wurden auf beide Konvois abgesetzt. 38 Boote kamen heran. Sie versenkten in der größten Geleitzugschlacht des Krieges 21 Schiffe mit 141 000 BRT und ein Sicherungsfahrzeug. Nur ein Boot ging verloren.

Über diesen Kampf schreibt Captain Roskill:

„Das war ein bitterer Rückschlag für die Alliierten und entlockte Churchill einen Wutschrei. – Auf allen Meeren versenkten deutsche U-Boote im März 108 Schiffe mit 627 000 BRT. Dem Gegner ist es damals beinahe gelungen, die Verbindung zwischen der Neuen und der Alten Welt zu unterbrechen."

Doch dies war der letzte deutsche Sieg im Geleitzugkampf. Der Einbau von „High Frequency Directions Finders" – „Huff-Duff-Gerät" – auf den Geleitfahrzeugen und die Entzifferung des deutschen Funkverkehrs (Unternehmen „Ultra") ermöglichte einen sofortigen Ansatz von Schiffen und Flugzeugen zum Abdrängen fühlunghaltender U-Boote. Fast alle Sicherungsfahrzeuge waren mit Zentimeter-Radar ausgerüstet. Hinzu kam die Verstärkung der Escort Groups durch Support Groups, ferner die Geleitflugzeugträger, der Hedgehog-Wasserbombenwerfer und die Torpex-Wabos. Die vernichtende Niederlage für die deutschen U-Boote begann am Konvoi ONS 5. Die U-Boote versenkten daraus 13 Schiffe, doch sieben Boote gingen in den erbitterten Kämpfen verloren. Fünf weitere U-Boote gingen im Einsatz am Konvoi SC 130 verloren, der am 14. Mai angegriffen wurde. Dieser Konvoi wurde von vier Killer Groups begleitet. Auch das 120. britische Fernkampfgeschwader griff von Island aus in den Kampf ein.

Auf U 954 fiel am 19. Mai 1943 auch Oberleutnant z. See Peter Dönitz, der Sohn des Großadmirals, als Wachoffizier.

Vom Beginn des Monats Mai bis zum 22. dieses Monats waren allein 31 U-Boote gesunken. Am 24. Mai befahl Großadmiral Dönitz den in See stehenden Booten, in den Seeraum südwestlich der Azoren abzulaufen. Die „Schlacht im Atlantik" war verloren.

Insgesamt sanken bis Ende Mai 1943 allein in diesem Monat 41 U-Boote. In grausiger Übereinstimmung wurden im gleichen Zeitraum 41 Schiffe mit 205 372 BRT versenkt. Ein U-Boot – ein Schiff. Captain Roskill schrieb:

„Wir wußten nun, daß wir einen Griff abgeschüttelt hatten, der uns beinahe den Hals zugedrückt hätte."

Die U-Boote liefen weiter aus, denn eine Einstellung des U-Boots-Einsatzes hätte u. a. Tausende von Flugzeugen für die Bombardierung deut-

Die U-Boot-Frontspange

Die U-Boot-Frontspange.

scher Städte frei gemacht. Sie liefen aus, obgleich in einem Jahr, in der Zeit vom 1. September 1942 bis zum 31. August 1943, 239 U-Boote in See blieben. Die U-Boots-Waffe konnte 1943 dennoch nicht aufhören zu kämpfen. So setzten denn die U-Boots-Fahrer in selbstlosem Soldatentum diesen schweren Kampf fort.

Im Indischen Ozean, im Persischen Golf und bei Madagaskar operierten die U-Boote im zweiten Halbjahr 1943 und versenkten dort 57 Schiffe mit 337 000 BRT. Die ersten mit dem neuen Torpedo T-5 ausgerüsteten Boote liefen aus, und am 21. September 1943 wurden diese „Zaunkönige"* zum erstenmal massiert eingesetzt. In vier Tagen dauernden Kämpfen gegen die Konvois ONS 18 und ON 202, die von 18 Bewachern geschützt wurden, gelang es den U-Booten, insgesamt zwölf Bewacher und neun Schiffe zu versenken. Doch 30 Prozent der auslaufenden Boote kehrten nicht mehr zurück. Im Frühjahr 1944 wurden die ersten U-Boote mit Schnorchel ausgerüstet.

Eingangs Mai 1944 wurden 20 U-Boote unter Führung von Fregattenkapitän Schütze als Gruppe „Mitte" nach Norwegen verlegt.

In den frühen Morgenstunden des 6. Juni 1944 begann die Invasion in der Normandie. Der Alarmbefehl an die Gruppe „Mitte" erging am 6. Juni um 03.05 Uhr. Eine halbe Stunde später wurde die Gruppe „Landwirt" – 36 Boote in den Atlantikhäfen; davon 15 in Brest; sieben davon mit Schnorchel ausgerüstet – alarmiert. Die Boote liefen aus. Sie kämpften mit höchstem Einsatz. Zwei Drittel der eingesetzten Boote blieben am Feind!

Zwischen dem 24. und 26. August ließ der BdU die noch im Invasionsgebiet stehenden U-boote zurückrufen. Ganze fünf Boote erreichten ihren Stützpunkt.

Mit dem Durchbruch der Alliierten bei Avranches am 31. Juli fielen die Biskaya-Stützpunkte aus. Die dort stationierten U-Boote verlegten nach

---

* Der T-5 – Zaunkönig – wertete die Schallwellen der Zerstörerschrauben für seine Ruderanlage aus.

Norwegen. Vier Boote, die nicht mehr einsatzbereit waren, wurden gesprengt. In den Atlantikfestungen blieb jeweils ein Flottillenchef zurück. Hier kämpften sie noch weiter: Winter. Kals, Piening und Zapp. Der FdU-West, Kapitän z. See Rösing, verlegte ebenfalls nach Norwegen.

In der Zeit vom 1. September 1943 bis 31. August 1944 gingen insgesamt 248 deutsche U-Boote verloren.

Ein neues Aufleben des U-Boots-Kampfes setzte im September 1944 ein. Deutsche U-Boote liefen wieder zum Nordkanal und schnorchelten sich dort durch. Aber auch vor dem kanadischen Halifax operierten die U-Boote wieder. Die Verluste sanken merklich ab. Doch im April 1945 waren sie wieder auf 29 Boote angestiegen.

Trotz aller Anzeichen, daß die U-Boots-Waffe wieder zu einem ernsten Faktor werden könnte, ging es mit ihr zu Ende. Die Luftangriffe auf die Werften häuften sich. Innerhalb von 14 Tagen gingen im MärzApril 1945

31

allein 24 U-Boote auf den Werften verloren und zwölf weitere wurden beschädigt.

Großadmiral Dönitz übersiedelte aus dem Lager „Koralle" bei Berlin nach Plön in das Lager „Forelle". Schon seit Monaten war die Rettung von Flüchtlingen und Soldaten aus dem Osten zur Hauptaufgabe der Marine geworden.

Die deutsche U-Boots-Waffe hielt bis zum bitteren Ende aus. Und kein anderer als Winston Churchill bestätigte dies, als er schrieb*:

„Mit erstaunlicher Standhaftigkeit und ungeachtet aller Verluste harrten sechzig bis siebzig U-Boote bis fast zum Schluß an der Front aus. Ihre Erfolge waren nicht bedeutend, aber sie trugen in der Brust unbeirrbar die Hoffnung auf einen Umschwung im Seekrieg. – Die Endphase des Kampfes lag in den deutschen Küstengewässern. Alliierte Luftangriffe vernichteten deutsche U-Boote. Aber als Dönitz die Kapitulation anordnete, standen noch immer nicht weniger als 49 Boote in See. So groß war die Hartnäckigkeit des deutschen Widerstandes, so unerschütterlich die Tapferkeit deutscher U-Boots-Fahrer."

Am 6. Mai 1945 richtete Großadmiral Dönitz seinen letzten Tagesbefehl an seine U-Boot-Männer. Der Zweite Weltkrieg war für sie zu Ende.

57 Boote standen bei Kriegsausbruch zur Verfügung. 1099 Neubauten kamen hinzu. 14 ausländische Boote brachten die Zahl der insgesamt in Dienst gestellten U-Boote auf 1170. Von diesen kamen 863 in den Fronteinsatz.

Vor dem Feind gingen 630 U-Boote verloren. Im Heimatgebiet wurden 81 Boote durch Luftangriffe und Minen vernichtet. 42 Boote sanken durch Unfälle.

Bei Kriegsende wurden in den Stützpunkten 215 U-Boote von den Besatzungen gesprengt. 38 U-Boote wurden während des Krieges außer Dienst gestellt und elf an fremde Marinen abgegeben oder in fremden Häfen interniert.

In der „Operation Deadlight" wurden 153 Boote in britische und alliierte Häfen überführt.

Von den 863 U-Booten, die zum Einsatz kamen, wurden folgende Erfolge erzielt:

148 Kriegsschiffe versenkt,
45 Kriegsschiffe torpediert,
2779 Schiffe mit 14 119 413 BRT versenkt.

Von den insgesamt 39 000 U-Boots-Fahrern blieben 27 082 am Feind.

---

* In „The Second World War", Bd. 6.

Großadmiral

Karl Dönitz
– der „Große Löwe"

In Grünau bei Berlin wurde Karl Dönitz am 16. 9. 1891 geboren. Von hier aus verzog sein Vater, der von Beruf Ingenieur war, nach dem Tode seiner Mutter im März 1894, nach Halensee. Hier machte der jüngere der beiden Brüder Dönitz, Karl, seine erste Bekanntschaft mit dem Militär, denn im Gelände nahe Halensee unternahmen die Berliner Garderegimenter alljährlich ihre „Übungs-Sturmangriffe". Auf der Paulsdorfer Allee zwischen Halensee und Schmargendorf erlebte Karl seine erste zufällige Begegnung mit dem Kaiser, der hier mit seiner Gemahlin spazieren ging.

Nach dem Umzug der mutterlosen Familie nach Jena gingen die Brüder Dönitz in die bekannte Erziehungsanstalt des Professors Stoy. Bei einer Parade des in Jena liegenden Bataillons des IR 94 regte sich in dem zuschauenden Karl Dönitz der Wunsch, selbst einmal Soldat zu werden, und ein Jahr vor dem Abitur war es für ihn beschlossene Sache.

Am 1. April 1910, unmittelbar nach bestandenem Abitur, trat Karl Dönitz in die Kaiserliche Marine ein.

Vom Seekadetten bis zum Seeoffizier war es ein weiter Weg. Er absolvierte seine diversen Prüfungen mit Elan, ständig als einer der besten. Er wurde im August 1911 auf den Leichten Kreuzer »Breslau« kommandiert und war dort als zukünftiger Signaloffizier vorgesehen.

Im November 1912 lief die »Breslau« aus Kiel aus. Ziel des „Einsatzes" war der „Schutz deutscher Interessen im Mittelmeer".

Es galt, im Zuge des ausgebrochenen Balkankrieges zwischen Griechenland, Serbien, Bulgarien und Montenegro gegen die Türkei, mit der »Goeben« und der »Breslau« dort präsent zu sein, falls es zu irgendwelchen Auseinandersetzungen im Zuge der Gründung des neuen Staates Albanien, die im Frühjahr 1913 in London von den Großmächten beschlossen worden war, kommen sollte.

Als Leutnant zur See fuhr der junge Seeoffizier Dönitz in der Folgezeit auf dem Mittelmeer und lernte alle größeren Häfen desselben kennen. Als der Balkankrieg zu Ende war, gab es für die Besatzungen der beiden deutschen Schiffe in Konstantinopel Urlaub an Land.

Anfang 1914 wurde die »Breslau« auf der italienischen Privatwerft Stabilimento tecnico in Triest überholt. Diese mehrere Wochen dauernde Zeit nutzte Lt. z. S. Dönitz zu einer Reihe von Ausflügen.

Als Begleitkreuzer der kaiserlichen Yacht »Hohenzollern« begleitete die »Breslau« Kaiser Wilhelm II. von Venedig nach Korfu. Dorthin war auch die »Goeben« gelaufen. Beide Schiffe absolvierten hier ihre Schießübungen.

Im Mai 1914 begleiteten beide Kriegsschiffe die »Hohenzollern« nach Triest, wo sich Kaiser Wilhelm II. mit Erzherzog Franz Ferdinand traf, der wenig später, am 28. Juni 1914, ermordet wurde, was in letzter Konsequenz zum Ausbruch des Ersten Weltkrieges führte.

Mit Kriegsausbruch lagen die »Goeben« und die »Breslau« im Mittelmeer so gut wie in einer Falle. Die drei Gegnerstaaten hatten hier eine überwältigende Übermacht an Seestreitkräften eingesetzt. Darunter allein 15 Linienschiffe.

Von Messina, wohin die »Breslau« und die »Goeben« gelaufen waren, liefen diese beiden deutschen Einheiten in der Nacht zum 3. August 1914 aus; ihr Ziel waren die afrikanischen Küstengewässer. Am Morgen des 4. August beschossen sie die beiden Häfen Bône und Philippeville, um danach in Richtung Türkei zu laufen. Unterwegs ging ein Funkspruch ein, daß Deutschland und die Türkei nunmehr ein Bündnis eingegangen wären und daß die beiden Kreuzer in Konstantinopel in Sicherheit sein würden. Zunächst aber ging es nach Messina zurück. Dort empfingen sie den Funkspruch aus dem kaiserlichen Hauptquartier, den alle erwartet hatten:

„England hat Deutschland am 4. August 1914 den Krieg erklärt."

Am 7. August kam es zu einem ersten Seegefecht der »Breslau« gegen feindliche Kreuzer. Die »Breslau« erhielt einen Treffer gegen die Außenhaut, während sie selber zwei Treffer auf einem Feindzerstörer erzielte.

»Goeben« und »Breslau« entkamen ihren Verfolgern und liefen durch die Dardanellen, von einem türkischen Torpedoboot durch die Minesperren gelotst, nach Konstantinopel. Beide Schiffe wurden unter den Namen »Sultan Yavus Selim« und »Midilli« der Türkei zur Verfügung gestellt.

Es folgten unter türkischer Flagge Minenlegeaufgaben. Danach kam es zu einem Seeduell mit dem russischen Linienschiff »Rostilaw«.

Kptl. Carls, Artillerieoffizier der »Breslau«, ließ das Feuer eröffnen. Es gab eine Reihe schwerer Treffer auf dem russischen Linienschiff, die Opfer forderten, ohne es jedoch zum Sinken zu bringen. Geleitaufgaben schlossen sich an. Dabei wurden feindliche Zerstörerangriffe abgewehrt. Ein russischer Zerstörer wurde zusammengeschossen.

Als die »Breslau« im Juni 1915 auf eine Mine lief und − wie die »Goeben« vorher − für längere Zeit ausfiel, wurde Dönitz zunächst zur Fliegertruppe versetzt, zum Beobachter und Bordschützen ausgebildet und wenig später als Flugplatzleiter eingesetzt. Am 27. 2. 1916 kehrte er zur »Breslau« zurück und nahm am 24. 4. 1916 am Einsatz gegen das russische Schlachtschiff »Imperatrice Maria« im östlichen Schwarzen Meer teil. Nach mehrstündigem Schußwechsel fiel das russische Schlachtschiff zurück.

Ein zweites Treffen mit diesem „Riesen" erfolgte anläßlich einem Minenlegeeinsatz vor Noworossijsk. KKpt. von Knorr ließ das Schiff einnebeln und eine Reihe Treibminen werfen. Es gab eine Reihe Verwundeter, doch auch dieser Gefahr konnte die »Breslau« entkommen.

Am 1. Oktober 1916 wurde Karl Dönitz nach vierjährigem Dienst auf der »Breslau« zur U-BootsWaffe kommandiert.

„Die entscheidende Rolle der U-Boot-Waffe in der deutschen Seekriegführung wurde bereits damals nach den Erfolgen deutscher U-Boote auf den Sieben Meeren erkannt." (Karl Dönitz im Gespräch mit dem Autor 1962).

Seine erste U-Bootfahrt absolvierte Oblt. z. S. Dönitz als Kommandantenschüler, dann die nächste als Wachoffizier auf dem legendären U 39 unter dem hervorragenden Kommandanten Kptlt. Walter Forstmann. Insgesamt machte Dönitz fünf Fahrten auf diesem Boot. Er erlebte einen Teil der 151 Schiffsversenkungen dieses Bootes mit und hatte damit auch Anteil an der Versenkungsquote von insgesamt 398 564 BRT, die Forstmann erzielte, der dafür mit dem Pour le mérite ausgezeichnet wurde. Dönitz errang hier das EK I.

Im Februar 1918 erhielt er mit UC 25 sein erstes Boot. Sein erster Auftrag lautete: „Minenlegen vor Palermo, anschließend Angriff auf das britische Werkstattschiff »Cyclops« das im Hafen von Augusta liegt."

Ende Februar 1918 mit 15 Minen an Bord aus Pola auslaufend, wurden die Minen planmäßig vor Palermo geworfen. Danach setzte das Boot seinen Marsch in Richtung zum italienischen Kriegshafen Augusta fort. Am frühen Morgen des 17. März stand das Boot vor dem Hafen. Erstmals fuhr nun Dönitz einen eigenen Angriff und es ging sofort in die Höhle des Löwen hinein. Der erste Anlauf auf das Werkstattschiff lief fehl.

Am nächsten Morgen aber kam UC 25 auf günstige Schußentfernung heran und schoß aus den beiden Bugrohren einen Zweierfächer. Beide Torpodos trafen das Schiff mittschiffs. Nach dem Abdrehen wurde auch der

Aal aus dem „Heckrohr" losgemacht, der ebenfalls sein Ziel erreichte.

Die »Cyclops« sank. Auf dem Rückmarsch schoß Dönitz beide noch vorhandenen und in die Bugrohre nachgeladenen Torpedos auf ein feindliches Schiff. Auch dieses wurde getroffen und sank, wie erst später bekannt wurde.

Im damaligen kaiserlichen Wehrmachtsbericht wurde der Erfolg des jungen Oberleutnants besonders gewürdigt. Karl Dönitz erhielt das Ritterkreuz des Hausordens von Hohenzollern.

Die zweite Feindfahrt wurde nach der erfolgreichen Minenlegeaufgabe fortgesetzt. Es ging zur Ostküste Siziliens. Hier kam Dönitz nacheinander in drei rasanten Anläufen zu drei Versenkungserfolgen.

Nach Pola zurückgekehrt erhielt Dönitz mit UB 68 ein größeres Boot, das als direktes Kampfboot konstruiert worden war, über fünf Torpedorohre verfügte und zwölf Torpedos mitführte. Die Besatzung bestand aus 31 Soldaten und Offizieren.

UB 68 sollte gemeinsam mit UB 47 unter Kptlt. Steinbauer auf die südlich Sizilien vorbeilaufenden, für Malta bestimmten Geleitzüge angesetzt werden. Mit Steinbauer, der ebenfalls den Pour le mérite trug, wollte sich Dönitz vor Kap Passero an der Südostspitze Siziliens treffen, um von dort aus von beiden Seiten an die Geleitzüge heranzukommen und die Verteidigungskräfte auseinanderzuziehen.

UB 68 erreichte rechtzeitig den Treffpunkt. Steinbauer war noch nicht herangekommen. Kurz nach Mitternacht des 4. 10. 1918 stieß UB 68 auf einen nach Malta laufenden britischen Konvoi.

Das Boot durchstieß die Zerstörersicherung und stand plötzlich mitten im Konvoi, als dieser einen Zack einlegte. Dazu Karl Dönitz:

„Aus dieser Position griff ich erneut an und kam auf ein großes Schiff der zweiten Kolonne zum Schuß. Ich sah den Treffer als riesige helle Wassersäule mittschiffs emporstieben, eine gewaltige Detonation erfolgte. Ein Zerstörer stob heran und ich ließ mit Alarmtauchen hinuntergehen. Die befürchtete Wasserbomben-Serie erfolgte nicht.

Unter Wasser lief ich nach außen aus dem Konvoi heraus, tauchte dann vorsichtig auf und sah – allein auf dem nur eben über Wasser ragenden Turm meines angeblasenen Bootes hockend – den Geleitzug nach Westen weiterlaufen. In meiner Nähe, bei der Sinkstelle des von mir torpedierten Schiffes, lief ein Zerstörer auf und ab und suchte offenbar nach Überlebenden.

Nun tauchte ich ganz auf und lief dem ablaufenden Geleitzug nach, in der Absicht, noch einmal über Wasser anzugreifen. Als ich nahe genug herangekommen war, mußte ich wieder tauchen, denn es war zu hell geworden.

Durch einen Fehler in der Längsstabilität meines Bootes (das bereits nach der ersten Probefahrt in der Werft hatte umgebaut werden müssen, ohne daß offenbar dieser Fehler ausgemerzt worden war) stellte sich das

Oblt. z. S. Dönitz als Wachoffizier auf U 39 im Mittelmeer.

Boot plötzlich beim Tauchen auf den Kopf.

Wir unternahmen alles, um die Fahrt in die Tiefe zu stoppen. Das Boot stand endlich bei 100 Metern. Ich ließ anblasen und nun stoben wir steil nach oben, durchstießen die Wasseroberfläche und ich riß das Turmluk auf und hielt einen Rundblick.

Wir lagen mitten im Geleitzug. Das Boot war leck und wir hatten keine Preßluft mehr, so daß ein erneutes Tauchen den Untergang bedeutet hätte. Die ersten Zerstörer flitzten auf uns zu und ich befahl: 'Alle Mann aus dem Boot!'

Wir hatten dennoch sechs Mann Verluste, darunter unser guter Leitender Ingenieur Lt. (Ing.) Jeschen."*

Das U-Boot sank, der herbeilaufende britische Zerstörer »Snapdragon« fischte die Besatzung auf, die an Bord des Zerstörers ein letztes „Hurra auf den Kaiser" ausbrachte, ehe es in die Gefangenschaft ging.

* Siehe Dönitz, Karl: „Zehn Jahre und zwanzig Tage" und „Gespräche mit dem Autor" zwischen 1962 und 1988.

Aus dem Offizierslager Redmires bei Sheffield wurde Oblt. z. S. Dönitz im Juli 1919 in die Heimat entlassen.

Oblt. z. S. Dönitz blieb auch nach Ende des Ersten Weltkrieges Seeoffizier. Sein U-Boot-Kamerad, KKpt. Otto Schultze, Ritter des Ordens Pour le mérite, Leiter der Offizierspersonalabteilung des Marine-Stationskommandos Ostsee in Kiel, sagte ihm:

„Dönitz, du mußt bleiben! In spätestens zwei Jahren haben wir wieder U-Boote!"

Diese Voraussage sollte sich jedoch nicht erfüllen. Dönitz war zunächst Referent von KKpt. Schultze. Im Frühjahr 1920 übernahm er ein Torpedoboot als Kommandant. Es war T 157, das in Swinemünde lag.

Es galt, nach dem Verlust fast aller Großkampfschiffe eine völlig neue Taktik zu entwickeln. Es wurden Torpedoangriffe geübt. Im Jahre 1921 erfolgte seine Beförderung zum Kapitänleutnant und nach dreijähriger Fahrzeit als Kommandant von T 157 wurde Dönitz in den Stab des Chefs der Marinestation Ostsee kommandiert; er diente in der Inspektion des Torpedowesens unter KAdm. Eschenburg.

Die erste Unterbrechung dieses technischen Dienstes war die Ausbildung zum Führergehilfen, die in Berlin erfolgte. Leiter dieses Lehrgangs war der seinerzeitige Inspekteur des Bildungswesens, Konteradmiral Raeder, der später OB der Kriegsmarine werden sollte.

Eine zweite Unterbrechung bedeutete die Reise nach Finnland und England, und als dritte kam der Dienst auf dem Flaggschiff des OB der Seestreitkräfte, Admiral Zenker, auf dem er die Übungen der gesamten Flotte mitmachte.

Im Herbst 1924 wurde Dönitz in Berlin Referent für organisatorische Dienstvorschriften. Er übte diese Tätigkeit bis zum 1. 10. 1927 aus und wurde während dieser Zeit zu mehreren Generalstabsreisen kommandiert.

An diesem 1. 10. 1927 wurde er als Navigationsoffizier auf das Flaggschiff des Befehlshabers der Seestreitkräfte Ostsee – der »Nymphe« – kommandiert. Befehlshaber war hier VAdm. von Loewenfeld.

Als die »Nymphe« im Juli 1928 von einer Übungsfahrt in die nördliche Nordsee zurückkehrte, erhielt Dönitz am 1. 10. 1928 das Kommando über die 4. Torpedoboots-Halbflottille mit den kampfstarken Booten »Albatros«, »Greif«, »Kondor« und »Möwe«.

Damit unterstanden ihm 20 Offiziere und 600 Mann.

„Das war ein großer Verband für einen jungen Offizier im Range eines Kapitänleutnants und nur 16 (!) Dienstjahren", kommentierte er später dieses Ereignis.

Im April 1929 erfolgte die erste Besichtigung der Halbflottille durch Admiral Oldekop, der Dönitz seine besondere Anerkennung aussprach. Das große Flottenmanöver im Herbst 1929 sah Dönitz mit seinen Booten in voller Aktion. Nach Ende des Manövers ging auf dem Flaggschiff ein Signal hoch:

„An Chef 4. Torpedoboots-Halbflottille: gut gemacht! Flottenchef."

Am 1. 10. 1930 wurde Dönitz, inzwischen zum KKpt. befördert, Erster Admiralstabsoffizier und Leiter der Admiralstabsabteilung Nordsee beim OKM in Wilhelmshaven. 1933 wurde er Fregattenkapitän.

Im Februar 1933 erhielt Dönitz die „Hindenburgspende", die im Auftrag des Reichspräsidenten Paul von Hindenburg alljährlich einem Offizier aus den Reihen der gesamten Reichswehr übergeben wurde. Er durfte als Zivilist im Frühjahr dieses Jahres eine Reise nach Niederländisch-Indien, Ceylon und Vorderasien unternehmen, von der er Ende Juni 1933 zurückkehrte, um noch ein weiteres Jahr Admiralstabsdienst zu leisten.

Im Juni 1934 wurde FKpt. Dönitz von Admiral Förster zu einem Gespräch gebeten. Er erfuhr dort, daß er vom Chef der Marineleitung zum Kommandanten für den Auslandskreuzer »Emden« ausgewählt worden war.

Doch jetzt machte FKpt. Dönitz zuerst einmal Urlaub in England, der dazu diente, seine Englischkenntnisse aufzufrischen, die er während der Weltreise perfekt beherrschen mußte.

Am 30. 9. 1934 stellte FKpt. Karl Dönitz die »Emden« feierlich in Dienst. Die gesamte Besatzung von 650 Mann war auf der Schanz des Schiffes angetreten. Die neue deutsche Reichsregierung unter Hitler wollte dieses Schiff als „Repräsentationsschiff" verstanden wissen. Hinzu kam aber auch die Ausbildung der auf jeder Reise an Bord befindlichen 160 Seekadetten.

Damit waren FKpt. Dönitz, nach den vielen besonderen Einsätzen, auch und vor allem angehende Seeoffiziere anvertraut. In der Marineleitung war man einhellig der Meinung, daß es keinen besseren für diese Aufgabe und jene der Repräsentation geben konnte.

Anfang November 1934 ging die »Emden« ankerauf. Es ging über Santa Cruz di Palma nach Luanda, im damaligen Portugiesisch-Angola. Nach einer Zwischenlandung auf St. Helena wurde die Seereise über East London nach Lourenco Marques im portugiesischen Mocambique fortgesetzt. Der nächste Hafen hieß Trincomali auf Ceylon. Die dort liegenden Kriegsschiffe Englands erwiesen dem deutschen Schulkreuzer alle Ehrenbezeigungen.

Die Rückreise ging durch das Rote Meer und den Suezkanal nach Alexandrien. Durch das Mittelmeer und die Straße von Gibraltar ging die Reise über die Azoren und die Kanarischen Inseln nach Lissabon und Vigo. Hier erhielt Dönitz von Kpt. z. S. Densch ein Schreiben, in dem dieser, in seiner Eigenschaft als Chef des Stabes beim OB der Kriegsmarine, dem Fregattenkapitän mitteilte, daß er auch im Herbst 1935 die »Emden« erneut zu einer großen Weltreise führen werde.

In Vigo traf übrigens während der Liegezeit der »Emden« auch der zweite deutsche Schulkreuzer, – die »Karlsruhe« – ein, die Kpt. z. S. Lütjens führte (der im Mai 1941 als Flottenchef auf der »Bismarck« fiel).

In Verbandsfahrt liefen beide Schiffe nach Deutschland zurück. Als sie

Admiral Dönitz (Mitte) zu Besuch bei einer Schulflottille.

befehlsmäßig auf Schilligreede ankerten, um den Besuch von Generaladmiral Raeder, – dem OB der Kriegsmarine – zu erwarten, debattierten Lütjens und Dönitz darüber, wer nun im nächsten Jahr die alten Kulturen Ostasiens sehen werde. Keiner von beiden ahnte, daß die Marineführung ganz andere Aufgaben für sie bereithielt.

Als Generaladmiral Raeder die beiden Seeoffiziere empfing, sagte er gleich zu Anfang, mit einem leichten Lächeln:

„Meine Herren, streiten sie nicht, wer von ihnen fahren wird. Sie, Lütjens, steigen bei der »Karlsruhe« aus und werden Offizierspersonalchef im Marineoberkommando, um die Aufstellung des neuen Offizierskorps der Kriegsmarine zu leiten. Sie, Dönitz, übernehmen die neu zu bildende U-Bootwaffe!"

Dazu Karl Dönitz:

„Diese im Juli 1935 durch unseren Oberbefehlshaber befohlene Kommandierung war für mein ferneres Leben von einschneidender Bedeutung und dies bis auf den heutigen Tag. Sie brachte mir alles, was ein Menschenleben ausfüllen kann: Verantwortung, Erfolge, Niederlagen, Treue und Verehrung; die Notwendigkeit der eigenen Bewährung und – Leid."*

---

* Karl Dönitz an den Autor. Besprechungen 1962 bis 1988.

Als Fregettenkapitän Dönitz die U-Bootwaffe übernahm, fand er folgende Lage vor:

Bereits seit 1930 waren die ersten Offiziere der Reichsmarine in Spanien auf dem legendären U-Boot »E 1« ausgebildet worden. Bei Cadiz hatte als erster Lt. z. S. Hans-Rudolf Rösing (der spätere Befehlshaber der U-Boote West) geschult. Bereits vorher war Rösing in Abo – Finnland – auf einem anderen U-Boot ausgebildet worden (siehe Kapitel „Chronik einer Waffe").

Beide U-Boote waren von einer niederländischen Firma konstruiert worden, in der aber als „Experten für den U-Bootbau" die deutschen Weltkriegs-I-Konstrukteure Techel und Schürer arbeiteten.

Das deutete an, daß die Marineführung bereits seit Anfang 1930 den Plan zur Aufstellung einer U-Waffe ins Auge gefaßt hatte.

Am 1. Okt. 1933 war dann die U-Boot-Abwehrschule in Kiel-Wik aufgestellt worden. Dieser Name tarnte den Aufbau des Stammpersonals der eigenen U-Boote.

Bis September 1934 befanden sich die Boote U 1 bis U 6 im Dienst der Anwehrschule, die unter dem Kommando von FKpt. Slevogt stand. Dieser hatte die Aufgabe, die technische und tauchtechnische Schulung zu leiten.

Am 28. 9. ließ FKpt. Dönitz nach Übernahme seines Kommandos aus den Booten U 7, U 8, und U 9 die U-Flottille „Weddingen" bilden, deren Chef er wurde. Als Flottillen-Mutterschiff wurde die »Saar« in Dienst gestellt. Die Kommandanten dieser drei Boote waren die Kapitänleutnante Große, Freiwald und Looff.

In den folgenden Monaten traten die Boote von U 10 bis U 18 hinzu. Als Flottilleningenieur konnte der ehemalige Leitende Ingenieur eines erfolgreichen U-Bootes aus dem Ersten Weltkrieg, FKpt. (Ing.) Thedsen von Dönitz gewonnen werden. Thedsen hatte auch auf dem ersten T-Boot unter Dönitz als Leitender Ingenieur Dienst getan.

Wie die neue U-Bootwaffe, aus dem Nichts erschaffen, zu einer der schärfsten Waffen des Zweiten Weltkrieges wurde, soll in diesem Kapitel erläutert werden.

Karl Dönitz hatte eine genaue Vorstellung darüber, wie er diese Waffe zu einem schlagkräftigen Instrument der Kriegsführung machen konnte und diese Vorstellung setzte er in die Wirklichkeit um.

Er hatte sich folgende grundsätzliche Ziele gesetzt:

„1. Ich wollte die Besatzungen mit Begeisterung für ihre Waffe und Zutrauen zu ihr erfüllen und sie zu selbstloser Einsatzbereitschaft erziehen. Nur ein s o l c h e r Geist konnte im Kriege bei der Schwere des U-Bootkampfes Erfolge herbeiführen.

2. Ich glaubte an die Kampfkraft der U-Boote, ich hielt das U-Boot nach wie vor für ein ausgezeichnetes Kampfmittel des Seekrieges und für den bestmöglichen Torpedoträger. Ich wollte in meiner Ausbildung j e d e L a g e, die der Krieg nach meinen Vorstellungen bringen konnte, den U-

Booten bereits im Frieden vorsetzen, und zwar möglichst s o gründlich, daß die Besatzungen a l l e r Boote ihr im Kriege gewachsen waren.

3. Den Schuß aus der Nahentfernung von 600 m setzte ich als Forderung für den U-Boot-Unterwasser- und Überwasserangriff fest, denn n u r ein solcher Nahschuß konnte und mußte treffen. Selbst dann, wenn das Schiff den gefahrenen Angriff erkannte, war jede Ausweichbewegung bei der geringen Torpedolaufzeit zu spät."

Das Schwergewicht seiner Überlegungen aber und die Zielsetzung der Ausbildungs-Aufgaben sollte und mußte auf taktischem Gebiet liegen. Dies war Dönitz klar und dementsprechend verlangte er vor allem, daß jeder Angriff auf ein bestimmtes Ziel möglichst stark zu sein hatte: Es mußte gesichert sein, daß durch taktisches Zusammenarbeiten und takti-sche Führung m e h r e r e U-Boote gleichzeitig an das Ziel geführt wurden. Dies galt für ein großes Einzelziel, aber insbesondere bei einer Häufung von Zielen: Einem großen Kriegsschiffsverband, oder einem Geleitzug.

„Der Massierung der Ziele mußte ich eine Massierung der U-Boote ent-gegensetzen."

Vor allem kämpfte Dönitz für die bestmögliche Aufklärung und im Falle des U-Bootkrieges war dies die Seeaufklärung durch Flugzeuge.

Im Herbst 1936 wurde Karl Dönitz zum Kapitän zur See befördert. Die bis dahin von ihm nur grob formulierte Rudeltaktik wurde erstmals bei den großen Wehrmachtmanövern im Herbst 1937 angewandt. Es gelang dem F. d. U., seine Boote geschlossen an das Manövergeleit heranzuführen und sie zum Einsatz zu bringen.

Nunmehr ließ Dönitz diese neue Gruppen- oder Rudeltaktik in einem „Handbuch für U-Bootfahrer- und Kommandanten" zusammenfassen.

Kapitän zur See Dönitz forcierte den Aufbau weiterer U-Boot-Flottillen. Die ersten größeren Bootstypen kamen hinzu (siehe Anhang „Typenauf-stellung der deutschen U-Boote 1935-1945"). Im Januar 1938 stieß der damalige Kptlt. Godt zum Stabe des BdU und wurde sehr bald die hervor-ragendste Persönlichkeit in der Operationsabteilung der U-Boote, und später ihr Chef.

Nach einem weiteren Kriegsspiel im Atlantik im Winter 1938 erstattete Kpt. z. S. Dönitz dem OKM einen schriftlichen Bericht. Darin untermau-erte er noch einmal dringlichst die von ihm bereits vorher erhobene Forde-rung nach einer starken U-Waffe, die in der Lage sein sollte, den Gegner auf der See Paroli zu bieten. Er schrieb darin unter anderem:

„Für einen erfolgreichen Handelskrieg sind – wenn der Gegner, wie ich glaube, seinen Handel in gesicherten Geleitzügen zusammenfassen würde – m i n d e s t e n s 300 deutsche Front-U-Boote notwendig. Bei dieser Zahl wird gerechnet, daß 100 Boote jeweils zur Überholung und Erholung der Besatzungen in der Werft liegen, 100 Boote sich auf dem Marsch ins Operationsgebiet oder von dort in die Heimathäfen befinden, und daß stän-dig 100 Boote am Feind stehen.

Mit d i e s e r Zahl glaube ich einen entscheidenden Erfolg im Handelskrieg zu erzielen.

Mit der augenblicklichen Zahl der Boote und den nach dem gegenwärtigen Bautempo in den nächsten Jahren zu erwartenden neuen Booten ist im Handelskrieg nicht mehr als ein Nadelstich zu erzielen."

Mit dieser Forderung, die sich später als hundertprozentig richtig herausstellen sollte, stieß Dönitz auf Ablehnung. Sowohl die politische als auch die militärische Führung Deutschlands war der Überzeugung, daß es k e i n e n Krieg mit England geben werde und n u r in einem solchen Falle wäre die von Dönitz geforderte hohe Zahl an U-Booten notwendig.

Im Mai 1939 wurde in einer weiteren großen U-Boot-Übung westlich der Iberischen Halbinsel und in der Biskaya ein Rudelangriff durchgeführt. Ein weiterer Rudelangriff erfolgte im Juli 1939 in der Ostsee, den auch der Oberbefehlshaber der Kriegsmarine beobachtete.

Inzwischen standen die ersten sechs U-Flottillen. Es waren:

1. U-Flottille „Weddingen" in Kiel
2. U-Flottille „Saltzwedel" in Wilhelmshaven
3. U-Flottille „Lohs" in Kiel
5. U-Flottille „Emsmann" in Kiel
6. U-Flottille „Hundius" in Wilhelmshaven
7. U-Flottille (ohne Namen) in Kiel.

(Eine 4. U-Flottille war zwar geplant, aber noch nicht aufgestellt worden).

Zu den Booten des Typs II traten die ersten Boote der Typen VII A, VII B und VII C. Letzterer Typ sollte in der Folgezeit zum entscheidenden Typ der U-Bootwaffe werden. Von ihm wurden nicht weniger als 661 Boote gebaut (siehe auch Anlagen).

Eines aber ließ vor allem für den FdU zu wünschen übrig. Es wurden nicht einmal die für die entsprechenden Zeiträume geplanten Neubauten fertig. Im Jahre 1937 ging die Bauzahl auf ein Boot (!) zurück, 1938 verließen eben acht Boote die Werft, 1939 wurden bis Kriegsausbruch lediglich 19 U-Boote neu in Dienst gestellt.

„Das war für uns alle eine Katastrophe", erklärte der Großadmiral dem Autor im Jahre 1962. „Wir gingen mit einer Zahl von insgesamt 57 in Dienst gestellten Booten, von denen nur 46 einsatzbereit waren, in den Zweiten Weltkrieg. Von den 46 einsatzbereiten Booten kamen darüber hinaus n u r 22 Boote für den U-Bootkrieg im Atlantik in Frage, während 24 Boote nur kleine 'Einbäume' der Typen II A-D waren, die nur in küstennahen Gewässern eingesetzt werden konnten und nur wenige Torpedos mitführten".

Dennoch: Im Nürnberger Prozeß wurde dem Großadmiral Dönitz von seinen ehemaligen Gegnern und jetzigen Richtern bescheinigt:

„Die deutschen U-Boote waren so gut wie dies im Frieden überhaupt möglich ist, für den Krieg ausgebildet."

Die Besatzung von U 25, Kptlt. Schütze, wird in Wilhelmshaven begrüßt.
KAdm. Dönitz verleiht Eiserne Kreuze.

Nachdem zunächst vollmundig davon geredet wurde, daß ein Krieg mit England jenseits jeder Vorstellung läge, ließ Hitler im Sommer 1938 den Oberbefehlshaber der Kriegsmarine wissen, daß auch mit England als Gegner in einem zukünftigen Krieg gerechnet werden müsse.

Der daraufhin von Generaladmiral Raeder ins Leben gerufene Planungsausschuß hatte nunmehr a l l e Konsequenzen zu untersuchen, die sich aus dieser neuen Konstellation ergeben würden.

Dabei ergaben sich die unterschiedlichsten Auffassungen. Vor allem trat hier eines deutlich zu Tage: Die Offiziere und Führer der Überwasserstreitkräfte unterschätzten die Bedeutung der U-Boote völlig, während sie die Bedeutung der wenigen „Dickschiffe" maßlos überschätzten.

Generaladmiral Raeder schlug Hitler als Ergebnis des Planungsausschusses eine wohlausgewogene Flotte von hoher Kampfstärke vor. Es wurde der Neubau von sechs Schlachtschiffen, acht (später zehn) weiterentwickelten Panzerschiffen, vier Flugzeugträgern, einer großen Anzahl Leichter Kreuzer und der Bau von insgesamt 233 U-Booten vorgeschlagen. Hitler genehmigte diesen Fertigungsplan. Die Fertigung·der genannten Einheiten wurde bis zum Jahre 1945 „vorgezogen". Das war, wie sich ein Jahr später herausstellen sollte, genau sieben Jahre zu spät.

Der Vorschlag von Kpt. z. S. Dönitz im Planungsausschuß, v o r d r i n g l i c h seine Forderung auf Fertigstellung von 300 U-Booten zu erfüllen, wurde ignoriert.

Im Juli 1939 meldete sich Dönitz beim Ob. d. M. und trug Raeder die Sorgen aller U-Bootfahrer wegen der drohenden Kriegsgefahr mit England vor. Er erklärte, daß die schwerste Last in einem unmittelbar bevorstehenden Seekrieg gegen England auf der U-Boot-Waffe lasten werde.

Am 22. Juli ließ Generaladmiral Raeder das Offizierskorps der Kriegsmarine auf dem Aviso „Grille" zusammenkommen und erklärte diesem:

„Der Führer wird dafür sorgen, daß es keinesfalls zum Krieg gegen England kommen wird. Ein Krieg gegen diese Seemacht würde das 'Finis Germaniae' bedeuten."

Am 18. August, keinen Monat später, wurde Kpt. z. S. Dönitz aus seinem Urlaub zurückgerufen. In Berlin erfuhr er, daß er den Aufmarsch der U-Boote für den Mobilmachungsfall zu leiten habe.

Am 19. August, einen Tag nach seiner Rückkehr in seine Dienststelle, ließ Dönitz 17 der großen Boote zur vorsorglichen Aufstellung auslaufen. Diese verlief von der Südspitze Grönlands hinunter bis nach Gibraltar. Bis zum 26. 8. bezogen die ersten sechs „Einbäume" ihre Positionen in der Nördlichen Nordsee und am 28. 8. liefen sechs weitere „Einbäume" durch die mittlere Nordsee und bezogen ihre Positionen. Vier weitere drangen in den Ärmelkanal ein, um sich vor die Kanalhäfen Frankreichs und Englands zu begeben.

Noch hoffte auch Dönitz, daß sich die düsteren Wolken verziehen würden. Doch es kam anders. Am 3. September 1939 – der Polenfeldzug hatte bereits am 1. 9. 1939 begonnen – ging um 13.30 Uhr ein Funkspruch der 1. Skl an alle Einheiten der Kriegsmarine hinaus:

„Beginn der Feindseligkeiten gegen England sofort!"

Der Führer der U-Boote ließ einen FT-Spruch an alle in See stehenden Einheiten absetzen:

„Vom Führer der U-Boote:
An alle in See befindlichen U-Boot-Kommandanten. Die Gefechtsbefehle für die U-Bootwaffe sind in Kraft getreten. Truppentransporter und Handelsschiffe sind gemäß Prisenordnung der Haager Konvention anzugreifen. Feindliche Geleitzüge sind o h n e Warnung anzugreifen. Passagierschiffe, die n u r Passagiere befördern, dürfen nicht angehalten werden. Diese Schiffe sind auch dann nicht anzugreifen, wenn sie in militärisch gesicherten Geleitzügen fahren. – gez. Dönitz."

Die ersten U-Boote, die nach diesem Befehl des BdU Erfolge erzielten, waren U 47 unter Kptlt. Günther Prien und U 48 unter Kptlt. Herbert Schultze (siehe die Kapitel über die genannten Kommandanten).

Von einem der ersten Zwischenfälle erfuhr Karl Dönitz erst, als U 30 unter Kptlt. Fritz-Julius Lemp Ende September 1939 von der Feindfahrt zurückkehrte. Das Boot hatte einen als Truppentransporter angesprochenen, abgeblendeten und Zickzackkurse steuernden Dampfer, der dann als „Hilfskreuzer erkannt" worden war, versenkt. Es war der Passagierdampfer »Athenia« gewesen (siehe Kapitel Fritz-Julius Lemp).

Einer der ersten großen Schläge der U-Waffe gelang U 29 unter Kptlt. Schuhart. Das Boot versenkte am 17. 9. 1939 den britischen Flugzeugträger »Courageous« mit einem Zweierfächer. Mit dem Träger gingen 578 Mann seiner Besatzung unter.

Im ersten Monat des Krieges versenkten deutsche U-Boote im „Einsatz nach der Prisenordnung" 175 000 BRT feindlichen Schiffsraumes. Entgegen der Haager Seekriegsordnung ließ England mit seiner Kriegserklärung gegen Deutschland am 3. 9. 1939 etwa 1000 Handelsschiffe mit wenigstens je einem Geschütz zur Abwehr deutscher U-Boote bewaffnen. Damit stellte sich j e d e s bewaffnete Schiff auch gegen die Bestimmungen des Londoner U-Boot-Protokolls aus dem Jahre 1936. Daraus ergab sich, daß nach der kurzen Phase des Handelskrieges nach Prisenordnung eine warnungslose Versenkung aller feindlichen Handelsschiffe erfolgen mußte und dazu aller jener Neutralen, die sich in einem bestimmten Seeraum, der als Kriegszone bezeichnet wurde, befanden.

Kpt. z. S. Dönitz beschäftigte sich bereits im September mit der Frage einer Operation gegen den britischen Haupt-Kriegshafen Scapa Flow. Mit der Durchführung dieses Auftrages wurde der Kommandant von U 47, Kptlt. Günther Prien, beauftragt.

U 47 gelang es, unbemerkt nach Scapa Flow einzudringen und nach einem dramatischen Einsatz (dessen Ablauf im Kapitel Prien dargestellt werden wird) das 29 150 BRT große Schlachtschiff »Royal Oak« zu versenken.

Am 18. 10. 1939 empfing Hitler die gesamte Besatzung von U 47 in der Reichskanzlei und überreichte Günther Prien als erstem deutschen U-Boot-Kommandanten das Ritterkreuz.

Im November verhängte England eine völlige Ausfuhrsperre gegen Deutschland und stellte mit dem Navycert-System die gesamte neutrale Handelsflotte unter seine Aufsicht.

Dies war die Lossagung Englands von der Fakultativklausel des ständigen Internationalen Gerichtshofes im Haag. Dies zwang Deutschland dazu, im Handelskrieg ebenfalls die Handschuhe auszuziehen. Am 6. 1. 1940 wurde deutscherseits das bestimmte Seegebiet offiziell zum Operationsgebiet erklärt. Alle in diesem Gebiet angetroffenen Schiffe, gleich welcher Nationalität, mußten nun mit einer warnungslosen Versenkung durch deutsche U-Boote rechnen. Alle Neutralen wurden rechtzeitig von dieser Entscheidung in Kenntnis gesetzt.

Damit war der englischen Blockade die deutsche Blockade gefolgt. Als erster deutscher U-Boot-Kommandant erreichte Kptlt. Herbert Schultze eine Versenkungszahl von über 100 000 BRT feindlichen Schiffsraumes. Er erhielt am 1. März 1940 das Ritterkreuz.

Am 21. 3. 1940 folgte Konteradmiral Dönitz nach.

Er war nach dem Erfolg von Scapa Flow zu diesem Dienstgrad befördert worden. Gleichzeitig wurde seine Dienststellung in Befehlshaber der U-Boote umbenannt.

Die Bilanz des ersten Halbjahres des U-Bootkrieges lautete:

14 deutsche U-Boote gingen verloren. Auf ihnen hatten 400 U-Bootfahrer den Tod gefunden. Diesen Booten mit einer Gesamt-Tonnage von 9500 tons stand die Versenkung von 199 Schiffen mit 701 985 BRT gegenüber. Hinzu kamen etwa 115 Schiffe, die auf Minen liefen, die deutsche U-Boote gelegt hatten.

Nach den grandiosen Erfolgen der ersten sechs Monate des U-Boot-Kampfes war Hitler zwar empfänglicher für diese Waffe geworden. Das änderte aber nichts an der Tatsache, daß er für den Seekrieg keine „Antenne" hatte.

Während nach Ansicht der englischen Experten auf j e d e r deutschen Werft nun U-Boote hätten gebaut werden müssen, dachte Hitler nicht daran, diese im Seekrieg gegen England allein entscheidende Waffe so rasch wie möglich aufzubauen. Captain Roskill, der offizielle britische Seekriegshistoriker, untersuchte diesen unbegreiflichen Fall und erklärte:

„Die Langsamkeit, mit der die Deutschen ihren U-Boot-Ausbau vorantrieben, hatte für Britannien höchst glückliche Folgen."

Im Norwegenfeldzug und vor allem während der daran anschließenden

Am 25. 9. 1940 lief U 47 mit Kptlt. Prien in Lorient ein.

Wochen des Einsatzes aller verfügbaren deutschen U-Boote vor der norwegischen Küste, kam es dann zu jener Torpedokrise, die für England wahrscheinlich kriegsentscheidend war. Die deutschen U-Boote kämpften nach den Worten von Günther Prien „mit hölzernen Schwertern".

Immer wieder kamen Prien und Schultze und eine Reihe anderer Kommandanten gegen Kriegsschiffe des Gegners, Schlachtschiffe, Kreuzer und Zerstörer sowie gegen große Truppentransportrer zum Schuß. K e i n e r der Torpedos detonierte!

Hier hatte die Chance bestanden, der englischen Kriegs- und Handelsflotte den alles entscheidenden Schlag zu versetzen. 36 Angriffe gegen feindliche Kriegsschiffe waren vergebens! KAdm. Dönitz mußte die U-Boote aus den Fjorden zurückziehen. Es war ein einziges Desaster.

Daß die Fehler an den Torpedos bereits seit dem spanischen Bürgerkrieg bekannt waren, sei am Rande erwähnt. Es kam zur Verurteilung der Verantwortlichen, aber die g r o ß e, die einmalige Chance der U-Boot-Waffe war verspielt worden.

Dennoch: Der Kampf mußte weitergeführt werden. So entsandte KAdm. Dönitz – nachdem nahezu drei Monate lang die deutschen U-Boote vom Atlantik verschwunden waren – als erstes Boot U 37 unter Kptl. Viktor Oehrn hinaus. Nach einer Reihe von Frühzündern und zwei Versagern gelang es Oehrn, acht Schiffe mit der Aufschlagzündung zu versenken, die Dönitz befohlen hatte.

In diesem Abschnitt des U-Bootkampfes machten schließlich die großen Asse von sich reden und wurden zu den großen Jägern auf den Sieben Meeren. Es waren Namen wie Kretschmer, Schepke und Lüth, Topp, Endrass und Suhren, Bleichrodt und Liebe, Lemp und Frauenheim, Rösing, Kals oder Hardegen, und wie sie alle hießen, die sich in die Annalen der Seekriegsgeschichte eintrugen und von denen dieses Werk eine Reihe der Tapfersten vorstellen will.

Während die erste Phase der Schlacht im Atlantik tobte, verlegte die U-Bootführung am 29. 8. 1940 nach Paris und später – nach dem Ausbau der Befehlsstelle in Kernevel bei Lorient – dorthin. Damit hatte Admiral Dönitz wieder engste Fühlung zu seinen Flottillen, die nach dem Freiwerden der französischen Atlantikhäfen von dort aus zu ihren Feindfahrten aufbrachen und somit eine Woche Marschfahrt sparten, weil der um 450 Seemeilen längere Weg um Nordengland herum – und damit eine große zusätzliche Gefahr – entfiel.

Der operative Stab der BdU wurde nunmehr als Operationsabteilung des BdU zsuammengefaßt. Seine Führung übernahm der bisherige 1. Admiralstabsoffizier KKpt. Godt.

Nach Ende des ersten Kriegsjahres waren 28 U-Boote seit Kriegsbeginn zur Front gekommen und 28 Boote waren in Verlust geraten. Von einer Verbesserung der Kampfzahlen konnte also nicht die Rede sein. Dies sollte für die britische Flotte und Handelsschiffahrt von entscheidender Wichtigkeit werden. Zu Weihnachten 1939 standen kein Dutzend Boote in See und ein Jahr später sollten zwei (!) ganze Boote den Handelskrieg im Atlantik betreiben, als nach dem Rückmarsch der „verschossenen Boote" eine U-Boot-Leere entstand.

Das Fazit des ersten Kriegsjahres, als Gegenpol zu den 28 verloren gegangenen Booten, war die Versenkung von sieben feindlichen Kriegsschiffen, darunter ein Schlachtschiff und ein Flugzeugträger, fünf Hilfskreuzern und 440 Handelsschiffen mit insgesamt 2 330 000 BRT. Diese Zahlen können nur andeuten, w a s geschehen w ä r e, wenn Admiral Dönitz 300 U-Boote zur Verfügung gestanden h ä t t e n.

Elf Angehörige der U-Boot-Waffe waren in diesem Zeitabschnitt mit dem Ritterkreuz ausgezeichnet worden.

Die erste Geleitzugschlacht – und damit die Bestätigung der Richtigkeit der von Admiral Dönitz konzipierten und erarbeiteten Rudeltaktik – begann am 20. 9. 1940. U 47 unter Kptlt. Prien stieß auf den Konvoi HX 72 und gab für die in der Nähe stehenden Boote Peilzeichen. U 99 unter Kretschmer, U 48 unter Bleichrodt und U 100 unter Schepke kamen heran. Sie schossen elf Schiffe mit zusammen 72 227 BRT heraus. Zwei weitere Schiffe mit insgesamt 13 022 BRT wurden später torpediert.

Im gesamten Monat September versenkten deutsche U-Boote 52 Schiffe mit 265 773 BRT. Im Oktober war die Bilanz noch größer: Die 63 versenkten Schiffe beliefen sich auf 352 407 BRT. Der Erste Lord der britischen Admiralität, Winston Churchill, schrieb später:

„Der U-Bootkrieg war unser schlimmstes Übel. Es wäre von den Deutschen klug gewesen, g a n z auf diese Karte zu setzen."*

Aber – wie bereits gestreift – zu Weihnachten 1940 standen ganze zwei (!) U-Boote im Einsatz. 100 U-Bootsoldaten führten den Kampf gegen die Britische Kriegs- und Handelsflotte.

Im Dezember aber war der HX 90 von einem der berüchtigten „Wolfs Packs" (Wolfsrudel) erfaßt worden. Zehn Schiffe wurden versenkt, darunter die 16 402 BRT große »Forfar«, die U 99 in die Tiefe schickte (siehe Kapitel Otto Kretschmer).

Drei U-Boot-Kommandanten schossen sich an die Spitze der „Tonnagekönige": Otto Kretschmer, Joachim Schepke und Günther Prien. Alle drei erhielten kurz nacheinander das Eichenlaub zum Ritterkreuz.

Im Februar 1941 wurden die ersten Boote in den Raum Freetown entsandt. Den dort „rakenden" sieben Booten gelang, es insgesamt 74 Feindschiffe zu versenken. Hier war es U 107 unter Kptlt. Günter Hessler, dem Schwiegersohn von Admiral Dönitz, der es zur erfolgreichsten Feindfahrt des Zweiten Weltkrieges brachte und 14 Schiffe mit insgesamt 86 699 BRT versenkte. Er erhielt das RK nach einer Gesamt-Versenkungszahl von

---

* In: „The Second World War", Band IV, Seite 107.

120 000 Tonnen, während es jeder andere Kommandant nach 100 000 BRT erhielt.

Die Entsendung deutscher U-Boote ins Mittelmeer u n d der Einsatz italienischer U-Boote auf deutscher Seite im Einsatz in der Atlantikschlacht, sah Dönitz stets in Aktion. Er versuchte, der obersten Führung klar zu machen, daß jedes dieser ins Mittelmeer verbrachten Boote für den Atlantikkampf verloren war. So gingen denn auch im Mittelmeer (um dies hier in knappster Form abzuhandeln) während des gesamten Einsatzes insgesamt 64 Boote verloren. Auf 24 von ihnen fielen im Kampf gegen feindliche Überwasserstreitkräfte der Kommandant und die gesamte Besatzung. Die letzten deutschen U-Boote versenkten sich zwischen August und September 1944 selbst.

Diese Boote versenkten im Mittelmeer:

1 Schlachtschiff

2 Flugzeugträger

5 Kreuzer

19 Zerstörer

13 kleinere Kriegsschiffe- und -boote

116 Schiffe mit insgesamt 472 815 BRT

24 Segler

24 Schiffe mit insgesamt 175 114 BRT wurden torpediert.

U 94, Kptlt. Kuppisch, wird vom BdU besichtigt. In dessen Begleitung der Stabschef der SA, Viktor Lutze.

Als Admiral Dönitz aus dem FHQ die Mitteilung erhielt, daß Hitler die gegenüber den US-Fahrzeugen angeordnete Einschränkungen aufgehoben hatte, forderte er sofort die Freigabe von zwölf Booten durch die Skl, um diese vor die amerikanische Ostküste zu schicken.

Die Gesamtzahl der U-Boote betrug zu diese Zeitpunkt, Dezember 1941, 91 Boote. Davon standen 23 der kampfstärksten Typen im Mittelmeer und waren für jede andere Operation nicht mehr greifbar. (Ein Zurücklaufen durch die Straße von Gibraltar in den Atlantik war wegen der gewaltigen Strömung n u r im Überwassermarsch möglich, u n d dieser Überwassermarsch endete für jedes U-Boot tödlich. Dort standen dem Gegner Dutzende Zerstörer, Flugzeuge und andere Einheiten zur U-Bekämpfung zur Verfügung.)

Aus dem KTB des BdU ist zu ersehen, daß in den Atlantikhäfen zwischen dem 16. und 25. 12. 1941 nur fünf (!) Boote zur Verfügung standen, wenig später kam ein sechstes hinzu. Sie alle sollten den großen Paukenschlag vor der US-Ostküste durchführen.

Unter strengster Geheimhaltung liefen diese fünf Boote aus. Am 9. Januar 1942, als der BdU übersehen konnte, daß sie um den 13. 1. 1942 im Operationsgebiet stehen würden, wurde dieser Tag als Beginn des Paukenschlages befohlen.

Erst am 2. 1. 1942 gab die Skl weitere für den Mittelmeer-Gibraltarraum vorgesehene Boote des Typs VII C für den Atlantikkampf frei. Sie erhielten von Dönitz Marschorder in den Raum Neuschottland-Neufundland.

Die insgesamt sechs Boote unter ihren erfahrenen Kommandanten schossen vor der US-Küste 27 Schiffe mit 208 143 BRT aus dem laufenden Schiffsverkehr heraus (siehe dazu das Kapitel Ernst Kals).

Bis die neue Kampfgruppe vor der US-Küste eintraf, war die erste bereits auf dem Rückmarsch. Vor der Chesapeake-Bay versenkten U 108, U 103, U 107 weitere US-Schiffe, so daß sich die Gesamterfolge allein vor der US-Ostküste auf 62 Schiffe mit 327 357 BRT erhöhten.

Es folgten weitere Boote und alle errangen große Erfolge. Der „Große Löwe" Dönitz faßte seine Erkenntnisse über diesen Einsatz mit den Worten zusammen:

„Diese Kommandanten erfaßten die taktische Gesamtlage sehr schnell und trugen, um die Gunst der Stunde zu nutzen, ein hohes Risiko. So wuchs eine neue Reihe von Assen in unserer U-Bootwaffe heran."

Eine Reihe Weisungen und Befehle von „oben" behinderten die U-Booteinsätze auch weiterhin. So der Führerbefehl vom 25. 1. 1942, acht Boote in den Raum zwischen Island und Schottland zu entsenden und damit die norwegische Küste zu sichern. Diesen ersten acht Booten sollten noch zwölf weitere folgen. Damit waren 20 Kampfboote der Atlantikschlacht entzogen. Captain Roskill kommentierte diese Maßnahme Hitlers mit den Worten:

„Diese Abstellungen wurden zum entscheidenden Faktor in der Atlantikschlacht zu Gunsten der Alliierten."

Die ersten Treibölversorger des Typs XIV liefen im April 1942 aus. Sie versorgten vom 22. 4. bis zum 6. 5. 1942 nicht weniger als 14 VII C-Boote mit zusätzlichen Treibstoff und ermöglichten ihnen eine doppelt so lange Aufenthaltszeit im Operationsgebiet. So wurden im Mai, dank dieser Hilfe, im Seeraum der Karibischen See und im Atlantik 148 Schiffe mit 752 009 BRT versenkt. Vom 1. Januar bis zum 30. Juni 1942 versenkten die U-Boote 585 Schiffe mit 3 080 934 BRT. Dies sind die vom Gegner bestätigten Zahlen. Nicht darin eingeschlossen sind einige hundert torpedierter Schiffe.

Im Juli 1942 kamen erstmals 30 Boote zur Front und auch im September wurde diese Zahl erneut erreicht. Dies war das persönliche Verdienst von KAdm. von Friedeburg, denn e r war es, der auch für die entsprechenden Besatzungen zu sorgen hatte. Sein Organisationsstab und seine Schulpläne gaben den jungen freiwilligen U-Boot-Fahrern das Können und Wissen mit auf den Weg, mit dem sie – auf ihren guten Booten – die Atlantikerfolge erzielten.

Im August 1942 begannen weitere große Atlantik-Rudelschlachten. In diesem Monat wurden 495 013 BRT feindlichen Schiffsraumes versenkt. Allerdings war Karl Dönitz bestürzt über die hohe Zahl der verlorengegangenen Boote: Das dritte Kriegsjahr hatte 60 Boote gekostet.

Im August 1942 liefen vier große Boote des Typs IX C zu einer weiträumigen Unternehmung in südlichen Gewässern aus. Unterwegs sichtete U 156 unter Kptlt. Hartenstein einen riesigen Truppentransporter, die 19 695 BRT große »Laconia«. Sie hatte neben britischen Truppen noch 1500 italienische Kriegsgefangene an Bord. Am 12. 9. fiel um 22.07 Uhr der Fächerschuß. Die »Laconia«, die übrigens acht Geschütze an Deck aufgestellt hatte, darunter zwei 15 cm-Kaliber, sank.

Als das Schiff bereits gesunken war, nahmen die U-Boot-Leute italienische Hilferufe wahr.

Um 0.12 Uhr setzte Hartenstein einen FT-Spruch an die Operationsabteilung ab:

„Versenkt von Hartenstein Brite »Laconia« im Marinequadrat FF 7721, 310 Grad. Leider mit 1500 italienischen Kriegsgefangenen. Bisher 90 geborgen, 157 cbm (Brennstoff-Vorrat).

19 Torpedos, Passat 3, erbitte Befehle."

Die Gesamt-Passagierzahl stellte sich später so dar: Es waren 1800 italienische Kriegsgefangene, 436 Mann Besatzung, 268 britische Urlauber, 80 Frauen und Kinder, sowie 180 polnische Gefangenenwärter auf dem Schiff.

Admiral Dönitz leitete sofort eine großzügige Hilfs- und Rettungsaktion ein und ordnete den Abbruch aller anderen U-Boot-Operationen an. Er beorderte die beiden Boote U 506 und U 507 u n d die für den Südeinsatz in See stehende U-Boot-Gruppe „Eisbär" zur Untergangsstelle, um so viele

Menschen wie möglich zu retten. Allein U 156 nahm 193 Schiffbrüchige an Bord und rettete am anderen Morgen weitere 200, die Kptlt. Hartenstein auf die Rettungsboote verteilte. Er tat noch ein übriges, indem er am nächsten Morgen um 6.00 Uhr einen offenen Funkspruch auf der von allen Schiffen besetzten 25-Meter-Welle tasten ließ:

„If any ship will assist the shipwrecked Laconia-Crew I will not attack her providing. I am not being attacked by ship or Airforces. I picked up 193 men. 4-42 South, 11-36 West. German submarine."

Zehn Minuten darauf ließ er den Spruch auf der 600-Meter-Welle wiederholen. Am 14. und 15. 9. trafen U 506 und U 507 an der Untergangsstelle ein und beteiligten sich an der Bergungsaktion. Am 16. 9. wurde U 156 von einem viermotorigen US-Flugzeug überflogen und mehrfach umkreist. Es konnte die 2 x 2 Meter große auf dem Turm des Bootes ausgelegte Rote-Kreuz-Flagge g u t erkennen.

Wenig später, es war nach den Eintragungen in das KTB von U 156 12.32 Uhr, griff eine Maschine des gleichen Typs, nachdem sie das Boot in 80 Meter (!) Höhe überflogen hatte, mit zwei Bomben an. Eines der Rettungsboote kenterte. Dann warf das Flugzeug eine dritte Bombe mitten in den Pulk der Rettungsboote und dann eine vierte, die weiter ab in die See einschlug.

Ein zweiter Angriff mit zwei Bombenabwürfen brachte das Boot in große Gefahr, denn die Bomben detonierten mit einigen Sekunden Verzögerung fast genau unter der Zentrale. Der Bugraum meldete einen Wassereinbruch. Kptlt. Hartenstein mußte den Befehl geben, alle Briten von Bord zu geben. Ebenfalls die Italiener, weil er für sie keine Atemgeräte hatte und die Batteriebilge gaste.

Der Gegner hatte – obgleich die Torpedierung bereits vier Tage zurücklag, – k e i n e Anstalten getroffen, etwas zur Rettung der eigenen Schiffbrüchigen zu tun, stattdessen flog er Angriffe.

Am 17. 9. wurde auch U 506, mit 142 Schiffbrüchigen an Bord, durch einen Bomber angegriffen. Dazu Captain Roskill, der unbestechliche Chronist der britischen Marine:

„Es ist gleichermaßen unmöglich, diese Handlungsweise zu rechtfertigen, wie es schwer fällt, zu erklären, warum diese Bombardierungen unternommen wurden. Da man in dem KTB der britischen Station Freetown k e i n e Eintragung über diesen Angriff findet, muß eine US-Dienststelle diesen Befehl gegeben haben."

Erst nach diesen Meldungen befahl Admiral Dönitz, den Schauplatz des tragischen Ereignisses zu verlassen, da der Gegner offenbar nicht einmal die primitivsten Regeln bei Seenotfällen beherzigte.

Im Verlaufe dieses 17. 9. trafen dann schließlich die von der französischen Vichy-Regierung zugesicherten beiden Schiffe »Annamite« und »Gloire« am Treffpunkt ein und übernahmen die Geretteten von den U-Booten. Später erhielt man eindeutige Beweise, daß ein US-Bomber

Am 31. 5. 1941 lief U 94 nach erfolgreicher Feindfahrt in St. Nazaire ein. Admiral Dönitz erwartete die Besatzung.

diese Bomben geworfen hatte u n d daß der Kommandant dieses Bombers ganz genau wußte, was er tat!

Im September 1942 hielt Admiral Dönitz Hitler Vortrag über die Lage des U-Boot-Krieges, nachdem Großadmiral Raeder über die Gesamtlage der Kriegsmarine referiert hatte.

Dönitz vermittelte eine genaue Übersicht über den Stand des U-Boot-Kampfes im Südatlantik und forderte erneut den besonderen Einsatz der eigenen Luftwaffe zur Aufklärung.

„Nur eine enge Zusammenarbeit mit der Luftwaffe sichert die rechtzeitige Weitergabe von Aufklärermeldungen an die U-Boot-Rudel und erhöht somit ihre Effizienz."

Es kam auch die neue Generation von Unterwasserfahrzeugen zur Sprache. GA Raeder erklärte, daß zwei Walter-Boote bei Blohm & Voss in Auftrag gegeben worden seien.

Zum Schluß erklärte Hitler:

„Der U-Boot-Krieg ist für uns von kriegsentscheidender Bedeutung!"

Als die Skl am 8. 11. 1942 die Mitteilung über die alliierten Landungsoperationen an der marokkanischen Küste und an der algerischen Küste erhielt, beorderte Admiral Dönitz alle zwischen der Biskaya und den Kapverdischen Inseln stehenden U-Boote zur marokkanischen Küste. Es kam zu einigen Erfolgen, die in den Kapiteln über Henke und Kals dargestellt werden sollen. Die Landungen nachhaltig zu stören, oder gar zu verhindern, war mit den wenigen verfügbaren Booten nicht möglich.

Dennoch wurde der November mit einer Versenkungszahl von 119 Schiffen und 729 160 BRT zu einem großen Erfolg. Der Dezember ergab dann mit 55 Schiffen und 289 119 BRT versenkten Schiffsraumes erneut eine beachtliche „Strecke", trotz der U-Boot-Leere, die nach den Novembereinsätzen eingetreten war.

Insgesamt versenkten deutsche U-Booten 1942 insgesamt 1160 Schiffe mit 6 266 215 BRT.

Dazu Captain Roskill:

„Es war der britischen Admiralität klar, daß die Schlacht auf den Geleitzugwegen noch nicht entschieden war, daß der Feind größere Kräfte besaß, als jemals zuvor, und daß die Krise in diesem sich lange hinziehenden Kampf nahe bevorstand."

Immer wieder wurde und wird nach Ende des Zweiten Weltkrieges erklärt, daß Großadmiral Karl Dönitz ein bedingungsloser Anhänger Hitlers und ein unbelehrbarer „Nazi" gewesen sei. Zur Untermauerung wird stets darauf hingewiesen, daß Dönitz im Jahre 1943 immer wieder ins FHQ geflogen sei, um Hitler seiner dauernden Loyalität zu versichern.

Dies alles ist unrichtig. Richtig hingegen ist, daß es Karl Dönitz s t e t s um die Belange seiner U-Bootfahrer und jene der Kriegsmarine ging, so oft er auch Hitler sprach.

Großadmiral Raeder war der Überzeugung gewesen, daß er Distanz zum FHQ halten müsse, um dadurch Eingriffe in die Belange der Kriegsmarine von oben her zu vermeiden. Dies sollte sich als falsch erweisen.

Als das Unternehmen „Regenbogen", der Einsatz der Kampfschiffe gegen den alliierten Nordmeer-Konvoi JW 51 B, fehlschlug und dabei der Schwere Kreuzer »Admiral Hipper« schwer beschädigt und ein Zerstörer versenkt worden war, forderte Hitler anläßlich der abendlichen Lagebesprechung des 6. 1. 1943 in der Wolfsschanze die Außerdienststellung sämtlicher Großkampfschiffe.

„Die Rolle der Hochseeflotte", so Hitler, „ist bereits im Ersten Weltkrieg ohne Bedeutung gewesen, ebenso ist es mit den Schiffen, die unsere Kriegsmarine hat. Diese liegen monatelang in den Häfen fest und erfordern starke Luftstreitkräfte und Flakabwehr zu ihrer Verteidigung.

Der Krieg zur See ist vor allem von den leichten Seestreitkräften geführt worden. Die bedeutungsvollste Waffe ist – wie schon im Ersten Weltkrieg – die U-Boot-Waffe."

Hitlers weitere Forderungen zielten auch auf einen Umbau der Schweren Kreuzer zu Flugzeugträgern ab. Hinzu kamen eine Reihe von Außerdienststellungen.

In einem anschließenden Gespräch unter vier Augen erklärte Großadmiral Raeder Hitler seinen Rücktritt. Hitler griff diese Anregung sofort auf und fragte Raeder, wen er als seinen Nachfolger nennen könne.

Raeder nannte Generaladmiral Carls oder Admiral Dönitz. Hitler entschied sich für letzteren und ernannte Dönitz zum Großadmiral. Als dieser von Hitler gefragt wurde, stimmte er zu. Er bemerkte in seinem Tagebuch:

„Als ich im Januar 1943 meine Ernennung zum Oberbefehlshaber der Kriegsmarine erhielt, war ich mir der Größe der Verantwortung, die ich damit übernahm, durchaus bewußt. An meiner Einstellung, daß es meine e i n z i g e Verpflichtung als Soldat im Kriege sei, mit aller Kraft gegen den äußeren Feind zu kämpfen, änderte sich nichts".

Großadmiral Raeder übergab Dönitz einen Wehrmachtteil, der wie kein anderer in Fühlen und Handeln, in Kameradschaft und Disziplin gefestigt war.

Nach der vollzogenen Wachablösung hatte Dönitz am 8. Februar 1943 die erste Besprechung als OB der Kriegsmarine mit Hitler. Dönitz erklärte, daß die schwerwiegendste Lücke in der Seekriegsführung das Fehlen jeglicher Aufklärungsmittel sei, und es nach wie vor an Überwachungs- und Aufklärungsflugzeugen fehle. Der Bau von Transport-U-Booten wurde von ihm ebenso angeschnitten wie eine Reihe von Personalveränderungen. Zuletzt erklärte der neue Oberbefehlshaber, daß er eine eingehende Unterrichtung des Führerhauptquartiers über die Seekriegslage beabsichtige, und daß hierfür Fregattenkapitän Junge als Vortragender vorgesehen sei.

Hitler stimmte allen Vorschlägen von Dönitz zu. Für Dönitz war dies eine Überraschung, denn er hatte vermutet, daß Hitler ihn sehr bald wieder abservieren würde. Dazu der neue OB der Kriegsmarine:

„Ich merkte bald, daß die Wirkung meines Widerstandes auf Hitler eine ganz andere war. Er behandelte mich künftig mit auffallender Höflichkeit. Nie redete er mich anders, als betont korrekt mit meinem Dienstgrad an"*.

Danach blieb Dönitz seinem Grundsatz treu, Hitler uneingeschränkt alles zu melden und selbst Mißerfolge nicht zu verschweigen oder zu beschönigen, und ihm auch seine Sorgen um den U-Bootkrieg nicht vorzuenthalten.

Am 26. Februar 1943 trug er Hitler vor, daß der Einsatz der Großkampfschiffe für die Kriegsmarine unerläßlich sei, und daß er es für seine Pflicht halte, die schweren Schiffe unter allen Umständen auszunutzen, so lange noch die Möglichkeit des Kampfes mit solchen Einheiten gegeben sei, anstatt sie außer Dienst zu stellen.

Hitler stimmte dem – zur Überraschung seiner engsten Umgebung – zu und erlaubte trotz vorheriger negativer Reaktion die Verlegung der

---

* Siehe Dönitz, Karl: a.a.O.

»Scharnhorst« mit ihrer Kampfgruppe in den Nordraum und deren Einsatz bei sich bietender Gelegenheit.

Um die Italiener – nach dem Zusammenschrumpfen des afrikanischen Kriegsschauplatzes auf Tunesien – bei der Stange zu halten „u n d sie eis-kalt vor die Alternative zu stellen, entweder alle Mittel für die Durchset-zung des Nachschubes dorthin einzusetzen, oder Tunesien und damit schließlich auch früher oder später Italien zu verlieren", wurde GA Dönitz damit beauftragt, „diese und andere Gesichtspunkte in Rom dem Duce vor-zutragen und dort alles durchzusetzen, was überhaupt möglich war; ein-schließlich einer stärkeren deutschen Einschaltung in die Führung und Steuerung der Geleitzüge von Italien nach Tunesien.*"

Dönitz reiste sofort nach Rom. Er kehrte vier Tage später zurück und meldete Hitler, daß er ein neunpunktiges Abkommen mit der italienischen Marineführung abgeschlossen hätte. Der Kern bestand darin, daß VAdm. Ruge mit seinem Stab die Führung und Leitung der Nachschubkonvois nach Tunesien übernehmen werde, und daß alle tunesischen Häfen, die für Material- und Truppenlandungen in Frage kamen, unter das Kommando deutscher Seeoffiziere gestellt werden sollten.

---

* Siehe Gespräche Dönitz Kurowski a.a.O.

U 29, Kptlt. Schuhart, läuft im Winter 1940/41 zur letzten Feindfahrt aus Lorient aus.

Daß nach der Ernennung von GA Dönitz zum Ob. d. M. eine neue Befehlsstruktur und eine Verlagerung der Kompetenzen notwendig war, ergibt sich aus der Natur der Sache. Der Stab des BdU beispielsweise wurde – damit er auch nach wie vor in der Nähe von Dönitz blieb – als 2. Abteilung der Seekriegsleitung in das OKM eingegliedert. KAdm. Godt, Chef des Stabes des BdU, wurde Leiter derselben. KKpt. Hessler stand Godt als Erster Admiralstabsoffizier zur Seite.

Die letzte Phase der Schlacht im Atlantik, die im Januar 1943 begann, erlebte einen furiosen Aufschwung. Die deutsche U-Bootwaffe hatte sich auf insgesamt 215 Boote verstärkt, von denen allerdings nur 164 im Atlantikeinsatz, der Rest im Mittelmeer und im Schwarzen Meer standen. Dennoch erbrachte der Januar 1943 einen Erfolg von 42 versenkten Schiffen mit 218 449 BRT. Im Februar steigerte sich dieses Ergebnis auf 68 Schiffe mit 380 835 BRT und der März brachte dann eine weitere grandiose Steigerung.

Der Kampf gegen die Geleitzüge SC 121 im März wurde von 29 Booten geführt, von denen allerdings nur 10 Boote Anschluß gewannen und 13 Schiffe mit 62 198 BRT daraus versenkten.

Weitere Angriffe einzelner Boote brachten ebenfalls gute Ergebnisse. Genannt sei vor allem der Einsatz von U 510 unter KKpt. Neitzel, der aus dem Konvoi BT 6 – Bahia-Trinidad – acht Schiffe herausschoß, von denen drei sanken, während fünf weitere Nothäfen erreichten.

Am 16. März 1943 fiel der erste Torpedoschuß auf die beiden von Amerika nach England laufenden Geleitzüge HX 229 und SC 122, die sich in der Mitte des Atlantik einander näherten. Der erste war ein langsamer, der zweite ein schnellerer Konvoi, und da der langsamere vorn lief, mußten sie sich einander annähern, was den deutschen U-Booten eine reiche Beute versprach.

Der BdU setzte de Gruppe „Stürmer" mit 18 und die Gruppe „Raubgraf" mit neun Booten sowie die Gruppe „Dränger" mit elf Booten auf diese Zusammenballung zweier großer, stark gesicherter Geleitzüge an.

Am 16. 3. trafen die ersten Aale. Der Kampf am Konvoi dauerte bis zum frühen Morgen des 20. März. Bis dahin hatten die Wolfsrudel 21 Schiffe mit 140 842 BRT versenkt und elf weitere schwer beschädigt. Von den insgesamt 100 Schiffen erreichten übrigens nur 69 den Nordkanal.

Weitere Erfolge vervollständigten die Märzbilanz auf insgesamt 105 Schiffe mit zusammen 590 234 BRT. Dazu Captain Roskill:

„Man kann auf diesen Monat nicht zurückblicken, ohne so etwas wie Entsetzen zu empfinden über die Verluste, die wir erlitten."

Die britische Admiralität ließ fünf weitere Support Groups zusammenstellen und die US-Navy schickte eine sechste mit dem Flugzeugträger »Bogue« und fünf Zerstörern.

Das vorläufige Finale der deutschen U-Boote begann bereits im April. Mit neuen Support Groups und dem Einbau der „High Frequency Direktion Finders", mit deren Hilfe Zerstörer und Flugzeuge auf geortete U-Boote eingesetzt werden konnten, und mit den neuen gefährlichen Wasserbomben-Werfern – dem Hedgehog – der als Fächer 24 (!) Wasserbomben gleichzeitig mit den verschiedensten Tiefeneinstellungen werfen konnte, sowie der Thorpex-Wasserbombe, die auch das tiefstmöglich getauchte U-Boot erreichte, waren die Vernichtungswaffen gegeben.

So wurde der April mit 48 versenkten Schiffen und insgesamt 276 517 BRT ein schwacher Monat, den die U-Bootführung allerdings auf die U-Boot-Leere im Atlantik zurückführte.

Der HX 231 und der HX 232 verloren einige Schiffe, der HX 233 ebenfalls. Lediglich am TS 37 – Takoradi – Freetown – konnte Kptl. Werner Henke in zwei Anläufen binnen zweier Stunden vier Schiffe versenken und ein fünftes torpedieren (siehe Kapitel Werner Henke).

Anfang Mai aber waren wieder so viele U-Boote ausgelaufen, daß vier Gruppen aufgestellt werden konnten. Bis dahin waren auch in der Karibik und an anderen Stellen Einzelerfolge erzielt worden. Doch die U-Bootwaffe mußte bereits in der ersten Maihälfte schwere Verluste hinnehmen. Die Boote U 630, U 192, U 638 und U 125 wurden von Geleitfahrzeugen oder Flugzeugen versenkt; U 125 von dem Zerstörer »Oribi« gerammt. Dieser Zerstörer versenkte auch noch U 531. U 533 wurde von der »Sunflower« gerammt. Alles geschah am Konvoi ONS 5 und ONS 5s, der zwölf Schiffe mit 55 760 BRT verlor. Der Erfolg war z u t e u e r erkauft worden. GA Dönitz ließ die Angriffe auf diesen stark gesicherten Konvoi deshalb abbrechen.

Nach Abbruch dieser Geleitzugschlacht standen noch 18 U-Boote im Atlantikeinsatz, die zur Gruppe „Elbe" zusammengefaßt wurden. Am Konvoi HX 237 gingen vom 11. bis 13. Mai drei weitere Boote verloren und die Verlustserie stieg danach noch rapider an. Auf U 954, das am 19. Mai 1943 südostwärts von Cape Farewell verlorenging, fiel auch Olbt. z. S. Peter Dönitz, der auf diesem Boot als I. WO diente.

Bis zum Monatsende waren es 41 Boote, die ihren Angriff mit dem Untergang bezahlten.

Bereits am 24. Mai hatte GA Dönitz den Abmarsch aller im Atlantik stehenden Boote in den Seeraum bei den Azoren befohlen. Er sagte dazu:

„Wir waren in der Atlantikschlacht unterlegen."

Captain Roskill faßte diese überraschende Entwicklung in den Worten zusammen:

„Wir wußten nunmehr, daß wir einen Griff abgeschüttelt hatten, der uns beinahe den Hals zugedrückt hätte.*"

Die amtlichen britischen Stellen aber gingen noch weiter:

„Die Schlacht erreichte nie wieder dieselbe Höhe. Noch war sie in einem unsichereren Gleichgewicht, wie im Frühjahr 1943. Mit Recht kann daher

---

* Siehe Roskill, S. W. a.a.O.

gesagt werden, daß der Sieg, von dem hier berichtet wurde, einen entscheidenden Wendepunkt des Zweiten Weltkrieges darstellte. Dies nach 45 Monaten einer unaufhörlichen Schlacht, die von stärkerer und heftigerer Art war, als die Nachwelt sie sich j e m a l s wird vorstellen können."

Der U-Bootkrieg aber mußte trotz dieser hohen Opfer fortgesetzt werden. Wäre er − wie auch Hitlers Berater vorgeschlagen hatten − eingestellt worden, hätte der Gegner seine 2600 Fahrzeuge, die gegen U-Boote im Einsatz standen, und die vielen hundert Flugzeuge für andere Zwecke frei bekommen. Er hätte sie nach den Worten von Großadmiral Dönitz für folgende andere Zwecke einsetzen können:

„Zur Forcierung und Erzielung der Seeherrschaft in der Ostsee, Churchills altem Wunsch. Womit die Erzversorgung Deutschlands, die Versorgung der deutschen Ostfront und − am Ende des Krieges − alle Rückführungsoperationen vereitelt worden wären.

Die für die U-Bootbekämpfung nicht mehr notwendigen Flugzeuge hätten zur Bombardierung deutscher Städte eingesetzt werden können, und diese in Schutt und Asche gelegt....Schon um dem Gegner die Möglichkeit

Kptlt. Wohlfarth erhält das RK. „Ja, die kleinen Fische!"

nicht zu geben, mußte daher im Mai 1943 der U-Bootkrieg fortgesetzt werden. Der Atlantik war das Vorfeld, in welchem in vorderster Linie die Heimat verteidigt wurde."

Die U-Bootwaffe konnte 1943 nicht aufhören, sich einzusetzen. So nahmen denn die U-Bootfahrer in selbstlosem, echten Soldatentum diesen schweren Kampf weiter auf.

GA Dönitz hatte diesen Entschluß nicht allein gefällt. Er war nach dem Mai-Desaster zu den einzelnen U-Flottillen gefahren und hatte in den vielen Besprechungen mit den Chefs und Kommandanten erfahren, daß die U-Bootfahrer diesen Entschluß für richtig hielten. Der Einsatz der U-Bootwaffe in den letzten zwei Jahren zeigte denn auch, daß der Kampfgeist aller U-Bootfahrer bis zum letzten Kriegstage ungebrochen war.

Hitler, dem Dönitz bereits am 31. Mai 1943 auf dem Berghof Vortrag gehalten hatte, war mit den von Dönitz getroffenen Maßnahmen einverstanden und nicht nur das: Als Dönitz zu erklären versuchte, warum der U-Bootkrieg fortgeführt werden müsse, wurde er von Hitler unterbrochen:

„Es kommt gar nicht in Frage, daß im U-Bootkrieg etwa nachzulassen sei! Der Atlantik ist mein westliches Vorfeld und wenn ich dort auch nur in der Defensive kämpfen muß, so ist das besser, als mich erst an den Küsten Europas zu verteidigen.

Das, was der U-Boot-Krieg, auch wenn er nicht mehr zu großen Erfolgen kommt, bindet, ist so außerordentlich groß, daß ich mir das Freiwerden dieser Mittel des Gegners nicht erlauben kann.*"

Die Kriegsstärke der 645 U-Boot-Besatzungen (darin eingeschlossen alle Besatzungen der Schulflottillen) betrug zu diesem Zeitpunkt 31 999 Mann. Hinzu kamen 3986 Mann Baubelehrungspersonal. Auf den Front-Flottillen und Stützpunkten standen insgesamt jedoch nur 5172 Mann. Da die
U-Boots-Ausbildung erweitert und die Schulflottillen damit ebenso erhöht werden mußten, wie die Zahl der Begleit- und Zielschiffe, wurden 8432 Mann neues Personal benötigt. Für die Indienststellung weiterer Boote ab November 1944 (so wurde errechnet) waren 12 614 weitere U-Bootfahrer notwendig. Damit wäre die U-Bootwaffe mit 49 589 Soldaten sofort und weiteren 12 614 ab November 1944 auf einem Gesamtbestand von 62 203 Mann gestiegen.

Dies zu den oftmals kolportierten Zahlen über gigantische Menschenansammlungen in der U-Bootwaffe. Aus diesen Männern hätte man − wie dies mehrfach vorgeschlagen worden war − keine neuen Divisionen formieren können, die im Stande gewesen wären im Westen oder gar im Osten etwas am Schicksal der nahenden Niederlage zu ändern.

---

* Wagner, Gerhard: Lagevorträge des Oberbefehlshabers der Kriegsmarine vor Hitler 1939-1945.

Die neuen U-Boote, mit sagenhaften Unterwassergeschwindigkeiten und hoher Tauchtiefe wurden und wurden nicht fertig. Sie sollten bis Kriegsende nicht mehr zum Einsatz kommen, wenn man von der spektakulären Fahrt eines Bootes kurz vor Kriegsschluß absehen will, die im Kapitel über Kapitänleutnant Adalbert Schnee dargelegt werden soll.

Die sogenannte Metox-Krise überschattete eine gewisse Zeit die U-Bootfahrten, bis sie gemeistert wurde. Die ersten „Zerstörerknacker" – der neue Torpedo T 5, der seinen Lauf nach den Schraubengeräuschen der Zerstörer nahm – und alle anderen Verbesserungen, schließlich auch des Schnorchels, mit dem auch in Unterwasserfahrt mit den Dieselmotoren gefahren werden konnte, änderten nichts an der Tatsache, daß die U-Boote oft zu einer Todesfahrt ausliefen. Die Jäger der ersten Kriegsjahre waren zu Gejagten geworden.

Vom 1. 9. 1942 bis zum 31. 8. 1943 waren 239 U-Boote verlorengegangen.

Die großen Boote IX D-2 mit einem Aktionsradius von 23 700 Seemeilen, die ab dem 12. September 1942 in Aktion traten, erzielten noch einmal größere Erfolge in den fernen Gewässern des Weltmeeres. Es waren die alten Kämpfer Lüth, Hartmann, Gysae und Dommes, Kentrat, Bartels und einige andere, die auf Einsatzfahrten zwischen 200 und 220 Tagen das Letzte aus den Booten und ihren Besatzungen herausholten und den U-Bootkrieg in die fernsten Winkel der Weltmeere trugen.

Nach dem Untergang der »Scharnhorst« ging das Jahr 1943, das für Großadmiral Dönitz so erfolgreich begonnen hatte, mit einem großen Verlust zu Ende.

Das Jahr 1944 wurde ein Jahr der Bitternis und der Rückschläge. Die alliierte Invasion an der französischen Westküste brachte noch einmal den Ansatz eines Großteiles der in See stehenden U-Boote. Hinzu kamen Einsätze der Zerstörer und Torpedoboote, der Schnellboote und der kleinen Boote der Kriegsmarine, einschließlich der Marine-Kleinkampfverbände.

Die ausgelaufenen oder in See stehenden Boote wurden von einer Vielzahl an Flugzeugen und Zerstörern zur See und aus der Luft angegriffen. Es waren insgesamt 36 Boote, die aus Brest, St. Nazaire, La Pallice und Lorient ausliefen. 56 Angriffsmeldungen dieser Boote gingen bei der Befehlsstelle der U-Boote ein. Sechs der aus Brest ausgelaufenen Boote mußten mit schweren Blessuren wieder einlaufen. U 970 und U 955 gingen am frühen Morgen des 7. Juni verloren, als sie von Feindfahrt heimkehrend in den Bereich der Invasionsflotten gerieten. In den nächsten Tagen sanken zehn weitere Boote und sechs mußten beschädigt umkehren. Weitere Versenkungen folgten.

Insgesamt wurden 64 alliierte Feindschiffe und Boote von Schnellbooten, Torpedobooten und Zerstörern, sowie den U-Booten versenkt und 110 weitere getroffen und beschädigt. Gemessen an der Zahl von 4200 Fahrzeugen aller Art und 850 Kriegsfahrzeugen war dies verschwindend wenig.

Die alliierte Landung nahm unangefochten ihren Verlauf. Die Kriegsmarine verlor vom 1. 9. 1943 bis zum 31. 8. 1944 248 Boote. Das HQ des Ob. d. M. verfolgte diese Entwicklung mit großer Sorge. Hitler befahl nach einem Vortrag des Oberbefehlshabers der Marine:

„Wir müssen wie die Bulldoggen Minen und immer wieder Minen in die Seinebucht werfen und alle vorhandenen Mittel gegen den Nachschub des Feindes einsetzen. Es ist ungleich viel wichtiger und auch wirkungsvoller, eine ganze Schiffsladung zu versenken, als nachher an Land das ausgeladene Personal und die Waffen einzeln zu bekämpfen.

Auch die feindlichen Kriegsschiffe müssen bekämpft werden. Insbesondere die Schlachtschiffe. Wenn der Gegner in der Seinebucht sechs bis acht Schlachtschiffe verliert, dann hat dies d i e g r ö ß t e n strategischen Auswirkungen."

Dies war zwar durchaus richtig, nur es bestand k e i n e Möglichkeit, diesen waffenstarrenden Kordon der Sicherungsschiffe zu durchbrechen, wie vor allem die Torpedoboote und Zerstörer feststellen mußten.

Der Kampf in der Ostsee war zur See im Sommer, Herbst und Winter geprägt von den Einsätzen der beiden „Schweren Kampfgruppen 1 und 2". Hier zeigte es sich, daß die Planungen von Karl Dönitz durchaus richtig waren, die Großkampfschiffe zu behalten. H i e r zeigten beispielsweise der Kreuzer »Prinz Eugen« mit seinen Torpedobooten und Zerstörern ebenso wie die »Lützow« mit ihren Begleitzerstörern, daß sie wichtiger Bestandteil der Abwehr russischer See- und Landoperationen waren.

Das deutsche Schlachtschiff »Tirpitz« aber stand in diesem Jahr der Vorentscheidung im dauernden Abwehrkampf gegen britische Flugzeuge, Kleinst-U-Boote und immer wieder Flugzeuge. Sie wies alle Angriffe ab, bis zu jenem 12. 11. 1944, als 40 Lancaster-Bomber die »Einsame Königin des Nordens« angriffen und versenkten. Mit dem letzten deutschen Schlachtschiff gingen 1204 deutsche Marinesoldaten unter.

„Als die »Tirpitz« unterging, für uns alle ein Wahrzeichen unerschütterlichen Stehvermögens, ging es wie ein Schock durch die ganze Marine.*"
Der Endkampf in der Ostsee begann im Januar 1945, zeitgleich mit der Großoffensive der Roten Armee aus den Weichselbrückenköpfen. Nachdem Insterburg am 21. 1. 1945 gefallen war und sich dem Gegner der Weg nach Königsberg öffnete, hieß es für die Marine, die Rettungsaktionen zu forcieren. Dazu Karl Dönitz:

„Die Rettung der deutschen Ostbevölkerung hielt ich unter diesen Umständen für die e r s t e Pflicht, die der deutsche Soldat noch zu erfüllen hatte. Wenn wir zu unserem Schmerz den Ostdeutschen ihre Heimat nicht erhalten konnten, so durften wir sie bei der Rettung des nackten Lebens

---

* Karl Dönitz im Gespräch mit dem Autor.

63

Großadmiral Dönitz besichtigt eine angetretene U-Boot-Besatzung.

keinesfalls im Stich lassen. Allein dafür mußten auch die Soldaten an der Ostfront weiterkämpfen.

Der U-Bootkrieg war damit nicht mehr Hauptaufgabe der Kriegsmarine. Ich stellte große Teile derselben auf die Unterstützung der Ostfront und die Rettung deutscher Menschen ab.*"

Neben den gecharterten Handelsschiffen waren es auch die Kreuzer, Torpedoboote und Zerstörer der Kriegsmarine, die sich an den Rückführungsfahrten beteiligten. Die Leitung der Rückführungsoperationen lag in den Händen von KAdm. Engelhardt.

---

* Siehe Dönitz, Karl: a.a.O.

Alles was auf See fuhr, lief nun von Gotenhafen und Königsberg, von Pillau und anderen Häfen aus. An Bord Tausende deutscher Menschen. Im Januar 1945 ereignete sich eine der größten Schiffskatastrophen: Die »Wilhelm Gustloff« wurde von dem sowjetischen U-Boot S 13 torpediert und sank. Sie nahm etwa 5200 Menschen mit in die Tiefe. Lediglich um die 900 wurden gerettet.

Es kam noch zu einigen weiteren Versenkungen durch Feindstreitkräfte. So wurde die »Steuben«, mit 3500 Flüchtlingen an Bord, am 9. 2. 1945 torpediert. Nur 300 Menschen konnten gerettet werden. Es war wieder das sowjetische U-Boot S-13, das diesen „Erfolg" errang.

Die Rettung der Zivilisten und Soldaten aus dem völlig eingeschlossenen Kolberg wurde nur möglich, indem Festungskommandant Oberst Fritz Fullriede die Stadt so lange hielt, bis die letzten Menschen gerettet waren. Hier fuhren auch die beiden Zerstörer Z 34 und Z 43 einige große Rettungseinsätze. Es war eine Zeit der Katastrophen. Als der deutsche Dampfer »Andros« mit 2500 Flüchtlingen an Bord am 12. 3. 1945 durch Sowjetbomber versenkt wurde, kamen nur 200 Flüchtlinge mit dem Leben davon. Beim Untergang der »Moltkefels« ertranken von den 4500 Flüchtlingen an Bord etwa 3500 in der eisigen See.

Und dennoch konnte nach Ende der Rückführungen vom 23. 1. bis zum 8. 5. 1945 2 022 602 Menschen aus dem Osten in den Westen gerettet werden, unter ihnen etwa 530 000 Verwundete und 283 000 Soldaten. Die Zahl der bei diesen Rückführungstransporten gefallenen oder ertrunkenen Menschen ist verhältnismäßig gering, sie liegt bei etwa einem Prozent.

Bei seiner Besprechung am 16. April 1945 im FHQ in Berlin erfuhr Dönitz, daß Hitler am Vortage angeordnet habe, daß im Falle einer Trennung von Süd- und Norddeutschland ihm als OB des Nordraumes die Befehlsgewalt zufalle.

Bis zum Abend des 21. April 1945 fanden noch einige weitere Besprechungen des Ob. d. M. mit Hitler statt, und um 2.00 des 22. 4. 1945 ließ Dönitz den Marinestab nach Plön in Holstein verlegen. (Wenig später verlegte dieser nach Flensburg-Mürwik).

Als am Morgen des 30. 4. 1945 sowjetische Schützenverbände in die Reichshauptstadt einfielen und nach dem letzten Kampf im Regierungsviertel um 14.25 die rote Fahne auf der Kuppel der Reichskanzlei hißten, erschoß sich zehn Minuten später Hitler und zerbiß gleichzeitig eine Giftkapsel.

Gegen Abend dieses Tages legte FKpt. Lüdde-Neurath dem Großadmiral einen soeben eingegangenen Funkspruch vor:

„FFR GROSSADMIRAL DÖNITZ

Anstelle des bisherigen Reichsmarschalls Göring setzt der Führer Sie, Herr Großadmiral, als seinen Nachfolger ein. Ab sofort sollen Sie sämtliche Maßnahmen verfügen, die sich aus der gegenwärtigen Lage ergeben – Bormann."

Nachdem GA Dönitz noch am selben Abend den Reichsführer SS Heinrich Himmler kaltgestellt hatte, der ihn aufgesucht und ihn gebeten hatte, zum „zweiten Mann ernannt" zu werden, hatte Dönitz, nach eigenen Worten „die Freiheit zu weiterem Handeln". Am Vormittag des 1. 5. 1945 ging ein weiterer FT-Spruch aus der Reichskanzlei ein:

„FFR GROSSADMIRAL DÖNITZ

Testament in Kraft. Ich werde so schnell wie möglich zu Ihnen kommen. Bis dahin m. E. Veröffentlichung zurückstellen. – Bormann."

Der dritte Funkspruch vom Nachmittag dieses Tages bestätigte, daß Hitler am 30. April verschieden sei und daß er dem GA Dönitz das Amt des Reichspräsidenten übertragen hatte. Noch an diesem Abend ließ dieser um 22.30 Uhr über den Rundfunk verkünden:

„Der Führer hat mich zu seinem Nachfolger ernannt. Im Bewußtsein der Verantwortung übernehme ich die Führung des deutschen Volkes in dieser schicksalsschweren Stunde.

Meine e r s t e Aufgabe ist es, deutsche Menschen vor der Vernichtung durch den vordrängenden bolschewistischen Feind zu retten. Soweit und solange die Erreichung dieses Zieles durch Briten oder Amerikaner behindert wird, werden wir auch gegen sie weiterkämpfen müssen.

Die Angloamerikaner setzen d a n n den Krieg nicht für ihre eigenen Völker, sondern allein für die Ausbreitung des Bolschewismus in Europa fort."

(Eines der prophetischen Worte, die sich im Nachhinein als zutreffend erwies).

Der Großadmiral erließ einen Tagesbefehl an die deutsche Wehrmacht in dem er erklärte, daß der Krieg so lange fortgesetzt werden m ü s s e , bis die kämpfende Truppe u n d die Hunderttausende von Familien des deutschen Ostraumes entkommen und vor der Vernichtung gerettet seien.

Zunächst verhandelte GA Dönitz mit den Westalliierten und vereinbarte mit ihnen eine Teilkapitulation, die es ihm ermöglichte, noch einige Tage weiter nach Osten über die Ostsee zu fahren und weitere Menschen zu retten. Generaladmiral von Friedeburg unterzeichnete diese Teilkapitulation am Nachmittag des 4. 5. 1945 um 18.30 Uhr mit den Briten und am 7. Mai in den frühen Morgenstunden mit dem Amerikanern in Reims.

Die Gesamtkapitulation der Wehrmacht fand am 8. Mai 1945 in Karlshorst statt. Es war nach 14.00 Uhr als zuerst Marschall Schukow, Luftmarschall Tedder, General Spaatz und General Lattre de Tassigny unterschrieben. Danach unterschrieben die Besiegten: Generalfeldmarschall Keitel und Generaloberst Stumpff sowie Generaladmiral von Friedeburg.

Der Zweite Weltkrieg war offiziell zu Ende.

Nach offiziellem Kriegsschluß stellte sich Dönitz die Frage, ob er das von ihm gebildete Kabinett auflösen solle. Ganz Deutschland – mit Ausnahme der Enklave Flensburg-Mürwik, dem Sitz der Reichsregierung –

wurde vom Gegner beherrscht.

Es war Außenminister Graf Schwerin-Krosigk, der eine Auflösung ablehnte, weil nach seiner Überzeugung – die sich auf internationalem Recht gründete – der Reichspräsident und seine Regierung die Reichseinheit darstellten.

In der Kapitulationsurkunde war festgeschrieben, daß nur die Deutsche Wehrmacht kapituliert hatte. Der deutsche Staat hatte damit nicht aufgehört zu bestehen. Selbst wenn GA Dönitz als Staatsoberhaupt daran gehindert wurde, Regierungshandlungen zu vollziehen, änderte dies nichts an der Tatsache, daß er dennoch deutsches Staatsoberhaupt war.

Dies erkannten die drei Feindmächte an, als sie ausdrücklich die von Großadmiral Dönitz erteilte Vollmacht für die drei Chefs der deutschen Wehrmachtteile, die die Kapitulation unterzeichneten, billigten.

Darüber hinaus traten sie mit dieser Reichsregierung in Verhandlungen ein. Daraus schloß Dönitz:

„Es mußte also im Mai mein Bestreben sein, das mir einmal zugefallene Amt bis zur Durchführung von Wahlen, oder bis zu einer gewaltsamen Entfernung der Reichsregierung durch die Alliierten, zu behalten."

Es kam zu zwei Verhandlungen auf dem Wohnschiff »Patria« mit der Alliierten Kontroll-Kommission unter Führung von US-General Rooks am 13. und 14. Mai. Erst als am Abend des 17. 5. der sowjetische Stab der Kommission in Flensburg eintraf, hörten Zusammenkünfte dieser Art auf.

Am 22. 5. erhielt KKpt. Lüdde-Neurath, der Adjutant des Reichspräsidenten, einen Anruf aus dem Stab von General Rooks, in dem Dönitz aufgefordert wurde, am nächsten Morgen um 9.45 Uhr mit GenOberst Jodl und GenAdm. von Friedeburg auf der »Patria« zu erscheinen.

Die Bar der »Patria« war als Verhandlungsraum hergerichtet. Die Mitglieder der Alliierten Kontroll-Kommission, General Rooks, Brigadegeneral Foord und Generalmajor Truskow betraten fünf Minuten nach den drei Deutschen den Raum.

General Rooks ergriff das Wort und erklärte, er habe von General Eisenhower Befehl erhalten, ihn – Dönitz – und die deutsche Reichsregierung sowie das OKW zu verhaften. Dieser Befehl sei im Übereinkommen mit dem sowjetischen Oberkommando erfolgt. Als er den Reichspräsidenten fragte, ob er dazu etwas zu sagen habe, erwiderte Dönitz:

„In dieser Lage erübrigt sich jedes Wort."

Die Verhafteten fuhren zum Sitz der Reichsregierung in die Marineschule Flensburg-Mürwik zurück. Sie erhielten bis 12.00 Uhr Zeit, ihre Sachen zu packen. Generaladmiral von Friedeburg erklärte Dönitz, daß er diese Art der Entehrung nicht länger mitmachen wolle. Dönitz widersprach und versuchte, seinen alten Kampfgefährten aufzurichten, doch vergebens.

Gegen 11.00 Uhr erschienen britische Soldaten unter Führung eines

Captains. Sie trieben alle Deutschen zu höchster Eile an. Dabei durchstöberten sie das Trauerhaus Lüth (siehe auch das Kapitel Wolfgang Lüth) derart, daß Frau Lüth weinend die Flucht ergriff.

Unter starker Bewachung wurden die Männer anschließend zum Polizeipräsidium Flensburg gefahren. Dort erfolgte eine Leibesvisitation, die schon als Raub bezeichnet werden konnte, denn buchstäblich n i c h t s wurde den Verhafteten gelassen. Alle Wertsachen, die Füllhalter, und im Falle von Dönitz auch der Marschalls- und Interimsstab, wurden gestohlen. Die Truppe, die dies auf sich lud, ist bekannt. Sie hat nach den Worten von GA Dönitz „für i m m e r Unehre auf sich geladen". Dies bestätigte einer ihrer Kommandeure, der nicht zugegen war, später.

Aus dem Sitzungssaal der Reichsregierung erfuhr Dönitz später, daß dort bereits um 10.00 Uhr dieses 23. Mai 1945 Soldaten der britischen 11. Panzerdivision unter Führung des britischen Stadtkommandanten von Flensburg, Brigadier Churcher, eingedrungen waren und mit den Rufen „Hands up!" und „Hosen runter!" die Mitglieder der Reichsregierung überfielen. Ihre Zimmer wurden durchsucht und alles was den Durchsuchern mitnehmenswert erschien, gestohlen.

Großadmiral von Friedeburg, der letzte Oberbefehlshaber der Kriegsmarine, nahm in seiner Wohnung Gift. Selbst seine Leiche, die mit der Reichskriegsflagge bedeckt war, wurde noch von britischen Soldaten gefleddert.

Dönitz schrieb dazu an den britischen Oberbefehlshaber Sir Bernard Montgomery und bat um die Rückgabe seiner beiden Marschallstäbe und der ihm weggenommenen Privatsachen, einschließlich einiger Fotos.

Er erhielt weder eine Antwort noch seinen Besitz zurück. Einzig für die unglaubliche Leichenfledderung, begangen an Generaladmiral von Friedeburg, ist später eine offizielle Entschuldigung erfolgt.

Die deutsche Reichsregierung existierte nicht mehr. Sie war mit Gewalt aufgelöst und ihre Mitglieder in Gefängnisse geworfen worden.

Im Oktober 1945 wurde GA Dönitz die Anklageschrift ausgehändigt. Er saß im Untersuchungsflügel des Nürnberger Untersuchungsgefängnisses. Hier sollten ihm – unter vielen anderen – nach dem am 8. August 1945 formulierten Statutes für den Internationalen Militärgerichtshof der Prozeß gemacht werden.

Im Oktober wurde GA Dönitz die Anklageschrift ausgehändigt. Aber erst am 20. Dezember dieses Jahres wurde das Gesetz Nr. 10 erlassen, in dem die als Verbrechen bezeichneten Tatbestände aufgezählt wurden.

Dönitz zählte zu jenen „Hauptkriegsverbrechern", denen zuerst der Prozeß gemacht werden sollte. Zu seiner Verteidigung forderte er den Flottenrichter Kranzbühler an. Als dieser im Nürnberger Gefängnis eintraf, erklärte ihm Dönitz:

„Ich habe Sie n i c h t z u m e i n e r Verteidigung angefordert. Ich habe nichts zu entschuldigen oder zu verteidigen. Sie müssen die Verteidigung der Kriegsmarine und insbesondere der U-Boot-Waffe übernehmen."

Am 8. Mai 1946, auf den Tag genau ein Jahr nach der Unterzeichnung der Bedingungslosen Kapitulation, begann in Nürnberg die „Kieler Woche".

GA Dönitz war des Verbrechens gegen den Frieden angeklagt. Dieser Vorwurf konnte vom Tribunal nicht aufrecht erhalten werden. Der andere Vorwurf, Dönitz habe Schiffbrüchige töten lassen, wurde ebenfalls entkräftet. Flottenrichter Kranzbühler legte dazu 540 Urkunden zum Seerecht der Siegermächte vor. Aus ihnen ging zweifelsfrei hervor, daß alles für Dönitz sprach. Der OB der US-Navy im Pazifik, Admiral Chester Niemitz, bestätigte in seiner Antwort auf die ihm zugeschickten 20 Fragen, daß alle U-Boote im Pazifik nicht auf Kampfhandlungen zugunsten von Rettungsaktionen Schiffbrüchiger vom ersten Tag des Krieges an verzichtet haben. Auch in Sachen U-Boot-Krieg mußte das Gericht entscheiden:

„Der Gerichtshof kann Dönitz für seine U-Boot-Kriegführung n i c h t für schuldig befinden."

Damit blieb nur noch ein Anklagepunkt übrig: Die „Anzettelung und Führung eines Angriffskrieges". Dazu erklärte Dönitz:

„Mit der Übernahme der Geschäfte des Führers der U-Boote habe ich einen militärischen Auftrag erhalten. Ob der Staat damit einen Angriffskrieg vorbereitete, oder ob es sich um eine vorbeugende Maßnahme handelte, stand n i c h t   i n   m e i n e r   E n t s c h e i d u n g. Das ging mich nichts an."

Im Urteil war denn auch zu lesen, daß die Beweisaufnahme auch in diesem Falle n i c h t s habe finden können, daß Dönitz (damals Kapitän zur See) in die „Verschwörung zur Führung eines Angriffskrieges eingeweiht war, oder einen solchen vorbereitete und begann".

„Dönitz war Berufsoffizier, der rein militärische Aufgaben erfüllte. Er war bei den wichtigsten Besprechungen, in denen Pläne für Angriffskriege verkündet wurden, n i c h t zugegen. Es liegt k e i n   B e w e i s vor, daß er über die dort getroffenen Entscheidungen unterrichtet wurde.*"

In seinem Schlußwort am 31. August 1946 erklärte Dönitz, daß er die Verschwörungen, von denen immer wieder die Rede war, für ein politisches Dogma halte, und daß sein Leben seinem Beruf gegolten habe. Er unterstrich seine Fürsorge für alle U-Bootmänner, indem er erklärte, daß sie im Vertrauen auf ihn gekämpft hätten und an die Rechtmäßigkeit und Notwendigkeit seiner Befehle keinen Zweifel hatten.

„In meinen Augen kann ihnen kein nachträgliches Urteil den guten Glauben an die Ehrenhaftigkeit eines Kampfes absprechen, in dem sie frei-

---

* Internationales Militärtribunal, Band XIII.

Großadmiral a. D. Karl Dönitz anläßlich der Beisetzung von Großadmiral Raeder (gest. am 6. 11. 1960 in Kiel).

willig und bis zur letzten Stunde Opfer über Opfer gebracht haben.*"

Als am 30. September 1946 das Urteil über die noch übrig gebliebenen 21 „Hauptkriegsverbrecher" verkündet wurde, hätte j e d e r gerecht denkende Mensch den Freispruch von GA Dönitz erwarten können. Aber im Falle von Großadmiral Dönitz verkündete der britische Lordrichter Lawrence eine zehnjährige Freiheitsstrafe. Er setzte nach einer kurzen Pause hinzu:

„Diese Strafe steht n i c h t im Zusammenhang und wurde auch n i c h t verhängt wegen Regelwidrigkeiten in der Führung des Seekrieges und des U-Boot-Krieges."

In Handschellen wurde Großadmiral Dönitz abgeführt. Flottenrichter Kranzbühler bemerkte bei seinem ersten Besuch bei Dönitz:

„Die Ihnen zudiktierten zehn Jahre, Herr Großadmiral, sind vor diesem Gericht die Mindeststrafe für erwiesene Unschuld."

Großadmiral Dönitz saß diese Strafe bis zum letzten Tage ab. Am 1. August 1956 wurde ihm verkündet, daß er entlassen werde. Aber erst am 30. September 1956 machte sich Dönitz fertig, um am anderen Morgen um 12.00 Uhr die Spandauer Gefängniszelle zu verlassen.

Einer seiner ehemaligen Gegner, Admiral Thos. C. Hart schrieb ihm in seinem Brief vom 20. Oktober 1956 unter anderem:

„Herr Großadmiral, Sie haben viel durchgemacht. Sie können aber a b s o l u t sicher ein, daß Ihr Platz in der Geschichte einer der besten sein wird. Sie kämpften viele Jahre als inspirierter Truppenführer höchst effek-

---

* Siehe Alman, Karl: GROSSADMIRAL KARL DÖNITZ – Vom U-Bootkommandanten zum letzten deutschen Staatsoberhaupt).

Großadmiral a. D. Karl Dönitz 1976 bei seinen Veteranen auf Helgoland.

tiv....Als Sie am Ende die volle Last der Staatsgeschäfte Ihres Landes übernehmen mußten, haben Sie auch diese Aufgabe glänzend gelöst."

Der britische Historiker J. C. F. Fuller schrieb ihm am 1. September
1957:

„Ich und viele Soldaten und Seeleute Englands waren empört über dieses schändliche Nürnberger Gerichtsverfahren, das eine Travestie der
Justiz und eine Schmach für alle zivilisierten Völker ist."

Von amerikanischer und englischer Seite wird heute das Urteil über
Großadmiral Dönitz als „flagrant travesty of justice, resulting from hypoc-
risy" gebrandmarkt. Und GA Dönitz erklärte dem Autor während einer der
Unterredungen in den 16 Jahren ihres Kontaktes:

„Wir wissen heute auch, daß der amerikanische Richter in Nürnberg,
Mr. Biddle, für meinen Freispruch gestimmt hatte." Und der Großadmiral
fuhr fort: „Als General Eisenhower im September 1946 daran mitzuwirken
hatte, ob mein Urteil zu vollziehen sei oder nicht, wurde ihm von seinem
Rechtsberater die Aufhebung dieses Urteils vorgeschlagen. Doch Eisenhower unterschrieb es und bestätigte es damit."

Großadmiral Karl Dönitz (Ein Großadmirals- oder Feldmarschallsrang
behält seine Gültigkeit, a u c h nach dem Ausscheiden des Trägers aus dem
aktiven Dienst, deshalb hier diese Bezeichnung) starb am 24. Dezember
1980. Der Deutsche Marinebund schrieb in der Todesanzeige:

„Von seinen Soldaten verehrt, vom Gegner geachtet, im eigenen Land
fast vergessen, wird er als große soldatische Führerpersönlichkeit in die
Geschichte eingehen."

Kapitän zur See
Werner
Hartmann

Im Mai 1936 stellte ein etwas untersetzter drahtiger Kapitänleutnant mit scharfgeschnittenem Gesicht das U-Boot U 26 für die U-Flottille „Saltzwedel" in Dienst. Er war einer jener Kommandanten, die ein Jahr vorher zur neu im Aufbau begriffenen U-Boots-Waffe gekommen waren. Sein Name: Werner Hartmann.

Die „Konfirmanden" – Kommandantenschüler – und die Offiziere des ersten Tauchbootes für Hochseeverwendung flüsterten sich zu:

„Unser Alter, scharf wie ein Rasiermesser! Aber lernen kannst du was bei ihm."

Als sich Leutnant Günther Prien an Bord des noch bei der Deschimag in Bremen liegenden U-Bootes meldete, um als Erster Wachoffizier zuzusteigen, lernte er Kapitänleutnant Hartmann gleich von der besten Seite kennen: Der Kommandant hatte für seine Offiziere noch keine Verwendung und schickte sie alle – wie sie kamen – in Urlaub!

Drei Tage später wurden sie jedoch durch Telegramme wieder zurückgerufen. Werner Hartmann begrüßte seine Männer an Bord und machte sie mit dem ersten Einsatzbefehl bekannt:

„Es geht nach Spanien zur Wahrnehmung der deutschen Interessen!"

Einen Tag später lief U 26 aus.

Beim Prüfungstauchen im Kanal wäre beinahe alles schiefgegangen. Als alle Stationen klargemeldet hatten, gab der Kommandant Befehl zum Fluten. Plötzlich schrie eine Stimme aus dem Bugraum:

„Der Aal, der Aal!"

„Los, Prien, nachsehen!" befahl Hartmann.

Leutnant Prien raste in den Bugraum und sah, daß einer der Torpedos aus dem Rohr zurückgeglitten war und vier Männer sich gegen den tonnenschweren Torpedo stemmten, damit er nicht ins Boot fiel.

Das Schicksal des Bootes hing an einem seidenen Faden. Leutnant Prien stürzte in die Zentrale.

„Der Torpedo fällt ins Boot zurück!" rief er dem Leitenden Ingenieur, Oberleutnant z. See (Ing.) Looschen zu.

Der L. I. begann das achterlastig gewordene Boot wieder in die Horizontale einzutrimmen, und der Torpedo glitt Zentimeter um Zentimeter ins Rohr zurück, bis der Mechanikermaat den Verschluß klickend zudrücken konnte. Es stellte sich heraus, daß der Mechanikermaat zu früh tauchklar gemeldet und – als unerwartet ein Bolzen klemmte – den Verschluß nicht rechtzeitig zubekommen hatte.

Der Mechanikermaat wurde zum Kommandanten befohlen. Kapitänleutnant Hartmann seifte ihn ein, daß die Vorhänge wackelten. Doch als er wenig später mit seinen Offizieren in der Offiziersmesse beim Frühstück saß, sagte er ruhig und anscheinend auch völlig ungerührt:

„Na ja, wäre eben ein Betriebsunfall gewesen. So ein U-Boot ist nun mal keine Altersversicherung!"

Diese Worte charakterisieren Werner Hartmann. Der Gefahren bewußt, die das U-Boots-Leben mit sich brachte, hatte er sich trotzdem von den Torpedobooten weggemeldet, um mit den Grauen Wölfen in See zu gehen und eine der höchsten menschlichen und fachlichen Bewährungsproben abzulegen, die es überhaupt gab.

Fasziniert, mit Leib und Seele von den schlanken langen Booten eingenommen, hatte sich der Kapitänleutnant ganz dieser Waffe verschworen. Die Männer, die bei ihm einstiegen, um zu lernen und später ein eigenes Boot zu übernehmen, diese Kommandantenschüler durften sich – wenn sie U 26 verließen – rühmen, das Einmaleins des U-Bootes bis ins kleinste Detail zu beherrschen.

Doch die Spanienreise wartete noch mit weiteren Zwischenfällen auf. U 26 geriet in der Biskaya in einen Sturm, wie ihn die Männer des Bootes noch nicht erlebt hatten. Und das wollte schon etwas heißen. Das Boot rollte durch die See und hieb donnernd mit dem Steven ein. Regen peitschte fast waagerecht in die Gesichter der vier Männer auf dem Turm.

Immer wenn einer der riesigen Brecher überkam, standen die beiden Brückenausgucks, der Wachoffizier und der Kommandant bis zum Hals im Wasser, und vom Ersten Wachoffizier Günther Prien wissen wir auch, welche Regungen den Kommandanten dabei überkamen. Summte der Alte doch wahrhaftig ein Lied („Ich kam aus Alabama..."), während das schlanke Boot stieg und fiel und wieder, auf dem Rücken eines hohen Brechers reitend, in den gischtenden Strudel hinunterstieß und mehr unter als über Wasser weiterklotzte:

„...es regnet bei der Überfahrt,
und in Frankreich noch viel mehr!"

„Alles anschnallen!" befahl der Kommandant wenig später.

Die Anschnallgurte wurden heraufgereicht. Nur Kapitänleutnant Hartmann schnallte sich nicht an. Er stand vorn auf dem Turm, die Fäuste um die Rohrleitung gekrallt, die die Brückennock umlief. Mit eingezogenem Kopf nahm er den Kampf gegen die See auf.

Immer wenn das Boot in die Höhe gehoben wurde und das Heck freikam, rotierten die Schrauben rasselnd leer.

Dann kam plötzlich eine See hoch wie ein Berg heran. Die riesige hohe gläserne Wand fiel auf U 26 nieder und begrub das Boot unter sich. Die vier Männer auf der Brücke tauchten im grünen Gebirge des Wassers unter. Als die donnernde Sturzsee wieder abgelaufen war, fehlte der Bootsmannsmaat der Wache. Bei dem wuchtigen Anprall der Woge war der Haltestropp seines Gurtes gebrochen.

Als Hartmann sich umwandte, sah er, daß der Bootsmannsmaat noch außenbords am Turm hing und sich verzweifelt anklammerte. Mit einem Satz war der Kommandant bei ihm.

Obwohl Hartmann beileibe keine Herkules war, riß er den Maat mit seinem dicken Seezeug hoch und über das Brückenkleid wieder auf den Turm.

„Prienchen, Sie bleiben oben!" sagte der Kommandant und wandte sich dann an den anderen Ausguck: „Und Sie bringen den Maat hinunter!"

Die beiden Männer der Brückenwache verschwanden.

Kapitänleutnant Hartmann blieb mit seinem I.W.O. auf dem Turm. Hier lernte sogar Günther Prien noch hinzu, dem der Wind schon auf allen Sieben Meeren um die Nase geweht war. Eine Stunde später wurde es jedoch selbst Hartmann zuviel.

„Das ist der Augenblick, wo wir uns beugen müssen, um nicht zu zerbrechen, Prien! Merken Sie es sich gut: Immer erst dann klein beigeben, wenn Sie genau wissen, daß es aus ist, nie vorher!"

Beim nächsten günstigen Moment schwangen sie sich durch das Turmluk ins Boot. Ein paar Tonnen Wasser folgten dem Kommandanten und spülten ihn hinunter.

Als das Boot nach ein paar Stunden wieder auftauchte, lag es zwischen Bilbao und Santander vor der spanischen Nordküste. Am folgenden Tag nahm U 26 den befohlenen Patrouillendienst auf. Aber es geschah nichts auf dieser Fahrt.

Nur als vor Bilbao zwei spanische Kriegsschiffe auftauchten und mit voller Fahrt auf das Boot zuliefen, wäre es um ein Haar doch noch zum Knallen gekommen. Ein falscher Befehl des Kommandanten, und es wäre geschehen: Ließ er das Boot andrehen, mußten die beiden Kriegsschiffe dies für einen Angriff halten; drehte er ab, hielten sie es für Flucht.

Kapitänleutnant Hartmann tat nichts von beiden. Durch sein Glas blikkend, erkannte er, daß die Geschütze der Zerstörer »Almirante Cervaira« und »Velasco« auf sein Boot einschwenkten.

„Beide Maschinen stopp! Kriegsflagge am Funkmast ausfahren! Scheinwerfer auf den Turm!"

Alle drei Sekunden morste der Signalmaat immer das gleiche Wort zu den Zerstörern hinüber:

„Aleman – – – Aleman – – – Aleman!"

Die beiden Zerstörer jedoch hielten weiter auf U 26 zu.

„Verdammt, Prien! Mich killt was ganz gewaltig!" bemerkte Hartmann trocken.

Gleich darauf, die Entfernung betrug nur noch eineinhalb Seemeilen, drehten die beiden Zerstörer ab, die Türme schwenkten in Nullstellung zurück. Dann wurden die Flaggen grüßend gedippt. Der Krieg war diesmal noch vorübergegangen. U 26 war noch nicht an der Reihe.

Wer war dieser Kapitänleutnant Hartmann; und wo kam er her?

Werner Hartmann wurde am 11. Dezember 1902 als Sohn eines Pastors in Silstedt im Harz geboren. Dort besuchte er die Volksschule und wurde danach ein Jahr lang bis zur Quinta privat unterrichtet. Mit zwölf Jahren trat er in das Vorkorps des Königlich Preußischen Kadettenkorps in Oranienstein ein. Am 1. April 1917 wurde er in die Hauptkadettenanstalt Berlin-Lichterfelde versetzt und war zu Kriegsschluß der letzte Kompanieführer der 4./HKA.

Nach dem Abitur an der nunmehr in „Staatliche Bildungsanstalt" umbenannten Hauptkadettenanstalt trat Werner Hartmann am 1. April 1921 in die damalige Reichsmarine ein und durchlief die normale Ausbildung zum Seeoffizier. Schon in dieser Phase seiner Laufbahn zeigten sich die Zähigkeit und der eiserne Wille des späteren U-Boots-Kommandanten.

Am 1. Oktober 1925 wurde Hartmann an Bord des Kreuzers »Berlin« zum Leutnant zur See befördert. Der Kreuzer befand sich auf einer Ausbildungsreise um Südamerika. Diese erste große Reise machte einen tiefen Eindruck auf den jungen Offizier. Daß er dann einige Jahre später als Seekadettenoffizier – neben anderen Reisen – diese Reise abermals mitmachen durfte, daß nun er jungen Offiziersanwärtern diese großen Eindrücke vermitteln und sie in ihrer Ausbildung fördern konnte, war ihm eine große Genugtuung. Viele Offiziere erinnern sich noch heute an ihren Ausbilder und Freund, dem sie über den Krieg hinaus verbunden blieben.

Doch vorher wurde Hartmann am 1. April 1926 Zugoffizier bei der II. SDO* auf dem Dänholm in Stralsund. Ihm oblag die Rekruten- und Offiziersanwärter-Grundausbildung.

---

* SDO = Sicherungsdivision Ostsee.

Zu seiner Freude erhielt Werner Hartmann 18 Monate später – am 1. Oktober 1927 – wieder ein Bordkommando. Am 1. Juli 1927 zum Oberleutnant z. See befördert, übernahm er am 1. Oktober den Dienst als Wachoffizier in der 2. Torpedoboots-Halbflottille in Swinemünde.

Zwei Jahre versah er diesen Dienst, bis er alles kannte, was ihn später zum Kommandanten von Torpedobooten befähigte.

Danach erhielt Hartmann die Kommandierung, über die er sich am meisten freute. Er wurde am 1. Oktober 1929 Seekadettenoffizier auf der MS »Mürwik«. Anschließend stieg er auf die »Emden« über und machte mit diesem Schulkreuzer eine Fahrt nach Westindien und Nordamerika. Abermals stieg er um. Die »Karlsruhe« brachte ihn ins Mittelmeer und um Afrika herum nach Südamerika.

Werner Hartmann kannte nun einen guten Teil der Welt. Alles, was solche große Fahrten zu geben vermochten, hatte er in sich aufgenommen. So konnte er als Adjutant des Kreuzers »Karlsruhe« dem Kommandanten eine gute Hilfe sein, bis er am 1. Oktober 1931 als Lehrer für Torpedomechaniker zur Torpedoschule Flensburg-Mürwik kam und zugleich Torpedolehrer bei den Fähnrichskursen wurde.

Am 1. Oktober 1933 wurde er zugleich mit seiner Beförderung zum Kapitänleutnant zum Kommandanten des Torpedobootes »Seeadler« ernannt. Der Dienst auf dem 1926 bei der Reichsmarinewerft in Wilhelmshaven vom Stapel gelaufenen Torpedoboot war das, was Hartmann sich wünschte. Mit diesem Boot und mit »Albatros«, das er wenig später übernahm, stand er in der 2. T.-Halbflottille in Swinemünde. Mit ihrer Geschwindigkeit von 33 Knoten waren die Torpedoboote damals die schnellsten Schiffe der Marine.

Genau zwei Jahre fuhr Kapitänleutnant Hartmann auf diesen Booten, als er – den Aufbau der U-Boots-Waffe mit wachem Interesse verfolgend – sich zu dieser neuen alten Waffe meldete und eingangs Oktober 1935 seine U-Boots-Ausbildung erhielt.

Im Mai 1936 stellte er das erste deutsche Hochseeboot – U 26 – in Dienst und machte als Kommandant den Spanieneinsatz mit.

Am 1. Juli 1937 wurde Hartmann zum Korvettenkapitän befördert. Ein Jahr später wurde er Chef der 2. U-Flottille „Saltzwedel" in Wilhelmshaven.

Als am 19. August 1939 die einsatzbereiten deutschen U-Boote aus den Häfen der Nord- und Ostseeküste zur vorsorglichen Aufstellung in See ausliefen, war Korvettenkapitän Werner Hartmann an Bord von U 37 mit dabei. Kommandant des Bootes war Kapitänleutnant Schuch.

Diesmal fuhr Hartmann also nicht als Kommandant. Kommodore Dönitz, der FdU, hatte ihn zum Chef der Atlantikgruppe ernannt. Als erfahrener Kommandant und als Taktiker von hohem Rang sollte der Korvettenkapitän bei Operationen gegen Geleitzüge die Führung der in See stehenden Atlantikgruppe übernehmen. Er sollte das erste Rudel der Grauen Wölfe gegen englische Geleitzüge führen.

Der Einsatz der Boote war im Bereich von Gibraltar vorgesehen. Ziel dieses Rudels war es, Geleitzüge abzufangen und mit den wenigen vorhandenen Booten geschlossen anzugreifen und möglichst viele Schiffe zu versenken. Doch von den neun Booten, die ursprünglich dieser Gruppe angehören sollten, standen nur drei zur Verfügung. Sechs Boote fielen durch Verlust, Werftverzögerung und Sonderaufträge aus.

Im Einsatzgebiet wurden nur Einzelfahrer angetroffen. Die beiden anderen Boote versenkten drei Dampfer. U 37 hatte keine Feindberührung.

Korvettenkapitän Hartmann übernahm anschließend von dem erkrankten Kapitänleutnant Schuch U 37 als Kommandant. Zugleich blieb er Chef der 2. U-Flottille, da sich gezeigt hatte, daß beide Aufgaben miteinander zu verbinden waren, wenn zudem noch ein erfahrener und zugleich zuverlässiger I.W.O. an Bord war.

Am 7. Oktober 1939 lief U 37 zu seiner ersten Feindfahrt unter Korvettenkapitän Hartmann aus.

Einsatzräume der sechs Boote der 2. U-Flottille sollten die nördliche Nordsee, der Nordkanal und der Ärmelkanal sein. Außer U 37 gehörten noch U 42 (Dau), U 48 (Herbert Schultze), U 46 (Sohler), U 45 (Gelhaar) und U 40 (von Schmidt) zu dieser Gruppe. U 40 ging schon beim Ausmarsch am 13. Oktober im Kanal verloren, als es auf eine Mine lief.

Beim Handelskrieg nach Prisenordnung versenkte U 37 den Dampfer

Hartmanns erstes Boot, U 37, mit dem er vor der Haustür des Gegners und im Atlantik „rakte".

77

»Ares« und den schwedischen Dampfer »Vistula«, der Bannware für England an Bord hatte. Der Grieche »Aris« mit 4810 BRT folgte nach. Der U-Boots-Falle »Tanga« entging das Boot in letzter Sekunde.

Acht Tage nach dem Auslaufen sichtete der Bootsmannsmaat der Wache den ersten englischen Geleitzug. Korvettenkapitän Hartmann ließ das Boot zum Angriff eindrehen. Trotz Zerstörerbewachung, die das Boot zweimal abdrängte und unter Wasser drückte, kam U 37 zum Schuß. Die »Vermont« wurde angehalten und mit Sprengpatronen versenkt: 5186 BRT.

Am 16. Oktober befahl der FdU den Weitermarsch der U-Boots-Gruppe nach Süden.

Auf dem Marsch in das neue Operationsgebiet sichtete U 46 am 17. Oktober den Konvoi HG 3. Das Boot gab Peilzeichen, und so konnten auch U 37 und U 48 ranschließen. Hartmann hatte plötzlich einen ganz dicken Brocken im Visier. Es war der britische Dampfer »Yorkshire« mit 10184 BRT. In den Vormittagsstunden des 17. Oktober ging der Dampfer in die Tiefe.

Als am Nachmittag die Fühlung abriß, befahl Korvettenkapitän Hartmann als takischer Führer der Gruppe die Bildung eines Aufklärungsstreifens für den 18. Oktober vormittags. Doch die drei Boote, die sämtlich Erfolge am Geleit zu verzeichnen hatten, wurden durch britische und französische Zerstörer vom Geleit abgedrängt und am Nachmittag des 18. Oktober auch von Sunderland-Flugbooten bebombt und unter Wasser gedrückt.

U 48 erhielt Rückmarschbefehl, weil das Boot sämtliche Torpedos verschossen hatte.

U 37 wurde vor Gibraltar angesetzt, wo Hartmann am 24. Oktober ein britisches Geleit sichtete und sich zum Angriff vorsetzte. Er versenkte noch am gleichen Tage unmittelbar vor der Straße von Gibraltar, fast in der Höhle des Löwen, die Dampfer »Menin Ridge«, »Ledbury« und »Tafna«. Die beiden erstgenannten genau auf der gleichen Stelle bei 36.01 Grad Nord/07.22 Grad West und den dritten auf 35.44 Grad Nord/07.23 Grad West. Als dem Kommandanten am 28. Oktober ein bei Kap Finisterre gesichteter Konvoi gemeldet wurde, ließ er mit Höchstfahrt hinterher klotzen, ohne ihn jedoch zu erreichen. Auf dem Rückmarsch versenkte er vor dem Kanal noch den griechischen Dampfer »Thrasyvoulos« mit 3669 BRT und traf am 12. November in Wilhelmshaven ein.

In zweimonatiger Werftliegezeit wurden Umbauten vorgenommen, die den Aktionsradius des Bootes erhöhten.

Mit fast der gleichen Besatzung ging U 37 am 31. Januar 1940 auf die zweite Feindfahrt unter Hartmann. Wieder lief das Boot in die landnahen Seegebiete westlich Irland, in den Englischen Kanal und in die Biskaya, die später zur Straße des Todes für die deutschen U-Boote werden sollte.

Schon auf dem Marsch konnte Hartmann den holländischen Motortanker »Ceronia« mit 8096 BRT torpedieren. Fünf Tage später war es der dänische Dampfer »Maryland« mit 4895 BRT, der in der westlichen Biskaya nach einem Zweierfächer auf Tiefe ging.

Da der deutsche Funkbeobachtungsdienst am 7. Februar eine englische Funkmeldung über einen Kriegsschiffsverband mit dem Träger »Arc Royal«, dem Schlachtkreuzer »Renown« und dem Schweren Kreuzer »Exeter« mit Positions- und Kursangabe auffing, wurden die drei im westlichen Kanal eingetroffenen Boote U 26, U 37 und U 48 darauf angesetzt.

Diese Operation mißlang. Dafür gelang es U 37 am 12. Februar, den norwegischen Dampfer »Nidarholm«, den britischen Fischdampfer »Togimo« und ein drittes Schiff von 6500 BRT zu versenken. (Letzteres ungeklärt.)

Zwei Tage später erhielt U 37 über FT den Befehl, zusammen mit U 26 und U 50 im Seegebiet nordwestlich Kap Finisterre zu operieren.

U 37 traf hier am 7. Februar auf den Dampfer »Phyrrhus«, der schon aus dem Konvoi OG 13 entlassen worden war. Es versenkte den 7418 BRT großen Dampfer durch Torpedoschuß.

Am 10. 2. versenkte Hartmann mit seinem Boot den kleinen Kolcher »Silja«, ein Norweger mit 1259 BRT, und kam am 12. Februar auf einen kleinen Fischtrawler zum Schuß, der nach einem Stoppschuß mit der Artillerie versenkt wurde. Der Däne »Aase« war mit seinem kümmerlichen 1206 BRT noch mitzunehmen. Er erhielt einen Torpedo und sank binnen weniger Minuten.

Einen Tag später griff das Boot den französischen Konvoi 65 KS an und versenkte daraus den griechischen Dampfer »Ellin« (4917 BRT) und 25 Seemeilen westlich Kap Finisterre auf 43.37 Grad Nord/09.15 Grad West den französischen Erzdampfer »P.L.M. 15« mit 3754 BRT.

Da U 37 alle Torpedos verschossen hatte, trat es den Rückmarsch an und erreichte am 27. Februar mit einer Versenkungsziffer von acht Schiffen mit 35 306 BRT* Wilhelmshaven.

Nach einem Monat der Überholung lief U 37 am 31. März 1940 zu einer dritten Feindfahrt aus.

Erster Teil ihres Einsatzes war es, Geleitsicherung für den auslaufenden deutschen Hilfskreuzer „Schiff 16" – »Atlantis« – zu leisten.

U 37 begleitete den Hilfskreuzer in Richtung Jan Mayen, durch die Dänemarkstraße an der Eisgrenze vorbei bis westlich von Island.

Hier wurde U 37 am 9. April von dem Hilfskreuzer entlassen.

Für U 37 begann die „Freie Jagd". Drei Dampfer fielen den Torpedos des Bootes zum Opfer. Ein weiterer wurde torpediert. Zusammen hatten diese Dampfer 24 539 BRT.

Im Zuge des Operationsbefehls „Hartmut" wurde das Boot in den Seebereich der Shetlandinseln dirigiert.

---

* Später zeigte sich, daß die »Ceronia« nicht gesunken war.

„Verdammt und zugenäht! Wie in einer Waschküche, Herr Kapitän!"

Korvettenkapitän Hartmann, der am Sehrohrblock lehnte, zog vorwurfsvoll die Stirn kraus. Die Augen zu Schlitzen zusammengezogen, versuchte er, durch das Glas etwas in der milchigen Suppe zu entdecken. Doch der dichte Dunst ließ keine größere Sicht als eine Meile zu.

„Wo stehen wir, Nummer Eins?"

Obersteuermann Klemm erschien auf dem Turm.

„03.35 West und 62.45 Nord, Herr Kapitän."

„Hm, also genau zwischen den Färöern und den Shetlands."

„Ungesundes Klima; vor allem, wo wir nichts sehen können. Wenn da so ein dicker Brummer auftaucht, haut er uns die Jacke voll, ehe wir runter sind, Herr Kapitän!"

Der Kommandant versuchte noch einen Rundblick. Dann wandte er sich dem I.W.O. zu:

„Einsteigen! Können zu leicht auf die Hörner genommen werden. Wir gehen in den Keller. Horchschapp besetzen!"

Die Brückenwache verschwand durch das Luk und ließ sich ins Boot fallen. Als letzter schwang sich Hartmann hinein. Das Luk schlug krachend zu. Mit einigen Drehungen schraubte der Kommandant es dicht.

„Luk ist dicht!"

Rauschend schoß die See in die Tauchtanks, und 20 Grad vorlastig glitt U 37 in die Tiefe.

„Auf 30 Meter gehen!"

„Boot steht auf 30 Meter!" meldete der L.I., Oberleutnant (Ing.) Gerd Suhren. „Frage Horchraum?"

Hartmann war an den Tisch in der Zentrale getreten, an dem die Nummer Eins die gelaufenen Kurse in die Karte eintrug.

„Keine Schraubengeräusche!" kam die Stimme des Horchgasten aus dem Horchraum zur Zentrale.

Die erste Stunde verging. Hartmann ließ das Boot auf Sehrohrtiefe auftauchen. Er nahm einen Rundblick. Nicht einmal die Kimm war zu sehen. Oben über der See herrschte Waschküche.

Immer wieder versuchte der Kommandant, einen Rundblick zu nehmen. Eine Tasse Kaffee wurde in den Turm gebracht, wo er im Sattelsitz des Sehrohrs saß und sich durch Pedaldruck um den Sehrohrblock drehen ließ.

„Horchraum an Kommandanten! Schraubengeräusch 20 Grad backbord voraus; schnell stärker werdend!"

„Laufend melden!" befahl Hartmann. Eine kleine Kursdrehung ließ U 37 genau auf das Schraubengeräusch eindrehen.

„Mehrere Fahrzeuge, schnell näher kommend! Zerstörer dabei. Wandert nach Steuerbord aus!"

Der Kommandant preßte die Stirn an die Gummiwulst des Sehrohrs. Er drehte sich ein wenig. Noch immer sah er nichts. Dann erkannte er plötzlich im Dunst einen Schatten, der schnell deutlicher herauskam. Der gesichtete Gegner lief ins Fadenkreuz. Groß wie ein wanderndes Stahlgebirge kam er näher. Hartmann wagte fast nicht zu glauben, was er in der Sehrohroptik sah. Aber es war kein Zweifel möglich, und er berichtete ins Boot:

„Englischer Kreuzer im Sehrohr! Wahrscheinlich »Glasgow«-Typ."

Abermals ließ er den Sitz zu einem Rundblick kreisen. Wo standen die Zerstörer? Waren sie so dicht beim Kreuzer, daß sie nach dem Torpedoschuß sofort andrehen und Wabos werfen konnten? Er hatte die Verantwortung für 44 Männer und dieses Boot, und er wußte, was das bedeutete.

„Beide E-Maschinen AK voraus! Torpedowaffe Achtung! Klarmachen zum Dreifächer aus Rohr I bis III!"

Fieberhaft begannen die Torpedomixer im Bugraum zu arbeiten. Heller jichelten die beiden E-Maschinen, die das Boot nun mit der Kraft ihrer 1000 PS durch die See dem Kreuzer entgegentrieben, der noch nichts von der Anwesenheit seines gefährlichen Gegners zu ahnen schien.

„Torpedowaffenoffizier an Bugraum: Rohre I bis III zum Unterwasserschuß klar?"

„Rohre bewässert! Mündungsklappen auf!" kam die Meldung aus dem Bugraum herauf.

Hartmann sah auf den Gegner. Er war noch größer geworden, und an seiner Steuerbordseite, knapp sichtbar, lief ein Zerstörer; flach und klein gegen seinen großen Bruder. Dann verschwanden beide Gegner in einer Regenbö. Fast gleichzeitig schnitt das Sehrohr unter. Der Kommandant stieß einen Fluch durch die Zähne.

„Nach Horchpeilung!"

Fünf Minuten später hatte Werner Hartmann den Gegner wieder im Visier. Gegnerfahrt, Gegnerkurs sowie Eigenfahrt und Eigenkurs, der Abstand, Torpedogeschwindigkeit und -tiefe wurden vom Kommandanten zur Rechenanlage weitergegeben. Der Torpedorechner spuckte die Schußwerte aus, alles war klar. Das Ziel lief ins Fadenkreuz, fast füllte es die ganze Zieloptik aus. „Hartlage, Hartlage!"

„Etwas weit weg! Dreifächer − − − llos!"

Mit zweisekundigen Intervallen verließen die drei Torpedos die Rohre, als der T.W.O. auf die elektrische Abfeuerung drückte. Unten im Bugraum hieben die Mixer zur Vorsicht noch auf die Handabzugstasten, für den Fall, daß die elektrische Abfeuerung versagen sollte.

Das Boot stieß vorn hoch; doch schon hatte der Zentralemaat die Trimmzellen geflutet und das Boot wieder auf Sehrohrtiefe gebracht.

„Torpedos laufen!" meldete der Mixer.

„Hart Steuerbord!"

Hartmann versuchte, etwas von den Geleitzerstörern zu entdecken. Plötzlich sah er den ersten in Lage Null auf das Sehrohr zupreschen.

„Schnelltauchen! Auf hundert Meter gehen! Alle Mann Bugraum!"

Fieberhaft arbeitete der L.I.. Trappelnde Füße zeigten dem Kommandanten, daß sein Befehl ausgeführt wurde. Steil kippte U 37 an und ging mit über 30 Grad Vorlastigkeit in die Tiefe.

In die Zentrale abenternd, blickten die Augen des Kommandanten zum Tiefenmanometer hinüber. Warum schlich der Zeiger so langsam? Verdammt! Konnten sie denn nicht schneller in den Keller kommen?

Da hörten sie schon die Schraubengeräusche des mit äußerster Kraft anlaufenden Zerstörers.

„Wenn der jetzt wirft, Herr Kapitän!"

Dröhnend laut wurden die Schraubengeräusche. Nur wenige Meter über dem Boot lief der Zerstörer. Wenn es in diesem Augenblick seine Wabos mit flacher Einstellung warf, dann wurde U 37 für 44 Männer zu einem stählernen Sarg. Aber der Zerstörer warf nicht. Er hatte das Boot nicht einmal gesehen. Nichts geschah.

„Frage Laufzeit?"

„Noch drei Sekunden!" meldete der Obersteuermann nach einem Blick auf die tickende Stoppuhr. Im gleichen Augenblick dröhnte eine Torpedodetonation durch das Boot, und gleich darauf eine zweite.

„Zwei Treffer am Kreuzer."

„Und wir können nicht mal sehen, wie er abbuddelt, Herr Kapitän!"

Eine Handbewegung des Kommandanten ließ den Obersteuermann verstummen. Und mit einem Male hörten sie ihn alle, den silbrigklingenden Ton des feindlichen Ortungsgerätes. Das hämmernde „Pinkpink!" der Asdic-Ortung war bis in den letzten Raum des Bootes zu vernehmen und zeigte die Nähe des Gegners an.

„Schraubengeräusche Backbord querab; vorauswandernd! Ortung steht!"

Wie der höhnische siegessichere Ruf des Todes erschien den Männern dieser Ton. Er zerrte an ihren Nerven. Die Männer in der Zentrale blickten auf ihren Kommandanten. Hartmann lehnte am Zentralpult. Er hatte die Mütze noch immer weit in den Nacken geschoben; wie vorhin, als sie ihn am Sehrohr behinderte. Breit, sicher und zuverlässig stand er dort und sah seine Männer an. Er spürte die angespannte Stille förmlich. Dann lachte er dröhnend.

„Ich glaube, da hat mancher von uns Schiet in der Hose, was, Maier?"

Der Obersteuermann grinste verkniffen.

„Nein, Herr Kapitän!" sagte er möglichst zackig.

„Dann geht es dir besser als mir, Alter! Bei mir killt es saumäßig!"

Mit einem Male machte sich die aufgestaute Spannung in einem allgemeinen Grinsen Luft.

Eineinhalb Stunden dauerten das Rochieren und Ausweichen, die Schleichfahrt und das Abdrehen vor dem immer wieder laut werdenden Pinken der Asdic-Ortung, in dem Augenblick, da der Horchgast das Verstummen der Schraubengeräusche meldete, grollte eine schwere Detonation durch die See, und ein paar Minuten später eine zweite, noch stärkere.

Dumpf orgelnd, von weither kommend, zeigten diese Detonationen Kesselexplosionen an.

„Jetzt säuft er bestimmt ab, Herr Kapitän!"

Hartmann nickte.

„Wenn dem die Kessel hochgegangen sind, dann ist's mit ihm zu Ende, Kinder!"

Noch konnte das Boot nicht auftauchen. Bis eine Stunde später der Kommandant nach einem vorhergehenden Rundblick durch das Sehrohr den Befehl gab:

„Auftauchen! Gut durchlüften. Luftverteiler ein. Backbordmaschine auf Aufladung schalten!"

„Boot ist durch!" meldete der L.I.

Schon schlug Hartmann das Turmluk zurück. Ein Wasserschwall überschüttete den Kommandanten, der sich als erster auf die Brücke schwang.

„Brückenwache aufziehen!"

Vom Gegner war nichts mehr zu sehen. Mit kleiner Fahrt lief U 37 vorsichtig zu der Stelle zurück, von der aus es geschossen hatte.

Das Glas vor den Augen, sah Hartmann die gewaltige große Öllache, die sich auf der See ausgebreitet hatte. Dazwischen, vorm Wind wegtreibend: Trümmer, Trümmer, Trümmer! Türen mit blitzenden Messingbeschlägen, Hängematten, Niedergangsteile. Wahrzeichen des Unterganges eines Schiffes, dessen Namen sie nicht finden konnten.

Am 17. April meldete U 37 über FT dem BdU, daß das Boot wegen Maschinenschadens in den Heimathafen zurückkehren mußte. Am 19. April traf es wieder im Stützpunkt ein.

Mit drei versenkten und einem beschädigten Dampfer (siehe Versenkungsliste) und der Versenkung eines Kreuzers der »Glasgow«-Klasse war das Boot auch auf dieser Feindfahrt erfolgreich. Die Versenkung des Kreuzers wurde vom Gegner jedoch nicht bestätigt.

Hartmann hatte einen Dreierfächer auf einen Kreuzer der »Glasgow«-Klasse geschossen. Die Torpedos aber waren an den Uferklippen detoniert. Die vermeindliche Kesselexplosion war das Auftreffen des dritten Aales auf einem weiter weg liegenden Felsen.

Auf drei Feindfahrten hatte Korvettenkapitän Hartmann mit U 37 19 Schiffe mit 107 145 BRT und einen Kreuzer versenkt und die »Ceronia« mit 8096 BRT torpediert.

Als zweiter Kommandant nach Kapitänleutnant H. Schultze hatte er damit eine Versenkungsziffer von über 100 000 BRT erreicht. Der BdU, Konteradmiral Dönitz, legte dem erfolgreichen Kommandanten am 9. Mai 1940 das Ritterkreuz um, das er als vierter Offizier der U-Boots-Waffe, unmittelbar nach Kommodore Dönitz selbst, erhielt.

Der BdU holte diesen erfahrenen Kämpen noch im gleichen Monat als I. Asto in den Operationsstab. Nach sechs Monaten wurde Korvettenkapi-

Auf U 198 unter Hartmann wird im Indischen Ozean die Sonne „geschossen".

tän Hartmann im November 1940 Kommandeur der 2. U-Lehrdivision in Gotenhafen-Oxhöft. Am 1. April 1941 erfolgte seine Beförderung zum Fregattenkapitän. Im Dezember 1941 wurde er Chef der taktischen Frontausbildung der U-Boote und Führer der 27. U-Flottille Gotenhafen.

Doch für Werner Hartmann war diese Stellung nicht das, was er erstrebte. Als Ende 1941 und im Frühjahr 1942 die ersten Boote des Typs IX D-2 in Dienst gestellt wurden und der BdU ihn fragte, ob er eines dieser großen Boote für weite Fahrt führen wolle, weil sie nur erfahrenen Kommandanten übergeben werden sollten, sagte Hartmann, ohne sich zu besinnen, zu.

Die Boote dieses Typs waren für den Einsatz im Indischen Ozean und im Fernen Osten vorgesehen. Zwei zusätzlich eingebaute Diesel-Generatoren mit 1000 PS, die bei Dieselfahrt auch gemeinsam mit den beiden Hauptmotoren von zusammen 4400 PS betrieben werden konnten, ergaben für diese Boote, von denen bis Kriegsende 29 fertig wurden, einen Fahrbereich von 31 500 sm. Damit konnten sie einmal um die Erde laufen, ohne unterwegs Öl nehmen zu müssen.

Bei Fregattenkapitän Hartmann war als Leitender Ingenieur Kapitänleutnant (Ing.) Hans Wessels eingestiegen. Unter Günther Prien hatte Oberleutnant (Ing.) Wessels die Fahrt nach Scapa Flow mitgemacht. Als L.I. von U 198 sollte er später als einer der wenigen „Leitenden" das Ritterkreuz erhalten. Doch als U 198 am 9. März 1943 zu seiner ersten Feindfahrt von Bordeaux auslief, stand dies noch in den Sternen.

Operationsgebiete des Bootes waren der Indische Ozean, die Südostküste Afrikas und der Seeraum um Madagaskar. Diese Feindfahrt sollte mit 200 Seetagen die drittlängste Feindfahrt werden, die je ein U-Boot durchstand*. Schon während der Fahrt in die warme Zone wurde U 198 westlich Kap Verde auf 15.00 Grad Nord durch einen Fliegerangriff unter Wasser gedrückt. Die Bomben detonierten nahe beim Boot und schüttelten es ordentlich durch.

Dann lief das Boot unangefochten weiter. Der Lions Rimp auf der Höhe von Kapstadt wurde gesichtet, und wenig später erreichte U 198 das Operationsgebiet, den weiten Seeraum südlich Madagaskar und östlich Durban.

Bei einem Trimmversuch, den Hartmann, am 1. April 1943 während des Marsches zum Kapitän zur See befördert, durchführte, wäre das Boot um ein Haar beim Auftauchen von einem von achtern auflaufenden Zerstörer überrannt worden. Es kam noch eben vor dem mit äußerster Kraft anlaufenden Gegner frei.

Hinterher stellte sich bei dem Gewitter, das über die Köpfe der verantwortlichen Männer am Horchgerät hereinbrach, heraus, daß der Zerstörer in einem toten Winkel angelaufen war, so daß das Horchgerät ihn nicht auffassen konnte.

Kapitän Hartmann ließ wieder einmal eine seiner Bemerkungen los, die später in der Flottille die Runde machten:

„Schmeißt um Himmels willen das Ding außenbords und baut dafür eine Kartoffelkiste ein, damit die Jungens mehr zu futtern haben!"

Wie kaum ein zweiter verstand es Werner Hartmann, während der fast sieben Monate dauernden Fahrt die Stimmung im Boot gut zu halten.

Das „Hartmann-Wunschkonzert", das alle vier Wochen stieg, war ein Bombenerfolg, und einen besonderen Akzent setzte der Kommandant selber, als er einmal ein „Rätselgeräusch" durchgeben ließ. Wer den Ursprung dieses Geräusches erriet, sollte eine Woche Sonderurlaub erhalten. Das Geräusch entpuppte sich – von niemandem geraten – als „Kommandanten-Kartoffelschälgeräusch"!

200 Schallplatten waren an Bord. Jeder Liedwunsch wurde – nach Abgabe einer Mark – bei dem Wunschkonzert erfüllt.

Zwei Dampfer wurden gleich in den ersten Tagen im Operationsgebiet

---

* Die längste Feindfahrt des Zweiten Weltkrieges ist – wie erst jetzt festgestellt werden konnte – von U 196 unter Kapitänleutnant Eitel-Friedrich Kentrat mit 225 Seetagen durchgeführt worden. – Siehe Kapitel Eitel-Friedrich Kentrat.

versenkt. Es waren der britische Dampfer »Northmoor« und ein Dampfer von 6000 BRT, dessen Name nicht zu eruieren ist. Die Kommandanten der versenkten Dampfer wurden an Bord genommen und spielten mit, wenn die großen Skatturniere stiegen.

Wochen dauerte es dann, bis das Boot am Mittag des 29. 5. auf den dritten Dampfer stieß.

Dieser Tag hatte für die Besatzung von U 198 sehr schlecht begonnen, war doch der Kommandant wuterfüllt ins Funkschapp gestürmt, als der Funkenpuster eine Jazzplatte als Morgenmusik aufgelegt hatte. Diese „haarspitzenspaltenden Geräusche" waren für Hartmann zuviel. Auch der III. W.O., der die Morgenwache ging, bekam seinen Teil von der Hartmannschen Morgenwäsche ab, ehe der Kommandant sich zufrieden gab.

Der amerikanische Dampfer, der am Mittag in Sicht kam, wurde angehalten und durch einen gut gezielten Einzelschuß versenkt. Abermals kam ein Kapitän an Bord. Er trug, wie sich das für einen Amerikaner geziemte, zwei gewaltige Colts umgeschnallt, was dem Kommandanten fast den Atem verschlug.

Der Kapitän war am Nachmittag Hartmanns Gast beim Wunschkonzert und durfte sich auch ein Lied wünschen; natürlich nicht, ohne einen Dollar in die Kasse zu werfen, was er sich auch nicht nehmen ließ.

Mit fünf anderen Booten der „Ersten Monsungruppe" traf sich U 198 bei dem Ölversorger »Charlotte Schliemann«. Der Versorger mit seinem 7747 BRT erschien den Männern von U 198 wie ein Riese.

Nach der insgesamt sechs Tage dauernden Versorgung im Südosten des Indischen Ozeans ging es wieder ins Operationsgebiet zurück. Als U 198 innerhalb der Dreimeilenzone von Portugiesisch-Ostafrika in Höhe von Lourenço Marques einen großen Dampfer sichtete, ließ Kapitän Hartmann durch Kurzspruch beim BdU anfragen, ob er den versenken dürfe. Der ebenfalls kurze Antwort-Spruch des BdU lautete:

„Aufpassen, Hartmann! Hoheitsgewässer beachten!"

„Das heißt also, daß ich ihn schwimmen lassen muß", sagte der Kommandant resigniert.

Aber ein paar Tage später kam doch noch ein Geleit in Sicht. U 198 drehte zum Angriff an und schoß mit einem Zweierfächer die »Dumra« heraus.

Auch die »William King« wurde aus einem Geleitzug geschnappt. Die Geleitzerstörer warfen wie wild ihre Wasserbomben, doch U 198 war schon mit AK abgelaufen und außerhalb der Gefahrenzone.

Ein weiterer Fliegerangriff hätte leicht böse enden können, denn das Boot war noch nicht auf Tiefe, als schon die ersten Bomben fielen. Zum Glück über 100 Meter entfernt.

Genau einen Monat nach der letzten Versenkung kam ein Konvoi in Sicht. Als erstes Schiff fiel der griechische Dampfer »Hydraios« mit 4476 BRT den Torpedos von U 198 zum Opfer. Die »Leana«, ein Schiff von 4742 BRT, wurde mit einem Torpedo gestoppt und dann mit der Acht-acht-Bordkanone versenkt.

Danach war und blieb die See lange Zeit leer. Am 1. August kam dann der Geleitzug BC 2 – Beira – Capetown – in Sicht. U 198 hängte sich an, gewann den zum Schuß notwendigen Vorlauf und drehte auf einen Dampfer ein, den Hartmann als 7000-Tonner ansprach.

Nach dem Zweierfächer blieb der 8457 BRT große niederländische Dampfer »Mangkalibat« liegen und sank nach einem einstündigen Todeskampf. Die gesamte Besatzung konnte sich in die Rettungsboote begeben und wurde wenig später von einer See-Patrouille geborgen.

Mit einer Versenkungsziffer von acht Dampfern mit 42 778 BRT trat U 198 den Rückmarsch an und erreichte am 23. September 1943 seinen Heimathafen Bordeaux.

Zweihundert Tage hatte die Besatzung in der Enge der Stahlröhre ausgehalten. Zweihundert Tage lang hatte Kapitän Hartmann bewiesen, daß er noch immer alles besaß, was einen guten Kommandanten ausmachte. Klugheit, Erfahrung und Menschenführung, Selbstüberwindung und Verantwortungsgefühl. Die drittlängste Feindfahrt des Zweiten Weltkrieges war zu Ende.

Kapitänleutnant (Ing) Hans Wessels, der sich als L.I. des Bootes in vielen gefährlichen Situationen ausgezeichnet hatte, ein Mann, der auch auf seinen früheren Booten immer die besten Beurteilungen erfuhr, erhielt auf dringenden Vorschlag von Kapitän z. See Hartmann am 9. März 1944 das Ritterkreuz. Der Kommandant vergaß seine Besten nicht.

Nach der notwendigen Erholungspause wurde Kapitän z. See Hartmann im Januar 1944 zum Führer der U-Boote Mittelmeer ernannt. Er löste hier Kapitän z. See Kreisch ab, der aus der Torpedobootswaffe hervorgegangen war. Großadmiral Dönitz schrieb selbst, was zur Wahl gerade dieses Mannes auf den verantwortungsvollen Posten bestimmend war:

„Hartmann war ein Mann der alten U-Boots-Garde. Er hatte als U-Boots-Wachoffizier und Kommandant die Friedensausbildung durchlaufen und sich im Kriege als U-Boots-Kommandant und in der U-Boots-Ausbildung in der Ostsee als Kommandeur einer Lehrdivision sehr bewährt."

Hartmann übernahm diese verantwortungsvolle Aufgabe in einem Kampfraum, der alles von den Kommandanten forderte und in dem nicht weniger als 58 von den insgesamt dort eingesetzten 64 Booten am Feind blieben!

Im August wurde er zusätzlich noch Chef des Einsatzstabes Oberitalien im „K-Verband". In dieser Eigenschaft unterstand ihm auch der Einsatz der Einmanntorpedos, die schon vorher von Torre Vaianica aus die alliierte Transporterflotte bei Anzio-Nettuno angegriffen und Erfolge erzielt hatten. Zum „K-Verband" gehörten ferner die Einmann-U-Boote, Sturmboote mit z.T. italienischer Besatzung und ein Marine-Einsatzkommando in Bataillonsstärke.

Das unermüdliche Bestreben Hartmanns, diese Einheiten zu schlagkräftigen Verbänden auszubilden und seine Tätigkeit als FdU-Mittelmeer fanden ihren Lohn darin, daß die Erfolge im Mittelmeer unter seiner Führung die höchsten waren, die bei den dortigen Abwehrverhältnissen erzielt wurden. Kapitän z. See Hartmann wurde in Anerkennung dieser Tatsache am 5. November 1944 als 645. Soldat der Wehrmacht mit dem Eichenlaub zum Ritterkreuz ausgezeichnet.

Unmittelbar davor hatte Hartmann Italien verlassen und war Führer des Volkssturms in Danzig-Westpreußen geworden. Am 4. Februar 1945 übernahm er als Kommandeur das Marine-Grenadierregiment 6 der 2. Marine-Infanteriedivision. Mit diesen Männern kam er noch an der Weser, Aller und in der Lüneburger Heide zum Einsatz.

Am 1. Mai 1945 wurde die Division, die im Kampf schwer gelitten hatte, nach Schleswig-Holstein verlegt. Die Einheit wurde zum sofortigen Einsatz nach dem Kaiser-Wilhelm-Kanal geschafft. Hier erreichte sie die Kapitulation. Die Division wurde im Dithmarschen interniert, und Kapitän z. See Hartmann ging nach Belgien in die Gefangenschaft.

Am 21. Dezember 1946 öffneten sich für ihn die Tore des Gefangenenlagers. Für Hartmann begann ein neues Leben. Er wurde Tischlerlehrling und im August 1947 Mitarbeiter des Evang. Hilfswerkes Schleswig-Holstein, dann Kinderheimverwalter und Internatsleiter in St. Peter.

Im Januar 1951 wurde er Obmann und Sozialsekretär in der Landeskirche von Kurhessen-Waldeck.

Als am 10. Juli 1956 die neue deutsche Bundesmarine den Kapitän rief, stellte sich Werner Hartmann wieder zur Verfügung. Als Kapitän z. See trat er in die Bundeswehr ein und wurde Kommandeur des Marine-Ausbildungsregimentes, das er fast sechs Jahre bis zum 31. März 1962 führte.

Vielen jungen Menschen ist er in seiner schlichten Zuverlässigkeit, in seiner Treue und in seiner allumfassenden Menschlichkeit zum Vorbild geworden. Ebenso vielen jungen Männern hat Kapitän Hartmann die Liebe zur See, zu ihrer Härte und Größe, ins Herz gesenkt.

Im Dienste einer großen technischen Waffe stehend, hat der ehemalige U-Boots-Kommandant bewiesen, daß dennoch der Mensch das Entscheidende ist.

Hartmann (links) und sein Leitender Ingenieur Johann-Friedrich Wessels, der ebenfalls das RK erhielt.

Werner Hartmann

Letzter Dienstgrad: Kapitän z. See
Kommandant von: U 26, U 37 und U 198
Erste Feindfahrt: 7. Oktober bis 7. November 1939
Letzte Feindfahrt: 9. März bis 24. September 1943
An 281 Tagen stand Werner Hartmann in See
Ritterkreuz am 9. Mai 1940
Eichenlaub zum Ritterkreuz am 5. November 1944

Versenkungsliste von U 37 und U 198 unter Kapitän zur See Hartmann

Datum	Zeit	Nat.	Schiff	BRT	Position
08.10.39	14.00	swD	»Vistula«	1.018	Flugga/Shetland
12.10.39	19.45	grD	»Aris«	4.810	53.28 N/14.30 W
15.10.39	08.18	frD	»Vermont«	5.786	48.01 N/17.22 W
17.10.39	16.31	brD	»Yorkshire«	10.185	44.52 N/14.31 W
24.10.39	06.16	brD	»Menin Ridge«	2.474	36.01 N/07.22 W
24.10.39	09.18	brD	»Ledbury«	3.528	36.01 N/07.22 W
24.10.39	11.19	brD	»Tafna«	4.413	35.44 N/07.23 W
30.10.39	13.33	grD	»Thrasivoulos«	3.693	49.25 N/11.18 W
04.02.40	04.15	nwD	»Hop«	1.365	58.55 N/00.14 W
04.02.40	21.25	brD	»Leo Dawson«	4.330	60.10 N/00.39 W
10.02.40	20.59	nwD	»Silja«	1.259	51.21 N/11.32 W
11.02.40	03.30	brDf	»Togimo«	290	50.40 N/11.02 W
15.02.40	05.45	däD	»Aase«	1.206	49.17 N/08.15 W
17.02.40	15.53	brD	»Pyrrhus«	7.418	44.02 N/10.18 W
18.02.40	00.45	grD	»Ellin«	4.917	25 m NW Cape Finisterre
18.02.40	08.23	frD	»P.L.M. 15«	3.754	43.37 N/09.15 W
10.04.40	01.36	swMT	»Sveaborg«	9.076	62.52 N/07.34 W
10.04.40	03.52	nwM	»Tosca«	5.128	62.52 N/07.34 W
12.04.40	09.42	brD	»Stancliffe«	4.511	45 m NE Unst. Isl.
13.04.40	12.34	brCL	»Glasgow-Klasse«	9.100	Kreuzer versenkt?
17.05.43	14.12	brD	»Northmoor«	4.392	28.27 S/32.43 E
17.05.43	14.12	– – –	Dampfer =	6.000	28.27 S/32.43 E
29.05.43	19.37	brM	»Hopetarn«	5.231	30.50 S/39.32 E
05.06.43	vorm.	brD	»Dumra«	2.304	28.15 S/33.20 E
06.06.43	vorm.	amD	»William King«	7.176	30.25 S/34.15 E
06.07.43	20.30	grD	»Hydraios«	4.476	22.44 S/35.12 E
06.07.43	06.45	brD	»Leana«	4.742	25.06 S/35.33 E
01.08.43	– – –	nlD	»Mangkalibat«	8.457	25.06 S/34.14 E

Gesamterfolge:
26 Schiffe mit 119.238 BRT versenkt
1 Schiff mit 6.000 BRT wahrscheinlich
1 Kreuzer mit 9.100 BRT wahrscheinlich

Korvettenkapitän
Günther Prien

Günther Prien wurde am 16. Januar 1908 in Osterfeld in Thüringen geboren. Er besuchte in Leipzig das Gymnasium und machte während der Geschichtsstunden die Bekanntschaft des portugiesischen Seefahrers Vasco da Gama. Sie bestärkten ihn darin, selbst später zur See zu fahren.

Er verließ das Gymnasium und erlernte in der „Matrosenfabrik" der Deutschen Seemannsschule in Finkenwerder unter Kapitän Oelker den Seemannsberuf.

Kapitän Oelker vermittelte ihn auf das Vollschiff »Hamburg« als Schiffsjunge. Prien hatte nun die ersehnten Planken unter den Füßen und fuhr mit der »Hamburg« über den Atlantik bis nach Pensacola in Florida und wieder nach Hamburg zurück.

Wenig später musterte er auf der »Pfalzburg« an. Er war inzwischen Offiziersanwärter geworden und schipperte nun einige Jahre über die Sieben Meere. Erst nach Erhalt des Steuermanns-Patents musterte Prien 1929, mit 21 Jahren, auf dem Motorschiff »San Francisco« an. Er diente auf diesem „Eimer" als Vierter Offizier.

Am 30. Januar 1932 bestand er nach erneuter Schulung die Prüfung als Kapitän auf großer Fahrt. Aber ein Schiff für ihn war nicht in Sicht. Keine Reederei hatte eines für den jungen Kapitän. Im Februar 1932 zog er nach Hause zu seiner Mutter, die nach Leipzig verzogen war. Er meldete sich zum Freiwilligen Arbeitsdienst nach Ölsnitz. Hier erfuhr er im Januar 1933, daß die deutsche Kriegsmarine (noch hieß sie nicht offiziell so), sich mit der Absicht trug, ehemalige Handelsschiffs-Kapitäne zur Ergänzung des Offiziersnachwuchses einzustellen.

Prien meldete sich sofort. Er wurde angenommen und trat in Stralsund in die Kriegsmarine ein. Er begann noch einmal als Matrose und wurde planmäßig wie alle anderen zum Fähnrich und Oberfähnrich befördert.

Auf dem Schulkreuzer »Karlsruhe« unternahm er seine erste Weltreise und im Sommer 1935 wurde er auf die U-Bootschule nach Kiel kommandiert. Am 25. 2. 1936 wurde er – soeben zum Leutnant zur See befördert – als Offiziersschüler auf U 3 kommandiert, das von Kptlt. Freiwald geführt wurde. Danach kam er als Leutnant zur See und I. Wachoffizier auf U 26, dessen Kommandant Kptlt. Werner Hartmann war. Nun begann für Prien der Ernst des U-Boot-Lebens.

Mit U 26 kreuzte Prien im kommenden Sommer in den Spanischen Gewässern. Werner Hartmann, der sein Boot erst im Mai dieses Jahres in Dienst gestellt hatte, wurde für Prien ein Vorbild in jeder Hinsicht. Er war vor allem ein Vorbild an Härte und eiserner Disziplin. Als einmal ein Torpedo wegen eines Fehlers des Torpedomaaten ins Boot zurückzurutschen drohte, und der Leitende Ingenieur, Oblt. (Ing.) Looschen, nur durch rasches Handeln ein Desaster verhindern konnte, meinte Hartmann, nachdem er den Maaten „zur Schnecke gemacht" hatte zu Prien. „Weißt du Prientje, es war ja knapp, aber es wäre ein Betriebsunfall gewesen. Ein U-Boot ist nun einmal keine Altersversicherung."

Diese „Spanienreise" des Kommandantenschülers Prien hielt noch einige weitere Überraschungen für U 26 bereit. Als sie in der Biskaya in einen schweren Sturm gerieten und die wuchtigen Roller über den U-Bootsturm peitschten, rettete Hartmann einen Brückenwächter dessen Gurt gerissen war.

Vor Bilbao wurde das Boot von den beiden spanischen Zerstörern »Almirante Cerveira« und »Velasco« angemorst. Hartmann ließ stoppen und die Reichskriegsflagge heißen, außerdem vom Signalgeber und dem Funkmaaten gleichzeitig das Signal „Aleman" geben. Die Zerstörer hielten in Lage Null auf das Boot zu, doch Hartmann wich nicht aus. Die Zerstörer wichen erst in letzter Sekunde aus. Sie dippten die Flaggen. Alles war noch einmal gut gegangen (siehe auch Kapitel Werner Hartmann).

Als sich Oberleutnant z. S. Prien im Dezember 1938 in Kiel beim Chef der 5. U-Flottille, KKpt. Sobe meldete, war er als Kommandant vorgesehen. Er sollte U 47, ein Boot des Typs VII B in Dienst stellen.

Das Boot trug die Baunummer 583.

Am nächsten Morgen, die Sonne war bereits am klaren Himmel emporgestiegen, kletterte Oblt. z. S. Prien den Niedergang zum Achterdeck von U 47 empor. Die Besatzung war angetreten. Prien sah sich 38 Männern gegenüber, die in zwei Gliedern aufgestellt waren. Vor der Front stand ein Oberleutnant, der die Besatzung still stehen ließ. Dann erklang die sonore Stimme des Oberleutnants:

„Zur Meldung an den Kommandanten – d i e Augen links!"

Der Offizier kam auf den Kommandanten zu. Groß, breitschultrig und offenen Blicks:

„Oberleutnant Wessels meldet Besatzung von U 47 angetreten."

„Danke, Wessels!" Prien ging weiter, bis er vor der Mitte der Doppelreihe stand. „Guten Morgen Männer!" sagte er laut und beherrscht. Hell und klar hallte der Gruß der Besatzung zu ihm herüber.

„In wenigen Tagen stellen wir hier eine neue Einheit der Kriegsmarine in Dienst. Ich erwarte, daß jeder Mann seine Pflicht tut, so, wie ich sie selbst tun werde. Wenn das geschieht, werden wir prima miteinander auskommen."

Anschließend schritt er die Front ab und reichte jedem Mann mit festem Druck die Hand.

Das Einfahren des Bootes begann. Als es am 19. August 1939, im Verband der 7. U-Flottille stehend, gemeinsam mit den Booten U 45, U 48 und U 52 auslief und im Raume westlich der Biskaya Aufstellung nahm, war die Besatzung bereits eine eingefahrene Truppe.

Prien erhält aus Hitlers Hand das RK.

Am Morgen des 3. September – dem dritten Tage des Polenfeldzuges – stand U 47 in seinem künftigen Operationsgebiet. Günther Prien, inzwischen zum Kptlt. befördert, wurde an diesem Morgen in die Zentrale gebeten. Dort standen Obersteuermann Spahr, die seemännische Nr. Eins des Bootes, mit zwei Soldaten der Freiwache um den Rundfunkempfänger.

„Was ist los, Spahr?" fragte Prien.

„Es wird gleich wiederholt, Herr Kaleunt!" sagte Spahr leise.

Da kam auch schon die Stimme des Ansagers wieder:

„Hier ist der Großdeutsche Rundfunk. Wir bringen eine Sondermeldung des drahtlosen Dienstes: Die britische Regierung hat in einer Note an die Reichsregierung die Forderung gestellt, die auf polnisches Gebiet vorgedrungenen deutschen Truppen wieder in die Ausgangsstellungen zurückzuziehen."

Als diese und die noch folgenden Worte verklungen waren, wußte Günther Prien, daß der Krieg gegen England unmittelbar bevorstand. Fünf Minuten darauf erhielt auch U 47 – wie alle anderen in See stehenden Einheiten der Kriegsmarine – einen Funkspruch des Ob. d. M., in dem die Kriegserklärungen Frankreichs und Englands bekanntgegeben wurden. „Für die Kriegsmarine ist damit sofortige Gefechtsbereitschaft gemäß den Gefechtsbefehlen gegeben."

Der Funkspruch des Führers der U-Boote folgte. Danach öffnete Prien in seiner Kammer den Panzerschrank und holte die versiegelte Order heraus. Darin las er: „Seekrieg nach Prisenordnung im Operationsgebiet eigener Wahl."

Als Prien auf die Brücke zurückenterte, blickte ihm der I. WO erwartungsvoll entgegen: „Ja, Endrass", deutete Prien den Blick richtig: „Nun ist es so weit! – Von nun an Kriegswache!"

Der I. WO salutierte und Prien enterte in die Zentrale ab. Er trug alles in das KTB ein.

Am frühen Morgen des 4. 9. 1939 wurde er auf den Turm gerufen. Prien griff nach seiner Mütze, eilte durch den schmalen Gang zur Zentrale, rief am Niedergang sein „aufwärts!" und enterte auf den Turm. Der II. WO, Lt. z. S. von Varendorff, hatte ein Schiff gesichtet. Prien befahl „Beide Diesel AK!"

Das Boot gewann rasch den genügenden Vorlauf. Dann ging es auf Sehrohrtiefe hinunter. Das Ziel war ein – Grieche. Prien ließ U 47 auftauchen und diesem Frachter einen Schuß vor den Bug setzen. Es war ein neutrales Schiff mit einer Ladung für Deutschland. Es wurde entlassen.

„Wenn die uns man nicht angeschissen haben, Herr Kaleunt!" meinte Zentralemaat Böhm. Prien schüttelte den Kopf.

„Lieber Böhm, ich sehe als alter Handelsschipper auch ohne Brille ganz gut. Außerdem sollten Sie als christlicher Seefahrer nicht so unchristliche Worte in den Mund nehmen."

„Jawohl, Herr Kaleunt", tat Böhm zerknirscht.

Das Boot setzte seine Fahrt fort. Am Morgen des 5. 9. kam die »Bosnia« in Sicht, die SOS funkte und hinzufügte, daß sie von einem deutschen U-Boot gejagt werde. Der Dampfer zackte wie wild. Prien ließ ihm einen Schuß vor den Bug setzen und dann mit einigen Schüssen des Buggeschützes in Brand schießen. Die Besatzung ging in die Boote und die »Bosnia« sank nach einem Torpedotreffer binnen einer Minute weg. Sie hatte eine Verdrängung von 2407 BRT.

Am nächsten Tage erhielt die »Rio Claro«, ein Schiff von 4086 BRT um 13.40 Uhr den tödlichen Torpedoschuß. Wenige Stunden darauf war die »Gartavon« an der Reihe. Dieser kleine Kolcher von 1777 BRT drehte hart auf U 47 ein und wollte das Boot rammen. Nur wenige Meter hinter dem Heck des Bootes stieß der Steven des Schiffes vorbei. Prien ließ das Schiff mit Artillerie versenken.

Weitere Dampfer, darunter ein Niederländer und ein Finne, mußten laufen gelassen werden.

Dann meldete der Leitende Ingenieur des Bootes Oblt. (Ing.) Wessels, daß der Treibstoff knapp zu werden drohte. U 47 trat den Rückmarsch an und machte in Kiel fest. Das Boot hatte die ersten drei Versenkungen des Zweiten Weltkrieges erzielt, viele weitere sollten folgen.

Am 8. Oktober 1939 legte U 47 zu seiner zweiten Feindfahrt ab. Günther Prien hatte von Kpt. z. S. Dönitz den Auftrag erhalten, in die Höhle des britischen Löwen, nach Scapa Flow, einzudringen und dort mindestens ein schweres Schiff zu vernichten.

Erst auf See weihte Prien am Abend des 12. Oktober seinen I. WO, Oblt. z. S. Endrass, ein, daß es nach Scapa Flow gehe. Am kommenden Morgen, um 3.30 Uhr, tauchten die Orkney-Inseln auf und Prien befahl: „Auf Tauchstationen." Das Boot wurde vom Leitenden Ingenieur auf Grund gelegt. Die Besatzung trat im Bugraum an und Oblt. z. S. Endrass meldete dem Kommandanten. Prien sah die Männer einen nach dem anderen an.

„Wir laufen in der kommenden Nacht nach Scapa Flow ein. Alles geht jetzt auf Ruhestationen. Um 16.00 Uhr gibt es Mittagessen. Alle überflüssigen Lichter werden gelöscht. Beim Unternehmen gilt eines: Absolute Ruhe! Kein Befehl darf doppelt gegeben werden müssen. – Wegtreten auf Ruhestationen!"

Um 19.00 Uhr ließ Günther Prien das Boot auf Tauchstation emporgehen. Er suchte durch beide Sehrohre See und Himmel ab und ließ dann auftauchen.

„E-Maschinen stop! – Beide Diesel kleine Fahrt!" Mit diesen Befehlen begann das eigentliche Unternehmen. Es ging bei starkem Nordlicht weiter in Richtung auf den Holmsund. Dort mußten sie auf jenes Wrack stoßen, das den Eingang nach Scapa Flow sperrte.

Als es in Sicht kam, übernahm Prien das Kommando. Die Strömung wurde von einer Sekunde zur anderen stärker. Die Situation wurde kritisch, als das Boot von diesem Sog genau auf das Blockschiff zugetrieben wurde. Die stählernen Trossen, die sich vom Wrack zum Land hinüberzogen, waren deutlich zu erkennen.

Nach einigen Ruderbefehlen glitt U 47 dicht vor dem Bug des Blockschiffes unter den Stahltrossen her, welche die Antenne des Bootes herunterrissen.

„Hier spricht der Kommandant", sagte Prien halblaut in die Bordverständigung. „Wir sind jetzt in Scapa Flow!"

Durch das stille Wasser der großen Bucht schob sich U 47 weiter. Die im Hoxasound liegenden Bewacher wurden umfahren und, dicht unter der Küste weiterlaufend, schob sich das Boot nach Norden.

Lt. z. S. von Vahrendorff hatte als II. WO die Wache übernommen, als er einen großen Schatten sichtete.

„Sieht wie ein Schlachtschiff aus, Herr Kaleunt", wisperte er.

„Scheint die Royal Oak zu sein", stimmte Prien zu. „An Torpedowaffe: Alle Rohre klar zum Überwasserschuß!"

Die vier Bugrohre wurden Sekunden später klar gemeldet. Torpedomechanikersmaat Tewes meldete: „Mündungsklappen auf!"

Hinter der heraufgereichten Zieloptik, die auf die Zielsäule aufgesetzt wurde, stand Engelbert Endrass als Torpedo-Waffenoffizier. Er wartete auf den Befehl seines Kommandanten:

Prien hatte neben der »Royal Oak« noch ein weiteres Schiff gesehen, das er als »Repulse« ansprach. Deshalb befahl er einen Dreierfächer auf die »Royal Oak« und einen Einzelschuß auf die »Repulse«, die überlappend dahinter lag.

Nachdem der Zielgeber „Hartlage" gemeldet hatte und der Schußbefehl erfolgte, liefen drei Aale auf das britische Schlachtschiff, während der vierte ein Abfeuerversager war.

Das Boot drehte sofort ab und Prien ließ auch den Heckaal schießen.

Als die Laufzeit um war, stieg weißleuchtend an der Bordwand des hinter der »Royal Oak« liegenden Schiffes eine Stichflamme empor. Die drei übrigen Torpedos ergaben nichts.

Prien befahl, alle Rohre nachzuladen. Da die Torpedos bereits geheißt waren, brauchten sie nur noch in die leergeschossenen Rohre bugsiert zu werden. Dies geschah binnen 20 Minuten.

Inzwischen hatte Obermechanikermaat Bleeck, der TWO, gemeldet, daß der vierte Aal nun wieder klar sei, nachdem er das Abfeuergestänge gerichtet hatte.

Prien ließ zum zweiten Angriff eindrehen. Offenbar war trotz der Torpedodetonation kein Alarm ausgelöst worden.

Bis auf 500 Meter ließ er U 47 an das große Schlachtschiff herangehen. Der um 1.16 Uhr in Sekundenabstand geschossene Dreierfächer traf das Schlachtschiff. Die Torpedopinien stiegen feuerdurchmischt am Schiff empor.

Ein Gemälde von Günther
Prien aus dem Jahr 1939.

Ein Gemälde von Günther Prien aus dem Jahr 1939.

U 47 hatte bereits mit Hartruderlegen abgedreht, als plötzlich eine gewaltige Explosion das Schlachtschiff erschütterte und eine haushohe Feuersäule zum Nachthimmel emporstob. Deckteile des Achterschiffes wurden durch die Luft gewirbelt und dann löste sich der gewaltige achtere Geschützturm in seine Bestandteile auf und krachte in die See.

Die »Royal Oak« bekam rasch starke Schlagseite. Weitere Detonationen grollten aus seinem Innern auf. Die Munitionskammer war in die Luft geflogen und zerriß das Schlachtschiff.

U 47 lief mit AK ab. Hinter ihm wurden Leuchtgranaten geschossen. Schreckwasserbomben fielen weitab. Dann hatten sie die Enge erreicht, passierten sie und liefen mit wummernden Dieseln ab.

„An alle: Hier spricht der Kommandant! Wir haben ein Schlachtschiff torpediert und ein zweites versenkt."

Die Britische Admiralität gab am 14. Oktober 1939 den Verlust des Schlachtschiffes »Royal Oak« bekannt. Sie teilte mit, daß das feindliche U-Boot voraussichtlich vernichtet worden sei. Auf der Liste der Überlebenden der »Royal Oak« standen 375 Namen. 809 Soldaten und 24 Offiziere waren mit ihm untergegangen.

Am 17. Oktober lief U 47 in die Jade ein und steuerte auf die Schleuse von Brunsbüttel zu. Am Turm des Bootes prangte ein neues Wappen. Es war ein „wutschnaubender Stier", den Engelbert Endrass auf die Turmwand aufgemalt hatte. Es ging durch die Schleuse Brunsbüttel und um 10.00 Uhr war Wilhelmshaven erreicht.

Dort hatte sich seit 10.00 Uhr alles versammelt, was in der Kriegsmarine Rang und Namen hatte. Kurz vor 11.00 Uhr hallten die Kommandos über die Pier. Der OB der Kriegsmarine, Großadmiral Raeder, schritt in Begleitung des Befehlshabers der U-Boote die Ehrenkompanie ab. Nun war alles zum Empfang von U 47 bereit, das durch die III. Einfahrt lief, an der Pier anlegte und festmachte. Die Männer der Besatzung waren an Deck angetreten. Das dreifache Hurra der Ehrenkompanie erschallte und dann wurde die Nationalhymne vom angetretenen Musikkorps intoniert.

Günther Prien stand noch auf dem Turm. Erst als die Stelling ausgebracht war kam der Kommandant an Land und meldete Boot und Besatzung von der Feindfahrt zurück.

Großadmiral Raeder, der die Meldung entgegennahm, schüttelte Prien die Hand und sagte:

„Die Marine, ja das ganze deutsche Volk, ist stolz auf euch tapfere U-Bootfahrer!"

Dann kamen der Oberbefehlshaber und Konteradmiral Dönitz an Bord. Dieser sprach der gesamten Besatzung seine Anerkennung aus und überreichte ihr Eiserne Kreuze I. und II. Klasse.

Noch an Bord von U 47 gab Großadmiral Raeder die Beförderung von Karl Dönitz und seine Ernennung zum Befehlshaber der U-Boote bekannt.

Am selben Tage erfuhr die Besatzung von U 47, daß sie am nächsten Mittag in der Reichskanzlei von Hitler empfangen werde.

Um 11.00 Uhr des 18. Oktober landete die Besatzung des Bootes mit zwei Flugzeugen auf dem Tempelhofer Flugplatz.

In Kraftwagen fuhren sie durch Berlin zur Reichskanzlei. Hier überreichte Hitler Günther Prien als erstem deutschen U-Boot-Kommandanten das Ritterkreuz des Eisernen Kreuzes.

Der 20. Oktober sah die Besatzung wieder in Kiel. Der Empfang mit dem „Großen Löwen" und dem Admiral der Marinestation Ostsee, VAdm. Carls, dem Oberbürgermeister von Kiel, Behrend, und Kreisleiter Ziegenbein, war großartig. Es ging in Kraftfahrzeugen durch die Stadt zum Kieler Rathaus.

Priens großer Erfolg und der folgende Presserummel sorgten dafür, daß die Freiwilligenmeldungen zur U-Boot-Waffe sagenhaft emporschnellten.

Die Besatzung ging in den wohlverdienten Urlaub und Prien fuhr zu seiner Frau und seiner Tochter nach Hause.

Die dritte Feindfahrt von U 47 begann am 19. November 1939. An Helgoland vorbei lief das Boot in Richtung der Shetland-Inseln. Am 23. 11. wurde der erste Dampfer gesichtet. Ein Neutraler, der nicht angegriffen werden durfte.

In den nächsten Tagen schwoll der Sturm zum Orkan an. Das Boot knüppelte durch dichte Regenfronten und suchte vergebens nach einem Angriffsziel.

Als der Sturm am Morgen des 28. 11. abflaute, wurde der Kommandant gegen Mittag auf den Turm gerufen. Das gesichtete Schiff wurde wenig später als Kreuzer klassifiziert. Der erste Unterwasserschuß wurde ein Nahdetonierer, der sehr dicht am Heck des Kreuzers hochging und dessen Katapult mitsamt dem darauf stehenden Bordflugzeug über Bord schleuderte. Der Kreuzer aber – die »Norfolk« – lief weiter.

Am 3. Dezember kam ein Geleitzug mit zwölf Schiffen in Sicht, die von vier Zerstörern gesichert wurden. Das Boot schloß heran und schoß offensichtlich vorbei. Es wurde nach diesem Fehlschuß unter Wasser gedrückt und von den Zerstörern mit Wasserbomben belegt.

Nach dem Wiederauftauchen gelang es Prien, bis zum Mittag des 5. Dezember wieder Anschluß zu gewinnen. Um 14.39 Uhr war es wieder so weit. Der Zweierfächer lief und traf das 8795 BRT große britische Motorschiff »Navasota« tödlich. Der Geleitzug OB 46 hatte sein erstes Schiff verloren.

Abermals mußte U 47 vor heranlaufenden Zerstörern tauchen. Erst am nächsten Vormittag waren die Zerstörer verschwunden und gegen Abend des 6. 12. kam U 47 auf einen Tanker zum Schuß. Die 6214 BRT große »Britta«, ein britischer Motortanker, sank auf der 45-Meter-Marke südwestlich Longship.

Zwei Stunden darauf meldete der I. WO, Endrass, einen weiteren Dampfer. Es war das in britischer Charter laufende niederländische Motorschiff »Tjandoen« mit 8159 BRT.

Es dauerte nur sechs Minuten, bis die See dieses große Schiff geschluckt hatte.

Auf dem Rückmarsch wurde ein schneller Einzelfahrer gesichtet. Der erste Torpedo lief vorbei. Auch der zweite, aus großer Distanz geschossen, traf sein Ziel nicht.

Als Prien zwei Tage darauf im Stützpunkt Kiel festmachte, hatte er den Kreuzer »Norfolk« beschädigt und drei Schiffe mit zusammen 23 168 BRT versenkt.

Prien meldete dem BdU mit kaum zu unterdrückendem Groll in der Stimme von sechs Torpedoversagern und daß ihm dies zeige, daß mit den Torpedos etwas nicht in Ordnung sein könne, was sofort abzustellen sei. Dönitz sicherte eine Untersuchung zu.

Die vierte Feindfahrt begann Mitte März 1940. Nach einem Schaden an der Kompaßanlage mußte U 47 nach Helgoland einlaufen.

Beim Auslaufen wäre das Boot beinahe auf eine Treibmine aufgelaufen. Weitere zwei Treibminen wurden in den nächsten Stunden passiert.

In der Nacht zum 25. 3. sichtete die Brückenwache einen Dampfer, der in der Finsternis kaum zu sehen war. Oblt. z. S. von Varendorff, der an die Stelle von Engelbert Endrass getreten war, der selbst ein Boot erhalten hatte, rechnete die Schußunterlagen aus. Der erste Einzelschuß auf den kleinen Kolcher ging vorbei, da dieser wie wild zackte. Erst der nächste Aal traf die nur 1146 BRT große »Britta«. Sofort waren Zerstörer zur Stelle und drückten U 47 unter Wasser.

24 Stunden darauf wurde U 47 mit fast allen anderen einsatzbereiten Booten zurückbefohlen. Alle Boote waren zu einem Sondereinsatz vorgesehen. Es handelte sich um Schutzaufgaben für die deutschen Truppenlandungen in Norwegen.

Am 3. 4. lief U 47 zu seinem neuen Einsatz aus. Es war der U-Bootgruppe 5 zugeteilt, die sich aus den Booten U 48, U 49, U 50 und U 37 sowie U 47 zusammensetzte.

Als das Stichwort „Hartmut" getastet wurde, öffnete Prien den Geheimbefehl und las: „Laufen Sie sofort Norwegen an. Gehen Sie Vaagsfjord."

Am 12. 4. wurde dieses Ziel erreicht und am frühen Morgen dieses Tages erhielt auch Prien den Sammelfunkspruch für die Aufstellungsgruppe 5: „Nr. 1430: An Narvik-Boote. Narvik gehen. Britische Seestreitkräfte eingebrochen."

In den folgenden Tagen und Wochen gelang es U 47 mehrfach zum Schuß auf große Kriegsschiffe zu kommen, doch keiner der Torpedos traf oder zündete am Feind. Als U 47 nach einer frustrierenden Feindfahrt, mit riesigen Chancen und keinerlei Erfolgen, am 26. April in Kiel einlief, erfuhr der Kommandant und mit ihm auch die Besatzung von dem Mißerfolg, der als Torpedokrise in die Seekriegsgeschichte einging.

Als der „Große Löwe" versprach, daß U 47 auf der nächsten Feindfahrt wieder Erfolg haben würde, antwortete Prien:

„Jawohl, Herr Admiral – Wenn wir die richtigen Torpedos bekommen und nicht mit hölzernen Schwertern fechten müssen."

„Verlaß dich darauf, Prien", versicherte ihm Dönitz, „ich werde dazwischenfunken!"

Am Morgen des 4. Juni 1940 lief U 47 zu seiner sechsten Feindfahrt aus. Operationsgebiet war der Atlantik westlich von Irland. Als das Boot unterwegs noch auf dem Ausmarsch einen dringenden FT-Spruch des BdU auffing, daß ein eigenes Flugzeug auf dem Kurs des Bootes notgewassert habe, wurden alle Boote aufgefordert, danach zu suchen.

Es war U 47, welches das Kunststück fertig brachte, den geschossenen Signalstern zu sichten und dann auch das kleine Rettungsfloß zu finden. Drei Flieger wurden gerettet. Ein vierter war durch Feindbeschuß gefallen. Die drei Flieger machten nun eine Feindfahrt auf U 47 mit.

Am Morgen des 14. Juni wurde ein Geleitzug gemeldet. Prien zählte in der nächsten Stunde, da sich sein Boot anhängte und versuchte, zum

Angriff zu gelangen, insgesamt 42 Schiffe und sah, achtern angehängt, zwei Zerstörer dampfen. Wenig später kamen von der anderen Seite abermals zwei Zerstörer in Sicht. Drei Stunden versuchte U 47 den nötigen Vorlauf zum Schuß zu erreichen. Dann sichtete der Kommandant einen hinter dem Konvoi herlaufenden Einzelfahrer. Es war die »Balmoralwood« ein Brite von 5834 BRT, dem um 19.44 Uhr der Einzelschuß angetragen wurde. Der Dampfer blieb liegen.

Das Boot versuchte nach einer Wasserbombenverfolgung wieder Anschluß zu gewinnen. Es kam jedoch nicht mehr heran.

Erst am 21. Juni sichtete Fw. Klare, einer der geretteten Flieger, den nächsten Geleitzug und stellte damit unter Beweis, daß auch und vor allem Flieger gute Augen haben.

„Wir laufen am Rande des Sichtkreises mit und greifen nach Einfall der Dunkelheit an", entschied Prien.

Kurz vor Einfall der Dunkelheit schnürte U 47 heran. Prien sah, daß es sich hier um einen großen Tanker handelte und legte zwei Aale auf diesen an. Der Fächerschuß um 20.07 Uhr traf den 13 056 BRT großen Dampftanker »San Fernando« tödlich.

Drei Tage später wurde der panamesische 1885 BRT-Dampfer »Catrine« gesichtet. Auch er wurde eine Beute von U 47, indem er nach einen „vergeigten" Torpedo mit der Achtacht beschossen und versenkt wurde.

U 47 am 24. 10. 1939 im Kieler Hafen, nach dem Erfolg von Scapa Flow.

Drei Tage später erwischte es die 4005 BRT große »Lenda«. Sie erhielt einen Torpedo, der sie fahruntüchtig machte und wurde anschließend mit der Artillerie versenkt.

Noch am selben Tage kam das Boot mit einem Einzelschuß auf den niederländischen Dampfer »Leticia« zu einem weiteren Erfolg, der sich auf der Liste mit 2580 BRT niederschlug. Das Schiff war mit Heizöl aus der Karibischen See nach England unterwegs. Prien ließ auf einige Männer zuhalten, die in den dicken Öllachen schwammen und erbärmlich zu Grunde gegangen wären. Er ließ sie an Bord holen, reinigen und mit frischer Wäsche versorgen, um sie anschließend an die Rettungsboote des Schiffes zu übergeben, die diese Männer im Stich gelassen hatten. Danach ließ er sich den Kapitän zeigen und sagte ihm seine Meinung.

In der folgenden Nacht wurde ein Einzelfahrer ohne Ergebnis beschossen. Im Morgengrauen des 29. Juni aber kam wieder ein Dampfer in Sicht. Es war die 4421 BRT große »Empire Toucan« die mit den letzten sechs Schüssen der Bordkanone gestoppt und dann mit einem Fangschuß versenkt wurde.

Ein am 30. Juni in Sicht kommender Einzelfahrer wurde um 14.45 im Unterwasserangriff mit einem Einzelschuß versenkt. Es war die 4201 BRT große »Georgios Kyriakides«, ein griechischer Dampfer.

Am Morgen des 2. 7. – das Boot befand sich bereits auf dem Rückmarsch – meldete Torpedomaat Tewes den letzten Aal einsatzbereit.

Planmäßig, so schien es, tauchte wenig später ein Dampfer auf, der sich als riesengroßer Pott herausstellte. Das Boot ging mit Alarmtauchen in den Keller, wurde in Sehrohrtiefe eingependelt und kam bis auf 600 Meter unbemerkt an diesen Riesen heran.

Der Torpedoschuß traf den Dampfer unter dem vorderen Schornstein. Er stoppte und funkte Notsignale. Es war die 15 501 BRT große »Arandora Star«, die hier für immer auf Tiefe ging.

Mit acht Versenkungswimpeln am ausgefahrenen Sehrohr lief U 47 am 5. Juli in den Stützpunkt ein. Das Boot hatte auf dieser Feindfahrt insgesamt 51 483 BRT versenkt.

U 47 lief am 26. 8. 1940 zu seiner siebten Feindfahrt aus. Am frühen Morgen des 2. 9. wurde am Rande des Operationsgebietes ein Zickzackkurse steuernder Dampfer gesichtet. Es war die 7463 BRT große »Ville de Mons«, die nach dem Torpedotreffer binnen weniger Minuten, über den Vordersteven wegsackend, in der See verschwand.

Zwei Tage später holte U 47 zum nächsten Schlag aus. Diesmal traf es die 9035 BRT große »Titan«. Leuchtgranaten schießende Zerstörer drängten das Boot ab. Es kam erst am 7. 9. wieder an einen Konvoi heran. Es war der SC 2 aus dem Prien die »Neptunian« mit 5155 BRT herausschoß.

Danach kam das Boot um 5.15 und 5.35 Uhr erneut zum Schuß und „blies" die 5303 BRT große »Jose de Laringa« von der Oberfläche der See hinunter. Der Dampfer »Gro« teilte ihr Schicksal.

U 47 wurde wieder abgedrängt, kam aber 48 Stunden darauf ein weiteres Mal zum Schuß. Die 3840 BRT große »Possidon« wurde das letzte Opfer Priens aus dem SC 2. Danach wurde das Boot mehrfach unter Wassaer gedrückt, so auch am Abend des 10. 9. In der kommenden Nacht wieder auftauchend, fing der Funkmaat des Bootes einen FT-Spruch des BdU auf, der es zum Wetterdienst einsetzte.

Bis zum 20. 9. versah U 47 diesen Dienst. Dann sichtete es den nach England laufenden Konvoi HX 72 und lief nach einem Sichtungs-Funkspruch hinterher, um Fühlung zu halten und andere Boote heranzubringen. Fünf Boote gewannen Anschluß. Unter ihnen befanden sich die Asse Kretschmer mit U 99, Schepke mit U 100, Bleichrodt mit U 48 und Jenisch mit U 32.

Alle Boote kamen zum Schuß. Am Morgen des 21. 9. trafen sich U 99 und U 47 in der Nähe des getroffenen britischen Dampfers »Elmbank«, 5165 BRT, der von U 99 lahmgeschossen worden war. Prien bat Kretschmer, ihm einige Schüsse freizugeben. Kretschmer stimmte zu, und U 47 schoß eine Reihe Phosphorgranaten in das Schiff, das schließlich von U 99 mit Fangschuß versenkt wurde.

Am 25. 9. lief U 47 erstmals in einen westfranzösischen Hafen ein, nach Lorient.

Nach nur 17 Tagen Liegezeit trat U 47 am 12. Oktober 1940 seine achte Feindfahrt an. Als sich das Boot im Operationsgebiet befand, meldete U 93 unter Kptlt. Korth am 16. 10. einen Geleitzug. Prien beschloß, auf diesen zu operieren. U 47 lief mit AK beider Diesel diesem Konvoi entgegen. Am nächsten Tag jedoch sichtete U 48 einen anderen, näherstehenden Geleitzug. Prien änderte sein Vorhaben und lief nun dem SC 7 entgegen, den er am Abend des 18. Oktober erreicht hatte und schnell heranschloß.

Insgesamt kamen acht Boote heran, doch Prien und sein U 47 wurde abgedrängt und erhielt keinen Anschluß mehr. Wieder aufgetaucht sahen die Brückenwächter auf dem Turm von U 47 die in der Ferne glosenden Schiffe und deren Rauchsäulen.

Wenig später erhielt das Boot eine Sichtmeldung des HX 79. Bis zum Abend des 19. 10. kam U 47 heran. Als erstes Schiff versenkte Prien aus diesem Konvoi die 6856 BRT große »Bilderdjik« und torpedierte wenig später den Motortanker »Shirak«, der jedoch nicht sank. Gemeinsam mit U 45 versenkte U 47 die »Wandby« und am 20. 10. trafen die Torpedos von U 47 den 5185 BRT großen Dampfer »La Estancia«. Die »Whitwort Point« mit 5206 BRT, fiel dem Boot als nächstes Schiff zum Opfer und auch der Motortanker »Athelmonarch« wurde torpediert. Diese 8376 BRT zählen also nicht zu den Versenkungserfolgen von U 47.

Prien war der Überzeugung, acht Schiffe versenkt zu haben, es waren jedoch nur vier Schiffe gesunken und zwei torpediert worden. Die anderen Treffer waren nach dem Kriege nicht mehr zu eruieren. Allerdings kamen die Experten zu der Überzeugung, daß Prien die »La Estanica« zweimal torpediert hatte.

Da U 47 nach der Versenkungsliste des Bootes nunmehr über 200 000 BRT feindlichen Schiffsraumes in die Tiefe geschickt hatte, wurde Kapitänleutnant Prien am 20. 10. unmittelbar nach dem Absetzen seines Funkspruches über weitere 50 500 BRT feindlichen Schiffsraumes als 5. deutscher Soldat mit dem Eichenlaub zum Ritterkreuz ausgezeichnet.

Am 23. Oktober lief U 47 in Lorient ein. Bei der KTB-Besprechung am folgenden Tage äußerte Admiral Dönitz abschließend:

„Wieder eine ausgezeichnete Fahrt, Prien. Das Eichenlaub hast du voll verdient und deine Crew mit dir. Habt ihr Schäden?"

„In zehn Tagen sind wir wieder auslaufbereit, Herr Admiral" antwortete Prien zuversichtlich.

„Ist das nicht zu früh?" fragte der „Große Löwe".

„Diese Feindfahrt hat doch nur 18 Tage gedauert und alle Männer sind in bester Verfassung und auch das Boot hat keine Mucken gezeigt."

Nur 24 Stunden hatte U 47 an dem Geleitzug HX 79 gerakt und einen durchschlagenden Erfolg erzielt.

Am 31. Oktober stand Kapitänleutnant Günther Prien Hitler zum zweiten Male gegenüber. Hitler verlieh ihm als erstem deutschen U-Boot-Kommandanten und als fünftem deutschen Soldaten überhaupt das Eichenlaub zum Ritterkreuz.

Prien reiste anschließend so schnell wie möglich nach Lorient zurück, wo seine Besatzung auf ihn wartete.

Das Boot wurde rasch ausgerüstet und am 31. 11. 1940 lief es zur neunten Feindfahrt aus.

In der Biskaya wurde es von einem schweren Sturm gebeutelt und am späten Nachmittag des 4. 11. fing U 47 einen FT-Spruch von U 99 auf, der an den BdU gerichtet war. Kretschmer hatte ein großes Geleit gesichtet, griff sofort an und versenkte daraus 30 000 BRT. Hierauf erhielt er direkt nach Prien, als sechster Soldat der Deutschen Wehrmacht, das Eichenlaub zum Ritterkreuz, denn auch er hatte nach diesem Erfolg die 200 000-Tonnen-Marke überschritten.

Wenige Tage später ließ Prien den Portugiesen »Gonzalo Velho« anhalten. Er ließ ihn laufen, weil dieser Neutrale keine Bannware führte. Im Sturm knüppelte das Boot wieder durch die See und Prien sagte in seinem trockenen Humor, der nur selten durchbrach.

„Wetten, daß Petrus Engländer ist?"

So schien es, denn drei volle Wochen hindurch blies der Sturm und U 47 klotzte gegen hohe Brecher an. Die Wachen standen im „großen Seehund"

U 47 macht nach
erfolgreicher Feind-
fahrt in Lorient fest.

U 47 bringt einen
portugiesischen
Dampfer auf.
In der Mitte der
portugiesische Kapi-
tän. Sein Schiff darf
weiterfahren.

auf dem Turm. Endlich kam ein Geleitzug in Sicht. Es war der HX 90 und sechs weitere Boote wurden nach Priens Meldung auf ihn angesetzt. U 101 unter Kptlt. Mengersen eröffnete die Jagd und versenkte vier Schiffe. U 47 kam am frühen Morgen des 2. 12. um 4.09 Uhr zum Schuß. Der Zweifächer traf die »Ville de Arlon« tödlich. Sie ging wenige Minuten nach 5.00 Uhr in die Tiefe. Um 5.25 Uhr kam das Boot auf den britischen Motortanker »Conch« zum Schuß. Das Schiff stoppte nach dem Doppeltreffer, doch auch nach zwei weiteren Fangschüssen sank sie nicht. Erst U 99 gelang es um 10.19 Uhr des 3. 10., den Motortanker zum Sinken zu bringen, der in der Zwischenzeit außerdem noch von U 95 unter Kptlt. Schreiber zwei weitere Fangschüsse erhalten hatte. Damit galt dieser Tanker für Prien nur als torpediert und ging auf Kretschmers Rechnung.

Im Verlauf dieses Einsatzes wurde U 47 mehrfach unter Wasser gedrückt und mit Wasserbomben belegt. Als die Schäden nicht repariert werden konnten (Die Hauptlenzpumpe war ausgefallen, ebenso die Trimm- und Backbord-Kühlwasserpumpe sowie die gesamte Feuerleit- und Kommandoanlage. Weitere lebenswichtige Geräte und Anlagen waren beschädigt, darunter das Turmluk, so daß bei Tieftauchen ein Wassereinbruch ins Boot erfolgen mußte).

Admiral Dönitz rief das Boot sofort in den Stützpunkt zurück. Am 6. 12. lief es in Lorient ein. Am anderen Morgen berichtete Prien dem BdU. Nach Ende des Vortrages meinte dieser:

„Jetzt brauchst du ebenso wie deine Besatzung Ruhe! Aber w a s soll es nachher sein? Eine Flottille? Wir brauchen Männer wie dich, Prientje!"

„Wenn ich wählen darf, dann wünsche ich mir ein neues Boot des Typs IX D-2, die ja bald fertig sind."

„Abgemacht! Du läufst noch einmal mit U 47 aus. Dann geht das Boot in die Ostsee zum Schuldienst und du bekommst eines der nächsten fertig werdenden großen Boote."

„Danke, Herr Admiral", sagte Prien, der über diese Aussicht hoch erfreut war.

Bei der Probefahrt von U 47 am 15. Februar 1941 zeigte sich am Zylinderblock des Steuerbord-Diesels ein Riß. Dieser Defekt wurde rasch behoben und am 20. Februar – nach einem weiteren Zwischenfall, der ebenso schnell beigelegt werden konnte – legte Prien auf U 47 zu seiner zehnten Feindfahrt ab. Prien hatte sich von seinem Kameraden Otto Kretschmer verabschiedet, und dieser rief ihm noch hinterher: „Prientje, in zwei Tagen bin ich auch draußen. Halte mir einen Geleitzug parat!"

Das Boot lief in den zugewiesenen Operationsraum, aus dem es sich am 25. 2. mit einer Sichtmeldung auf einen Geleitzug meldete. Am frühen Morgen des 26. 2. kam U 47 auf vier Dampfer des Konvois OB 290 zum Schuß. Es versenkte den belgischen Dampfer »Kasongo« mit 5254 BRT, torpedierte den Motortanker »Diala« mit 8106 BRT, ließ den Schweden »Rydboholm« mit 3636 BRT wegsacken und vernichtete auch noch den Norweger »Borgland« mit 3636 BRT.

Am 28. 2. sichtete die Turmbesatzung von U 47 den britischen Dampfer »Holmelea« mit 4223 BRT, der regungslos auf der See schwamm. Dieses Schiff war von dem inzwischen im Operationsgebiet eingetroffenen U 99 mit einem Torpedo lahmgeschossen worden. Günther Prien ließ den Dampfer mit Schüssen aus der Achtacht versenken.

Damit hatte das Boot auch auf dieser Feindfahrt wieder vier Schiffe versenkt ein fünftes torpediert und hoffte auf weitere Erfolge.

An diesem 28. Februar sichtete Prien das Boot seines Kameraden Kretschmer, nachdem er vorher schon mit U 100 unter Kptlt. Schepke Kontakt gehabt hatte.

„Schepke muß direkt hinter uns stehen, Otto!" rief Prien zu U 99 hinüber.

„Fein, zu Dritt werden wir den Geleitzug aufrollen, wenn wir ihn nur erst wieder vor den Rohren hätten."

„Den kriegen wir sicher!" antwortete Prien, und wie auf Verabredung hob sich der dichte Nebel, lichtete sich rasch und nun sahen beide Kommandanten und die Brückenwachen fast gleichzeitig den Konvoi, der mit etwa 40 Schiffen in einer Distanz von geschätzten drei Seemeilen an den beiden U-Booten vorbeizog.

Nach einem letzten Winken nahmen beide Boote die Verfolgung auf, wurden aber im Laufe dieser Jagd um den Anschluß den ganzen Tag von Zerstörern unter Wasser gedrückt.

Es kam zu keinem Duell mit diesem Geleitzug mehr. Als bis zum 4. März noch keine neue Erfolgsmeldung einlief (Prien hatte noch am 28. 2. einen FT-Spruch an den BdU abgesetzt: „Waboverfolgung. Habe Fühlung verloren. Bisheriger Erfolg 22 000 Tonnen, Prien."), ließ der BdU alle im Operationsgebiet stehenden Boote einen neuen Suchstreifen quer zum Kurs dieses Geleitzuges bilden. In diesem Streifen mußten sich U 47, U 95, und U 100 befinden, weitere Boote sollten hinzukommen.

Am Morgen des 6. März meldete sich U 47 um 4.45 Uhr ein weiteres Mal. Es hatte einen Geleitzug gesichtet, der sich von den Nord Minches aus mit acht Knoten Fahrstufe und Kurs Nordwest durch die See kämpfte.

Unmittelbar nach dieser Meldung drehte U 99 auf diesen Konvoi ein. Es war der OB 293, der aus England nach den USA unterwegs war. Dieser Geleitzug wurde durch eine starke Zerstörersicherung beschirmt. Am 7. März erreichte U 99 den Konvoi und griff ihn an. Kretschmer erzielte große Erfolge (siehe Kapitel Otto Kretschmer). An diesem 7. März fing der Funkmaat vom U 99 den letzten Funkspruch von U 47 auf. Darin ließ Günther Prien noch einmal Standort, Kurs und Fahrstufe des Konvois durchtasten, an den er sich angehängt hatte.

Es war das letzte Lebenszeichen von U 47.

Prien meldete sich nicht mehr. Das Boot wurde an diesem Tage noch mehrfach von der Stabsfunkstelle des BdU in Kernevel gerufen. Doch es blieb stumm.

Günther Prien (schwarzer Mantel) und seine Besatzung, zum Gruppenbild vereint.

U 47 war am frühen Morgen des 8. März von der U-Boot-Kampfgruppe unter Lieutenant Commander J. M. Rowland, Kommandant des Zerstörers »Wolverine«, aufgespürt und ˜verfolgt worden. Gemeinsam mit einem zweiten Zerstörer »Verity« kreiste er das deutsche U-Boot ein und belegte es mehrfach mit Wasserbomben. Als der Horchraum der »Wolverine« meldete, daß Schraubengeräusche des U-Bootes zu hören seien, ließ LtCdr. Rowland darauf zulaufen. Der Ausguck vorn sichtete ein aufgetauchtes U-Boot. Rowland befahl, es zu rammen. Doch das Boot bemerkte den Zerstörer rechtzeitig und ging mit Alarmtauchen wieder auf Tiefe.

Hier der Bericht von LtCdr. Rowland, gegeben im Feststellungsbüro der Britischen Admiralität in London, für Captain Creasy, dem Befehlshaber der Western Approaches:

„Im Wegtauchen des Bootes sah ich, daß es gleichzeitig drehte, und ich befahl dem Rudergänger, mitzudrehen. Das Wasser war sehr klar. Ich erkannte deutlich die Hecksee des niederstoßenden Bootes und sah die keilförmige Blasenspur der ausgestoßenen Preßluft am Heck.

Als ich über dem Boot stand, befahl ich, einen Zehnerteppich Wasserbomben zu werfen. Es war genau 5.22 Uhr und in Abständen von jeweils vier Sekunden wurden jeweils zwei Wasserbomben mit kleiner, mittlerer und tiefer Einstellung geworfen.

Ich selbst lief nach Abgabe dieses Befehls zur Steuerbordnock und sah, daß die Steuerbord-Racks ihre Wasserbomben genau d o r t in die See schleuderten, wo sich die eine Seite der Blasenspur befand. Das Boot konnte kaum mehr als 15 Meter Tiefe erreicht haben. Wir sahen wenig später Flammen aus der See heraus emporzüngeln."

„Ich bin sicher, daß es U 47 gewesen ist, das Sie am Morgen des 8. März versenkt haben", bemerkte Captain Creasy. „Dennoch ist Ihr Report noch k e i n endgültiger Beweis dafür, daß dieses U-Boot auch von Ihnen vernichtet worden ist und daß die gesamte Besatzung mit ihrem Boot unterging."

Doch es war so. Günther Prien, der Stier von Scapa Flow, hatte an diesem frühen Morgen des 8. März 1941 mit seiner gesamten Besatzung den Tod gefunden.

Das Boot wurde noch wochenlang gerufen. Erst am 23. März 1941 gab das Oberkommando der Wehrmacht bekannt:

„Das von Korvettenkapitän Günther Prien geführte Unterseeboot ist von seiner letzten Feindfahrt nicht zurückgekehrt. Mit dem Verlust des Bootes muß gerechnet werden. Korvettenkapitän Prien, der Held von Scapa Flow, und seine tapfere Besatzung, leben in den Herzen aller Deutschen weiter."

Der Tagesbefehl des BdU aber lautete:

„Günther Prien, der Held von Scapa Flow tat seine letzte Fahrt.

Wir U-Bootmänner verneigen uns und grüßen ihn und seine Besatzung. Auch wenn ihn nun der weite Ozean deckt, Günther Prien steht doch noch mitten unter uns.

Die »Wolverine« brachte U 47 zur Strecke. Cdt. Rowland führte diesen Zerstörer.

Kein Boot wird nach Westen laufen, das er nicht begleitet, das nicht seinen Geist mitnimmt. Kein Schlag wird von uns gegen England geführt, den er nicht, zum Angriff drängend, mitführt.

Wir verloren ihn und gewannen ihn wieder. Symbol ist er uns geworden für unseren harten, unerschütterlichen Angriffswillen gegen England.

Der Kampf geht weiter in seinem Geist! – Dönitz.“

Versenkungsliste von U 47 unter Kapitänleutnant Prien

05.09.39	08.15	brD	»Bosnia«	2.407	45.29 N/09.45 W
06.09.39	14.40	brD	»Rio Claro«	4.086	46.30 N/12.00 W
07.09.39	17.47	brD	»Gartavon«	1.777	47.04 N/11.32 W
13.10.39	23.58	brBB	»Pegasus«	– – –	torpediert
14.10.39	01.16	brBB	»Royal Oak«	29.150	58.55 N/02.59 W
28.11.39	13.34	brCA	»Norfolk«	– – –	torpediert
05.12.39	14.40	brD	»Navasota«	8.795	50.43 N/10.16 W
06.12.39	20.29	nwMT	»Britta«	6.214	45 m SW Longships
07.12.39	05.24	nlM	»Tjandoen«	8.159	49.09 N/04.51 W
25.03.40	05.40	däD	»Britta«	1.146	60.00 N/04.19 W
14.06.40	19.44	brD	»Belmoralwood«	5.834	50.20 N/10.24 W
24.06.40	02.41	paD	»Cathrine«	1.885	50.08 N/14.–– W
27.06.40	03.38	nwD	»Lenda«	4.005	150 m SW Fastnet
27.06.40	– – –	nlDT	»Leticia«	2.580	50.11 N/13.15 W
29.06.40	05.00	brD	»Empire Toucan«	4.421	49.20 N/13.52 W
30.06.40	14.45	grD	»Georgios Kyriakides«	4.201	50.25 N/14.33
02.07.40	07.58	brD	»Arandora Star«	15.501	55.20 N/10.33 W
02.09.40	16.35	beD	»Ville de Mons«	7.463	58.20 N/12.–– W
04.09.40	01.28	brD	»Titan«	9.035	58.14 N/15.40 W
07.09.40	04.04	brD	»Neptunian«	5.155	58.27 N/17.17 W
07.09.40	05.15	brD	»Jose de Larrinaga«	5.303	58.30 N/16.10 W
07.09.40	05.33	nwD	»Gro«	4.211	58.30 N/16.10 W
09.09.40	00.24	grD	»Possidon«	3.840	56.43 N/09.16 W
19.10.40	22.27	nlD	»Bilderdijk«	6.856	56.35 N/17.15 W
19.10.40	23.31	brMT	»Shirak« =	6.023	57.00 N/16.53 W
19.10.40	23.46	brD	»Wandby« (mit U 46)	4.946	56.45 N/17.07 W
20.10.40	00.37	brD	»La Estancia«	5.185	57.–– N/17.–– W
20.10.40	01.48	brD	»Withford Point«	5.026	56.38 N/16.00 W
20.10.40	02.02	brMT	»Athelmonarch« =	8.995	56.45 N/15.58 W
02.12.40	04.09	beD	»Ville d'Arlon«	7.55	Nordatlantik
02.12.40	05.25	brMT	»Conch« =	8.376	55.40 N/19.00 W
26.02.41	– – –	beD	»Kasongo«	5.254	55.50 N/14.20 W
26.02.41	– – –	brMT	»Diala« =	8.106	55.50 N/14.–– W
26.02.41	– – –	swM	»Rydboholm«	3.197	55.32 N/14.24 W
26.02.41	– – –	nwD	»Borglans«	3.636	55.50 N/14.–– W
28.02.41	– – –	brD	»Holmelea«	4.223	54.24 N/17.25 W

Gesamterfolge:

= – torpediert

31 Schiffe mit 184.102 BRT versenkt; darunter Schlachtschiff »Royal Oak«
4 Schiffe mit 31.500 BRT torpediert. Kreuzer »Norfolk« Nahtreffer (?)

Fregattenkapitän

Otto Kretschmer

Karl Dönitz äußerte über Fregattenkapitän Otto Kretschmer: „Er war ein hervorragender U-Bootkommandant und besaß eine selten erlebte Kaltblütigkeit. Er erfaßte schnell eine taktische Situation, erkannte die beste Möglichkeit, sie auszunutzen und führte dann seinen Angriff mit großer Ruhe, Zähigkeit und Können durch.

Als ich am 4. November 1940 seine Funkmeldung über das Geschehen im Kampf gegen die beiden britischen Hilfskreuzer »Laurentic« und »Patroklus« erhielt, beantragte ich sofort telefonisch im FHQ das Eichenlaub zum Ritterkreuz für ihn. Es wurde Kretschmer noch am selben Tage durch Funkspruch verliehen. Ich freute mich für ihn und wußte, daß auf seinem, draußen in See stehenden Boot jeder Soldat stolz darauf war und durch die schnelle Anerkennung der Leistung dieses Bootes neuen Ansporn erhielt. Er gehörte zu jenen Kommandanten wie Prien, Herbert Schultze, Schepke, Endrass, Liebe, Lüth, Frauenheim, Wohlfahrth, Oehrn, Jenisch und anderen gleich tapferen Männer, die alle eine gründliche Friedensausbildung erhalten hatten und sich bereits in den ersten Kriegsmonaten bewährten.

Sie warfen sich mit Wagemut, Können und Umsicht in diesen Kampf gegen die britischen Seeverbindungen.

In oftmals nur kurzen Unternehmungen errangen sie, einzeln in den ihnen zugewiesenen Angriffsräumen oder gemeinsam in den Geleitzugschlachten kämpfend, große Erfolge. Sie fühlten sich als Könige auf dem

Meer und der gegnerischen Abwehr überlegen. Wie sehr dies der Fall war, zeigten vor allem Kretschmers Kriegstagebuch-Eintragungen über Einzelkämpfe und Geleitzugschlachten."

Otto Kretschmer wurde am 1. Mai 1912 in Heidau in Schlesien geboren. Bereits auf der Schule galt Kretschmer als sprachbegabt. Diese Begabung sowie sein Interesse an den Naturwissenschaften hatte der junge Schüler von seinem Vater geerbt. Sein besonderer Hang zu intensivem und gründlichem Studium führte dazu, daß er sich als stiller, zurückhaltender Schüler entwickelte, der gegenüber seinen Klassenkameraden eher bescheiden wirkte.

Oftmals sonderte er sich von seinen Kameraden ab und vertiefte sich in das Studium der Vorgeschichte und insbesondere der Archäologie. Dennoch war er zugleich auch ein guter Sportler und zählte, beispielsweise im Skilaufen, zu den Besten seiner Schule.

Als Otto Kretschmer 17 Jahre alt war, wurde er von seinem Vater nacheinander nach England, Frankreich, Italien und Österreich geschickt, um seine Kenntnisse in den verschiedenen Sprachen und in der Naturwissenschaft zu vertiefen.

Der junge Kretschmer studierte beispielsweise in England unter Professor Schopp, der am Exeter College lehrte. In diesen acht Monaten in Exeter lernte er so intensiv die Sprache des Landes, daß er zwei Jahre darauf die Marine-Dolmetscherprüfung in Englisch mit Auszeichnung bestand.

Im Jahre 1930 gab Otto Kretschmer seine Studien auf. Er trat als Seekadett in die damalige Reichsmarine ein, um die Offizierslaufbahn einzuschlagen, die ein heimlicher Jugendtraum von ihm war. Dies geschah in vollem Einverständnis mit seinen Eltern.

Auch während seiner Ausbildung befaßte sich Kretschmer intensiv mit allen Dingen, die die Seemannschaft und die Seefahrzeuge betrafen. Das U-Boot erweckte seine besonderes Interesse.

Neben diesen vielen guten Vorzügen besaß der junge Seeoffizier aber auch eine besondere Schwäche: Er rauchte bereits sehr früh starke und dunkle Zigarren, am liebsten eine schwarze Brasil.

In der Crew 30 groß werdend, stand er von Anfang an in der sich neu formierenden U-Bootwaffe und erwies sich bald als hervorragender Torpedoschütze.

Im Jahre 1935 durchlief er als junger Leutnant die Vorschule zum U-Boot-Offizier. Er wurde Kommandantenschüler und Wachoffizier, und am 1. 12. 1936 erhielt er den Posten eines II. WO auf U 35, einem Boot des Typs VII A, das am 3. November 1936 von Kapitänleutnant Ewerth in Dienst gestellt worden war.

Mit diesem Boot führte er die Übungsfahrten in der Ostsee durch. Dabei passierte es einmal, daß er sich bei einem Alarmtauchen gerade vorne beim Buggeschütz aufhielt, wo er eine undichte Stelle erkunden wollte. Er konnte nicht mehr einsteigen und fand sich plötzlich allein in der Ostsee wieder. Kretschmer ahnte bereits, daß Kptl. Ewerth ihm damit einen Streich gespielt hatte, denn er hatte eine Undichtigkeit angeblich beim Mündungsverschluß der Bordkanone gemeldet, um seine Zigarre zu Ende rauchen zu können. Wie auch immer, in tadelloser Haltung meldete sich der vor Kälte schlotternde Kretschmer, nachdem man ihn wieder an Deck gezogen hatte, zurück:

„Leutnant Kretschmer meldet sich an Bord zurück.“

Hatte er sich getäuscht, oder hatte sein Kommandant ein verräterisches Blinzeln aufzucken lassen?

Das blieb ungeklärt.

Am 1. 10. 1937 übernahm Otto Kretschmer U 23, einen „Einbaum“ des Typs II B, als Kommandant und fuhr mit diesem Boot einige aufsehenerregende Scheinangriffe während der beiden Manöver in den Jahren 1938 und 1939. Auf seinem Boot dienten Leutnant z. S. Adalbert Schnee als II. WO und Oblt. z. See von Tiesenhausen als I. WO; beides Kommandanten, die es später zu großen Erfolgen bringen sollten (siehe die Kapitel Adalbert Schnee und Hans Diedrich von Tiesenhausen).

Als die U-Boote ab dem 17. August 1939 heimlich ihre Stützpunkte verließen, um sich auf ihre Gefechtspositionen zu begeben, war als eines der letzten auch U 23 dabei. Sein Ziel war die Küste vor der Humbermündung. Aber anstelle der Torpedos hatte das Boot nur Magnetminen geladen.

Auf der Funkbude seines Bootes nahm Otto Kretschmer am 3. September jene schicksalsschweren Funksprüche vom Führer der U-Boote in Empfang, der die Gefechtsbefehle für die U-Bootwaffe in Kraft treten ließ.

Kretschmers Auftrag lautete, die Humbermündung zu erreichen, in sie einzudringen und das Gebiet mit Minen zu spicken. In Unterwasserfahrt arbeitete sich U 23 an jene Bojen heran, die die Einfahrt in den Humberfluß markierten und den Weg zum britischen Kriegshafen Hull zeigten. Mit von Tiesenhausen und der seemännischen Nr. Eins, Petersen, besprach Kretschmer die Sachlage und die Vorgehensweise, wie die Minen am wirkungsvollsten gelegt werden konnten.

Noch während dieser Besprechung war ein FT-Spruch aus Wilhelmshaven eingegangen, der seinem Boot und den Booten U 47 und U 35 den Rückmarsch in den Stützpunkt befahl. Damit war die Order, Minen zu legen, nur noch altes Papier.

In den Nachmittagsstunden des folgenden Tages lief U 23 hinter dem Leichten Kreuzer »Emden« nach Wilhelmshaven ein. Es gab erstmals Fliegeralarm, aber U 23, das mitten im Hafenbecken lag, wurde nicht getroffen. Danach erst machte das Boot an der U-Bootpier fest.

Es dauerte nur drei Tage, bis Oblt. z. S. Kretschmer zum FdU befohlen wurde. Dönitz fragte ihn, wie lange er brauche, um das Boot seeklar zu machen. Kretschmer erwiderte, daß dies binnen 12 Stunden erledigt sei.

Am nächsten Morgen, der Kalender zeigte den 8. September 1939, lief

U 23 aus. Es hatte – wieder einmal – Minen geladen, als es in die Nordsee hineinlief und Kurs auf die schottische Küste nahm, die nach drei Tagen erreicht sein sollte.

Nach Einbruch der Dunkelheit des 11. 9. lief U 23 mit kleiner Fahrt beider E-Maschinen, auf Sehrohrtiefe eingependelt, in die Bucht des Firth of Forth hinein. Es gelangte unangefochten in das vorgeschriebene Minengebiet und legte seine „tödlichen Teufelseier", um sofort kehrt zu machen und dieses gefährliche Gewässer zu verlassen.

Kretschmer ließ nach einem erkundenden Rundblick auftauchen, um die beinahe leergefahrenen Batterien der E-Maschinen wieder aufladen zu lassen. Es war Obersteuermann Petersen, der als III. WO die Brückenwache ging und dabei ein abgedunkelt laufendes Schiff sichtete. Es mußte ein britischer Frachter sein, dessen Generalkurs dicht an U 23 vorbeiführen würde, meinte der Kommandant, der auf den Turm gerufen worden war.

Dem war auch so, und als der Gegner in der günstigsten Schußentfernung stand, fiel der Überwasserschuß aus Rohr I. Der Aal erreichte den

Gegner offenbar nicht, denn keine Detonation, oder irgend eine sonstige Reaktion auf dem Schiff, waren erkennbar.

„Wir gehen näher ran, um ihn diesmal zu packen!" sagte der Kommandant. Der Torpedo aus Rohr III ging ebenfalls vorbei, oder was auch immer mit ihm geschah, und der dritte Schuß aus Rohr II war ein Versager. Daß Kretschmer dreimal vorbeigegeigt haben könnte, wollte niemand glauben, denn er war ein ausgezeichneter Torpedoschütze.

Kretschmer brach den Angriff ab und lief weiter der freien See entgegen. In der Zentrale rief er alle Offiziere und die Torpedomaate zusammen. Kretschmer war sicher, daß die Torpedos ihr Ziel erreicht und es sicher unterlaufen hatten, aber o h n e zu detonieren.

Auf dem Rückmarsch durch das Skagerrak passierten eine Reihe neutraler Schiffe das U-Boot. Ein Schwede wurde mit einem Schuß der 2 cm-FlaMW gestoppt. Lt. z. S. Schnee stieg zum Schweden über und kontrollierte die Papiere. Das Schiff war für Newcastle bestimmt und hatte Bauholz geladen. Bauholz aber war keine Bannware und auch dieses Schiff konnte passieren.

Es war für Kretschmer einfach unverständlich, daß eine Bauholzladung für England ungehindert zur Insel hinüberschippern konnte.

Nach Rückkehr in Wilhelmshaven konnte Kretschmer seine Besatzung in einen Kurzurlaub schicken. Er selber meldete dem FdU die Torpedoversager. Dönitz tröstete ihn, daß auch anderen Kommandanten wegen solcher Versager der Erfolg versagt geblieben war. Kretschmer hielt dies für einen bitteren Trost, denn Fehler die e r begangen haben konnte, waren auszumerzen; aber Fehler an den Torpedos würden bleiben, wie lange, das wußte niemand.

Am 1. Oktober lief U 23 zu seiner dritten Minenunternehmung aus. Nach drei Tagen erreichte das Boot das Zielgebiet, lief durch die Fair-Isle-Passage zwischen Shetlands und Orkneys hindurch und wollte von Westen her in den Pentland Firth einzudringen. Dies war, wie sich später herausstellte die starkbewachte und gesicherte Einfahrt nach Scapa Flow, dem großen britischen Kriegshafen.

Mit vorgefluteten Boot lief Kretschmer zum Eingang des Pentland Firth. Plötzlich sichteten sie überall voraus kleine Lichter, die auf dem Wasser zu tanzen schienen. Es waren Fischerboote. Inmitten dieser Vielzahl an Booten schwamm ein Schiff. Dieses bahnte sich durch das Lichtergewirr seinen Weg und U 23 lief parallel zu dessen Kurs mit, bis alle Lichter verschwunden waren. Dann drehte Kretschmer zum Angriff ein und mußte feststellen, daß es nur ein „winziger Kolcher" war, wie Petersen lakonisch vermerkte.

Kretschmer tauchte mit U 23 auf und setzte dem Dampfer einen Schuß vor den Bug, um ihn dann mit der Klappbuchs anzumorsen. Der Kapitän der »Glen Farg« erhöhte die Fahrt des Schiffes und funkte auf dem internationalen 60-Meter-Band.

Kretschmer ließ dem „Flüchtling" einige Salven hinterhersenden, was auch dazu führte, daß der Dampfer stoppte und die Besatzung in die Boote ging.

Aus einer Distanz von nur 600 Metern traf der Torpedo den Kolcher mittschiffs, der brennend sank. U 23 hatte den ersten Versenkungserfolg erzielt. Er war mit 876 BRT äußerst mager, aber damit war der Anfang gemacht.

Auf der nächsten Feindfahrt, wieder mit einem Minenunternehmen gekoppelt, versenkte U 23 am 7. 12. die 2400 BRT große »Scotia«, ein Däne, der mit Banngut nach England unterwegs war.

Zwei Tage darauf traf es die nur 1339 BRT große »Magnus«. Das war die Ausbeute dieser Feindfahrt.

Während der letzten Feindfahrt im Jahre 1939 kam U 23 noch auf die 4101 BRT große »Deptford« zum Schuß, die nach einem Zweierfächer sank. Als er auf ein weiteres Ziel eindrehen ließ, um dieses, da es sehr klein erschien, mit der 2 cm zu beschießen, wurde das Boot von einem heranrauschenden Zerstörer unter Wasser gedrückt. Abermals hatte es auf dieser Fahrt drei Torpedoversager gegeben. Nach der üblichen Verfolgungsjagd trat U 23 den Rückmarsch an.

Die Januar-Feindfahrt forderte vom U 23 den letzten Einsatz und das ganze Geschick des Kommandanten, um von der andauernd mit Stärken zwischen 8 und 10 gehenden See nicht für immer unter Wasser gedrückt zu werden. Doch dann wurde das Wetter besser. Der Sturm flaute ab und die See beruhigte sich.

Am frühen Morgen des 11. Januar war auch für U 23 der Tag der Schießzeit gekommen. Aber es sollte bis zum Nachmittag dauern, ehe das Boot, vor der Inganes-Bay stehend, in der Bucht zwei ankernde Zerstörer erkannte und dahinter einen großen Schatten, der einen Öltanker zeigte.

Als einer der bis dahin nicht gesichteten Zerstörer die Bucht verließ, mußte sich auch U 23 absetzen. Das Boot stieß weiter draußan auf einen kleinen Dampfer. Es war die 1150 BRT große »Fredville«, ein Norweger, der mit einem Torpedo versenkt wurde, noch ehe sein Funker die Anwesenheit eines U-Bootes tasten konnte.

Wieder zur Bucht zurücklaufend, versuchte Kretschmer, sich an den beiden Zerstörern vorbeizuschleichen. Da dies nicht gelang, setzte er in der Nacht zum Durchlaufen zwischen den beiden Bewachern hindurch an. Mit kleiner Fahrt beider Diesel glitt das Boot zwischen den Zerstörern her. Alles war zum Alarmtauchen vorbereitet, doch nichts geschah. Sie kamen durch und liefen auf den Tanker zu, der ihnen die Breitseite zeigte.

Der Doppelschuß fiel aus 1300 Metern Distanz. Aus dieser Entfernung konnte ein solcher Riese nicht verfehlt werden. So gab Kretschmer gleich den Wendebefehl und nun lief das Boot mit Beide Diesel AK zurück.

Nach Ablauf der Torpedolaufzeit gingen die beiden Torpedos mittschiffs

und vierzig hinten hoch. Ein fürchterliches Krachen und Bersten folgte, und dann stob eine grellweiße Feuerwand in die Höhe, die zunächst den ganzen Frachter und schließlich die gesamte Breite der Bucht erfaßte.

Kretschmers Aufmerksamkeit aber war auf die beiden Zerstörer gerichtet. Er sah durch sein ausgezeichnetes Nachtglas, wie an Deck Männer herumwimmelten und auf ihre Stationen eilten. Deutlich waren Befehle zu hören. Aber noch ehe die Männer ihre Stationen erreicht hatten, glitt U 23 an den beiden Zerstörern vorbei und erreichte, ohne auch nur einmal beschossen zu werden – die freie See.

Der Tanker »Danmark«, ein modernes dänisches Motor-Tankschiff, hatte eine Benzinladung an Bord, die auslief, in Flammen geriet und das Schiff buchstäblich verbrannte. Damit hatte U 23 erstmal nach den vielen kleinen Kolchern ein Schiff von 10 517 BRT versenkt, das dazu noch

„Edelwild" war, wie man in U-Boots-Kreisen sagte, wenn man einen Tanker erwischte.

Auf den nächsten Feindfahrten suchte U 23 – wie vor ihm U 47 – ein großes Kriegsschiff. Kretschmer „kroch" mit seinem Boot in viele Buchten hinein. Am 24. 1. 1940 bekam U 23 einen Dampfer noch in der Nordsee in Sicht. Es war die 1085 BRT große »Varild«, die mit einem Torpedo versenkt wurde. Damit war der Erfolgsfaden auch schon wieder abgerissen.

Sieben Unternehmungen, darunter allein fünf mit Minen an Bord, hatte U 23 hinter sich, als es am 12. 2. 1940 zur achten Feindfahrt auslief. Es ging durch die Ostsee dem Großen Belt entgegen, als das Boot von einem unbekannten U-Boot angegriffen und mit Torpedos beschossen wurde. Das Feind-U-Boot hätte um ein Haar noch die Deutschen gerammt, aber sie kamen durch und standen am beginnenden 18. 2. im Operationsgebiet. Hier versenkten sie um 2.40 Uhr die 1375 BRT große »Daring«.

Vier Nächte darauf, um 01.07 Uhr, kam U 23 auf der 20-Metermarke vor Copinsay auf den Orkneys auf die 4496 BRT große »Loch Maddy« zum Schuß. Dieser britische Dampfer sackte sofort weg und war wenige Minuten nach dem Treffer gesunken.

Die weiteren Tage, das Auf- und Abstehen vor den Orkneys, verliefen ereignislos. U 23 trat nach einer Meldung an den BdU den Rückmarsch an. Dies sollte die letzte Feindfahrt von U 23 unter Kretschmer gewesen sein, die in den hohen Norden der Britischen Inseln geführt hatten.

Die neunte Feindfahrt führte in das Gebiet nördlich der Shetlandinseln. Kretschmer hatte den Auftrag, die Home Fleet aufzuspüren und deren Bewegungen zu melden. Ein Befehl, der dem agilen Kommandanten überhaupt nicht paßte, denn er durfte laut Befehl des „Großen Löwen" nur d a n n schießen, wenn dies zur Selbstverteidigung notwendig sein würde.

Kretschmer sagte zwar „Jawohl, Herr Admiral", doch Dönitz erkannte an seinem Gesichtsausdruck, daß dieser Auftrag ihm nicht schmeckte. Deshalb ließ er anklingen, daß Kretschmer danach ein größeres Boot erhalten würde. Das Gesicht des „schweigsamen Otto", wie Kretschmer in der Flottille genannt wurde, hellte sich zusehends auf.

„Außerdem", fuhr Dönitz fort, „werde ich dem Führer vorschlagen, Sie zum Grafen der Orkneys und Shetlands zu ernennen, wenn wir später Großbritannien besetzen."

Das war darauf gemünzt, daß Kretschmer bisher n u r in diesen Seegebieten aufgetreten war.

U 23 lief aus, gelangte vor die Höhle des Löwen und schipperte dort neun volle Tage und Nächte auf und ab, o h n e auch nur ein Kriegsschiff oder einen Frachter zu sichten. Am letzten Abend ging ein FT-Spruch höchster Dringlichkeit ein. U 23 wurde s o f o r t in den Stützpunkt zurückbefohlen. Als es im Stützpunkt einlief, hatte es in insgesamt neun Unternehmungen nur 96 Tage im Operationsgebiet gestanden und war nicht einmal ernstlich in Schwierigkeiten geraten. Das Ergebnis war „kümmerlich und wäre sicher mit guten Torpedos besser geworden", erklärte Obersteuermann Petersen einem Kameraden von der Marine-Propagandakompanie.

Ende April erreichte Kretschmer ein Funkspruch des BdU:

„Auf Befehl des Oberbefehlshabers übernehmen Sie das Kommando, des für die Kriegsmarine im letzten Fertigungsstadium befindlichen Neubaues U 99. Sie treten das Kommando am 1. 5. 1940 an und überwachen die Werfterprobung des Bootes."

Der „Große Löwe" hatte Wort gehalten, und mit U 99 erhielt Kretschmer ein Boot des Typs VII B, dessen Besatzung einschließlich des Kommandanten 44 Mann stark war. Kretschmer war angenehm überrascht, als eine Reihe der alten Fahrensmänner sich bei ihm um Übernahme auf das neue Boot bewarben. Dies zeigte ihm, daß er trotz seiner Strenge und trotz der stinkenden Brasil-Zigarren gut angeschrieben war. Obersteuermann Petersen gehörte ebenso dazu, wie eine Reihe der Maschinen-Mixer und Funker. Neuer I. WO wurde Oblt. z. S. Bargsten.

Am 30. April 1940 ging Otto Kretschmer mit der halben Besatzung an Bord. Er trug bereits die Kolbenringe eines Kapitänleutnants, als er mit U 99 das erste Mal ablegte, und nach der letzten Erprobung auf dem Trockenen, im Druckdock, die Einfahrzeit absolvierte. Die Geschwindigkeitsprobe ergab, daß U 99 17 Knoten Fahrt mit beiden Dieseln machte. Das Probetauchen und die Trimmversuche verliefen erfolgreich. Beim Torpedoschießen traten keine Versager auf und das Übungsschießen mit den Flakwaffen und der 8,8 cm-Bordkanone klappte tadellos.

U 99 war von einem zusammengenieteten- und geschweißten Stück Eisen zum bissigen Hai geworden.

Für die weitere Ausrüstung des Bootes in bezug auf alle Funkeinrichtungen zeichnete Oberfunkmaat Josef „Jupp" Kassel verantwortlich. Auf ihn konnte Kretschmer in j e d e r Situation zählen! Er war nicht nur ein Funkexperte, sondern auch ein vorzüglicher Proviantleiter, der alles so im Boot verstaute, daß eine gute wechselnde Verpflegung gesichert blieb.

Nach allen Vorbereitungen wurde U 99 der Ausbildungsgruppe Front zugeteilt und nahm an den taktischen Übungsfahrten und Übungsangriffen auf bereitgestellte Geleitzüge teil, die von einer Zerstörerflottille gesichert wurden.

Auch hier gelang es Kretschmer, die Geleitzugsicherung zu durchbrechen und zum Schuß zu kommen.

Als das Boot wieder in Kiel festmachte, meldete Kptlt. Kretschmer es wenige Tage später, nach Ausmerzung der letzten Schwachstellen, einsatzbereit.

Am frühen Morgen des 17. Juni ging U 99 zu seiner ersten Feindfahrt ankerauf. Das Boot führte zwölf Torpedos mit und hatte Proviant für eine sechswöchige Einsatzzeit an Bord genommen. Es ging zunächst durch den Kaiser-Wilhelm-Kanal und dann durch die Elbmündung in die Nordsee. Auf dem Marsch ins Operationsgebiet wurde U 99 in den Sicherungsbe-

reich des deutschen Schlachtkreuzers »Scharnhorst« hineingesteuert. Kretschmer versuchte, wieder hinauszukommen, wurde aber wenig später von
einem Bordflugzeug der »Scharnhorst« gesichtet und mit Bomben belegt.

Mit AK ging es in die Tiefe und in Unterwasserschleichfahrt gelang es,
den gefährlichen Bereich zu passieren und in Bergen einzulaufen, wo der
erkrankte Leitende Ingenieur von Bord gegeben wurde.

Die erlittenen Schäden durch die Fliegerbomben konnten mit Bordmitteln nicht behoben werden. Es ging also nach Wilhelmshaven zurück.

Nach dreitägiger Reparatur lief U 99 abermals aus. Es ging auf direktem
Weg durch die Nordsee und im Überwassermarsch auf die Fair-Island-Pas-
sage zu. Von dort erreichte es unbehelligt den Nordatlantik, passierte den

Nordkanal und stand kurz darauf im Operationsgebiet, der Passierstrecke der Halifax-England-Geleitzüge.

Am 5. Juli stand U 99 auf seiner vorgeschriebenen Position. Um 12.00 Uhr wurde ein Dampfer gesichtet, der Zickzack-Kurse lief. Das Boot ging auf Sehrohrtiefe hinunter und drehte auf den Kurs des Dampfers ein. Um 12.51 erfolgte der Einzelschuß aus Rohr I und Kretschmer verfolgte seinen Weg. Nach Ablauf der vorgegebenen Laufstrecke detonierte der Aal mittschiffs und ließ die 2053 BRT große »Magog« in zwei Teile auseinanderbrechen.

Durch die beiden Sehrohre wurde die See als frei erkannt. Kretschmer enterte, nachdem das Boot die Wasseroberfläche durchbrochen hatte, auf den Turm, ein sichernder Rundblick und dann der Befehl an die im Turm bereitstehenden Brückenwache: „Aufziehen!"

Das Boot nahm Fahrt auf und lief auf Suchkurs weiter. Am nächsten Abend kam ein ebenfalls Zickzack-Kurse steuernder weiterer Dampfer in Sicht. Es war der schwedische Dampfer »Bissen«, der nur 1514 BRT verdrängte. Kretschmer schoß einen seiner legendären „Mittschiffstorpedos", auf das kleine Schiff, das nunmehr seinen Notruf hinausschrie, ehe es auf Tiefe ging.

In der folgenden Nacht wurde ein Geleitzug gesichtet. Er lief auf Ostkurs und wurde von einigen Zerstörern gesichert. Kretschmer ließ einen Einzeltorpedo schießen, der die 5758 BRT große »Humber Arm« in die Tiefe schickte.

Von Geleitzerstörern gejagt wurde U 99 mehrmals kräftig durchgeschüttelt. Loses Gut wirbelte durch den Bugraum. Die Sauerstoffanlage fiel aus und die Männer mußten durch das „Flottenatmungsgerät" atmen, das die verbrauchte Luft reinigte.

Otto Kretschmer befahl Oberfunkmaat Kassel, Schokolade und Kekse an die Besatzung auszugeben. Danach befahl er allen Männern der Freiwache, auf Ruhestation zu gehen.

Der Gegner lief zu immer neuen Wabo-Serienwürfen an. Sechs Stunden lang wurde das Boot behakt. Dann trat plötzlich Stille ein. Kretschmer legte sich in voller Montur auf seine Koje in der Kommandantenkammer, um jederzeit wieder einsatzbereit zu sein. Er sollte mit einer Befürchtung recht behalten, denn 40 Minuten waren vergangen, als die Zerstörerschraubengeräusche erneut gehorcht wurden. Diesmal krepierten ganze Serien Wasserbomben nahe am Boot, das sich gefährlich weit überlegte, aber dem übermächtigen Druck standhielt.

Ohne eine erkennbare Regung gab Kretschmer seine Befehle. Oberfunkmaat Kassel am Gruppenhorchgerät gab die Warnungen vor neuen Anläufen der Zerstörer stets so rechtzeitig, daß Kretschmer den Kurs des Bootes herumlegen konnte. Offenbar fand Kretschmer sogar noch Zeit, in einem Buch zu lesen. Aber als der Oberfunkmaat seinem Kommandanten über die Schulter blickte, sah er, daß Kretschmer das Buch verkehrt herum hielt.

Nach zwölf Stunden wanderten die Wasserbombensalven weiter aus. Kretschmer hatte das Boot stets auf gleichem Kurs gehalten. Nun ließ er ganz überraschend einen 90-Grad-Zack einlegen und mit Schleichfahrt zur Seite ausbrechen. Ein Blick auf das Tiefenmanometer zeigte ihm, daß das Boot 210 Meter Wassertiefe erreicht hatte, also 45 Meter unter der äußersten Sicherheitsgrenze lag.

Als wieder Zerstörerschraubengeräusche gemeldet wurden und zwei Zerstörer das Boot überliefen, warfen sie – nicht!

Erst viel weiter, in Richtung des alten Kurses, fielen weitere Wasserbomben.

Sie hatten noch eine Stunde Sauerstoff-Vorrat, als nach 127 Wasserbomben, die Obersteuermann Petersen fein säuberlich aufgemalt hatte, die Detonationen verstummten – genau 14 Stunden n a c h der ersten Wasserbombe. Der Horchraum meldete, daß keine Geräusche mehr zu hören seien. Um 3.29 Uhr gab Kretschmer den Befehl zum Auftauchen. Das Boot kehrte an die Oberfläche zurück, alle Frischluftumwälzer begannen zu arbeiten und die frische Seeluft pulste durch das Boot.

Beide Diesel hummelten und einer von ihnen wurde auf Aufladung geschaltet. Die See hatte sie wieder. Aus der tiefen Gruft, 210 Meter unterhalb der Wasseroberfläche, waren sie ans Licht und zum Leben zurückgekehrt.

Am 10. Juli wurden Mastspitzen eines Einzelfahrers gesichtet. Sie verrieten einen Frachter, der in langen Zickzackschlägen langsam dahinschipperte. Der Torpedo traf ihn hinter dem vorderen Mast. Die Besatzung fierte die Rettungskutter und verließ das Schiff, das nach einigen Dutzend Schüssen der Bugkanone eine halbe Stunde später um seine eigene Achse herumrollend auf Tiefe ging.

Oberfunkmaat Kassel hatte noch den Notruf der »Petsamo« gehört. Im schlauen Buch, dem Lloyds Register, war das Schiff mit 4596 BRT verzeichnet*.

Am 12. 7. um 2.06 Uhr wurde der griechische Dampfer »Ia« mit einem Einzelschuß versenkt. Das Schiff hatte 4860 BRT und sank auf 51.00 N/ 14.00 W.

Bis zum Abend lief U 99 durch die See, ohne auch nur eine Mastspitze zu sichten. Danach wurde ein Dampfer gemeldet und Kretschmer sprintete auf die Brücke.

Er beschloß, das kleine Schiff mit einigen Schüssen seiner Achtacht zu versenken und sich einen weiteren Torpedo für ein größeres Schiff aufzusparen.

U 99 lief dicht an den Dampfer heran und aus etwa 300 Meter Distanz fiel der Stoppschuß aus der Bugkanone. Es dauerte nur wenige Minuten bis

---

* Später stellte sich heraus, daß dieses Schiff offenbar auch von U 34 unter Kptlt. Rollmann beschossen worden war.

die Besatzung des Schiffes in die Boote ging. An eines der Boote heranlaufend, sahen die Männer auf dem Turm von U 99, daß es mit sieben – Frauen besetzt war. Einer der wenigen Männer an Bord dieses Rettungsbootes war der Kapitän des Schiffes. Er rief zum U-Bootsturm hinauf, daß der Name seines Schiffes »Merisaar« laute. Es hatte eine Verdrängung von 2135 BRT und war ein estnischer Frachter.

Kretschmer verwies ihn eingedenk der Damen, die es zu retten galt, daß er hiermit gekapert sei und seinen Kurs nunmehr nach „Bordeaux" umlegen müsse. Dort sei dann das Ergebnis des deutschen Prisengerichts abzuwarten. Er warnte den Kapitän vor verbotenem Funken und Änderungen des Kurses.

Die Besatzung ging wieder an Bord und fuhr auf dem angegebenen Kurs weiter.

Am 15. Juli entdeckte U 99 an der Südspitze von Irland ein abgeblendet fahrendes Schiff, das mit großer Fahrt dem Englischen Kanal entgegenlief. Kretschmer entschloß sich dazu, einen der vier noch vorhandenen Torpedos anzulegen. Der Torpedo traf – wie hätte es anders sein können – mittschiffs. Das Schiff stoppte seine Fahrt und funkte wie wild um Rettung. Erst als die Besatzung ihr Schiff verlassen hatte, ließ Kretschmer das Feuer mit der Bugkanone eröffnen.

Das Schiff erhielt über 50 Treffer, darunter 20 Phosphorgranaten, ohne

Die Besatzung von U 99. Vorn, 2. von rechts der Kdt.

besondere Wirkung zu zeigen. Der zweite Torpedo traf das Achterschiff, das auseinandergerissen wurde. Erst danach sank die »Budoxia«, ein Schiff von 2018 BRT, weg.

Am nächsten Morgen um 2.03 Uhr schoß U 99 auf einen Dampfer, der von Süden her in Richtung England lief. Die beiden letzten Torpedos liefen. Sie trafen vorn am Bug und im Achterschiff. Auch dieser Dampfer machte einen Notruf. Es war die 4434 BRT große »Woodbury«, ein Brite, die nach wenigen Minuten auseinanderbrach und sank.

Als Otto Kretschmer sah, daß zwischen den Wrackteilen des Schiffes einige Flöße mit Schiffbrüchigen schaukelten, ließ er an die Flöße herangehen und alle überflüssigen Schlafdecken und einige Flaschen Rum an sie verteilen.

Danach drehte U 99 ab und meldete über Funk, daß alle Aale verschossen seien.

Am Nachmittag erhielt er die Antwort des BdU:

„An Kommandant U 99: Sofort mit AK französischen Hafen Lorient anlaufen.“

Damit war U 99 eines der ersten Boote, die in diesen später so berühmten Stützpunkt einliefen. Als das Boot eintraf, stand der „Große Löwe“ höchstpersönlich auf der Pier und hieß die Besatzung willkommen.

Bereits am 24. Juli 1940 stand U 99 wieder in See. Die ersten Tage des Marsches ins Operationsgebiet verliefen ereignislos. Am späten Abend des 27. 7. entdeckte die Brückenwache des Mitternachtsdienstes einen großen Schatten, ein Schiff, das drei Meilen querab von U 99 auf gleichem Kurs durch die See lief. Es war ein schneller, großer Einzelfahrer. Kretschmer befahl die Verfolgung mit AK.

Mit Höchstgeschwindigkeit knüppelte das Boot einen Vorsprung heraus. Um 5.57 Uhr erfolgte der Fächerschuß auf den „12 000-Tonner“, wie der Kommandant ihn eingeschätzt hatte. Aus etwa 2200 Metern geschossen, detonierte ein Torpedo unter dem Heck des Dampfers, der schlagartig mit der Fahrt herunterging und sofort einen SOS-Ruf tastete. Es handelte sich um die »Auckland Star«, ein modernes Motorschiff mit 13 212 BRT, die nach Hilfe schrie und gleichzeitig mit ihrer Heckkanone das Feuer eröffnete. Die Granaten zischten bedenklich nahe über die Köpfe der Brückenwächter hinweg.

U 99 ging unter die Wasseroberfläche und steuerte näher an diesen Schiffsriesen heran. Der zweite Torpedoschuß schlug genau zwischen Brücke und Schornstein ein. Aber die »Auckland Star« sank noch immer nicht. Der dritte Torpedo traf etwa die gleiche Stelle wie sein Vorläufer. Diesmal hob sich der Bug des Schiffes und dann drehte es sich – wie in einer Zeitlupenaufnahme herum und verschwand genau um 7.35 Uhr von der Wasseroberfläche.

U 99 setzte sich mit AK ab, denn es war hier sehr bald mit feindlichen Flugzeugen zu rechnen.

In der folgenden Nacht wurde ein abgeblendetes Feindschiff gesichtet, das Zickzack-Kurse lief, also verdächtig war. Dieses Schiff lief mit so hoher Geschwindigkeit, daß U 99 nur mit äußerster Kraft folgen konnte. Es war die 7336 BRT große »Clan Menzies«, ein Brite, dem um 2.15 Uhr des 29. 7. der erste Torpedo angetragen wurde. Der Aal, aus etwa 3000 Meter geschossen, ging aber achtern vorbei. Der zweite Torpedo traf den Dampfer mittschiffs. Er funkte, von einem deutschen U-Boot angegriffen zu werden.

Erst nach geraumer Zeit holte die »Clan Menzies« weit über und beeilte sich, doch noch auf Tiefe zu gehen, bevor das Boot mit dem Sprengkommando von U 99 das Schiff erreichte.

Wenige Minuten vor Mitternacht zum 31. Juli wurde die 5475 BRT große »Jamaica Progress« gesichtet. Um 1.38 Uhr schoß Kretschmer einen Torpedo, der das Schiff ins Heck traf. Die »Jamaica Progress« erbat über Funk Hilfe. Wenig später tauchte eine Sunderland auf und U 99 ging sofort in den Keller, denn diese Flugboote hatten höllisch große Bomben dabei, die jedes U-Boot mit Leichtigkeit in Stücke reißen konnten.

Erst nach dem Wiederauftauchen erhielt die »Jamaica Progress« den tödlichen Torpedo.

Noch am selben Tag sichtete die Brückenwache Masten und Rauchwolken eines Konvois, den es in Unterwasserfahrt ansteuerte. Einige Schiffe des Geleitzuges liefen wenig später bedenklich nahe über U 99 hinweg, so daß Kretschmer schleunigst tiefer steuern ließ, um sogleich auf Sehrohrtiefe emporzusteigen, als das Gruppenhorchgerät meldete, daß die Gefahr vorüber war.

Um 13.24 Uhr fiel der Torpedoschuß, der einem Frachter galt, der hinter dem Konvoi herzuckelte. Die »Jersey City«, ein Schiff von 6322 BRT, wurde schwer getroffen. Einige Explosion in ihrem Innern beschleunigten den Untergang.

Nach einem sichernden Rundblick des Kommandanten tauchte U 99 auf, um sofort von einer Sunderland angegriffen zu werden, die offenbar auf das Auftauchen des Bootes gewartet hatte. Mit Alarmtauchen ging es in den Keller.

Eine ganze Serie Bomben hämmerten an Steuerbord querab in die See. Einige Manometergläser zersplitterten, sonst entstand aber kein Schaden, und nach einer Dreiviertelstunde ließ Kretschmer wieder auftauchen. Doch nur wenige Minuten später wurde das Boot abermals gesichtet und erneut unter Wasser gedrückt.

Das Spiel wiederholte sich noch einige Male, bevor U 99 sich mit „dreimal Wahnsinnige!" hinter dem Geleitzug hermachte. In der Morgendämmerung waren dessen Rauchfahnen wieder über der Kimm zu erkennen, um sofort wieder zu verschwinden. Erst in den späten Nachmittagsstunden – nachdem sie nach einer Hochpeilung auf den Generalkurs des Konvois gegangen waren – trat dieser aus dem Dunst heraus. Kretschmer hielt auf

Nach der Ritterkreuzverleihung: Die Flasche Bier, die der Kommandant gespendet hat, schmeckt allen gut.

einen großen Tanker zu und trug ihm um 02.51 Uhr des 2. 8. den Torpedoschuß an. Der Aal schlug in Höhe des Maschinenraumes ein. Das Heck des Tankers, der 10 981 BRT großen »Strinda«, sackte weg.

46 Minuten darauf fiel der zweite Einzelschuß auf einen kleineren Tanker. Er riß der »Lucerna«, einem britischer Motortanker von 6556 BRT, das Vorschiff weg.

Kretschmer war mitten in den HX 60 hineingelaufen und es bestand mehrfach die Gefahr, von einem der Frachter gerammt zu werden.

Um 04.27 Uhr wurde ein dritter Tanker beschossen. Der Treffer mittschiffs ließ an der 8016 BRT großen »Alexia«, einem britischen Motortanker, Flammen aufzüngeln, die sich binnen einer Minute zu einem wahren Inferno ausbreiteten. Das Schiff sackte in der Mitte ein.

Damit hatte Otto Kretschmer seine Theorie, daß man für ein Schiff nur einen Torpedo brauche, w e n n man nur richtig traf, wieder unter Beweis gestellt.

Es sollte sich später herausstellen, daß der Gegner unmittelbar vorher den Geleitschutz abgezogen hatte*.

---

* Während diese drei Tanker mit insgesamt 25 545 BRT auf der Versenkungsliste von U 99 erschienen, werden sie in dem Werk von Jürgen Rohwer: „Die U-Boot-Erfolge der Achsenmächte 1939-1945" nur als torpediert geführt.

Insgesamt hatte Kretschmer auf diese drei Tanker vier Torpedos geschossen, von denen einer versagte.

Zwei Dampfer waren in dem nach dem ersten Treffer erfolgenden wilden Durcheinander zusammengestoßen. Rettungskutter suchten nach Überlebenden. Es scheint ausgeschlossen, daß diese drei Tanker ihre Torpedierung überlebt haben könnten. Immerhin hat Kretschmer noch der sinkenden »Alexia« 30 Schuß aus der Achtacht des Bootes verpassen lassen. Allerdings funkte der Funker der »Alexia« auch noch nach der Beschießung, daß er von einem feindlichen U-Boot mit Artillerie beschossen werde.

Außerdem eröffneten die Sailors auf dem Heck des Tankers nun das Artilleriefeuer auf das U-Boot. U 99 mußte sich absetzen, konnte also das Sinken nicht mehr beobachten.

Das Boot war verschossen und lief nach Lorient zurück, das es am 8. August erreichte.

Am ausgefahrenen Sehrohr flatterten sieben Versenkungswimpel. Am 4. 8. erhielt Kretschmer das RK des Eisernen Kreuzes.

Am Nachmittag des 1. September lief U 99 zu seiner nächsten Feindfahrt aus. Ziel war wieder die „U-Boot-Allee"; jener Seestreifen, auf dem die deutschen U-Boote mit Sicherheit auf feindliche Geleitzüge stoßen würden.

Am 4. September, das Boot lief durch die beinahe glatte See bereits auf Suchkurs, kam ein kleiner Frachter in Sicht, dem Kretschmer keinen Aal anbieten wollte. Er ließ zum Artilleriegefecht bereitmachen und stoppte den Frachter durch einen Schuß vor den Bug, was die Besatzung Hals über Kopf von Bord gehen ließ. Es war − so der Notruf, den der Funker noch tastete − die 1074 BRT große »Luimneach«. Aus nur 100 Metern erhielt der Frachter 20 Panzersprenggranaten und 6 Phosphorgranaten. Brennend ging der auf Tiefe.

Die nächsten Tage verliefen ereignislos. Erst am 8. 9. wurde ein Geleitzug gesichtet, der westwärts ging. U 99 bemühte sich, Fühlung zu halten. Doch es wurde bei der Annäherung von Zerstörern entdeckt und unter Wasser gedrückt. Nach dem Auftauchen wurde eine gute Schußdistanz von nur 600 Metern auf einen großen, tief im Wasser liegenden Frachter erreicht und dann noch auf 500 Meter verkürzt.

Der Torpedo mußte auf diese Entfernung hundertprozentig treffen. Stattdessen zischte er in unregelmäßigen Schleifen durch das Wasser, durchbrach einige Male die Wasseroberfläche und ging an dem Frachter vorbei. Nach einem weiteren ungeklärten Fehlschuß ließ Kretschmer auf 200 Meter herangehen. Auch dieser dritte Torpedo verschwand spurlos in der See.

Doch wie es der Zufall so wollte: Einer der Aale mußte wohl die 2468 BRT große »Albionic« am anderen Ende der Kolonne getroffen haben, denn dieses Schiff sank.

Am 15. September, nach vier Tagen ohne jede Sichtmeldung, kam westlich von Rockall Bank ein schneller, Zickzack-Kurse laufender Einzelfahrer in Sicht. Bei hochgehender See und schlechter Sicht versuchte Kretschmer näher heranzukommen, was aber mißlang. Der „aus Verzweiflung" aus 2700 Meter geschossene Aal ging natürlich vorbei.

Am 16. 9. um 02.41 Uhr kam das Boot auf die ebenfalls nur 1327 BRT große »Lotos« zum Schuß. Das Schiff sank keine Minute nach dem Treffer, der es auseinanderriß. Nur wenige Besatzungsmitglieder hatten noch die Zeit, das Schiff zu verlassen.

Am Morgen des 17. 9. kam das Boot auf die 2372 BRT große »Crown Arun« zum Schuß. Der ins Achterschiff einhauende Torpedo ließ sie nicht sinken. Sie wurde mit der Artillerie vernichtet.

Wenig später wurde der HX von U 47 gesichtet. Prien meldete und gab Peilzeichen, auf die mehrere Boote operierten, unter ihnen auch U 99, U 48, U 100 und U 32.

In der Nacht zum 21. 9. gab Prien erneut Peilzeichen und Kretschmer ließ den Kurs seines Bootes um 10 Grad nach Steuerbord umlegen. Der BdU ließ alle Boote nach eigenem Ermessen angreifen.

In der Nacht des 21. 9. sichtete die Brückenwache Schatten. Dies war nach einer Horchpeilung der untrügliche Beweis, daß sie an den Geleitzug herangekommen waren. Wenig später wurde ein zweites U-Boot gesichtet, das Boot von Prien. Beide Boote gingen nun näher an den Konvoi heran. Ein großer Tanker wurde gesichtet. Um 03.12 Uhr fiel der Einzelschuß und die »Invershannon«, ein moderner britischer Motortanker, wurde vorn getroffen. Das Vorschiff des Tankers sackte sofort weg.

Da keine Zerstörerabwehr erfolgte, schob sich U 99, nachdem der Tanker beinahe ganz verschwunden war, an der Flanke des Konvois nach vorn. Kretschmer ließ aus 800 Metern auf einen tiefliegenden Frachter schießen. Er traf die »Baron Blythswood«, ein Schiff mit 3668 BRT, dessen Munition explodierte und das Schiff in Fetzen riß. 40 Sekunden nach dem Treffer war von ihm nichts mehr zu sehen.

Die »Invershannon« sank ebenfalls. Womit weitere 9154 BRT auf das Versenkungskonto von U 99 kamen.

Um 04.47 Uhr machte Kretschmer einen dritten Aal los. Er wurde aus etwa 900 Meter auf einen Dampfer geschossen, der SOS funkte und sich als »Elmbank« zu erkennen gab.

Dieses Schiff schwamm noch lange. Kretschmer ließ einige Dutzend Schüsse aus der Bugkanone feuern. Doch nach 88 Treffern schwamm das Schiff nach wie vor. Am Nachmittag eröffnete U 99 noch einmal das Feuer. Das Schiff war bereits völlig durchsiebt, schwamm aber noch auf seiner Ladung aus Bauholz. Prien auf U 47 kam hinzu und bat um einige Schuß. Aber auch U 47 konnte diesen Gegner nicht unter Wasser schicken. Erst ein zweiter Torpedo von U 99 ließ die »Elmbank« sinken.

Mit sieben Versenkungswimpeln am ausgefahrenen Luftzielsehrohr lief U 99 wieder in Lorient ein.

Antwortkarte

Paul Pietsch Verlage

Abteilung Kunden-Service

Postfach 10 37 43

70032 Stuttgart

Vorname

Nachname

Straße

PLZ, Ort

Beruf

Geburtsdatum

Bitte schicken Sie mir **gratis** ihren Prospekt mit
allen lieferbaren Titeln zum Thema:

☐ Auto	☐ Reisen/Survival/Sport		
☐ Motorrad			
☐ Eisenbahn	☐ Fahrrad		
☐ Luftfahrt	☐ Pferde		
☐ Waffen	☐ Hunde/Katzen		
☐ Zeitgeschichte	☐ Essen/Trinken		
☐ Maritim	☐ Angeln/Tauchen		

Lieber Leser,

Ihre Meinung ist uns wichtig!
Nur durch Ihre Anregungen und Ihre
Kritik können wir uns ständig verbessern.
Bitte schreiben Sie uns doch auf dieser Ant-
wortkarte, wie Ihnen das Buch gefallen hat.

Autor und Titel des Buches:

Meine Meinung zu diesem Buch:

Ich habe dieses Buch gekauft bei

☐ Buchhandel   ☐ Versandhandel   ☐ Sonstigem Händler

Schreiben Sie uns und gewinnen Sie!

Unter den Einsendern
werden jeden Monat
10 Büchergutscheine
im Wert von
jeweils
99 Mark
verlost.

Am 14. Oktober lief U 99 eine Stunde nach Mitternacht wieder aus. Es ging erneut auf der U-Boot-Allee entlang ins Operationsgebiet, das in der Frühe des 16. Oktober erreicht wurde. Um 4.00 Uhr wurde eines Sichtmeldung von U 93, Kptlt. Korth, aufgefangen. Korth meldete einen Konvoi und gab Richtung, Geschwindigkeit und Zahl der Schiffe an.

„Wir werden den Konvoi am 17. erreichen“. meinte Kretschmer, als er zusammen mit Petersen den eigenen Kurs und die Eigengeschwindigkeit ins Kalkül des Treffpunkts einbezogen hatte.

Am 17. 10. meldete U 93 sich nicht mehr. Der BdU beorderte neben U 93 noch die Boote U 28, U 46, U 47, U 99, U 100, U 101 und U 123 zu einem Suchstreifen, dessen Position bis um 20.00 Uhr dieses 17. 10. einzunehmen waren.

U 101 konnte mit U 99 Erkennungssignale austauschen. Um Mitternacht meldete U 38 unter Kptlt. Liebe den Konvoi. Liebe war mit U 38 bereits am 17. 10. um 09.51 Uhr auf den Konvois SC 7 gestoßen, hatte ein Schiff versenkt und ein weiteres torpediert. Um 10.25 des 18. 10. kam U 48 zum Schuß und am Abend dieses Tages waren nacheinander Moehle mit U 123 und Endrass mit U 46 erfolgreich. Um 21.12 Uhr kam Frauenheim mit U 101 zum Schuß, und nun waren auch U 99 und U 100 herangekommen.

Als U 99 sich an den ersten Frachter der äußeren Marschkolonne herangearbeitet hatte, fiel aus 700 Metern Distanz der erste Einzelschuß, der aus ungeklärter Ursache vorbeilief. Der zweite Schuß traf die 6055 BRT große »Empire Miniver« tödlich. Sie explodierte und brach in der Mitte auseinander. Eine halbe Minute später hatte sich die See über ihr geschlossen. Kein Mann der Besatzung war mehr von Bord gekommen.

Um 22.30 Uhr fiel der nächste Torpedoschuß. Kretschmer hatte einen 7000-Tonner angepeilt, doch dieser legte einen Zack ein und der Torpedo traf stattdessen die 1572 BRT große »Gunborg«.

Um 23.55 Uhr sank der griechische Dampfer »Niritos«, ein Schiff von 3854 BRT, und eine Stunde nach Mitternacht des 18. 10. glitt das Boot an den 5154 BRT großen britischen Dampfer »Empire Brigade« heran. Auch dieser Frachter brach in zwei Stücke auseinander.

U 99 lief zur weiter vorn stehenden Marschgruppe der Frachter vor. Um 01.55 Uhr erhielt die »Sedgepool«, ein Brite mit 5556 BRT, den tödlichen Torpedo.

Um 03.03 Uhr ging die 5875 BRT große »Thalia« auf Tiefe. Die »Clintonia« mit „nur“ 3106 BRT, war das letzte Schiff, das Kretschmer aus diesem Geleitzug herausschoß. Sie hatte einen schweren Treffer erhalten, schwamm aber immer noch und wurde von U 123 durch Artilleriefeuer versenkt.

U 99 hatte in dieser Nacht sämtliche noch vorhandene Torpedos verschossen und nahm Kurs auf den Stützpunkt. Am 22. 10. um 05.10 Uhr erreichte es die Inselbucht vor der Einfahrt in den Hafen von Lorient. Die Unternehmung hatte insgesamt neun (!) Tage gedauert. Es war die kürzeste

U 99 unter Kptlt. Kretschmer erreicht nach erfolgreicher Feindfahrt den Stützpunkt Lorient.

und erfolgreichste Fahrt des Bootes. Otto Kretschmer hatte sieben Schiffe versenkt und zwei lahmgeschossen.

U 99 wurde zum Hauptliegeplatz befohlen und dort vom BdU empfangen. Kretschmer meldete dem BdU sein Boot von der Feindfahrt zurück. Wenig später wurde er von Kriegsberichtern umringt und sollte erzählen. Alle sprachen bereits von der „Nacht der langen Messer" und Kretschmer hatte von den insgesamt 18 versenkten Schiffen des SC 7 (darunter auch einige des SC 7s und SC 7r) allein sieben versenkt. U 99 war mit acht Versenkungswimpeln eingelaufen, weil Kretschmer auch die »Clintonia« mitgezählt hatte, die aber von U 123 durch Fangschuß versenkt worden war.

Daß außerdem noch zwei Schiffe torpediert, aber eingebracht werden konnten, sei erwähnt. Auch diesmal war Kretschmers Taktik: „ein Schiff, ein Torpedo", erfolgreich geblieben.

Das Boot lief schon in den ersten Novembertagen wieder aus und begann am 3. 11. um 21.40 Uhr die neue Schießzeit mit der Versenkung der 5376 BRT großen »Casanare«. Wenige Stunden später kam Kretschmer fast gleichzeitig auf zwei „riesige Pötte" zum Schuß: den Hilfskreuzer »Laurentic« mit 18 724 BRT und die 11 314 BRT große »Patroklus«. Letztere erhielt ihren Treffer um 00.04 Uhr des 4. November. Die »Laurentic« empfing noch einen zweiten Treffer, der unter dem Heck detonierte. Auf 250 Meter heranschließend schoß Kretschmer den dritten Aal genau in den Maschinenraum des Hilfskreuzers.

Beinahe gleichzeitig eröffnete die »Laurentic« das Feuer auf U 99.

Inzwischen war auch die »Patroclus« in Sicht gekommen und erhielt den ersten Torpedo, aus nur 300 Metern geschossen, ins Heck. Ein zweiter Aal vergrößerte das Loch auf Scheunentorbreite. Allerdings schwamm die »Patroclus« auf leeren Holzfässern und war dadurch fast unsinkbar. Auch sie eröffnete das Feuer auf das U-Boot. Die ersten Schüsse lagen dicht bei U 99, das sich absetzen mußte. Als Kretschmer den Standort der »Casanare« ansteuern ließ, war dieses Schiff bereits gesunken.

Sunderland-Flugboote drückten U 99 unter Wasser. Kretschmer ließ im Unterwassermarsch die Rohre nachladen. Um 02.00 Uhr ließ Kretschmer wieder auftauchen, um vor heranbrausenden Zerstörern gleich wieder unter Wasser zu verschwinden. Nach einigen Minuten ließ Kretschmer auftauchen und mit AK die Liegeorte der beiden angeschossenen Hilfskreuzer ansteuern.

Es ging zunächst gegen die »Laurentic«. Der nächste Torpedo traf ihr Heck und riß das Achterschiff weg. Die dort liegenden Wasserbomben explodierten und selbst U 99 wurde wild hin- und hergeworfen. Der Bug des Schiffs hob sich hoch empor und dann jagte das, was von der »Laurentic« noch übrig geblieben war, in die Tiefe.

„Nun zur »Patroclus« zurück!" befahl der Kommandant.

Der dritte Torpedo traf die »Patroclus« mittschiffs, der vierte ins Vorschiff und der fünfte wieder mittschiffs. Erst nach dem sechsten Treffer zerbrach der Hilfskreuzer in zwei Teile und sank weg.

Nach einer längeren Waboverfolgung tauchte U 99 wieder auf und Kretschmer ließ eine Erfolgsmeldung tasten. Mit diesen drei Versenkungen, die sich auf 35 414 BRT bezifferten, hatte auch Kretschmer die 200 000 BRT-Grenze überschritten. Am 4. November wurde ihm deshalb als sechstem deutschen Soldat das Eichenlaub zum Ritterkreuz verliehen.

Für Otto Kretschmer kein Grund, sich auf seinen Lorbeeren auszuruhen: am nächsten Tage schoß er noch den britischen Motortanker »Scottish Maiden« mit 6993 BRT aus einem Geleitzug heraus. Damit hatte U 99 auf dieser Fahrt 42 407 BRT versenkt.

Stabsobersteuermann Heinrich Petersen, Kretschmers alter Kamerad auf allen seinen Fahrten, erhielt am 5. November 1941 das Ritterkreuz. Damit gehörte er zu den wenigen Nicht-Offizieren der U-Boot-Waffe, die mit dieser Auszeichnung geehrt wurden.

Am 27. 11. 1940 machte U 99 erneut die Leinen los. Bei stürmischer See bahnte sich das Boot seinen Weg ins Operationsgebiet. Es war unmöglich, die befohlene Marschfahrt einzuhalten. Das Boot machte nur noch halbe Fahrt und wurde bei diesem Seegang immer wieder unter Wasser gedrückt. Kretschmer blieb auf dem Turm. Es gelang ihm, einen seiner Männer, dessen Haltestropp gebrochen war, zu schnappen, ehe dieser über Bord ging.

Am Morgen des 2. 12. wurde ein riesiger Schatten gesichtet, auf den das Boot zusteuerte. Es bedurfte nur einiger kleiner Kurskorrekturen, denn das Schiff lief direkt auf sie zu.

Kretschmer ließ einen Torpedo schießen und ging anschließend mit AK in den Keller. Ein Zerstörer, der dieses große Schiff geleitet hatte, überlief das Boot, warf jedoch keine Wasserbomben. Da die Schrauben des Dampfers nicht mehr gehorcht wurden, mußte er gestoppt liegen geblieben sein.

Kretschmer ließ auftauchen. Der Gegner bemerkte ihn sofort und schoß eine Reihe roter Leuchtkugeln. Es dauerte einige Minuten, ehe die günstige Schußposition erreicht war und U 99 gerade wieder auf ebenem Kiel ritt. Der Torpedo traf unterhalb der Brücke und Oberfunkmaat Kassel fing den SOS-Ruf des Riesen auf. Es war der 16 402 BRT große Hilfskreuzer »Forfar«, der nach insgesamt vier Fangschüssen um 06.57 Uhr sank.

Um 20.50 Uhr dieses 2. 12. traf ein Torpedo die 4276 BRT große »Samnanger« und am nächsten Vormittag wurde der britische Motortanker »Conch« mit 8376 BRT versenkt. Dieses Schiff war durch U 47 getroffen worden und lag gestoppt auf der See, ehe es von U 95 fünf Fangschüsse erhielt und schließlich von U 99 versenkt wurde.

Am 7. 12. wurde dann als letztes Schiff während dieser Feindfahrt der niederländische Dampfer »Farmsum« mit 5237 BRT, der im Geleitzug OB 252 s mitlief, versenkt.

Vier Schiffe hatte diese Feindfahrt gebracht, darunter wieder ein riesiger Hilfskreuzer.

Am 22. Februar 1941 lief U 99 zu seiner nächsten und letzten Feindfahrt aus. Der BdU hatte Kretschmer ein neues Landkommando angeboten, aber der „schweigsame Otto" hatte darum gebeten, weiter fahren zu dürfen.

Das Boot lief am 25. 2. quer durch den St. Georgs-Kanal und stand wenig später im Operationsgebiet. Im selben Raum, nördlich an den Streifen von U 99 angrenzend, verlief das Operationsgebiet von U 47. Am frühen Morgen des 26. 2. meldete Prien einen Geleitzug, der mit sieben Knoten Fahrt lief. U 47 wurde durch eine Sunderland abgedrängt.

U 99 operierte zwei Tage auf diesen Konvoi, fand ihn aber nicht. Am 28. 2. trafen sich U 47 und U 99 nahe dem Geleitzug. Prien berichtete Kretschmer, daß er kurz vorher auch Schepke mit U 100 getroffen habe. Damit standen die drei großen Asse der U-Waffe in engster Nachbarschaft am Feind. Die Wachen sahen den Konvoi vorbeiziehen. Aber zwei Zerstörer drehten aus ihrem Kurs heraus und einer davon nahm direkten Kurs auf U 99.

Als das Boot am Abend wieder auftauchte, sichtete die Brückenwache drei im Sinken begriffene Frachtschiffe, die – das wurde erst im Nachhinein bekannt – am Morgen von deutschen Kampfflugzeugen Focke Wulf 200 bombardiert worden waren.

Am 4. 3. 1941 ließ der BdU abermals einen Suchstreifen bilden, der sich südlich Island, quer zum erwarteten Geleitzug, formierte. In dem Suchstreifen standen U 47, U 95, U 99 und U 100.

Als sich U 47 am 6. März zum letzten Male mit einer Sichtmeldung bemerkbar machte, operierte U 99 darauf zu. Es handelte sich um den OB 293, einen von England in die USA gehenden Konvoi.

Kretschmer sichtete zunächst nur drei Zerstörer des Konvois, die die Steuerbordsicherung fuhren. Zwei Stunden darauf tauchte ein Nachzügler auf, das britische Walfang-Mutterschiff »Terje Viken« mit 20 638 BRT. Der erste Torpedo traf, und Kretschmer konzentrierte sich sofort auf ein zweites in Sicht gekommenes Schiff, den britischen Motortanker »Athelbach« mit 6568 BRT. Der erste Treffer stoppte den Tanker. Die Beschießung durch die Bordkanone fruchtete allerdings nichts, so daß ein zweiter Torpedo nötig wurde.

Nunmehr kehrte U 99 zu dem Walfang-Mutterschiff zurück. Es wurde nicht mehr gefunden und Kretschmer war der Überzeugung, daß er es versenkt habe.

Die anstelle der »Terje Viken« an der vermeintlichen Untergangsstelle liegenden beiden britischen Zerstörer, die offenbar Schiffbrüchige bargen, wehrten ein Näherkommen von U 99 ab*.

---

* Die »Terje Viken« war nicht gesunken. Sie wurde am 14. März von drei britischen Zerstörern und einer Korvette selbst versenkt, als an ein Einschleppen nicht mehr zu denken war. Damit war dieses Schiff „nur" torpediert worden, wenngleich diese Torpedierung zu seinem Ende geführt hatte.

U 99 wurde in der Folgezeit von den Korvetten »Camellia« und »Arbutus« der Geleitsicherung gejagt. Erst am 16. März kam das Boot am Geleitzug HX 112 wieder zu Erfolgen. Als erstes sank das niederländische Motorschiff »Almkerk« mit 6810 BRT, danach der Motortanker »Ferm« mit 6593 BRT. Noch am selben Tag konnte Kretschmer nacheinander den Motortanker »Beduin« mit 8136 BRT, den Dampftanker »Venetia« mit 5728 BRT, den 7 375 BRT großen kanadischen Dampfer »J. B. White«, und am nächsten Morgen (17. März 1941) die »Korshamn« mit 6673 BRT versenken. Der britische Motortanker »Franche Comte«, mit 9314 BRT ein Riese, wurde „nur" torpediert. Damit hatte U 99 binnen 24 Stunden des 16. und 17. 3. 1941 sechs Schiffe mit 41 315 BRT versenkt und ein Schiff mit 9314 BRT torpediert. Damit hatte es mit einer Ausnahme (U 110 unter Lemp) den HX 112 allein dezimiert.

Daß an diesem Geleitzug eine sehr starke und versierte Zerstörergruppe agierte, hatte auch U 99 erfahren müssen. Gleichzeitig aber war auch U 100 von dieser Zerstörergruppe verfolgt worden und am 17. März 1941 wurden kurz nacheinander U 100 und U 99 von den Geleitzerstörern aufgefaßt und mit Wasserbomben belegt.

Als Otto Kretschmer sein Boot völlig verschossen hatte, steuerte er es durch zwei Bewacher hindurch in Richtung der Läusebänke und entkam seinen Verfolgern. U 100 war durch schwere Wasserbombenschäden um 3.00 Uhr des 17. 3. jedoch zum Auftauchen gezwungen worden und wurde versenkt (siehe Kapitel Joachim Schepke).

Unmittelbar nach der Versenkung von U 100 meldete der Asdic-Mann auf dem Zerstörer »Walker«, der unter dem Kommando von Commander MacIntyre stand, ein weiteres U-Boot. Der Commander wollte diesen Zufall, daß zwei Boote in unmittelbarer Nachbarschaft stehen könnten, nicht glauben, aber First-Lieutenant J. C. Langton, der Asdic-Offizier, meldete:

„Der Kontakt ist definitiv ein U-Boot.

Die Wasserbombenracks eröffneten auf diesen neuen Gegner das Feuer. Als die »Walker« drehte, um einen neuen Angriff einzuleiten, kam von der »Vanoc«, dem Boot das U 100 gerammt und zum Sinken gebracht hatte, eine Warnung:

„U-Boot, hinter Ihnen aufgetaucht!"

Die Geschützbedienung eröffnete das Feuer. Auf der Brücke des Bootes blitzte der Lichtschein einer Signallampe auf:

„Wir sinken!"

„Der Gegner ist kampfunfähig, wir versuchen, das Boot zu kapern!" befahl Commander MacIntyre und ließ das Feuer stoppen.

Die Besatzung von U 99 ging von Bord. Als letzter verließ Kapitänleutnant Kretschmer das Boot, das wenig später auf Tiefe ging und seinen Leitenden Ingenieur mit sich nahm. Hier der Ablauf aus der Sicht von U 99:

Obersteuermann Petersen, der um 3.00 Uhr die „Hundswache" übernommen hatte, hatte um 3.10 einen Zerstörer gesichtet, der an Steuerbord
querab stand. U 99 tauchte und erhielt Wasserbomben, die das Boot genau
in der Hauptdruckwelle sahen. Die Beleuchtung fiel aus. Der zweite
Fächerwurf lag ebenfalls dicht beim Boot. Ein Wassereinbruch im
Bugraum ließ U 99 wie in einem Fahrstuhl durchsacken. Als es bereits 180
Meter Tiefe erreicht hatte, fielen beide E-Maschinen aus. Wenn jetzt nicht
angeblasen wurde, ging das Boot auf Tiefe und mußte schließlich unter
dem übermächtig werdenden Wasserdruck auseinanderbrechen.

Otto Kretschmer befahl „Preßluft auf alle Tanks!"

Erst bei 216 m Wassertiefe stand das Boot, ehe es an die Wasseroberfläche zurückglitt, sich nicht mehr halten ließ und die Wasseroberfläche
durchbrach.

Kretschmer rief im Vorbeilaufen Funkmaat Stohrer zu, einen FT an den
BdU zu tasten: „Wasserbomben – Wasserbomben!"

Als Kretschmer oben war, sah er zwei Feindzerstörer dicht beim Boot
stehen. Er befahl den zweiten FT-Spruch:

„Zwei Zerstörer! – Wasserbomben! – 53 000 BRT – Kretschmer."

Kptlt. Kretschmer, Träger
des EL zum RK geht als
Gefangener von Bord. Das
Vorbild eines deutschen
Offiziers, auch in der Kriegs-
gefangenschaft.
Am 26. 12. 1941 erhielt er als
5. deutscher Soldat die
Schwerter zum RK mit EL.

Das Feuer veranlaßte Kretschmer, die Besatzung an der feindabgewandten Steuerbordseite von Bord gehen zu lassen. Als letzte standen er, der I. WO, Oblt. z. S. von Knebel-Döberitz, und der LI, Oblt. (Ing.) Schröder, auf dem Boot.

Der Zerstörer, der sie bis dahin beschossen hatte, stellte das Feuer ein. „Petersen, morsen Sie den Zerstörer an", befahl Kretschmer und diktierte:

„C an C (Commander an Commander) Please, pick up my men, drifting towards you in the water. I am sinking."

Als Kretschmer sah, daß auf der »Walker« Kutter gefiert wurden, war ihm klar, daß der Gegner U 99 zu kapern versuchen würde. Oblt. (Ing.) Schröder erbot sich, die Entlüftungszelle der Tauchzelle eins zu öffnen. Dadurch mußte das Boot durch das offene Kombüsenluk absaufen.

„Drehen Sie nur langsam offen, Schröder, damit Sie rechtzeitig rauskönnen!" rief Kretschmer dem Kameraden zu.

Der LI verschwand im Boot. Sie hörten das Zischen der Preßluft und dann sahen sie, die U 99 rasch wegsackte.

„Viel zu viel, Schröder!" rief Kretschmer durch das Turmluk. Raus, Mann, schnellstens raus!"

Da sackte U 99 auch schon blitzschnell weg und nahm den LI des Bootes mit in die Tiefe.

U 99 und U 100 wurden vom BdU noch tagelang dazu aufgefordert, Standort, Zustand der Boote und Erfolge zu melden. Aber die beiden Boote blieben für immer stumm.

Während seiner Kriegsgefangenschaft in England und Canada gelang es Otto Kretschmer immer wieder, dem BdU über die Gefangenenpost an Verwandte und Freunde verschlüsselte Mitteilungen zukommen zu lassen.

Er wurde zum Korvettenkapitän und schließlich noch zum Fregattenkapitän befördert. Eine Novität in der Geschichte der Deutschen Wehrmacht, daß zwei Dienstgrade in der Gefangenschaft verliehen wurden.

Am 26. 12. 1941 erhielt er als fünfter deutscher Soldat die Schwerter zum Ritterkreuz mit Eichenlaub.

Nach sechs Jahren der Gefangenschaft bestanden 1948 englischerseits „keine politischen Bedenken gegen seine Entlassung mehr!"

Versenkungserfolge von U 23 und U 99
unter Korvettenkapitän Otto Kretschmer

4.10.39	06.00	brD	Glen Farg	876 BRT	58.52 N/01.31 W	
7.12.39	23.26	däD	Scotia	2.400 BRT	57.31 N/0217 E	
11.1.40	16.32	nwD	Fredville	1.150 BRT	58.25 N/01.10 W	
12.1.40	06.50	döMT	Danmark	10.517 BRT	58.59 N/02.53 W	
24.1.40	19.08	nwD	Varild	1 085 BRT	Nordsee	
18.2.40	03.54	DD	Daring	1.375 BRT	58.40 N/01.40 E	
22.2.40	01.07	brD	Loch Maddy	4.996 BRT	70.003 20 m Cepinsay, Orkneys	
5.6.40	12.51	caD	Magog	2.053 BRT	50.31 N/11.05 W	
7.6.40	00.53	– – –	Sea Glory	– – – – –	– – – – – – – –	
7.6.40	23.12	swD	Bissen	1.514 BRT	50.06 N/10.23 W	
8.6.40	– – – –	brD	Humber Arm	5.758 BRT	50.36 N/09.24 W	
12.6.40	02.06	grD	Ia	4.860 BRT	51.00 N/14.00 W	
12.6.40	22.31	estD	Merisaar	2.136 BRT	Prise	
18.6.40	02.03	brD	Woodbury	4.434 BRT	50.46 N/13.56 W	
28.7.40	05.57	brM	Auckland Star	13.212 BRT	52.17 N/12.32 W	
29.7.40	02.15	brD	Clan Menzies	7.336 BRT	54.10 N/12.–– W	
31.7.40	01.38	brD	Jamaica Progress	5.475 BRT	56.26 N/08.30 W	
31.7.40	13.24	brD	Jersey City	6.322 BRT	55.57 N/09.18 W	
2.8.40	02.51	nwMT	Strinda ~	10.973 BRT	55.10 N/17.16 W	
2.8.40	03.45	brMT	Licerna ~	6.556 BRT	55.18 N/17.16 W	
2.8.40	04.27	brMT	Alexia ~	8.016 BRT	55.30 N/15.30 W	
4.9.40	– – – –	brD	Luimneach	ˉ.074 BRT	47.50 N/09.12 W	
11.9.40	07.16	brD	Albionic	2.468 BRT	Nordatlantik	
16.9.40	02.41	nwD	Lotos	1.327 BRT	15 mNERockall	
17.9.40	08.32	brD	Crown Alrun	2.372 BRT	58.02 N/14.18 W	
21.9.40	03.12	brMT	Invershannon	9.154 BRT	55.40 N/22.04 W	
21.9.40	04.19	brD	Baron Blythswood	3.668 BRT	55.20 N/22.30 W	
18.10.40	22.06	brD	Empire Miniver	6.055 BRT	310.003 250 m Ratklin Head	
18.10.40	23.30	swD	Gunborg	1.572 BRT	57.14 N/11.–– W	
18.10.40	23.55	grD	Niritos	3.854 BRT	57.14 N/10.38 W	
19.10.40	01.38	brD	Empire Brigade	5.154 BRT	57.12 N/10.43 W	
19.10.40	01.55	brD	Sedgepol	5.556 BRT	57.20 N/11.22W	
19.10.40	03.02	grD	Thalia	5.875 BRT	57.00 N/11.30 W	
19.10.40	03.58	brD	Clintonia	3.106 BRT	57.10 N/11.20 W	
3.11.40	21.39	brD	Casanare	5.376 BRT	53.58 N/14.13 W	
3.11.40	22.50	BRACL	Laurentic	18.724 BRT	54.09 N/13.44 W	
4.11.40	00.02	brACL	Patroklus	11.314 BRT	55.43 N/14.41 W	
5.11.40	2.55	brMT	Scottish Maiden	6.993 BRT	54.36 N/14.23 W	
2.12.40	05.46	brACL	Forfar	16.402 BRT	54.35 N/18.18 W	

2.12.40	20.50	nwD	Sammanger	4.267 BRT	--.--/--.--
3.12.40	10.19	brMT	Conch	8.375 BRT	55.40 N/19.-- W
7.12.40	22.39	nlD	Farmsum	5.237 BRT	52.11 N/22.56 W
7.3.41	-- --	brDW	Terje Viken	20.638 BRT	60.30 N/13.30 W
7.3.41	-- --	brMT	Athelbach	6.568 BRT	60.30 N/13.30 W
16.3.41	-- --	nwMT	Ferm	6.593 BRT	60.42 N/13.10 W
16.3.41	-- --	nwMT	Bedouin	8.136 BRT	60.42 N/13.10 W
16.3.41	-- --	brMT	Franche Comte ~	9.314 BRT	61.15 N/12.30 W
16.3.41	-- --	brDT	Venetia	5.728 BRT	61.-- N/12.36 W
16.3.41	-- --	caD	J. B. White	7.375 BRT	60.57 N/12.27 W

Gesamterfolge: 45 Schiffe mit 279.071 BRT versenkt
darunter: 1 Zerstörer und drei Hilfskreuzer
torpediert: ~4 Schiffe mit 34.859 BRT

Kapitänleutnant

Joachim Schepke

Hans-Joachim Schepke wurde am 8. März 1912 in Flensburg als Sohn eines Korvettenkapitäns geboren. Er besuchte das Gymnasium und meldete sich – in die Fußstapfen seines Vaters tretend – nach bestandenem Abitur im Jahre 1930 zur Reichsmarine, um Seeoffizier zu werden.

Er war ein junger und zu allen Streichen aufgelegter Fähnrich und Oberfähnrich, absolvierte die lange Ausbildung in der Reichsmarine mit Bravour und erlebte mit seinen anderen Kameraden der Crew 30 eine große Weltfahrt.

Bereits zu Reichsmarinezeiten galt er – und mehr noch nach dem Übergang zur Kriegsmarine – als der bestaussehendste Offizier der Marine.

Als die U-Bootwaffe aufgebaut wurde, war auch Schepke dabei. Diese alte und neue Art des Kampfes unter Wasser faszinierte ihn mehr als der Dienst auf den Dickschiffen, wie er seinen Freunden anvertraute.

Er absolvierte die Lehrgänge zum Wachoffizier und zum Kommandanten und übernahm kurz vor Kriegsausbruch mit U 3, einem nur 254 tons großen Einbaum, ein Boot, das nur in küstennahen Einsätzen verwandt werden konnte.

Mit Ausbruch des Zweiten Weltkrieges unternahm Schepke, inzwischen zum Oblt. z. S. befördert, die erste Feindfahrt, die ihn vor die englische Ostküste führte. Dort legte er seine fünf Minen vor eine der Flußmündungen, um sofort wieder zum Stützpunkt zurückzukehren, neu auszurüsten und mit einer neuen Ladung Minen wieder auszulaufen.

Dies war eine der vordringlichsten Aufgaben der „Einbäume", die nur einen Aktionsradius von 525 Seemeilen hatten. Mit ihren 13 Knoten Fahrt waren sie darüber hinaus zu langsam, um es mit modernen Schiffen aufnehmen zu können. Die Höchstzahl der mitzunehmenden Minen war acht.

Erst als das Boot zu seiner dritten Feindfahrt losmachte, um wieder Minen zu legen, gelang es Schepke – nach Erledigung dieser Aufgabe – am 30. September einen Frachter zu stellen. Es war der dänische Dampfer »Vendia«, der mit der Artillerie gestoppt wurde. Da dieses Schiff eine für England bestimmte Erzladung führte, wurde es mit Fangschuß versenkt. U 3 hatte den ersten Versenkungserfolg erzielt; auch wenn dieser mit 1150 BRT nur mager ausfiel, war es ein Anfang.

Auf dem Turm seines Bootes stehend, hatte Schepke den Seeleuten der »Vendia« eine Chance gegeben und diese hatten sie zu nutzen gewußt und waren in die Boote gegangen.

„Wir gehen jetzt näher an die Küste heran", befahl Schepke, „vielleicht finden wir noch einen Dampfer!"

U 3 ging auf Nordkurs. Schepke beabsichtigte, bis in den Raum auf die Höhe von Hull zu laufen, da er dort weiteren Verkehr vermutete. Nach dem Mittagessen und der Eintragung des Geschehens am Vormittag legte sich Schepke für zwei Stunden auf die Koje in seiner engen Kommandantenkammer.

Der Schuß auf die »Vendia« war auch für den jungen U-Boot-Kommandanten ein besonderes Erlebnis. Ein weiteres stand ihm nach Einfall der Abenddämmerung bevor, als er – auf dem Turm postiert – einen Dampfer sichtete und dann noch einige Rauchwolken, die über der Kimm erschienen. Er ließ darauf zudrehen und wurde wenig später von einem in Lage Null, scheinbar aus dem Nichts auftauchenden Zerstörer angelaufen.

„Zerstörer! – Auf Tauchstationen!" befahl Schepke. Die Brückenwache schwang sich durch das Luk ins Boot, als letzter stieg Schepke ein und drehte das Turmluk dicht.

„Auf 40 Meter gehen!"

Gleichmäßig meldete der Leitende Ingenieur die erreichten und durchgehenden Tiefen. Er fing das Boot bei 40 Meter ab und mit AK beider Elektromotoren jichelte das Boot zur Seite.

Plötzlich vernahmen alle Männer im Boot die pinkenden Geräusche der Asdic-Ortung des Gegners.

„Schraubengeräusche, näherkommend!" meldete der Mann im Horchschapp. Sekunden später detonierten die ersten Wasserbomben des Zweiten Weltkrieges in der Nähe des Bootes und schüttelten U 3 kräftig durch. Eine schnelle Kurskorrektur ließ es aus der Richtung des zweiten Anlaufes hinauswandern, doch der zweite Zerstörer, der nun anlief und dessen Asdic-Gerät nicht nach der Waboserie zeitweise ausfiel, überlief das Boot und warf.

Es krachte und schepperte im Boot. Einige Manometergläser zersprangen. Eine Preßluftleitung blies heulend die Luft aus.

„Abgasklappen machen Wasser", meldete der Wache gehende Maat zur Zentrale durch.

Nach 38 Wasserbombendetonationen liefen die Zerstörer ab. Sie hatten das Boot verloren und vielleicht wähnten sie es auch versenkt.

Schepke ließ ablaufen und als sie wieder an die Wasseroberfläche zurückkehrten, war die See in der Runde leer.

Es war gegen 21.00 Uhr, als sie einige Rauchfahnen sichteten. Dann kam ein Frachter über der Kimm heraus. Als sie bis auf 800 m herangekommen waren, ließ Schepke einen Zweierfächer schießen. Einer der Torpedos traf. Der Frachter aber lief weiter, nachdem er Dampf abgelassen hatte. War es nur ein Nahtreffer?

Genau um 21.30 Uhr wurde ein kleiner Dampfer angehalten. Da er Bannware für England führte, wurde er mit angeschlagenen Sprengpatronen versenkt.

Damit hatte U 3 die ersten beiden Erfolge erzielt. Der versenkte Dampfer war die 1198 BRT große »Gun«.

Als U 3 von seiner dritten Feindfahrt nach Wilhelmshaven, zurückkehrte, erhielt Schepke vom Führer der U-Boote mit U 19 ein neues Boot. Es war eines vom Typ II B und war nur unwesentlich größer. Wichtig aber war die Tatsache, daß es einen Aktionsradius von 1800 Seemeilen hatte.

In der ersten Januarwoche des Jahres 1940 lief U 19 unter Oblt. z. S. Schepke zur vierten Feindfahrt aus. Es herrschten in der Nordsee 15 Grad Kälte. Operationsgebiet war die englische Ostküste.

Zunächst aber mußte unter Schlepperhilfe von Wilhelmshaven aus das Eisgebiet durchquert werden. Drei Tage lang stampfte und rollte U 19 durch die See, um am Abend des dritten Tages den Bereich des britischen Ostküstenhafens Grimsby zu erreichen. Am Abend dieses Tages kam U 19 auf einen Zerstörer zum Schuß, doch dieser Aal erbrachte nichts und mit Alarmtauchen mußte U 19 in den Keller gehen. Das Boot sackte bis auf den Grund durch, wurde durch einige Wabodetonationen emporgehoben, um abermals auf Grund aufzuschlagen, daß alles lose Gut umherwirbelte.

„Alle Außenbordverschlüsse überholen!" befahl der Kommandant, um dann sein U-Boot in Schleichfahrt ablaufen zu lassen.

Vom BdU erhielt U 19 ein neues Operationsgebiet zugewiesen und mußte durch das verminte Gebiet weiter nordwärts laufen. Sie kamen glücklich über die Sperre und eine Stunde nach Mitternacht des 9. Januar kam ein Konvoi in Sicht. U 19 setzte sich zum Angriff vor. Der Torpedoschuß, der um 02.21 Uhr das Rohr I verließ, traf den kleinen Norweger voll und ließ ihn sofort sinken.

Fast zwei volle Wochen mußte das Boot bei stürmischer See und Eisgang in diesem Seegebiet aushalten. Diese Ausdauer wurde durch einen

Erfolg gekrönt, denn am 23. 1. um 8.40 und 8.48 Uhr fielen die »Baltanglia« mit 1523 BRT und die »Pluto« mit 1598 BRT den Torpedos des Bootes zum Opfer. Es waren dies alles kleine „Küstenkolcher", aber dennoch waren gerade diese Schiffe für die Versorgung der Küstenstädte u n d der Fabriken wichtig, denn sie lieferten Versorgungsgüter und Kriegsmaterialien aus.

U 19 mußte sich aus der Küstennähe absetzen, weil der Gegner nun mit mehreren schnellen Schiffen die Suche nach dem Störenfried aufgenommen hatte. U 19 entkam seinen Verfolgern und schloß am Abend des 25. Januar an einen weiteren Küstengeleitzug heran, der nach Longstone unterwegs war.

Der lettische Dampfer »Everene« war mit seinen 4434 BRT ein Lichtblick. Der nur 1300 große norwegische Dampfer »Gudveig« war wenigstens etwas.

Damit waren alle Torpedos verschossen und U 19 trat den Rückmarsch

Sieben Versenkungswimpel flattern am ausgefahrenen Sehrohr.

an. Als es in Helgoland einlief, flatterten vier Versenkungswimpel am ausgefahrenen Sehrohr.

Das EK I. war der Lohn für diesen schweren Einsatz und dies gab dem
Kommandanten den „inneren Pull", weiterzumachen, weiter anzugreifen
und zu versenken.

Allerdings wurde die nächste Feindfahrt im Februar ein gelindes Desaster, denn nur ein Schiff wurde von U 19 beschossen. Der Torpedo, der am
20. 2. nur 15 Minuten nach Mitternacht auf die »Daghestan«, einen britischen Motortanker, geschossen wurde, detonierte dicht vor der Bordwand
des Tankers und beschädigte ihn leicht, so daß er einlaufen konnte.

Dafür sollte dann die März-Unternehmung besser werden. Nachdem die
Schäden, die U 19 bei der folgenden Waboverfolgung nach dem Kurz-
schuß auf die »Daghestan« erlitt, ausgebessert waren, ging das Boot wieder hinaus. Es war inzwischen Mitte März geworden.

Joachim Schepke, inzwischen zum Kapitänleutnant befördert, wollte es
diesmal wissen. Seine Zuversicht schien sich denn auch zu bestätigen,
denn am Abend des 19. 3. kam U 19 an einen kleinen Küstengeleitzug
heran. Zwei gezielte Einzelschüsse um 22.21 und 22.37 Uhr ließen den
dänischen Dampfer »Minsk« und den ebenfalls unter dänischer Flagge fahrenden Dampfer »Charkow« sinken. Beide waren abermals kleine Kolcher.

„Diese kleinen Kolcher sind für den Küstenverkehr enorm wichtig",
meinte Schepke, als der I. WO seine Nase rümpfte. „Wohl wahr, Herr
Kaleunt, aber jeder Aal kostet 25 000 Reichsmark und im übrigen wären
mir solche Dickschiffe von 10 000 BRT lieber."

„Das sind mir auch die liebsten, alter Junge, nur sind sie hier in Küstennähe sehr rar", erwiderte Schepke.

Am Morgen des folgenden Tages kam dann ein weiterer Küstengeleitzug in Sicht. Schepke sah, daß es abermals kleine Eimer waren, legte dennoch jeweils einen Aal an, die um 4.57 Uhr die »Viking« und um 8.18 Uhr
die »Bothal« tödlich trafen.

Vier Siegeswimpel hatte das Boot wieder gesetzt, als es in Wilhelmshaven einlief.

Das würde ein langer Weg bis zum Ritterkreuz werden, darüber waren
sich Kommandant und Besatzung einig. Vor allem dann, wenn sie dieses
kleine Boot behielten und vor der englischen Küste weiter operieren mußten.

Während des Norwegenfeldzuges stand U 19 gemeinsam mit U 13,
U 57, U 58 und U 59 in der sechsten Aufstellungsgruppe vor dem Pentland
Firth. Alle fünf Boote blieben erfolglos, ein Schicksal, das sämtlichen Boo-
ten während des Norwegenfeldzuges beschieden sein sollte.

Als Schepke nach der KTB-Besprechung bei Konteradmiral Dönitz,
nunmehr Befehlshaber der U-Boote, erfuhr, daß dieser ihm ein neues Boot
des Typs VII B anvertrauen wolle, war er begeistert.

„Sie stellen U 100 in Dienst, Schepke. Damit werden Sie Erfolge erzielen, die besser sind, als die bisherigen, dessen bin ich mir sicher."

Auch Schepke war davon überzeugt und fuhr im Mai nach Kiel in die Germaniawerft, um sich sein neues Boot anzusehen.

Am 30 Mai stellte Kapitänleutnant Schepke U 100 in Dienst. Anschließend begann das Einfahren, das Kennenlernen der Besatzung und schließlich das Übungsschießen. Danach war U 100 einsatzbereit und Schepke brannte darauf, mit an den Geleitzügen dabei zu sein und sich einen großen Happen aus den riesigen Schiffszügen herauszuschießen.

Am 11. August 1940 lief U 100 zu seiner ersten Feindfahrt aus. Sein Operationsgebiet war der Seeraum westlich des Nordkanals.

Bereits am Morgen des 16. August kam ein Motorschiff in Sicht. Es war die 4864 BRT große »Empire Merchant«, ein Brite, der wenige Minuten nach dem Treffer mittschiffs sank.

Die Suche ging weiter. Am Nachmittag des 25. August kam die »Jamaica Pioneer« in Sicht, die von dem HX 65 A zurückgeblieben war. Um 19.12 Uhr fiel der Torpedoschuß und auch dieser britische Dampfer sank binnen weniger Minuten.

Als eine Stunde vor Mitternacht U 124 einen Geleitzug meldete, schloß auch U 100 heran. U 124 schoß den ersten Dampfer heraus.

„Krech, kommen Sie auf den 10 000-Tonner ab", befahl Schepke dem hinter der UZO stehenden I. WO, Oblt. z. S. Krech. Doch bevor Krech schießen konnte, „rannte" ein Zerstörer in Lage Null auf das Boot zu und mit Alarmtauchen ging es in den Keller hinunter. Die Wasserbomben detonierten im Kielwasser des steil vorlastig auf Tiefe gehenden Bootes. Damit war der HX 65A für U 100 nicht mehr zu erreichen. Es war der HX 66, der am späten Abend des 28. 8. in Sicht kam.

Bis Mitternacht hatte U 100 herangeschlossen. Im Überwasser-Nachtangriff wollte Schepke die gesamte Chargierung schießen. Er suchte dazu die am günstigsten stehenden Dampfer aus, und 23 Minuten nach Mitternacht des 29. 8. fielen die beiden ersten Einzelschüsse. Es waren die Briten »Dalblair« und »Empire Moose« die nach den Treffern liegenblieben und sanken. Damit hatte das Boot 4608 und 6103 BRT versenkt. Um 1.40 Uhr wurde der Brite »Hartismere« mit 5498 BRT torpediert. Dieses Schiff sank jedoch nicht.

Die blind um sich schießenden und Schreckwasserbomben werfenden Boote der Geleitsicherung drängten U 100 zunächst ab. Doch Schepke blieb zäh dran und versenkte um 3.38 Uhr den Briten »Astra II«. Dann lief das Boot zu der auf der See liegenden »Hartismere« zu, um ihr den Fangschuß zu geben*. U 100 wurde jedoch ein weiteresmal abgedrängt, lief ab,

---

* Die »Hartismere« war jedoch nicht gesunken.

Joachim Schepke, Kommandant von
U 100 und „Sonnyboy" der U-Boot-
Fahrer.

Commander MacIntyre,
Chef der 5. Escort Group.

um wenig später wieder auf Angriffskurs zu gehen, und um 4.27 Uhr die
2373 BRT große »Alida Gorton« anzugreifen. Nach dem Torpedotreffer
sackte dieses Schiff, auf ebenem Kiel reitend, weg.

Damit hatte sich U 100 verschossen und lief nach einer Meldung an den
BdU in Richtung Lorient zurück, wo es mit sieben Versenkungswimpeln
am Sehrohr einlief.

In Lorient trafen sich Schepke, Prien und Kretschmer und brachen einer
Flasche Schampus den Hals.

Am 11. September lief U 100 nach der Neuausrüstung zu seiner nächsten Feindfahrt aus. Das Boot hatte das gleiche Operationsgebiet erhalten,
wie auf der ersten Feindfahrt.

Als U 99 unter Kptlt. Kretschmer am späten Abend des 20. September
einen Geleitzug meldete, wurden U 47, Prien, U 48, Bleichrodt, und U 100
unter Joachim Schepke darauf angesetzt.

Aus diesem Konvoi schossen Kretschmer und Bleichrodt am frühen
Morgen des 21. 9. die ersten Schiffe heraus. Es war der HX 72, der versuchte, mit einigen außergewöhnlichen Zacks zu entkommen. Aber bis

zum Abend des 21. 9. war auch U 100 herangekommen. Um 23.10 Uhr fiel der erste Torpedoschuß. Er galt der 8286 BRT großen »Canonesa«, die gestoppt liegenlieb, SOS funkte und dann rasch wegsackte.

Gleichzeitig damit hatte Schepke einen Zweierfächer auf einen Motortanker schießen lassen, den er als 10 000-Tonner ansprach. Der Tanker erhielt einen Treffer mittschiffs und einen Achterkante Brücke und stoppte ebenfalls. Im Zentrum des sich schnell bildenden Flammenfanals über diesem Tanker stieg ein weißer Glutball höher und höher empor. Seenotraketen schnellten vom Tanker in den Nachthimmel empor.

„Tanker funkt, Herr Kaleunt. Sein Name ist »Torinia«. Er hat nach dem Lloyds-Register 10 364 BRT."

Unmittelbar nach der Meldung stob eine Explosionswolke aus dem Tanker empor. Der Funker verstummte.

Um 23.11 Uhr und zwei Minuten darauf ließ Schepke jeweils einen weiteren Einzelschuß abgeben. Der erste erbrachte nichts, während der zweite die 4608 BRT große »Delcairn« tödlich traf.

Noch einmal wurde U 100 abgedrängt, um bis Mitternacht des 22. 9. wieder heranzuschließen. 22 Minuten nach Mitternacht verließ der erste Aal das Boot und traf die 6686 BRT große »Empire Airman« tödlich. Um 1.52 Uhr wurde dem riesigen Tanker »Frederick S. Fales« ein Zweierfächer angetragen. Zwei Minuten nach den beiden Treffern stand der 10 525 BRT große Tanker vollkommen in Flammen. Zwei Geleitfahrzeuge drehten auf den Tanker ein, um die Überlebenden aufzunehmen. Das Boot unterlief den Geleitzug und drehte dann wieder zum Angriff ein. Der um 2.14 Uhr geschossene Torpedo traf den norwegischen Dampfer »Simla«, womit U 100 weitere 6031 BRT auf sein Versenkungskonto verbuchen konne. Damit hatte sich U 100 wieder verschossen und trat den Rückmarsch an.

In seiner nur 15tägigen Feindfahrt hatte das Boot sieben Schiffe mit insgesamt 50 340 BRT versenkt.

Am 24. 9. 1940 erhielt Joachim Schepke, noch in See stehend, das Ritterkreuz.

U 100 lief am 25. 9. in Lorient ein und am anderen Morgen fuhr Schepke nach Paris. Ein Wagen aus dem Stabsquartier brachte ihn zum Boulevard Suchet, dem Amtssitz von Admiral Dönitz.

Als er sich meldete, unterbrach Dönitz seine Besprechung und kam auf Schepke zu. Dieser nahm Haltung an:

„Melde gehorsamst: U 100 von Feindfahrt zurück!"

Der BdU trat vor, ergriff Schepkes Hand und legte für Sekunden seine Linke auf die Schulter des jungen Kommandanten, dessen Gesicht strahlte.

„Kapitänleutnant Schepke, Sie haben mit Ihren Booten in elf Unternehmungen über 100 000 Tonnen feindlichen Schiffsraumes versenkt. Der Führer hat Ihnen dafür das Ritterkreuz verliehen."

Im Licht, das durch ein geöffnetes Fenster hereinfiel, schimmerte das schwarz-weiß-rote Band, das der Flaggleutnant hinter dem Nacken des Kommandanten verknotete.

„Seiner Majestät bestaussehendster Offizier", wie Schepke genannt wurde, verspürte ein komisches Gefühl in der Magengrube, das schnell seiner überströmenden Freude wich.

Am Nachmittag eilte Schepke, inzwischen nach Lorient zurückgekehrt, ins Hotel Beau Sejour, wo Prien und Kretschmer auf ihn warteten. Die beiden Seeoffiziere, die sich bei einem Glas Wein unterhielten, hörten bereits aus dem Vorraum das kräftige Lachen Schepkes heraus. Dann wurde die Tür aufgerissen und „Jochen" kam hereingeschneit. Das Ritterkreuz war etwas verrutscht und Schepke selbst schien ebenfalls etwas aus den Fugen geraten zu sein.

„Mensch Otto, Hallo Günther!" rief Schepke und schüttelte seinen Kameraden die Hände, um sich anschließend auf dem freigelassenen Stuhl fallen zu lassen.

„Komme gerade aus Paris, war zwei Tage quasi Gast des Großen Löwen", rief er glücklich.

„Das war sicher sehr anstrengend", meinte Prien vergnügt.

„Doch nicht für mich, Günther! So ein Bummel durch die Nachtclubs ist doch etwas Feines, wenn man nicht Familienvater ist, wie du."

„Und was war sonst? Was war mit der Feindfahrt. Hast ja mächtig reingehauen", forderte Kretschmer seinen Kameraden zum Erzählen auf.

„Ich habe deine Angriffsmethode angewandt, Otto. Ein Torpedo für ein Schiff und es hat geklappt!" Schepke sprach über den Einsatz so salopp, als würde es sich nur um einen Ausflug handeln. Während Prien die Stichworte lieferte, kaute der „schweigsame Otto" an seiner Brasilzigarre.

Sie erzählten weiter und bereits „sehr früh", wie Schepke bemerkte, brachen sie auf, denn am nächsten Tage sollte U 99 auslaufen.

Am 13. Oktober lief auch U 100 aus dem Stützpunkt Lorient zu einer weiteren Feindfahrt aus. U 99, U 47 und U 123 waren bereits vorher ausgelaufen, und als sich ihnen U 100 zugesellte, meldete U 48 am Morgen des 17. 10. den Geleitzug SC 7. Damit war auch Kptlt. Bleichrodt, ein weiteres As der U-Boot-Waffe, wieder mit von der Partie.

Alle in der Nähe stehenden Boote, zu denen sich auch U 46 unter Endrass und U 101 unter Frauenheim gesellten, griffen diesen Konvoi an. U 48 und U 38 eröffneten die Versenkungsreihe. Danach kam auch Möhle mit U 123 zum Schuß und am Nachmittag des 18. 10. wurden auch von der Brückenwache von U 100 Mastspitzen gemeldet. Schepke ließ darauf zu operieren und kam um 23.17 Uhr auf die »Shekatika« zum Schuß. Dieser 5458 BRT große Brite wurde zwar schwer getroffen, sank aber nicht, da er Holz geladen hatte. Auch ein Fangschuß von U 101 half nichts. Erst ein weiterer Torpedo von U 123 versetzte diesem zähen Schiff den Todesstoß.

U 100 war nach dem schweren Treffer auf die »Shekatika« weitergelaufen und kam um 23.37 Uhr zum nächsten Angriff. Der mit einem Torpedo getroffene Dampfer »Fiscus« sank unmittelbar nach dem Treffer. 4815 BRT kamen auf das Konto von U 100.

Die ganze Nacht hindurch sah Schepke, der auf dem Turm seines Bootes stand, die Treffersäulen an verschiedenen Dampfern aufblitzen. Er selbst kam erst wieder am 19. 10. um 2.50 Uhr zum Schuß. Der Dampfer »Blairspey« ein 4155 BRT großer Brite, sank nicht. Er wurde eingeschleppt. Er hatte auch den Schüssen von U 101 widerstanden, weil er ebenfalls eine Holzladung führte.

U 100 wurde von einigen Geleitfahrzeugen gejagt, und als das Boot am Abend des 19. Oktober gegen 22.00 Uhr wieder auftauchte, war der SC 7 verschwunden.

Insgesamt verlor dieser Geleitzug durch das herangekommene deutsche U-Boot-Rudel 17 Schiffe, einige weitere wurden torpediert.

An den HX 79, auf den inzwischen auch die anderen Boote zusteuerten, schloß auch U 100 schnell heran, und um Mitternacht des 20. 10. stand alles auf Gefechtsstationen. Die beiden Zweierfächerschüsse um 0.15 und 0.16 Uhr trafen die beiden britischen Motortanker »Caprella« mit 8230 BRT und die »Sitala« mit 6218 BRT und ließen beide sinken.

U 100 wurde abgedrängt, kam aber sieben Stunden darauf noch einmal zum Schuß und schoß die »Loch Lomond«, 5452 BRT aus diesem Konvoi heraus. Als der Dampfer nicht sinken wollte, half Schepke mit dem Bordgeschütz nach und schickte ihn schließlich unter Wasser.

U 100 hatte in diesen Stunden des Kampfes an zwei Geleitzügen alle Torpedos verschossen. Das Boot erhielt nach seiner Meldung den Rückmarschbefehl und lief nach Lorient zurück. Am ausgefahrenen Sehrohr flatterten sechs Versenkungswimpel. Von diesen sechs Schiffen konnten allerdings zwei eingeschleppt werden. Sie mußten − wie später bekannt wurde − abgewrackt werden.

Auf der nächsten Feindfahrt operierte U 100 erneut auf den bekannten Geleitzugwegen. Am 22. 11. wurde das Operationsgebiet erreicht und unmittelbar darauf sichtete der Bootsmannsmaat der Wache einen Geleitzug. Es war der SC 11, der 18 Minuten nach Mitternacht, also am 23. 11. 1940, sein erstes Schiff, die 4562 BRT große »Justitia«, verlor.

Von diesem Zeitpunkt an, bis zum späten Abend des nächsten Tages, stand das Boot in ständigen Angriffen am Feind. Es versenkte in seinem zweiten Anlauf die »Bradfyne« und die »Bruse«. Etwa drei Stunden darauf, es war genau 4.14 Uhr, schoß Schepke auf den Niederländer »Cotmarsum«, der sofort unterging. Der Norweger »Salonica« folgte um 4.36 Uhr nach, er funkte noch einige Male seinen SOS-Ruf, ehe er von der Wasseroberfläche verschwand.

Es war 8.02 Uhr, als das britische Motorschiff »Leisa Maersk« von U 100 torpediert und versenkt wurde. Danach gelang es U 123 unter Möhle, noch einmal zuzuschlagen, ehe beide Boote abgedrängt wurden.

U 100 hatte am SC 11 sieben Schiffe herausgeschossen. Der Kommandant hatte – mit nur wenigen Stunden Ausnahme – volle 48 Stunden auf dem Turm des Bootes gestanden und den Kampf geführt.

Das Boot hatte sich verschossen und lief nach Lorient zurück. Am 1. 12 1940 erhielt Joachim Schepke als siebter Soldat der Deutschen Wehrmacht das Eichenlaub des Ritterkreuzes des EK. Damit waren die drei Tonnagekönige Prien, Kretschmer und Schepke nacheinander mit dieser hohen Auszeichnung beliehen worden.

Nach gründlicher Überholung und Übernahme der Munition, der Torpedos, des Treiböls und der Verpflegung lief U 100 bereits acht Tage darauf zu seiner nächsten Feindfahrt aus. Einigen Kameraden vertraute Schepke an, daß er die Absicht habe, auf dieser, spätestens auf der dann folgenden Feindfahrt die Spitze zu erreichen und seine Kameraden Kretschmer und Prien auf die Plätze zwei und drei zu verweisen.

„Schepke war einer der Männer, der sich als König auf dem Meer fühlte", erklärte der Großadmiral dem Verfasser während einer der Unterredungen über den U-Bootkrieg und jene Männer, die ihn führten. „Er war ein unbekümmerter junger Mann, wenngleich er doch ebenfalls bereits 29 Jahre alt war. Aber er hatte sich den unbekümmerten Sinn eines Jünglings bewahrt, den er – gepaart mit seinem großen Können, zum Wohle des Bootes und seiner Männer einsetzte. Ich wünschte mir, er wäre für die Ausbildung erhalten geblieben und hätte seinen unbekümmerten und vorwärtsdrängenden U-Bootfahrer-Geist auf die ihm anvertrauten Schüler übertragen können. Aber die See und der Gegner ließen dies nicht zu.*"

In den schweren Winterstürmen des Atlantiks gingen fast alle in See stehenden Boote leer aus. Nicht so U 100, das am 14. 12. um 8.16 Uhr den für die »Kyleglen« tödlichen Torpedo schoß und den 3670 BRT großen Dampfer sinken ließ.

Noch am selben Tage kam das Boot auf die »Euphorbia« zum Schuß. Der Dampfer von 3380 BRT sank Minuten nach dem Treffer.

Danach kam es zu einigen Fehlschüssen, die sich weder Schepke noch die Torpedomixer erklären konnten.

Erst am 18. Dezember kam am Mittag ein großer britischer Dampfer in Sicht. Es war die 10 116 BRT große »Napier Star«.

Diesmal auf Sicherheit gehend, ließ Schepke einen Zweierfächer schießen. Der große Dampfer blieb nach den beiden Treffern liegen, erhielt einen Fangschuß, sackte zwar tiefer, war aber dennoch offenbar bereit, sich einschleppen zu lassen, denn kein Mann der Besatzung ging von Bord. Erst der vierte Torpedo ließ den großen Dampfer in der Mitte durchbrechen. Beide Teile sanken etwa gleich schnell.

---

* Siehe Gespräche mit dem Großadmiral.

Dies ist die »Vanoc« die U 100 versenkte.

Das Boot wurde unter Wasser gedrückt, erhielt durch Wasserbombenwürfe einige Schäden, die mit Bordmitteln nicht zu beheben waren und mußte nach diesen drei Erfolgen mit insgesamt 17 166 BRT den Rückmarsch antreten.

Am 21. Februar 1941 liefen beinahe gleichzeitig U 47, U 99 und U 100 zu einer neuen Feindfahrt aus, die für alle drei Boote zu ihrer letzten werden sollte.

Die Boote standen in See und versuchten an die Geleitzüge heranzukommen. Während dies U 47 und U 99 gelang und beide ihre Versenkungserfolge weiter emporschraubten, ging U 100 leer aus. Erst nachdem der HX 112 am 15. März 1941 von U 110 unter Fritz-Julius Lemp gemeldet wurde, ließ Schepke sein U 100 mit AK auf diesen Geleitzug operieren. Bis zur Mitternacht des 17. 5. kam U 100 heran. Was nun weiter geschah, ist von Captain Donald MacIntyre, Chef der Escort Group dieses Geleitzuges, bekannt geworden. In seinem Werk „U-Boat Killer", das bereits 1956 in London erschien, berichtete er über diesen 17. März 1941:

„Ich hatte mit meinem Führerzerstörer »Walker«, den Zerstörern »Volunteer«, und »Scimitar«, sowie den Korvetten »Bluebell« und »Hydrangea« die Geleitzugsicherung übernommen.

Als die »Scimitar« ein U-Boot ortete, das sich später als U 100 herausstellte, und dieses Boot sechs Seemeilen voraus meldete, ließ ich die dem Konvoi vorauslaufenden Geleitfahrzeuge auf dieses Boot zuhalten. »Walker« und »Vanoc« liefen mit großer Fahrt zur »Scimitar«, um ihr bei der Vernichtung dieses U-Bootes zu helfen.

Als wir auf drei Seemeilen herangekommen waren, tauchte das Boot weg. Wir suchten es zwei Stunden, aber es blieb verschwunden.

150

Die »Walker« war einer der erfolgreichsten U-Boot-Killer. Aus sie gehörte zur 5. Escort Group.

»Walker« lief nun zum Konvoi zurück, während »Vanoc« und »Scimitar« die Suche fortsetzten. Nach einer weiteren Stunde gaben auch sie auf.

Gerade als ich aufatmen wolle, schmetterte der harte Schlag einer Torpedodetonation durch den frühen Morgen des 17. März. Das schwedische Motorschiff »Korsham« war getroffen worden*.

U 99 hatte die Sicherung zwischen zwei meiner Zerstörer durchlaufen und hatte diesen Angriff gefahren, wie wir später feststellten.

»Walker« lief in einer leichten Kurve auf einen sichtbar gewordenen Gischtstreifen zu, der von einem zweiten U-Boot stammen mußte.

Ich gab Befehl, auf 30 Knoten Fahrtstufe zu gehen. Aber das U-Boot, das hier aufgetaucht war, ging sofort wieder hinunter. Als wir Sekunden darauf die Luftblasenfährte überliefen, ließ ich einen Zehnerfächer Wasserbomben werfen. Zweieinhalb Sekunden nach deren Detonationen krachte eine weitere Explosion, aus der See sprang ein orangeroter Feuerschwall empor. Wir glaubten, das Boot versenkt zu haben, aber 90 Minuten später hatten wir wieder mit demselben Boot Kontakt.«

Es war U 100, das bei diesem Bombardement schwere Schäden erlitten hatte und gegen 3.00 Uhr des 17. 3. 1941 nicht länger unter Wasser gehalten werden konnte. Es stand plötzlich dicht unter dem Zerstörer »Vanoc« und wurde von dessen Radargasten entdeckt und gemeldet. Hier wieder Captain MacIntyre:

„Ich befahl AK für die »Walker« und Lieutenant Bray rief mir zu: 'Sie müssen ein U-Boot gesichtet haben, Sir!'

Da kam auch schon der Blinkspruch der »Vanoc«:

---

* Von U 99 unter Otto Kretschmer.

'Haben soeben ein U-Boot gerammt und es zum Sinken gebracht!'

Die »Vanoc« hatte U 100 mittschiffs gerammt. Joachim Schepke, der gehofft hatte, der Zerstörer würde achtern vorbeilaufen, wurde durch die Wucht des einhauenden Zerstörerstevens in dem Turm seines Bootes eingequetscht. Die Wucht dieses Zusammenpralls quetschte ihm beide Beine ab und als die »Vanoc« zurück lief, um sich aus dem U-Boot-Wrack zu lösen, wurde der Kommandant bei dem harten Ruck über Bord geschleudert und verschwand – keinen Laut von sich gebend, aber heftig um sich schlagend, in der kochenden See. Nur seine Mütze schwamm noch auf dem Wasser."

Von der Besatzung von U 100 konnten nur fünf Männer geborgen werden, die sich als Brückenwache auf dem Turm befunden hatten. Alle übrigen Soldaten gingen mit ihrem Boot unter.

Joachim Schepke, der große Junge der U-Boot-Fahrt, war nicht mehr. So wie er 38 Schiffe versenkt hatte, auf denen viele Seeleute ihr Leben ließen, war auch er gestorben: als Kämpfer.

Nach fünf Nennungen im Wehrmachtbericht folgte am 25. April 1941 die sechste und letzte Meldung:

„Die von Korvettenkapitän Kretschmer und Kapitänleutnant Schepke geführten Unterseeboote sind von Feindfahrt nicht zurückgekehrt. Beide Boote waren an den kürzlich unter schwierigsten Bedingungen durchgeführten Vernichtungen feindlicher Geleitzüge maßgeblich beteiligt und haben hierbei ihre Gesamterfolge beträchtlich erhöht. – – –

Die beiden Kommandanten, in Anerkennung ihrer hervorragenden Dienste im Freiheitskampf des Deutschen Volkes mit dem Eichenlaub zum Ritterkreuz des Eisernen Kreuzes ausgezeichnet, haben mit ihren tapferen Besatzungen unvergänglichen Lorbeer errungen. Ein Teil der Besatzungen, unter ihnen Korvettenkapitän Kretschmer, geriet in Gefangenschaft."

Versenkungsliste von U 3, U 19 und U 100 unter Kapitänleutnant Schepke

30.09.39	11.00	däD	»Vendia«	1.150	35 m	NW Hastholm
30.09.39	21.30	swD	»Gun«	1.198	30 m	NW Hastholm
09.01.40	02.21	nwD	»Manx«	1.343	58.30 N/01.33 W	
23.01.40	08.40	brD	»Baltanglia«	1.523	55.35 N/01.27 W	
23.01.40	08.48	nwD	»Pluto«	1.598	55.35 N/01.27 W	

25.01.40	21.12	leD	»Everene«	4.434	Longstone L. T
25.01.40	21.30	nwD	»Gudveig«	1.300	4,5 m E. Lonstone
20.02.40	00.15	brMT	»Daghestan«	– – –	beschädigt
19.03.40	22.21	däD	»Minsk«	1.229	58.07 N/02.39 W
19.03.40	22.37	däD	»Charkow«	1.026	58.07 N/02.39 W
20.03.40	04.57	däD	»Viking«	1.153	58.21 N/02.22 W
20.03.40	05.18	däD	»Bothal«	2.109	58.21 N/02.22 W
16.08.40	09.27	brM	»Empire Merchant«	4.864	55.23 N/13.24 W
25.08.40	19.12	brD	»Jamaica Pioneer«	5.471	57.05 N/11.02 W
29.08.40	00.23	brD	»Dalblair«	4.608	56.06 N/13.33 W
29.08.40	04.27	brD	»Empire Moose«	6.103	56.06 N/13.33 W
29.08.40	00.23	brD	»Hartismere« =	5.498	56.04 N/13.06 W
29.08.40	04.27	brD	»Astra II«	2.393	56.09 N/12.14 W
20.08.40	03.38	swD	»Alida Gorthon«	2.373	56.09 N/12.14 W
21.09.40	23.10	brD	»Canonesa«	8.286	54.55 N/18.25 W
21.09.40	23.10	brMT	»Torinia«	10.364	55.00 N/19.00 W
21.09.40	23.13	brD	»Dalcairn«	4.608	55.00 N/19.00 W
22.09.40	00.22	brD	»Empire Airman«	6.586	54.00 N/18.00 W
22.09.40	00.50	brD	»Scholar«	3.940	55.11 N/17.58 W
22.09.40	01.52	brDT	»Frederick S. Fales«	10.525	55.30 N/13.40 W
22.09.40	02.14	nwD	»Simla«	6.031	55.11 N/17.58 W
18.10.40	23.17	brD	»Shekatika« =	5.458	57.12 N/11.08 W
18.10.40	23.37	brD	»Fiscus« =	4.815	57.29 N/11.10 W
19.10.40	02.50	brD	»Blairspey« =	4.155	57.55 N/11.10 W
20.10.40	00.15	brMT	»Caprella«	8.230	56.37 N/17.15 W
20.10.40	00.16	brMT	»Sitala«	6.218	150 m SW Rokkall
20.10.40	07.20	brD	»Loch Lomonc«	5.452	56.00 N/14.30 W
23.11.40	00.18	brD	»Justitia«	4.562	55.00 N/13.10 W
23.11.40	01.01	brD	»Bradfyne«	4.740	55.04 N/12.15 W
23.11.40	01.17	nwD	»Bruse«	2.205	55.04 N/12.15 W
23.11.40	04.14	nlD	»Cotmarsum«	3.628	55.00 N/12.00 W
23.11.40	04.36	nwD	»Salonica«	2.694	55.15 N/12.14 W
23.11.40	08.02	brM	»Leisa Maersk«	3.136	55.30 N/11.00 W
23.11.40	21.05	nlD	»Bussum«	3.636	55.39 N/08.58 W
14.12.40	08.16	brD	»Kyleglen«	3.670	58.–– N/25.–– W
14.12.40	19.55	brD	»Euphorbia«	3.380 BRT	Nordatlantik
14.12.40	19.55	brD	»Napier Star«	10.116	58.58 N/23.13 W

Gesamterfolge:
38 Schiffe mit 149.222 BRT versenkt
4 Schiffe mit 19.926 BRT torpediert
1 Schiff mit 5.000 BRT beschädigt

Korvettenkapitän
Georg Wilhelm Schulz

M it den nachstehenden Worten endete die Abschrift des Gesamtdienst-Leistungszeugnisses von Korvettenkapitän Georg Wilhelm Schulz:

„Von seinen Vorgesetzten wurde Korvettenkapitän Schulz als ein gut begabter, mit über Durchschnitt stehendem Können ausgestatteter Offizier beurteilt. Er besitzt eine gute geistige und körperliche Leistungsfähigkeit, ausgeprägtes Pflichtbewußtsein mit vielseitigem Wissen und Interesse. Seemännisch und navigatorisch befähigt, fuhr er sein Boot zuverlässig und ließ sich auch durch Schwierigkeiten und unübersichtliche Lagen nicht beeinflussen. Schulz ist ein gewissenhafter, zuverlässiger Arbeiter mit gutem Organisationstalent. Er ist ein offener, ehrlicher Charakter und besonders hilfsbereiter Kamerad, der für seine Untergebenen ein warmes fürsorgliches Herz hat.

gez. Allehimmel, German Controller, Naval Document Centre."

Daß Wilhelm Schulz nicht nur für seine Untergebenen, sondern auch für seine Gegner sorgte, bestätigte der ehemalige Leutnant Howard „Dick" Baker aus Poole an der südenglischen Küste. Dessen Suchmeldung nach dem Kommandanten von U 124 ging nach dem Krieg durch alle Zeitungen Europas, bis er Schulz gefunden und für einige Wochen nach England eingeladen hatte.

Was war während des Krieges geschehen, daß dieser Leutnant Baker so intensiv nach einem Manne suchte, der sein eigenes Schiff, den britischen

Dampfer »Tweed«, am 8. April 1941 im Raume Freetown versenkt hatte?

Nichts anderes war geschehen, als daß U 124 nach der Versenkung der »Tweed« ein großes und ein kleines Rettungsboot sichtete, von denen das große Boot gekentert war. Schulz ließ U 124 an das umgeschlagene Boot herangehen, nahm die darauf hockenden Schiffbrüchigen an Bord und ließ von seiner Besatzung das Boot aufrichten und ausschöpfen. Die Schiffbrüchigen stiegen wieder ein und nahmen aus dem überfüllten kleinen Boot noch Männer auf. Mit Proviant und Wasser versorgt, entließ Schulz dann die Boote.

Als er sie verabschiedete, rief Leutnant Baker zum U-Boots-Turm hinauf, daß er seine Reederei diese Hilfeleistung melden würde. Doch Wilhelm Schulz antwortete das, was er und auch seine Besatzung empfanden:

„We are all seamen!"

Die Insassen der beiden Rettungsboote wurden drei Tage später von einem französischen Zerstörer aufgenommen und nach kurzer Internierung in Französisch-Westafrika, das der Vichy-Regierung unterstand, in die Heimat entlassen. Howard „Dick" Baker meldete dieses Vorkommnis, das die Ritterlichkeit deutscher U-Boots-Fahrer kennzeichnete, tatsächlich.

Leutnant Baker konnte niemals vergessen, daß es ein deutscher U-Boots-Kommandant war, der die Besatzung des gekenterten Bootes gerettet hatte.

Am 10. März 1906 wurde Wilhelm Schulz als Sohn des Majors Paul Schulz in Köln geboren. Seine Jugend verbrachte er in verschiedenen Städten Deutschlands. Nach Ende des Ersten Weltkrieges besuchte er das Realgymnasium in Erfurt, wo sich seine Eltern nach der Pensionierung des Vaters niedergelassen hatten.

Obgleich seine Vorfahren väterlicherseits alle Soldaten gewesen waren, zog es Wilhelm Schulz zur See. Er verließ 1923 die Schule, um Schiffsoffizier bei der Handelsmarine zu werden.

Am 17. April 1923 trat er als Schiffsjunge auf dem Vollschiff »Großherzogin Elisabeth« des Deutschen Schulschiffsvereins seinen Dienst an. In elf Monaten und 17 Tagen führte ihn die Reise mit diesem Schiff durch die Nord- und Ostsee und nach Südamerika.

Einen Tag nach Beendigung der Südamerikareise trat er als Leichtmatrose auf der Bark »Lisbeth« eine jener Reisen an, die sich unauslöschlich seinem Gedächtnis einprägen. Unter vollen Segeln ging es auf der »Lisbeth« in 163 Tagen um Kap Hoorn nach Taltal in Chile. 99 weitere Tage dauerte die Fahrt nach Australien. Mit 23 Mann Besatzung, von der jeweils eine Wache mit neun Mann den Dienst versehen mußte, lernte Schulz das harte Brot der Segelschiffahrt kennen und konnte nach 306 Seetagen zum ersten Mal wieder in Kap Therenard (Australien) die Füße auf festen Boden setzen. In 125 Seetagen ging es dann um Kap Hoorn zurück in die Heimat.

U 124 unter Kptlt. Schulz vor dem Auslaufen aus dem Stützpunkt der 2. U-Flottille.

Über 17 Monate hatte diese Reise gedauert, die der spätere Seeoffizier vor dem Mast fahrend zurücklegte. Ein einmaliges Erlebnis, das ihm die Großartigkeit der See und gleichzeitig auch die Härte des Seemannsberufes deutlich machte.

Auf der »Cleveland«, deren Heimathafen Panama war, fuhr er als Leichtmatrose nach Nordamerika. Nach einem kurzen Zwischenspiel auf der »Havenstein« ging es auf der »Fürst Bülow« der Hamburg-Amerika-Linie nach Ostasien und Südamerika. Hier fuhr er schon als Offiziersanwärter und Steuermann und bestand nach seiner Rückkehr in Hamburg am 2. November 1928 sein Steuermannsexamen.

Als IV. Offizier fuhr er anschließend auf sechs Dampfern der Hamburg-Amerika-Linie; zuletzt auf der »New York«. Am 28. Dezember 1930 von der letzten Reise nach Nordamerika zurückgekehrt, besuchte Wilhelm Schulz vom 5. Januar bis 7. Juli 1931 die Navigationsschule in Hamburg und erhielt das Patent A 6 als Kapitän auf Großer Fahrt. Abschließend besuchte er noch vier Monate die Funkerschule in Hamburg.

Auf drei weiteren Dampfern fuhr Schulz bis zum 11. September 1933. Dann meldete er sich zur Kriegsmarine. Er kam zur II. Schiffsstammdivision der Ostsee, durchlief die Lehrgänge der Schiffsartillerieschule, die Schiffsstammdivision Stralsund, die Küstenartillerieschule, die Sperrschule in Kiel und die Torpedo- und Nachrichtenschule in Mürwik.

Den Fähnrichslehrgang in Mürwik bestand er gut und wurde am 1. Januar 1934 Fähnrich z. See, wobei er auf der »Leipzig« und auf der »Nordsee« die navigatorische Belehrungsfahrt und auf der »Königsberg« die praktische Bordausbildung erledigte.

Am 1. Juni 1934 Obermaat geworden, wurde er am 1. September 1935 Oberfähnrich. Am 27. September 1935 wurde Schulz zur Unterseebootsschule nach Kiel kommandiert.

Am 1. Januar 1936 – unmittelbar nach der U-Boots-Ausbildung – zum Leutnant z. See befördert, stand er als Wachoffizier nacheinander auf U 18 und U 12 bei der U-Flottille »Weddigen«. Nach seiner Beförderung zum Oberleutnant z. See am 1. Oktober 1937 wurde Schulz I.W.O. auf U 33 bei der U-Flottille „Saltzwedel".

Auf U 33 erlebte der Oberleutnant die erste Einsatzfahrt in die spanischen Gewässer vom 9. Dezember 1937 bis 10. Februar 1938. Er wurde mit dem Spanienkreuz in Bronze ausgezeichnet. Am 1. April 1939 zum Kapitänleutnant befördert, übernahm Schulz U 12 und dann U 10 als Kommandant.

Als Kommandant von U 10 erlebte er den Kriegsausbruch. Es kam zu zwei kurzen Feindfahrten, die erfolglos blieben.

Am 16. Dezember 1939 stellte Schulz das bei der Deschimag in Bremen neu erbaute U 64 in Dienst.

Anfang April 1940 erhielten U 64 und sein Schwesterboot U 65, die beide gerade in der Ostsee einfuhren, vom BdU den Befehl, das Programm abzubrechen und so schnell wie möglich die Einsatzbereitschaft herzustellen.

Am 6. April 1940 liefen U 64 und U 65 aus. U 64 erhielt Befehl, den Hilfskreuzer »Orion« beim Durchbruch in den Atlantik zu unterstützen.

Am Morgen des 9. April bekam Kapitänleutnant Schulz das Stichwort für die Operation zur Besetzung Norwegens. Das Boot wurde von der »Orion« in der Nordsee auf der Höhe von Edinburgh entlassen und marschierte direkt in Richtung Westfjord, den das Boot am 11. April erreichte. Zu diesem Zeitpunkt waren die zehn Zerstörer der „Gruppe Narvik" bereits in den Westfjord eingelaufen. Kommodore Bonte, der Führer der Zerstörergruppe Narvik, war bereits am 10. April – also einen Tag vorher – an Bord seines Führerzerstörers »Wilhelm Heidkamp« gefallen, der bei einem

Angriff der 2. englischen Zerstörerflottille in den Morgenstunden des 10. April, im Hafen von Narvik liegend, schwer getroffen wurde und am nächsten Tag sank.

Die Führung der Zerstörergruppe war an den ältesten Flottillenchef Fregattenkapitän Bey auf »Wolfgang Zenker«, übergegangen.

Bei ruhiger See und weiter Sicht versuchte Kapitänleutnant Schulz, mit seinem Boot in den Ofotfjord einzulaufen. U 64 wurde beim Anlaufen der Küste von einer Landbeobachtungsstation gesehen. Britische Sicherungsstreitkräfte, die den Ofotfjord abschirmten, liefen auf die Funkmeldung hin dieses Seegebiet an. Sie sichteten das Sehrohr des Bootes und drückten U 64 in einer mehrstündigen Wabojagd unter Wasser.

Dennoch gelang es Schulz, am Nachmittag des 12. April Narvik zu ereichen, wo er sich bei Fregattenkapitän Bey auf der »Wolfgang Zenker« meldete.

„Wie sieht es draußen aus, Schulz?"

Fregattenkapitän Bey, der Chef der 4. Zerstörer-Flottille, ein schwerer Mann mit vollem Gesicht, gab dem U-Boots-Kommandanten die Hand. „Schwieriges Einlaufen, was?"

„Jawohl, Herr Kapitän. Starke englische Zerstörerbewachung steht vor dem Eingang des Ofotfjords. Es sieht so aus, als sollte Narvik für unsere Zerstörer zu einer Falle werden. Ich hatte alle Mühe, durchzukommen."

„Das wird anscheinend noch windiger werden. Wie steht es mit Ihren Schäden?"

„Lassen sich mit Bordmitteln beseitigen, Herr Kapitän."

„Gut, dann laufen Sie am besten weiter nach Norden in den Herjangsfjord. Dort ist es ruhiger, und dort können Sie auch die See- und Waboschäden beheben."

Kapitänleutnant Schulz blickte über den Hafen hinweg, der schon einen kurzen, erbitterten Kampf Zerstörer gegen Zerstörer erlebt hatte. Er sah U 46 unter Kapitänleutnant Sohler, das neben dem Zerstörer »Hans Lüdemann« festgemacht hatte.

In diesem Augenblick wurde Fliegeralarm gegeben. Es waren Maschinen des britischen Trägers »Furious«, die von 18.50 bis 20.05 Uhr Narvik angriffen, ohne nennenswerte Erfolge zu erzielen.

Aus allen Rohren feuernd, gelang es den deutschen Zerstörern, die Maschinen abzudrängen und eine abzuschießen. Auch auf den U-Booten wurde geschossen.

Die Besatzung von U 64 erlebte, wie zwei Bomben dicht beim Zerstörer und bei ihrem Boot einhieben und es tüchtig durchschüttelten. Dann war auch dieser Spuk vorüber.

Wenig später legte U 64 ab und lief, zwischen den Wracks und den vor Anker liegenden Dampfern hindurchsteuernd, aus dem Fjord hinaus und weiter nach Nordnordosten in den Herjangsfjord hinauf. Kapitänleutnant

Schulz hoffte, nach der Reparatur hier eine günstige Angriffsposition gegenüber eindringenden schweren englischen Streitkräften zu haben und zum Schuß zu kommen.

Am Vormittag des 13. April erreichte das Boot den nördlichsten Zipfel des Fjords bei Mölnedalen-Bjerkvik und ging hier vor Anker, um die Schäden auszubessern.

„Wie lange dauert es noch, bis das Boot klar ist?“

Besorgt mahm der Kommandant das Glas vor die Augen und beobachtete den oberen Rand der Berge, die den Fjord einkesselten.

„In einer Viertelstunde ist alles klar, Herr Kaleunt!“ meldete Bootsmann Raudzis, die seemännische Nummer Eins, aus dem Boot.

„Klar zum Ankerlichten!“

„Flieger, Herr Kaleunt!“

Der backbordachtere Ausguck reckte den Arm nach Nordosten. Herumschnellend sah Schulz ein Flugzeug – es war das Bordflugzeug des englischen Schlachtschiffes »Warspite« – im Niedrigflug über die Felsen des Fjords anfliegen. Er erkannte, daß die Maschine sehr schnell beim Boot sein würde.

„Zwozentimeter und MG: Feuer frei “

Die auf den Wachstationen sitzenden Bedienungen des Zwozentimeter-Zwillings und die MG-Schützen begannen zu feuern. Sie hatten ihr Ziel noch nicht voll aufgefaßt, als die Maschine auch schon heran war.

Kapitänleutnant Schulz sah, wie sich unter dem Rumpf des Flugzeuges zwei Bomben lösten und dann durch die schnelle Fallgeschwindigkeit

10. 3. 1941: U 124 trifft auf See die »Scharnhorst«.

unsichtbar wurden. Im gleichen Augenblick begann das Heulen der niedergehenden Bomben, das von einer Sekunde zur anderen das Gehämmer der Waffen übertönte.

Instinktiv ahnte der Kommandant, daß diese Bomben sein Boot tödlich treffen würden. Dann schlug die erste Bombe vier Meter an Steuerbord in die See. Ein gewaltiger Wasserkatarakt stieg in die Höhe und fiel auf das Boot, das sich steil aufbäumte.

„Wahrschau!" brüllte der Kommandant.

Die Männer klammerten sich an den Geräten und an der Rohrverkleidung des Brückenschanzkleides fest. In diesem Augenblick hieb die zweite Bombe backbord vorn in das Vorschiff ein.

Das Krachen des Einschlages war wie ein Weltuntergang. Die Motorengeräusche des Flugzeugs gingen völlig in diesem Getöse unter. Die Detonationswelle brandete über das Boot hinweg, Feuer und Stahl spritzten vorn am Boot in die Höhe. Schlagartig verstummte das Gehämmer der Waffen. Mit dröhnenden Motoren flog die Maschine ab und verschwand in einer großen Kehre nach Westen.

„Starker Wassereinbruch im Vorschiff!" kam eine Meldung.

Ein paar Sekunden überlegte der Kommandant. Er spürte schon, wie U 64 vorn tiefer sackte. Im Bugraum befanden sich Männer seiner Besatzung, und dennoch mußte er den e i n z i g e n Befehl geben, der für die anderen Besatzungsmitglieder zur Rettung werden konnte. Und der Kapitänleutnant gab diesen schwersten Befehl seiner Laufbahn:

„Vorderes Kugelschott dicht! Alle Mann aus dem Boot!"

Die auf der Brücke befindlichen Männer sahen, wie ihr Boot vorlastig wurde und daß es sichtbar zu sinken begann. Es kam jetzt auf Sekunden an. Sie schwangen sich außenbords. Die ersten Männer kamen aus der Zentrale aufgeentert, schleuderten sich aus dem Luk und sprangen über Bord. Sekunden bedeuteten weitere Menschenleben, die sich retten konnten.

Verbissen blieb der Kommandant auf der Brücke. Jeden einzelnen Mann zählte er, der das Boot verließ. U 64 sank schnell tiefer. Mit einem Blick über die Seite erkannte Schulz, daß innerhalb der nächsten Sekunden die Gefahr eines Wassereinbruchs durch das Turmluk gegeben war. Geschah dies, dann konnte niemand mehr gerettet werden; dann würde U 64 unbarmherzig alle noch an Bord befindlichen Männer in die Tiefe mitnehmen.

Im Turmluk tauchte Obermaat Piepenhagen auf.

„Unten bleiben, Piepenhagen! 35 Meter Wasser unter dem Kiel. Nach Wegsacken alle Mann mit Tauchretter aussteigen!"

Für eine halbe Sekunde erstarrte das Gesicht des Obermaaten zu einer Maske. Er konnte noch gut rauskommen. Was hinderte ihn daran, an sich selbst zu denken und sein Leben in Sicherheit zu bringen?

Die Blicke der beiden Männer trafen sich. Piepenhagen wußte noch viele Kameraden im Boot. Sie waren verloren, wenn er sich noch rettete.

„Jawoll, Herr Kaleunt!" stieß er heiser aus und verschwand wieder im Luk.

Schulz schlug das Luk dicht. Er hörte, wie Piepenhagen es von unten dicht drehte. Damit waren die noch an Bord befindlichen Männer in der stählernen Röhre eingeschlossen.

In diesem Augenblick sackte U 64 unter seinem Kommandanten weg, und als Schulz schwamm, wußte er, daß er richtig gehandelt hatte. Denn anderenfalls wären in diesem Augenblick die Männer, die sich noch im Boot befanden, durch die eindringenden Wassermassen unerbittlich ertränkt worden.

„An Land!" rief Wilhelm Schulz den im Wasser schwimmenden Männern zu.

Das eiskalte Wasser fraß sich durch die Kleidung. Der Kommandant spürte, wie seine Glieder erstarrten. Unter Aufbietung aller Willenskraft zwang er sich dazu, weiterzuschwimmen.

Am Ufer legte ein erstes Boot ab. Die Gebirgsjäger General Dietls, die hier eine Wachstation besetzt hielten, waren auf die Versenkung des Bootes aufmerksam geworden. Immer mehr Boote ließen sie zu Wasser. Flöße schwammen auf dem Fjord, und einer nach dem anderen wurden die schwimmenden Seeleute aufgefischt und an Land gebracht.

Als man Kapitänleutnant Schulz in eine Unterkunft bringen wollte, weigerte er sich. Er blieb am Ufer. Die Gebirgsjäger gaben ihm warme Kleider. Er zog die triefenden Sachen aus und dirigierte die Boote näher an die Untergangsstelle heran.

Für ihn begann nun ein Warten, wie er es noch nie vorher und niemals später erlebt hatte. Was war, wenn durch irgendeinen Umstand der komplizierte Vorgang des Aussteigens mit Tauchrettern nicht klappte? Was geschah, wenn die auf der Karte angegebene Wassertiefe größer war? Dann drohte den aussteigenden Männern der Tod.

Endlich, es waren – wie sich herausstellte – erst 20 Minuten nach dem Wegsinken des Bootes vergangen, trieb der erste Mann mit Tauchretter an die Wasseroberfläche. Er wurde von einem der Boote aufgefischt und sofort versorgt. In kürzeren Abständen kamen die übrigen Besatzungsmitglieder nach oben.

Obermaat Piepenhagen hatte die Rettung aller Männer des Bootes organisiert und sie nur dadurch ermöglicht, daß er auf seine eigene schnelle Rettung verzichtet hatte.

Als der Obermaat aus dem Wasser geholt wurde, atmete Schulz wieder freier. Eine Riesenlast fiel von seinen Schultern.

Der Großteil der Besatzung von U 64 war gerettet. 40 Männer waren aus dem sinkenden Boot herausgekommen. Sieben Mann der Besatzung wurden bei dem Befehl „Schotten dicht!" im Bugraum eingeschlossen. Wahrscheinlich waren sie schon vor der einhauenden und das Vorschiff auseinanderreißenden Bombe getötet worden. Ein achtes Besatzungsmitglied erlitt bei dem Versuch, an Land zu schwimmen, einen Herzschlag. Die Leiche wurde am folgenden Tage geborgen und auf dem Friedhof in Mölnedalen bestattet.

In norwegischer Zivilkleidung marschierten die 40 Überlebenden von U 64 am 17. April nach Narvik. Hier meldete sich Kapitänleutnant Schulz bei General Dietl.

Die gerettete Besatzung wurde mit allem versorgt, was sie brauchte. Die Gebirgsjäger bemühten sich in einmaliger Weise um die Männer, die so knapp dem Tode entgangen waren.

Am 22. April gelangten die U-Boots-Fahrer mit der Erzbahn nach Schweden und anschließend in die Heimat. Ein Unternehmen war zu Ende, das acht Männern den Tod gebracht hatte. Acht Tage hatte diese Unternehmung gedauert.

U 64 wurde später gehoben. Wilhelm Schulz sagt noch heute rückblikkend: „Die Besonnenheit und Selbstlosigkeit von Obermaat Piepenhagen hat die noch im Boot befindliche Besatzung gerettet. Dieser Mann hat gezeigt, daß Männer bei der U-Boots-Waffe fuhren, die beispielgebend waren."

Wenn auch Kapitänleutnant Schulz im bisherigen Verlauf des Krieges glücklos gekämpft hatte, setzte doch der BdU in diesen besonnenen Kommandanten große Hoffnungen. Er gab ihm das am 9. März 1940 bei der Deschimag in Bremen vom Stapel gelaufene Boot U 124 vom Typ IX-B. Am 11. Juni stellte Schulz das Boot für die 2. U-Flottille „Saltzwedel" in Dienst. Es lief am 20. August von Kiel zu seiner ersten Feindfahrt aus.

An Bord befand sich als Kommendantenschüler und Wachoffizier Oberleutnant z. See Reinhard Hardegen. Er sollte später auf zwei eigenen Booten große Erfolge erzielen.

Bei Wilhelm Schulz auf U 124 erwarb er die Kenntnisse, die ein U-Boots-Kommandant brauchte.

Als überzähliger Offizier war Kapitänleutnant Kleinschmidt zur Schulung an Bord kommandiert, der kurz darauf sein eigenes Boot erhielt. Mit U 111 lieferte er am 4. Oktober 1941 der britischen Korvette »Lady Shirley« einen harten Kampf, ehe er fiel und das Boot sank.

Westlich der Hebriden traf U 124 noch auf dem Anmarsch einen Konvoi. In zwei Einzelanläufen versenkte Schulz auf 58.52 Grad Nord/06.34 Grad West zwei Dampfer mit insgesamt 10 563 BRT. Ein dritter mit 3900 BRT wurde torpediert. Die Besatzung bekam Zutrauen zu ihrem Kommandanten. Das neue Boot hatte seine Feuerprobe bestanden, und Schulz wußte plötzlich, daß seine Pechsträhne zu Ende war.

Ein FT-Spruch des BdU beorderte U 124 dann auf eine Position südlich Island. Es sollte hier als Wetterbeobachter stehen.

Viermal am Tage tastete der Funkmaat die Wettersprüche, die für die Luftwaffe von unschätzbarem Wert waren, weil sie nach ihnen ihre Einsätze in der Luftschlacht über England flog.

Am 20. September trat das Boot den Rückmarsch an und lief am 24. September in den Stützpunkt Lorient ein.

Wilhelm Schulz erhielt am 25. September das EK I. Klasse.

Nach kurzer Überholung – das Boot war noch vollkommen klar – und Neuausrüstung lief U 124 schon am 5. Oktober zur zweiten Feindfahrt aus. Abermals war U 124 als Wetterboot ausersehen worden.

Vier Wochen lang stand das Boot auf seiner Position südlich Island. Schwere See und die ersten Stürme machten ihm zu schaffen. Schulz führte sein Boot geschickt, und es gelang ihm, am 16. Oktober den britischen Einzelfahrer »Trevisa« zu stellen und zu vernichten.

Vier Tage später sichtete das Boot den auslaufenden Konvoi OB 229, gab Peilzeichen und schoß zwei Dampfer aus dem Geleit heraus. Es waren der norwegische Dampfer »Cubano« und der Brite »Sulaco«. Beide gingen nach Einzelschüssen in die Tiefe.

Zehn Tage lang war dann nichts mehr vom Gegner zu sehen. Der Wetterdienst wurde weiter versehen.

Elf Tage darauf, am 31. Oktober, sichtete der Bootsmannsmaat der Wache die »Rutland« mit 1437 BRT. Das Schiff wurde durch Einzelschuß versenkt. Innerhalb von zwei Minuten ging es in die Tiefe. Einen Tag später folgte ihm die »Empire Bison« mit 5612 BRT. Versenkungsstandort war 59.30 Grad Nord/17.40 Grad West.

Mit einer Versenkungszahl von fünf Schiffen mit 20 061 BRT traf U 124 am 14. November 1940 wieder in Lorient ein.

Am 16. Dezember 1940 ging U 124 abermals in See. Oberleutnant Hardegen hatte ein eigenes Boot übernommen. I.W.O. wurde Oberleutnant z. See Mohr. Diese dritte Feindfahrt von U 124 zählt mit zu den beschwerlichsten des ganzen Kriegseinsatzes, und wenn auch nur ein einziges Schiff im westlichen Nordkanal versenkt werden konnte, so blieb doch die Leistung der Besatzung im Sturm in der tobenden See und den Schneeschauern dieses strengen Winters bewunderungswürdig. Rückblickend äußerte der Kommandant über diese dritte Feindfahrt mit U 124:

„Diese Fahrt stellte an jeden einzelnen Mann der Besatzung die höchsten Anforderungen. In beispielloser Zähigkeit stand jedes einzelne Besatzungsmitglied auf seiner Station; ich war stolz darauf, diesen Männern Kommandant und Freund sein zu können."

Die »Empire Thunder« sank am 6. Januar 1941 im westlichen Nordkanal. In verschiedenen Aufklärungshaken lief U 124 vier Wochen durch die grobe See. Das Weihnachtsfest wurde im getauchten Boot gefeiert. Der Kommandant hatte Kuchen backen lassen. Dann wurde der Treibstoff knapp und U 124 mußte den Rückmarsch antreten. Am 22. Januar 1941 traf das Boot wieder in Lorient ein.

Am 23. Februar 1941 zur vierten Feindfahrt auslaufend, sollte U 124 mit zwei anderen Booten im Operationsgebiet Freetown raken. Die beiden anderen Boote waren U 105 (Kapitänleutnant Schewe) und U 106 (Kapi-

Im Funkraum von U 124.

tänleutnant Oesten). Dies sollte die „ganz große" Feindfahrt werden; eine Feindfahrt, die zu erleben U 124 bisher noch nicht das Glück gehabt hatte. Vielmehr hatte sich U 124 jeden einzelnen Erfolg buchstäblich schwer erarbeiten müssen.

Mit mittlerer Marschfahrt trat das Boot die Reise an. Auch diesmal waren wieder zwei Männer mit dabei, die wenig später eigene Boote führen und mit ihnen aufsehenerregende Erfolge erzielen sollten. Einmal Oberleutnant z. See Johann Mohr, der schon während der harten Winterfahrt dabei war und als I.W.O. seinen Dienst versah; ferner als II.W.O. Oberleutnant z. See Werner Henke (siehe Kapitel Werner Henke).

Zum erstenmal hatte U 124 auch einen Arzt – „Himmelsabwehrkanone" genannt – an Bord, da es eine lange Fahrt werden sollte. Es war der fröhliche Schachpartner des Kommandanten, Bootsarzt Dr. med. Goder. An Bord war ferner eingestiegen der PK-Mann Hans Dietrich; einer der Männer, die immer wieder rausfuhren, um unmittelbar dabeizusein.

„Zehn Grad Steuerbord voraus Schatten!"

Der Bootsmannsmaat der Wache setzte das scharfe Zeiss-Nachtglas ab und wies in die Nacht hinein, die das Boot umhüllte.

„Das ist Gran Canaria, Herr Kaleunt!" Oberleutnant Henke deutete auf den Schatten.

„Prächtig, Henke, genau geschafft! In dieser Nacht laufen wir den Hafen von Las Palmas an und holen uns neuen Saft; wie befohlen. Lassen Sie auf 225 Grad gehen!"

Der Befehl des II.W.O. wurde ausgeführt. Der Rudergänger im Turm wiederholte und sah auf den auswandernden Kompaß. Dann stützte er.

„225 Grad liegen an!" meldete er nach oben.

Mit zehn Meilen Fahrt schob sich U 124 nun mit jeder Schraubenumdrehung näher an den Hafen Las Palmas heran.

„Hoffentlich klappt es mit der ungesehenen Ölversorgung, Herr Kaleunt."

„Klar, Henke! Ich kenne den Hafen wie meine eigene Tasche!"

Der Kommandant gab sich zuversichtlich, obgleich auch er von einigen Zweifeln geplagt wurde. Schließlich würden dort ja auch Wachen stehen.

„Was für ein Pott liegt denn in Las Palmas, Herr Kaleunt?" fragte der Bootsmannsmaat der Wache halblaut.

„Der deutsche Tanker »Germania«. Er ist bei Kriegsausbruch hier eingelaufen, um dem Gegner zu entgehen, und wurde interniert."

Sie kamen näher an den Hafen heran. Als sie die Sicherheitszone erreichten, ließ der Kommandant das Boot vorfluten und lief anschließend in den Hafen von Las Palmas ein.

Die Wachtposten auf den Molenköpfen sahen das Boot nicht, das nur noch mit dem Turm aus der See emporragte. Dann hatte U 124 das Hafenbecken erreicht. Das Boot lief genau auf den großen Tanker zu, der mitten im Hafenbecken lag. Es passierte ungesehen mehrere im Hafen liegende Schiffe.

„Da müßte man reinhalten können, Herr Kaleunt!"

„Schön wär's, Henke! Aber U 105 und U 106 wollen hier auch noch ölen; darum müssen wir ungesehen und ungehört reingehen und auch wieder auslaufen."

„Wenn das man gut geht!"

Es ging gut! Bis auf 300 Meter kam U 124 an den an Deck des Tankers aufgestellten Wachtposten heran, ehe das Boot gesichtet wurde. Immer spitz anlaufend, gelang dem Kommandanten dieses Kunststück, obgleich die Ankunft des Bootes durch den deutschen Marine-Attaché bekanntgegeben wurde, damit alles zur Ölübernahme vorbereitet war.

Das Boot legte sich bei der »Germania« längsseits, und die Arbeit der Proviant- und Ölübernahme begann. Während die eine Hälfte der Besatzung arbeitete, konnten die anderen Männer baden und einmal in aller Ruhe an der festlich gedeckten Tafel des Tankers essen, bis die anderen Hälfte an die Reihe kam.

Gegen 04.00 Uhr am 4. März verabschiedete sich Wilhelm Schulz von dem Tankerkapitän, der ihm noch ein gutgemeintes „Mast- und Schotbruch!" mit auf den Weg gab.

Ebenso ungesehen, wie es eingelaufen war, kam U 124 wieder in freies Wasser und setzte seinen Marsch fort. Es lief weiter nach Süden, in den

Bereich der westafrikanischen Küste. Generalkurs war Freetown, wo die ersten dorthin entsandten Boote ein gutes Angriffsgebiet vorgefunden hatten. Hier war im Frühjahr 1941 der Sammelpunkt für den von Südamerika und vom Kap der Guten Hoffnung nach England laufenden Verkehr.

Zur gleichen Zeit mit den drei U-Booten waren auch die Schlachtschiffe »Scharnhorst« und »Gneisenau« auf ihrer Atlantik-Unternehmung in dieses Gebiet vorgestoßen.

U 124 lief mit mittlerer Marschfahrt durch die See. Die Nacht war klar, und die Brückenausgucks suchten ihre Sektoren ab, um einen Gegner oder gar ein Geleit zu erwischen.

„Herr Kaleunt! Schatten rechts voraus!"

Jochen Mohr, eben zum Kapitänleutnant befördert, drehte sich in die vom Wachgänger angegebene Richtung, hob das Glas und blickte hindurch. Dann beugte er sich in den Turm hinein:

„Kommandant auf die Brücke!"

Eine Minute später stand Wilhelm Schulz auf dem Turm. In knappen Worten wies der I.W.O. den Kommandanten ein.

„Das sind zwei Kriegsschiffe, Kinder!"

„Menschenskind, das wäre ein Pfund. Angreifen, Herr Kaleunt! Mit Viererfächer. Die Schiffe sind 7000 Meter entfernt. Wir stehen in guter Schußposition."

Kapitänleutnant Schulz sah die wuchtigen Schatten der beiden Kriegsschiffe, die geringe Fahrt liefen, vielleicht sieben Knoten.

Mit den Dieseln auf 18 Seemeilen heraufgehend, versuchte Wilhelm Schulz, eine günstigere Position zu erreichen. Mit aller Gewalt mußte er seine Erregung unterdrücken. Wenn es ihm gelang, diese beiden Schiffe zu schnappen! Die Engländer sollten ja das Schlachtschiff »Malaya« im Geleitverkehr als Sicherung eingesetzt haben. Wenn dies die »Malaya« war?

Langsam holte das Boot auf. Die beiden Kriegsschiffe kamen deutlicher heraus. Kapitänleutnant Mohr räusperte sich.

„Das könnten die »Gneisenau« und die »Scharnhorst« sein, Herr Kaleunt!"

„Verdammt! Wenn es so wäre und wir hätten ihnen einen verpuhlt! Meine Güte!" Der Bootsmannsmaat der Wache wagte nicht, sich auszudenken, was dann passiert wäre.

„Brücke an Funkraum. Kurzspruch an BdU: 'Zwei schwere Einheiten, Quadrat XZ 12, Kurs Süd. Frage: Stehen eigene Streitkräfte im Operationsgebiet?'"

Immer spitz bleibend, gelang es U 124, bis auf 4000 Meter an das vorderste Schiff heranzukommen.

Im gleichen Augenblick, als der Antwortspruch des BdU eintraf: „Letzter Standort »Scharnhorst« und »Gneisenau« Quadrat XZ 10; mit eigenen

U 124, ein Boot des Typs IX B. Die Besatzung des Buggeschützes beim Geschütz-exerzieren.

Streitkräften rechnen!", stieß das vorn laufende Schiff – es stellte sich wenig später heraus, daß es die »Gneisenau« war – eine dicke Rauchfahne aus und lief mit hoher Fahrt, zirka 23 Seemeilen, weiter. Das folgende Schiff, die »Scharnhorst«, schor ins Kielwasser ein, und die beiden Kriegs-schiffe, inzwischen einwandfrei als die deutschen Schiffe erkannt, kamen schnell außer Sicht.

„Funkspruch vom BdU, Herr Kaleunt!"

Der Maat der Funkwache übergab dem Kommandanten von U 124 den FT-Spruch.

„Na endlich! Hören Sie zu, Henke! Unsere Schlachtschiffe haben den englischen Konvoi SL 67 aufgefaßt. Schlachtschiff »Malaya« mit dabei. Wir haben Befehl, gemeinsam mit U 105 anzugreifen."

„Wo stehen sie denn, Herr Kaleunt?"

„Ungefähr auf 20.30 Grad Nord/18.10 Grad West, Nordkurs."

„Aha! Höhe Kapverdische Inseln."

U 124 ging auf den neuen Generalkurs. Es war der 7. März 1941. Mit hoher Fahrt lief das Boot dem Geleit entgegen. Aber noch konnte es Stunden dauern, bis sie es erreichten. Schulz ging hinunter in die Offiziersmesse.

„Na, Herr Kaleunt, was Neues gehört?" empfing der Bordarzt den Kommandanten.

„Dickes Sierra-Leone-Geleit, schwer gesichert. Aber noch ist Zeit für eine gute Schachpartie."

Die beiden Männer begannen ihre Schachpartie zu spielen. Insgeheim mußte Dr. Goder den Kommandanten bewundern, der direkt in den Rachen des Löwen hineinlief und sich dabei noch genügend auf ein Spiel konzentrieren konnte.

Eine halbe Stunde später hörte Schulz den vom Zentralemaaten weitergegebenen Ruf:

„Kommandant auf die Brücke!"

Er schnellte in die Höhe.

„Lassen Sie alles so stehen, Doktor. Vielleicht komme ich schnell wieder!"

Mit oft geübtem Hürdenläuferschritt stieg er durch das Kugelschott in die Zentrale.

„Was liegt an?"

„Kriegsschiffsmasten, Herr Kaleunt!"

„Alarmtauchen! Auf Sehrohrtiefe gehen!"

U 124 ging binnen 45 Sekunden in den Keller und wurde vom L.I. auf Sehrohrtiefe eingependelt. Durch das Angriffssehrohr sah der Kommandant das Kriegsschiff. Noch war es zu weit entfernt und lief auch keinen für das Boot günstigen Kurs.

Mit AK der E-Maschinen versuchte sich Schulz vorzusetzen.

Wenig später wurde durch das Luftzielsehrohr ein Flugzeug gesichtet, das in Richtung auf das Kriegsschiff flog. Schon am Vortage hatten sie diese Maschine gesehen.

Drei Stunden lang manövrierte U 124, dann war es bis auf 3000 Meter herangekommen und hatte das Kriegsschiff im Fadenkreuz. Ein Viererfächer würde es in die Luft blasen. Aber Schulz hatte bereits die »Gneisenau« erkannt und nur einen Scheinangriff gefahren, ohne vom „Gegner" bemerkt worden zu sein.

„L.I. alles klar? Wir werden breit zur »Gneisenau« auftauchen, damit sie sofort sieht, daß wir keine Angriffsabsichten haben. Signalpistole für ES klarhalten!"

Auf gleichem Kurs zur »Gneisenau« durchbrach U 124 die Wasseroberfläche. Sofort stand der Kommandant auf der Brücke und schoß das ES.

Die »Gneisenau« wurde sofort mit Hartruderlage spitz und feuerte ebenfalls Erkennungssignal. Dann war klar, daß sie nichts von diesem U-Boot zu befürchten brauchte, und U 124 ging mit kleiner Fahrt bei dem Schlachtschiff längsseits. Wenig später erschien Admiral Lütjens auf der Brücke, und Wilhelm Schulz meldete.

„Sie haben seit gestern unsere Bordflugzeuge gesehen, Schulz?"

„Jawohl, Herr Admiral. Die Maschinen haben uns rangeführt. Wir sind nun schon zweimal in guter Schußposition gewesen."

„Ich kann einfach nicht glauben, daß Sie vorgestern so nahe dran waren!"

„Wir hatten einen Viererfächer klar in den Rohren; bis wir vom BdU den Funkspruch erhielten, daß es sich um eigene Einheiten handeln könnte."

„Ja, da sind wir abgebraust! Das MOK West hatte uns sofort gewarnt. Nun, Sie haben uns quasi das Leben gerettet, Schulz. Für Ihren Angriff auf das Geleit wünsche ich Ihnen Mast- und Schotbruch!"

„Danke, Herr Admiral!"

Da »Gneisenau« und »Scharnhorst« bald die Rückreise antreten würden, um die ebenfalls im Atlantik operierende »Admiral Scheer« nicht zu stören, wurde noch Post übergeben; dann setzte U 124 seinen Marsch fort und machte einen kurzen Winkspruch-Verkehr mit U 105 unter Kapitänleutnant Schewe, der ebenfalls mit Großer Fahrt auf das Geleit operierte.

„Da ist das Geleit, Herr Kaleunt!"

Oberleutnant Henke deutete in die Nacht voraus.

„Wie im Industrierevier. Tolle Rauchfahnen! Mindestens 30 Schiffe. In drei Kolonnen."

Schulz spürte, daß hier die große Chance auf ihn zukam, und daß er nun mit allen Mitteln angreifen mußte.

„Zehn Grad Backbord voraus Zerstörer!"

Zwischen der rechten und der mittleren Kolonne liefen zwei Zerstörer mit hohen Bugseen nach backbord heraus. Ein Ruderkommando ließ U 124 herumgehen. 700 Meter vor dem Boot passierte der zunächststehende Zerstörer, während der andere wieder nach Steuerbord drehte.

„Boot läßt sich ins Geleit einsickern!"

In diesem Augenblick tauchte ein gewaltiger Schatten an Steuerbord, noch hinter der Steuerbordkolonne, auf.

„Schlachtschiff, Herr Kaleunt!"

Diesmal bekamen sie die »Malaya« ins Fadenkreuz. Sofort drehte das Boot an und knüppelte mit AK weiter, um die Schußstellung zu kommen. Doch das Schlachtschiff zackte eine halbe Stunde nach der ersten Sichtmeldung scharf weg und trennte sich – überraschenderweise mit AK ablaufend – vom Geleit. Im Licht des abnehmenden Mondes sahen die Männer auf der Brücke diese große Chance schwinden.

„Wieder auf das Geleit eindrehen!"

U 124 schwang herum. Abermals tauchten Zerstörer auf. Doch da standen sie schon im Geleit, mitten zwischen der Steuerbord- und der mittleren Kolonne. Der Abstand der beiden Kolonnen zueinander betrug ungefähr 800 bis 900 Meter.

„Alle Rohre klar zum Überwasserschuß! Boot legt sich zwischen beide

Kolonnen und schießt Bug- und Heckrohre kurz nacheinander als Einzelschüsse!"

Wieder tauchte ein Zerstörer auf. Dann ein zweiter.

„Verdammt, die überkarren uns!"

In diesem Augenblick blies weit links außen, an der Backbordkolonne, eine Torpedodetonation in die Höhe. Der Druck der Explosion fegte über die Dampfer hinweg, und unmittelbar darauf schoß einer der in der Backbordkolonne laufenden, von U 105 getroffenen Dampfer Seenotraketen.

Die beiden Zerstörer liefen mit AK zu der Stelle hinüber, von der U 105 geschossen hatte. Und während dort die ersten Wabodetonationen durch die Nacht hallten, war U 124 – der Gegner ledig – in Schußposition gekommen.

Schulz hatte seine Ziele genau berechnet. Er gab die entsprechenden Befehle, und innerhalb von zwei Minuten verließen sechs Torpedos die Rohre und rauschten durch die See, den Dampfern des Konvois entgegen.

30 Sekunden nach dem ersten Schuß flammte eine himmelhohe Detonationssäule am ersten Schiff in die Höhe. Es war der britische Dampfer »Nardana« mit 7974 BRT. 20 Sekunden später stieg die wasserdurchmischte Feuersäule der zweiten Torpedodetonation in die Nacht empor; dann die dritte, vierte und fünfte.

Fünf Schiffe schrien nun gleichzeitig ihre Notrufe hinaus. Der sechste Torpedo hatte auch getroffen, war aber nicht detoniert.

Die Nacht wurde plötzlich von den Flammen der Brände erhellt. Leuchtgranaten und Seenotraketen stiegen dazwischen in den Himmel. Dampf entwich mit wütendem Blasen. Wuchtige Detonationen zerrissen die Stille der Nacht. Das Seegebiet um 20.51 Grad Nord/20.32 Grad West glich einem Inferno. Vier Schiffe standen im Todeskampf. Eines brach in der Mitte auseinander. Das andere spie einzeln seine Stahlteile aus, ein drittes kenterte. Zwei aber brannten binnen weniger Minuten lichterloh. Neben der »Nardana« waren es die »Hindpool«, die »Thielbank«, die »Lahore«. Ein fünftes Schiff war nach einem Treffer tief weggesackt. Es konnte jedoch eingeschleppt werden.

In dem Getöse der zurückjagenden und blindlings geworfenen Waboserien lief U 124 mit Hartruder vom Geleit ab. Im Bugraum luden die Männer eiligst die leergeschossenen Rohre nach.

Eine unbeschreibliche Begeisterung erfüllte jeden einzelnen im Boot. Dies war ihre Nacht. Dieser 8. März hatte auch ihnen den großen Erfolg gebracht. Ein Zerstörer folgte U 124 und warf einige Wabos. Sie detonierten weit vom Boot entfernt, das sich nach Steuerbord absetzte.

Die Männer auf dem Turm hatten die gegnerischen Seeleute noch vor wenigen Minuten auf den Frachtern an den Geschützen stehen sehen. Nun schwammen sie in der See oder gingen mit ihren Schiffen unter.

Das Boot bekam keine Fühlung mehr an diesem Geleit. Es trat den Weitermarsch in das Gebiet von Freetown an. Da es hier keinen Gegner fand und außerdem aus dem nach Süden marschierenden „Schiff 41", dem Hilfskreuzer »Kormoran«, Brennstoff übernehmen sollte, lief es nach Westen in die Weite des Atlantik zum Treffpunkt. Dort übernahm es am 18. März Öl und Vorräte.

Endlich konnten die Männer von U 124 wieder mit anderen Kameraden sprechen und ihre Erlebnisse austauschen.

Während dieser Zeit gelang es U 105 und U 106, den Konvoi SL 68 anzugreifen. U 106 torpedierte die »Malaya«, und beide Boote schossen zusammen acht Schiffe aus dem Geleit heraus.

U 124 ging nach der Beölung wieder in das Seegebiet von Freetown zurück. Auf diesem Rückmarsch traf sich das Boot befehlsmäßig mit der »Admiral Scheer«, die dringend Weißmetall und einige Reserveteile für das Funkgerät brauchte. Nach kurzem Halt und Übergabe der Reserveteile ging es weiter.

Im Raum Freetown versenkte U 124 am 30. März den britischen Dampfer »Umona«, genau 90 Seemeilen südwestlich Freetown. Am 4. April folgte die »Marlene«, drei Tage später die »Fortadoc«, und wieder einen Tag darauf, am 8. April, die »Tweed« mit 2697 BRT.

U 124 und U 95 in Lorient am 24. 2. 1942. Vorn U 94, dahinter U 124, zu erkennen am Edelweiß am Turm.

Als der Kommandant von U 124 aufgetaucht zur Untergangsstelle zurücklief und die beiden Rettungsboote der »Tweed« sichtete, ließ er sein Boot auf diese zuhalten.

Wilhelm Schulz sah, daß in einem kleinen Boot dicht bei dicht die Schiffbrüchigen hockten, so daß es ihm zweifelhaft erschien, daß sie das rettende Land jemals erreichen würden. Dann lief er das zweite Boot an. Es war bedeutend größer, war aber beim Zuwasserlassen gekentert. Auf dem Kiel hockten zehn Männer.

In dieser Situation zeigte sich wieder die Hilfsbereitschaft der in der seemännischen Tradition erzogenen deutschen Seeoffiziere.

Kurzentschlossen ließ der Kommandant die zehn Männer des gekenterten Rettungsbootes an Bord nehmen. Dann richteten die U-Boots-Fahrer das Boot auf, setzten die Männer wieder zum Ausschöpfen hinein und dirigierten es zu dem zweiten Boot, aus dem dann eine Reihe der Schiffbrüchigen umsteigen konnte. Dann bekamen beide Boote Lebensmittel und Wasser mit. Als das U-Boot Fahrt aufnahm, richtete sich ein junger Schiffsoffizier der »Tweed« auf.

„Ich werde es meiner Reederei melden, Captain!" schrie er zum U-Boot hinüber. „Ich werde melden, wie Sie für uns gesorgt haben!"

„We are all seamen!" rief Schulz dem Offizier nach. „Wir sind alle Seeleute!"

Howard „Dick" Baker hatte diese einmalige Rettungsleistung nicht vergessen. 1958 fand er den Kommandanten von U 124 nach langem Suchen. Wenig später konnten sich diese beiden Männer in Poole in Südengland die Hand schütteln. Ehemals Gegner, waren sie trotz des Krieges durch die gegenseitige Hochachtung und Wertschätzung zu Freunden geworden.

Am 11. April sank der griechische Dampfer »Aegeon«. Am 12. und 13. April wurden die Dampfer »St. Helena« und »Corinthic« versenkt.

Mit zwölf Versenkungswimpeln und damit einer Versenkungszahl von 57 626 BRT* am ausgefahrenen Sehrohr lief U 124 am 1. Mai 1941 nach 69 Seetagen in den Hafen Lorient ein, wo der BdU dem Kapitänleutnant Schulz das schon am 4. April verliehene Ritterkreuz anlegte.

Bei der Besprechung, einen Tag darauf, berichtete der Kommandant von U 124 dem BdU über diese Fahrt. Als er zu der Stelle gelangte, wo er Schewes Schuß auf einen Dampfer des SL 67 schilderte, der ihm dadurch die Zerstörer vom Leibe gehalten hatte, unterbrach der BdU ihn schmunzelnd:

„Da müßtest du ja Schewe einige Schiffe abgeben!"

Am 15. Juli 1941 lief U 124 zu seiner fünften Feindfahrt aus. Abermals sollte das Boot in den Südraum marschieren. Doch unterwegs wurde diese Operation durch den BdU abgebrochen. Gemeinsam mit den von Afrika

---

* Es waren elf Schiffe mit 52 379 BRT.

Ritterkreuzverleihung an Kptlt. Schulz durch Admiral Dönitz am 9. 3. 1941.

zurücklaufenden Booten U 109, U 123 und U 94 marschierte U 124 in den Raum westlich Gibraltar, weil dort großer Verkehr laufen sollte.

Alle Boote suchten wochenlang vergebens nach Schiffen. Dann wurden sie auf den von Gibraltar auslaufenden Konvoi HG 69 angesetzt. Nachdem einige Boote bereits durch Sicherungsstreitkräfte vom Geleit abgedrängt worden waren, lief U 124 am 13. August zum Angriff an, wurde in der kommenden Nacht jedoch ebenfalls abgedrängt. Am 25. August kehrte das Boot erfolglos nach Lorient zurück.

Anfang September übergab Wilhelm Schulz U 124 seinem Nachfolger, Kapitänleutnant Johann Mohr, der alle Fahrten auf dem Boot als II. und I.W.O. mitgemacht hatte und nun seine Chance erhalten sollte.

Nach einer Vortragsreihe übernahm Wilhelm Schulz in St. Nazaire die 6. U-Flottille „Hundius". Zwei Jahre und elf Tage war er Flottillenchef.

Am 1. März 1943 wurde er zum Korvettenkapitän befördert, und am 4. Oktober 1943 als Leiter der Erprobungsgruppe U-Boote und als A 1 zum Stabe des „Führers der Unterseeboote Ausbildung" kommandiert.

Noch am 22. April 1945 übernahm Korvettenkapitän Schulz die 25. U-Flottille in Travemünde und geriet bei Kriegsschluß in englische Gefangenschaft, aus der er am 15. Juli 1945 entlassen wurde.

Wilhelm Schulz

Letzter Dienstgrad: Korvettenkapitän
Kommandant von: U 10, U 64, U 124
Insgesamt 8 Feindfahrten mit 246 Seetagen
Ritterkreuz am 4. April 1941

Die Versenkungsliste von U 124

25.08.40	23.50	brD	»Stakesby« =	3.900	23 m Butt of Lewis
25.08.40	23.51	brD	»Harpalyce«	5.169	58.52 N/06.34 W
25.08.40	23.53	– – –	– ––	– – –	– – –
25.08.40	23.56	brD	»Firecrest«	5.394	58.52 N/06.34 W
16.10.40	03.50	caD	»Trevisa«	1.813	57.28 N/20.30 W
20.10.40	01.43	nwD	»Cubano«	5.810	57.55 N/25.–– W
20.10.40	02.29	brD	»Sullaco«	5.389	57.25 N/25.–– W
31.10.40	21.58	brD	»Rutland«	1.437	57.14 N/16.–– W
01.11.40	07.06	brD	»Empire Bison«	5.612	59.30 N/17.40 W
06.01.41	11.37	brD	»Empire Thunder«	5.965	59.14 N/12.4 W
08.03.41		brD	»Nardana«	7.974	20.51 N/20.32 W
08.03.41	05.50	– – –	– ––	– – –	– – – –
08.03.41	05.56	brD	»Hindpool«	4.897	20.51 N/20.32 W
08.03.41	06.00	brD	»Tielbank«	5.084	20.51 N/20.32 W
08.03.41	06.02	brD	»Lahore«	5.304	21.03 N/20.38 W
08.03.41	06.08	– – –	– – –	– – –	– – –
30.03.41	23.01	brD	»Umona«	3.767	90 m SW Freetown
04.04.41	23.02	brD	»Marlene«	6.507	08.15 N/14.19 W
07.04.41	17.30	brD	»Portadoc«	1.746	07.17 N/16.53 W
08.04.41	12.25	brD	»Tweed«	2.697	07.43 N/15.11 W
11.04.41	20.59	grD	»Aegeon«	5.285	06.55 N/15.38 W
12.04.41	05.09	brD	»St. Helena«	4.313	07.50 N/14.–– W
13.04.41	22.29	brD	»Corinthic«	4.823	08.10 N/14.40 W

Bestätigte Versenkungserfolge:
19 Schiffe mit 88 986 BRT versenkt, 1 Schiff mit 3900 BRT beschädigt.

Kapitänleutnant
Fritz Julius
Lemp

In der Nacht vom 3. zum 4. September 1939 lief der englische Passagierdampfer »Athenia« der Donaldson-Linie mit Westkurs durch die See. Er
fuhr abgeblendet mit Höchstfahrt. An Bord befanden sich 1428 Menschen;
Passagiere und Besatzung zusammengenommen.

Am Mittag des 3. September hatten die zwischen dem 16. und
19. August ausgelaufenen deutschen U-Boote den FT-Spruch des FdU
empfangen, der den auf Position stehenden Booten nach der erfolgten britischen Kriegserklärung befahl:

„Beginn der Feindseligkeiten mit England sofort!"

„Schatten zehn Grad Steuerbord voraus, Herr Kaleunt!"

Kapitänleutnant Fritz Julius Lemp, der vor einer halben Stunde auf den
Turm von U 30 gekommen war, hob sein lichtstarkes Nachtglas an die
Augen. Er sah den Schatten sofort. Riesengroß stand er im Glas.

„Läuft hohe Fahrt. Abgeblendet. Hm, sieht wie ein Truppentransporter
aus. Ich übernehme das Kommando!"

Ein Ruderbefehl ließ U 30 – ein Boot des Typs VII-A – herumgehen.
Mit beiden Dieseln AK laufend, gelang es U 30, sich vorzusetzen. Längst
war alles auf Gefechtsstationen befohlen. Die Rohre waren zum Viererfächer klargemacht.

Ein Blick auf die Uhr: 21.45 Uhr. Seit dem Befehl des BdU waren erst
neun Stunden vergangen, und schon stand ein riesiger Dampfer vor den

Rohren des Bootes! Der vermeintliche Truppentransporter kam schnell auf.

Die Mündungsklappen waren geöffnet, die vier Rohre bewässert.

„Viererfächer aus Rohr I, II, III und IV – llos!"

Drei Torpedos flitzten durch die See, einer war im Rohr steckengeblieben. Zwei waren Fehlschüsse, der vierte traf den Riesendampfer mittschiffs. Eine hohe Detonationsflamme schoß in den Abendhimmel empor, und wenig später brachte der Funkmaat von U 30 die aufgefangene SOS-Meldung auf die Brücke und übergab sie dem Kommandanten.

Als Kapitänleutnant Lemp die Meldung sah, erblaßte er. Hier stand es:

„»Athenia« torpedoed, 56.44 north, 14.05 west!"

Die im Erfolg freudig blitzenden braunen Augen des Kommandanten von U 30 trübten sich. Einige Sekunden starrte Lemp auf den Funkspruch. Er schien in sich zusammenzufallen. Dann straffte er sich und gab den Befehl zum Abdrehen.

Noch stundenlang hörten die Funker von U 30 die SOS-Rufe des Schiffes. Dann entzifferten sie, daß die britischen Zerstörer »Escort« und »Electra« zur Hilfeleistung zu dem auf der Position 56.44 Grad Nord/14.05 Grad West langsam sinkenden Passagierdampfer liefen.

Als dem Kommandanten diese Meldung gebracht wurde, atmete er auf. Eine halbe Stunde später meldete sich noch die Jacht »Southern Cross« und der norwegische Frachter »Knute Nelson«. Alle diese Schiffe liefen mit AK auf die Stelle zu, wo die »Athenia« mit der See kämpfte.

Insgesamt konnten 1300 Menschen des Passagierdampfers gerettet werden. 128 Menschen fanden den Tod in der See.

Am 4. September, um 10.40 Uhr, versank die »Athenia«. Noch einmal schien sich der Bug aus dem Meer herausheben zu wollen, dann schnitt der 13 581 BRT große Dampfer unter*.

Der U-Boots-Krieg hatte seine erste Sensation, die von der Gegenseite als brutaler, offensichtlicher Überfall auf ein Passagierschiff entgegen den Seekriegsgesetzen gedeutet wurde. Das deutsche Propagandaministerium dagegen verstieg sich zu der Behauptung, die Versenkung der »Athenia« sei von der Feindseite inszeniert worden, um eine Greuelhetze gegen Deutschland beginnen zu können.

Die Anfragen bei der U-Boots-Führung ergaben nichts, denn keiner der Kommandanten meldete eine Versenkung ähnlicher Art. Kapitänleutnant Lemp, der seinen Fehler erkannte, ordnete strengstes Stillschweigen an.

Am 29. September 1939 traf U 30 wieder in Wilhlemshaven ein. Kapitän z. See und Kommodore Dönitz war selbst zur Schleuse gekommen, um das einlaufende Boot willkommen zu heißen und die Besatzung zu begrüßen.

---

* Auf dieser Feindfahrt versenkte U 30 noch am 11. 9. die 4425 BRT große »Blairlogie« und am 14. 9. die 5200 BRT große »Fanad Head«.

U 30 lief ein und machte an der Pier fest. Die Männer traten an Deck an, und Kapitänleutnant Lemp kam auf die Pier, um dem FdU zu melden:

„Melde Herr Kommorode: U 30 von Feindfahrt zurück."

„Heil, Lemp! Wie war die erste Feindfahrt?"

Dönitz reichte dem etwas zur Fülle neigenden jungen Kommandanten die Hand. Lemps Gesicht wurde ernst. Dieser Ernst wollte so gar nicht zu dem äußeren Habitus des jungen Offiziers passen. Er legte die Rechte an die Mütze, und dann sprach er mit wenigen Worten das aus, was dem FdU einen förmlichen Schock versetzte:

„Ich habe Herrn Kommodore noch etwas zu melden. Ich habe die »Athenia« versenkt!"

„Was haben Sie, Lemp?"

Dönitz konnte einfach nicht fassen, was der Kommandant von U 30 da klar und eindeutig gesagt hatte.

„Ich habe die »Athenia« versenkt, Herr Kommodore! Ich hielt das Schiff für einen Hilfskreuzer oder Truppentransporter. Erst später sind mir Bedenken gekommen, ob es vielleicht doch ein anderes Schiff sei. Dann hörten wir die SOS-Meldungen und wußten Bescheid."

Der FdU, war versucht, kräftig zu fluchen. Er sah endlose Verwicklungen voraus, und außerdem ging es ihm schwer gegen den Strich, daß es doch so war, wie er insgeheim zuerst befürchtet hatte.

„Das ist ja eine schöne Bescherung!" brach es dann aus ihm heraus. „Da haben Sie uns eine prächtige Suppe eingebrockt, Lemp. Ich werde Sie vor ein Kriegsgericht stellen müssen."

„Ist mir klar, Herr Kommodore!"

„Gut! Ehe nichts anderes befohlen wird, halten Sie diese Sache streng geheim. Sagen Sie das auch Ihrer Besatzung!"

„Jawohl, Herr Kommodore!"

„Sachen macht ihr . . ."

Eine strenge Untersuchung setzte ein. Lemp wurde von Dönitz disziplinarisch bestraft, weil der FdU überzeugt war, daß der Kommandant die Situation vor dem Schuß nicht sorgfältig genug geprüft hatte. Ein Kriegsgericht trat nicht zusammen, weil sich durch intensive Befragung Lemps herausgestellt hatte, daß er trotz allem in gutem Glauben gehandelt hatte.

Die Staatsführung ordnete wegen der möglichen politischen Folgen die Geheimhaltung der Versenkung der »Athenia« an. Entsprechend wurde daraufhin vom OKM befohlen, daß in dem KTB von U 30, das an zahlreiche Stellen der Marine – wie alle KTBs – zur Auswertung ging, nichts von der Versenkung der »Athenia« enthalten sein durfte, was militärisch gesehen durchaus berechtigt war. Dem KTB von U 30 wurde also diese Seite entnommen und vernichtet*.

---

* Einmaliger Fall, dem kein weiterer folgte.

Nach einem weiteren Angriff brennt ein Tanker.

Später wurde die Versenkung der »Athenia« mit in die Nürnberger Anklageschrift gegen Großadmiral Dönitz aufgenommen.

Fritz Julius Lemp wurde am 21. Februar 1913 als Sohn eines Offiziers in Tsingtau geboren. Tsingtau war seinerzeit die Hauptstadt des deutschen Pachtgebietes Kiautschou an der Küste Chinas.

Am 1. April 1931 trat Lemp in die Reichsmarine ein und durchlief die üblichen Ausbildungsstufen. Schon 1935 kam er zur U-Boots-Waffe, die eben neu aufgestellt wurde. Nach der U-Boots-Ausbildung wurde er Wachoffizier auf einem der Schulboote, und im Jahre 1938 stellte er das neue Boot U 30 des Typs VII-A in Dienst, mit dem er am 19. August 1939 auslief.

Die zweite Feindfahrt führte U 30 zum Mineneinsatz vor die englische Westküste. Auf den von dem Boot gelegten Minen gingen nachweislich zwei britische Schiffe verloren. Auf dem Rückmarsch − U 30 war schon aus dem Nordkanal herausgekommen und stand nordwestlich der Hebriden − wurde in der Nacht zum 28. Dezember ein gewaltiger Schatten gesichtet. Oberleutnant z. See Gregor, der I.W.O., der die Wache ging, ließ den zum Funkraum gegangenen Kommandanten auf die Brücke rufen.

Vor den Torpedorohren von U 30 stand ein Schlachtschiff der »Elizabeth«-Klasse. Es war die »Barham« *.

Das Boot fuhr einen Angriff auf diesen Riesen, der über vierzigmal größer war als U 30. Der Viererfächer verließ die Rohre und lief durch die See auf den Gegner zu.

Als die »Barham« plötzlich mit der Fahrt herunterging, glaubten schon alle, daß die vier Torpedos vorbeigehen würden. Doch einer traf das Schlachtschiff achtern. Eine an die 200 Meter hohe Sprengsäule schoß an der Bordwand der »Barham« hoch. Das Schlachtschiff verlor schlagartig an Fahrt.

„Treffer!" berichtete Lemp ins Boot.

„Zerstörer von steuerbord voraus! Kommen in Lage Null!"

Mit Schnelltauchen ging U 30 in die Tiefe. Als das Boot auf 65 Meter stand, fielen die ersten Wasserbomben. Ein Manometerglas zersprang. Mit Hartruder ließ der Kommandant das Boot abdrehen. Abermals wurden Wabos geworfen. Dann trafen die Asdic-Peilstrahlen das Boot.

Sechs Stunden dauerte die Jagd, ehe es dem Kommandanten gelang, das Boot aus dem Gefahrenbereich herauszubringen. Die »Barham« aber sank nicht.

U 30 trat den Rückmarsch an. Es war dem Boot nicht vergönnt, den großen Triumph zu erleben, die »Barham« sinken zu sehen. Dies war von Tiesenhausen mit U 331 vorbehalten, der das Schlachtschiff – eben wieder im Mittelmeer eingesetzt – am 15. November 1941 dort versenkte.

Im Januar und Februar 1940 sanken auf den von U 30 gelegten Minen die britischen Schiffe »El Oso«, »Cairncross«, »Munster« und »Chargos«. Der Dampfer »Gracia« konnte schwer getroffen eingeschleppt werden. Damit war das Boot auf seiner zweiten Minenoperation erfolgreich. (Tonnage siehe Versenkungsliste).

Zu seiner sechsten Feindfahrt war U 30 (nach einer erfolglosen Jagd im April vor der Küste Norwegens) im Juni ausgelaufen. Das Boot hatte Jagdglück.

Am 20. 6. traf es die »Otterpol«. Zwei Tage darauf sank die »Randsfjord« und am 28. 6. folgte die »Llanarth« nach. Der 1. 7. sah den Untergang der »Beignon« und der »Clearton«. Am 6. 7. kam das Boot auf die »Sea Glory« zum Schuß, und als letzter Erfolg im Juli folgte noch die nur 712 BRT große »Ellaroy« nach. Mit zwei größeren Dampfern am 9. und 16. 7. krönte Lemp diese Feindfahrt, die insgesamt neun Schiffe mit 30 573 BRT erbrachte. U 30 erreichte am 14. August 1940 den Stützpunkt.

Konteradmiral Dönitz stand auf der Pier, als Kapitänleutnant Lemp das Ritterkreuz des Eisernen Kreuzes verliehen wurde. Seine Minenunterneh-

---

* Unmittelbar vor der Sichtung der »Barham« hatte das Boot den britischen Hilfs-U-Boot-jäger »Barbara Robertson« mit 375 BRT durch Artillerie versenkt.

men und diese sechste Feindfahrt hatten den Kommandanten in die Reihe der Asse aufsteigen lassen. Als neunter U-Boots-Kommandant erhielt er das Ritterkreuz.

Der BdU, der Lemp am Tage der Ritterkreuz-Verleihung ein neues Boot versprochen hatte, hielt Wort. Am 21. November 1940 stellte Kapitänleutnant Lemp bei der Deschimag in Bremen U 110 in Dienst. Es war eines der neuen Boote des Typs IX B für ozeanische Verwendung, von denen bis Kriegsende nur 14 Boote gebaut wurden.

Auf besonderes Drängen seiner Kameraden, die schon mit ihm auf U 30 gefahren waren, nahm Lemp auch seine Offiziere mit auf das neue Boot. Oberleutnant z. See Greger blieb I.W.O., allerdings machte Greger nur eine Fahrt mit U 100, dann bekam er mit U 85 ein eigenes Boot*.

U 100 ging noch im November 1940 nach Pillau zur Erprobung. Mängel an den Maschinenanlagen verzögerten den endgültigen Auslauftermin immer wieder. Einmal waren es die Dieselmaschinen, dann wieder die E-Maschinen. Ende Februar 1941 konnte Lemp sein neues Boot einsatzbereit melden. Der L.I., Oberleutnant (Ing.) Hans Joachim Eichelborn, hatte das Boot nun gut in der Hand. Leutnant z. See Ulrich Wehrhöfer wurde II.W.O.. Neben den vier Offizieren zählten noch 15 Unteroffiziere und 27 Mann zur Besatzung.

Am 9. März 1941 lief U 110 zu seiner ersten Feindfahrt aus. Am 14. März meldete der Kommandant den schnellen Kanada-Konvoi HX 112. Der BdU setzte sofort alle in der Nähe stehenden Boote auf diesen Konvoi an. U 100 (Schepke) und U 99 (Kretschmer) stießen in Richtung der Fühlunghaltermeldung auf das Geleit vor. Am nächsten Tage, dem 15. März, gelang es U 110, trotz schärfster Bewachung zum Schuß zu kommen. Der Zweierfächer des Bootes traf den in der Steuerbordkolonne fahrenden Tanker »Erodona«, 6 207 BRT. Gleich einer riesigen Fackel lag das brennende Schiff in der Nacht zum 16. März auf der See und erhellte die Umgebung des Geleits.

U 110 gelang es nicht mehr, zu einem zweiten Angriff heranzudrehen. Die beiden Zerstörer »Volunteer« und »Vanoc« der berühmten „Killer Group" von Commander McIntyre drehten mit Hartruder auf die Stelle zu, an der U 110 mit Schnelltauchen in die Tiefe ging. Eine stundenlange Wabojagd begann. Mehr als einmal mußte Lemp erkennen, daß er es hier mit ausgezeichneten und erfahrenen U-Boots-Jägern zu tun hatte.

Durch ständige Ruderkommandos, durch Schleichfahrt und dann wieder AK brachte der Kommandant sein Boot immer wieder aus der unmittelbaren Gefahrenzone heraus. Die zum Teil junge Besatzung erkannte hier, daß ihr „Alter" einer der gewieftesten Kommandanten war, dem sie blind ver-

---

* U 85 wurde als erstes deutsches Boot im amerikanischen Operationsraum bei Kap Hatteras nach Torpedoangriff auf den amerikanischen Zerstörer »Roper« durch dessen Artillerie vernichtet. 29 Tote konnten geborgen und beigesetzt werden.

trauen konnten. Wenn einer sie hier herausbringen konnte, dann war er es.

Lemp schaffte es. Die beiden Zerstörer, die insgesamt 48 Wabos geworfen hatten, wurden abgehängt. U 110 tauchte auf und versuchte, erneut Anschluß zu gewinnen. Doch das Boot kam nicht mehr an den HX 112 heran.

Die beiden anderen Boote jedoch – U 99 und U 100 – schlossen heran. Und was der »Vanoc« bei U 110 nicht gelungen war, das gelang ihr bei U 100. Zusammen mit dem britischen Zerstörer »Walker« zwang sie U 100 in den frühen Morgenstunden des 17. März südöstlich von Island zum Auftauchen und rammte das Boot schwer, so daß es sank und den gefallenen Kommandanten mit in die Tiefe nahm.

20 Minuten später erfüllte sich auch das Schicksal von U 99, das durch die »Walker« zum Auftauchen gezwungen wurde und sich selbst durch Sprengpatronen versenkte.

In den nächsten Tagen versuchte U 110, Fühlung an einem anderen Geleit zu bekommen; aber vergebens. Als am 23. März ein norwegischer Einzelfahrer in Sicht kam, beschloß Kapitänleutnant Lemp, ihn mit Artillerie zu versenken, da er ihm für einen Torpedoschuß zu klein war.

Beim ersten Schuß aus der 10,5cm-Kanone gab es einen Rohrkrepierer. Der Mündungsschoner war nicht abgenommen worden. Drei Männer der Geschützbedienung wurden verwundet. Das Angriffssehrohr wurde derart beschädigt, daß es nicht mehr benutzt werden konnte. U 110 mußte den Rückmarsch antreten und erreichte am 29. März 1941 den Stützpunkt Lorient.

Oberleutnant z. See Greger verließ hier das Boot, und Oberleutnant z. See Dietrich Loewe übernahm dessen Stelle als I.W.O.

In den frühen Morgenstunden des 15. April 1941 ging die Besatzung von U 110 wieder an Bord. Das Boot war am Tage vorher dem Flottillenchef, Korvettenkapitän Schütze, klargemeldet worden. Mit der 46 Mann starken Besatzung stieg auch der PK-Mann Helmut Ecke ein, um einige Aufnahmen von dieser Feindfahrt zu machen, die abermals in den Nordatlantik, dem Schauplatz der großen Rudelschlachten und Konvoikämpfe, gehen sollte.

Fünf Tage darauf stand U 110 westlich Irland im Operationsgebiet. Erst am Abend des 26. April wurde ein Einzelfahrer gesichtet. Der Zweierfächer ließ die »Andrée Moyrand« innerhalb einer Minute auseinanderbrechen und sinken.

Weiter nach Westen vorstoßend, mußte U 110 am 8. Mai 1941 vor einem Sunderland-Flugboot in den „Keller" gehen. Als das Boot am Nachmittag wieder auftauchte, sichtete es eine Anzahl von Rauchfahnen und lief darauf zu. Schiffe kamen in Sicht. Es war der Konvoi OB 318.

Der Zerstörer »Bulldog« beschädigte U 94 und nahm Lemps kampfunfähiges Boot U 110 auf den Haken. Auf sein Konto kam auch U 719.

„Brücke an Funkraum! FT-Spruch an BdU: ‘Geleit gesichtet im Quadrat AK 18/45. Gebe Fühlunghaltermeldung’.“

Wenig später traf die Antwort der Funkstelle des BdU ein:

„Geleit wenn möglich angreifen. Auf jeden Fall Fühlung halten!“

U 110 drehte auf den Kurs des OB 318 ein.

Der Konvoi OB 318 war am 5. Mai aus dem Minch-Kanal in den Nordatlantik gelaufen. Er wurde ab 8. Mai eskortiert von der 3. Geleitgruppe unter Commander Baker-Cresswell, die aus drei Zerstörern, sechs Korvetten und drei Fischdampfern bestand. Commander Baker-Cresswell befand sich auf dem Zerstörer »Bulldog«.

Schon am 7. Mai hatte U 94 unter Kapitänleutnant Kuppisch das auslaufende Geleit angegriffen und die »Ixion« sowie die »Eastern Star« herausgeschossen. Mit der »Ixion« gingen 900 Postsäcke unter; darunter auch Diplomatenpost.

Englischen Funkstationen gelang es, die Fühlunghaltermeldung von

U 110 vom 8. Mai abzuhören. Noch am gleichen Tage, um 19.07 Uhr, warnte die britische Admiralität den Konvoi OB 318, daß noch immer U-Boote Fühlung hielten.

Um diesen Fühlunghaltern zu entgehen, ließ Kommodore Mackenzie den noch aus 38 Schiffen und der Geleitgruppe bestehenden Konvoi einen Zack um 30 Grad nach Backbord einlegen.

Aber U 110 ließ sich nicht abschütteln. Kapitänleutnant Lemp hielt Fühlung und meldete. Er beschloß jedoch, noch nicht anzugreifen, weil die Nacht vollkommen mondhell war und ein Überwasser-Nachtangriff deshalb zu gefährlich erschien.

Am 9. Mai ließ er um 04.16 Uhr abermals Standort, Kurs und Geschwindigkeit des Konvois an den BdU funken, und der »Große Löwe« setzte zwei weitere Boote – U 556 unter Kapitänleutnant Wohlfahrth und U 96 unter Kapitänleutnant Lehmann-Willenbrock – an, nachdem schon am Vortage Oberleutnant z. See Schnee mit U 201 Befehl erhalten hatte, auf den OB 318 zu operieren.

„U-Boot voraus, Herr Kaleunt!"

Oberleutnant Loewe deutete nach vorn, wo eben der Turm eines U-Bootes auftauchte.

„Das ist Schnee, der sich schon über Funk gemdeldet hat. In Rufweite gehen, Loewe."

Wenig später glitten die beiden Grauen Wölfe dicht nebeneinander mit kleinster Fahrstufe durch die See.

Addi Schnee blickte zum Turm von U 110 hinüber. Er sah, wie Lemp die Flüstertüte hob:

„Ich greife zuerst an, und zwar von Nordwesten. Ziehe die Bewacher heraus, und Sie greifen eine halbe Stunde später an, Addi!"

„Ob 'Päckchen' schon dran ist?*

„Er ist bestimmt schon in der Nähe; steht wahrscheinlich ostwärts hinter dem Geleit. Ich glaube, daß auch der 'Recke'** schon dicht am Geleit steht. Möglich, daß sie beide die Verwirrung ausnützen und ebenfalls rangehen; das würde unser Absetzen von den Zerstörern erleichtern!"

„Wann greifen wir an?"

„Wir greifen sofort an. Schätze, daß es gegen 12.00 Uhr soweit sein wird. Jetzt haben wir 08.34 Uhr. Sie kommen dann gegen 12.30 Uhr, Addi. – Machen Sie's gut und legen Sie um!"

Adalbert Schnee winkte noch einmal zu U 110 hinüber, das schon mit der Fahrt heraufgegangen war und auf den Kurs des Geleites einschor. Noch wußten die Männer auf dem Turm von U 201 nicht, daß sie zum letztenmal mit Kapitänleutnant Lemp gesprochen hatten.

---

* „Päckchen" nannten die Kameraden den Kapitänleutnant Wohlfahrth.
** Gemeint war Kapitänleutnant Lehmann-Willenbrock

„Auf Gefechtsstationen!"

Der Ruf des Kommandanten alarmierte die Besatzung von U 110.

„Sollten wir nicht den Angriff um ein paar Stunden vorschieben, Herr Kaleunt?"

„Ach was, Loewe! Wir greifen jetzt an. Es ist doch fraglich, daß die Geleit-Group den Konvoi bald verläßt. Wir dürfen uns nicht zu weit nach Westen rausziehen lassen."

„Dreißig Grad Steuerbord voraus Rauchfahnen!"

„Da haben wir ihn!"

Lemp sah auf seine Uhr. Sie zeigte 10.37 Uhr.

„Auf Tauchstationen!"

Die Kommandos fielen knapp, und innerhalb einer halben Minute war U 110 von der Waseroberfläche verschwunden. Die Schraubengeräusche des mit zwei Kolonnen in Viererreihen fahrenden Konvois wurden mit jeder Minute stärker. Sparsam ließ Kapitänleutnant Lemp, im Sattelsitz des Sehrohres im Turm sitzend, den Spargel ausfahren.

„Torpedowaffe Achtung! Rohr I bis IV klar?"

Die Mündungsklappen wurden aufgedreht, die Rohre bewässert. Dann meldete der Torpedomaat die Rohre klar.

Lemp gab die Schußweite durch und korrigierte sie laufend. Die einzelnen Torpedos wurden eingestellt.

„Zerstörer legt sich vor das Geleit!"

Lemp sah, wie einer der Zerstörer von der Steuerbordseite her aufdampfte. Doch schon liefen die vier hintereinanderlaufenden Schiffe der Steuerbordkolonne ins Fadenkreuz. Der Torpedorechner spie die Schußunterlagen aus. „Hartlage, Hartlage!"

Der Kommandant wartete noch einige Sekunden. 11.58 Uhr zeigte die Uhr, als er den Befehl gab:

„Viererfächer − − lllos!"

In Intervallen von drei Sekunden verließen die Torpedos die Rohre. U 110 stieg vorn an, doch da rauschte schon das Wasser in die Ausgleichstanks, und Oberleutnant (Ing.) Eichelborn, der L.I., pendelte U 110 wieder auf Sehrohrtiefe ein.

„Drei Torpedos sind los! Vierter Versager an Abfeuervorrichtung!"

„Mist! Der vierte war auf einen Tanker von mindestens 12 000 Tonnen gezielt!"

Ja, drei Torpedos liefen auf den Gegner zu. Kapitänleutnant Lemp wischte sich über die Stirn.

„Wir sollten jetzt runtergehen, Herr Kaleunt. Der Zerstörer!"

„Diesmal will ich das Schußergebnis beobachten, Wehrhöfer!"

Der Kommandant sah seinen II.W.O. prüfend an. Blaß sah er aus, der Wehrhöfer. Nach einer schweren Krankheit hatte sich Ulrich − wie sie Wehrhöfer einfach nannten − erst gestern wieder zum Dienst gemeldet.

Eine wuchtige Detonation ließ das getaucht fahrende Boot zur Seite rukken, und wenig später brandeten die Druckwellen einer zweiten Detonation gegen das Boot.

„Treffer! Zwei Dampfer getroffen! Sehrohr aus!"

Das Sehrohr wurde ausgefahren, und der Kommantant sah, daß das vorderste Schiff der Steuerbordkolonne mit starker Schlagseite brennend liegenblieb, und daß ein daneben weiter nach backbord herausgesetztes Schiff ebenfalls zu brennen begann.

Es waren die beiden britischen Dampfer »Esmond« und »Bengore Head« mit insgesamt 7585 BRT.

„Ein!" Das Sehrohr schnurrte leise zurück.

„Aus!" befahl Lemp wenig später.

Das Sehrohr surrte hoch, und als erstes sah Lemp, daß der an der Steuerbordseite fahrende Zerstörer mit einer hochauf gischtenden Bugsee auf sie zugelaufen kam. Dann begann mit einem Schlage das Pinken der Ortung.

„Auf 120 Meter gehen! Beide AK! Hart Steuerbord!"

Das Hummeln der E-Maschinen wurde lauter, steil kippte U 110 an, als der L.I. zehn Mann in den Bugraum befahl, um die Vorlastigkeit des Bootes zu erhöhen.

Mit Hartruder drehte U 110 an. Das Rasseln der sich rasend schnell nähernden Zerstörerschrauben schwoll zu wildem Gedröhn an. Dann fiel ein erster Waboteppich. Hart detonierten die Wabos mit mittlerer Tiefeneinstellung an Backbord von U 110.

Nur ein sofortiges Ruderkommando des Kommandanten ließ das Boot entkommen. Noch immer stieß das Boot tiefer hinunter. Es lag bei 40 Meter, als der Zerstörer, der nachgedreht hatte, über das Boot hinweglief.

Wenn er jetzt nur nicht wirft! ging es dem Kommandanten durch den Kopf. Die Sekunden, die die Wabos brauchen würden, um auf die eingestellte Tiefe zu sinken, vergingen wie eine Ewigkeit. Hatte der Zerstörer nun geworfen, oder . . .

Da brach die die Hölle über U 110 herein. Wabos detonierten links und rechts und auch über dem Boot.

U 110 legte sich schwer über. Männer wurden gegen Geräte und Rohrleitungen geschleudert. Mit letzter Kraft hielt sich der in die Zentrale gegangene Kommandant fest. Leutnant Wehrhöfer wurde hart gegen ihn geschleudert. Dann trafen die Schadensmeldungen ein.

„Tiefenruder ausgefallen!"

„E-Maschinen ausgefallen!"

„Batterien gasen!"

„Öleinbruch in Bugraum!"

Schäden, Schäden, Schäden!

Und steil fiel U 110 immer weiter in die Tiefe. Die Männer aus dem Bugraum rasten zurück.

„Boot sackt durch!"

Mit einem Blick erkannte der Kommandant, daß sich der Zeiger des Tiefenmanometers schon auf 95 Meter gedreht hatte. Und mitten in die ausbrechende Verwirrung hinein zischte plötzlich die Preßluft aus dem zu Bruch gegangenen Verteilerstutzen.

„Das Boot ist nicht mehr zu halten, Herr Kaleunt!"

Lemp hatte in dieser Sekunde nur noch eine einzige Chance, seine Besatzung zu retten. Er mußte versuchen, das Boot mit allen Mitteln nach oben zu bringen. Dann mußten sie aussteigen. Das Boot selbst würde wieder wegsacken und verschwinden.

„Preßluft auf alle Tanks!"

Niemand wußte hinterher, wie es zugegangen war. U 110 hob sich wirklich noch einmal; es blieb erst zögernd stehen, dann stieß es plötzlich nach oben, und als es durchbrach, gab Lemp den Befehl:

„Alle Mann aus dem Boot!"

Die ersten Männer schwangen sich durch das Luk auf den Turm; die im Turm wartenden U-Boot-Fahrer hörten das Belfern und Hämmern der Zerstörerwaffen. Um sie die einhauenden Geschosse.

Der Kriegsberichter Ecke schwang sich durch das Luk. Geschosse peitschten über seinen Kopf hinweg. Er hob sich über die Brückenreling und sprang in die See.

Als alle Männer von Bord waren, schwang Lemp sich auf die Brücke. Er sah unmittelbar vor sich einen Zerstörer, und dann kam noch einer mit höchster Fahrtstufe heran und rammte das Boot leicht.

Fritz-Julius Lemp
erhält das RK und
berichtet dem BdU.

In diesem Augenblick sprang Kapitänleutnant Lemp aus dem Boot. Er schlug auf dem Wasser auf, tauchte kurz unter, kam dann wieder hoch und schwamm auf den Pulk der sich im Wasser dicht beieinander haltenden Männer zu.

„Loewe, wo ist Wehrhöfer!" schrie Lemp, als er seinen II.W.O. nicht sah.

„Nicht gesehen, Herr Kaleunt!"

Oberleutnant Loewe sah, wie sein Kommandant weiterschwamm. Auch der Leitende Ingenieur wurde noch einmal von Kapitänleutnant Lemp nach dem II.W.O. gefragt, dem – da er eben von der Krankheit genesen war – die besondere Fürsorge des Kommandanten galt.

Fritz Julius Lemp wurde nicht mehr gesehen. Er ertrank irgendwo in der Nähe seiner Retter, weil er sich nicht bei dem Pulk der anderen hielt, sondern weitersuchte, um den jungen Leutnant zu retten.

Captain S. W. Roskill schrieb in seinem Werk „The Secret Capture" in einem einzigen Satz nieder, was die Persönlichkeit dieses Kommandanten ausmachte:

„Bis zum letzten Atemzug hörte Kapitänleutnant Lemp nicht auf, für seine Besatzung zu sorgen."

Wie war nun die Vernichtung von U 110 vor sich gegangen? Wer waren die Männer, die dieses Boot zur Strecke brachten? Auch hier sei Captain Roskill das Wort gegeben:

„Kapitänleutnant Smith, Kommandant der Korvette »Aubrietia«, faßte die drei von U 110 geschossenen Torpedos in seinem Asdic-Gerät auf und drehte sofort nach steuerbord ab. Um 12.03 Uhr wurde von der Brücke seiner Korvette das Sehrohr eines U-Bootes gesichtet. Smith ließ einen Zehnerfächer werfen. Einstellung 30 bis 70 Meter.

Wenig später fasste Obermatrose W. S. Rutledge das U-Boot in seinem Adic-Gerät auf, und Kapitänleutnant Smith stellte fest, daß das U-Boot auf die beiden torpedierten Schiffe zulief. Selbst drehend, erreichte die »Aubrietia«, von achtern aufdampfend, das Boot um 12.23 Uhr. Smith warf abermals einen Zehnerfächer mit 50 bis 100 Meter Einstelltiefe und ließ dann die »Aubrietia« zur Bergung der Schiffbrüchigen der »Esmond« abdrehen. Er glaubte nicht, daß er das U-Boot getroffen hatte. Doch als die Wassersäulen der Detonationen zusammenfielen, durchbrach U 110 die Wasseroberfläche.

Die beiden Zerstörer »Bulldog« und »Broadway«, die ebenfalls auf die Stelle zugelaufen waren, wo sie das U-Boot vermuteten, sahen den langen schlanken Bootskörper auftauchen. Commander Baker-Cresswell auf »Bulldog« drehte sofort vom Rammkurs ab, den er lief. Das 7,62-cm-Flakgeschütz begann zu feuern, weil die Bedienungsmannschaft glaubte, die U-Boots-Besatzung wolle ihr Buggeschütz klarmachen.

Mit dem Kommando 'Beide äußerste Kraft zurück!' gelang es Baker-Cresswell, die »Bulldog« 100 Meter vor dem U-Boot zum Stehen zu bringen, von dem die Besatzung nun von Bord ging. Als Commander Baker-Cresswell sah, daß die »Broadway« mit AK auf das Boot anlief, um es zu rammen, rief er durch das Megaphon: 'Nicht rammen!'

Doch die »Broadway« rammte das Boot leicht. Das vordere Tiefenruder von U 110 riß dem Zerstörer an Backbord vorn ein tiefes Loch und schlug ihm dann noch die Backbordschraube ab. So beschädigte das schon geschlagene Boot noch unabsichtlich einen Feindzerstörer schwer.

Immer noch feuerten die Geschütze der beiden Zerstörer auf das Boot. Kapitän McCafferty, der Kommandant der sinkenden »Esmond«, der schon aufgefischt worden war, rief aus:

'Mein Gott, die Schlacht bei Trafalgar muß ja im Vergleich hierzu die reinste Schneeballschlacht gewesen sein!'

34 Männer von U 110 wurden gerettet, von der »Aubrietia« übernommen und sofort unter Deck gebracht. Unter ihnen waren der L.I., der I.W.O. und der Kriegsberichter. Der Kommandant und der II.W.O. blieben in der See. U 110 mußte am folgenden Tage versenkt werden, weil schweres Wetter sein Einbringen verhinderte.«

An Bord von U 110 wurde noch das Ritterkreuz von Kapitänleutnant Lemp gefunden*. In einer ritterlichen Geste gab Captain Baker-Cresswell die hohe Auszeichnung im Jahre 1958 an die Schwester des gefallenen Kommandanten zurück.

---

* Die Engländer machten an Bord von U 110 noch eine äußerst wichtige Entdeckung, die für den weiteren Verlauf des U-Boot-Krieges von entscheidender Bedeutung war: Sie bargen eine Enigma-Schlüsselmaschine und ein Kurzsignalbuch, mit deren Hilfe der große Einbruch in den deutschen Marinefunkschlüssel gelang. Dies ermöglichte ihnen, von da an die Kurzsignale der U-Boote, die der Übermittlung von Sichtmeldungen dienten, mitzulesen. So konnten sie die Geleitzüge um die Wolfsrudel herumleiten und gleichzeitig den Standort der U-Boote feststellen.

Fritz-Julius Lemp
Letzter Dienstgrad: Kapitänleutnant
Kommandant von: U 30 und U 110
8 Feindfahrten mit 196 Seetagen
Ritterkreuz am 14. August 1940
Gefallen am 9. Mai 1941

Versenkungsliste von U 30 und U 110 unter Kapitänleutnant Lemp

03.09.39	21.42	brD	»Athenia«	13.581	56.44 N/14.05 W
11.09.39	04.24	brD	»Blairlogie«	4.425	54.28 N/15.14 W
14.09.39	13.23	brD	»Fanad Head«	5.200	56.43 N/15.21 W
28.12.39	04.00	BrAPC	»Barbara Robertson«	325	35 m NW Butt of Lewis
28.12.39	15.45	BrBB	»Barham«*	31.100	58.57 N/08.05 W
09.01.40	Mine	brDT	»El Oso«	7.267	vor Liverpool
09.01.40	Mine	brD	»Gracia«*	5.642	vor Liverpool
09.01.40	Mine	brD	»Cairncross«	5.494	vor Liverpool
09.01.40	Mine	brM	»Munster«	4.305	vor Liverpool
09.01.40	Mine	brD	»Chagres«	5.406	vor Liverpool
20.06.40	21.40	brD	»Otterpool«	4.876	48.45 N/08.13 W
22.06.40	22.40	nwM	»Randsfjord«	3.999	70 m SSE Queenstown
28.06.40	02.02	brD	»Llanarth«	5.053	47.30 N/10.30 W
01.07.40	00.23	brD	»Beignon«	5.218	47.20 N/10.30 W
01.07.40	04.00	brD	»Clearton«	5.219	47.53 N/09.30 W
06.07.40	08.31	brD	»Sea Glory«	1.964	Nordatlantik
21.07.40	22.39	brD	»Ellaroy«	712	42.30 N/12.36 W
09.08.40	20.32	swM	»Canton«	5.779	Tory Island
16.08.40	19.32	brD	»Clan Macphee«	6.628	57.30 N/17.14 W
16.03.41	00.18	– – –	Dampfer	– – –	torpediert
16.03.41	00.22	brMT	»Erodona«*	6.207	61.20 N/17.00 W
16.03.41	06.32	– – –	Tanker	– – –	torpediert
23.03.41	04.27	nwD	»Siremalm«*	2.468	60.35 N/28.25 W
26.0441	– – –	frD	»Andre Moyrant«	2.471	– – –/– – –
09.05.41	11.58	brD	»Esmond«	4.976	60.45 N/33.02 W
09.05.41	11.58	brD	»Bengore Head«	2.609	60.45 N/33.02 W

Gesamterfolge
16 Schiffe mit 75.435 BRT versenkt
4 Schiffe mit 39.775 BRT torpediert
5 Schiffe mit 28.114 BRT Minentreffer

* »Barham«, »Gracia«, »Erodona« und »Siremalm« sind nicht gesunken.

Korvettenkapitän
Jost Metzler

Als Jost Metzler am 1. Oktober 1933 in die Kriegsmarine eintrat, hatte er längst die Schule des Seemannes von Anfang an durchlaufen und das Kapitänspatent in der Tasche.

Er kannte alle Küsten des Atlantiks, vom Ausgang des Kanals bis Kap Hoorn. Auf vollgetakelten Segelschiffen hatte er das Kap der Guten Hoffnung umrundet und den Pazifik durchkreuzt. Jeden Hafen an der westafrikanischen Küste kannte er wie seine Westentasche, unter dem Kreuz des Südens und unter der Mitternachtssonne war er ebenso zu Hause wie in der unbarmherzigen Glut des Äquators und in der frostklirrenden Einsamkeit der Sibirischen See.

Am 26. Februar 1909 in Altshausen im Kreis Ravensburg geboren, trat Jost Metzler nach dem Besuch der Volks- und Oberschule in Ravensburg im August 1925 in die Handelsmarine ein. Als Schiffsjunge machte er seine erste Reise auf dem Schulschiff »Oldenburg«. Kein anderer als Günther Prien nahm ihn zuerst unter die Fuchtel. Wenn auch das Verhältnis der beiden zueinander zuerst etwas gespannt war, später erkannten sie einander als Männer, die sich der gleichen Sache verschworen hatten, und fuhren jahrelang zusammen in einer Crew.

Als Metzler als IV. Offizier auf der »Wagonie« einstieg, hatte er die erste Stufe zum Kapitän auf Großer Fahrt erreicht. Der große, stämmige Württemberger, dessen dunkle Augen lustig zu funkeln verstanden, zeigte hier, daß er trotz seines gemütlichen schwäbischen Einschlages ein Kerl war, der unnachsichtig durchzugreifen verstand, wenn es um die Disziplin ging.

Anschließend wurde Metzler Offizier bei der Ostafrika-Linie. Hier fand er auch seinen Freund, den damaligen IV. Offizier Bade, den er sich später als II.W.O. auf sein U-Boot holte, weil er seine Fähigkeiten kannte.

Als Leutnant z. See tat Metzler dann Dienst als Wachoffizier auf Torpedobooten und Minenbooten. Zum Oberleutnant z. See befördert, wurde er Adjutant auf dem Aviso »Grille«, dem Paradeschiff der Kriegsmarine, auf dem ein Besucher nach dem anderen erschien. Allen Größen der damaligen Zeit konnte der junge Oberleutnant hier begegnen.

Bei Kriegsausbruch wurde die »Grille« als Minenträger eingesetzt und legte in der Nordsee die ersten Minensperren. Als Prisenoffizier erwarb Metzler dann erste Erfahrungen im Handelskrieg nach Prisenordnung. Beim Kaperkrieg in der Ostsee brachte er manche gute Prise ein.

Die ersten Einsätze deutscher U-Boote ließen den jungen, eben zum Kapitänleutnant beförderten Offizier aufhorchen. Da war eine Waffe, zu der er sich hingezogen fühlte. Er meldete sich zu den U-Booten.

Als Kommandantenschüler durchlief er alle Stufen der U-Boots-Ausbildung. Als er im Oktober 1940 in Pillau bei der 21. U-Flottille hörte, daß er ein eigenes Boot erhalten sollte, stand er am Ziel seiner Wünsche.

Am 21. November 1940 stellte Kapitänleutnant Metzler das bei der Germania-Werft in Kiel gebaute VII-C-Boot U 69 in Dienst.

„Beide Maschinen Achtung! Achterleine – Leine los!"

Die Diesel sprangen an. Unter sich spürte der Kommandant das Arbeiten des Bootes. Von der Pier des Kieler Hafens grüßte Korvettenkapitän Sohler mit seinem Stabe das an diesem 10. Februar 1941 zur ersten Feindfahrt auslaufende Boot. Das Boot legte ab und verließ den Hafen. Es bog in die Holtenauer Schleuse ein, wo die Angehörigen, die Frauen, Mütter und Kinder, zum letzten Lebewohl winkten.

Brunsbüttel wurde passiert, und der Kampf gegen die dicken, in der Nordsee treibenden Eisschollen begann. Hinter Feuerschiff Elbe I empfing sie der Nebel. Sie fuhren durch eine einzige Waschküche.

U 69 befand sich auf Feindfahrt, und sein Kommandant wünschte sich, daß es genauso erfolgreich operieren würde wie das Patenboot UC 69. Es hatte während des Ersten Weltkrieges in acht Feindfahrten über 90000 BRT versenkt. Kapitänleutnant Wassner, der Kommandant, erhielt dafür den Pour le mérite.

Dreimal entging das Boot dank des schnellen Reagierens des I.W.O., Oberleutnant z. See Heydemann, drei treibenden Minen. Eine vierte Mine jedoch schrammte längsseits am Boot vorbei. Wenn eines ihrer gefährlichen Hörner an der Bordwand zerbrach, dann war diese Feindfahrt schon jetzt zu Ende. Als das Teufelsei endlich achteraus trieb, fühlten sich alle Männer im Boot wie neu geboren.

Nach zwei Tagen Marschfahrt durch die grobe See erreichte U 69 den Atlantik. An Bord lagen zwölf Torpedos, darunter acht Preßluftaale – G 7a – und vier neue Torpedos des Typs G 7e.

Am 17. Februar sichtete der II.W.O., Obersteuermann d. R. Bade, die ersten Mastspitzen, die aber wieder verschwanden. Dann meldete auch der Bootsmannsmaat der Wache Mastspitzen. Das Boot lief mit AK zum ersten Überwasserangriff.

Während Kapitänleutnant Metzler das Boot zum Angriff fuhr, stand der I.W.O. hinter dem Torpedozielgerät. Der Kommandant rief ihm die Schußunterlagen zu. Dann verließ der erste Aal Rohr I.

Als halber Oberflächenläufer wurde der Torpedo immer wieder in den Wellentälern sichtbar. Als Obersteuermann Marienfeld den Knopf der Stoppuhr eindrückte, blies der Treffer mittschiffs am Gegner empor.

»Siamese Prince« funkte, und der zweite Torpedo verließ Rohr II. Als die Stichflamme der Detonation erlosch und die Wassersäule zusammenfiel, stellte sich der Dampfer auf den Kopf und sauste in die Tiefe. Der Gegner hatte 8456 BRT Handelsschiffsraum verloren.

Das Boot tauchte, weil das Nachladen bei der groben See im Überwassermarsch zu gefährlich war.

In der Morgendämmerung des folgenden Tages wurde abermals ein Schiff von 8000 BRT ausgemacht. Bis auf 600 Meter ging Metzler an den Gegner heran. Aber der Torpedo verschwand in der Weite der See, während der Dampfer weiterlief. Noch einmal setzte sich U 69 zum Angriff vor. Aus 500 Meter wurde der Torpedo geschossen.

Diesmal war es ein Treffer. Der Dampfer – die »Empire Blanda«, 5693 BRT, hatte Munition und Sprengmittel geladen und flog buchstäblich in die Luft. Mit Höchstfahrt lief U 69 ab, um dem auf das Boot niederhagelnden Splitterregen zu entkommen.

Am 19. Februar sichtete eine Focke-Wulf FW 200 »Condor« 80 Seemeilen nordwestlich Cap Wrath einen Konvoi. Die Maschine versenkte zwei Dampfer und gab Meldung über FT.

Durch die Operationsabteilung des BdU erhielt U 69 Befehl, auf diesen Konvoi mit 45 Schiffen zu operieren.

Außer U 69 wurden noch U 47 (Prien), U 48 (Schultze) und U 96 (Lehmann-Willenbrock) auf den Konvoi angesetzt. 24 Stunden jagte das Boot mit AK hinter dem Konvoi her. Dann wurde es von einem Flugzeug des Coastal Command unter Wasser gedrückt und bebombt.

Das Geleit wurde nicht erreicht. Stattdessen wurde U 69 am 22. Februar auf einen westwärts steuernden Konvoi angesetzt, dem U 73 (Rosenbaum) als Fühlungshalter folgte.

In der Nacht wurde ein U-Boot gesichtet. Das Erkennungssignal wurde richtig beantwortet. Es war U 96 unter dem „Recken" Lehmann-Willenbrock. Durch die Flüstertüte verabredeten die beiden Kommandanten das taktische Vorgehen.

U 69 unter Kptlt. Metzler macht sich zum Auslaufen klar.

Am späten Nachmittag sichtete U 69 das Geleit und lief mit Höchstfahrt an. Das Boot kann nach Einbruch der Dämmerung auf das größte Schiff des Geleits, die »Huntington«, 10 946 BRT, zum Schuß, ohne zu treffen. Der Dampfer entging jedoch seinem Schicksal nicht – wenig später schickte ihn U 96 in die Tiefe.

Der Konvoi zackte weg. U 69 nahm die Verfolgung auf und kam drei Stunden später zum Schuß. Die »Temple Moat«, 4427 BRT, brach in der Mitte auseinander und sank.

Der nächste Frachter zackte scharf weg. Dann lief die »Svein Jarl« ins Zielgerät. Als in diesem Moment die Wolkendecke aufriß und das bis dahin über den Wolken blitzende Nordlicht die See bestrahlte, sichtete der Norweger das U-Boot und drehte zum Rammversuch an. Mit Alarmtauchen verschwand U 69. Schnellfeuerkanonen begannen zu belfern. Hart über dem Turm mahlten die Schrauben der »Svein Jarl« hinweg.

Während das Boot unter Wasser ablief, um sich unter den Geleitzug zu legen, wurde es von einem der Geleitzerstörer aufgefaßt und mit Wabos beworfen. 30 Bomben wurden auf U 69 gezählt, das sich zackend in großer Tiefe in Sicherheit zu bringen versuchte.

Vier Stunden dauerte die Waboverfolgung. Einige Würfe lagen hart beim Boot. Dennoch brachte es einer der 44 Männer fertig, einzuschlafen. Es war Obersteuermann d. R. Bade, der sich mit den Worten: „Dat geit mi nu nix mehr an!" auf die Koje schwang.

Als U 69 auftauchte, war die See leer. Das Boot, das inzwischen brennstoffschwach geworden war, trat den Rückmarsch an.

U 69 hatte aus diesem Geleit ein Hilfskriegsschiff und drei Dampfer herausgeschossen. Ferner hatte noch U 95 (Kapitänleutnant Schreiber) drei Dampfer versenkt.

U 69 erhielt Befehl vom BdU, auf dem Rückmarsch Lorient anzulaufen.

Am 1. März 1941 wurde das Boot kurz vor der Ile de Gloire von der Küstensicherung in Empfang genommen. Mit drei Versenkungswimpeln am Sehrohr lief U 69 in Lorient ein.

Kapitänleutnant Metzler fuhr im Wagen nach Kernevel zum BdU, um seinen Bericht über die erste Feindfahrt zu erstatten. Am Tage darauf erhielt er aus der Hand des BdU das Eiserne Kreuz I. Klasse.

Da das Boot nur geringe Schäden aufwies, konnte es schon am 18. März 1941 zur zweiten Feindfahrt auslaufen. Gleich nach dem Auslaufen gab es Fliegeralarm. Die Lockhead-Hudson, die U 69 angriff, wurde von den 2-cm-Waffen des Bootes und den Flakgeschützen eines Sperrbrechers abgeschossen und stürzte 50 Meter hinter U 69 in die See.

Zwei Tage nach dem Auslaufen wurde Metzlers Boot auf ein Geleit angesetzt, das von U 46 (Kapitänleutnant Endrass) gemeldet wurde. U 69 erreichte diesen Konvoi nicht mehr und setzte seinen Marsch fort. Am 21. März sichtete es einen oststeuernden Konvoi, gewann Fühlung, wurde aber von Geleitzerstörern unter Wasser gedrückt. Zwei Zerstörer bewarfen das Boot in immer neuen Anläufen den ganzen Tag über mit Wasserbomben. Erst am Nachmittag gelang es Kapitänleutnant Metzler, den Gegner abzuschütteln.

In der Nacht lief das Boot im Überwassermarsch hinter dem Geleit her und kam auf das Schlußschiff des Konvois zum Schuß, das die Torpedos des Dreierfächers jedoch ausmanövrieren konnte.

Erst am 30. März wurde ein weiteres Konvoi gesichtet. Der Anlauf verlief ergebnislos. Der geschossene G 7e verschwand spurlos in der Nacht. Beim nächsten Anlauf wurde ein G 7a-Torpedo geschossen, der sein Ziel fand. Der Dampfer »Coult Arm«, 3759 BRT, wurde nach einem Fangschuß vernichtet.

Am 31. März wurde das Boot in einer Suchharke auf Wartestellung befohlen.

Zur gleichen Gruppe gehörten noch U 46 (Endrass), U 48 (Schultze), U 74 (Kentrat), U 97 (Heilmann) und U 98 (Gysae). Tagelang stand U 69 in seinem Bereich auf und ab. Sturm, Schnee und Regen wechselten einander ab. Am 2. April kam ein Dampfer in Sicht; ein Schnelläufer der Canadian Pacific Line. 14 Stunden versuchte U 69, in günstige Schußposition zu kommen. Schon war der Befehl „Zweifächer fertig!" gegeben, als Oberleutnant Heydemann sah, wie auf der gegenüberliegenden Seite des Dampfers eine Torpedodetonation emporstieg.

U 48 unter Kapitänleutnant Herbert Schultze war Metzler zuvorgekommen und hatte ihm die 9957 BRT große »Beaverdale« vor der Nase weg versenkt.

Nach einer Woche sichtete Kentrats U 74 ein Geleit mit 24 Schiffen. U 69 konnte ebenfalls an das Geleit heranschließen, und Kapitänleutnant Metzler setzte das Boot auf den 6895 BRT großen Tanker »British Viscount« an. Doch der Tanker drehte zum Rammstoß auf das Boot zu. Mit Hartruder gelang es, vor dem Steven des Tankers freizukommen.

Aus 350 Meter feuerte Metzler dann einen Torpedo aus dem Heckrohr und tauchte sofort nach dem Schuß, um der Sprengwirkung zu entgehen.

Sekunden nach der Torpedodetonation meldete der Funkgefreite Hinzpeter aus dem Horchraum, daß der Tanker auseinanderbreche. Dann hörten alle im Boot das fürchterliche Reißen und Bersten des sterbenden Schiffes. Direkt an der Bordwand des U-Bootes rutschte der Tanker in die Tiefe. Wild wurde es hin und her geworfen. Doch dem L.I. gelang es, das Boot auf sichere Tiefe zu steuern. Unmittelbar darauf setzte eine Waboverfolgung ein, die noch einmal höchste Anforderungen an Kommandant und Besatzung stellte.

Die Fühlung mit dem Konvoi riß ab.

In den folgenden Tagen mußte das Boot wegen der schweren See ständig mit geschlossenem Turmluk gefahren werden. Die Luft im Boot wurde unerträglich. Für die Männer hinter den Jumbos begann die Hölle. Krampfhaft mußten sie sich anklammern, unbarmherzig hob und warf die See das Boot auf und nieder. Nur die Zeit des täglichen Probetauchens war eine kleine Erholungspause im Wüten der See.

Nach drei Wochen härtester Strapazen lief U 69 in Lorient ein. Es hatte noch Torpedos an Bord und nur zwei Dampfer versenkt.

Als Kapitänleutnant Metzler zur Meldung nach Kernevel fuhr, war ihm etwas ungehaglich zumute. Doch der „Große Löwe" kannte die See und wußte, wie sie den Besatzungen zusetzen konnte. Seine Worte, mit denen er den etwas aufgeregten Kommandanten beruhigte, taten ihre Wirkung:

„Na, Metzler, nun sei mal ganz ruhig! Du brauchst keinen Bammel zu haben, du hast deine Pflicht getan."

So war er, Karl Dönitz. Vorgesetzter und Kamerad. Er gab die Befehle – aber er wußte gleichzeitig, daß die See und der Gegner immer ein entscheidendes Wort mitzureden hatten. Harte Worte fielen erst dann, als von den Torpedoversagern die Rede war und der BdU noch im Beisein Metzlers mit dem Amtschef der Waffenabteilung Fraktur redete.

Dann hörte sich Admiral Dönitz den Plan an, den sich Metzler noch auf See mit seinem Freund, Obersteuermann Bade, ausgedacht hatte. Dieser Plan betraf die westafrikanischen Häfen Takoradi und Lagos: Nachschubhäfen erster Ordnung für den Gegner.

Metzler schlug dem BdU vor, mit seinem Boot die beiden Häfen durch Minen zu verseuchen und sie so für den Gegner zu sperren.

Wenn ein U-Boot dazu in der Lage war, in diesen Häfen hineinzukriechen, dann war es U 69, das zwei Männer an Bord hatte, die beide Häfen genau kannten.

Admiral Dönitz gab bereits eine Stunde später einem der Sachbearbeiter den Befehl zur Vorbereitung dieses Unternehmens.

Während der Gesamtüberholung des Bootes verließ Oberleutnant Heydemann U 69, um als Kommandant ein eigenes Boot zu übernehmen. Nur ungern sah die Besatzung diesen prächtigen Offizier scheiden.

Als neuer I.W.O. kam Oberleutnant z. See Auffermann an Bord. Auch er sollte sich ausgezeichnet in die Besatzung einfügen.

Nun wurde es Zeit, dem Boot das Wappenzeichen der 7. U-Flottille an den Turm zu malen. U 69 gehörte dieser in St. Nazaire liegenden Flottille an, obgleich das Boot in Lorient lag.

Die Siebente aber hatte den „Stier von Scapa Flow" als Wappenzeichen. Seinerzeit hatte es Engelbert Endrass als I.W.O. auf U 47 an den Turm des Bootes von Günther Prien gemalt, und als Prien vor dem Feind blieb, sollte dieser Stier das Zeichen der 7. U-Flottille werden.

Da keiner in der Lage war, einen wütenden Stier zu malen, ließ Oberleutnant Auffermann den auf dem Kistendeckel einer Käsefirma prangenden Kopf einer lachenden Kuh auf den Turm malen. U 69 hatte sein Wappen und seinen Namen weg:

„La vache qui rit – die lachende Kuh!"

Anfang Mai erhielt Kapitänleutnant Metzler den Befehl, die Häfen Takoradi und Lagos zu verminen. Die Brennstoffversorgung war von der SKL durch einen Tankdampfer sichergestellt, der im Atlantik kreuzte. Die Besatzung durfte vorher nicht vom Ziel der Fahrt in Kenntnis gesetzt werden. Zu den acht Torpedos wurden noch 16 Minen an Bord genommen.

Zwei Tage vor dem Auslaufen ließ der Kommandant 44 Panamahüte kaufen. Im Schmuck dieser Hüte verabschiedete sich die Besatzung am 5. Mai 1941 von den Kameraden, die ihnen auf der Pier von Lorient ein letztes „Auf Wiedersehen!" zuriefen.

U 69 lief einem tollkühnen Unternehmen entgegen.

Durch die Biskaya ging es an den Kanarischen Inseln vorbei nach Dakar. Die Hitze im Boot steigerte sich von Tag zu Tag. Über FT waren sie vom BdU darüber unterrichtet worden, daß sie am Troßschiff »Egerland« versorgen sollten. An dem 9987 BRT großen Tanker machte U 69 zum verabredeten Zeitpunkt fest.

Nach drei Stunden waren Öl und Vorräte übernommen. Freetown wurde passiert, und am 21. Mai hallte der Ruf durch das Boot:

„Kommandant auf die Brücke!"

Oberleutnant Auffermann, der I.W.O., hatte einen Dampfer gesichtet. Es war ein Frachter, der Flugzeugteile geladen hatte. Er hieß »Robin Moore«.

Da jedoch der Name »Robin Moore« nicht in Lloyds Register stand, wurde eine U-Boots-Falle vermutet. Obersteuermann Bade entdeckte dann auch den anderen Namen, der auf dem Heck stand: »S. S. Exmore«, New York.

Die Besatzung von U 69. Der Kommandant mit weißer Mütze.

Es war ein amerikanischer Dampfer mit 4999 BRT, und U 69 hatte ausdrücklichen Befehl, keinen Amerikaner anzuhalten. Das Schiff hatte während der Dunkelheit sein Neutralitätszeichen nicht beleuchtet. Ließ man es aber jetzt laufen, würde der Kapitän die Anwesenheit eines deutschen U-Bootes melden, was den Hafeneinsatz gefährdet hätte. Außerdem trug das Schiff Bannware. U 69 mußte das Schiff versenken, auch wenn dies Verwicklungen gab.

Kapitänleutnant Metzler gab von dem Proviant des Bootes Brot, Butter und Kognak an die Rettungsboote des Dampfers ab. Durch einen Torpedo und einige Schüsse aus der Achtacht wurde die »Robin Moore« alias »Exmore« versenkt. Das U-Boot sammelte die Boote ein und schleppte sie in Richtung auf die afrikanische Küste, damit die Schiffbrüchigen sie so schnell wie möglich erreichten. Dann erst setzte U 69 den Weitermarsch fort.

Gegen Abend wurde wieder ein Dampfer gesichtet, der nach dem ersten Torpedotreffer wild funkte. Der zweite Treffer aus dem Heckrohr ließ die »Tewkesburry«, 4601 BRT, sinken. Das Boot setzte folgenden FT-Spruch an den BdU ab:

„Habe im Quadrat 12 wx »Exmore« versenkt nach Prisenordnung. Boote treiben. Soeben »Tewkesburry«.

Ein paar Tage später stand U 69 vor dem Hafen Takoradi. Es galt nun, die nur 300 Meter breite Hafeneinfahrt zu finden und trotz der Bewachung hineinzukommen.

Mit Obersteuermann Bade suchte der Kommandant die Küste ab, als sie nach Einbruch der Dunkelheit anliefen. Von den leiseren E-Maschinen getrieben, erreichte U 69 den Hafen. Schon tauchten die auf der Reede liegenden Dampfer auf.

Alle Hilfsmaschinen des Unterseebootes waren abgestellt. Ein Bewacher lief keine halbe Seemeile an ihnen vorbei, sah sie aber in der Neumondnacht nicht.

„Diese Bake müssen wir an Backbord passieren, Jost.“

„Hoffentlich! – Gehen wir ran!“

Es wurde etwas heller. Oberleutnant Auffermann ließ Geschütz und Maschinenwaffen besetzen. Dann gab Kapitänleutnant Metzler den Befehl:

„Alle Mann auf Gefechtsstationen! Wir laufen ein! Beide E-Maschinen kleine Fahrt voraus! Klar zum Minenwerfen!“

Vorbei an dem auf der Backbordmole stehenden Geschütz schlich sich U 69 in den Hafen Takoradi hinein.

„Erste Mine – wirf!“

Klatschend versank das Teufelsei im Hafenwasser, und quer durch das Hafenbecken folgten ihm sieben Minen nach. Auf kürzeste Entfernung wurde ein vor Anker liegender Frachter passiert.

„Verdammt, wenn wir hier alle Aale reinschicken könnten, Herr Kaleunt!“ wisperte Oberleutnant Auffermann. Er blickte auf die vielen Schiffe, die im Hafenbecken lagen.

„Scheiße, Auffermann! Wir müssen ungesehen wieder raus und weiter nach Lagos."

Sie kamen tatsächlich ungesehen aus dem Hafen hinaus. Das Husarenstück war gelungen. Unter den Augen der auf beiden Molenköpfen stehenden Wachen erreichten sie die freie See. Donnernd sprangen die Diesel an und trieben das Boot weiter, Lagos entgegen. In drei Tagen würden die Minen scharf sein und es würde in Takoradi krachen.

Zwei Tage darauf, in den frühen Morgenstunden, war Lagos erreicht. Das Boot lief auf tieferes Wasser und tauchte. Die Hitze im getauchten Boot wurde unerträglich. Kondenswasser lief von den Wänden, tropfte von den Decken. Mit hörbarem Knallen platzten Konservendosen.

Um 22.00 Uhr tauchte U 69 auf und kroch in den Hafen hinein. Lagos wurde von keinem Schiff ohne Schlepperhilfe angelaufen: Die Einfahrt war ein langer, schmaler Schlauch. Dort bei Dunkelheit durchzukommen, war eine seemännische Meisterleistung.

Durch Meeresleuchten lief U 69 der Einfahrt entgegen. Obersteuermann Bade fand eine Palmengruppe, an die er sich von früher her erinnere.

„Hier ist die Einfahrt!" meldete er.

Strom und Brandung versetzten das Boot, die eine Molenseite kam schnell auf das Boot zu. Aber mit Hilfe von Ruder und Schrauben gelang es Metzler, das Boot wieder aus der Einfahrt herauszubringen, und im zweiten Anlauf glitt U 69 in den Hafen hinein. Auf beiden Molenköpfen standen Maschinenwaffen. Doch nichts regte sich. Rauschend versanken auch hier acht Minen, quer über den Schlauch der Hafeneinfahrt verteilt. Auf engstem Raum wendete das Boot, nahm Gegenkurs und lief den Weg zurück, den es gekommen war.

Der Kommandant wollte jetzt versuchen, zu verschleiern, daß die Schiffe, die bald in Takoradi und auch hier sinken würden, Minen zum Opfer gefallen waren. Es galt, in der Nähe dieser beiden Häfen Schiffe anzugreifen, so daß der Gegner die Minendetonationen ebenfalls für Torpedotreffer hielt.

Das Boot lief Accra an. Metzler hatte gehofft, hier einige große Schiffe zu finden. Es lag aber nur ein einziger Dampfer dort.

Da Obersteuermann Bade mittlerweile durch FT-Spruch seine Beförderung zum Leutnant z. See erhalten hatte, sollte er als Gratulationsgeschenk den Aal auf diesen Dampfer losmachen.

Leutnant Bade machte seine Sache gut. Das britische Motorschiff »Sougarra«, 5445 BRT, sank auf flachem Wasser und fiel für die Dauer des Krieges aus. Mit FT meldete U 69 die Durchführung des Sonderunternehmens und die Versenkung des Dampfers. Wenig später traf die Antwort aus Kernevel ein. Sie lautete: „Von BdU an U 69. Gut gemacht, alter Krieger; vor Lagos bereits Erfolge.*"

---

* Vor Lagos war der große britische Leichter »Robert Hughes« auf eine von U 69 gelegte Mine gelaufen.

Zu diesem Minenunternehmen, dem ersten vor der afrikanischen Küste, schrieb Großadmiral Dönitz in „Zehn Jahre und zwanzig Tage":

„U 69 (Kapitänleutnant Metzler) hatte außerdem vor den verkehrswichtigen Häfen Lagos und Takoradi an der Guinea-Küste Minen gelegt. Ihnen fielen einige Dampfer zum Opfer. Die englische Admiralität mußte beide Häfen vorübergehend schließen."

Das Boot lief zum Äquator, um beim Troßschiff »Egerland« Brennstoff zu übernehmen. Unterwegs traf die Meldung ein, daß »Egerland« auf dem Versorgungspunkt „Rot", den auch U 69 ansteuerte, von dem englischen Kreuzer »London« überrascht worden sei. Die Besatzung hatte ihr Schiff versenken müssen.

U 69 mußte umkehren.

Als dann der FT-Befehl eintraf, daß U 69 am 19. Juni den Versorgungspunkt „Rot" anlaufen und vom Troßschiff »Lothringen« versorgt werden solle, verschwand die Besorgnis. Am Nachmittag des 19. Juni wurde der Treffpunkt erreicht. Drei weitere Boote, U 107, U 103 und U A waren schon zur Stelle.

Vom Troßschiff jedoch war nichts zu sehen. Und dann traf der FT-Spruch des BdU ein:

„Troßschiff »Lothringen« von Kreuzer »Dunedin« am 15. Juni südöstlich Bermudas überrascht und aufgebracht."

U A wurde – da es noch gut versorgt war – auf einen schnell laufenden Südkonvoi angesetzt. Die anderen Boote erhielten Rückmarschbefehl. Wie eine Bombe schlug der zugleich bei U 69 eintreffende FT-Spruch des BdU ein:

„Sofort melden, warum »Robin Moore« versenkt!"

Anschließend gab es eine extra starke „Zigarre" über FT. Der Funksprü-

Die Befehlsübermittlung aus dem Bugraum zur Zentrale klappt über das Bordtelefon.

che wurde viele gewechselt, denn wegen der »Robin Moore« hatte es diplomatische Verwicklungen mit den USA gegeben.

„Kommandant auf die Brücke!"
Jost Metzler fegte durch die Zentrale und enterte auf.
„Herr Kaleunt, vielleicht ist das 'ne Rauchwolke. Ich will ja nichts berufen, aber . . ."
„Verdammt, Marienfeld! Da muß man aber zweimal hinsehen. Aber es ist eine Rauchwolke."
Obersteuermann Marienfeld, der die Rauchwolke nach sieben Tagen ergebnisloser Marschfahrt gesichtet hatte, grinste stolz.
„Ich übernehme das Boot!" Der Kommandant gab ein paar Ruderkommandos.
„Scheint abzulaufen, Herr Kaleunt!" unkte Oberleutnant Auffermann.
„Laufend peilen. Scheint Zickzackkurs zu laufen; ist bestimmt ein Engländer!"
Die Mastspitzen wuchsen heraus. Es war ein guter 5000-Tonner.
„L.I. auf die Brücke!"
Wenig später kam Oberleutnant (Ing.) Helmut Rohweder auf die Brücke.
„Sehen Sie sich den an, Rohweder. Ein prachtvolles Dampferchen. 180 Meter lang, bis unter die Halskrause mit Kriegsgerät für England vollgeladen. Können wir den noch mit unserem Saft kriegen?"
„Müssen, Herr Kaleunt!" sagte der L.I.
„Gut, Rohweder! Runter in den Keller und aufgepaßt, daß alles klargeht. Heute nacht greifen wir an."
Nach Einbruch der Dunkelheit hatte U 69 den Gegner erreicht.
„Alle Mann auf Gefechtsstationen! Wir greifen an Steuerbord an!"
„Schatten an Steuerbord!" meldete der steuerbordachtere Ausguck in diesem Augenblick.
Gleich darauf aber hieß es auch: „Schatten an Backbord; zehn Grad achterlicher als querab!"
„Jetzt wird der Hund in der Pfanne verrückt!" entfuhr es dem Kommandanten. „Alle Rohre klar!"
„Wir stehen mitten in einem Geleit, Herr Kaleunt."
„Beide AK! Boot läuft auf die beiden Dicken zum Angriff an. Wie lange können wir AK laufen, Rohweder?"
„Höchstens noch drei Minuten, Herr Kaleunt!"
13 Minuten dauerte es, ehe U 69 in Schußposition gekommen war.
„Erstes Rohr − lllos!"
U 69 drehte auf den zweiten Dampfer der Kolonne ein.
„Rohr II − lllos!"
Der dritte Frachter lief ins Visier. Und auch der dritte Torpedo verließ das Rohr. Und als der vierte Frachter ins Visier lief, folgte der letzte Torpedo.

„Ruder hart Backbord! Steuerbordmaschine Große Fahrt voraus! Backbordmaschine stop!"

Mit Hartruder drehte das Boot aus dem Konvoi heraus, auf den es so überraschend gestoßen war.

Als das Boot sich mitten in der Schwenkung befand, donnerte der Torpedotreffer beim ersten Frachter. Bis unter die Lukendeckel mit Sprengstoff vollgeladen, platzte die »River Lugar«, 5432 BRT, auseinander. 30 Sekunden nach dem Treffer war eines der modernsten Frachtschiffe buchstäblich in die Luft geblasen worden.

Wild durcheinanderzackend drehten alle Konvoischiffe ab. Doch schon krachte es wieder. Eine grelle Trefferflamme loderte auf. In zwei Teile auseinanderberstend, versank die 7603 BRT große »Empire Ability« mit ihrer 10 340 Tonnen-Ladung.

Leuchtgranaten flitzten über den Himmel.

„Los, in diese dunkle Ecke reinlaufen!"

U 69 drehte wieder in den Geleitzug hinein.

„Bewacher von achtern aufdampfend!" meldete der backbordachtere Ausguck.

In diesem Augenblick brüllte die dritte Torpedodetonation. Auf dem Frachter brachen Brände aus. Durch sein Glas erkannte der Kommandant, für Sekunden nur, wie die Besatzung die Rettungsboote fierte.

Aus dem Geleit SL 76 hatte U 69 damit zwei Dampfer versenkt und einen torpediert*.

Über FT wurde dem BdU gemeldet. Dann trat das Boot den Rückmarsch an. Am 27. Juni hörten die Männer, die den Nachrichtendienst eingeschaltet hatten, eine Meldung, die sie aufhorchen ließ:

„Ein U-Boot unter Führung von Kapitänleutnant Metzler versenkte westlich Afrika fünf feindliche Handelsschiffe mit zusammen 31 500 BRT.**"

In der Nacht zum 29. Juni 1941 lief U 69 in einen neutralen afrikanischen Hafen ein, in dem ein deutsches Schiff interniert lag. Durch FT war das Boot angewiesen worden, sich dort mit Öl zu versorgen.

Lautlos drang U 69 in den Hafen ein und machte neben dem 7500-Tonner fest. Dann stand Metzler vor dem deutschen Kapitän, der schon seit Kriegsausbruch mit seinem Schiff hier festlag.

Er gab Brennstoff ab, dazu Proviant wie Frischbrot, Obst, Wein, Bananen und zur Krönung noch ein paar Kisten deutsches Bier.

Dann ein Händeschütteln, ein letztes Winken, und U 69 lief wieder aus. Am späten Nachmittag des 30. Juni kamen erneut Mastspitzen in Sicht. Das Boot hatte keine Torpedos mehr.

---

* Letzterer konnte später noch eingeschleppt werden.
** Die »Robin Moore« war also nicht mitgerechnet worden.

„Boot läuft zum Artilleriegefecht von achtern auf!" befahl Metzler.

Als das Boot nach Einbruch der Dunkelheit nahe genug an den Gegner herangekommen war, stellte der Kommandant von U 69 fest, daß der Dampfer vorn und achtern je eine 10,7-Kanone hatte. Dann wurde noch ein Flakgeschütz auf dem Deck erkannt.

Das U-Boot lief zum Angriff an. Auf der Brücke neben dem Kommandanten stand Obermaschinist Kleinschmidt hinter seinem MG.

Wegen des starken Mondlichtes mußte der Angriff verschoben werden. Als der Mond gegen 04.00 Uhr untergegangen war, lief das Boot erneut zum Angriff an.

Wenig später kam der entscheidende Befehl des Kommandanten an den I.W.O., der als Artillerieoffizier das Feuer der Achtacht leitete:

„Artillerie – Feuererlaubnis!"

Krachend jagte die erste Granate zum Gegner und schlug in dessen Brückenaufbauten ein. Beim dritten Treffer stürzte die Brücke zusammen. Noch war die Zwozentimeter nicht in Aktion getreten. Als der sechste Schuß das Rohr der Achtacht verließ, begann eine Schnellfeuerkanone des Gegners zu bellen. Rote Geschoßbahnen zischten durch die Dunkelheit. Sekunden später begann auch die Zwozentimeter auf dem „Wintergarten" von U 69 zu hämmern. Die gelbe Lichtschnur zog sich schnurgerade zum Gegner hinüber. Abrupt schwieg die Schnellfeuerkanone.

„Das vordere Geschütz, Herr Kaleunt!"

„MG – Feuer frei! Auf das vordere Feindgeschütz!"

Obermaschinist Kleinschmidt begann zu feuern und setzte mit einigen Feuerstößen die Geschützbedienung außer Gefecht. Dann schwenkte er auf eines der Schnellfeuergeschütze ein, von denen der Gegner mehrere an Deck stehen hatte. Auch die Zwozentimeter begann zu feuern.

Der Dampfer vermehrte Fahrt. Er versuchte mit Höchstgeschwindigkeit zu entkommen. Das auf dem Heck stehende Geschütz feuerte. Wenig später war es zum Schweigen gebracht.

Vergebens klopfte Metzler dem Obermaschinisten auf die Schulter, Kleinschmidt hinter dem MG feuerte weiter.

„Auffermann: In die Maschine halten!"

Im Salventakt feuerte die Achtacht in die Maschinenanlagen. Der Dampfer begann zu brennen. Auf seiner Backbordseite wurden die ersten Boote gefiert. U 69 lief auf die Steuerbordseite hinüber und feuerte von hier aus in die Wasserlinie.

Es war inzwischen hell geworden. Das Heck des Dampfers wurde schon von der See überspült. Auf dem Vorschiff breiteten sich die Brände weiter aus. Die »St. Anselm« sank*. Sie hatte – wie Metzler bei Tageslicht feststellte – allein sechs Maschinenkanonen und vier Geschütze mittleren Kalibers. Es war kein Frachter gewesen. Sie hatten ein Hilfskriegsschiff

---

* Der Hilfskreuzer wurde tatsächlich nicht versenkt.

Am Sehrohr. Die einzige Verbindung des Bootes mit der Überwasserwelt.

Auf dem Turm von U 86, einem Boot des Typs VII B. Die U-Boots-Zieloptik ist auf die Turmsäule aufgesetzt.

angegriffen, obwohl eine einzige Granate aus dessen 10,7-Geschützen ihren Untergang bedeutet hätte!

Als der Maschinengast Becker nach oben gerufen wurde, um sich den sinkenden Dampfer anzusehen, sagte er, sich die Mütze ins Genick schiebend und den Kopf kratzend:

„Junge, Junge, wenn das der BdU erfährt!"

In einem befreienden Lachen löste sich die Spannung.

„Hören Sie mal, Kleinschmidt, warum haben Sie denn immer weitergefeuert, obgleich ich Ihnen doch sagte, daß Sie aufhören sollten?"

Kleinschmidt sah den Kommandanten verdutzt an:

„Und ich dachte, Sie hätten mir auf die Schulter gehauen, weil ich schneller schießen sollte", antwortete er. Abermals flackerte Gelächter auf.

Aus Kernevel kam noch am gleichen Tage der Funkspruch:

„Sie haben einen Hilfskreuzer versenkt!" –

Mit dem letzten Tropfen Treibstoff lief U 69 am 8. Juli 1941, nach 95 Tagen Feindfahrt, in St. Nazaire ein. Korvettenkapitän Sohler empfing das Boot an der Pier.

Funkgefreiter Hinzpeter faßte einem PK-Mann gegenüber die Erlebnisse des Bootes in dem klassischen Satz zusammen:

„War alles dran. Minen geschmissen; richtig nach Prisenordnung haben wir einen angehalten, und dann haben wir drei auf einmal abbuddeln lassen und zum Schluß noch einen mit der Kanone gekrallt."

Der „Große Löwe" aber beurteilte das Ergebnis dieser Feindfahrt in seiner Begründung des Antrages auf Verleihung des Ritterkreuzes für Metzler:

„Sehr gut durchgeführtes Unternehmen. Die Durchführung der Minenaufgabe und der Feuerüberfall auf den Hilfskreuzer stellen ausgezeichnete Leistungen dar, auf die der Kommandant und seine Besatzung stolz sein können. Der Erfolg der Minenaufgabe ist sehr bald durch Sperrung beider Häfen offensichtlich geworden. Die Versenkung der »Robin Moore« entsprach nicht den erteilten Befehlen."

Am 28. Juli wurde Kapitänleutnant Metzler für diese besondere Leistung in Verbindung mit den vorherigen Versenkungen das Ritterkreuz verliehen.

Mitte August 1941 lag das Boot wieder ausfahrklar an der Pier. Die vierte Feindfahrt begann. Einsatzziel war der Nordatlantik mit seinen Konvoi-Routen.

Kurz nach dem Auslaufen mußte sich Kapitänleutnant Metzler mit starken Nierenschmerzen auf die Koje legen. Oberleutnant Auffermann übernahm den Befehl über das Boot. Als Metzlers Schmerzen immer schlimmer wurden, funkte Funkmaat Hebestreit nach Kernevel. Das Boot erhielt Rückmarschbefehl, und Leutnant Bade und Oberleutnant Auffermann brachten es sicher zurück.

In St. Nazaire verabschiedete sich Jost Metzler von seiner Besatzung und wurde ins Lazarett nach La Baule gebracht. Kapitänleutnant Zahn übernahm das Boot, das kurz darauf auslief.

Aber in den vier folgenden Feindfahrten blieb U 69 glücklos, obgleich mit Kapitänleutnant Zahn einer der alten U-Boot-Hasen das Boot führte.

Auf der zehnten Feindfahrt ging U 69 unter Kapitänleutnant Gräf am 17. Februar 1943 auf 50.50 Grad Nord/40.40 Grad West verloren. Bei der Verfolgung eines Geleites in schwerem Weststurm wurde das Boot durch den britischen Geleitzerstörer »Viscount« aufgefaßt und mit Wasserbomben versenkt. Es war ein Totalverlust.

Nach seiner Entlassung aus dem Lazarett und dem sich anschließenden Erholungsurlaub wurde Jost Metzler Ausbildungsleiter einer U-Flottille. Eben zum Korvettenkapitän befördert, stellte er im Oktober 1943 die 19. U-Flottille in Pillau auf. Mit dieser Flottille verlegte er im Februar 1945 nach Kiel, wo er das Kriegsende erlebte.

Durch die Ausbildung von Korvettenkapitän Metzler liefen viele der noch in der härtesten Zeit des U-Boots-Krieges an den Feind gehende Besatzungen. Alle waren sie von dem Geiste beseelt, den Korvettenkapitän Metzler ihnen mitzugeben verstand.

Jost Metzler
Letzter Dienstgrad: Korvettenkapitän
4 Feindfahrten (die letzte abgebrochen)
114 Tage in See (letzte Feindfahrt 5 Tage)
Ritterkreuz am 28. Juli 1941

Versenkungsliste von U 69 unter Kapitänleutnant Jost Metzler

17.2.41	21.19	brMS	Siamese Prince	8.456 BRT	59.53 N/12.12 W
19.2.41	08.00	brD	Empire Blanda	5.693 BRT	Nordatlantik
23.2.41	23.39	brD	Temple Meat	4.427 BRT	59.27 N/20.20 W
30.3.41	07.34	BrD	Coultairn	3.759 BRT	60.18 N/29.28 W
21.5.41	10.05	amD	Robin Moore	4.999 BRT	06.10 N/25.40 W
21.5.41	23.41	brD	Tewkesburg	4.601 BRT	05.49 N/24.09 W
31.5.41	00.25	brM	Sangara ~	5.445 BRT	Hafen Accra
27.5.41	-- --	BrD	Robert Hughes	2.879 BRT	Lagos Hafen
27.6.41	01.49	brD	Empire Ability	7.603 BRT	23.50 N/21.10 W
27.6.41	02.37	brD	River Lugar	5.423 BRT	23.50 N/20.00 W
04.7.41	-- --	brD	Robert L Holt	2.918 BRT	24.15 N/20.00W

Gesamterfolge
10 Schiffe mit 50.758 BRT versenkt
1 Schiff mit 5.445 BRT torpediert

Mit U 68 353 Tage in See.
Rettungsaktion über
5000 Seemeilen

Kapitän zur See
Karl-Friedrich Merten

Im Alter von 13 Jahren trat der am 15. August 1905 als Sohn des Ober-
bürgermeisters von Elbing, Dr. Carl-Friedrich Merten, geborene Karl-
Friedrich Merten in das Königlich Preußische Kadettenhaus Köslin ein.

Acht Jahre später legte er sein Abitur an der Staatlichen Bildungsanstalt
in Köslin ab und trat am 1. April 1926 als Offiziersanwärter der Crew 26
in die damalige Reichsmarine ein.

Seine Ausbildung erlebte der junge Merten auf der »Niobe«*. Auf dem
Kreuzer »Emden« machte er im Jahre 1926-27 eine Reise um die Welt, und
im Jahre darauf wurde er als Fähnrich z. See auf die Marineschule Mürwik
kommandiert, wo er die Offiziershauptprüfung bestand.

1930 wurde Leutnant z. See Merten Waffenleitoffizier auf dem Kreuzer
»Königsberg«. Neun Jahre lang hatte der junge Seeoffizier Bordkomman-
dos. So wurde er 1931 Waffenleitlehrer S.A.S. und zugleich II.A.O. auf
dem Artillerie-Schulboot »Bremen«. Es folgten Kommandierungen als
W.O. auf T 156 und als I.W.O. auf T 157. Zur gleichen Zeit wurde Merten
Artillerie-Referent des FdM.

Noch einmal fuhr Merten auf einem Schulkreuzer um die Welt: als
Oberleutnant und II.A.O. auf dem Kreuzer »Karlsruhe« im Jahre 1936.
Während des Spanienkrieges war er Fla.A.O. auf dem Kreuzer »Leipzig«
und auf »Karlsruhe«.

---

* Das Segelschulschiff, das mit der gesamten Mannschaft 1932 bei Fehmarn unterging.

Eben zum Kapitänleutnant befördert, übernahm Merten das Geleitboot F 7 als Kommandant. Er führte das Boot vom 1. Oktober 1938 bis zum 1. April 1939. Am 1. Juli 1939 wurde er Kadetten-Ausbildungsoffizier auf dem Schulschiff »Schleswig-Holstein«, mit dem er den Polenfeldzug erlebte.

Anfang 1940 meldete sich Kapitänleutnant Merten zur U-Boot-Waffe und durchlief die U-Ausbildung mit der ihm eigenen Klugheit und Gründlichkeit. Der hochgewachsene Offizier mit dem energisch geschnittenen Gesicht fand hier seine große Aufgabe.

Als Wachoffizier und Kommandantenschüler stieg Merten im Oktober 1940 auf U 38 ein und machte eine der härtesten Feindfahrten dieses Bootes im Winter 1940/41 mit. Kapitänleutnant Heinrich Liebe, einer der tapfersten und vorbildlichsten U-Boots-Kommandanten*, war sein Lehrmeister.

Anschließend stellte Merten am 11. Februar 1941 bei der Deschimag in Bremen U 68 in Dienst; ein Boot des Typs IX C für große ozeanische Verwendung. Er war eben zum Korvettenkapitän befördert worden.

Die erste Feindfahrt vom 30. Juni bis zum 1. August 1941 blieb ohne Erfolg. Am 1. September 1941 lief U 68 von Lorient zur zweiten Fahrt aus. Zusammen mit einigen anderen Booten wurde auch U 68 vom BdU in den Südatlantik entsandt, wo in den Sommermonaten die ersten sechs Boote große Erfolge errungen hatten.

Als U 107 (Korvettenkapitän Hessler) am 21. September einen von vier Zerstörern gesicherten Geleitzug meldete, erhielten U 68, U 103 (Winter) und U 67 (Müller-Stöckheim) Befehl, auf dieses Geleit zu operieren.

Zu seinem ersten Angriff drehte U 68 auf dieses Geleit ein. Drei Schiffe mit 15 896 BRT fielen den Torpedos des Bootes zum Opfer**. Ein Zerstörer wurde beschossen, doch der Torpedo lief hinter dem Heck des jäh mit der Fahrt heraufgehenden Gegners ins Nichts.

Dieser Angriff wurde auf der Höhe von Tanger, auf ungefähr 24.35 Grad West gefahren.

Weiter ging der Marsch von U 68 nach Süden. Als U 111 (Kapitänleutnant Kleinschmidt) meldete, daß es den Rückmarsch antreten müsse, erhielt das Boot Befehl, sich mit U 68 an einem bestimmten Punkt zu treffen. U 111 sollte dort seine Torpedos an U 68 abgeben, damit dieses Boot seine Fahrt mit größeren Aussichten auf Erfolg weiter nach Süden fortsetzen konnte.

---

* Ritterkreuz am 14. August 1940; Eichenlaub am 10. Juli 1941.
** Von den drei als versenkt gemeldeten Dampfern wurde nur die »Silverbelle« bestätigt. Der getroffene Tanker, der mit schwerer Schlagseite liegenblieb, wurde offensichtlich noch eingeschleppt. Das dritte Schiff konnte trotz einer Kesselexplosion ebenfalls eingeschleppt werden. Die genaue Beobachtung war wegen der beiden zur Untergangsstelle gelaufenen Zerstörer nicht möglich.

Treffpunkt war St. Atao, eine der Kapverdischen Inseln. In der angeblich unbewohnten Bucht von Tarafal sollte die Torpedoübergabe vor sich gehen. Korvettenkapitän Merten allerdings hatte dafür das Inselgewirr der westafrikanischen Küste bei Conakry vorgeschlagen.

Neben diesen beiden Booten beorderte der Stab des BdU einen Tag später auch U 67 (Müller-Stöckheim) dorthin. U 67 sollte einen Schwerkranken an U 111 abgeben, der mit diesem Boot schnellstens in die Heimat sollte.

Verabredungsgemäß erfolgte das Treffen mit U 111 zehn Seemeilen westlich der Tarafal-Bucht ein. Vom Turm von U 68 erkannte Merten, daß an Land eine größere Einheit portugiesischer Truppen unter Gewehr angetreten war. Ohne diese militärische Demonstration zu beachten, ankerte er in der Bucht, und U 111 legte sich längsseits.

Kapitänleutnant Kleinschmidt stieg auf U 68 über, und die beiden Kommandanten begrüßten sich.

Die Torpedoübernahme begann und war um Mitternacht beendet. U 111 legte sofort ab und verließ die Bucht, während man auf U 68 noch mit dem Einhieven des Ankers beschäftigt war. Die neue Stahltrosse des Ankers legte sich um die Ankerpflugen.

„Kurkowski, klarieren Sie die Trosse!" befahl der Kommandant.

Der Oberbootsmannsmaat, die seemännische Nummer Eins auf U 68, begann auf dem Vorschiff mit der Arbeit. Einmal mußte Kurkowski kurz eine Taschenlampe benutzen. Dann meldete die Nummer Eins Anker und Spill klar, und das Einhieven wurde beendet.

Kaum hatte das Boot Fahrt aufgenommen, als an Backbord achteraus, dort, wo die Uferfelsen steil in die Höhe ragten, zwei Torpedodetonationen krachten und zwei Feuersäulen in den sternklaren Nachthimmel aufstiegen.

„Beide AK voraus! Zickzackkurs laufen!"

Merten reagierte sofort auf diese Überraschung. Das Boot drehte weg, und donnernd begannen die Diesel auf Hochtouren zu arbeiten. Doch es erfolgte keine weitere Torpedodetonation.

„FT-Spruch von U 111 an den BdU, Herr Kapitän!"

Oberfunkmaat Hellmich war auf die Brücke gekommen und übergab dem Kommandanten den mitgehörten Spruch. Und Merten las:

„Nach von Land beobachteter Torpedoabgabe an Merten ausgelaufen; 30 Minuten später zwei schwere Detonationen gehört. Von U 68 nichts mehr beobachtet."

„Donnerwetter, Hellmich! Da haben Sie fast die Nachricht unserer eigenen Versenkung aufgenommen."

Korvettenkapitän Merten kratzte sich verdutzt den Kopf.

U 67, das eigentlich erst in der nächsten Nacht in der Bucht von Tarafal eintreffen sollte, hatte gute Fahrt gemacht, und nun hoffte Merten, daß er das Boot noch vor der Morgendämmerung treffen würde.

Doch U 67 rammte in den frühen Morgenstunden vor der Tarafal-Bucht das feindliche U-Boot, welches die zwei Torpedos auf U 68 geschossen hatte. Während das Feind-U-Boot sank, erlitt U 67 schwere Schäden und machte einen FT-Spruch an den BdU, daß es wegen Ausfalls aller vier Bugrohre den Rückmarsch antreten müsse.

Auch dieser Spruch wurde von U 68 mitgehört. Korvettenkapitän Merten – immer darauf bedacht, möglichst lange am Feind bleiben zu können – erwirkte vom BdU die Erlaubnis, von U 67 die noch fast vollständige Torpedoausrüstung zu übernehmen.

Am 2. Oktober 1941, gegen 21.15 Uhr, ging U 68 südlich Point d'Arguine bei U 67, das sehr zerbeult war, längsseits. In sechs Stunden harter Arbeit wurden die Torpedos übernommen, ferner noch Schmieröl, Destillat und Waschwasser.

Dann trennten sich die beiden Boote. Während U 67, ebenso wie U 111, nordwärts lief, marschierte U 68 voll aufgefüllt weiter ins Operationsgebiet. Das Boot erhielt über Funk den Befehl, in den Seeraum zwischen den Inseln St. Helena und Ascension zu gehen, wo nach den Ermittlungen des B-Dienstes ein britischer Kriegsschiffsverband mit einem Flugzeugträger stehen sollte.

Durch die rotgoldene Glut des Tages lief U 68 in sparsamer Marschfahrt südwärts. Dienstanzug war Badehose und Tropenhelm. Die aufziehenden Brückenwachen suchten die Kimm nach Rauchwolken ab. Es wurde Zeit, daß sie wieder einmal einen Dampfer sichteten.

In der Nacht zum 8. Oktober erreichte U 68 Ascension. Doch so tief es auch in die Reede eindrang – kein Schiff wurde gesichtet.

Vom Turm des mit E-Maschinenfahrt in die Bucht einlaufenden Bootes aus waren die Baracken der Inselbesatzung deutlich zu erkennen. Durch die Landbrise wurde Klavierspiel und Gesang zu den Männern auf dem Turm hinübergetragen. Dazwischen das Grölen Betrunkener.

„Die sind vielleicht blau!" entrang es sich dem Kommandanten, und er dachte an die eine Dose Bier, die jeden Sonntag zur Feier des Tages an die Crew ausgegeben wurde.

„Vielleicht hat einer von denen Geburtstag, Herr Kapitän!"

„Meinetwegen, Maus. Von mir aus jeden Tag einer. Wenn nur ein Schiff zu sehen wäre!"

Der I.W.O. grinste und hob sein Glas vor die Augen, um weiter zu suchen. Doch sie fanden nicht den geringsten Kolcher, und Merten beschloß nun, St. Helena anzulaufen, wo er schon einmal mit einem der Schulkreuzer gewesen war.

U 68 erreichte St. Helena. Bei der Unterwassererkundung der Bucht von Jamestown auf St. Helena wurde bereits beim Einlaufen am frühen Morgen des 22. Oktober ein großer Tanker gesichtet.

„Ist ein Admiralitätstanker, Kinder! Derselbe, der laut B-Dienst-Meldung hier den feindlichen Kreuzer und die beiden Zerstörer versorgen soll."

„Legen wir ihn um, Herr Kapitän?"

„Wir warten, bis wir die ganze Mahalla hier haben, Männer! Dann geht es zuerst an den Kreuzer. Die anderen laufen uns nicht weg!"

Doch die gemeldeten Kriegsschiffe kamen nicht, und kurz vor Mitternacht lief U 68 zum Angriff auf den Admiralitätstanker an.

Oberleutnant Maus, der als I.W.O. zugleich auch T.W.O. war, drückte auf den elektrischen Abfeuerknopf, und der Dreierfächer lief.

Alle drei Torpedos trafen die »Darkdale« (8145 BRT). Der dreifache Detonationsschlag der Torpedos zerriß die Stille der Nacht. Flammen brachen aus dem Tanker heraus und vereinigten sich zu einer einzigen zuckenden Lohe. Armdicke Ölstrahlen stiegen gen Himmel, entzündeten sich an der Glut und fielen als sprühende Flammenfontänen auf die See herunter.

Von den sich im Innern des Tankers sammelnden und explodierenden Ölgasen wurden die Decks und Schotten auseinandergerissen. Der Tanker ging in die Tiefe.

U 68 marschierte weiter bis zur Walfischbai hinunter. Unterwegs war es die »Hazelside«, die am 28. 10. den Torpedos des Bootes zum Opfer fiel.

„Also, Maus", sagte Merten am 1. November, „ich verhole mich nach unten. Morgen hat meine Frau Geburtstag, und ich wünsche, einen Geburtstagsdampfer präsentiert zu bekommen!"

Der I.W.O. grinste: „Werde mich bemühen, Herr Kapitän!"

Ein paar Stunden später erwachte Merten durch ein kräftiges Schütteln.

„Herr Kapitän, der Geburtstagsdampfer ist in Sicht!"

„Machen Sie keine Witze, Maus!" Der Kommandant gähnte und reckte die Arme.

„Dampfer in Sicht, Herr Kapitän!"

Nun wußte Merten, daß es stimmte. Er sprang hoch und raste durch den Gang in die Zentrale und von hier aus auf den Turm. In der Helle des jungen Morgens sah er die »Bradford City« schon dicht beim Boot stehen.

„Schnelltauchen! Auf Gefechtsstationen. Rohr I und II klar zum Unterwasserschuß!"

Alles ging blitzschnell. Als das Boot gerade auf Sehrohrtiefe eingependelt war, fiel schon der Schuß.

U 68 drehte unmittelbar danach ab. Und dann brummte das Boot hart gegen das getroffene Schiff. Es knirschte und krachte.

Die »Bradford City« hatte unmittelbar nach dem Treffen in den Wind gedreht, und U 68 war auf ihre Breitseite aufgelaufen.

„Der Dampfer fällt uns auf den Kopf, Herr Kapitän!"

Mit AK über den Achtersteven rückwärts laufend, brachte Merten das Boot frei. Der Dampfer sank dicht beim Boot in die Tiefe.

U 68 trat den Rückmarsch an, um bei Schiff 16 – dem Hilfskreuzer »Atlantis« unter Kapitän z. See Waldemar Rogge – zu versorgen und anschließend zur Kongo-Mündung vorzustoßen.

Dieser Frachter wurde im Atlantik versenkt. Der Treffer mittschiffs ließ ihn auseinanderbrechen.

Am 15. November lief U 68 neu versorgt weiter. Durch einen FT-Spruch des BdU erfuhr Korvettenkapitän Merten wenig später, daß die »Atlantis« von dem britischen Kreuzer »Devonshire« versenkt worden sei.

U 126 – das bei der »Atlantis« zur Versorgung lag – hatte 450 Besatzungsmitglieder des Hilfskreuzers zum Teil an Bord und zum anderen Teil mit Rettungsbooten in Schlepp genommen. Alle U-Boote, die in der Nähe standen – außerdem noch das Versorgungsschiff »Python« – erhielten Befehl, auf das Planquadrat zuzulaufen, in dem sich U 126 mit den Schiffbrüchigen befand.

Während U 124 unter Kapitänleutnant Mohr U 126 suchte, sichtete das Boot den englischen Kreuzer »Dunedin« und versenkte ihn mit einem Dreierfächer aus sehr großer Entfernung. Eine Meisterleistung des hervorragenden Kommandanten.

Die »Python« entdeckte U 126 zuerst, und die Schiffbrüchigen stiegen auf das Versorgungsschiff über.

Am Abend des 30. November 1941 traf auch U 68 auf 30.10 Grad Süd und 00.10 Grad West bei »Python« ein. Noch in der Nacht wurde Brennstoff übernommen. Bei Anbruch des 1. Dezember begann die Torpedoübernahme. Erst jetzt erschien auch U A (Eckermann); einen ganzen Tag zu spät. In Schlauchbooten und mit der Pinaß der »Python« wurden die

Der nächste Dampfer sackte achtern weg und ging auf Tiefe.

Torpedos von der »Python« zu U 68 hinübergebracht.

Mit seinem L.I., Kapitänleutnant (Ing.) Klaunig, stand Merten am Mittag des 1. Dezember auf dem Turm seines Bootes. Die Zeit drängte. U 68, nun bis unter die Halskrause vollgeladen, hatte nicht einmal Zeit gehabt, das Prüfungstauchen durchzuführen, weil das alles noch mehr durcheinandergebracht hätte.

Gegen 15.00 Uhr hallte der Ruf der Ausgucks der »Python« zu den beiden Booten hinüber:

„Feindlicher Kreuzer in Sicht!"

»Python« machte sofort los und lief ab, während Korvettenkapitän Merten noch die Männer des Arbeitskommandos des Versorgungsschiffes und der »Atlantis«, die in den Booten schwabberten, aufsammeln ließ. Ferner mußte noch ein im Torpedoluk hängender Torpedo ins Boot genommen und U 68 tauchklar gemacht werden. Das Abbauen des Torbedokrans kam hinzu.

Durch die Anbordnahme der Männer der »Python« und der »Atlantis« war das Boot stark in seiner Trimmfähigkeit beeinträchtigt.

Die beiden U-Boote liefen auf den Gegner an. Sie wollten ihn versenken, ehe er seinerseis die »Python« vernichtete, die keine Chance hatte, wenn der Kreuzer sie stellte.

Als die »Devonshire« über die Kimm heraustrat, ließ Merten tauchen.

Nachdem „Luk dicht!" gemeldet war, ging U 68 plötzlich steil mit 30 Grad Vorlastigkeit in die Tiefe. Da fiel Kapitänleutnant (Ing.) Klaunig ein, daß sie noch nicht getrimmt hatten. Mit beiden E-Maschinen AK Voraus und Hartruder oben versuchte er, den Sturz in die Tiefe aufzuhalten. Dann ließ er die Tauchzelle acht anblasen, und nun stieg U 68 steil wieder an die Wasseroberfläche zurück.

Der Ruf „Alle Mann nach vorn!" ließ die Männer in den Bugraum hasten, um die Achterlastigkeit auszugleichen. Doch das Boot durchstieß die Wasseroberfläche.

Abermals ging es steil in die Tiefe hinunter, und wieder mußte der L.I. alle Kunst aufbieten, damit das Boot nicht ins Unendliche fiel. Als es ihm dann gelang, das Boot auf Sehrohrtiefe einzupendeln, war es für einen Torpedoschuß auf den Kreuzer zu spät. Merten sah die »Devonshire« mit AK hinter der fliehenden »Python« herlaufen.

„Vielleicht schafft Eckermann es, Herr Kapitän?"

„Ihr Wort in Gottes Ohr, Lauzemis!"

Kapitänleutnant Eckermann kam auf die »Devonshire« zum Schuß. Er schoß einen Dreierfächer, der jedoch hinter dem Heck des mit AK laufenden Kreuzers herlief.

Es blieb U 68 nichts anderes übrig, als mit AK in die Richtung zu laufen, in der die »Python« verschwunden war. Merten ließ das Boot auftauchen und lief mit größter Fahrtstufe hinterher, um zu retten, was noch zu retten war. In Sichtweite tauchte das Boot zum Unterwasserangriff. Doch »Devonshire« hatte die »Python« bereits erreicht und versenkt.

Um wenigstens die Besatzungen der beiden Schiffe vor dem Zugriff des Gegners zu retten, tauchte U 68 auf, um sich so von der »Devonshire« sichten zu lassen. Damit wollte Korvettenkapitän Merten verhindern, daß der Kreuzer die Besatzungen gefangennahm. Er setzte damit alles auf eine Karte. Die »Devonshire« sichtete tatsächlich das U-Boot und drehte ab, um mit größter Fahrtstufe schnell außer Sicht zu kommen. Sie hatte ihren Auftrag ausgeführt.

Eine einmalige Rettungsaktion nahm ihren Anfang. U A, das leider erst nach Einbruch der Dunkelheit auftauchte, und U 68 übernahmen die Schiffbrüchigen. Beide Boote waren so vollgepackt, daß kein Zentimeter Platz frei blieb. Kapitän z. See Rogge, der Kommandant der »Atlantis«, war an Bord von U 68 gegangen. Die Motorpinaß der »Python«, die zum Glück beim Auftauchen des britischen Kreuzers bei U 68 gelegen hatte und dem U-Boot gefolgt war, erreichte die Untergangsstelle und leistete in den folgenden Tagen unschätzbare Dienste, indem sie die Versorgung der Flöße und Boote sicherstellte.

Im Innern von U 68 war jeder Platz belegt. An Oberdeck lagen die Schiffbrüchigen in ihren Flößen, und im Schlepp hingen die Rettungsboote. Tag um Tag, unter der glühenden Sonne der Tropenglut und in der eisigen Kälte der Nächte, liefen die Boote weiter.

Bereits am ersten Tag kam ein südgehender Tanker in Sicht. Beide U-Boote kamen überein, daß die Rettungsaktion Vorrang habe und jede Angriffshandlung unterbleiben müsse.

Als nach einigen Tagen abermals ein Dampfer in Sicht kam, warf U A – entgegen der durch Winkspruch erzielten Übereinkunft – seine Boote los und die Gummiflöße ins Wasser, um auf den Frachter Jagd zu machen. U 68 mußte sich auch noch die anderen Boote anhängen. Mit zwölf Booten im Schlepp, das Oberdeck gerammelt voll, lief U 68 weiter.

Korvettenkapitän Merten mißbilligt diese Verhaltensweise von U A auf das äußerste, brachte sie doch das Leben der Geretteten in Gefahr. Wenn der Frachter funkte, waren sie verloren.

Am 6. Dezember kam U 107 (Clausen) in Sicht; wenig später auch U 124 (Mohr). Beide Boote nahmen einen Teil der Geretteten auf. Auf jedem Boot befanden sich jetzt 150 Mann. Diesmal war es U 68, das beide Kameradenboote mit Brennstoff versorgen konnte. U A war dazu nicht in der Lage.

Am 15. Dezember traf U 68 das italienische Boot »Finzi«. Drei weitere italienische Boote steuerten die anderen deutschen Boote an. Es waren »Torelli«, »Tazzoli« und »Calvi«. U 68 übergab einen Teil der geretteten Besatzungen an »Finzi« und wurde von dem italienischen Boot mit Proviant versorgt.

Als am 24. Dezember 1941 U 68 nach einem letzten kurzen Wettrennen mit U A als erstes Boot in St. Nazaire festmachte, war eine einmalige Rettungsaktion zu Ende gegangen.

Zum letzten Male versammelte Kapitän z. See Rogge seine Männer auf dem Oberdeck von U 68. Er fand Worte des Dankes für das einmalige Weihnachtsgeschenk, das U 68 und die übrigen Boote den vielen Müttern, Frauen und Kindern zu Hause gemacht hatten. Nach 5000 Seemeilen Marsch war die weiträumigste Rettungsaktion der gesamten Seekriegsgeschichte erfolgreich zu Ende gegangen.

Am ausgefahrenen Sehrohr von U 68 flatterten darüber hinaus sechs Versenkungswimpel. 34 291 BRT feindlichen Handelsschiffsraumes hatte das Boot versenkt*.

Am 11. Februar 1942 lief U 68 in Richtung Freetown/Liberia zur dritten Feindfahrt aus.

Am 2. März ging der britische Dampfer »Helenus« in die Tiefe. Sechs Tage später blieb die »Beluchistan« vor Cap Palmas an der westafrikanischen Küste mit einem Torpedotreffer liegen. Ein Fangschuß ließ den 6992 BRT großen Dampfer endgültig verschwinden.

Tagelang stand U 68 vor Cap Palmas auf und ab, bis endlich ein Dampfer in Sicht kam. Hintereinander gingen am 17. März 1942 innerhalb von 24 Stunden vier britische Dampfer, die auf verschiedenen Kursen in Sicht

---

* Offiziell wurden vier Schiffe mit 23 697 BRT bestätigt.

kamen, in die Tiefe. Es waren: Die »Baton Newlands«, »Ile de Baz«, »Scottish Prince« und »Allende«.

Am 30. März gelang es dem Boot noch, den britischen Hilfskreuzer »Muncaster Castle« zu versenken.

Verschossen und brennstoffschwach mußte U 68 den Rückmarsch antreten und traf am 13. April wieder im Stützpunkt ein. Es hatte auf dieser Fahrt sieben Schiffe mit insgesamt 39 350 BRT versenkt.

Knapp einen Monat später lief U 68 abermals aus. Operationsgebiet war die Karibische See.

Südlich der Mona-Passage sichtete der Bootsmannsmaat der Wache am 5. Juni 1942 den ersten Tanker; gleichzeitig einen großen Frachter mit Kurs auf die Mona-Passage.

U 68 lief zuerst auf den Tanker an. Nach dem Tages-Unterwasserangriff mit einem Zweierfächer brach der amerikanische Tanker »L. J. Drake« in Benzinexplosionen auseinander und sank.

Das Boot nahm nun die Verfolgung des großen panamesischen Motortankers auf. Es erreichte ihn, und auf 17.35 Grad Nord/67.55 Grad West wurde auch die »C. O. Stillman« (13 006 BRT) versenkt.

Und dann ging es Schlag auf Schlag. Am 9. Juni folgten die Transporter »Surrey« und »Ardenvohr«. Beide Dampfer waren bis unter die Halskrause mit Kriegsmaterial für den pazifischen Kriegsschauplatz beladen. Desgleichen die »Port Montreal«, die in der Morgendämmerung des 10. Juni nach vierstündiger Verfolgungsjagd mit einem Fächer aus Lage 160 Grad vernichtet wurde.

Am 13. Juni wurde Korvettenkapitän Merten durch FT-Spruch des BdU die Verleihung des Ritterkreuzes mitgeteilt. Sein Boot hatte bis zu diesem Zeitpunkt 18 Schiffe mit 112 823 BRT versenkt.

Am 15. Juni wurde der französische Tanker »Frimaire« (9242 BRT) durch Zweierfächer versenkt. Diese Versenkung sollte nach dem Kriege noch Folgen für Korvettenkapitän Merten haben, obgleich sie vollkommen korrekt erfolgte.

Die beiden letzten Torpedos trafen den amerikanischen Tanker »Arriage«. In einem Artilleriegefecht wurde er – nach tapferer Gegenwehr – südlich Aruba vernichtet.

Verschossen mußte U 68 den Rückmarsch antreten. Das Boot hatte sieben Schiffe mit 50 898 BRT, darunter vier Tanker, versenkt. Am 10. Juli lief es in St. Nazaire ein.

Am 20. August 1942 lief U 68 als letztes Boot der Gruppe „Eisbär" zu dem vom Bdu geplanten Angriff im Raume Kapstadt aus. Unmittelbar vorher waren U 156 (Hartenstein), U 172 (Emmermann), U 504 (Poske) und der U-Tanker U 459 unter v. Wilamowitz-Möllendorff ausgelaufen.

U 68 sichtete am 11. September 1942 abends den britischen Frachter »Trevilly« ungefähr 200 Seemeilen nördlich St. Helena. In der Nacht schloß das Boot heran und kam zum Schuß. Die »Trevilly« blieb bewegungslos liegen und wurde am anderen Morgen durch Artillerie vernichtet.

Am gleichen Tage versenkte U 156, genau auf 5 Grad Süd stehend, den britischen Passagierdampfer »Laconia« (19 595 BRT) der Cunard White Star Line, Liverpool, der von der britischen Admiralität als Truppentransporter in Dienst gestellt war. Die »Laconia« war mit insgesamt 14 Geschützen armiert und hatte Wasserbomben zur U-Boots-Bekämpfung an Bord.

Als der Kommandant von U 156, Kapitänleutnant Hartenstein, italienische Hilferufe im Wasser hörte, lief er auf sie zu und begann mit den Rettungsarbeiten. Einen Tag darauf, am 13. September, machte er eine FT-Meldung an die Operationsabteilung des BdU.

Admiral Dönitz leitete – entgegen den Grundsätzen des Seekrieges bei allen Nationen, wonach die Kriegsführung den Vorrang vor Rettungsaktionen hat – eine sofortige Hilfsoperation ein, bei der von den 811 an Bord befindlichen Engländern 800 und von den 1800 italienischen Kriegsgefangenen 450 gerettet werden konnten.

Das Führungshauptquartier jedoch befahl, daß die Operation der Gruppe „Eisbär" unter keinen Umständen völlig aufgegeben werden dürfe, da ein großer Konvoi mit Truppentransporten sich auf dem Wege um das Kap der Guten Hoffnung befinde.

So erhielten die Boote am 14. September einen neuen Befehl:

„Eisbär-Boote einschließlich U 459, die noch keinen Geretteten an Bord haben, sofort Südmarsch fortsetzen!"

Daraufhin drehten U 68, U 172 und U 459 ab und setzten den Marsch nach Süden fort, da sie die Stelle des Unterganges ohnehin noch nicht erreicht hatten.

Noch am 15. 9. versenkte U 68 den 6861 BRT großen Niederländer »Breedijk«. Lange Zeit wurde nicht einmal mehr eine Mastspitze gesichtet. Erst kurz nach Mitternacht des 8.10. machte der Bootsmannsmaat der Wache folgende Meldung:

„Schatten zehn Grad Steuerbord voraus, Herr Kapitän!"

Korvettenkapitän Merten schnellte herum und hob das Glas vor die Augen. Er versuchte, die Nacht mit den Augen zu durchdringen.

„Auf Gefechtsstationen! Boot greift Frachter von 5000 Tonnen an!"

U 68 gewann die zum Schuß nötige vorliche Stellung. Ein Einzelschuß verließ, aus 600 Meter Entfernung geschossen, das Rohr.

Der griechische Dampfer »Koumoundouros« sank als erster Dampfer einer Reihe von sechs Fahrzeugen, die innerhalb von 28 Stunden vernichtet wurden. Der Kommandant von U 68 kam während dieser Zeit nicht von der Brücke. Immer neue Dampfer wurden gesichtet. Neue Anläufe wurden gefahren, Torpedos geschossen und Dampfer in die Tiefe der See hinuntergeschickt. Es waren: Die »Gaastekerk«, »Swiftsure«, und »Sarthe«.

Am 9. Oktober folgten zwei weitere Dampfer. Es waren die »Examelia« und die »Belgian Fighter«. Vor Kapstadt war die Hölle los.

Dann war wieder Stille.

**Im achteren Dieselmaschinenraum.
Die „Größe" des Schotts ist klar
ersichtlich.**

Der Dieselmotorenstand Backbord.

Es folgte ein Tage, ja Wochen dauerndes Auf- und Abstehen vor der südafrikanischen Küste, bis ein Riesenfrachter gesichtet wurde. Aber der Fächerschuß traf ihn nicht, weil er überraschend weggezackt war. Zerstörer drückten das Boot unter Wasser.

Am Abend des 6. November wurde ein Einzelfahrer gesichtet, der dem Boot entgegenlief. Es war der bewaffnete britische Passagierdampfer »City of Cairo«. Der erste im Unterwasserangriff geschossene Torpedo ließ den 8034 BRT großen Dampfer stoppen. Als er funkte und auch die Zahl der Passagiere durchgab, ließ Korvettenkapitän Merten den zweiten Torpedo nicht losmachen. Die »City of Cairo« sank dennoch.

U 68 trat den Rückmarsch an. Am 16. November traf ein Funkspruch ein, daß Korvettenkapitän Karl-Friedrich Merten für die Versenkung von insgesamt 29 Schiffen mit 186 064 BRT als 147. Soldaten der Wehrmacht das Eichenlaub zum Ritterkreuz verliehen worden sei. Merten erhielt diese hohe Auszeichnung als 17. U-Boots-Kommandant.

Am 6. Dezember 1942 lief U 68 mit einem Erfolg von neun Schiffen mit 56 930 BRT nach 109 Seetagen wieder in Lorient ein.

Ende Februar 1943 gab Merten U 68 an seinen Nachfolger, Oberleutnant Albert Lauzemis ab, der noch fünf Feindfahrten mit U 68 fuhr, bevor dieses erfolgreiche Boot am 10. Mai 1944 westlich Madeira durch Flugzeuge des amerikanischen Trägers »Guadalcanal« versenkt wurde. Einziger Überlebende war der Matrosengefreite Hans Kastrup.

Korvettenkapitän Merten wurde Chef der 26. U-Flottille in Pillau. Hier durchliefen viele Besatzungen und künftige Kommandanten seine Schule und erhielten das Rüstzeug, mit dem sie in der Weite des Atlantik, gnadenlos gejagt von den „Killer Groups" des Gegners, bestehen konnten.

Zum Fregattenkapitän befördert, übernahm Merten dann die 24. U-Flottille in Pillau, um wenig später zum Führer der U-Boote Mitte ernannt zu werden. Nach der Räumung Memels im Oktober 1944 verlegte Merten die 24. U-Flottille, die er Ende Juli 1944 übernommen hatte, nach Gotenhafen und stellte sie im März 1945 in Hamburg außer Dienst.

Im April 1945 wurde er in das Marine-Oberkommando West übernommen und noch zum Kapitän z. See befördert.

Schon am 26. Juni 1945 wurde Merten aus der amerikanischen Kriegsgefangenschaft entlassen. Seine ehemaligen Gegner bescheinigten ihm, daß er mit der Fairneß der deutschen Seeoffiziere gekämpft und die internationalen Regeln der Kriegsführung beachtet habe.

Im Oktober 1948 wurde Merten abermals in die Gefangenschaft, diesmal nach Frankreich, gebracht. In Paris steckte man ihn in die berüchtigte „Cherche Midi" und versuchte, ihm wegen der Versenkung der »Frimaire« den Prozeß zu machen. Es war jener französische Tanker, den er am 15. Juni 1942 in der Karibischen See unter Beachtung der Seekriegsgesetze versenkt hatte. Im März 1949 mußte er aus der Gefangenschaft entlassen werden, weil die Anklage – bei aller Böswilligkeit der Ankläger – haltlos in sich zusammenfiel.

Karl-Friedrich Merten, der untadelige Offizier, der Taktiker, der das Einmaleins des U-Boots-Kampfes wie kaum ein zweiter beherrschte, baute sich mit nie versiegender Tatkraft ein neues Leben auf.

Karl-Friedrich Merten

Letzter Dienstgrad: Kapitän z. See
Kommandant von U 68
5 Feindfahrten mit 353 Seetagen
Ritterkreuz am 13. Juni 1942
Eichenlaub am 16. November 1942

Versenkungserfolge von U 68 unter Kapitän zur See Merten

22.09.41	02.22	brM	»Silverbelle«	5.302	25.45 N/24.-- W	
22.09.41	- - -	Tanker	- - -	torpediert		
22.10.41	01.42	brDT	»Darkdale«	8.145	St. Helena	
28.10.41	03.43	brD	»Hazelside«	5.297	23.10 S/01.36 E	
01.11.41	06.54	brM	»Bradford City«	4.953	22.59 S/09.49 E	
03.03.42	17.21	brD	»Helenus«	7.366	ß6.01 N/12.02 W	
08.03.42	12.41	brD	»Beluchistan«	6.992	04.13 N/10.15 W	
16.03.42	23.17	brD	»Baron Newlands«	3.386	04.35 N/08.32 W	
17.03.42	06.35	brD	»Ile de Batz«	5.755	04.04 N/08.04 W	
17.03.42	13.26	brM	»Scottish Prince«	4.917	04.10 N/08.-- W	
17.03.42	21.53	brD	»Allende«	5.081	04.-- N/07.44 W	
30.03.42	22.43	brM	»Muncaster Castle«	5.853	02.02 N/12.02 W	
05.06.42	20.49	amDT	»L. J. Drake«	6.693	Aruba-San Juan	
06.06.42	03.07	paMT	»C. O. Stillman«	13.006	17.33 N/67.55 W	
10.06.42	06.17	brD	»Surrey«	8.581	12.45 N/80.20 W	
10.06.42	06.28	brM	»Ardenvohr«	5.025	12.48 N/80.20 W	
10.06.42	11.58	brM	»Port Montreal«	5.882	12.17 N/80.20 W	
15.06.42	20.34	ptDT	»Frimaire«	9.242	Karibik	
23.06.42	19.33	paMT	»Arriga«	2.469	13.08 N/72.16 W	
12.09.42	03.32	brM	»Trevilly«	5.296	04.30 S/07.50 W	
15.09.42	00.58	nlD	»Breedijk«	6.861	05.05 S/08.54 W	
08.10.42	02.31	grD	»Koumoundouros«	3.598	34.10 S/17.07 E	
08.10.42	03.46	nlD	»Gaasterkerk«	8.679	34.20 S/18.10 E	
08.10.42	20.51	amDT	»Swiftsure«	8.207	34.40 S/18.25 E	
08.10.42	22.02	brD	»Sarthe«	5.271	34.50 S/18.40 E	
09.10.42	03.44	amD	»Examelia«	4.981	34.52 S/18.30 E	
09.10.42		beD	»Belgian Fighter«	5.403	35.00 S/18.30 E	
06.11.42	21.36	br	»City of Cairo«	8.034	23.30 S/05.30 W	

Gesamterfolge:
27 Schiffe mit 170.275 BRT versenkt
1 Tanker mit 7.000 BRT torpediert
1 Korvette torpediert

Gegner nicht torpediert,
um Schiffbrüchige zu
retten

Korvettenkapitän

Herbert
Schultze

Herbert „Vaddi" Schultze wurde am 24. 7. 1909 in Kiel geboren. Als echter Kieler Junge wuchsen ihm bereits sehr früh die Seebeine auf den verschiedensten Booten und Fahrzeugen, mit denen er und seine Spielgefährten „auf See" gingen. Bereits im Jahre 1930 fand er zur Reichsmarine. Nach dem Dienst auf verschiedenen Schiffen und einer der obligatorischen Weltfahrten, meldete sich Herbert Schultze zur U-Boot-Waffe und stellte als Oblt. z. S. am 22. April 1939 U 48 in Dienst. Seit dieser Zeit waren auch seine drei Offiziere dabei: Da war der Oberleutnant z. S. Reinhard „Teddy" Suhren, der Oblt. z. S. Otto Ites und der Leitende Ingenieur Oblt. (Ing.) Zürn.

Mit dieser eingefahrenen Führungsgruppe gelang es „Vaddi", das Boot sehr bald in den Griff zu bekommen. Für die jungen Männer der Besatzung war „Vaddi" bereits ein alter Seebär, denn er zählte zu Kriegsbeginn bereits 30 Jahre. Dennoch: Das Vatermäßige lag nicht so sehr in seinem äußeren Habitus, vielmehr in seinem ernsten Blick und in seiner Haltung. Sein fast in der Mitte gescheiteltes adrettes Haar verstärkte diesen Eindruck noch; hinzu kam, daß er nicht fluchte.

Daß er an Bord nur solche Kurse legen ließ, die durch sieben teilbar waren, war dennoch mehr Dichtung als Wahrheit. Allerdings hatte der Bootsmaler auf die Turmwand einen „schwarzen Kater" aufmalen müssen, der zudem einen Buckel machte und angriffslustig zu knurren schien.

U 48 war eines jener Boote der 7. U-Flottille, die zur Gruppe Atlantik gehörten. Es hatte wie alle anderen einsatzbereiten Boote bereits vor Beginn des Zweiten Weltkrieges vorsorglich sein Operationsgebiet eingenommen.

Bereits am 26. August 1939 schrieb der Kommandant in sein KTB:

„Ich bin sicher, daß der ungesichtete Ausbruch aus der Nordsee für uns gelungen ist. Mein Kurs, 193 Grad, führt bei der größten Annäherung an die irische Küste noch mit 120 Seemeilen von derselben frei. Fahrzeuge werden fast gar nicht gesichtet. Lediglich auf der Bailey Bank stehen Fischerboote."

Am Nachmittag des 1. September ging auf allen in See stehenden Booten der Funkspruch des FdU ein: „Beginn der Feindseligkeiten gegen Polen."

Am 3. September um 12.30 Uhr folgte ein weiterer FT-Spruch, der alles klar machte: „Kriegszustand gegen England." Am selben Tage ab 17.00 Uhr sah sich auch Frankreich „als mit Deutschland im Kriege befindlich an".

Den ganzen 4. September hindurch lief U 48 mit kleiner Fahrt durch die See und suchte nach Schiffen. „Einsatz nach Prisenordnung" war befohlen worden, was bedeutete, daß jedes einzelne Schiff vor der Versenkung angehalten werden mußte und daß man Neutrale ohne Bannware für England laufen lassen mußte.

Am 4. September wurden zwei Tankdampfer angehalten. Es waren die »Abadan« und ein weiterer Dampfer, die beide weiterschippern durften.

Der nächste, am 5. September gesichtet und gestoppte Dampfer war ein Schwede mit Ladung für Oslo. Der Kapitän kam mit den Ladepapieren an Bord. Auch er wurde wieder entlassen.

Am Mittwoch des 5. September wurde ein weiteres Schiff gesichtet und zum Stoppen aufgefordert. Das Buggeschütz war feuerbereit, als die Signalflaggen mit dem Stoppbefehl am ausgefahrenen Luftzielsehrohr hochgingen. Zugleich befahl Schultze, einen Stoppschuß anzulegen, „für den Fall daß der Kapitän auf beiden Augen blind sein sollte".

Als die Granate aus der Achtacht vor dem Dampfer in die See schlug, drehte dieser mit Hartruderlegen ab und setzte die englische Flagge. Sekunden später hörte der Funkmaat auf U 48 den Notruf des Briten:

„SOS from Royal Sceptre: Chased and shelled by german Submarine. Position 46.23 Nord – 14.59 West."

„Dampfer funkt und setzt Standortmeldung ab", meldete der Maat nunmehr.

Damit hatte sich dieser Dampfer entgegen internationalem Seerecht verhalten. Funken stellte einen feindlichen Akt dar, denn es rief feindliche Schiffe herbei.

„Feuer frei auf Feinddampfer!" befahl der Kommandant. „Und halten Sie auf die Funkbude, damit sie zum Schweigen gebracht wird."

Die ersten Treffer schlugen in die »Royal Sceptre« ein. Dann wurde auch der Funkraum getroffen und die Hilferufe verstummten. Aber wenige Minuten später rief der Funker abermals um Hilfe: „From »Royal Sceptre«: chased and shelled by german Submarine. Leaving ship." Und wieder folgte die Positionsangabe.

„Torpedowaffe: Einzelschuß aus Rohr I fertigmachen."

„Rohr I klar zum Überwasserschuß", meldete der Torpedomaat aus dem Bugraum. Dann erfolgte der Befehl zum ersten scharfen Torpedoschuß des Krieges auf U 48:

„Rohr I – los!"

Nach wenigen hundert Metern schlug der Aal mittschiffs in den Frachter hinein. Es war genau 12.25 Uhr und die »Royal Sceptre« sank rasch. Das Boot hatte die ersten 4853 BRT feindlichen Handelsschiffsraumes versenkt.

Mit der »Royal Sceptre« sank auch der Funker, der noch bis zuletzt getastet hatte.

„Hut ab, Männer!" sagte der Kommandant, „nun wißt ihr, w e r unser Gegner ist. Er heißt Trotz, wenn es um die Fahne geht. Er wird uns nicht schonen, weil er bereit ist, sich in der größten Gefahr selbst zu opfern."

Als erkannt wurde, daß die Rettungsboote neben der Besatzung auch Frauen und Kinder mitführten, die in Richtung England zu pullen versuchten, das sie nie erreichen würden, sichtete der Ausguck auf dem Turm von U 48 ein weiteres Schiff.

Schultze ließ es anlaufen und – nahe genug herangekommen – mit Signalflaggen einen Spruch absetzen: „Wenden Sie auf Südkurs. In 13 Seemeilen Distanz Rettungsboote mit Männern, Frauen und Kindern. Übernehmen Sie diese."

Der Kapitän der »Browning« reagierte nicht auf diese Aufforderung, sondern gab Befehl, sein Schiff sofort zu verlassen, obgleich er nicht beschossen wurde.

U 48 lief hinter den Booten her uns stoppte sie, indem es sich quer vor diese Boote legten. Schultze rief den Kapitän an und befahl ihm: „Sie rudern jetzt sofort zu Ihrem Schiff zurück, gehen wieder an Bord und steuern die Liegestellen der Rettungsboote an. Dann nehmen Sie die Schiffbrüchigen an Bord und bringen sie in den nächsten Hafen."

Jetzt erst begriff der Kapitän der »Browning«, daß die »Hunnen« keinen üblen Trick versuchten. Er ruderte zum Schiff zurück, nahm Fahrt auf und konnte die Schiffbrüchigen übernehmen.

In sein KTB trug „Vaddi" Schultze ein: „Gemäß Prisenordnung habe ich die Rettung der Besatzung und der Passagiere des versenkten Schiffes sichergestellt. Für sie war der Aufenthalt in den Booten nicht sicher genug."

Das war der U-Bootfahrer-Geist, den Karl Dönitz seinen Männern mit auf den Weg gab.

Am Morgen des 8. September sichtete die Brückenwache von U 48 den

Herbert „Vaddi", Schultze führte U 48
auf sieben Feindfahrten.

Hans Rudolf Rösing befehligte U 48 von
Mai bis August 1940.

5055 BRT großen Dampfer »Winkleigh«, der kriegswichtige Ladung für
England an Bord hatte. Schultze gab der Besatzung die Chance, von Bord
zu gehen, ehe er den tödlichen Torpedoschuß aus 600 m befahl. Der Aal
traf mittschiffs und binnen weniger Minuten war die »Winkleigh« von der
Wasseroberfläche verschwunden. Auf der Seenotwelle ließ Schultze
Namen und Standort des gesunkenen Schiffes melden, um einem Rettungs-
versuch die größten Chancen zu geben.

Am Morgen des 11. September wurde der Brite »Firby«, ein Schiff von
4869 BRT, gesichtet. Der Dampfer wurde mit der Artillerie gestoppt und
der Kapitän kam mit den Papieren an Bord des Bootes. Der Brite hatte
Konterbande an Bord. Um 13.35 Uhr erhielt er den tödlichen Torpedoschuß, nach 45 Sekunden Laufzeit traf dieser Aal. Zehn Minuten darauf
war die »Firby« gesunken. Auf der offenen Welle mußte der Funkmaat des
Bootes folgenden FT-Spruch absetzen:

„cq – cq – cq – transmit to Mr. Churchill. Haben britischen Frachter
»Firby« versenkt. Auf Position 59.40 Nord und 13.50 Grad West. Retten
Sie die Besatzung, wenn es beliebt!"

Dieser Funkspruch wurde im Britischen Unterhaus besonders erwähnt.

Alle übrigen Schiffsversenkungen im September 1939 zeigten an, daß
die deutschen U-Bootkommandanten sich streng an die Prisenordnung
hielten und den Handelskrieg entsprechend führten.

„Vaddi" Schultze erhielt am 12. 6. 1941 das EL zum RK.

Der L.I. des Bootes, Kptlt. (Ing.) Erich Zürn führte die „Unterirdischen" von der vierten bis zur zwölften Feindfahrt.

Auf dem Rückmarsch sichtete U 48 kein Schiff mehr. Am 16. 9. lief das Boot durch den Kleinen Belt, nahm um 23.50 Uhr den Lotsen vom Lotsenfahrzeug »Süderau« an Bord, und lief nach Kiel weiter, wo U 48 um 5.50 Uhr des 17. 9. 1939 an der Tirpitzmole festmachte.

Das Boot hatte auf seiner ersten Feindfahrt drei Dampfer mit insgesamt 14 777 BRT versenkt.

Bis zum Wiederauslaufen von U 48 vergingen nur 17 Tage. Die Besatzung hatte einen Kurzurlaub erhalten und am 4. 10. 1939 lief U 48 zu seiner zweiten Feindfahrt aus. Es ging zunächst durch den Kaiser-Wilhelm-Kanal, und am Abend befand sich das Boot bereits in der mittleren Nordsee. Die beiden Wachoffiziere und der Leitende Ingenieur waren wieder mit dabei.

Das Boot bahnte sich seinen Weg durch die grobe Oktobersee in Richtung Operationsgebiet. Es gehörte zur Gruppe „Hartmann", die von KKpt. Hartmann auf U 37 geführt wurde. Um 0.00 Uhr des 8. Oktober stand U 48 westlich der Shetlandinseln, acht Stunden später war der Raum der Orkneys erreicht und am 11. 10. stand das Boot westlich von Irland. Es zeigte sich nicht einmal eine Rauchwolke. Sie liefen nach Südwesten ab und am folgenden Morgen um 7.00 Uhr wurde ein beleuchtetes Fahrzeug gesichtet, das mit etwa 15 Knoten Fahrtstufe lief. Wenig später kam ein zweiter Dampfer in Sicht, der weniger Fahrt machte und noch günstiger stand. Das

Boot lief im Unterwassermarsch einen Kurs, mit dem es dem Gegner den Weg abschnitt. Aufgetaucht wurde er Gegner durch Flaggenspruch zum Stoppen aufgefordert. Es war der Frachter »Lido« mit 2000 BRT, der eine Holzladung für Dublin an Bord hatte. Schultze mußte ihn laufen lassen.

Um 16.10 Uhr dieses 12. Oktober wurde ein großer Tanker gesichtet. Es war die 14 115 BRT große »Emile Miguet«, die mit der Artillerie angehalten wurde. Da dieser Tanker einen Hilferuf mit Standortangabe tastete und die Besatzung in die Boote ging, ließ Schultze um 18.08 Uhr einen Torpedo schießen, der den Tanker absacken ließ.

Noch während der Schußabgabe wurde ein zweiter Dampfer gesichtet. Auf diesen wollte Schultze zunächst operieren. Das Schiff lief abgeblendet und wäre ihnen in der Dunkelheit fast entkommen. Um 20.24 Uhr schoß der I.W.O als Torpedowaffen-Offizier einen Aal im Überwasserschuß. Dieser Torpedo detonierte bereits 100 Meter vor dem eigenen Bug. Durch diesen Knall wurde der Dampfer aufmerksam und funkte den Notruf, aus dem hervorging, daß es sich um den Briten »Heronspool« handelte, der nach dem Lloydsregister 5202 BRT hatte.

Als U 48 nach raschem Anlauf nahe genug herangekommen war, um diesen Dampfer mit einem zweiten Torpedoschuß den Garaus zu machen, eröffnete dieser aus einer Kanone am Heck das Feuer. Um 20.24 Uhr fiel der Torpedoschuß. Aber auch dieser brachte kein Ergebnis. Fünf Minuten darauf wurde der dritte Aal „angelegt". Dieser Aal verschwand spurlos in der Weite der See.

„Diese Heinis von der Torpedoversuchsanstalt sollte man einsperren" wetterte Schultze, „das ist doch glatte Sabotage."

Als der Dampfer das Feuer wieder eröffnete, ließ Schultze ausweichen, setzte sich abermals vor und schoß. Wieder erfolgte keine Detonation, dafür aber feuerte die Dampferbesatzung, was das Zeug hielt. Bei etwas besserer Ausbildung an der Kanone hätte U 48 hier sein Grab gefunden. Um 23.50 fiel der nächste Torpedoschuß und auch dieser wurde vorbeigegeigt, oder was auch immer mit ihm geschah. Erst der Schuß aus dem Heckrohr V sollte die Entscheidung bringen. Sie wäre beinahe zu Gunsten des Dampfers ausgefallen, denn dieser Aal detonierte knapp 120 Meter hinter dem Heck des Bootes.

Die Rohre mußten nachgeladen werden. Es war 1.16 Uhr, als der nächste Schuß fiel. Diesmal traf es den Dampfer ins Vorschiff. Er stoppte, die Crew ging in die Boote. Sieben Torpedos hatte dieser eine schmale Dampfer gekostet. „Und die", so der Kommandant, „werden uns später fehlen."

Als eine Rauchwolke an Steuerbord gesichtet wurde, verließ U 48 die »Heronspool«, die bereits sehr tief im Wasser lag und mit Sicherheit sinken würde. U 48 drehte in den Kurs des nunmehr über die Kimm heraustretenden Dampfers ein und dieser schien sich plötzlich in Luft aufgelöst zu haben. Es ging zur »Heronspool« zurück. Als diese in Sicht kam, lag sie bereits bis zur Brücke im Wasser. U 48 lief ab und bekam um 7.00 Uhr den nächsten Dampfer in Sicht. Das Boot ging zwei Minuten darauf auf Sehrohrtiefe hinunter. Als sie den richtigen Vorlauf hatten, ließ der Kommandant auftauchen und das Geschütz besetzen. Die Achtacht-Granaten wurden durch den Turm auf die Brücke gereicht und von dort über eine schräge Rutsche an Oberdeck geschafft, wo sie von der Geschützbedienung in Empfang genommen wurden.

Als der Dampfer funkte, wurde die FT-Anlage zerschossen. Als diese verstummt war, stoppte er schließlich. Es war die 6903 BRT große »Louisiane«, ein französischer Dampfer.

Die deutschen Flaggensignale lauteten: „Gehen Sie in die Boote!"

Als alle Rettungsboote gefiert waren und weitab von diesem Schiff schwammen, eröffnete U 48 das Feuer und nach zehn Minuten war das Schiff von der Wasseroberfläche verschwunden.

Schultze ließ zu den Rettungsbooten laufen und fragte, ob sie mit allem Notwendigen versorgt seien. Die Hilfeleistung wurde dankend abgelehnt.

Gegen Mittag beobachtete die Brückenwache von U 48, daß aufgrund der SOS-Meldung die Zerstörer »Ilex« und »Imogen« der Royal Navy herankamen, und die Schiffbrüchigen übernahmen.

Am Morgen des 14. Oktober unternahm U 48 ein Prüfungstauchen, um das Trimmgewicht und den Ölverbrauch festzustellen.

Dies ging sehr rasch. Um 10.05 Uhr wurde ein Dampfer gesichtet, der Zickzack-Kurs lief, was ihn zu einem „unsicheren Kantonisten" machte. Im Überwassermarsch mit beiden AK knüppelte U 48 durch die See und setzte sich vor. Um 11.02 Uhr ging das Boot auf Sehrohrtiefe und um 12.13 Uhr fiel der Schuß auf die »Sneaton«, ein Brite mit 3677 BRT. Der Dampfer, der eine Kohlenladung hatte, blieb getroffen liegen und wurde mit der Artillerie »versäuft«, nachdem die Besatzung in die Boote gegangen war.

Die nächste Sichtung war ein Belgier, den sie sich verkneifen mußten. Dieser Dampfer nahm die Crew der »Sneaton« auf.

Das Boot hatte vier Dampfer versenkt und zwei weitere angehalten. Damit war sein Standort dem Gegner bekannt. Das Boot lief an die Nordgrenze seines Einsatzgebietes und am 15. Oktober wurde ein Schiff gesichtet. Sie arbeiteten sich im Unterwassermarsch heran, tauchten dann auf und Schultze mußte entdecken, daß es sich bei diesem „Schiff" lediglich um das 130 Meter lange Vorschiff der »Emile Miguet« handelte, das noch schwamm, während das abgerissene Achterschiff gesunken war.

Sie tauchten auf und schossen auf den Rest des Schiffes. 15 Granaten trafen das Wrack, ehe eine Granate an einer Stelle in das Wrack einschlug, wo sich die Gase aus dem Bauch des Tankers gesammelt hatten. Eine riesige Stichflamme stob aus dem Wrack empor und dann sackten die Trümmer weg.

Am 16. 10. stand U 48 um 0.00 Uhr südwestlich Irland. Hier wurde um 6.50 Uhr ein beleuchtetes Fahrzeug gesichtete. Es war der Dampfer »Lerdam« mit 8800 BRT, der Baumwolle geladen hatte. Es war für Rotterdam bestimmt und somit mußte er freigegeben werden.

Um 3.45 Uhr bereits ging ein FT mit der Nummer 0223/18/41 des BdU ein, der folgenden Wortlaut hatte: »An U 48: Rückmarsch antreten!«

Doch Schultze hatte inzwischen einen Dampfer angegriffen, der dem Torpedo entkam und seinen Namen tastete: »Sagaing« und »deutsches U-Boot!«

Schultze trug um 4.00 Uhr in sein KTB ein: »Sagaing« wird weiter verfolgt.«

Ein zweiter Dampfer kam in Sicht und um 7.15 Uhr wurden mehrere weitere Dampfer gesichtet und durch Funksignale meldete U 48:

»Feindlicher Geleitzug in Sicht!« Danach gab das Boot Peilzeichen für alle in der Nähe stehenden Boote.

Um 7.32 Uhr wurde U 48 von einem Feindzerstörer gesichtet. Dieser warf 31 Wasserbomben. U 48 ging auf 132 Meter Tiefe hinunter.
Zu dieser Situation berichtete der Kommandant:

»Ich nehme an, daß durch meine FT-Meldung U 37 und U 46 bei Tagesanbruch den Geleitzug gefunden haben werden und zum Angriff kommen. Deshalb bleibe ich etwas länger unter Wasser als dies notwendig ist, um der Besatzung etwas Ruhe zu geben. Erst um 16.45 Uhr tauchen wir wieder auf und geben einen weiteren FT-Spruch an den F.d.U. ab, daß das Boot den Rückmarsch angetreten hat..«

Am 17. Oktober gewann U 46 150 sm nordwestlich von Kap Finisterre Fühlung an den Geleitzug HG 3 und führte U 37 und U 48 heran. An diesem Morgen des 17. Oktober fand das Boot wieder Anschluß und brachte sich in großer Fahrt näher heran.

Mit AK lief U 48 auf diesen Geleitzug an. Es gelang, noch am Abend des 17. 10. mit dem Heckrohr auf einen Dampfer von geschätzten 6000-BRT zum Schuß zu kommen, doch auch dieser Aal wurde aus unbekannten Gründen verschossen.

Es war am späten Abend, als Schultze zum Angriff auf einen 6000-Tonner eindrehte. Hinter der UZO stand der Erste TWO, Oblt. z. S. „Teddy" Suhren. Die drei letzten Torpedos des Bootes lagen schußbereit in den Rohren. Der Zweierfächer traf binnen weniger Sekunden die »Clan Chisolm«, die 7256 BRT hatte. Der Kommandant von U 48 konnte noch einen FT-Spruch senden lassen, bevor er von britischen und französischen Zerstörern gejagt wurde. Als das Boot nach sechs Stunden des Wabo-Bombardements auftauchte, erhielt es den Funkspruch, den Rückmarsch anzutreten.

Unterwegs in den Stützpunkt wurde am 19. 10. noch der Dampfer »Rockepool« mit der Artillerie beschossen. Dieser erwiderte das Feuer aus zwei Geschützen am Heck und U 48 mußte vor den nahebei liegenden Einschlägen in den Keller gehen.

Als das Boot um 14.12 Uhr wieder auftauchte, um die Beschießung fortzusetzen, kam plötzlich erneut ein Zerstörer in Sicht. Das Boot ging wieder in den Keller und setzte nach dem Wiederauftauchen am Nachmittag den Rückmarsch fort.

Reinhard Suhren, „Teddy" genannt, war I.W.O. des Bootes von der ersten bis zur neunten Feindfahrt.

Den „Reigen" der RK-Träger, die von U 48 stammen, vollendete Otto Ites, II. und I.W.O. auf dem Boot. Hier als Kommandant von U 94.

Am 23. 10. lief es in die nördliche Nordsee ein, passierte am 24. 10. um 8.00 Uhr den Eingang zum Skagerrak und um Mitternacht des 25. 10. den Eingang zum Kleinen Belt. Am 25. 10. um 9.45 Uhr machte es an der Tirpitzmole in Kiel fest.

Das Boot hatte auf dieser Feindfahrt fünf feindliche Handelsschiffe mit 37 153 BRT als versenkt gemeldet. Und noch etwas mußte der Kommandant melden: Die katastrophalen Fehlschüsse der Torpedos, die eine bedeutend größere Zahl an Versenkungen vereitelt hatten.

Das Fazit des BdU: „Sehr erfolgreiche Feindfahrt, um so mehr, als sie nur zwei Wochen gedauert hat. U 48 hat alle Torpedos verschossen und meldet fünf (!) Versager."

Der eklatante Bruch des Seekrieges nach Prisenordnung durch den Gegner hatte inzwischen zu neuen Befehlen der Führung der Kriegsmarine an die U-Boote geführt. Die britischen Weisungen für alle Handelsschiffe sahen vor, zu funken, sich mit den eingesetzten Kanonen zu verteidigen und sich zu Geleitzügen zusammenzufinden, die durch schwerbewaffnete Eskorten geleitet wurden.

Diese Schritte der britischen Führung, w e g von den Seekriegsgesetzen, führten zu deutschen Gegenmaßnahmen. Der Handelskrieg nach Prisenordnung war damit gestorben. Nun ging es entschlossen und hart zur Sache.

Um 22.30 Uhr des 20. 11. 1939 ging U 48 wieder ankerauf. Das Boot durchlief den Kaiser-Wilhelm-Kanal und im Minensuchboot-Geleit durch das Minenwarngebiet. Um 24.00 Uhr wurde es am 21. 11. entlassen und lief allein in Richtung Fair Island weiter.

Am 22. und 23. 11. legte es 236 und 164 Seemeilen zurück. Der Wind hatte aufgefrischt und trieb lange Roller aus Westnordwest gegen das Boot. Dicke Wolkenbänke wehten über es hinweg. Die Brückenwache zog im „großen Seehund" auf: dickes Seezeug, darüber das Ölzeug und ein Südwester. Mit den Haltestropps an den Koppeln hakten sich die Männer in das umlaufende Rohr der Brückennock ein, damit keiner außenbords gespült wurde, wenn es einmal schlimm kam.

Am 25. 11. wurde ein Schiff gesichtet und angegriffen. Der Torpedo ging vorbei. Da dieser Gegner ein Tanker, also „Edelwild" war, beschloß der Kommandant, ihn weiter zu verfolgen. Sie sichteten einen Zerstörer, der die direkte Wiederholung des Angriffs unmöglich machte, aber kurz vor 23.00 Uhr kamen sie ein zweitesmal heran. Um 23.32 Uhr detonierte der zweite Aal nach exakt 118 Sekunden Laufzeit am Tanker, dem Schweden »Gustaf E. Reuter« mit 6336 BRT. Das Schiff blieb liegen und funkte: „SOS − Bin auf Mine gelaufen!"

Das Boot tauchte am Morgen des 26. um 8.07 Uhr zum Nachladen der Torpedos, über Wasser hätte es bei Seestärken um 7 leicht zu Unfällen kommen können.

Am späten Abend dieses Tages, U 48 war wieder aufgetaucht und hatte den Suchmarsch fortgesetzt, erhielt Schultze einen FT-Spruch der Operationsabteilung des BdU: „U 48 ostwärts der Shetlandinseln − Lerwik-Bucht aufklären."

Das Boot ging also auf Suchmarsch. Es sichtete um 1.30 Uhr des 28. 11. einen Kreuzer von etwa 10 000 tons. Ein Fühlunghalten war wegen der groben See und der großen Fahrt dieses Gegners nicht möglich. Schultze trat den Rückmarsch zur Lerwik-Bucht an und drang bis zum Innenhafen vor. Außer zwei kleinen Fischdampfern wurde nichts gesehen. Um 14.00 Uhr machte U 48 wieder kehrt.

Am 29. 11. kam abends ein abgeblendet laufender Dampfer in Sicht, der von einem Zerstörer gesichert wurde. Der Kommandant war der Meinung, daß dies ein wertvoller „Eimer" sein müsse, weil er ja schwer gesichert war. Er beschloß, anzugreifen.

Im Unterwassermarsch erreichten sie eine günstige Schußposition. Um 23.32 Uhr erfolgte der Befehl zum Unterwasserschuß. Der Torpedo ging vorn vorbei. Erneut mußte das Boot wieder vorgesetzt werden. Das Schiff machte nicht mehr als 5 Knoten und der Zerstörer paßte sich ihm an. Dies alles waren Alarmzeichen. Entweder war dies ein Havarist mit wertvoller Ladung, oder – eine U-Bootfalle.

Um 23.55 fiel der zweite Torpedoschuß. Der Aal detonierte nach nur 23 Sekunden Laufzeit vorzeitig. Der Zerstörer löste sich aus seiner Position und knüppelte mit AK auf den Standort von U 48 zu. Das Boot tauchte.

Als keine Wasserbomben geworfen wurden und der Zerstörer ablief, ließ Schultze auf Sehrohrtiefe auftauchen. In der Frühe des anderen Morgen kam ein zweiter langsam laufender Dampfer mit ebenfalls einem Zerstörer als Eskorte in Sicht. Damit war alles klar. Man wollte sie hier „vernaschen!"

Als dann gegen 7.00 Uhr ein dritter Dampfer mit drei oder vier Zerstörern auftauchte, wurde dieser Pulk als U-Boot-Suchgruppe klassifiziert.

Der U-Boot-Jagdverband griff an. Es fielen jeweils Wasserbomben-Serien von vier bis fünf Stück, die in verschiedenen Tiefen detonierten. Der nächste Angriff erfolgte um 9.00 Uhr und ein dritter wurde um 11.15 Uhr gegen U 48 gefahren.

In Schleichfahrt, auf die größtmögliche Wassertiefe gehend, lief U 48 ab. Sieben Stunden dauerte die Verfolgungsjagd. Daß das Boot durchkam, war der Kaltschnäuzigkeit des Kommandanten zu verdanken u n d der sicheren Handhabung aller Geräte und Ausführung aller Befehle durch die Besatzung.

Um 1.48 Uhr des 30. 11. erhielt das Boot einen FT-Befehl, den Marsch in den Atlantik fortzusetzen.

Am frühen Morgen des 1. 12. kam um 5.30 Uhr an Backbord querab Fair Island in Sicht. An diesem und dem nächsten Tage wurden nur jeweils 155 und 146 Seemeilen geschafft.

So weit die Blicke der Brückenwächter reichten, war nichts anderes zu sehen, als die hohen Roller der See. Erst am Morgen des 6. 12. wurden um 3.25 Uhr zwei Zerstörer auf Westkurs gesichtet. U 48 wich ihnen über Wasser rechtzeitig aus. Der 7. 12. verlief völlig ereignislos und am 8. 12. kamen dann doch noch zwei Dampfer in Sicht, die Zickzack-Kurse liefen.

U 48 das im Unterwassermarsch lief, tauchte auf, um Anschluß zu gewinnen. Mehreren Bewachern entging das Boot durch schnelles Ruderlegen. Um 11.20 Uhr hatte es einen genügend großen Vorlauf zum Unterwasserangriff erzielt. Es ging auf Sehrohrtiefe hinunter und im Sattelsitz des Angriffssehrohrs ließ Schultze den Gegner in die Visiereinrichtung einlaufen.

Als der Dampfer die ganze Zieloptik ausfüllte, fiel der Torpedoschuß. „Torpedo läuft!" rief der Torpedomaat aus dem Bugraum. Der Einzelschuß traf die 6668 BRT große »Brandon«, einen Briten, der binnen zehn Minuten sank.

Der zweite Dampfer, den Schultze gleichzeitig anvisiert und beschossen hatte, drehte rechtzeitig weg. Am Nachmittag wurde das Boot bei dem Versuch, noch einmal an den Konvoi heranzukommen, von Zerstörern unter

Wasser gedrückt und gejagt. Erst gegen 20.00 Uhr gelang es dem Kommandanten, U 48 aus dem Todeskreis, der sich um das Boot gebildet hatte, herauszubringen. Das technische Personal unter Oblt. (Ing.) Zürn ging an die Arbeit und gegen Mitternacht waren alle gemeldeten Schäden ausgemerzt. Das war gut so, denn um 6.30 Uhr des 9. 12. kam ein abgeblendet laufender Dampfer in Sicht, der sich wenig später anhand der Aufbauten als Tanker entpuppte.

Um 6.44 Uhr fiel der erste Schuß, der vorbeiging, weil sich das Boot bei der Schußabgabe gerade weit überlegte. Um 6.46 wurde der Heckaal geschossen. Auch er ging vorbei.

Erst als der dritte Torpedo um 7.10 Uhr das Rohr III verließ, klappte es. Der Aal traf den 7397 BRT großen britischen Motortanker »San Alberto« mittschiffs. Das Schiff bog sich weit durch. Es funkte ununterbrochen SOS und dann SSS, ohne eine Positionsangabe zu machen. Die Besatzung ging in die Boote, und als der Dampfer unterschnitt, setzte U 48 den Marsch fort.

Bis zum Morgen des 15. 12. wurden weitere Dampfer gesichtet. Der erste Aal am 13. 12. war ein Endstreckendetonierer; der nächste Dampfer war ein Grieche. Er wurde am Mittag des 15. 12. gesichtet, gestoppt und mußte versenkt werden, da er eine Getreideladung für Cork an Bord hatte.

Die Besatzung von U 48 nach der Nennung des Bootes im Wehrmachtbericht. „Vaddi" Schultze mit Bärenfell-Mütze.

Die Besatzung erhielt genügend Zeit, in die Boote zu gehen und um 17.40 Uhr wurde die »Germaine« durch Torpedoschuß versenkt.

Am nächsten Tage ließ sich Herbert Schultze vom BdU den Einlaufweg durchgeben. Die Antwort kam sofort und U 48 lief nun auf Heimatkurs. Am 20. 12. setzte der Funkmaat von U 48 einen Spruch ab: „Norderney einlaufend passiert!"

Nach Durchlaufen des Kaiser-Wilhelm-Kanals machte U 48 am 20. Dezember um 17.30 Uhr an der Kieler Tirpitzmole fest. Am ausgefahrenen Sehrohr flatterten vier Versenkungswimpel, die eine Tonnage von 25 618 BRT repräsentierten.

Am Vormittag des 21. 12. erstattete Schultze seinen KTB-Bericht in der Operationsabteilung. Danach ging die gesamte Crew in den verdienten Urlaub. Während dessen sollte U 48 völlig überholt werden.

Die Generalüberholung des Boots dauerte vom 23. 12. 1939 bis zum 20. 1. 1940. Am Vormittag dieses Tages legte es mit seiner gesamten Besatzung zur Probefahrt ab, die zufriedenstellend verlief. Am nächsten Tag wurde U 48 eingeräumt. Am Nachmittag lief es zum Sperrzeugamt, um acht Minen zu übernehmen. Laut Operationsbefehl Nr. 22 sollte das Boot zu einer „Sperraufgabe mit anschließender freier Jagd" auslaufen.

An der „Memel" wurden am Vormittag des 23. 1. Torpedos übernommen. Nach einem letzten Landgang der Besatzung legte das Boot am 26. 1. 1940 in Brunsbüttel ab und lief unter Eisgeleit eines Sperrbrechers im Schlepp zum Feuerschiff Elbe I. Auf dem Marsch nach Helgoland kamen die Motoren nicht mehr über 300 Umdrehungen. Das Eis mußte die Schrauben demoliert haben.

Dies wurde von dem Taucher in Helgoland am 27. 1. bestätigt. Das Boot mußte nach Wilhelmshaven zurück, wo es nach dem Eindocken repariert wurde.

U 48 legte am 30. 1. erneut ab, ergänzte am nächsten Tage an der Helgoländer Westmole den Brennstoff und machte am Nachmittag um 15.00 Uhr zur vierten Feindfahrt los. Es ging bei schwerem Sturm durch die Deutsche Bucht, die Fair Island Passage wurde durchlaufen und nördlich der Shetlands Kurs auf den Raum westlich der Hebriden genommen. Hier wurden am 4. 2. nichts als hohe Wellenberge gesichtet und der Marsch ins Operationsgebiet fortgesetzt. Dann wurde der norwegische Dampfer »St. Villa« in der ersten Morgenstunde des 5. 2. gestoppt. Er befand sich auf der Fahrt nach Bergen, die er fortsetzen konnte.

Auch der dänische Dampfer »Anna« entging am Nachmittag des 6. 2. einer Versenkung. Ein großes Schiff, das am 7. 2. gejagt und beschossen wurde, entkam. Am Morgen des 8. 2. befahl Schultze die Vorbereitung zum Minenwerfen. Es ging in den Englischen Kanal hinein. Es herrschten gute Bedingungen und am 8. und 9. 2. war Neumond. Das vorgegebene Wurfziel wurde genau erreicht. Das Werfen der T.M.-Minen begann um

3.35 und endete um 4.15 Uhr des 9. Februar. Das Boot tauchte weg, und Schultze ließ es bis 16.00 Uhr unter Wasser marschieren. Danach wurde aufgetaucht. Ein italienischer Dampfer, die »Ettore«, wurde gestoppt und durfte passieren. Als der niederländische Dampfer »Burgerdijk« mit 6853 BRT gesichtet wurde, ließ der Kommandant des U-Bootes ihn stoppen. Der Dampfer war bis unter die Lukendeckel mit Sojabohnen, Getreide und Stückgut vollgepackt.

Die Schiffspapiere schienen in Ordnung. Auch wenn er nach Amsterdam bestimmt war – was nicht sicher aus den Papieren hervorging – wollte Schultze diesen Dampfer nicht laufen lassen. Immerhin hatte er Zickzack-Kurse gesteuert und außerdem hatte der an Bord kommende Erste Steuermann des Schiffes namens van Deyjk gestanden, daß das Schiff einen englischen Hafen anlaufen solle. Und zwar die Downs. Außerdem hatte der Funker des Schiffes auf der 600-Meter-Welle einen verschlüsselten Funkspruch getastet.

Die Besatzung ging in die Boote und nachdem das Schiff noch um 18.05 einen Hilferuf – „Collision sinking" mit Standort – absetzen durfte, ließ Schultze um 18.45 Uhr einen Torpedo als Fangschuß schießen. Der Aal traf das Schiff mittschiffs und riß es förmlich auseinander. Es schien sicher, daß es noch Munition geladen hatte.

Um 16.00 Uhr des folgenden Tages entschloß sich Schultze, die Oberdeckstorpedos umzuladen. Die Arbeit begann um 19.00 Uhr. Sie wurde um 21.00 Uhr beendet und „war eine Schinderei sondergleichen", wie der Kommandant in das KTB eintrug.

Am 13. Februar stand U 48 nach einigen Suchschlägen und Auseinandersetzungen mit Kriegsfahrzeugen um 4.00 Uhr südwestlich Irland. Die aus Osten kommende See ging mit Stärke 6. Um 15.24 Uhr erhielt er von der Operationsabteilung des BdU Befehl zu einer neuen Aufstellung, der auch an U 26 und U 37 ging.

Um 14.05 Uhr des 14. 2. mußte U 48 vor einem Flugboot tauchen. Nach 17 Minuten kehrte es an die Wasseroberfläche zurück und sichtete um 15.55 Uhr einen Dampfer. Dieser steuerte zwar Zickzack-Kurse, doch sein Hauptkurs lag auf 40 Grad in Richtung St. Georgskanal.

Der Dampfer, den Schultze auf 12 000 BRT schätzte, lief nach den Beobachtungen der Wachen unter Flugzeuggeleit. U 48 ging auf Sehrohrtiefe.

Um 14.30 Uhr fiel der erste Schuß – vorbei. Der Kommandant beschloß, das Schiff nunmehr im Überwasserangriff zu packen.

Um 14.40 Uhr tauchte U 48 auf. Als um 16.00 Uhr ein Fahrzeug auf Gegenkurs in Sicht kam, das hell beleuchtet war und sich als Holländer herausstellte, ließ Schultze es passieren. Um 16.55 Uhr fiel dann der Fächerschuß auf den großen Dampfer. Beide Torpedos trafen die »Sultan-Star« voll. Sie stand wenig später in hellen Flammen. Das Schiff mußte Faßbenzin oder (und) Pulver an Bord haben. Die Notrufe zeigten, daß die

U 48, ein Boot des Typs VII-B, läuft am 25. 9. 1940 in Lorient ein.

»Sultan Star« 12 306 BRT hatte, also ein ganz großer „Happen" war.

Am nächsten Tage um 14.00 Uhr kam U 48 noch auf den niederländischen Motortanker »Den Haag« zum Schuß. Der 8.971 BRT große Tanker sank.

Auf dem Rückmarsch wurde am Abend des 17. 2. um 20.40 Uhr noch der finnische Dampfer »Wilja« mit 3396 BRT versenkt. Kurz nach Mitternacht des 22. 2. erreichte U 48 die mittlere Nordsee. Der Marsch durch die Deutsche Bucht nach Helgoland erfolgte reibungslos, ebenso der Weitermarsch nach Wilhelmshaven. Hier erhielt die Besatzung „Freizeit". Dönitz begrüßte sie am 25. Februar. Anschließend lief das Boot durch den Kaiser-Wilhelm-Kanal nach Kiel und machte bei der Germaniawerft fest.

Am 1. März 1940 trat die Besatzung von U 48 am Tirpitzufer vor Admiral Dönitz an. Der Kommandant trat fünf Schritte vor, um sich vom „Großen Löwen" als zweiter Soldat der U-Boot-Waffe das Ritterkeuz umhängen zu lassen*.

U 48 hatte bis zu diesem Zeitpunkt unter Kptlt. Schultze 16 Schiffe mit 109 074 BRT versenkt.

Die 5. Feindfahrt unter dem alten Kommandanten war jener verhängnisvolle Einsatz während des Norwegen-Feldzuges, bei dem es keinen Loorbeer zu ernten gab. Alle beteiligten U-Boote hatten mehrfach große Feindschiffe, bis hin zum Schlachtschiff, vor den Rohren, aber die Torpedos spielten ihnen eine gewaltigen Streich. So auch U 48, das im Norwegen-

---

* Nach Günther Prien.

einsatz einen Dreierfächer auf einen großen Kreuzer schoß und beim zweiten Angriff gegen die drei Kreuzer »Devonshire«, »Berwick« und »York« die volle Chargierung schoß. Alle Torpedos versagten.

Der Angriff auf das Schlachtschiff »Warspite«, mit einem Dreierfächer aus günstiger Position, scheiterte ebenfalls an den Torpedos.

Ebenso erging es allen anderen Kommandanten. Hätte auch nur ein Drittel der abgefeuerten Torpedos richtig funktioniert, wären die norwegischen Gewässer zum Grab der britischen Flotte geworden.

Es gab Konsequenzen, eine Untersuchung und Verurteilung der Verantwortlichen, doch an dem blamablen Ergebnis konnte dies nichts mehr ändern.

Die Versenkung der mehrfach anvisierten und beschossenen großen Kriegsschiffe hätte nach Meinung von Experten „England mit an Sicherheit grenzender Wahrscheinlichkeit dazu gebracht, die von Hitler am 19. Juli 1940 ausgestreckten Friedensfühler aufzugreifen und so dem Krieg ein rasches Ende bereitet.

Unter neuem Kommando setzte U 48 seine Siegesserie fort. Admiral Dönitz hatte seinen 1. Admiralstabsoffizier, Kptlt. Oern, mit U 37 zunächst in den Atlantik geschickt, um nach der Torpedomisere wieder eine erste Feindfahrt zu unternehmen.

U 37 stand nur 26 Tagen in See und kehrte mit einer Versenkungszahl von zehn Schiffen mit 41 207 BRT zurück. Die »Duster Grange« mit 9494 BRT war beschädigt worden.

Dies zeigte, daß die Zähne der Wölfe noch scharf waren. Die Schlacht im Atlantik konnte beginnen und eines der Boote, das hierbei wieder Erfolge errang, war U 48 unter dem neuen Kommandanten Korvettenkapitän Hans-Rudolf Rösing. Rösing hatte das Boot übernehmen müssen, als Kptlt. Schultze wegen Erkrankung aussteigen mußte. Bei seinem Abschied von der Crew hatte Schultze allen eingeschärft:

„Denkt daran, daß ihr eine Reputation zu verteidigen habt und daß ich wiederkommen werde, um jeden von euch kielzuholen, wenn er nachgelassen hat.“

In zwei Feindfahrten unter KKpt. Rösing versenkte U 48 zwölf Schiffe mit 60 709 BRT und torpedierte drei Schiffe mit etwa 15 000 BRT.

Danach mußte auch Rösing ausscheiden, um als zukünftiger Befehlshaber der U-Boote West sich auf eine neue Tätigkeit vorzubereiten.

Sein Nachfolger als Kommandant von U 48 wurde Kapitänleutnant Bleichrodt. Es war ein Marineoffizier der Crew 31 und kam ursprünglich nicht von der U-Waffe. Aber ihm standen die beiden Wachoffiziere Suhren und Ites, alte Kämpfer und Routiniers, zur Seite.

Das Boot legte am 8. September 1940 zur achten Feindfahrt ab. Bleichrodt rakte an Konvois und fuhr Angriffe gegen Einzelfahrer. Als er von dieser Feindfahrt zurückkehrte, hatte er acht Schiffe mit insgesamt

36 198 BRT versenkt und die 6554 BRT große »Broompark« torpediert.

Auch die zweite Feindfahrt Bleichrodts war mit sieben versenkten Schiffen und 43 104 BRT und der Torpedierung eines weiteren Schiffes äußerst erfolgreich und schraubte die Versenkungstonnage von U 48 bedeutend herauf.

Die U-Bootsverluste beliefen sich bis zum 31. 8. 1940 auf insgesamt 29 Boote.

Nachdem am 29. August 1940 das Vorauskommando der Operationsabteilung des BdU nach Paris übergesiedelt war, fuhr am 1. September auch die Stabsabteilung von Sengwarden aus dorthin. Diese Übersiedlung erfolgte, weil alle Befehlsstellen der Marine für die „Operation Seelöwe" in Paris zusammengefaßt werden sollten.

Am Bois de Boulogne, auf dem Boulevard Suchet, richtete sich der Stab in einem schmalen vierstöckigen Etagenhaus, das die Nummer 18 trug, ein.

Es war ein Privathaus. Der Befehlshaber der U-Boote hatte dementsprechend strikte Befehle erlassen, n i c h t s aus diesem Hause zu entfernen und n i c h t s zu verändern, was nicht zu den beschlagnahmten Diensträumen gehörte.

Dieses Haus reichte so eben aus, um alle Angehörigen der Operationsabteilung aufzunehmen, einschließlich des Wachpersonals und der Funkstelle.

Alle privaten Schränke dieses Hauses wurden versiegelt. Keines dieser Siegel wurde während der langen Zeit der Anwesenheit der Operationsabteilung der U-Boote erbrochen. Für den BdU u n d für seinen gesamten Stab war es selbstverständlich, fremdes Privateigentum zu achten.

Von hier aus leitete der „Große Löwe" die Operationen seiner „Wölfe".

Hier kamen die Kommandanten nach ihren Feindfahrten zusammen und erstatteten dem BdU den KTB-Bericht.

Hier erarbeitete der BdU die täglichen Weisungen für die Boote, ihre Aufstellung und ihre Aufgaben. Zusammen mit dem Chef des Stabes und seinen Admiralstabsoffizieren sorgte er für die richtige Aufstellung der U-Bootrudel und ihren Ansatz auf erkannte Konvois.

Im Oktober 1940 übersiedelte die Operationsabteilung endgültig zur französischen Westküste. Dönitz wollte seinen U-Boots-Stützpunkten an der Atlantikküste näher sein, um unmittelbar am Ort des Geschehens von Ein- und Auslaufen zu sein.

Der BdU bezog mit seinem Stab die leere Villa eines französischen Sardinenfabrikanten in Kernevel, nahe Lorient.

Hier bereitete der „Große Löwe" alle entscheidenden U-Boot-Einsätze vor.

Mit der 1. U-Flottille hatte auch U 48 nach Brest verlegt. Nach Rückkehr von der zweiten Feindfahrt unter Kptlt. Bleichrodt mußte das Boot zu einer grundlegenden Überholung in die Germaniawerft nach Kiel. Als U 48 nach seiner Generalüberholung am 16. 1. 1941 zu einer Probefahrt nach Helgoland lief, stand wieder Kptlt. Schultze auf der Brücke. Er hatte um den Wiedereinsatz auf U 48 gebeten und Dönitz war dem Wunsche des erfahrenen Kommandanten entgegengekommen. Nun stand er wieder auf dem Turm, die hohe Fellmütze auf dem Kopf. I. WO war Oblt. z. See Schewe, II. WO Oblt. z. S. Atzinger.

Unterwegs wurde das Boot in den Angriffsraum AM 15 westlich des Nordkanals befohlen, den es am 1. 2. 1941 erreichte. Es herrschte grobe See und Wind bis zu Sturmstärke. Der erste Dampfer tauchte auf. Schultze befahl den Angriff. Aber sein erster Torpedo ging fehl. Um 21.25 folgte ein zweiter Aal, der die 4351 BRT große »Nicolaos Angelos«, einen griechischen Frachter, in die Tiefe schickte.

Nach einem Jahr Pause hatte Schultze das Schießen noch nicht verlernt und ebenso wenig den Angriffsgeist verloren. Drei Dampfer wurde wenig später nacheinander gesichtet, doch bei der hoch laufenden See war ein sicherer Waffeneinsatz nicht möglich. Das Boot mußte immer wieder streckenweise auf 50 m Tiefe gehen, um den Männern eine Erholungspause zu geben.

Am frühen Morgen des 4. 2. 1941 wurde der Konvoi OB 288 gestellt. Lehmann-Willenbrock errang an ihm ebenso Erfolg wie Kptlt. Schreiber, der drei Dampfer torpedierte, von denen zwei sanken.

Aber U 48 kam nicht mehr heran. Erst am Abend des 24. 2. stieß es südwestlich von Fastenet, auf der 60-Meter-Linie, auf einen Dampfer. Mit dem dritten Torpedoschuß wurde aus knapp 450 Metern Distanz die »Nailsea Lass« mit 4289 BRT getroffen. In der groben See brach das Schiff wenige Minuten nach dem Treffer auseinander.

Am 25. 2. erhielt U 48 mit einigen anderen Booten den Rückmarschbefehl und lief am 28. 2. nach seiner härtesten Feindfahrt, bei der die See der wahre Gegner war, in Lorient ein.

Bei der Einsatzbesprechung fragte Dönitz den Kameraden, ob er nun nicht doch als Flottillenchef zu einer Frontflottille gehen wolle. Herbert Schultze lehnte entschieden ab. „Ich möchte mein Boot noch auf einigen Fahrten führen, Herr Admiral" bat er. „Die nächste Fahrt wird wieder besser werden."

Davon war Dönitz überzeugt und so lief U 48 am 17. März 1941 wieder aus Lorient aus, mit Kptlt. Schultze als Kommandanten.

Am 20. 3. erreichte es das Kampfgebiet, wurde mehrfach von Flugzeugen unter Wasser gedrückt, konnte sich aber immer rechtzeitig vor den Bombenwürfen in Sicherheit bringen.

Am 22. 3. erhielten U 69 und U 48 Weisung zum Weitermarsch, nachdem ein Ansatz auf einen Geleitzug sich als unmöglich herausgestellt hatte.

In den Tagen davor hatte sich auf See eine Tragödie abgespielt, der drei

Verabschiedung
von U 48 in der
Schleuse von
St. Nazaire.

Boote zum Opfer fielen. Es waren U 47, das mit der gesamten Besatzung
unterging, U 100 unter Schepke und U 99 unter Kretschmer (siehe dazu
das Kapitel Otto Kretschmer).

U 48 sichtete am frühen Morgen des 29. 3. den Geleitzug HX 115 und
gab Standortmeldung und Peilzeichen durch. Kurz nach 6.00 Uhr griff das
Boot an. Um 6.19 Uhr fiel der erste Torpedoschuß. Ihm folgten in dieser
Stunde noch drei weitere und um 8.07 Uhr kam das Boot zum fünften Mal
zum Schuß.

Im Konvoi HX 115 war die Hölle los. Die Dampfer »Germanic«, »Lim-
bourg« und »Eastlea« sanken nach den Schüssen von U 48. Der große
Motortanker »Athelprince«, mit 8900 BRT, wurde schwer getroffen,
konnte jedoch noch eingeschleppt werden. Die »Hylton« sank als letzte.

Ein furioser Wasserbombenangriff der Geleitsicherungsfahrzeuge folgte.
Da kein weiteres deutsches Boot am Geleitzug stand, konnte sich die
Abwehr ganz auf U 48 konzentrieren. Acht Geleitfahrzeuge griffen immer
wieder an, wurden jedoch jedesmal ausmanövriert. Herbert Schultze
wuchs hier weit über sich hinaus.

Am Abend des 1. April, als der Gegner endlich von U 48 abgelassen hatte, lief U 48 in einen neuen Angriffsraum hinein, der ihm unmittelbar nach dem Wiederauftauchen befohlen worden war. Noch ehe das Boot diesen Raum erreicht hatte, sichtete die Wache auf der Brücke einen großen einzeln laufenden Tanker.

Der Fächerschuß aus den Rohren I und II traf 20 vorn und mittschiffs. Der Dampfer, die »Beaverdale« mit 9957 BRT, stoppte und setzte Notrufe ab. Schultze trug ihr noch einen dritten Torpedo an, der das Schiff achtern direkt vor den Aufbauten traf. Wenig später brannte die »Beaverdale« über ihre gesamte Breite.

Damit hatte U 48 fünf Dampfer versenkt und einen sechsten torpediert. 27 256 weitere BRT waren auf der Rekordliste von U 48 hinzugekommen, als das Boot am 8. 4. in St. Nazaire einlief.

Am nächsten Morgen hielt Schultze wieder einen seiner gekonnten Vorträge. Er schloß mit der Bitte, eine weitere Fahrt auf U 48 machen zu dürfen.

„Ich hoffe", sagte er zu seinem Befehlshaber, „daß ich die Zahl 200 000 vollmachen kann."

Dönitz war einverstanden. Dann aber sollte Schultze zu einer Schulflottille in die Ostsee gehen. Dort wurde er mit seinem großen Wissen und Können dringend benötigt.

Am 22. 5. 1941 lief U 48 nach gründlicher Untersuchung u n d einer erneuten Umbesetzung der Wachoffiziersstellen aus St. Nazaire aus. I.W.O. war Oblt. z. S. Atzinger geworden, Schewe hatte ein eigenes Boot erhalten, mit dem er sehr erfolgreich werden sollte. II.W.O. wurde Lt. z. S. Knackfuß und alter und neuer Leitender Ingenieur war Kptlt. (Ing.) Zürn.

Dem Boot wurde das Einsatzgebiet Biskaya zugewiesen. Hier erhielt U 48 neben einer Reihe anderer Boote am 25. 5. Befehl, sich zur Unterstützung der »Bismarck« bereitzuhalten. Das Schlachtschiff hatte in dem großen Flottenunternehmen „Rheinübung" im Nordatlantik Erfolge errungen. Es hatte den britischen Schlachtkreuzer »Hood« so schwer getroffen, daß dieser nach der fünften Salve der »Bismarck« in die Luft flog. Im anschließenden Gefecht war die »Prince of Wales« schwer beschädigt worden.

Aber auch die »Bismarck« hatte in diesem Gefecht drei Treffer hinnehmen müssen, die eine Reihe Schäden verursachten. Das deutsche Schlachtschiff wurde nicht zurückgerufen, weil weder der Chef des Stabes der Seekriegsleitung, noch der Ob. d. M. Meldung über die Schwere der Schäden erhielten.

Einer der Treffer hatte zur Folge, daß die »Bismarck« eine Ölspur hinter sich herzog. Das Schlachtschiff setzte sich in den Atlantikraum hinein ab und wurde von den britischen Kreuzern »Norfolk« und »Suffolk« verfolgt. Die »Bismarck« konnte nur 24 Knoten Fahrt machen. Am 26. 5. wurde das Schiff von einem britischen Aufklärer gesichtet und sein Standort gemeldet. Wenig später griffen Torpedobomber in drei Wellen an. Die zweite Welle erzielte einen Treffer in die Backbord-Ruderanlage. Beim dritten Angriff wurde das Schlachtschiff von zwei Lufttorpedos getroffen. Damit war es manövrierunfähig geworden.

Im letzten Nachtgefecht zum 27. 5. konnte die »Bismarck« noch einige angreifende Zerstörer beschädigen. Um 10.40 Uhr dieses Tages sank die »Bismarck«*.

Die deutschen U-Boote kamen nicht heran, bis auf U 556 unter Oblt. z. S. Trojer. Doch dieses Boot hatte keine Torpedos mehr.

Am 1. 6. 1941 befand sich U 48 im Anmarsch auf einen neuen Vorpostenstreifen. Es wurde kein Gegner gesichtet. Erst am folgenden Abend hörten die Brückenwächter weit im Westen einige Torpedodetonationen. Es war U 108 unter Kptlt. Scholtz, der dort „gewütet" hatte.

Wenig später wurde der Kommandant auf den Turm gerufen. Ein Tanker war in Sicht gekommen. Schultze ließ das Boot vorlaufen und schoß den ersten Zweierfächer dieses Unternehmens. Die 9456 BRT große »Inversuir« blieb gestoppt liegen, nachdem beide Torpedos mittschiffs eingeschlagen waren. Flammen loderten empor, doch offensichtlich sank der Riese nicht. Die Besatzung des Buggeschützes enterte auf Deck ab. Granaten wurden durch den Turm nach oben und über die Rutsche an Deck transportiert. Dann schlugen die Granaten unterhalb der Wasserlinie in die Bordwand des Tankers. Die »Inversuir« sank.

48 Stunden später erfolgte die zweite Sichtung. Diesmal war es der britische Motortanker »Wellfield« mit 6054 BRT, der nach einem Treffer rasch in den Wellen verschwand.

Am Nachmittag des 6. 6. sichtete U 48 einen schnellen Einzelfahrer. Diesem gelang es, das Boot zunächst durch raffinierte Zacks auszudampfen, doch beim neuen Anlauf kam U 48 in gute Schußposition. Die »Tregarthen« mit 5021 BRT blieb gestoppt liegen, als der Torpedo auftraf. Ein zweiter Aal besiegelte sein Schicksal.

Am 8. Juni machte U 48 dann Jagd auf einen großen Tanker, der in der südlichen Kolonne des Konvois OB 329d lief. Das Boot lief nach einem Zwischenspurt voraus, Schultze brachte U 48 auf Sehrohrtiefe hinunter und der Angriff begann. Sie kamen sehr dicht heran und nach dem Schuß ertönte bald der dumpfe Knall des Torpedotreffers, fünf Sekunden später erfolgte ein zweiter harter Schlag. Der Tanker, die niederländische »Pendrecht« lief aus, lag brennend auf der See und setzte Notrufe ab. Ihre 10 746 BRT machten die 2 000 000 BRT voll, die Herbert Schultze angestrebt hatte.

Das Boot mußte den Rückmarsch antreten. Die beiden letzten Torpedos lagen noch in den Rohren und in der Nacht zum 12. 6. lief ihnen ein weite-

---

* Wahrscheinlich durch Selbstversenkung

241

rer schneller Einzelfahrer entgegen. Es war die 7005 BRT große »Empire Dew«, ein britischer Tanker.

Der letzte Zweierfächer lief und 14 Sekunden nach der vorausberechneten Laufzeit trafen beide Torpedos mittschiffs. Binnen acht Minuten verschwand das Schiff von der Wasseroberfläche.

Damit hatte U 48 auf der letzten Feindfahrt fünf Schiffe versenkt, darunter drei wertvolle Tanker. Schultze ließ einen FT-Spruch tasten:

„Auf Rückmarsch Einzelfahrer von 7005 BRT versenkt."

„Bravo U 48!" ließ Dönitz zurückfunken.

Wenig später ging ein weiterer FT-Spruch ein. Er lautete:

„Der Führer hat Sie als 15. Soldat der Wehrmacht mit dem Eichenlaub zum Ritterkreuz ausgezeichnet. Gratuliere, BdU."

Nach der Rückkehr nahm Herbert Schultze Abschied von U 48 und von seiner Besatzung; darunter Sailors, die seit Anfang an dabei gewesen waren. Am 1. August wurde U 48 aus der Front herausgenommen und trat zur 26. U-Flottille unter KKpt. von Stockhausen. Kommandant war und blieb bis zuletzt Oblt. z S. dann Kptlt. Atzinger.

Nach einem wohlverdienten Urlaub übernahm Herbert Schultze am 1. 9. 1941 die 3. U-Flottille als Flottillenchef. Damit hatte Dönitz der Bitte des Kommandanten um Überlassung einer Frontflottille stattgegeben. In seiner Flottille waren jene Asse, die immer wieder von sich reden machten. So unter anderen auch Rollmann, Reschke, Heinz-Otto Schultze und andere.

Am 23. April 1941 war auch seinem langgedienten Leitenden Ingenieur, Kptlt. Erich Zürn, das Ritterkreuz verliehen worden. Zweimal schon hatte Schultze die Auszeichnung für diesen tatkräftigen und einsatzfreudigen Offizier beantragt, ehe der dritte Antrag durchging.

Im Juni übergab Herbert Schultze die Flottille an seinen Nachfolger KKpt. Zapp.

Der Weltrekord-Rennfahrer Hans Stuck in St. Nazaire bei der Besatzung von U 48.

Als Korvettenkapitän wurde er im März 1942 Admiralstabsoffizier der Marinegruppe Nord und trat im Dezember dieses Jahres in den Stab des Befehlshabers der U-Boote im Oberkommando der Kriegsmarine ein.

Ab März 1944 diente KKpt. Schultze als Kommandeur der 2. Abteilung der Marineschule zu Schleswig.

Sein Boot, U 48, hat er noch mehrfach besucht. Immerhin war es das erfolgreichste deutsche U-Boot und er, Schultze, hatte es dazu gemacht.

Das Boot wurde in der Nacht des 3. Mai 1945 von dem amtierenden Kommandanten, Oblt. z. S. Todenhagen, in der Neustädter Bucht selbst versenkt.

Versenkungsliste von U 48 unter Korvettenkapitän Herbert Schultze

5.9.39	12.25	brD	Royal Sceptre	4.853 BRT	46.23 N/14.59 W
8.9.39	08.30	brD	Winkleigh	5.055 BRT	59.40 N/13.50 W
12.10.39	18.08	frMT	Emile Miguet	14.115 BRT	50.15 N/14.59 W
12.10.39	20.24	brD	Heronspool	5.202 BRT	50.13 N/14.48 W
13.10.39	08.14	frD	Louisiane	6.903 BRT	50.14 N/15.032 W
14.10.39	12.13	brD	Sneaton	3.677 BRT	49.05 N/13.04 W
17.10.39	20.35	brD	Clan Chisolm	7.256 BRT	45.— N/15.— W
26.11.39	23.32	swMT	Gustav E. Reuter	6.336 BRT	14 m WNW Fair Isl.
8.12.39	11.55	brD	Brandon	6.668 BRT	50.28 N/08.28 W
9.12.39	06.44	brMT	San Alberto	7.397 BRT	49.20 N/09.45 W
15.12.39	17.40	grD	Germaine	5.217 BRT	51.00 N/12.18 W
10.2.40	08.45	nlD	Burgerdijk	6.853 BRT	49.45 N/06.30 W
14.2.40	16.55	brD	Sultan Star	12.306 BRT	48.54 N/10.03 W
15.2.40	14.00	nlMT	Den Haag	8.971 BRT	48.02 N/08.26 W
17.2.40	20.40	fiD	Wilja	3.396 BRT	49.00 N/06.33 W
1.2.41	21.25	grD	Nikolaos Angelos	4.351 BRT	59.— N/17.— W
24.2.41	21.43	brD	Nailsea Lass	4.289 BRT	60 m SW Fastnet
29.3.41	06.19	brD	Germanic	5.352 BRT	61.18 N/22.05 W
29.3.41	06.24	beD	Limbourg	2.483 BRT	61.18 N/22.05 W
29.3.41	06.27	brMT	Athelprince	————— ———	torpediert
29.3.41	06.55	brD	Eastlea	4.267 BRT	60.20 N/18.00 W
29.3.41	08.06	brD	Hylton	5.197 BRT	60.20 N/18.10 W
2.4.41	01.00	brDT	Beaverdale	9.957 BRT	60.50 N/29.19 W
3.6.41	01.01	brDT	Inversuir	9.456 BRT	48.28 N/28.20 W
5.6.41	01.31	brMT	Wellfield	6.054 BRT	48.34 N/31.34 W
6.6.41	23.25	brD	Tregarthen	5.201 BRT	46.17 N/36.20 W
8.6.41	15.45	nlMT	Pendrecht	10.746 BRT	45.18 N/36.40 W
12.6.41	02.52	brD	Empire Dew	7.005 BRT	51.09 N/30.16 W

Gesamterfolge:
27 Schiffe mit 183.432 BRT versenkt
1 Schiff torpediert

Korvettenkapitän

Peter Erich Cremer

Im Frühjahr 1960 hat „Ali" Peter Erich Cremer dem Werk von Terence Robertson „Jagd auf die Wölfe", in dem der dramatische Kampf der britischen U-Boots-Abwehr während der „Schlacht im Atlantik" geschildert wird, eine Einführung aus deutscher Sicht mitgegeben. Nichts kennzeichnet mehr und besser Einsatz und Wollen dieses Kommandanten, der nach den Worten von Großadmiral Dönitz „einer unserer befähigtesten U-Boots-Kommandanten" war, als das Schlußwort dieser seiner Einführung:

„Zum Schluß möchte ich den Wunsch aussprechen, daß alle Erfindungskraft und alle Entschlossenheit, die Deutsche und Engländer einmal im Kampf gegeneinander aufgebracht haben, heute dem gemeinsamen Weg der beiden Völker dienen möchten – für friedliche Ziele, die solchen Einsatzes würdiger sind als das gegenseitige Vernichten." –

Am 25. März 1911 wurde Peter Erich Cremer in Metz geboren. Sein Vater war dort ein angesehener Jurist. Als das Jahr 1918 zu Ende ging und der Erste Weltkrieg für Deutschland verloren war, mußten der Vater das Amt und der Junge Schule und Heimat verlassen. Die Familie Cremer zog nach Gelnhausen in Hessen.

1929 machte er auf der Domschule zu Naumburg sein Abitur und studierte anschließend sechs Semester Jura in Grenoble, Leipzig und Marburg.

Als das deutsche Segelschulschiff »Niobe« im Sommer 1932 auf der

Höhe von Fehmarn kenterte und die gesamte Crew 1932 mit in die Tiefe nahm, meldete sich Cremer zur damaligen Reichsmarine.

Die Grundausbildung erhielt er auf dem Dänholm bei Stralsund. Mit dem Kreuzer »Köln« machte der junge Seekadett seine große Reise, die ihn durch das Mittelmeer, nach Indien und in die Südsee, nach China und Japan brachte. Einer seiner Crewkameraden war „Kläuschen" Korth, der später ebenfalls ein As der U-Boots-Waffe werden sollte.

Ali Cremer fand auf See das, was er suchte: die tägliche Meisterung der Gefahr und Kameraden, die in der gleichen Verbundenheit zur See und zur Seemannschaft standen.

Er wurde Fähnrich und Oberfähnrich zur See. Auf der Marineschule in Flensburg-Mürwik erhielt er den theoretischen Schliff. Ein Bordkommando auf der »Deutschland« folgte. Hier wurde er zum Leutnant zur See befördert.

Als Oblt. z. S. stieg er auf einen Zerstörer über, auf dem er als Artillerieoffizier diente.

Für Oblt. z. S. Cremer begann der Zweite Weltkrieg auf dem Zerstörer Z 6 »Theodor Riedel«. Zunächst galt es, vor der englischen Küste Minen zu legen.

Am 9. April wurde auch Z 6 bei der Besetzung Norwegens eingesetzt. Gemeinsam mit drei weiteren Zerstörern fuhr er für den Schweren Kreuzer »Admiral Hipper« Sicherung. Dieser Kreuzer hatte den Auftrag, 1700 Gebirgsjäger in Drontheim zu landen.

Im Verlauf dieses Einsatzes wurde Z 6 als schwimmende Batterie auf einen Felsen aufgesetzt. Angreifende Torpedoflugzeuge wurden abgewehrt, dann wurde Z 6 von Trägerflugzeugen des Typs »Blackburn Skua« angegriffen. Es gelang Cremer, eine dieser Maschinen abzuschießen.

Nach Ende des Norwegenfeldzuges meldete sich Cremer zur U-Boot-Waffe. Er kam zur U-Boot-Lehrdivision nach Pillau, um am 25. August 1941 als Kapitänleutnant mit U 333 sein erstes eigenes Boot in Dienst zu stellen.

Nach der beinahe friedensmäßigen Ausbildung und dem Einfahren lief U 333 im Januar 1942 zu seiner ersten Feindfahrt aus. Im Mittelatlantik kam U 333 am 18. 1. 1942 auf den Briten »Caledonian Monarch« zum Schuß, der im Konvoi SC 63 lief, und versenkte den 5851 BRT-Brocken.

Vier Tage später holte er sich aus dem Geleitzug ON 53s die »Vassilios A. Polemis« mit 3429 BRT heraus. Das norwegische Motorschiff »Ringstad« mit 4765 BRT folgte genau 48 Stunden später. Dies war für ein Boot auf erster Feindfahrt ein beachtliches Ergebnis.

Am Nachmittag des 31. 1. 1942, das Boot hatte bereits den Rückmarsch angetreten, sichtete die Brückenwache einen Dampfer. Cremer enterte auf den Turm. Er ließ sofort mit Alarmtauchen hinuntergehen, um aus Sehrohrtiefe den Dampfer zu erkennen.

Der Dampfer war dunkelgrau gestrichen, mit weißen Aufbauten. Das

Schiff führte keine Flagge und Cremer war sicher, es mit einem feindlichen Handelsschiff zu tun zu haben. Auf dem Heck war eine Kanone zu erkennen. Da das Schiff außerdem Zickzack-Kurse steuerte, befahl Cremer „Auf Gefechtsstationen!"

Um 15.60 Uhr befahl er einen Torpedoschuß. Der Aal traf den Dampfer, der auslief und dann gestoppt liegenblieb.

Als Cremer erkannte, daß auf dem Schiff Lecksicherungsmaßnahmen ergriffen wurden, ließ er um 18.00 Uhr einen Fangschuß schießen. U 333 lief ab, ohne dessen Sinken abzuwarten, da dies mit Sicherheit geschehen würde.

Als das Boot nach seinem Wiederauftauchen die Erfolgsmeldung durchtastete, herrschte beim Ob. d. M. und beim BdU bereits „Zustand", denn auch das sinkende „Handelsschiff" hatte einen Funkspruch abgesetzt, der von beiden Marinestellen aufgefangen worden war:

„SOS von »Spreewald«: Wurden um 17.00 Uhr torpediert, brenne, sinke auf 45.15 Nord und 24.45 West."

U 333 hatte das deutsche Motorschiff »Spreewald« versenkt. Als Cremer seine Erfolgsmeldung abgesetzt hatte, erhielt er von der Operationsabteilung des BdU sofort Antwort:

„Cremer, Sie haben den deutschen Dampfer »Spreewald«, der als Blockadebrecher eingesetzt war, versenkt."

U 105 unter Kptlt. Schuch war sofort vom BdU zur Untergangsstelle beordert worden. Schuch meldete daß er drei Boote und drei Flöße mit insgesamt 24 deutschen Seeleuten und 58 Gefangenen geborgen habe und daß noch ein Boot fehle.

Neun U-Boote suchten die See ab. In einem Funkschlüsselgespräch mit U 105, das auch einige andere Boote mithörten und mitschrieben, befahl Admiral Dönitz:

„Keiner der Geretteten darf erfahren, daß es ein deutsches U-Boot war, das die »Spreewald« versenkt hat!"

Die Suche nach dem letzten Boot verlief erfolglos. An Bord der »Spreewald« befanden sich die Gefangenen die von der »Kulmerland«, einem Versorgungsschiff, an den Blockadebrecher »Spreewald« abgegeben worden waren. Außerdem Post von einigen Handelsstörkreuzern und das KTB des Schiffs 41, »Kormoran«.

Der Blockadebrecher »Spreewald« kam von Dairen und war für Bordeaux bestimmt. Unter den Opfern befand sich auch die vom Kapitän des Schiffs 41, Detmers, in die Heimat geschickte Besatzung des Hilskreuzers, unter ihnen der Nachrichtenoffizier Kptlt. Gustav Oetzel.

Für U 333 und insbesondere seinen Kommandanten war diese Versenkung ein Fiasko. Aber Cremer konnte beweisen, daß das Schiff a u c h n a c h dem ersten Torpedotreffer seine Identität nicht preisgegeben hatte, obgleich die Schiffsführung doch hätte annehmen m ü s s e n, daß das Schiff von einem deutschen U-Boot versenkt werden sollte.

Admiral Dönitz sprach Boot und Besatzung, einschließlich des Kommandanten, sein besonderes Vertrauen aus.

Anfang April 1942 lief U 333 zu seiner zweiten Feindfahrt in das US-Küstenvorfeld aus. Dort hatte eine Reihe deutscher Boote bereits Erfolge errungen.

Einsatzgebiet war die amerikanische Küste auf Höhe der Bermudas.

Unangefochten durchstieß U 333 die gefährliche Biskaya, größtenteils in Tauchfahrt.

Von der Höhe der Azoren an lief das Boot im Überwassermarsch weiter. Tiefliegende Wolken erschwerten die Sicht, so daß U 333 sich auch über Wasser sicher fühlen konnte. Dennoch stieß eine viermotorige Liberator urplötzlich aus den Wolken heraus und griff mit Bordwaffen an, ehe sie zwei schwere Bomben warf, die dicht beim Boot einschlugen.

Starkes Abwehrfeuer zwang den Gegner, abzudrehen. Doch durch die Beschießung und die nahebei detonierten Bomben hatte das Boot schwere Schäden erlitten.

Mit seinem L.I., Oberleutnant (Ing.) Hoffmann, prüfte der Kommandant die Schäden. Wasser sickerte aus einigen Lecks ins Boot, und die Ruderanlage war defekt.

„Schaffen wir es mit Bordmitteln, Hoffmann?"

Oberleutnant Hoffmann nickte. Bei grober See, immer in Erwartung eines neuen Angriffes, begannen die Arbeiten. Dann war der letzte Schaden, so gut es gehen wollte, repariert, und nach einem Tauchversuch entschied Ali Cremer:

„Boot setzt die Fahrt fort!"

U 333 marschierte weiter und erreichte am 22. April das amerikanische Küstenvorfeld. Nichts geschah. Die Gegend war von Schiffen wie leergefegt, obgleich der B-Dienst hier starken Verkehr annahm. U 333 lief bis unter die Küste von Florida.

Auf niedrigstem Wasser stehend, versuchte Cremer, das Boot zum Erfolg zu führen. Diesmal sollte es eine gute Reise werden, nachdem das Boot in den vorhergegangenen Feindfahrten nur etwas über 15 000 BRT feindlichen Schiffsraumes versenkt hatte. Aber Cremer hatte „Nase", daß er diesmal dran war.

Bei Tag auf Grund liegend, tauchte das Boot in den Nächten auf, um die Batterien aufzuladen und Frischluft durch das Boot zu blasen. Ab und zu horchte das Boot einen Bewacher, dann wieder wurden durch das Luftzielsehrohr Flugzeuge gesichtet, die Küstensicherung flogen.

Am Morgen des 29. April 1942 meldete das Horchschapp plötzlich Schraubengeräusche.

„Auf Sehrohrtiefe auftauchen!"

Im Sehrohrausblick zeigte sich dem Kommandanten ein großer Tanker, der mit 12 Seemeilen Fahrt auf Ostkurs lief.

„Den schnappen wir uns! Rieseneimer, 12 000 Tonnen mindestens!"

Das Boot hängte sich an, und als der Abend herabsank, gewann es die zum Angriff nötige vorliche Position und ging auf Tiefe. In Unterwasserfahrt lief U 333 in Schußposition.

„Aus!" befahl der Kommandant.

Surrend glitt das Sehrohr in die Höhe. Ein prüfender Blick, dann wandte Cremer sich zum T.W.O. um.

„Wir haben ihn gleich! – Ein!"

Sekunden vertickten.

„Aus!"

Der Motor surrte. Doch das Sehrohr rührte sich nicht von der Stelle.

„Himmelarm und Zwirn! Wir können doch nicht blind schießen! Los, machen Sie das Sehrohr klar!"

Der Bootsmannsmaat, dem die Wartung des Sehrohrs oblag, begann fieberhaft zu arbeiten.

„Schraubengeräusche näher kommend!" meldete der Mann aus dem Horchraum.

Endlich glitt das Sehrohr wieder in die Höhe. Unwillkürlich zuckte Kapitänleutnant Cremer zurück, als er den Tanker riesengroß, unmittelbar vor dem Boot, in der Optik hatte.

Noch ehe er einen Befehl geben konnte, erreichte der Tanker, der gedreht hatte und in Lage Null auf das Boot zugelaufen war, U 333. Ein harter Rammstoß warf die Männer im Boot übereinander. Unmittelbar über seinem Kopf hörte der Kommandant das Reißen und Würgen des Tankerstevens am Turm.

„Wassereinbruch!" schrie der Gefechtsrudergänger über ihm.

Rauschend schoß die See von oben ins Boot. Mit berstendem Knall wurden Teile der Turmverkleidung herausgerissen.

„Backbord-E-Maschine ausgefallen!"

Der L.I. schaltete die Notbeleuchtung ein, und mit einem Male spürten alle, daß das Boot unter ihnen wegsackte. Und immer noch strömte Wasser durch das Leck im Turm und klatschte auf die Flurplatten der Zentrale herunter.

„Auf 60 Meter abfangen! Alle Mann aus dem Turm!"

Die Männer enterten in die Zentrale ab. Knallend wurde das untere Schott dichtgeschlagen und zugedreht. Es gelang Oberleutnant Hoffmann, das Boot abzufangen.

Der Tanker, der U 333 gerammt hatte, war die »British Prestige« (11 000 BRT) unter Captain Hill, den Ali Cremer nach dem Kriege in London kennenlernen sollte.

„Wenn der Tanker über Funk Zerstörer rangeholt hat, werden wir beim Auftauchen was erleben, Herr Kaleunt!"

„Möglich, aber wir müssen rauf, noch bevor der Tag anbricht. Was machen die Sehrohre?"

„Klemmen beide. Wahrscheinlich abgebrochen."

„Verdammte Zucht! – Horchraum! Frage: Schraubengeräusche?"

„Keine Schraubengeräusche, Herr Kaleunt!"

„Auftauchen!"

Als das Boot durchbrach, versuchte der Kommandant das Turmluk zu öffnen; vergebens. Noch niemals vorher war Kapitänleutnant Cremer so schnell durch das Kombüsenluk im Vorschiff rausgekommen wie diesmal. Als er auf dem Oberdeck stand, sah er, daß zum Glück für das Boot die Luft rein war.

Als der Kommandant sein Boot übersah, erschrak er. Der riesige Tanker hatte zuerst den Bug von U 333 getroffen. Die Außenhaut war vorn oben völlig eingedrückt und aufgerissen. Zwei der vier Bugtorpedorohre waren durch den Rammstoß ausgefallen. Der Turm des Bootes sah aus wie ein

U 333 unter Peter Erich Cremer, genannt „Ali Wrack", kehrt arg blessiert in den Stützpunkt zurück.

Schrotthaufen. Er war völlig eingedrückt. Blech hing lose herunter. Vom Sehrohr stand nur noch ein eingebeulter Rest.

„Herr Kaleunt, da hilft nur noch die Werft. Unser Boot ist ein fahrender Schrotthaufen!"

„Können vor Lachen, Hoffmann! Zwei unserer Rohre sind noch klar. Und wir haben noch alle Torpedos. Sie müssen das Boot wieder hinkriegen, Alter!"

Mit AK lief U 333 aus dem küstennahen Gebiet ab und verholte sich weit in die offene See. Eine wilde Schufterei begann. Die Reste des losgerissenen Schanzkleides wurden mit dem Schneidbrenner weggeschnitten, die Lecks notdürftig verschweißt, soweit dies eben ging. Das zweite Sehrohr konnte wieder zurechtgeflickt werden, und zwei Tage später meldete der L.I. das Boot „bedingt gefechtsklar«.

Das Boot lief zur Küste zurück. Da aus den Rissen der Tauchzellen Luft ausblies, mußte alle fünf Minuten nachgeblasen werden. Mit den vorderen Tiefenrudern hart oben und den achteren hart unten – was dem Boot durch den Fahrstrom den notwendigen zusätzlichen Auftrieb gab – schafften sie es.

In der kommenden Nacht wurden Zerstörer gesichtet. Kapitänleutnant Cremer mogelte U 333 an ihnen vorbei, und dann sichteten sie einen Tanker von 12 500 BRT, der günstigen Kurs lief.

„Den holen wir uns, Kinder. Keine lange Verfolgungsjagd. Einfach ran, und dann raus mit den Aalen!"

Das Boot lief zum Angriff an. Der geschossene Doppelfächer ließ den mittschiffs getroffenen Tanker auseinanderbrechen und innerhalb kurzer Zeit sinken.

Mit Hartruder drehte das Boot ab. Weit von U 333 entfernt detonierten blind geworfene Wabos.

Noch in der gleichen Nacht wurde ein Frachter von 6000 BRT gesichtet und durch einen Zweierfächer versenkt.

Ein dritter Dampfer von 6000 Tonnen lief ins Visier. Die beiden Torpedos trafen ihn hintereinander am Heck. Mit der doppelten Detonationssäule wurde das Heck in die Luft geschleudert. Brennend sank der Dampfer über das Heck.

Zerstörer feuerten Leuchtgranaten in die Nacht hinein. Wabos rissen die See auf. Mit kleiner E-Maschinenfahrt verholte sich U 333, das kein Wabo-Bombardement mehr überstanden hätte, auf tiefes Wasser.

In der gleichen Nacht griff das Boot abermals an. Ein großer Frachter kam in Sicht. Cremer ließ zum Angriff herandrehen. Doch im gleichen Augenblick lief ein Zerstörer von achtern auf das deutsche U-Boot zu. Weißgischtend leuchtete seine Bugsee. Mit Alarmtauchen ging U 333 in die Tiefe.

Das Wabo-Bombardement begann. Die ersten Schäden wurden gemeldet. Schlagartig fiel das Licht aus. Manometer- und Wasserstandsgläser zerklirrten. Von fast allen Stationen wurden Wassereinbrüche gemeldet. Fieberhaft versuchten die Männer auf den Stationen, das Wasser zum Stehen zu bringen.

Dann krachte eine Zehnerserie dicht beim Boot. Ein gewaltiger Ruck ließ alle Männer stürzen. Flurplatten sprangen knackend, und jäh sackte das Boot durch.

Das ist das Ende! ging es dem Kommandanten durch den Kopf, und dann setzte U 333 hart auf dem Grund auf. Der Meeresboden hatte den Sturz ins Nichts aufgehalten.

Abermals fielen Wabos. Doch sie lagen weit ab. Der Zerstörer entfernte sich. „Schäden beseitigen! Lenzpumpen anstellen!"

Alle Lecks wurden abgedichtet. Die Lenzpumpen begannen zu summen, und noch einmal schaffte es das Boot. U 333 kam vom Grund frei und durchstieß die Wasseroberfläche. Der Gegner war abgelaufen. Diesmal hätte er leichtes Spiel gehabt, denn das Boot war tauchunklar. Nur die geringe Wassertiefe hatte die Vernichtung des Bootes vereitelt.

Mit nur noch einem Torpedo im Rohr mußte der Kommandant den Rückmarsch befehlen. Es hieß nun, 3000 Seemeilen mit einem Wrack zu schaffen. Unwahrscheinliches hatten Boot und Besatzung geleistet, und Unwahrscheinliches wurde auch für den Rückmarsch von beiden verlangt.

Als dem Boot dann ein Truppentransporter von 6000 BRT entgegenlief, griff U 333 abermals an, um auch den letzten Torpedo noch loszuwerden. Die Alarmglocken schrillten.

„Auf Gefechtsstationen!"

Mit AK voraus lief U 333 auf Angriffsposition. Aus 550 Meter Entfernung fiel der Schuß. Der letzte Torpedo traf den Truppentransporter mittschiffs und ließ ihn sinken. Mit einer gewaltigen Unterwasserdetonation kam das Heck noch einmal an die Wasseroberfläche zurück, dann war der Dampfer verschwunden.

Am 27. Mai 1942 lief U 333 in La Pallice ein. Vier Versenkungswimpel flatterten am ausgefahrenen Sehrohr. 21.923 BRT hatte U 333 trotz der schweren eigenen Schäden versenkt. Ein unwahrscheinlicher Einsatz war zu Ende gegangen.

Die zur Begrüßung auf die Pier geeilten Kameraden sahen das völlig zerschlagene Boot, und sie wußten nicht, was sie mehr bewundern sollten – den Rückmarsch mit diesem Wrack oder den Angriffsgeist des Kommandanten, der den Kampf trotz der Schäden nicht aufgegeben hatte.

Am 5. Juni 1942 erhielt Kapitänleutnant Cremer das Ritterkreuz. Er hatte mit U 333 bis dahin 35.968 BRT versenkt; aber der letzte Einsatz zählte doppelt.

Cremer erhielt nach dieser Feindfahrt von seinen Kameraden den Spitznamen „Ali-Wrack". Schon auf der nächsten Feindfahrt sollte sich dieser Name erneut als zutreffend erweisen.

Nach einer gründlichen Überholung und Reparatur lief U 333 – das Boot der kleinen Fische – im September 1942 erneut zur Feindfahrt aus. Langsam verließ es den großen U-Boots-Bunker von La Pallice bei La Rochelle und lief in die Biskaya.

I.W.O. war Oberleutnant Hermann, II.W.O. Oberleutnant Pohl. Operationsgebiet des Bootes war der Raum um Freetown an der afrikanischen Westküste, wo zwei alliierte Geleitzugwege sich kreuzten und wo immer Verkehr anzutreffen war.

Am 1. Oktober 1942 traf U 333 im Oprerationsgebiet ein. Es wurde hier mit einigen anderen Booten zur Gruppe „Iltis" zusammengefaßt. Jedes der Boote erhielt einen bestimmten Sektor zugeteilt. Scheitelpunkt der Suchharke war Freetown. In diesem Scheitelpunkt, unmittelbar vor dem Hafen, stand U 333. Kapitänleutnant Cremer beabsichtigte, in den Hafen von Freetown einzudringen und einen dort liegenden großen Truppentransporter zu vernichten. In der Morgenfrühe des 6. Oktober lief U 333 in Richtung auf den Hafen. Der Kommandant stand auf der Brücke des Bootes.

Stunde um Stunde verrann.

„Ich gehe runter, um mich von der Navigation und der Lotung zu überzeugen."

Mit diesen Worten verließ der Kommandant den Turm und enterte in die Zentrale ab. Er ging auf die Nummer Eins am Kartenpult zu.

„Oben sieht's mies aus, Becker. Dunkle Nacht und dazu noch Regen. Wo stehen wir?"

„Haben um 05.25 Uhr die 200-Meter-Linie passiert, Herr Kaleunt. Stehen jetzt 20 Seemeilen westlich Freetown."

Cremer beugte sich über die Karte und blickte auf die Stelle, die von der Bleistiftspitze markiert wurde.

„Danke, Becker, dann wollen wir . . ."

Kommandant auf die Brücke!"

Cremer eilte zum Niedergang, rief sein „Aufwärts!" und enterte auf den Turm.

„Kriegsschiff 600 Meter Steuerbord voraus, Herr Kaleunt!"

Auf den ersten Blick erkannte Cremer eine Korvette, die mit Höchstfahrt aus der Dunkelheit herausschoß. Und in diesem Augenblick blitzten schon Mündungsfeuer auf der Korvette auf; heulend kamen die Geschosse heran und hieben ringsum in die See und in den Turm von U 333 hinein.

Kapitänleutnant Cremer spürte einen harten Schlag am rechten Oberarm.

Gleich darauf war ihm, als würde sein linker Unterarm auseinandergerissen. Dann erhielt er einen Bruststeckschuß, der ihn von den Beinen riß.

Auch die anderen Männer auf dem Turm wurden getroffen, sie schrien auf und fielen zu Boden. Als der Kommandant wieder in die Höhe kam, sah er, daß sein I.W.O. am Hals blutete.

Die Korvette war schon nahe herangekommen und setzte eben zum Rammstoß an.

„Hart Steuerbord! Beide dreimal AK!"

Zurückblickend sah der Kommandant den hohen Bug auf sich zukommen. U 333 nahm Fahrt auf und drehte ab, doch im gleichen Augenblick schon schob sich der Steven der Korvette auf das Heck und drückte U 333 hinunter. Das Boot drohte zu kentern, dann kam es doch noch frei.

Wieder wurden Kommandant und I.W.O. zu Boden geschleudert. Erneut raffte Cremer sich auf und versuchte, alles unter Kontrolle zu bekommen.

„Schnell ins Boot! Klar bei Tauchretter!"

U 333 lief zur Seite ab. Da Feuer der Korvette begann erneut, und mitten im Höllenlärm der platzenden Granaten, der heulenden MG-Geschosse riß der Kommandant die auf der Brücke liegenden Besatzungsmitglieder hoch und schob sie durch das Luk, wo der Obersteuermann sie entgegennahm.

Der II.W.O. war durch 48 Splitter verletzt worden. Doch er kam wieder auf die Beine. Oberleutnant Pohl half dem Kommandanten, die Verwundeten und Toten ins Boot zu schaffen.

Kapitänleutnant Cremer ließ das Boot zacken, um aus der Schußlinie der ständig weiterfeuernden Korvette herauszulaufen und den Gegner vor die Bugrohre zu bekommen. Doch die Korvette hielt sich immer achtern, da das Hecktorpedorohr von U 333 völlig zerbeult war und der Gegner daher von dort keinen Torpedoschuß mehr zu fürchten hatte.

Mit der Führung des Bootes beschäftigt – er hatte sich eben wieder aufgerichtet und ein Ruderkommando gegeben – spürte Cremer einen harten Schlag gegen den Schädel. Blut lief ihm über das Gesicht. Dennoch hielt er sich aufrecht und ließ das Boot auf Parallelkurs zur Korvette legen. Die Korvette dampfte wieder von achtern auf, um zum vernichtenden Rammstoß anzusetzen und das Boot endgültig unter Wasser zu drücken.

Es gelang ihr noch einmal, das Heck des U-Bootes leicht zu berühren. Durch rechtzeitiges Hartruderlegen schwächte U 333 den Stoß ab, und die Korvette stieß ins Leere.

„Alarmtauchen!"

Der Kommandant warf sich halb besinnungslos durch das Luk. Ein Mann der Besatzung fing ihn auf, schraubte das Luk dicht, und steil ging U 333 auf Tiefe. Daß das Boot bei 100 Meter auf den Grund stieß, merkte der Kommandant nicht mehr. Er erwachte erst wieder, als das Wabo-Bombardement das Boot durchschüttelte.

Ein Leutnant, der als Kommandantenschüler eingestiegen war, trug nun die Verantwortung für das Boot. Der I.W.O. und sechs Männer der Besatzung waren gefallen, der Kommandant und der II.W.O. schwerverwundet.

Das Boot kam trotz der schweren Schäden wieder an die Wasseroberfläche zurück. Der Leutnant und die Nummer Eins standen auf dem Turm. Sie sahen die suchenden Scheinwerfer ihres Gegners. Mit den E-Maschinen laufend, gelang es ihnen, unbemerkt abzudrehen und die offene See zu gewinnen.

Kapitänleutnant Cremer hatte unter anderen auch einen Schuß durch die

Engelbert Endrass,
auch er EL-Träger.

Klaus Korth, Kdt. von U 93.

Kaumuskeln erhalten. Die Kiefer waren blockiert, und er konnte weder sprechen noch essen. Ein Rückenwirbel-Streifschuß hatte einen Bluterguß bewirkt, der auf einen wichtigen Nervenstrang drückte und den Kommandanten linksseitig lähmte. Ein Steckschuß im rechten Oberarm und über 20 Granatsplitter im linken Unterarm, im linken Knie und im Rücken verursachten rasende Schmerzen. Der L.I. gab dem Kommandanten ständig Morphium.

Die sieben gefallenen Kameraden wurden noch am gleichen Tag, dem 6. Oktober 1942, der See übergeben. Das Heckrohr mußte dichtgemacht werden, und das Heck wurde notdürftig repariert. Eine FT-Meldung an den BdU setzte diesen von der Lage des Bootes in Kenntnis. Admiral Dönitz beorderte sofort den Treibölversorger U 459 (Korvettenkapitän v. Wilamowitz-Möllendorf) zu einem Treffpunkt.

Vier Tage später trafen sich die beiden Boote. Der Arzt von U 459 stieg auf U 333 über und kümmerte sich um den Kommandanten und die anderen Verwundeten.

Dann ging U 333 auf Heimatkurs. Noch einmal entging das Boot nur um ein Haar der Vernichtung, als ein britisches U-Boot einen Viererfächer auf

U 333 schoß. Mit Hartruder und dreimal AK gelang es, diesem Fächer zu entkommen. Dann wurde der Heimathafen erreicht.

Es war die Korvette »Crocus« gewesen, die U 333 an den Rand der Vernichtung gebracht hatte. Auch dem Kommandanten dieser Korvette begegnete Peter Erich Cremer nach dem Kriege. Es war Commander John F. Holm, ein gebürtiger Neuseeländer. Als sich die beiden Kommandanten im Mai 1955 in Reinbek bei Hamburg die Hände reichten, sagte Commander Holm: „Alter Bursche, was für ein Jammer, wenn ich dich damals umgebracht hätte. Ein schmutziges Handwerk ist der Krieg!"

Ende 1942 meldete die Werft »Tümmler«* wieder klar. Kapitänleutnant Cremer aber lag in Partenkirchen im Lazarett. Kapitänleutnant Schwaff führte das Boot zur nächsten Feindfahrt und versenkte in sechs Wochen vier Dampfer mit 18 650 BRT.

Als das Boot nach La Pallice heimkehrte, stand Kapitänleutnant Cremer auf der Pier und winkte seinen Kameraden zu. Selbstverständlich, daß er sein Boot wieder übernahm. Und er kämpfte auch um jeden Mann seiner Besatzung, den Kapitänleutnant Schwaff sich „unter den Nagel" reißen wollte, um ihn auf sein neues Boot zu übernehmen.

Diesmal erhielt U 333 von der Operationsabteilung den Befehl, zusammen mit zwei anderen „altbeschossenen Hasen" auszulaufen, um Genaueres über die neue Ortungsmethode des Gegners in Erfahrung zu bringen, die es ja auch der »Crocus« ermöglicht hatte, U 333 in stockfinsterer Nacht zu finden. Mit Cremers Boot liefen U 513 unter Kapitänleutnant Guggenberger – der mit U 81 die »Arc Royal« versenkt hatte – und U 847 unter Kapitänleutnant Kuppisch aus. Beide Offiziere waren Ritterkreuzträger und erfahrene Kommandanten. Sie sollten von dieser Feindfahrt aber nicht mehr zurückkehren.

U 333 jedoch lief nach 13 Wochen eines unerhört harten Einsatzes wieder in La Pallice ein, und der Kommandant berichtete dem BdU, daß das Boot tagsüber nicht mehr zum Auftauchen gekommen war. Immer wieder war es angeflogen, angelaufen und unter Wasser gedrückt worden.

Dennoch lief U 333 abermals zum Einsatz aus. Auf dieser Fahrt wurde das Boot direkt aus den Wolken heraus von einer Bristol-Blenheim angegriffen. Da es zum Tauchen zu spät war, ließ der Kommandant das Feuer aus allen Rohren erwidern. Als brennende Fackel stürzte der Bomber in die See.

Wenig später wurde das Boot von einem Zerstörer geortet. Der Zerstörer lief an, doch U 333 war auf der Hut. Es gelang dem Kommandanten, einen Zweierfächer auf den Zerstörer loszumachen, ehe das Boot mit Alarmtauchen auf Tiefe ging. Der Zerstörer wurde getroffen und brach in den Detonationen seiner eigenen Wabos auseinander.

---

* Tarnbezeichnung für U 333.

Noch ein Einzelfahrer konnte – nach wochenlangem Klotzen durch die See – abgefangen und versenkt werden. Dann mußte U 333 die Heimreise antreten.

Im März 1944 ging das Boot wieder hinaus. Es war nun so etwas wie ein Maskottchen für den Stützpunkt geworden. U 333 schien wirklich unsinkbar zu sein. Ali Cremer, inzwischen zum Korvettenkapitän befördert, brachte es immer wieder zurück!

Anfang April 1944 hatte U 333 sein Operationsgebiet 100 Seemeilen westlich der Iberischen Halbinsel erreicht. Gemeinsam mit anderen Booten zu einer Gruppe zusammengefaßt, wurde auch U 333 auf einen stark gesicherten Konvoi angesetzt.

U 333 hatte zum erstenmal auch die neuen „Zaunkönig"-Torpedos, die „Zerstörerknacker" an Bord, mit denen jeder Gegner erreicht werden konnte, da diese Torpedos selbständig auf die hochtourigen Schraubengeräusche von Zerstörern zuliefen.

Als ein feindlicher U-Jäger in Lage Null auf das Boot zustieß, wurde der erste „Zaunkönig" geschossen, der auch richtig sein Ziel selbst suchte und – fand. Eine gewaltige Detonation zeigte den Treffer an, dessen Wirkung der Kommandant nicht sehen konnte, weil das Boot sofort auf große Tiefe hinuntergehen mußte.

Als Cremer wenig später gerade beim Mittagessen saß, wurden vom Horchraum Schraubengeräusche gemeldet. Das bald darauf einsetzende silbern klingende Pinken der auftreffenden Asdic-Ortungsstrahlen zeigte, daß es Bewacher waren. Die Peilung kam aus zwei verschiedenen Richtungen, und der Kommandant, der sich in den Sattelsitz des Angriffs-Sehrohrs geschwungen hatte, sah 500 Meter an Backbord voraus den einen, und 1000 Meter an Steuerbord den zweiten Zerstörer. Und zwischen diesen beiden Bewachern lief der Konvoi.

Der Konvoi steuerte genau auf U 333 zu. Korvettenkapitän Cremer ließ das Boot einsacken. Dies bot die einzige Chance, ranzukommen und schießen zu können.

Dann sah der Kommandant, daß der an Backbord stehende Zerstörer – nachdem er mit dem an Steuerbord stehenden signalisiert hatte – auf Parallelkurs zum Boot drehte und das Boot in 400 Meter Abstand passierte. Sekunden später warf er mit seinem Hedgehoc* eine Salve.

Zehn Bomben detonierten dicht beim Boot. Der ungeheure Druck warf U 333 förmlich aus dem Wasser heraus. Lassen wir an dieser Stelle den Kommandanten selbst schildern, was er empfand und dachte:

„Seltsamerweise befand ich mich nach dem betäubenden Schlag noch immer am Sehrohr und konnte auch hindurchblicken. Was ich sah, war alles andere als ermutigend. Der zweite Zerstörer jagte mit AK auf uns zu.

---

* Serien-Wasserbombenwerfer, mit dem bis zu 30 Wabos gleichzeitig geworfen werden konnten.

Unser Boot ragte hoch aus der See. Es war klar: er setzte zum Rammstoß an. In weniger als einer Minute mußte sich unser Schicksal entscheiden.

Aber ich fuhr ein altes, kampferprobtes Boot. Mit einer Besatzung, die schon unzählige Wasserbombenverfolgungen erlebt und überstanden hatte, und die in der sicheren Erkenntnis, daß ihr Leben keinen Pfifferling mehr wert sei, wenn sie es nicht mit aller Entschlossenheit verteidigte, so lange alle denkbaren Gefechtsbilder exerziert hatte, bis jeder einzelne blitzschnell instinktiv den richtigen Handgriff tat.

Diese Einstellung, diese Tüchtigkeit der Besatzung, zusammen mit der Ruhe des Kommandanten, der die Nerven behalten und klare Befehle erteilen mußte, rettete uns auch in dieser bedrohlichen Situation.

Im Boot war ungefähr alles ausgefallen, was uns auf normale Weise wieder von der Wasseroberfläche weg, hinab in die Sicherheit bringen konnte. Die gesamte Elektrik und Hydraulik versagte. Da half nur eines: 'Beide Tiefenruder hart unten und äußerste Kraft voraus!' All das spielte sich in wenigen Sekunden ab. Der Zerstörer war jetzt ganz nahe heran – einen Steinwurf weit –, als unser Boot versank. Sein Kiel schnitt über uns hinweg. Mit der Schraube blieb er an einer seitlichen Panzerplatte unseres Turmes hängen und gab dem Boot dann einen Stoß zur Seite. Gleich darauf brach ein Teil des Schraubenflügels ab und polterte uns auf den Turm. Dann kamen wieder Wabos.

Diesmal flogen uns die Fetzen um die Ohren. Nichts blieb heil. In völliger Finsternis kamen die Meldungen über Ausfälle und Wassereinbrüche. Und doch: Wir schwammen noch. Wir waren noch 'da'!"

Ja, U 333 entging dieser tödlichen Gefahr und meisterte auch die kurz darauf folgende, als sich der Schraubenflügel des Zerstörers zwischen Lukenrand und Deckel des Turmluks verklemmte und das Luk nicht geschlossen werden konnte. Der L.I. und der Wachoffizier wurden auch damit fertig.

Mit nur einem Diesel und defekten Kompressoren hinkte U 333 hakenschlagend davon, nachdem der L.I. das Boot unter Ausnutzung aller Möglichkeiten, die noch verblieben waren, an die Wasseroberfläche zurückgebracht hatte.

„Der Tod hatte nur um Haaresbreite vorbeigezielt!"

U 333 trat den Rückmarsch an. Kurz vor La Rochelle wurde ein U-Boot gesichtet. 25 Stunden lang belauerten sich die beiden Boote, und als sie fast gleichzeitig vor La Rochelle auftauchten, stellte sich heraus, daß es ein japanisches Boot war, das hier versorgen und Öl übernehmen wollte.

Ebenso wie Korvettenkapitän Schnee und Fregattenkapitän Topp wurde auch Korvettenkapitän Cremer vom BdU dazu bestimmt, eines der neuen Elektroboote des Typs XXI in Dienst zu stellen. Er übernahm U 2519. Doch es kam zu keiner Feindfahrt mehr. Eben einsatzbereit geworden, lief U 2519 am 3. Mai 1945 – nachdem die Waffen und Vorräte wieder von

Bord gegeben waren – in die Kieler Bucht hinaus. Dort blieb das Boot liegen. Die Männer des Sprengkommandos kamen in einem Schlauchboot zurück.

Nach Zündung der an den Ventilen angebrachten Sprengladungen ging U 2519 auf Grund.

Korvettenkapitän Cremer befand sich zu dieser Zeit schon nicht mehr in Kiel. Er hatte bereits vorher mit seinen Männern und einem Teil der in Kiel stationierten U-Flottille ein Panzervernichtungs-Bataillon aufgestellt, das dem Kampfkommandanten von Hamburg, Generalmajor Wolz, unterstand. Nicht Abenteuerlust oder Soldatenspielen veranlaßte ihn dazu. Cremer wollte den Angriff der Engländer auf Hamburg so lange wie möglich aufhalten, um nicht die letzte nach dem Osten gehende Wasserstraße unterbrechen zu lassen, auf der allein noch Flüchtlinge aus dem Osten zurückkommen konnten.

Zusammen mit Fallschirmjägern und Luftwaffeneinheiten kämpfte das Bataillon Cremer. In der Zeit vom 18. bis 20. April 1945 vernichtete das Marine-Panzervernichtungsbataillon insgesamt 24 Panzer und gepanzerte Fahrzeuge. Im Gefechtsbericht von Generalmajor Wolz kommt zum Ausduck, „daß das Bataillon Cremer an diesem Erfolg den größten Anteil" hatte.

Im Bericht des OKW vom 25. April 1945 hieß es:

„Ergänzend zum Wehrmachtbericht wird gemeldet: Ein von Korvettenkapitän Cremer geführter Panzervernichtungstrupp der Kriegsmarine, zusammengestellt aus Freiwilligen eines Unterseeboots-Stützpunktes, vernichtete innerhalb weniger Tage 24 Panzer und gepanzerte Fahrzeuge."*

Nach der Versenkung von U 2519 traf sich die Besatzung in Flensburg-Mürwik, wo sich auf dem Gelände der Marineschule die Befehlsstelle des BdU befand. Die Besatzung von U 2519 bildete hier unter Führung von Korvettenkapitän Cremer den Kern des „Wachtbataillons Dönitz". Mit seinen 400 Männern hatte Ali Cremer die Aufgabe, der letzten Reichsregierung den nötigen Schutz zu geben. Das „Wachbataillon Dönitz" war die deutsche Einheit, die am längsten noch Waffen trug. Erst am 23. Mai 1945, als britische Panzereinheiten die Marineschule umstellten und die hier zusammengekommenen 420 Offiziere und Beamten verhafteten, legte das Bataillon die Waffen nieder.

Peter Erich Cremer wurde schon bald aus der Gefangenschaft entlassen. Der Gegner versagte diesem tapferen Kommandanten seine Hochachtung nicht. Man brachte Cremer – dem fairen und harten Gegner – den Entlassungsschein sogar ins Haus.

Was den Korvettenkapitän ins Privatleben – das er ebenso meisterte wie seinen Kriegseinsatz – hinein begleitete, war die Verehrung und die Zunei-

---

* In „Der Panzerbär" (25. April 1945).

gung seiner Männer. Wo auch immer der Name „Ali" Cremer fällt, wissen alle U-Boots-Fahrer, daß von einem Manne gesprochen wird, der in seiner Zuverlässigkeit und seinem bedingungslosen Einsatz ein leuchtendes Bild menschlicher Größe bot.

Peter Erich Cremer
Letzter Dienstgrad: Korvettenkapitän
Kommandant von U 333 und U 2519
Ritterkreuz am 5. Juni 1942

Versenkungserfolge von U 333 unter Kapitänleutnant Cremer

18.01.42	13.15	brD	»Caledonia«	5.851	57.–– N/26.–– W
22.01.42	20.45	grD	»Vassilios«	3.429	42.32 N/52.38 W
24.01.42	15.25	nwW	»Ringstad«	4.765	45.50.–– N/51.04 W
31.01.42	16.50	dtM	»Spreewald« = =	5.083	45.–– N/25.–– W
06.05.42	05.43	amDT	»Java Arrow«	8.327	27.35 N/80.08 W
06.05.42	09.35	nlD	»Amazone«	1.294	27.21 N/80.04 W
06.05.42	11.25	amDT	»Halsey«	7.088	27.20 N/80.03 W
11.05.42	09.05	brD	»Clan Skene«	5.214	31.43 N/70.43 W
06.10.42	– – –	brPE	»Crocus«	– – –	Art. Gefecht

Gesamterfolge:
7 Schiffe mit 35.968 BRT versenkt
(1 deutsches Schiff mit 5.083 BRT versenkt)
= = – nicht gezählt

Fregattenkapitän
Klaus Scholtz

Klaus Scholtz wurde am 22. März 1908 in Magdeburg geboren. 1910 zog seine Familie nach Danzig, wo sein Vater Oberbürgermeister wurde. Er wuchs in Danzig auf und bestand auf dem Realgymnasium St. Johann im März 1927 die Reieprüfung.

Am 5. April trat er − seit langem von dem Wunsche beseelt, zur See zu fahren und Seeoffizier zu werden − als Seeoffiziersanwärter in die Reichsmarine ein. Er durchlief die theoretische Ausbildung und fuhr anschließend als Seekadett und später als Fähnrich und Oberfähnrich auf den deutschen Schulschiffen um die Welt.

Am 1. 10. 1931 erfolgte seine Beförderung zum Lt. z. See. Der junge Seeoffizier wurde als Wachoffizier auf das Torpedoboot G 11 kommandiert. Ein Jahr später wurde er Kompanieoffizier der 5. Marineartillerie-Abteilung Pillau, um 1934 als Wachoffizier auf G 8 einzusteigen und gleichzeitig damit Adjutant der 1. Torpedoboot-Flottille zu werden.

Während seiner Dienstzeit auf den beiden Torpedobooten erhielt Scholtz eine ausgezeichnete taktische und seemännische Schulung. Nach dem Krieg äußerte Kpt. z. S. Scholtz darüber:

„Dieser Ausbildung habe ich es hauptsächluch zu verdanken, daß ich später, im Kriege, als U-Boot-Kommandant mein Boot erfolgreich und ohne Verlust führen konnte."

Nach seiner Beförderung zum Kapitänleutnant im Jahre 1936 wurde Klaus Scholtz Gruppenoffizier an der Marineschule Flensburg-Mürwik.

1937 übernahm er das bei der Reichsmarinewerft in Kiel im Jahre 1927 vom Stapel gelaufene Torpedoboot »Jaguar«. Das Boot diente in Kiel als Schulboot für Offizierslehrgänge.

Im Herbst 1937 nahm Kptlt. Scholtz an den Überwachungsfahrten in spanischen Gewässern teil. Im April meldete er sich zur U-Bootwaffe und stellte nach einer kurzen Einfahrzeit als Kommandantenschüler am 22. Oktober 1940, bei der Deschimag-AG in Bremen, mit U 108 ein großes Boot des Typs IX-B in Dienst.

In der Frühe des 6. Februar 1941 versammelten sich auf der U-Bootpier in Wilhelmshaven alle wachfreien Männer der 2. U-Flottille „Saltzwedel", um U 108 zu seiner ersten Feindfahrt zu verabschieden. Nach einem letzten Winken machte das Boot los und lief durch die vereiste Jade mit Kurs auf Helgoland aus.

Als das Boot im U-Boothafen von Helgoland festmachte, lag dort bereits U 46 unter Kptlt. Engelbert Endrass. Beide Kommandanten tauschten ihre Erfahrungen aus und nahmen einen kräftigen Abschiedsschluck.

Am nächsten Tag lief U 108 in das Operationsgebiet Nordatlantik aus. Zwischen Island und den Färöern ging es − allen Bewachern und Fischdampfern ausweichend − auf Westkurs. Am 22. 2. wurde ein Einzelfahrer gesichtet. Es war der niederländische Dampfer »Texelstroom«, der mit einem Torpedo versenkt wurde. Das Schiff hatte nur 1617 BRT, aber es war ein Anfang.

Nach sechs Tagen ergebnislosen Anknüppelns gegen die grobe See kam ein größerer Dampfer in Sicht. Das Boot setzte sich vor und drehte gegen 23.00 Uhr zum Torpedoschuß auf diesen Dampfer ein. Aus nur 800 Metern im Überwasserschuß losgemacht, traf der Torpedo das Schiff voll. Es war die 6461 BRT große »Effna«, die hier ihren Notruf in den Äther schickte und mit einem Fangschuß versenkt wurde, nachdem die Besatzung von Bord gegangen war.

Das Boot kehrte mit zwei Versenkungserfolgen nach Wilhelmshaven zurück. Als sich der Kapitänleutnant am anderen Morgen zur KTB-Besprechung bei Admiral Dönitz meldete, lobte dieser seine beiden Erfolge. Als Scholtz abwehrte meinte Dönitz:

„Immerhin mußtet ihr nicht umsonst die Heimreise antreten. Zwei Schiffe sind ein guter Anfang und diese beiden Erfolge werden Dir den richtigen Pull geben zu einer Sonderaufgabe, die allerdings nicht einfach ist."

„Ich bitte darum, mir diesen Auftrag zu erteilen, Herr Admiral", entgegnete Scholtz.

„Noch weißt du nicht, was das für eine Sache ist, Scholtz. Vielleicht hängt gar nichts dran und du gurkst draußen vergebens herum."

Der „Große Löwe" lächelte, als er das wenig begeisterte Gesicht des Kommandanten sah. Er fuhr fort: „Aber vielleicht hängt auch s e h r viel daran. Mehr, als du am dicksten Geleitzug holen kannst. Es handelt sich um ein Dickschiff. Entweder Schwerer Kreuzer, oder aber ein großes Hilfskriegsschiff."

Der BdU gab dem Chef der Operationsabteilung, Fregattenkapitän Godt einen Wink und erhob sich. Der A 1, Kptlt. Oehrn, selbst als Kommandant eines Frontbootes ein altbeschossener Hase, trat an die Wandkarte, griff nach dem großen Zeigestock und begann: „Beim Durchbruch des Schweren Kreuzers »Admiral Scheer« vom 30. Oktober bis zum 1. November des Vorjahres stellte der FuMB des Kreuzers fest, daß ein feindliches Kriegsschiff in der Dänemarkstraße stand und dort den Bewachungsdienst versah. Da die »Admiral Scheer« unverzüglich auf den gemeldeten Konvoi HX 84 von der Südspitze Grönlands aus nach Süden laufen mußte, um noch zur rechten Zeit – also außerhalb der Reichweite der feindlichen Flugzeuge – nördlich der Azoren auf den Geleitzug zu stoßen, konnte sie diesen georteten Gegner nicht angreifen.

Dieses Kriegs- oder Handelskriegsschiff ist für uns ein Pfahl im Fleisch. Jede Bewegung unserer schweren Einheiten wird von ihm weitergemeldet. Jede U-Boots-Bewegung kann durch die Meldung dieses Schiffes wirkungslos gemacht werden."

Mit knappen Bewegungen umriß der A 1 den großen Seeraum, in dem sich dieser Feindbewacher befinden mußte. Der Kreis lief von der Eisgrenze um Island herum bis in den Bereich der Dänemarkstraße. In diesem riesigen Gebiet sollte U 108 die berühmte „Stecknadel im Heuhaufen" finden.

Die offizielle Besprechung im Lagezimmer war beendet. Kapitänleutnant Scholtz hatte seinen Sonderauftrag.

„Wissen Sie, was für ein Tag heute ist, Fenn?"

Leutnant z. See Fenn, der II.W.O. von U 108, sah zu seinem Kommandanten auf, der ihm um gut einen Kopf überragte.

„Freitag, Herr Kaleunt!"

„Stimmt auffallend! Aber Karfreitag dazu."

„Hier in der Dänemarkstraße ist nicht viel davon zu spüren. Hier ist es kalt wie am Nordpol."

„Das ist noch nicht alles, Fenn. Wir müssen bis zur mittleren Packeisgrenze hinauf und dann in weitem Suchschlag herumgehen. Wenn wir eine Chance haben wollen, den Gegner zu finden."

Der II.W.O. mit dem frischen Jungengesicht verzog das Gesicht.

„Es brist auf, Herr Kaleunt! Und das da hinten gefällt mir auch nicht."
Er deutete zu der dunklen Wolke hinüber, die in der Kimm stand und schnell größer wurde.

„Sieht verdächtig nach Sturm aus, Fenn!"

In der nächsten halben Stunde wurde die See gröber. Der Wind frischte zu Stärke sechs auf. Krachend hieb der Bug des Bootes in die See und brach die Treibeisschollen auseinander. Beißend scharf pfiff der Wind und

Die Freiwache haust auf engstem Raum im Bugraum, oftmals auf den Torpedos liegend.

schlug seine Zähne durch das dicke Wollzeug und die Gummisachen der Brückenwache.

In der nächsten Stunde versteifte sich der Wind auf Stärke sieben. Dann begann es zu schneien. Fünf Minuten nach den ersten spärlich fallenden Schneeflocken hatte sich der freie Raum zwischen Himmel und See in eine gewaltige, undurchsichtige Wand wirbelnder Flocken verwandelt. Mit Donnergetöse wurden die Brecher auf das Boot geschleudert. Polternd landeten Eisschollen auf dem Vorschiff und zerbrachen klirrend. Besorgt sahen die beiden Offiziere sich an.

„Wahrschau!" rief einer, als sich vor ihnen eine gewaltige See in die Höhe hob und hoch über dem Boot zu verharren schien. Dann krachte sie auf den Turm herunter. Eine halbe Minute lang standen die Männer der Brückenwache bis an die Hüften im eiskalten Wasser. Mit knirschenden Lauten zersägte der Steven die Eisschollen.

„Verdammte Sauzucht!" schrie der Bootsmannsmaat der Wache, als eine große Eisscholle über ihre Köpfe hinwegsegelte und auf den Wintergarten schlug. Sie fuhren in einer kalten Hölle. Dann erreichte sie der Rand des südziehenden Sturmzentrums. Auf und nieder stieß das Boot. Krachen, Bersten, gischtende See.

„Auf Tauchstationen!"

263

Ein Aufatmen ging durch U 108, als die Stimme des Kommandanten diesen Befehl in die Räume trug. Die Männer der Wache verschwanden im Turm. Als letzter stieg Scholtz ein. Er schraubte das Luk dicht. Das Hämmern der Diesel verstummte. Hummelnd sprangen die E-Maschinen an. Das Boot glitt in die Tiefe und wurde von Oberleutnant Schmidt, dem L.I., auf 50 Meter eingependelt. Mit den E-Maschinen auf Umdrehung für kleine Fahrt lief U 108 im Unterwassermarsch weiter, um das Sturmzentrum zu unterlaufen. Scholtz ging in seine Kammer, die nur durch einen grünen Vorhang vom Gang abgetrennt war. Er klappte die Bank herunter, langte zum KTB, um die nötigen Eintragungen zu machen. In lapidarer Kürze brachte er zu Papier: „Kurs 02 Grad. Mittlere See; Schneetreiben, Sturm, treibendes Eis. Unterlaufen südziehendes Sturmzentrum im Unterwassermarsch. Marschtiefe 50 Meter."

Vier Stunden später erschien der Kommandant wieder in der Zentrale.

„Schmidt, alles klar zum Auftauchen! Turmwache bereithalten! Seewache auf Stationen!"

Die drei Männer der Brückenwache erschienen.

„Großer Seehund, Männer!"

Der Zentralegast half den Kameraden der Brückenwache in das Gummizeug. Die Südwester mit dem Nackenschutz wurden aufgesetzt.

„Auftauchen!"

Das Boot stieg in die Höhe. Hinter dem Kommandanten kletterte die Wache auf den Turm. Es war finster wie in einer Dunkelkammer.

„Scharf Ausguck halten, damit wir uns nicht die Nase an einem Eisberg verbiegen!"

Mit ihren Doppelgläsern suchte die Brückenwache die See ab. Sie war ruhiger geworden. Langsam wurde es heller. Der Ostersamstag 1941 zog herauf. „Zehn Grad Steuerbord voraus Schatten!"

Das Glas des Kommandanten glitt in die angegebene Richtung.

„Läuft nordöstlichen Kurs, Herr Kaleunt!"

„Auf Gefechtsstationen! Boot setzt sich zum Angriff vor. Beide Maschinen AK voraus!"

Härter arbeiteten die Diesel. Mit 16 Knoten Fahrt lief U 108 durch die See. Ein Ruderkommando ließ das Boot etwas nach Steuerbord herumgehen. Scholtz hängte sich an der Grenze der Sichtweite an und versuchte, in die zum Angriff nötige vorliche Position zu kommen.

„Dampfer zackt weg, Herr Kaleunt!"

Das Schiff, das so weit herausgekommen war, daß sie die obersten Aufbauten erkannten, drehte plötzlich 30 Grad nach backbord ab. Ein Ruderkommando ließ U 108 mitgehen. Eine Stunde später ging dann der Dampfer jäh mit der Fahrtstufe herauf und kam wenig später außer Sicht.

Mit AK lief U 108 hinterher. Eine Stunde verging, ehe der I.W.O. abermals Mastspitzen sichtete. Allmählich kam der Dampfer höher heraus.

„Als Hilfskreuzer umgebautes Passagierschiff, Herr Kaleunt. Hat nur einen Schornstein!"

Lloyds Register auf die Brücke!" Vergebens versuchte der Kommandant, den Schiffsnamen zu bestimmen. „Wenn er zwei Schornsteine hätte, würde ich sagen, es ist die »Rajputana«.

„Dampfer zackt wieder, Herr Kaleunt!"

„Jetzt packen wir ihn! Kommt genau auf uns zu. Auf Tauchstationen!"

U 108 wurde vom L.I. auf Sehrohrtiefe abgefangen. Als das Sehrohr immer wieder unterschnitt, ließ es der Kommandant weiter ausfahren, damit die Optik nicht von den treibenden Eisschollen beschädigt wurde. Der Dampfer kam höher und höher heraus. Gleich einem wandernden Gebirge lief er auf das Boot zu. Mächtig hieb sein Steven in die See.

„Dampfer hat schätzungsweise 14 000 Tonnen!" gab der Kommandant ins Boot.

Die E-Maschinen brummten mit AK. Scholtz versuchte, die Passierentfernung zwischen sich und dem Dampfer so weit wie möglich zu verringern.

„Torpedowaffe Achtung! Rohre I bis IV fertigmachen!"

„Rohre sind klar!" kam wenig später die Meldung aus dem Bugraum. Plötzlich verschwamm das Bild des Dampfers vor den Augen des Kommandanten.

„So ein verdammter Dreck!" fluchte er.

„Was ist, Herr Kaleunt?"

„Angriffssehrohr beschädigt!"

„Ziehen lassen und an der Grenze der Sichtweite anhängen, Herr Kaleunt?"

„Ich versuche einen Schuß!"

Er gab die Daten zur Rechenanlage hinüber. Als der Zielgeber „Hartlage" meldete, gab der Kommandant den Befehl zum Einzelschuß. Aus einer Entfernung von 2000 Metern zum passierenden Hilfskreuzer abgefeuert, lief der Torpedo durch die See. Das Ziel war so groß, daß sie auch auf 2000 Meter noch eine gute Trefferchance hatten.

Als der Torpedo die Hälfte der Laufstrecke zurückgelegt hatte, zackte der Hilfskreuzer abermals weg und lief ab.

Scholtz gab den Befehl zum Auftauchen. Das Boot nahm die Verfolgung des gewaltigen Gegners auf. Der graue Wolf hatte Witterung bekommen und schnürte nun hinterdrein. Bißbereit; bereit, zu vernichten.

Eine Stunde später sichteten sie den Hilfskreuzer abermals. Er hatte nach Nordosten zurückgezackt und lief mit jeder Schraubenumdrehung näher auf das U-Boot zu. Erneute tauchte U 108. Deutlich waren die Geschütze zu erkennen. Flugabwehrgeschütze standen auf der Brücke und auf den Decks.

Durch das Ausfahren des Luftzielsehrohrs war die Gefahr einer Entdeckung größer geworden. Dennoch entschloß Scholtz sich, den Angriff zu fahren. Die Schußposition wurde besser.

„Zweierfächer aus Rohr II und III – llos!"

Klaus Scholtz auf dem Turm von U 108.

Das Boot stieg vorn hart in die Höhe. Preßluft zischte in den Bugraum hinein. Der Zentralemaat flutete die Ausgleichtanks, und der L.I. pendelte das Boot wieder ein, ehe es durchbrechen konnte. Beim Gegner zeigte sich keine Reaktion. Anscheinend hatte er den weit herauskommenden „Spargel" nicht gesehen. Noch vor Beendigung der Torpedolaufzeit zackte der Hilfskreuzer wieder weg.

U 108 tauchte auf und lief hinter dem Gegner her, dessen Generalkurs über Tage stetig weiter nach Nordosten geführt hatte.

„Wir müssen ihn sichten, bevor es dunkel wird!"

Die in diesen Breiten jetzt noch sehr frühe Dunkelheit mußte bald eintreten. Vom Hilfskreuzer war nichts mehr zu sehen.

Die Dämmerung kam, und binnen weniger Minuten wurde es finster. Das Getöse der am Steven zerbrechenden Eisschollen wurde stärker. Einmal schob sich eine riesige Eisfläche weit über den Bug auf das Vorschiff, bis sie – zehn Meter darüber hängend – abbrach.

Der I.W.O., Oberleutnant z. See Loeser, hatte die Wache übernommen. Vor dem Boot erstreckte sich das Eisgeschiebe, bewegte sich immer dichter auf U 108 zu. Jede Sekunde konnte für das Boot das Ende bedeuten. Der Kommandant, der oben geblieben war, überlegte. Dann entschied er:

„Boot bricht die Verfolgung nach Nordosten ab."

Kurswechsel!" warnte der I.W.O. die Besatzung, bevor er den Befehl zum Abdrehen gab.

„Voraus großer Schatten! Läuft in Lage Null an!"

Eine halbe Stunde nach Anbruch des ersten Ostertages sichtete der Steuerbordausguck den Hilfskreuzer wieder.

„Alarm! Schnelltauchen! Auf Sehrohrtiefe gehen!"

Der Donner der Diesel erstarb.

Der Blick des L.I. lag auf der Schalttafel mit den Sektionslampen. Nacheinander leuchteten sie auf und zeigten, welche Sektionen klar waren. Dann erschien auf der großen Scheibe ein Wort: „Tauchklar."

Das Boot verschwand und wurde vom L.I. in Sehrohrtiefe eingependelt.

Schon der erste Blick zeigte dem Kommandanten den Gegner, der eben in die Zieloptik hineinlief. Plötzlich sackte das Boot weg. Das Sehrohr schnitt unter.

„Achtung! L.I.! Einen Meter höher einsteuern!"

In diesem Augenblick stieß plötzlich das Boot steil in die Höhe.

„Zehn Mann Bugraum!"

Es ging um Sekunden. Das Boot mußte wieder unter Wasser gedrückt werden, ehe es durchbrach und dem Gegner verriet, wer hier auf ihn lauerte.

Sie schafften es, und der L.I. pendelte das Boot wieder in Sehrohrtiefe ein. Erneut beschlug das Angriffssehrohr. Scholtz zauderte keine Sekunde.

„Luftzielsehrohr klar!"

Er eilte in die Zentrale, um vom Luftzielsehrohr aus den Angriff zu fahren. „Muß ganz ausgefahren werden, Herr Kaleunt!"

Scholtz wußte, daß das Luftzielsehrohr bei flach getauchtem Boot mit seinem dicken Schaft aus dem Wasser herausragte. Eine Entdeckung wurde von Sekunde zu Sekunde wahrscheinlicher.

Trotzdem ließ er es voll ausfahren und gab die Schußwerte durch. Im Bugraum machten die Mixer die Torpedos schußklar und kurbelten die Schußwerte ein.

Noch ehe der Gegner sie überkarren konnte, zackte er wieder herum. Aber diesmal lief er genau in die Schußposition hinein.

„Gegner wird uns in 700 Meter Abstand passieren!"

Die letzten Korrekturen wurden durchgegeben. Der Dreierfächer lag klar in den Rohren. Abermals schnitt das Sehrohr unter. Grün spülte die See darüberhin und ließ das Ziel verschwinden.

„Sehrohr hat unterschnitten. Einen Meter höher, Schmidt!"

Die eiserne Ruhe des Kommandanten übertrug sich auf die Besatzung. Das Sehrohr kam frei. Der Hilfskreuzer stand mitten in der Zieloptik.

„Dreierfächer aus Rohr I bis III – llos!"

„Torpedos laufen!"

38 Sekunden nach dem Abschuß erschütterten kurz hintereinander zwei

Detonationen das Boot.

„Wir haben ihn, Herr Kaleunt!"

„Werden wir gleich sehen!"

Das Sehrohr kam wieder frei, und Scholtz erkannte, daß der Hilfskreuzer gestoppt lag. Im gleichen Augenblick sprangen rings um das Luftzielsehrohr grüne Wasserfontänen in die Höhe.

„Hilfskreuzer hat Sehrohr gesichtet! Schießt mit Artillerie. Auf 80 Meter gehen! Hart Steuerbord! Beide E-Maschinen AK voraus!"

Mit singenden E-Maschinen unterlief U 108 den Hilfskreuzer, der noch immer aus allen Rohren auf die Stelle feuerte, wo er das Sehrohr gesichtet hatte.

„Auf Sehrohrtiefe auftauchen!"

Auf der anderen Seite des Hilfskreuzers kam U 108 wieder in die Höhe. Hinter dem Luftzielsehrohr stehend, gab Scholtz seinen Bericht für die Besatzung.

„Sie wollen das Schiff anscheinend nicht aufgeben. Es werden keine Rettungsboote ausgesetzt."

„Noch einen Aal anlegen, Herr Kaleunt?"

„Fangschuß. Rohr IV fertig!"

Langsam glitt das Boot in die günstige Schußposition.

Aus 400 Meter Entfernung geschossen, traf der Torpedo das Schiff unter der Vorkante der Brücke. Die »Rajputana« bekam Schlagseite.

„Hilfskreuzer sinkt! Zerstörermasten!" Den Spiegel des Luftzielsehrohrs nach oben klappend, suchte der Kommandant auch den Luftraum ab. „Sunderland-Flugboot!"

„Sinkgeräusche!" meldete der Horchraum.

„Auf 100 Meter gehen! Boot läuft ab!"

An der Grenze der Sichtweite tauchte U 108 wieder auf. Der riesige Hilfskreuzer war von der Wasseroberfläche verschwunden. Zwei Zerstörer standen an der Untergangsstelle und bargen die Schiffbrüchigen. Das Flugboot kreiste noch immer über der Untergangsstelle.

„Herr Kaleunt, Funkspruch eines Zerstörers. Versenkter Hilfskreuzer ist die »Rajputana«. Hat nach Lloyds Register 16 644 Tonnen."

Scholtz schaltete die Bordsprechanlage ein.

„Hier Kommandant. Gesunkener Hilfskreuzer heißt »Rajputana«; hat 16 644 Tonnen!"

Jubel klang durch das Boot. Der Kommandant aber wandte sich dem wartenden Funkmaaten zu.

„FT an BdU. Eingetroffen Operationsgebiet Donnerstag, 10. April; Samstag, 12. April Hilfskreuzer gesichtet. Erster Angriff ein Torpedo, Fehlschuß. Zweiter Angriff: Zweierfächer. Gegner weggezackt. Verfolgung bis Eisgrenze. Angriff bei Dunkelheit abgebrochen. 13. April Hilfskreuzer gesichtet und Angriff. Dreierfächer. Zwei Treffer, ein Torpedoversager. Hilfskreuzer gestoppt. Fangschuß. Gegner gesunken. An Untergangsstelle zwei Zerstörer und Sunderland. Name des Hilfskreuzers »Rajputana«.

Eine halbe Stunde später traf die Antwort des BdU ein:

„Gut gemacht! Kommandant und Besatzung ausspreche Anerkennung. Rückmarsch. Dönitz."

Das Boot trat den Rückmarsch an und erreichte wohlbehalten den Einsatzhafen.

Mit der Versenkung der »Rajputana« war die Bewachung der Dänemarkstraße beendet. Die britische Admiralität entsandte kein Schiff mehr in diesen Seebereich, weil dort immer mit einem Angriff von U-Booten gerechnet werden mußte.

Auf seiner dritten Feindfahrt, zu der U 108 in der letzten Maiwoche aus Wilhelmshaven ankerauf ging, stieß das Boot am 2. Juni auf einen großen Einzelfahrer, der zunächst auch als Hilfskreuzer „erkannt" wurde, da dieses Schiff mit einem Flugzeugkatapult auf dem Vorschiff ausgestattet war.

Gegen 19.30 Uhr hatte sich das Boot in eine günstige Schußposition herangearbeitet, als das Schiff plötzlich einen scharfen Zack einlegte. Wieder ging es weiter mit dem Vorsetzen und um 20.43 Uhr fiel der Fächerschuß der den 7628 BRT großen britischen Dampfer »Michael E.« tödlich traf.

Nach diesem guten Beginn sollte es bis zum 8. Juni dauern, bevor sechs

La Pallice: Ein U-Boot ist von erfolgreicher Feindfahrt zurückgekehrt und läuft in seine Box ein.

Minuten nach Mitternacht dieses Tages die »Baron Nairn« mit 3164 BRT und um 6.04 Uhr die nur 4240 BRT große »Dirphys« auf Tiefe gingen. Letzteres Schiff war zunächst viel größer geschätzt worden, deshalb das „nur" in der Darstellung.

Am OB 328 fiel dem Einzelschuß von U 108 am 1. Juni um 7.23 Uhr die wirklich „nur" 1992 BRT verdrängende »Christian Krogh« zum Opfer, die am Nachmittag des Vortages bereits einmal von U 108 beschossen, aber verfehlt worden war.

Am 25. 6. kam das Boot mit den letzten Torpedos noch am HX 133 zum Schuß und versenkte die 3059 BRT große »Ellenico« am Vormittag und nach dem Wiederheranschließen am Nachmittag die 4362 BRT große »Nicolas Pateras«. Am 1. 7. kam noch die »Toronto City« hinzu, die buchstäblich mit dem letzten Aal versenkt wurde. Dieses Schiff war als Wetterbeobachtungsstation eingesetzt und dementsprechend wichtig. Damit hatte das Boot sieben Schiffe mit insgesamt 26 009 BRT versenkt.

Nach einer beim Operationsstab des BdU eingehenden Agentenmeldung sollte der gemeldete Geleitzug HG 76 am 13. Dezember aus Gibraltar auslaufen.

Dieser Konvoi verließ Gibraltar am frühen Morgen des 14. Dezember 1941. In ihm waren 32 Handelsschiffe vereinigt, die von der 36. Escort Group unter Commander Walker gesichtet wurden.

Mit seinem Führerschiff, der Sloop »Stork«, hatte Walker bereits eine Reihe deutscher U-Boote beschädigt oder versenkt. Ihm standen neben seinem Führerboot noch die zweite Sloop »Deptford« sowie die Korvetten »Rhododendron«, »Marigold«, »Convolvulus«, »Penstemon«, »Gardenia«, »Samphire« und »Vetch« zur Verfügung.

Geleitzugkommodore war Captain Fitzmaurice. Ihm standen zur direkten Nahsicherung eine Support Group mit den Geleitzerstörern »Blankney«, »Exmoor« und »Stanley« sowie der Geleit-Flugzeugträger »Audacity« unter Commander MacKenrick zur Verfügung.

An dieser Streitmacht, so die Meinung der briischen Experten, konnte kein deutsches U-Boot vorbeikommen.

Nachdem sich die Meldung eines V-Manns als richtig erwiesen hatte, ließ Admiral Dönitz die Boote U 434, U 131, U 67, U 107 und U 108 als Gruppe „Seeräuber" auf diesen Konvoi operieren.

U 108 operierte sechs Stunden nach dieser Meldung in die angegebene Generalrichtung. Hier der Bericht dieser fünften Feindfahrt aus den Unterlagen des Kommandanten und den Meldungen einiger Besatzungsmitglieder, die der Autor erhielt und auswerten konnte.

Auf seiner fünften Feindfahrt lief das im Mittelatlantik stehende U 108 nach Osten. In den frühen Morgenstunden des 14. Dezember 1941 hatten sie einen Funkspruch des BdU erhalten, der sie auf das Gibraltargeleit HG 76 ansetzte.

Seit dieser Stunde waren sie mit Ostkurs weitergelaufen; dem Geleit entgegen. Durch FT wußten sie, daß der BdU sieben weitere Boote auf den HG 76 angesetzt hatte.

„Herr Kapitän, U 77* meldet Fühlung an Geleitspitze. Hat einen Dampfer von 4972 BRT versenkt. Peilung 30 Grad."

Scholtz, eben zum Korvettenkapitän befördert, dankte. Dann wandte er sich der Brückenwache zu.

„Scharf Ausguck halten! Wir müssen kurz vor dem Geleit stehen."

Wenig später sichtete der Kommandant selbst einen Einzelfahrer. Nach Einbruch der Dämmerung drehte U 108 zum Angriff ein. Der Zweiertreffer vernichtete den Dampfer, der Munition geladen hatte, und jetzt Stück für Stück auseinanderbrach.

Noch einmal änderte U 108 den Kurs, diesmal nach Peilzeichen von U 131. Dann meldete sich das Boot von Fregattenkapitän Arend Baumann nicht mehr. Es war durch die 36th Escort Group von Captain Walker mit Wabos zum Auftauchen gezwungen und dann durch Geschützfeuer der Sloop »Stork«, der Korvette »Penstemon« und den Zerstörer »Blankney«, »Exmoor« sowie »Stanley« vernichtet worden.

Dann bekam U 108 Fühlung und gab nun ebenfalls Peilzeichen, um die Kameradenboote ranzubringen. An der Grenze der Sichtweite mitlaufend, sichtete U 108 einen Zerstörer, der an der Backbordseite des Geleites aufdampfte. Nach den Meldungen der herangeschlossenen U-Boote mußten 18 Sicherungsfahrzeuge am Geleit stehen. Eine solche Zusammenballung von Geleitfahrzeugen war vorher noch nicht gesehen worden.

Die „Lange Jagd" am HG 76 begann. Fünf Boote sollten an diesem Geleit sinken.

U 108 lief auf und setzte zum Schuß auf einen Frachter von 7000 Tonnen an. Der Torpedo lief.

Als eine hohe Torpedodetonation aufschäumte, gab Scholtz durch, daß er den Dampfer mittschiffs getroffen habe. Doch wenig später mußte er sich korrigieren. Der Torpedo war ein Frühdetonierer.

Ein Zerstörer lief mit AK an und drückte U 108 unter Wasser. Als das Boot später wieder zum Geleit aufschloß, wurde es abermals aufgefaßt und abgedrängt. Es kam in der Nacht nicht mehr heran. Seit 24 Stunden war der Kommandant nicht von der Brücke heruntergekommen.

Am 18. Dezember wurde U 108 ständig von Geleitfahrzeugen und Flugzeugen des mit im Geleit laufenden Träger »Audacity« unter Wasser gezwungen.

Ein weiteres Boot – U 434 unter Kapitänleutnant Heyda – ging am 18. Dezember am Geleit verloren. Der BdU erwog, die Operation auf den HG 76 einzustellen. Doch nach reiflichen Überlegungen entschloß er sich dazu, die Jagd fortzusetzen. Drei aus den Atlantikstützpunkten ausgelau-

---

* Kommandant Otto Hartmann.

271

Ein getroffener Dampfer brennt. Sein Schicksal ist besiegelt.

fene Boote wurden ebenfalls auf dieses Geleit angesetzt. Es waren U 71 (Kapitänleutnant Flachsenberg), U 751 (Kapitänleutnant Bigalk) und U 567 (Kapitänleutnant Endrass).

Am späten Abend des 18. Dezember kam U 108 wieder in günstige Schußposition. Ehe das Boot jedoch schießen konnte, wurde es von einem der Geleitzerstörer durch Asdic aufgefaßt und unter Wasser gedrückt. Eine fünfzehnstündige Wabojagd begann, die alles, was vorher gewesen war, in den Schatten stellte.

Der Bericht, den ein Besatzungsmitglied von U 108 darüber schrieb, zeigt, wie den Männern in der engen Stahlröhre zumute war:

„U 108 wurde von drei Zerstörern erkannt und gejagt. Trotz Artilleriebeschuß versuchte der Kommandant, über Wasser abzulaufen, um so die Zerstörer soweit wie möglich vom Geleit zu trennen und für die Kameradenboote Möglichkeiten des Angriffes zu schaffen. Die beiden Diesel hämmerten auf Höchsttouren. Mit allen Mitteln gelang es dem Boot, die unwahrscheinliche Geschwindigkeit von 22 sm zu erreichen. Nach zwei Stunden hatten die Zerstörer so weit aufgeholt, daß die 12,7-cm-Granaten bedenklich nahe beim Boot einschlugen. Klaus Scholtz gab den Befehl zum Schnelltauchen. Erst auf 180 m wurde das Boot abgefangen und eingesteuert. Dann kamen auch schon die Zerstörer heran. Zwei Zerstörer liefen in Asdic-Peilposition und dirigierten den dritten Zerstörer mit seinen Wabos auf Wurfkurs. Doch unser Kommandant war nicht so leicht zu übertölpeln. Die beiden Funkmaate Patz und Paulsen waren Spezialisten in der Auswertung der aufgenommenen Horchpeilungen.

Bei jedem Zerstöreranlauf kamen die Befehle über Fahrstufen- und Kursänderungen leise von den Lippen des Kommandanten. Fünfmal lief der dritte Zerstörer an und warf je acht Wabos. Ventile, Stopfbuchsen und andere Außenbordverschlüsse wurden undicht und wieder klargemacht. Durch die Stevenrohre drang Wasser in dickem Strahl in den Heck- und E-

Maschinenraum. Nach harter Arbeit brachte Bootsmann Treu mit seinen Männern das Wasser zum Stehen.

Nach acht Stunden Waboverfolgung waren von den drei Zerstörern 90 Wabos geworfen worden. Zwei Stunden blieb es dann vollkommen still. Nach einer weiteren Stunde täuschten die Zerstörer Ablaufgeräusche vor.

Das Boot war inzwischen durch die dauernden Wassereinbrüche so schwer geworden, daß es nur durch Anblasen von zwei Tauchzellen gehalten werden konnte. Klaus Scholtz entschloß sich, auf Sehrohrtiefe zu gehen. Kaum war das Boot auf 30 m, da meldete Funkmaat Patz:

'Zerstöreranlauf aus 45 Grad!'

Das Boot stieß wieder in die Tiefe. Es konnte erst auf 240 m abgefangen werden. Bei den nun folgenden Wabowürfen handelte es sich um Spezialbomben mit größter Tiefeneinstellung. Sie detonierten dicht beim Boot. U 108 drohte auseinanderzubrechen. Dann sackte es wie ein Stein weg. Das Tiefenmanometer zeigte die Endmarke 250 m an. Der Kommandant gab Befehl zum Anblasen. Es dauerte eine Ewigkeit, bis das Boot stand. Kapitänleutnant Schmidt, der L.I., maß mit dem selbsteingebauten Druckmanometer einen Druck von 30 kg/qcm. Das Boot war also auf 300 Meter durchgesackt. Dann aber stieg es höher. Vielleicht hatte es Glück? Der Kommandant läßt Geschütz- und MG-Bedienung in Turm und Zentrale versammeln. Er muß nach oben. Im Augenblick steht nur ein Zerstörer beim Boot. Der Kommandant weiß, daß er gegen den Zerstörer keine Chance hat, aber es ist nun finstere Nacht.

Als das Boot durchbrach, schwang sich Klaus Scholtz durch das Turmluk auf die Brücke. Dicht hinter ihm Obergefreiter Käufer. Ein schneller Rundblick zeigte dem Kommandanten, daß die drei Zerstörer abgelaufen waren. U 108 war wieder einmal der Vernichtung entronnen."

Am darauffolgenden Tage kam das Boot zum Schuß. Von dem Zweierfächer mittschiffs und Achterkante Brücke getroffen, sank der Dampfer »Ruckinge« (6213 BRT) sehr schnell. Das Boot unterlief den Konvoi und hängte so die verfolgenden Zerstörer ab. Abermals drehte es zum Angriff an. Diesmal entstand eine Situation, wie sie kritischer für ein U-Boot kaum sein konnte. Geben wir noch einmal einem Mann der Besatzung das Wort, der aus dem unmittelbaren Erleben heraus diese Situation geschildert hat:

„Wir setzten zum Angriff auf einen Einzelfahrer an, der vom Geleit abgekommen war. Ruhig kamen die Befehle des Kommandanten:

'Rohr III und IV klarmachen!'

Aus dem Bugtorpedoraum meldete Obermaat Wilke:

'Rohr III und IV werden bewässert!'

Zischend drückt die Preßluft das Wasser aus den Torpedozellen in die Ausstoßrohre. Kurz nacheinander kamen vom Torpedomaat die Befehle:

'Druckausgleichshähne öffnen, Schußhebel auf Unterwasserschuß, Preßluft auf Ausstoßflasche III und IV, Mündungsklappen öffnen!' Obermaat Wilke beobachtet seine beiden Obergefreiten Härting und Bayer, dann meldet er durch das Sprachrohr: ,Rohr III und IV sind klar zum Unterwasserschuß. Mündungsklappen sind auf!'

Im Turm hatte der Kommandant die für den Schußwinkel erforderlichen Werte geschätzt. Der Gegner lief ins Fadenkreuz. Klaus Scholtz befahl:

'Rohr III und IV fertig zum Einzelschuß!'

Obermaat Wilke legt die Sicherungshebel der elektromagnetischen Abfeuerschalter und die Sicherungen der Handabfeuerung herum und meldete die Rohre fertig. Die Stoppuhr in der Linken, blickte er auf die Signaltafel der elektrischen Abfeueranlage. Da kam der Befehl:

'Rohr III – lllos!'

Zischend jagte die Preßluft hinter den Ausstoßkolben und drückte den Aal nach vorn. Sicherheitshalber hatte Obermaat Wilke noch die mechanische Abfeuerung betätigt und gleichzeitig damit die Stoppuhr in Gang gesetzt.

Oberfunkmaat Patz meldete vom Horchgerät:

'Torpedo läuft!'

'Jawohl!' fiel da Obemaat Wilke ein, ,laufen tut er, aber im Rohr!'

Sekunden später wurde Rohr IV abgefeuert und traf den Gegner.

Das Boot lief sofort ab, und der Kommandant setzte sich mit seinem Torpedo-Offizier, Oberleutnant Neckel, und Obermaat Wilke in den Kommandantenraum und besprach die Lage.

Obermaat Wilke erklärte, daß, falls durch den kurzen Ausstoßweg der Plombendraht am Pistolenpropeller gerissen sei, die Pistole* bei hoher Fahrtstufe des Bootes nach 365 Propellerumdrehungen scharf würde. Ein treibendes Wrackteil genügte dann, den ungefähr zwei Meter aus dem Ausstoßrohr herausragenden Torpedo zur Detonation zu bringen und das Boot zu vernichten.

Es wurde versucht, den Torpedo durch 40 Grad Vorlastigkeit auszustoßen. Vergebens. Das Rohr mußte bei der Waboverfolgung des Vortages verbogen worden sein. Der Kommandant entschloß sich bis zum Dunkelwerden, über den Achtersteven laufend, unter Wasser zu bleiben. Nach Einbruch der Dunkelheit tauchte U 108 auf.

Obermaat Wilke legte Tauchretter und Bleischuhe an, nahm das Werkzeug mit und ließ sich vom Oberdeck in die Tiefe gleiten.

Zwei Minuten später erschien er mit der Gefechtspistole. Sie wurde vorsichtig an Deck gehievt. Obermaat Wilke legte die Wasserschlagkappe zurück und drehte den Propeller in Sicherstellung. Als er auch nach 365 Umdrehungen keinen Anschlag spürte, wußte er, daß die Pistole scharf war. Er drehte vorsichtshalber noch 50 Umdrehungen weiter. Dann warf er die Pistole weit über Bord. Sie war bei dem mit hoher Fahrt gelaufenen Ablaufbogen scharf geworden, und eine winzigkleine Berührung hätte das Boot in die Luft gejagt."

---

* Die Zündeinrichtung des Torpedos.

Die „Lange Jagd" ging weiter. Während U 108 von Zerstörern gejagt wurde, gelang es U 574, den Geleitzerstörer »Stanley« zu versenken. Mit seiner Sloop »Stork« ortete Captain Walker U 574. Durch einen genau liegenden Teppich von zehn Wabos wurde das Boot zum Auftauchen gezwungen. Aus allen Rohren feuernd, zersiebte die »Stork« den Turm des Bootes. Es gelang der Sloop kurz darauf, U 574 vor dem Turm zu rammen. Das Boot schrammte unter dem Kiel der Sloop entlang und wurde durch eine Serie von Wabos mit geringer Tiefeneinstellung in tausend Stücke gerissen. Kapitänleutnant Dietrich Gengelbach fand mit dem Großteil seiner Besatzung den Tod.

Am 20. Dezember lief U 108 ständig in Sichtweite zum Geleitzug. Es war zeitweilig das einzige Boot, das noch Fühlung hielt, wurde aber auch immer wieder durch Zerstörer und durch die vom Geleitträger »Audacity«* aufsteigenden Flugzeuge** unter Wasser gedrückt. Erst nach Einbruch der Dämmerung kam das Boot auf einen Frachter von 7000 Tonnen zum Schuß. Der Gegner ging plötzlich mit der Fahrt herauf, und die beiden Torpedos liefen hinter seinem Heck her. Abermals ging das Boot vor Zerstörern in die Tiefe.

Der 21. Dezember verlief ebenso erfolglos wie der vorhergehende Tag. Dennoch gelang es U 108, für die übrigen Boote Peilzeichen zu geben, so daß sie heranschließen konnten. Captain Walker schrieb am 21. Dezember in sein KTB:

„Das Netz von U-Booten um uns scheint enger zu werden – trotz »Audacitys« aufopferndem Bemühen, den Gegner abzudrängen."

Am Abend des 21. Dezember ging der Konvoi vom Täuschungskurs wieder auf Generalkurs.

U 567 unter Kapitänleutnant Engelbert Endrass gelang es, einen Dampfer von 3324 BRT zu versenken. Daraufhin wurde das Boot von der Fregatte »Deptford« entdeckt und von ihr gemeinsam mit der Korvette »Samphire« gejagt.

Während ihre Wabos fielen, klang von dort, wo der Flugzeugträger lag, eine Doppeldetonation, und wenig später gellten die Notrufe der »Audacity« durch die Nacht. Kapitänleutnant Gerhard Bigalk war es mit U 751 gelungen, den Flugzeugträger mit einem Zweierfächer tödlich zu treffen. Die »Audacity« ex »Hannover« sank.

Wenige Minuten darauf hatten die beiden Geleitfahrzeuge U 567 gestellt. Die »Deptford«, der sich außer der »Samphire« noch die »Stork« zugesellte, versenkte das Boot. Kapitänleutnant „Bertl" Endrass, Träger des Ritterkreuzes mit Eichenlaub, fand mit seiner gesamten Besatzung den Tod.

---

* Die »Audacity« war das von einem britischen Kreuzer gekaperte und danach umgebaute deutsche Motorfrachtschiff »Hannover«, 5725 BRT groß.
** Zehn amerikanische Grumman-Jagdeinsitzer F 4 „Martlet".

Als der Konvoi HG 76 die Sicherheitszone der Western Approaches passierte, war die „Lange Jagd" zu Ende. 144 Stunden hindurch hatten Kommandant und Besatzung von U 108 ohne Schlaf, ständig vom Gegner an den Rand des Verderbens gebracht, am Geleit gestanden, viele Fehlschläge hinnehmen und die Versenkung der Kameradenboote erleben müssen. Die Jagd war zu Ende. Sie kostete insgesamt fünf Boote.

Am 26. Dezember 1941 traf ein Funkspruch auf U 108 ein, mit dem Korvettenkapitän Klaus Scholtz das Ritterkreuz verliehen wurde. Das Boot, das er führte, hatte zu diesem Zeitpunkt elf Schiffe mit 74 893 BRT versenkt und einen weiteren Frachter von 7000 BRT torpediert. Unter diesen Schiffen befand sich auch der Hilfskreuzer »Rajputana«. Am 5. Januar 1942 lief das Boot zwischen der Belle Ile und der Ile de Croix hindurch in Lorient ein.

Wie ein Lauffeuer verbreitete sich in der U-Boots-Unterkunft die Meldung, daß Korvettenkapitän Scholtz sein Boot abgeben und als Flottillenchef eine neue U-Flottille in Dienst stellen sollte.

Die Besatzung wollte es nicht glauben. Vergebens versuchte der Kommandant selbst den BdU umzustimmen. Scholtz lagen keine Landkommandos. Er wollte mit seiner Besatzung auf U 108 bleiben. Aber der BdU blieb hart. Hier der Bericht eines Besatzungsmitgliedes über diese Zeit:

„Als der Kommandant der Besatzung offiziell den Kommandantenwechsel bekanntgab, fielen die Worte wie Keulenschläge auf die Männer herunter. Ihnen, die auf jeder Feindfahrt dem Tode Auge in Auge gegenübergestanden hatten, traten Tränen in die Augen. Klaus Scholtz wandte sich wortlos ab und verschwand durch das Torpedoluk ins Bootsinnere.

Die Besatzung wußte: Einen solchen Kommandanten gab es so leicht nicht wieder. Er hatte für sie gedacht, und zumindest immer an sie gedacht.

Kurz darauf mußten einige Männer, noch immer schwer gezeichnet von den Strapazen dieser Feindfahrt, ins Lazarett eingeliefert werden. Sie waren keine Simulanten. Die Angst vor weiteren Feindfahrten ohne ihren Klaus Scholtz hatte sie krank gemacht. Doch kurz vor Dienstantritt des neuen Kommandanten trat eine überraschende Wende ein.

Die veränderte Lage durch den Krieg mit den USA zwang den BdU dazu, (wie an anderer Stelle bereits dargelegt) Korvettenkapitän Scholtz, der ein Landkommando erhalten sollte, noch einmal in die Pflicht zu nehmen.

Das Boot behielt seinen Kommandanten. Es herrschte Jubelstimmung unter der Besatzung und Klaus Scholtz, der seinen Urlaub verschoben hatte, um dem neuen Kommandaten das Boot persönlich zu übergeben, wurde auf den Schultern seiner Männer in die Messe getragen.

Als eines der ersten Boote der zweiten Amerikagruppe lief U 108 Ende Januar zur Feindfahrt an die US-Ostküste aus. Am 8. 2. 1942 versenkte Scholtz die »Ocean Venture« mit 7174 BRT, was eine gute Ouvertüre zum folgenden Paukenschlag vor der US-Ostküste werden sollte. Es folgte am Abend des 9. 2. die »Tolosa« mit 1974 BRT nach. Am 12. 2 traf es den Norweger »Blink«, dem am 16. 2. der panamesische Dampfer »Ramapo« nachfolgte. Das letzte Schiff als Opfer dieser Fahrt war die 5265 BRT große »Somme«, die am 16. 2. beschossen wurde und am 18. 2. 1942 sank.

Nach diesem Auftakt mit fünf Schiffen und 20 082 BRT sollte der große Schlag folgen, den Scholtz auf seiner letzten Feindfahrt landete.

Anfang April 1942 legte U 108 aus dem Stützpunkt ab und marschierte erneut zur US-Ostküste. Operationsgebiet war die Floridastraße. Dort sollte das Boot von U 459 unter KKpt. von Wilamowitz-Möllendorf Treibstoff übernehmen. Die Übernahme klappte. Am nächsten Morgen legte U 108 von der „Milchkuh" ab und steuerte das Einsatzgebiet zwischen Kap Hatteras und der Floridastraße an. 14 Tage später hatten sich 14 deutsche U-Boote an U 459 versorgt und das Boot kehrte in die Heimat zurück.

In den nächsten Tagen stand U 108 zwischen Cap Canaveral und West Palm Beach auf und ab. Erst am frühen Morgen des 25. 4 kam ein Dampfer in Sicht. Es war die 3849 BRT große »Modesta«, die mit einem Einzelschuß versenkt wurde.

Nachdem das Boot das ihm neu zugewiesene Operationsgebiet erreicht hatte, das jenseits der Bahamas-Inseln und vor den Großen Antillen lag, wurde am Morgen des 29. 4. ein großer US-Tanker gesichtet, die 9925 BRT große »Mobiloil«.

Nach dem ersten Treffer blieb der Tanker liegen. Der Fangschuß traf, aus 400 m geschossen, den Wellenkanal. Mit einem fürchterlichen Reißen legte sich die »Mobiloil« auf die Seite, brach in der Mitte durch und ging, in zwei Hälften zerrrissen, brennend unter.

Der nächste Dampfer wurde erst am Abend des 5. Mai gesichtet. Es war die »Afoundria«, die nach dem Torpedotreffer achtern wegsackte und zäh und verbissen ihren Notruf funkte. Um 23.55 Uhr fiel der Fangschuß und das 5010 BRT große Schiff sank.

Einen Tag später kam die 4422 BRT große »Abgara« in Sicht. Nach dem Torpedotreffer kämpfte seine Besatzung vier Stunden, mußte das über alles brennende Schiff aber schließlich verlassen, bevor es kopfüber auf Tiefe ging.

Am 20. Mai wurde der 8134 BRT große norwegische Motortanker »Norland«, der im Konvoi ON 93 lief, gestellt und torpediert. Er stand noch mehrere Stunden als brennende Fackel auf See, ehe er unterging. Der britische Motortanker »Tricula« mit 6221 BRT sank nach zwei Treffern erst am 3. 8. Das norwegische Motorschiff »Brenas« mit 2687 BRT sank am 7. 8. und zehn Tage später ließ Scholtz am 17. 8. 1942 um 16.57 Uhr nach zweistündiger Vorsetz-Operationen auf den amerikanischen Motortanker »Louisiana« den letzten Doppelfächer schießen. Sie trafen den 8587 BRT großen Tanker tödlich.

Damit hatte das Boot auf seiner letzten langen Feindfahrt mit einer Zwischenbeölung acht Schiffe versenkt, darunter allein vier der wichtigen Tanker.

Als das Boot am 10. September 1942 wieder in Lorient einlief, erhielt Klaus Scholtz aus der Hand des BdU das Eichenlaub zum RK des EK, das ihm als 123. Soldaten der Wehrmacht verliehen wurde.

Bei der Berichterstattung beim BdU am anderen Morgen erfuhr Scholtz, daß er die am 1. 10. 1942 neu aufzustellende 12. U-Boot-Flottille in Bordeaux übernehmen sollte.

Korvettenkapitän Scholtz stand auch auf dieser Position seinen Mann. Hier sprach er immer wieder mit den Kommandanten, die seiner Obhut unterstellt waren. Den Männern der weiten ozeanischen U-Boot-Fahrt und den anderen, die im Atlantik rakten und Erfolge erzielten.

Es war Klaus Scholtz eine ganz besondere Ehre, als er KKpt. Wolfgang Lüth als 7. deutschen Soldaten zu den Brillanten gratulieren konnte, als

dieser nach über 200tägiger Feindfahrt mit U 181 nach Bordeaux zurückkehrte.

Hier lernte Scholtz auch die Kameraden Gysae und Ibbecken, Clausen,
Kentrat, Schonder und Schnoor, Kuppisch, Weingärtner und Oesten,
Timm, Metz und von Wilamowitz-Möllendorf, den alten U-Bootfahrer des
Ersten Weltkrieges kennen, der als ältester aktiver U-Bootfahrer aller Zei-
ten galt.

1943 begann das große U-Boots-Sterben. Immer öfter mußte Klaus
Scholtz Briefe an die Angehörigen der gefallenen Kameraden schreiben.
Dann kam der 6. Juni 1944. Im Zuge des Vorgehens der Alliierten während
der Invasion wurde Einsatzhafen nach Einsatzhafen abgeschnitten. Mitte
August war auch Bordeaux so weit. Die letzten Boote liefen aus. Scholtz,
inzwischen zum Fregattenkapitän befördert, wurde bestürmt, mit einigen
Offizieren auszufliegen. Doch er blieb bei seinen Männern und trat mit
ihnen gemeinsam am 26. August den Rückmarsch an.

Die 12. U-Flottille unterstand der Marschgruppe Süd, General Elster.
Am 11. September übergab General Elster diese Marschgruppe geschlossen
der 3. amerikanischen Armee. Die Übernahme erfolgte am 17. September
in Beaujancie an der Loire. Die Stärke der in Gefangenschaft geratenen
Teile der 12. U-Flottille betrug 220 Offiziere, Unteroffiziere und Mannschaften. Gleich seinen Männern geriet Fregattenkapitän Scholtz in Gefangenschaft, aus der er im Jahre 1946 entlassen wurde.

Doch die See ließ in nicht los. 1953 trat Klaus Scholtz in den Bundes-
grenzschutz See ein und wurde ein Jahr später, als Stabskapitän, Chef des
Seegrenzschutzverbandes I in Neustadt in Holstein. Am 1. Juli 1956 wurde
Klaus Scholtz in die Bundesmarine übernommen. Er erhielt die Dienststellung als Kommandeur des Marinestützpunktes Kiel. Am 20. August 1959
wurde er zum Kapitän z. See befördert.

Klaus Scholtz
Letzter Dienstgrad während des Krieges: Fregattenkapitän
Kommandant von U 108 vom Oktober 1940 bis September 1942
8 Feindfahrten mit 347 Seetagen
Operationsgebiet: Nordatlantik, Südatlantik, Gibraltar, USA-Küste,
Antillen und Karibische See
Ritterkreuz am 26. Dezember 1941
Eichenlaub am 10. September 1942

Versenkungsliste von U 108 unter Fregattenkapitän Klaus Scholtz

22.02.41	22.24	nlD	»Texelstroom«	1.617	63.15 N/20.30 W
28.02.41	23.32	brD	»Effna«	6.461	61.30 N/15.40 W
13.04.41	07.43	brACL	»Rajputana«	16.444	64.50 N/27.25 W
02.06.41	20.43	brD	»Michael E.«	7.626	48.50 N/29.–– W
08.06.41	00.06	brD	»Baron Nairn«	3.164	47.35 N/39.02 W
08.06.41	06.04	grD	»Dirphys«	4.240	47.44 N/39.02 W
10.06.41	07.23	nwD	»Christian Krogh«	1.992	45.–– N²36.30 W
25.06.41	06.20	grD	»Ellenico«	3.059	55.–– N/18.–– W
25.06.41	16.14	grD	»Nicolas Pateras«	4.362	55.–– N/38.00 W
01.07.41	18.25	brD	»Toronto City«	2.486	47.03 N/30.–– W
14.12.41	21.57	ptD	»Cassequel«	4.751	35.08 N/11.14 W
17.12.41	21.21	– – –	Dampfer	– – –	Treffer
19.12.41	06.15	brD	»Ruckinge«	2.869	38.20 N/17.15 W
08.02.42	10.35	brD	»Ocean Venture«	7.174	37.05 N/74.46 W
09.02.42	21.18	nwD	»Tolosa«	1.974	US-Ostküste
12.02.42	02.41	nwD	»Blink«	2.701	35.00 N/72.27 W
16.02.42	15.56	paD	»Ramapo«	2.968	w. Bermudas
18.02.42	23.27	brD	»Somme«	5.265	40.–– N/55.–– W
25.04.42	08.31	brD	»Modesta«	3.849	33.40 N/63.10 W
29.04.42	08.57	amDT	»Mobiloil«	9.925	25.35 N/66.18 W
05.05.42	23.27	amD	»Afoundria«	5.010	20.00 N/73.30 W
06.05.42	22.11	leD	»Abgara«	4.422	20.45 N/72.55 W
20.05.42	18.39	nwMT	»Norland«	8.134	31.22 N/55.47 W
03.07.42	22.20	brMT	»Tricula«	6.221	11.35 N/56.51 W
07.08.42	01.33	nwM	»Brenas«	2.687	10.20 N/56.10 W
17.08.42	16.57	amMT	»Louisiana«	8.587	07.24 N/52.33 W

Gesamterfolge:
25 Schiffe mit 123.990 BRT versenkt
3 Schiffe torpediert
3 Treffer ungeklärt

Korvettenkapitän

Helmut Witte

Helmut Witte wurde am 6. April 1915 in Bojendorf auf der Insel Fehmarn geboren. Nachdem er 1933 in Wittenberg sein Abitur abgelegt hatte, meldete er sich freiwillig zum Reichsarbeitsdienst. Als vorzüglicher Sportler nahm er über das Reichskuratorium für Jugendertüchtigung erfolgreich an einem Lehrgang für Sportlehrer teil.

Da es den jungen Witte jedoch zur See hinzog, der er schon von früher Kindheit an verbunden war, meldete er sich im Jahre 1934 als Seeoffiziersanwärter zur damaligen Reichsmarine.

Nach dem Kommando bei der Schiffsstammabteilung und einer Fahrt als Seekadett auf der »Gorch Fock« kam Witte auf den Kreuzer »Karlsruhe«, mit dem er eine für alle Beteiligten unvergeßliche neunmonatige Auslandsreise antrat. Der hochgewachsene, durchtrainierte Fähnrich wurde von Kameraden und Vorgesetzten geschätzt.

Als Fähnrich z. See zur Marineschule Flensburg-Mürwik kommandiert, schloß Witte seine Ausbildung mit der Seeoffiziershauptprüfung ab und erhielt als Leutnant z. See sein erstes Bordkommando auf dem Kreuzer »Köln«, auf dem er zwischen 1936 und 1938 mehrere Reisen in die spanischen Gewässer machte.

Kommandos als 1. Wachoffizier auf den Torpedobooten »Kondor«, »Seeadler« und »Tiger« schlossen sich an.

Witte befand sich an Bord der »Tiger«, als dieses Torpedoboot am

25. August 1939 auf der Höhe von Bornholm mit Z 3 »Max Schultz« kollidierte und sank.

Witte erhielt nun ein Kommando auf dem Zerstörer Z 22 »Anton Schmitt« als 2. Wachoffizier. Mit Z 22 fuhr Helmut Witte mehrere Einsätze an der englischen Küste, wobei es zu Kämpfen mit Feindeinheiten kam. Zwischen den Einsatzfahrten auf Z 22 absolvierte Leutnant z. See Witte mehrere Waffen- und Spezialkurse, darunter auch einen Sperrwaffen- und Schiffstaucherkursus.

Im Norwegen-Unternehmen, April 1940, stand Z 22 in der Gruppe Narvik, die aus zehn Zerstörern bestand. Z 22 gehörte innerhalb dieser Gruppe der 3. Flottille unter Fregattenkapitän Gadow an. Zur gleichen Flottille gehörten ferner die Zerstörer Z 17 »Diether von Roeder«, Z 18 »Hans Lüdemann« und Z 19 »Hermann Künne«.

Die Sicherung des eben besetzten Hafens von Narvik in der Nacht zum 10. April hatte Z 17 übernommen. Infolge unklarer Befehlsübermittlung lief Z 17 beim Hellwerden von seiner Sicherungsstelle in das Hafenbecken zurück und ging dort um 05.25 Uhr vor Anker.

Während Z 18 und Z 19 noch zur Brennstoffübernahme bei der »Jan Wellem«* lagen, hatte Z 21 »Wilhelm Heidkamp«, der Führerzerstörer, südlich des Tankers geankert, und Z 22 lag zwischem dem Führerzerstörer und der »Jan Wellem«.

Captain Warburton-Lee lief mit seiner britischen 2. Zerstörerflottille in den Morgenstunden des 10. April in den Westfjord ein. Er erreichte um 0.5.30 Uhr den Hafen von Narvik, und seine Zerstörer »Hardy«, »Havock«, »Hostile«, »Hotspur« und »Hunter« feuerten ihre Torpedos auf die vor Anker liegenden deutschen Zerstörer und die anderen im Hafen liegenden Schiffe.

Z 21 wurde torpediert, doch sein Vorschiff sank erst am 11. April. Z 22 jedoch brach, von zwei Torpedos getroffen, in der Mitte auseinander und sank sehr schnell.

Zum zweiten Mal war Oberleutnant Witte ein Schiff unter den Füßen weggesunken.

Er meldete sich – trotz einer Halsentzündung, die er sich in dem eisigen Wasser geholt hatte – sofort nach seiner Rückkehr in die Heimat zur U-Boots-Waffe.

Er durchlief die übliche U-Ausbildung in der Ostsee und wurde Anfang 1941 I.W.O. und Kommandantenschüler auf U 107, das unter dem Befehl von Kapitänleutnant Hessler stand.

Mit U 107 machte Helmut Witte die erfolgreichste Feindfahrt mit, die je ein U-Boot im Zweiten Weltkrieg unternahm.

---

* Ehemaliges Walfang-Mutterschiff.

U 107 lief am 29 März 1941 zu seiner zweiten Feindfahrt unter Kapitänleutnant Hessler aus (siehe auch Kapitel Günter Hessler). Operationsgebiet
war der Seeraum um Freewown. Die Versenkungsserie begann mit dem
britischen Dampfer »Eskdene« (3829 BRT), der am 8. April 1941 westlich
der Kanarischen Inseln versenkt wurde. Noch am gleichen Tage gingen
zwei weitere Dampfer in die Tiefe, und in den Morgenstunden des 9. April
traf es den Tanker »Duffield« (8516 BRT). Witte fuhr als I.W.O. während
seiner Wachen das Boot. Er stand beim Überwasserangriff hinter der UZO
und schoß die Torpedos. Er lernte von Kapitänleutnant Hessler alles, was
ein Kommandant wissen mußte.

Zwölf Tage später wurde nordwestlich der Kapverdschen Inseln der
Dampfer »Calchas« (10 305 BRT) versenkt. Erst neun Tage später folgte
der nächste Dampfer westlich der Kapverden.

Dann aber begann der Einsatz vor Freetown, der in dem Kampf gegen
die britische U-Boots-Falle − und gleichzeitig Hilfskreuzer − »Alfred
Jones« (5013 BRT) gipfelte, die von U 107 torpediert wurde. Beim dritten
Torpedotreffer flog einer der Deckungskästen in die Luft, unter denen der
Hilfskreuzer seine sechs 15-cm-Geschütze verborgen hatte.

Die U-Boots-Falle ging in die Tiefe. Zwei weitere Dampfer folgten, ehe
das Boot den Rückmarsch antrat und am 2. Juli mit einer Versenkungszahl
von 14 Schiffen mit 86 699 BRT den Stützpunkt erreichte.

Witte, zum Kapitänleutnant befördert, stellte im September 1941 bei der
Deschimag in Bremen das IX C-Boot U 159 in Dienst. Damit wurde er
Kommandant eines der besten U-Boote des Zweiten Weltkrieges.

Das übliche Einfahren und die Schießübungen verliefen erfolgreich.
Dann lief U 159 zur ersten Feindfahrt in den Nordatlantik aus. Hier legte
das Boot Wetterbojen und marschierte anschließend nach Lorient, seinem
zukünftigen Stützpunkt.

Mitte April 1942 ging U 159 zur zweiten Feindfahrt von Lorient aus in
See. Operationsgebiet war der Panamakanal. Das Boot hatte eine durch-
weg junge Besatzung an Bord.

Reger Schiffsverkehr im Operationsgebiet brachte die ersten zählbaren
Erfolge. Die Dampfer »New Brunswick«, »Montenol«, »Illinois« und
»Edith« sanken kurz hintereinander. Am 21. Mai versenkte U 159 aus dem
Konvoi OS 28 zwei Schiffe mit 9165 BRT. Sechs weitere Dampfer und
zwei Segler folgten, ehe das Boot verschossen den Rückmarsch antrat.

13 versenkte Schiffe waren das Ergebnis dieser unbefahrenen Besatzung, von der neben dem Kommandanten nur der L.I., Kapitänleutnant
(Ing.) Weiss, vorher auf einem U-Boot zur See gefahren war.

Die genaue Reihenfolge ging von der »New Brunswick« mit 6529 BRT
bis zur »E. J. Sadler«, dem 9639 BRT großen US-Tanker. Es war eine
stolze Reihe, wie die Versenkungsliste zeigt.

Aber noch stand das Boot zwischen Haiti und der Nordküste Venezuelas, als ein Tanker aus Richtung Aruba mit nordwestlichem Kurs, in Richtung USA durch die Karibische See laufend, von U 159 gesichtet wurde.

Mit Alarmtauchen ging U 159 in den Keller, um zunächst unter Wasser anzulaufen.

„Kommandant an Artillerieoffizier: Wieviel Schuß haben wir noch für die Zehnfünf?"

„Noch 17 Schuß, Herr Kaleunt!"

Hmm, wenn wir nahe genug rangehen und gut treffen, könnten wir es schaffen. Aber er hat ein Geschütz auf dem Heck stehen."

„Mit der Dreisieben könnten wir das zum Schweigen bringen, Herr Kaleut!"

„Gut denn! Auf Gefechtsstationen! Geschützbedienung im Turm klarhalten!" Die 54 Besatzungsmitglieder von U 159 standen auf ihren Stationen, als das Boot durchbrach. Witte riß das Turmluk auf und schnellte sich auf die Brücke. Brückenwache und Geschützbedienung folgten. Schon standen die Männer des Buggeschützes an Oberdeck; die ersten Granaten wurden auf den Turm gemannt und von dort über die Rutsche zum Geschütz hinabbefördert.

Bellend verließ die erste Granate das Rohr und hieb dicht vor dem Bug des inzwischen nahe herangekommenen Tankers in die See.

„Tanker macht Notruf! Name »E. J. Sadler«. Hat nach Lloyds Register 9647 BRT."

„Genau unsere Schuhnummer!" sagte der I.W.O., Oberleutnant z. See von Pommer-Esche, der als Artillerieoffizier das Feuer der Zehnfünf leitete. Der nächste Schuß traf den Navigationsraum des Tankers. Schlagartig brachen die SSS-Rufe des Tankers ab. Er versuchte, mit Höchstfahrt zu entkommen. Nach zehn Minuten gab er das Rennen auf. Er stoppte. Boote wurden zu Wasser gelassen.

„Versuchen Sie die Brücke in Brand zu schießen, Eins W.O.!" befahl der Kommandant, als er sah, daß der Tanker nicht wegsackte. Mit den letzten drei Granaten gelang dies. Die Holzteile des Schiffes begannen zu brennen. U 159 setzte sich etwas vom Tanker ab, für den Fall, daß die sich bildenden Ölgase explodierten. Doch nichts dergleichen geschah. Nach zwei Stunden stand fest, daß die »E. J. Sadler« so nicht in die Tiefe gehen würde.

„Wir müßten ihm schon ein paar Sprengpatronen verpassen, Herr Kaleunt!" „Wenn aber die Ölladung gerade hochgeht, während das Sprengkommando an Bord ist, Eins W.O.?" Kapitänleutnant Witte überlegte einen Augenblick. Dann gab er sich einen Ruck. „Klar bei Schlauchboot. Obersteuermann Jürs, Zentralemaat Müller gehen rüber! Sprengpatronen klarmachen. Sie, Jürs, wissen als ehemaliger Handelsschipper am besten mit diesen Kästen Bescheid!"

„Jawohl, Herr Kaleunt!" stimmte die seemännische Nummer Eins sofort zu. Wenig später legte das Schlauchboot ab. Sie pullten zum Tanker hinüber, und Obersteuermann Jürs kletterte an der Jakobsleiter hoch und zog

den Sack mit den Sprengmitteln an einem Tampen in die Höhe. Dann folgte Zentralemaat Müller, nachdem er das Boot an die Vorleine gelegt hatte.

Der Kommandant stand auf dem Turm des U-Bootes und wartete darauf, daß seine beiden Männer wieder aus dem Bauch des Tankers erschienen. 15 Minuten vergingen. Erneut schlugen Flammen aus der Brücke des Tankers. Alle wurden unruhig. Wo blieb das Sprengkommando nur? War etwas passiert?

Endlich tauchten die beiden Männer wieder auf. Sie zeigten klar, fierten vorsichtig einen prall gefüllten Sack ins Schlauchboot hinunter, legten ab und pullten zum U-Boot zurück. Auf dem Turm angekommen, meldete Obersteuermann Jürs:

„Befehl ausgeführt! Sprengladungen vorbereitet."

„Was haben Sie denn in dem Sack, Jürs?"

„Haben zufällig sofort die Pantry gefunden, Herr Kaleunt. Waren einige gute Sachen drin, die wir nicht abbuddeln lassen wollten."

„Ihr könnt so bleiben. Mir geht der Unaussprechliche mit Grundeis, und ihr sucht Marschverpflegung!" Witte schnaubt wütend und erleichtert zugleich, um dann fortzufahren: „Und wann gehen die Sprengladungen hoch?"

„In einer halben Minute, Herr Kaleunt!" antwortete der Obersteuermann nach einem Blick auf die Uhr.

Wie Jürs gesagt hatte, so geschah es. Drei, vier Detonationen waren leise aus dem Bauch des Tankers zu vernehmen. Plötzlich sackte die »E. J. Sadler« achtern tiefer und tiefer. Ihr Bug hob sich. Er stand eine ganze Weile fast senkrecht als brennende Fackel in der See, und plötzlich ging der Tanker mit seinen 14 000 Tonnen Öl in die Tiefe.

U 159 lief endgültig nach Hause. Das Boot hatte nun elf Schiffe und zwei Segler mit 50 619 BRT versenkt.

Nach einer Fahrt von über 12 000 Seemeilen stand das Boot Ende Juni dicht vor Lorient. So kurz vor Erreichen des Stützpunktes wurde es noch von einem Bomber mit drei Bomben belegt. Dabei erlitt es große Schäden: Es war tauchunklar, hatte zirka 60 gerissene Akkuzellen, außerdem angerissene Tauch- und Untertriebszellen. Es sackte bis auf den Meeresboden durch. Nach dreistündiger fieberhafter Arbeit gelang es, das Boot wieder hochzubringen. Um 04.00 Uhr durchbrach es die Wasseroberfläche und erreichte im Überwassermarsch, von den herbeieilenden Sicherungsfahrzeugen geleitet, den Stützpunkt Lorient.

Am 24. August 1942 lief U 159 zur dritten Feindfahrt aus. Das Boot war wenige Tage nach den vier Booten und der „Milchkuh" der Gruppe „Eisbär" – die vom 16. bis 19. August zu einer lange vorher geplanten Unternehmung in den Raum Kapstadt in See gegangen waren – ebenfalls in das Operationsgebiet Kapstadt entsandt worden.

Am 7. 10. wurde der britische Dampfer »Boringia« versenkt.

Am 8. Oktober wurde um 9.05 Uhr der britische Dampfer »Clan Mactavish« mit 7631 BRT nach einem Treffer, der den Dampfer stoppte, durch einen Fangschuß versenkt.

Am nächsten Vormittag um 11.54 Uhr kam das Boot auf den Amerikaner »Coloradan« zum Schuß. Dieser Dampfer mit 6557 BRT sank ebenfalls zum Meeresboden.

Der in den Morgenstunden des 10. 10. angegriffene Dampfer von 6000 BRT entging dem auf ihn geschossenen Zweierfächer, der hinter dem Heck des mit der Fahrt heraufgehenden Schiffes herlief. Obgleich Witte sofort nachstoßen ließ, kam das Boot nicht mehr auf dieses schnelle Schiff zum Schuß. Er war, obwohl zackend, immer noch für ein Vorsetzmanöver zu schnell.

Am 11. Oktober wurde ein Zerstörer gesichtet, der das sofort tauchende Boot mit der Asdic-Peilung horchte. Vier Stunden dauerte die Jagd, aber es fielen keine Wasserbomben. Dann hatte U 159 den Gegner abgeschüttelt.

Zwei Tage später kam bei grober See ein großer Dampfer in Sicht. Trotz des Sturmes gelang es U 159, sich vorzusetzen. Der Einzelschuß aus Rohr IV traf die »Empire Nomad« (7167 BRT) mittschiffs und ließ sie stoppen. Der erste Fangschuß ging bei der hohen See achtern vorbei. Der zweite verfehlte das Ziel ebenfalls. Erst der dritte traf, ohne daß jedoch die »Empire Nomand« tiefer sackte. Erst der fünfte Torpedo versetzte dem 7000-Tonner den Todesstoß, und das neue, erst 1941 in England vom Stapel gelaufene Schiff sank.

Mit dieser Versenkung hatte U 159 – und damit auch der Kommandant – die 100 000-Tonnen-Versenkungsgrenze überschritten. Kapitänleutnant Witte, der hochgewachsene Athlet, dessen eiserne Selbstdisziplin und Ruhe auch in den kritischten Situationen sprichwörtlich geworden war, hatte seinem Boot durch Ausnutzung aller Chancen zu einer so hohen Versenkungsziffer verholfen. Er hatte die Besatzung zu einer schlagkräftigen Einheit gemacht.

Als ein Besatzungsmitglied schwer erkrankte, erhielt U 159 vom BdU den FT-Befehl, einen Treffpunkt mit dem in der Nähe stehenden U 178 anzusteuern und den Kranken an dieses heimlaufende Boot abzugeben. Die beiden Boote trafen sich, und der Kranke wurde übergeben. U 159 setzte seine Operationen fort.

Am 22. Oktober brachte der Oberfunkmaat den FT-Spruch des BdU zum Kommandanten, in dem ihm die am gleichen Tage erfolgte Verleihung des Ritterkreuzes mitgeteilt wurde. Ausnahmsweise gab es an dem Tage einen guten Schluck Feuerwasser für die Besatzung.

Eine ganze Woche lang wurde kein Schiff mehr gesichtet. Nicht mal eine Rauchwolke war zu sehen. Das Boot stieß bis 300 Seemeilen südlich Kapstadt vor.

Hier wurden am 29. Oktober zwei Dampfer fast gleichzeitig gesichtet, die einzeln laufend ihr Ziel zu erreichen suchten. U 159 nahm die Verfolgung des größten Dampfers auf. Nach mehrstündigen Vorsetzmanövern sank die »Laplace« (7327 BRT) nach drei Torpedotreffern.

Das Boot auf den Kurs des zweiten Dampfers herumwerfend und mit AK hinterherjagend, holte Witte auch diesen Dampfer ein, der mit einer Erzladung von Port Elizabeth nach Trinidad unterwegs war. Es war die »Ross« (4978 BRT), die ebenfalls drei Torpedos brauchte, bis sie – 17 Stunden nach der Sichtmeldung – sank.

U 159 hatte hier eine neue, bisher unbekannte Handelsroute gefunden. Schon drei Tage später kam wieder ein Dampfer von 8000 BRT in Sicht. Mit 16 Knoten Fahrt entkam diese fette Beute dem Zweierfächer, weil die Gegnerfahrt unterschätzt worden war. Zu allem Überfluß wurde einer der hinter dem Heck herlaufenden Torpedos Endstreckendetonierer, was den Dampfer warnte. Er erhöhte seine Fahrt noch mehr und entkam.

U 159 hatte nur noch zwei Torpedos in den Rohren. Einer davon war zudem vom Mixer unklar gemeldet worden. Das Boot trat den Rückmarsch an.

Am 7. November wurde von der Brückenwache eine Rauchwolke gesichtet. Sofort setzte der Kommandant das Boot zum Angriff an.

„Wir müssen einen Heckschuß wagen, Herr Kaleunt!" meinte der T.W.O. „Der unklare Aal liegt im Bugrohr!"

„In Ordnung, machen wir!"

Langsam gewann U 159 die richtige Schußposition. Als die Dunkelheit einfiel, drehte das Boot mit dem Heck auf den Frachter zu.

„Rohr V – – – lllos!"

Genau um 21.19 Uhr ging der Torpedo auf die Reise. Doch lange nach Ablauf der Laufzeit war immer noch nichts zu hören.

„Torpedoversager, Herr Kaleunt!"

Der I.W.O., der breitbeinig hinter der UZO stand, konnte einfach nicht glauben, daß sie diesen sicheren Aal vorbeigegeigt haben sollten.

„Torpedomechaniker Roese auf die Brücke!" befahl der Kommandant.

Als der Mixer auf dem Turm stand, sah Witte ihn fragend an:

„Sehen Sie sich das Plätteisen dort drüben an, Roese. Können wir es mit dem lahmen Aal schaffen?"

U 67 in Lorient. Mit diesem Boot des Typs IX-C war Kptlt. Müller-Stöckheim im Einsatz.

„Wenn er aus kurzer Entfernung geschossen wird, Herr Kaleunt!"

„Gut, Runter mit Ihnen! Machen Sie den Aal klar!"

Abermals setzte sich das Boot vor. Näher und näher schob sich U 159 an den Frachter heran.

„Torpedo in Rohr III ist klar!"

Oberleutnant von Pommer-Esche merkte, wie der Bug des Bootes von einem hohen Roller weggedrückt wurde. Ein Befehl an den Rudergänger ließ das Boot wieder in die Richtung kommen.

„Schuß!" befal der Kommandant.

Der T.W.O. drückte die elektrische Abfeuerung, während der Mixer im Bugraum sicherheitshalber noch auf die Handabzugstaste schlug. Der Torpedo lief.

Eben gab der Kommandant ein Ruderkommando, noch hatte Obersteuermann Jürs nicht sein „Zeit ist um!" gemeldet, als am Dampfer eine grellweiße Detonationsflamme aufloderte.

Nach zwei Sekunden war der gesamte Frachter in einer mächtigen weißglühenden, himmelansteigenden Detonationswolke verschwunden. Bis unter die Halskrause mit Munition vollgepackt, wurde dieser große Kasten mit ohrbetäubendem Getöse buchstäblich in Stücke gerissen. Der ungeheure Luftdruck dieser Detonation riß das deutsche U-Boot förmlich aus der See heraus. Es schien zu schweben, wurde herumgeworfen und hieb dann schwer in die See und legte sich weit nach backbord über.

Die Männer auf der Brücke wurden gegeneinander geschleudert. Helmut Witte spürte, wie eine elementare Gewalt ihn packte und von den Füßen riß.

Die See rings um das Boot wurde von einem Regen aus Stahlsplittern gepeitscht. Die Männer auf der U-Boots-Brücke bluteten aus mehreren Wunden. Splitter drangen in Arme, Beine und Köpfe. Die in die Luft gejagten Granaten regneten Stahl über das Boot. Es prasselte, knallte und dröhnte.

Als Witte wieder klar zu denken vermochte, sah er, daß der gewaltige Luftdruck ihm die Mütze vom Kopf und die Lederjacke vom Leibe gerissen hatte. Sein schweres Doppelglas, das am Lederriemen auf seiner Brust gehangen hatte, war verschwunden. Es war in die Zentrale hinuntergefegt worden.

Schadensmeldungen wurden auf den Turm gegeben. Leckagen wurden gemeldet. Das Licht war ausgefallen. Männer im Boot waren gestürzt und hatten sich verletzt.

Wie ein Orkan war diese Detonation über sie gekommen. Wie sich später herausstellte, hatte man noch in 80 Seemeilen Entfernung den riesigen schwarzen Rauchpilz der Detonation gesehen.

Der Kommandant hatte eine Wirbelsäulenverletzung und eine Nervenquetschung erlitten, die ihn Wochen hindurch einseitig fast lähmte. Einige Besatzungsangehörige waren ebenfalls erheblich verletzt. Dennoch konnte Oberleutnant Weiss dem Kommandanten schon nach sieben Stunden das Boot einsatzklar melden.

Auf dem Turm und auf dem Oberdeck wurden unzählige kleine und große Granatsplitter aufgesammelt. Über 250 Löcher im Turm und in der Außenhaut des Bootes wurden gezählt. Mit FT ließ Helmut Witte einen jener Funksprüche absetzen, die typisch für ihn waren:

„An BdU von U 159: Munitionsdampfer mit 5500 BRT in 250 Meter Entfernung torpediert. Dampfer in die Luft geflogen. Leichte Verletzungen und geringe Schäden. Boot voll einsatzbereit."

Dies war ein Paukenschlag, wie er nicht alle Tage geschlagen wurde. Das Boot trat den Rückmarsch an. Mit Heimatkurs lief U 159 nordwärts. Am 13. November kamen dann wieder Mastspitzen in Sicht. Der II.W.O., Leutnant z. See Bredereck, hatte sie zuerst gesichtet. Wenig später stellte sich heraus, daß dies Schiff ein Tiefwassersegler war.

Es war der Sechsmastschoner »Star of Scotland« (2698 BRT), der mit Ballast von Kapstadt nach Paranagua fuhr. Kapitän des Schoners war Captain Constantin Flink; ein alter Fahrensmann mit vierzig Seejahren.

Captain Walker auf der Brücke seines »Starling« in voller Aktion.

Als die ersten Granaten der Zehnfünf vor dem Segler in die See schlugen, verließ die Besatzung in kopfloser Flucht das Schiff. U 159 feuerte noch einige Schüsse. Der Segler brannte.

Witte ließ sein Boot dicht an das ausgebrachte Rettungsboot herangehen und stellte fest, daß die Besatzung völlig seeunerfahren war. Auf die Frage nach dem Kapitän wurde ihm geantwortet, daß er noch an Bord des brennenden Seglers sei.

U 159 nahm das Rettungsboot in Schlepp, in dem sich weder Proviant noch Wasser oder Navigationsgeräte und Karten befanden. Das U-Boot hielt auf die »Star of Scotland« zu. Abermals wurden drei Schüsse in die Flanke des Seglers gesetzt, auf dem nun eine weiße Fahne gehißt wurde.

Der Kapitän des Schoners ließ sein Boot zu Wasser. Er war besonnen und hatte alles dabei, was gebraucht wurde. Die Durchsicht der Schiffspapiere ergab, daß der Segler versenkt werden mußte.

Vorher zeigte der Kapitän der U-Boots-Besatzung noch, wo der Proviant und die Zigaretten verstaut waren. Das Rettungsboot des Seglers wurde voll ausgerüstet. Der übrige Proviant wurde zur Ergänzung des eigenen Speisezettels übernommen. In der Zwischenzeit wurden zwei Verletzte behandelt.

Als Witte dem Kapitän sagte, daß er ihn laut Weisung mit nach Deutschland nehmen müsse, schüttelte dieser den Kopf:

„Sie werden niemals allein an Land kommen", sagte er und deutete auf seine Männer im Rettungsboot.

291

Witte ließ den Kapitän in das Rettungsboot übersteigen und gab ihm noch seinen Reservesextanten und Seekarten. Captain Constantin Flink übergab dem U-Boots-Kommandanten einen aus Elfenbein von ihm selbst geschnitzten Brieföffner als Andenken. Und als das Rettungsboot ablegte, erhob sich der Captain.

„Three cheers for the German Captain and his sailors!" rief er, und die Schiffbrüchigen stimmten laut ein.

Die »Star of Scotland« wurde durch einige weitere Schüsse aus dem Buggeschütz versenkt. Drei Wochen später hörte Helmut Witte über Radio, daß das Rettungsboot wohlbehalten die afrikanische Küste an der Walfischbai erreicht hatte.

Doch U 159 sollte noch nicht zurücklaufen. Das Boot erhielt Befehl, nach der Versorgung mit Öl und Torpedos bei einem U-Tanker in ein neues Operationsgebiet zu marschieren.

Drei weitere Dampfer wurden nach dieser Versorgung noch vernichtet. Es waren: Am 13. 12. die 7140 BRT große »City of Bombay«, am 15. 12. die »Star of Suez« mit 4999 BRT und am 16. 12. die »East Wales« mit 4358 BRT. Als U 159 am 5. Januar 1943 in Lorient einlief, hatte es 63 730 BRT feindlichen Handelsschiffsraumes versenkt.

135 Tage hatte das Boot in See gestanden und während dieser Zeit 21 650 Seemeilen zurückgelegt.

Anfang März 1943 lief U 159 zur vierten Feindfahrt in den Raum Azoren/Nordafrika aus. Oberleutnant Weiss war abgelöst worden. Einige neue Männer kamen an Bord.

Die in diesem Operationsgebiet besonders starke Radarabwehr, die Geleit-Groups und die bei den Konvois stehenden Geleitträger machten Erfolge fast unmöglich. Immer wieder abgedrängt und unter Wasser gedrückt, versuchte U 159 doch noch ranzuschließen und anzugreifen.

Dann gelang dies auch. Das Boot kam auf einen großen Frachter von 9000 BRT zum Schuß. Es war ein Munitionsfrachter, der in kurzer Zeit von den eigenen Detonationen auseinandergerissen wurde (Versenkung unbestätigt).

Ende April traf U 159 wieder in Lorient ein.

Kapitänleutnant Witte mußte nun sein Boot an Oberleutnant z. See d. Res. Beckmann abgeben. Seine chronisch gewordene Halsentzündung, an der er seit Narvik laborierte, machte die Einweisung in ein Lazarett dringend notwendig. Er hatte noch die Freude, zu erleben, daß auch sein getreuer I.W.O., Oberleutnant z. See von Pommer-Esche, ebenfalls ein Boot erhielt, und zwar U 160.

Aber beide Boote kämpften glücklos. U 159 lief am 12. Juni 1943 unter Oberleutnant Beckmann von Lorient aus und wurde am 15. Juli 1943 auf 15.58 Grad Nord/73.44 Grad West durch Flugzeuge des Geschwaders VP 32 versenkt.

U 160 unter Oberleutnant von Pommer-Esche lief am 28. Juni 1943 aus

La Verdon aus. Das Boot wurde am 14. Juli auf 33.54 Grad Nord/27.13
Grad West durch das Geschwader VC 29 des USS »Santee« versenkt.
Damit fiel der I.W.O., der unter Helmut Witte auf U 159 gefahren war, fast
zur gleichen Zeit, als das Boot selbst vernichtet wurde.

Vom Herbst 1943, nach seiner Entlassung aus dem Lazarett, bis Januar
1944 besuchte Witte die Marine-Kriegsakademie in Bad Homburg. Nach
kurzer Referentenzeit wurde er, inzwischen zum Korvettenkapitän befördert, Referent und ständiger Vertreter von Vizeadmiral Heye, dem Admiral
der Kleinkampfverbände, in der Seekriegsleitung, Abteilung Skl/S.

Das Kriegsende erlebte Korvettenkapitän Witte als Chef der Einsatz-
gruppe „Panther" (Rhein/Weser). Nach Kriegsschluß wurde er Marine-Ver-
bindungsoffizier zum VII. britischen Korps in Schleswig-Holstein. Von
hier aus wurde er über ein Lazarett im Juli 1945 aus der Gefangenschaft
entlassen.

Ins Zivilleben zurückgekehrt verdingte sich Helmut Witte zuerst als
Landarbeiter. Der Dienst, den auch dieser Offizier dem Vaterland geleistet
hatte, galt nichts mehr. Männer, die die besten Jahre ihres Lebens hingege-
ben und mit letztem Einsatz gekämpft hatten, wurden und werden
beschimpft und erniedrigt.

Doch der ehemalige U-Boots-Kommandant meisterte auch sein persön-
liches Leben. Vom Hilfsarbeiter eines Metallwerkes arbeitete er sich von

1946 bis 1949 zum Betriebsleiter empor. Er volontierte anschließend bei einem Röntgenwerk in Hamburg, brachte es zum Betriebsleiter eines Fahrzeugwerkes in Dortmund und schließlich 1961 zum Personaldirektor eines großen Duisburger Konzerns.

Seine Männer, soweit sie den Krieg überlebt haben, schwören noch heute auf ihn, und nichts kennzeichnet die einwandfreie soldatische Haltung von Helmut Witte besser als der Umstand, daß jener Captain Constantin Flink, dem Helmut Witte die »Star of Scotland« versenken mußte, den deutschen U-Boots-Kommandanten durch seine Reederei suchen ließ. Und als er ihn gefunden hatte, gab dieser echte Seemann schon 1947 der amerikanischen Presse Kenntnis von der Ritterlichkeit und Fairneß dieses Gegners, der sogar einem Befehl zuwider handelte, um die Matrosen des Schoners zu retten. Diese Veröffentlichung war die erste dieser Art in Amerika. Ein Mitglied des amerikanischen Kongresses kommentierte: „Die Veröffentlichung dieser Geschichte hat sicherlich bisher für die Verständigung unserer beiden Völker bessere Dienste geleistet als das Beharren unserer Politiker in alten Ressentiments."

Setzen wir an den Schluß dieses Berichtes die Worte von Captain Constantin Flink:

„Es gibt viele Arten von Menschen.

Captain Witte aber ist ein Seemann."

Helmut Witte
Letzter Dienstgrad: Korvettenkapitän
Wachoffizier auf U 107
Kommandant von U 159 von September 1941 bis April 1943
4 Feindfahrten mit 257 Seetagen
1 Feindfahrt: Wetterbojen gelegt
Ritterkreuz am 22. Oktober 1942

Versenkungserfolge von U 159
unter Kapitänleutnant Helmut Witte

21.5.42	03.23	brD	New Brunswick	6.529 BRT	36.53 N/22.55 W
21.5.42	03.24	brDT	Montenol	2.646 BRT	36.53 N/22.55 W
4.6.42	02.35	amD	City of Alma	5.446 BRT	23.00 N/62.30 W
5.6.42	-- --	bzS	Paracury	265 BRT	17.30 ON/63.34 W
7.6.42	22.24	amD	Edith	3.382 BRT	14.33 N/74.35 W
11.6.42	04.45	brD	Fort Good Hope	7.130 BRT	10.19 N/80.16 W
13.6.42	04.12	amD	Sixaola	4.693 BRT	09.41 N/81.10 W
13.6.42	19.38	amD	Saloon Turman	6.762 BRT	10.45 N/80.24 W
17.6.42	-- --	nlD	Flora	1.417 BRT	11.55 N/72.36 W
19.6.42	-- --	jgD	Ante Matcovic	2.710 BRT	12.05 N/72.30 W
22.6.42	-- --	amDT	E. J. Sadler	9.639 BRT	15.36 N/67.51 W
7.10.42	23.55	brD	Boringia	5.821 BRT	35.09 S/16.32 E
8.10.42	09.05	brD	Clan Mactavish	7.631 BRT	34.53 S/16.45 E
9.10.42	11.54	amD	Coloradan	6.557 BRT	53.47 S/14.34 E
13.10.42	13.37	brD	Empire Nomad	7.167 BRT	37.50 S/18.16 E
29.10.42	12.26	brM	Ross	4.978 BRT	38.51 S/21.40 E
20.10.42	21.18	brD	Laplace	7.327 BRT	40.35 S/21.35 E
7.11.42	22.50	amD	La Salle	5.462 BRT	40.00 S/21.30 E
13.11.42	-- --	amS	Star of Scotland	2.290 BRT	26.30 S/00.20 W
13.12.42	22.05	brD	City of Bombay	7.140 BRT	02.43 S/29.06 W
15.12.42	14.20	ägD	Star of Suez	4.999 BRT	00.42 S/31.37 W
16.12.42	20.39	brD	East Wales	4.358 BRT	00.24 S/29.34 W

Gesamterfolge:
22 Schiffe mit 115.349 BRT versenkt.

Korvettenkapitän

Werner Henke

Drei Zeilen sind in den Sandstein gegraben, der auf dem Einzelgrab Nummer 8 des Gefangenenfriedhofs von Fort George G. Meade, Maryland/USA, steht:

WERNER HENKE
   Korvettenkapitän Navy German
   June 15. 1944

Am 20. Juli 1944 – über einen Monat nach Henkes Tod – gab das War Departement der USA über das Schweizer Rote Kreuz den Tod von Werner Henke bekannt. In dieser Mitteilung stand als Todesursache:
   „Auf der Flucht erschossen."

Der am 13. Mai 1909 in Rudak bei Thorn geborene Werner Henke ging schon mit 15 Jahren zur See. Auf dem Segelschulschiff »Großherzogin Elisabeth« machte er als Kadett seine erste Fahrt. Auch Korvettenkapitän Wilhelm Schulz, der im Jahre 1941 Werner Henkes Kommandant auf U 124 werden sollte, hatte seine Ausbildung auf diesem Schiff erhalten.
   Der rotblonde, hochgewachsene und breitschultrige Werner Henke kämpfte sich durch in der Welt der Seefahrer, in der sich jeder, der es zu etwas bringen wollte, hart behaupten mußte. Er machte sein Steuermann-Examen und erhielt nach längerer Fahrzeit das Patent A 6. Damit war er Kapitän auf Große Fahrt.

Vier Jahre fuhr Henke dann auf den Schiffen der HAPAG, ehe auch er durch die große Flaute in der Schiffahrt – wie Prien und Schulz, die später ebenfalls zu den Assen der Grauen Wölfe gehörten – arbeitslos wurde.

1933 meldete Henke sich zur Kriegsmarine. Er durchlief die üblichen Ausbildungslehrgänge und war bei Ausbruch des Krieges Leutnant auf dem Linienschiff »Schleswig-Holstein«.

Henke war sich darüber im klaren, daß die Zeit der großen Schiffe vorüber war. Wie viele andere meldete er sich zur U-Boots-Waffe.

Nach der Ausbildung stieg er als II.W.O. und Kommandantenschüler bei Kaptänleutnant Schulz auf U 124 ein. Und Georg Wilhelm Schulz, der eine Reihe der späteren großen Kommandanten unter seinem Kommando gehabt hatte, fand, daß dieser fröhliche Mann einmal ein guter U-Boots-Kommandant sein würde.

Als Schulz sein Boot abgeben mußte, übernahm der I.W.O., Johann Mohr, U 124. Unter Jochen Mohr machte Henke noch zwei Feindfahrten, dann sagte ihm der Flottillenchef, als sie in den Stützpunkt einliefen:

„Henke, Ihr Boot ist fertig. Sie stellen U 515 in Dienst!"

Werner Henke übernahm das am 7. Mai 1941 bei der Deutschen Werft in Hamburg auf Kiel gelegte Boot des Typs IX C im Februar 1942 und erledigte die Ausbildungsfahrten.

Am 12. August 1942 lief U 515 zu seiner ersten Feindfahrt aus. Mit ihm stachen noch U 514 (Kapitänleutnant Auffermann) und U 516 (Kapitänleutnant Tillessen) in See.

Der erste Einsatz führte U 515 in den Westatlantik. „Trinidad – Kleine Antillen", gab der Kommandant der Besatzung bekannt, als U 515 die Ausgangsschleuse Brunsbüttel passiert hatte. Es galt, den Verkehr auf der Route USA-Bahamas-Brasilien bei Port of Spain abzufangen.

Einen Monat nach dem Auslaufen stand U 515 vor Tobago, jener sagenhaften Seeräuberinsel nordwärts Trinidad. In Badehose und Tropenhelm stand die Brückenwache auf dem Turm. Die See war spiegelglatt. Die Sonne prallte fast senkrecht auf das Boot, als der Bootsmannsmaat der Wache eine Rauchwolke meldete.

Am Rande der Sichtgrenze hängte sich U 515 an den Tanker, der mit Südostkurs und 12 Knoten Fahrt Richtung Südamerika marschierte.

Als die Sonne in einem unerhörten, flammenden Farbenrausch hinter die Kimm sank, die einfallende Dämmerung sich schnell verdichtete und die blaue Nacht sich hoch über dem Boot wölbte, drehte U 515 – mitten durch die grüngoldene Pracht eines Meerleuchtens laufend – zum Angriff an.

Henke schoß seinen ersten Zweierfächer. Der Tanker stoppte, mittschiffs und Achterkante Brücke getroffen. In einer roten Feuerwand sank die »Stanvac Melbourne« (10 013 BRT) auf 10.30 Grad Nord und 60.20 Grad West.

Zwei Stunden später sichtete der I.W.O. einen Motortanker. Auch die

Die richtige Torpedopflege wurde auch auf Henkes Boot groß geschrieben. Hier wird sie auf U 123 geübt.

»Woensdrecht« wurde von der Doppeldetonation der beiden Treffer erwischt. Sie sandte noch einen FT-Spruch:

„SSS von Motortanker »Woensdrecht«. SSS − sinking quickly, torpedoed by German submarine − SSS.“

Eine halbe Stunde später war der holländische Tanker verschwunden. Um 6.34 Uhr des 13. 9. wurde die 1854 BRT große »Nimba« versenkt. Den ganzen 13. September über lag U 515 getaucht vor der Küste von Trinidad. Als das Boot auftauchte, wurde es von einer viermotorigen Seemaschine wieder unter Wasser gedrückt. Dreimal ging dies so.

In der Nacht konnte U 515 endlich auftauchen. Über dem Boot standen, wie ein Triumph des ewig Schönen über eine Welt der Vernichtung, leuchtend die Sterne.

Eine Stunde nach dem Auftauchen wurde ein Dampfer gesichtet. Es war die »Harborough« mit 5415 BRT. Da die Nacht zu hell war und das Meerleuchten sie verraten hätte, fuhr U 515 einen Unterwasserangriff. Der Einzelschuß saß achtern. Mit Artillerie wurde die »Harborough« endgültig versenkt.

Ablaufend wurde noch ein Konvoi gesichtet. Drei Dampfer und ein Zerstörer. Mit Schnelltauchen ging U 515 in die Tiefe. Oberleutnant Henke ließ alle Rohre klarmachen, und als der Zerstörer auf die andere Seite des Konvois wechselte, ließ er je einen Zweierfächer auf die beiden vordersten Dampfer schießen. Dann drehte das Boot mit Hartruder. Der dritte Frachter lief ins Visier. Die beiden Hecktorpedos verließen ihre Rohre.

Im gleichen Augenblick stieg der Doppeltreffer am vordersten Dampfer empor. Der ihm folgende zweite scher hart aus dem Kurs aus, um nicht aufzubrummen, und entging so den beiden auf ihn geschossenen Torpedos. Den dritten Dampfer trafen die beiden Hecktorpedos. Ein infernalischer Detonationswirbel riß das Schiff, das Munition geladen hatte, in Stücke.

Im Sehrohrausblick beobachtete der Kommandant einen grellen Flammenblitz, dann ein Gewirbel von Wrackteilen, und als die grelle, 1000 Meter hohe Detonationsflamme erloschen war, war von dem Frachter nichts mehr zu sehen.

Der Zerstörer begann Leuchtgranaten zu schießen. Dann drehte er auf das Boot zu, das schleunigst auf 140 Meter Tiefe hinunterging. Mit harten Schlägen detonierten die Wabos. Schäden wurden gemeldet. Dann drehte der Zerstörer ab.

„Zerstörer von achtern auflaufend!" meldete der Funkmaat aus dem Horchraum wenig später.

„Bold* ausstoßen!"

„Bold ist raus!" kam die Meldung aus dem Bugraum.

„Hart Backbord! Schleichfahrt!"

In kleinster Schleichfahrt glitt U 515 hinter dem Schirm des Bold zur Seite. Mit harten Schlägen krachten dort jetzt die Wabos. Zehn Minuten später ließ Henke das Boot auf Nordkurs gehen. Sie hatten den Gegner überlistet.

Nachdem das Boot wieder aufgetaucht war, hörte der Funker, daß auch der zuerst getroffene Dampfer – die »Ocean Vanguard« mit 7174 BRT – gesunken war.

Am 15. September sank die »Sörholt« nach einem Zweierfächer. Am 17. September folgte die »Mae«, die durch Artillerie angelüftet werden mußte, bevor sie verschwand.

Zerstörer und Flieger hatten das Boot immer wieder aufgefaßt. Am 19. September warfen drei U-Jäger 179 Wabos auf U 515, und am Tag dar-

---

* Abwehrmittel gegen die feindlichen Ortungsgeräte Asdic und Sonar. Kleiner zylindrischer Körper, gefüllt mit einer chemischen Substanz auf der Grundlage von Calciumcarbiden. Zersetzt sich nach Ausstoßen und bildet durch die Verbindung mit dem Seewasser ein ausgedehntes Bläschenfeld aus Wasserstoffgas, das die Eigenschaft besitzt, die Peilstrahlen des Asdic wie ein U-Boot zurückzuwerfen.

auf hatte das Boot den Briten »Reedpool« vernichtet, der Munition transportierte.

Am 23. September folgte die »Lindwangen«, in der darauffolgenden Nacht wurde der amerikanische Dampfer »Antinous« getroffen. Die »Antinous« wehrte sich mit ihrer 12,7-cm-Kanone, als U 515 angriff. Die Granaten der 10,5-cm-Kanone des Bootes hämmerten in die Flanke des Frachters hinein; sie trafen die Maschinenanlage. In einer wüsten Kesselexplosion brach die »Antinous« auseinander. Im gleichen Augenblick flogen Flugzeuge U 515 an und zwangen es, mit Alarmtauchen auszuweichen. Die geworfenen Bomben lagen dicht beim Boot und schüttelten es heftig durch – doch es entkam.

U 515 trat den Rückmarsch an. Als es am 14. Oktober 1942 nach 64 Tagen Feindfahrt in Lorient eintraf, flatterten zehn Versenkungswimpel am Sehrohr*. Korvettenkapitän Kuhnke, der Chef der 10. U-Flottille, begrüßte die Besatzung, die auf dieser ersten Feindfahrt gezeigt hatte, was in ihr steckte.

Am 7. November lief U 515 zu seiner zweiten Feindfahrt aus. Zwei Tage später, am 9. November, wurde es zusammen mit allen im Azorengebiet stehenden Booten in Richtung Gibraltar in Marsch gesetzt. Die Angriffsspitzen der alliierten Invasion gegen Nordafrika waren bei Casablanca, Oran und Algier gelandet.

---

* Die »Antonius« wurde eingeschleppt, tatsächlicher Gesamterfolg: neun Schiffe mit 46 772 BRT.

Henkes Freund, Kptlt. Mützelburg kämpfte auf U 203 im Mittel- und Nordatlantik. Hier von einer erfolgreichen Feindfahrt nach Brest zurückgekehrt. Mützelburg errang das 104. Eichenlaub zum RK.

Außer U 130 (Kapitänleutnant Kals) wurde auch U 515 auf die Landungsflotte der Alliierten angesetzt.

In der Nacht vom 12. zum 13. November wurde Henke auf die Brücke gerufen. Ein englischer Kreuzerverband war gesichtet worden.

Henke gab trotz der schweren Sicherung den Befehl zum Angriff. Lassen wir hier den Kommandanten durch sein KTB sprechen, das in kurzen, knappen Sätzen diesen Angriff widergibt:

„12. 11. 42 um 19.45 Uhr. Überwassermarsch. Kreuzerverband in Sicht. 2 Kreuzer Typ »Birmingham« und »Frobisher«, dazu 3 Zerstörer der K-Klasse mit Ostkurs; Fahrt 15 sm. Ich setze mich 5 Stunden lang mit AK vor und werde mehrmals von Zerstörern abgedrängt. Zeitweise Funkmeßortung auf 139 cm.

00.15 Uhr: Auf achtern Kreuzer, Typ »Birmingham«, angelaufen. Von einem Viererfächer sind zwei Torpedos Oberflächen- und Kreisläufer; einer trifft Mitte Maschinenraum nach 70 Sekunden Laufzeit. Das Schiff bleibt gestoppt liegen, 3 Zerstörer sichern. Der zweite Kreuzer läuft mit hoher Fahrt nach Osten ab.

Nach einer Stunde die Sicherung durchstoßen. Um 01.28 und 01.48 Uhr je ein Fangschuß. Der erste Treffer Mitte 40 hinten*. Kreuzer liegt mit schwerer Schlagseite nach steuerbord. Auf einem längsseits gehenden Zerstörer der K-Klasse** erziele ich um 02.01 Uhr einen Treffer im Achterschiff. Es erfolgt eine heftige Detonation mit hoher breiter Sprengsäule und Wabodetonationen unter dem Heck.

Um 02.06 Uhr weitere Treffer auf Kreuzer erzielt. Schiff sinkt immer noch nicht. Werde von Leuchtgranaten schießendem Zerstörer gejagt, habe Ruderversager und Schalttafelbrand. Werde unter Wasser gedrückt und erhalte Wasserbomben auf 120 und 160 m Tiefe. Nachgeladen.

Um 04.30 Uhr aufgetaucht. Angelaufen auf tief im Wasser liegenden Kreuzer, der langsam von einem längsseits liegenden Zerstörer über den Achtersteven geschleppt wird. Plötzlich Artilleriebeschuß von sicherndem Zerstörer und vom vorderen Turm des Kreuzers. Wieder Alarm. Zahlreiche Wabos, Asdic-Geräusch.

06.13 Uhr wieder aufgetaucht. Angelaufen auf Kreuzer. Werde von Zerstörer mit Artillerie beschossen.

Um 06.50 Uhr Doppelschuß Rohr II und I mit verlegtem Treffpunkt am Ziel. Einen Treffer gehört. Wieder auf Tiefe. Wasserbomben und Horchverfolgung. Bolde mit Erfolg angewandt.

Am nächsten Tag Hunderte von Wabos gehört, aus Sehrohrtiefe Flugzeuge festgestellt.“

---

* Von der Mitte aus gerechnet 40 Meter nach achtern.
** Zerstörer »Marne«.

Kptlt. Schreiber, ein Atlantikkämpfer, der hier am 24. 2. 1942 in Lorient begrüßt wird, gehörte ebenfalls zu Henkes Freunden.

U 515 hatte das Depotschiff »Hecla« vernichtet. Der Zerstörer »Marne« war so schwer beschädigt, daß er Gibraltar anlaufen mußte.

Oberleutnant Henke hatte mit einer Härte ohnegleichen stundenlang unter dem Feuer der Bewacher und des Kreuzers gestanden und – den Gegner vernichtet.

Vom BdU zur freien Jagd in den Atlantik entlassen, sichtete Henke am 6. Dezember um 18.32 Uhr zwei Rauchfahnen. Er ließ das Boot auf die vordere der Rauchfahnen anlaufen. Das Boot stand im Quadrat CD 2576, westlich der Azoren.

Kurz nachdem Henke den Dampfer selbst in Sicht bekam, meldete der Funkraum, daß U 155 (Kapitänleutnant Piening) den zweiten Dampfer verfolgen wolle. U 515 lief näher an den ersten Dampfer heran.

„Dampfer mit vier Masten, Hashagen!"

Oberleutnant Berthold Hashagen, der I.W.O. auf U 515, setzte das Glas ab. „Mächtiger Kasten, Herr Oberleutnant!"

"Sauerberg, sehen Sie mal im schlauen Buch nach, was das für ein Pott sein kann!"

Leutnant Sauerberg, der II.W.O., verschwand durch das Luk in die Zentrale. Als er wieder auf den Turm kam, schüttelte er den Kopf.

„Schwer zu sagen, Herr Oberleutnant.“

„Wieviel hat er denn?“

„Vielleicht 12 000 Tonnen?“

„Auf Gefechtsstationen! Boot greift Dampfer an. Beide AK! Gegner macht mindestens 15 Seemeilen.“

Mit Höchstfahrt versuchte U 515, die zum Angriff nötige vorliche Stellung zu gewinnen. Langsam holte das Boot auf. Nach fünf Stunden war es soweit.

„Rohr I bis VI fertigmachen zum Überwasserschuß!“

Hinter der auf den Turm gereichten UZO stand Oberleutnant Hashagen. In der Zentrale befand sich Bootsmannsmaat Kaspers. Er bediente den Torpedorechner und gab die ermittelten Werte in den Bugraum, wo die Mixer die Torpedos einstellten.

Als der Zielgeber Hartlage meldete, war U 515 bis auf 1200 Meter an den Dampfer herangekommen. Mündungsklappen aufgedreht, Rohre bewässert. Dann kam der Befehl zum Zweierfächer. Während ein Torpedo die Schiffswand durchschlug und − nicht detonierte, traf der zweite Aal den Maschinenraum. Eine hohe Detonationssäule sprang empor. Schlagartig verlor das Schiff an Fahrt.

„Dampfer macht Notruf. Heißt »Ceramic«. Hat nach Lloyds Register 18 713 BRT.“

20 Minuten später schoß U 515 einen Einzelschuß aus Rohr V. Nach dem Treffer sahen die Männer auf der Brücke, daß die »Ceramic« stoppte und die ersten Boote zu Wasser ließ. Aber noch immer sank dieses Riesenschiff nicht. Plötzlich gingen auf dem abgeblendet fahrenden Schiff alle Lichter an.

Der vierte Torpedo lief, und mit dem Treffer erlosch das Licht auf dem Dampfer jäh. Aber erst der fünfte Treffer ließ den Bug der »Ceramic« schnell in die Höhe steigen. Steil ragte er eine Minute lang gen Himmel, dann sackte der Schiffsriese senkrecht über den Achtersteven in die Tiefe.

Es war 01.03 Uhr, als U 515 mit Hartruder drehte und ablief. Als der Morgen graute, ließ Oberleutnant Henke das Boot auf 100 Meter Tiefe gehen. Noch in der Nacht hatte das Boot dem BdU über Funk die Versenkung der »Ceramic« gemeldet.

Als U 515 gegen Mittag des 7. Dezember auftauchte, nahm der Funkmaat einen FT-Spruch des BdU ab. U 515 sollte durch Befragung der Schiffbrüchigen in den Rettungsbooten das Fahrtziel des Schiffes erkunden.

Das Boot drehte in die Richtung, wo die Rettungsboote sich befinden mußten. Am Nachmittag wurden Trümmer und Tote gesichtet.

Die See war gröber geworden. Das Boot stieg und fiel. Ein Rettungsboot wurde gefunden. Die Brückenwache sah, daß unter anderem auch eine Frau und ein Kind darin saßen. Alle Insassen des Bootes waren tot. U 515 fischte einen einzigen Lebenden auf. Er hieß Eric Munday und gehörte zu den Royal Engineers*.

Am 17. Dezember 1942 wurde Oberleutnant z. S. Werner Henke auf See das Ritterkreuz verliehen. Verschossen trat das Boot den Rückmarsch an. Eric Munday feierte mit der Besatzung Weihnachten in See. Am 6. Januar 1943 lief U 515 wieder in Lorient ein.

Am 21. Februar 1943 lief U 515 zu seiner dritten Feindfahrt aus. Es wurde vom B-Dienst in eine Warteposition in Nähe der Azoren eingewiesen. Am 4. März versenkte es dort die »California Star« (8300 BRT).

Mit den Booten U 106, U 167, U 410 und U 521 zur Gruppe „Unverzagt" zusammengefaßt, wurde U 515 auf den Konvoi USG 6 angesetzt. Der amerikanische Dampfer »Molly Pitcher« wurde aus diesem Geleit von U 410 und U 167 gleichzeitig torpediert, setzte jedoch seine Fahrt fort, bis U 515 ihn mit einem Zweierfächer versenkte.

Am beschädigten U 106 (Kapitänleutnant Kamerow) ergänzte U 515 am 24. März Öl und versenkte – in der Höllenglut am Äquator auf- und abstehend – am 9. April das französische Motorschiff »Bamako« vor der Sene-

---

* Britische Pioniere

Eichenlaubträger Kptlt. Reinhard Hardegen führte U 123 zweimal vor die US-Ostküste.

galküste durch Torpedotreffer und 17 Schuß aus der Zehnfünf. Dann begann das wochenlange Auf- und Abstehen vor der westafrikanischen Küste.

Am Abend des 30. April sichtete U 515 90 Seemeilen südlich Freetown ein Geleit von 18 Dampfern und vier Geleitfahrzeugen. Es war der Trinidad-Freetown-Konvoi TS 37. Kapitänleutnant Henke griff diesen Verband auf eine Weise an, die beispiellos war. Lassen wir wieder die sachliche Darstellung des Kommandanten sprechen, die er ins KTB eingetragen hat:

„30. 4., 21.00 Uhr. Standort 90 sm südlich Freetown. Rauchwolken rw.* 145 Grad in Sicht; Abstand 15 sm. Als Geleitzug mit Nordwestkurs ausgemacht, etwa 14 große vollgeladene Dampfer, Durchschnittsgröße 6000 bis 7000 BRT, drei Zerstörer, fünf Bewacher. In dunkler Regenbö abgesetzt, Ortung bis Lautstärke 4 auf 141 cm Wellenlänge im Metox festgestellt. Da die vordere und seitliche Sicherung stark, von hinten in den Geleitzug hineingestoßen.

Zwischen 22.56 Uhr und 23.01 Uhr bei dunkler Nacht und starkem Wetterleuchten . . . 6 gezielte Einzelschüsse, Tiefe 5 m, auf 5 Frachter und 1 Tanker. Alles Treffer Mitte. – – – Leuchtgranaten und Leuchtraketen von der Sicherung an Steuerbord. Ein Zerstörer in Lage Null, ein Bewacher und ein Zerstörer an Backbord. Getaucht und auf 170 m gegangen. Wasserbomben in mittlerer Entfernung, starke Sinkgeräusche, 3 ETOs nachgeladen.

1. Mai, 01.30 Uhr. Aufgetaucht. Gehe zur Versenkungsstelle, großes Trümmerfeld, das sich in Ost-West-Richtung erstreckt. Viele beleuchtete Boote und Flöße, ein größerer Bewacher nimmt Überlebende auf. Der Versuch, ihn zu torpedieren, mißlingt. Beim Absuchen des Gebietes kein angeschossenes Schiff gefunden. Stoße nach.

05.13 Uhr. Fühlung am Geleit in sehr dunkler Nacht wiederhergestellt. Schiebe mich von hinten in den Geleitzug hinein.

05.40 Uhr 3 gezielte Einzelschüsse mit Tiefe 7 m auf drei große Frachter, die nach guten Treffern zu sinken beginnen. – – –

05.49 Uhr. Leuchtgranaten und Raketen, zwei Zerstörer in spitzer Lage, Alarm. Wassertiefe nur 80 m. Wabos und Asdic, verhole mich über Grund in tiefes Wasser. Günstige Wasserschichtungen im gesamten Küstengebiet. Werde nicht erfaßt. Sinkgeräusche an Steuerbord. Viele Wabos weitab . . ."

Großadmiral Dönitz schrieb in seinem Werk „10 Jahre und 20 Tage über diesen Einsatz:

„Welch ein großes Können und welche Kaltblütigkeit dazu gehören, um solche Erfolge zu erringen, ist, glaube ich, auch für den Laien verständlich. Besonnen und kritisch meldete Henke als Versenkungsergebnis acht Schiffe mit 50 000 BRT. Tatsächlich hat er nach den heute zugänglichen

---

* rechtweisend.

Unterlagen acht Schiffe mit 49 196 BRT versenkt. Es ware dies: die »Bandar Shapur« (5236 BRT), »Corabella« (5682 BRT), »Kota Tjandi« (7295 BRT), »Manking« (5931 BRT) und die »Nagine«, dann, nach dem Nachladen und Ranschließen, die »City of Singapore« (6555 BRT), »Clan Mc. Pherson« (6940 BRT) und die »Mokambo« (4996 BRT).

Ich hatte den Kommandanten von Kriegsbeginn an immer eingeprägt: 'Schätzt genau und vorsichtig, wir sind eine ehrliche Firma!' Besser als Henke konnte man diese Mahnung nicht befolgen.“

Das Boot setzte seinen Marsch nach Südwesten fort. Neues Operationsgebiet war der Golf von Guinea.

80 Seemeilen südlich Cape Coast wurde am 9. Mai das norwegische Motorschiff »Corneville« versenkt. Acht Tage später erhielt das Boot vom BdU den FT-Befehl, beim Treibölversorger U 460 (Kapitänleutnant Schnoor) zu ergänzen. U 515 tat dies, operierte noch vier Wochen ergebnislos vor Freetown und Liberia und trat dann den Rückmarsch an.

Am 24. Juni 1943 lief U 515 mit einem Versenkungserfolg von zehn Schiffen mit 58 456 BRT in Lorient ein. Am 4. Juli 1943 wurde Kapitänleutnant Werner Henke als 257. Soldat der Wehrmacht mit dem Eichenlaub zum Ritterkreuz ausgezeichnet. Er erhielt diese hohe Auszeichnung als 26. U-Boots-Kommandant.

Am 27. Juni war Kapitänleutnant Henke beim FdU West, Kapitän z. See Rösing, in Angers zur Besprechung. Dort gab man ihm einen verschlossenen Umschlag mit dem roten Stempel „Geheim“. Henke fand darin den Text einer von der Funk-Horchabteilung der Skl mitgehörten Morgensendung des britischen Rundfunks vom 31. März 1943.

In der „Stimme Amerikas“ hatte ein Fregattenkapitän Robert Norton folgenden Bericht durchgesprochen:

„Ich klage den Kapitänleutnant Werner Henke des Mordes an!

Kapitänleutnant Henke hat 264 hilflose Schiffbrüchige kalten Blutes ermordet – – – Wir Amerikaner wissen wohl, daß der größte Teil des deutschen Volkes diesen Krieg nicht gewollt hat, aber einzelne unter euch, die sich besonderer Grausamkeiten schuldig gemacht haben, werden ihrer Verantwortung nicht entgehen – – – Unter den Männern . . . wird auch Kapitänleutnant Henke sein!“

In der gleichen Sendung berichtete der Sprecher weiter, daß Henke auf die Schiffbrüchigen habe schießen lassen.

Die »Ceramic«, um die es sich handelte, hatte 350 Menschen an Bord gehabt. Unter anderem 50 Soldaten; Frauen und Kinder waren ebenfalls darunter. Die »Ceramic« fuhr abgeblendet und im Kriegsgebiet. Ihre Versenkung war gerechtfertigt.

Von den 350 Menschen wurden 85 von englischen Schiffen und einer von U 515 gerettet. 264 Menschen waren ertrunken.

U 85 wurde von Kptlt. Greger geführt (links). Rechts Kkpt. Sohler, Flottillenchef in St. Nazaire.

Zwei Monate nach der Rückkehr von der erfolgreichsten Feindfahrt des Jahres 1943 lief U 515 am 29. August zur vierten Feindfahrt aus. Südlich der Azoren traf das Boot am 7. September einen westgehenden Konvoi. Das Boot griff den stark gesicherten Geleitzug an, wurde unter Wasser gedrückt und mit 310 Wabos belegt. Schwer beschädigt mußte es den Rückmarsch antreten. Es erreichte am 12. September Lorient und ging in die Werft.

Erst am 9. November lief das Boot zur fünften Feindfahrt aus. Ziel war die Elfenbeinküste. Auf dem Marsch ins Operationsgebiet wurde unterwegs am 18. 11. das britische Patrol Ship Chanticlair mit 1350 BRT versenkt. Nach langen Wochen ergebnisloser Wartens folgte ihr am 19. Dezember die »Kingswood« (5080 BRT) nach.

Zwei Tage später wurde die »Phemius« mit einem Zweierfächer lahmgeschossen und mit 40 Schuß aus der Zehnfünf vernichtet. Flugzeuge drückten U 515 in den nächsten Tagen immer wieder unter Wasser. Nach fünf Tagen des Wartens wurde am 24. Dezember ein weiteres Schiff aufgefaßt. Die »Dumana«, ein schnelles Motorschiff, manövrierte einen Zweierfächer und einen folgenden Einzelschuß aus. Erst beim dritten Anlauf wurde sie getroffen und sank.

Am 25. Dezember erhielt das Boot den Rückmarschbefehl. Es war das schönste Weihnachtsgeschenk, das man der bis an die Grenze der Leistungsfähigkeit angekommenen Besatzung machen konnte. Am 14. Januar 1944 lief U 515 in Lorient ein.

Als U 515 am 28. März 1944 von seiner kurzen Probefahrt zurückkam, hörte Henke, der am 14. März in Hamburg geheiratet hatte, zufällig den englischen Soldatensender. Zu seiner größten Überraschung vernahm er folgende Worte:

„Morgen läuft U 515 aus Lorient aus. Kapitänleutnant Henke soll nicht glauben, daß wir vergessen haben, was geschehen ist. Er soll daran denken. Diesmal werden wir ihn erwischen."

Nach dieser sechsten Feindfahrt sollte Werner Henke – die Beförderung zum Korvettenkapitän stand unmittelbar bevor – eine U-Flottille übernehmen.

Am Nachmittag des 29. März 1944 ging U 515 in See. Im Unterwassermarsch durchlief das Boot die Biskaya und erreichte am 7. April das Operationsgebiet.

Als es am Abend des 8. April nordwestlich der Kanaren stand, wurde gegen 22.00 Uhr ein Trägerflugzeug gesichtet, das bis auf 1000 Meter an das Boot heranflog und dann abdrehte. Hatte es das Boot in der hellen Nacht gesehen? Eine Viertelstunde später flog die Maschine das Boot abermals an. Kapitänleutnant Henke glaubte jedenfalls, es sei dieselbe. Es war jedoch eines von vier Flugzeugen, die Captain Gallery, der Befehlshaber der hier stehenden amerikanischen U-Jagd-Gruppe, nach der Sichtmeldung der ersten Maschine hatte starten lassen, um den Standort des U-Bootes genau festzulegen.

Zur gleichen Zeit ließ Captain Gallery die beiden Zerstörer »Chatelain« (Lieutenant-Commander Knox) und »Flaherty« (Lieutenant-Commander Johnston) auf den Kurs des U-Bootes eindrehen. Gleichzeitig damit nahmen auch der Flugzeugträger »Guadalcanal« und die drei Zerstörer, die zur Sicherung des Trägers gehörten, Kurs auf das gesichtete U-Boot.

Als der Morgen des 9. April 1944 heraufzog, ließ Kapitänleutnant Henke U 515 auftauchen.

Zehn Minuten später griff das erste der aufgestiegenen Trägerflugzeuge das Boot mit Bomben an. Abermals ging U 515 in den Keller. Als es erneut auftauchte, wurden Kriegsschiffsmasten gesichtet. Unmittelbar nach dieser Sichtmeldung stieß eine der Trägermaschinen direkt aus der Sonne auf das Boot herunter. Nach dem ersten Bombenwurf ging U 515 mit Alarmtauchen auf Tiefe.

Gleich darauf wurden Asdic-Peilstrahlen gehorcht. Der erste Zerstörer lief an. Seine vier Wabos lagen deckend beim Boot. Um 10.30 Uhr bekam ein weiterer Zerstörer Kontakt. Wasserbomben detonierten hinter dem Heck von U 515. Dann fielen kurz hintereinander zwei Wabos hart an der

Steuerbordseite. Das Boot rollte bei der Detonation halb herum. Schäden wurden gemeldet.

„Bold ausstoßen! – Auf 220 Meter gehen!"

Unmittelbar nach dem Ausstoß des Bolds sackte U 515 tiefer. Das Knistern im Bootskörper verstärkte sich. Das Boot schlug einen Haken, und die Detonationsgeräusche der Wabos entfernten sich.

„Ölspiegel im Bunker fällt, Herr Kaleunt!"

Diese Meldung des Diesel-Obermaschinisten ließ den Kommandanten aufhorchen. Dann konnten sie also an der Ölspur verfolgt werden.

Das Boot sackte plötzlich achtern weg. Es war so schwer getroffen, daß es für immer unten bleiben würde, wenn es nicht sofort abgefangen und nach oben gebracht wurde. Oberleutnant (Ing.) Altenburger, der L.I., schickte alle Männer nach vorn, um das Boot dadurch in Trimm zu halten. Langsam stieg das Boot.

„Schraubengeräusche!" meldete Oberfunkmaat Heinemann.

„Sie warten oben auf uns!"

Werner Henke dachte vielleicht einen Augenblick daran, was der Soldatensender gesagt hatte, und was man mit ihm machen wolle.

„Herr Kaleunt! Rauf oder runter?"

Der Kommandant sah seinen L.I. an.

„Rauf, Altenburger!"

Die Männer legten Schwimmwesten und Tauchretter an.

„Boot ist durch!" meldete der L.I., als U 515 durchbrach.

Henke drehte das Turmluk auf.

Wirres Getöse von Geschützen, Maschinenwaffen und MG-Feuer hallte ins Boot. Mit knallenden Schlägen hämmerten Geschosse gegen die Turmpanzerung. Granaten durchschlugen das Boot. Henke sah weniger als 100 Meter vor sich einen Zerstörer. Dahinter einen zweiten. Rechts davon abermals zwei.

„Alle Mann aus dem Boot!"

Mit einem weiten Satz schwang sich der Kommandant über die Brückenreling, fiel durch den Feuervorhang der wild schießenden Zerstörer und klatschte ins Wasser.

Oberleutnant Schultz, der II.W.O., stand am Niedergang und schob die Männer hinauf. Eine Granate schlug in den U-Raum ein und riß ihn auseinander. Und dann krachte eine der 12,7-cm-Granaten in die auf dem Wintergarten liegenden Wasserstoff-Flaschen. Der Turm begann zu brennen. Wenig später explodierte die Munition des 3,7-cm-Flakgeschützes. Immer noch feuerten die Zerstörer. Schreie gellten. Männer fielen auf dem Turm, bevor sie in die See springen konnten. Als letzter sprang Oberleutnant Schultz über Bord.

Von den 60 Männern der Besatzung wurden 44 gerettet. Unter ihnen auch Kapitänleutnant Henke. Das Boot versank. Nach sechs Feindfahrten mit 337 Seetagen hatte U 515 sein Schicksal ereilt.

Drei Männer waren mit U 515 in die Tiefe gegangen, 13 durch den Beschuß der Zerstörer getötet worden, als sie über Bord zu springen versuchten. Die Zerstörer meldeten dem Träger »Guadalcanal« zwei Stunden später, daß sie 44 Männer aufgefischt hätten.

Einen Tag darauf vernichtete die gleiche U-Jagdgruppe auch U 68 unter Oberleutnant Lauzemis.

Alle Geretteten wurden zur »Guadalcanal« gebracht. Hier erfuhren sie, daß Captain Gallery darüber informiert war, daß U 515 die »Ceramic« versenkt hatte. Und wenig später wußte Werner Henke, daß Captain Gallery diesen Umstand nutzen wollte, ihn und seine Besatzung zur Aussage über alle dienstlichen Dinge, die sie wußten, zu erpressen. Captain Gallery sagte selbst darüber:

„Ich hatte bald herausbekommen, daß Henke von dem Gedanken, an die Engländer ausgeliefert zu werden, nicht sehr begeistert war . . . Ich entschloß mich, es mit einem Trick zu versuchen.

Auf einem unserer offiziellen Meldeformulare ließ ich einen FT-Spruch an die »Guadalcanal« schreiben, und zwar so, daß es aussah, als käme dieser Spruch vom Kommandierenden Admiral der Atlantik-Flotte.

'Britische Admiralität fordert Sie auf, Besatzung von U 515 auszuliefern, wenn sie Gibraltar zur Brennstoffübernahme anlaufen. Anbetracht Schiffsüberbelegung stellte ich Durchführung in Ihr eigenes Ermessen!'"

Captain Gallery bereitete auch eine Erklärung Henkes vor, in der stand, daß Henke – falls man ihn nicht an die Briten ausliefere – alles beantworten werde, was man ihn bei der US-Seeabwehrstelle fragen würde.

Werner Henke unterschrieb. Man hatte ihn in die Enge getrieben. Doch als man ihn im Verhörlager von Fort George G. Meade – das dem Roten Kreuz nicht gemeldet war, wie es eigentlich zu geschehen hatte – verhörte, verweigerte der Kapitänleutnant die ihm abgepreßte Aussage. Er sagte nichts. Jeden Tag wurde Henke zwei- bis dreimal zum Verhör geholt. Was man mit ihm gemacht hat, wie man ihn verhört hat, darüber ist nie etwas an die Öffentlichkeit gedrungen*.

Am 15. Juni 1944, um 19.30 Uhr, wurde Korvettenkapitän** Henke in das Hospital des Lagers Fort George G. Meade gefahren. Mit einer Schußwunde an der rechten Schläfe; tot. Die einzige amtliche Darstellung darüber stammt vom 29. November 1944. In dieser Darstellung schrieb Colonel Francis E. Howard an das State Department, Special War Problems/ Division nach Washington:

„Die Schweizer Botschaft hat einen Bericht über den Vorfall angefordert, der bereits ausgearbeitet worden ist. Nach diesem Bericht hat ein Wachtposten am 15. Juni gegen 18.55 Uhr den Gefangenen Henke beob-

---

* Timothy P. Mulligan versuchte neuerdings in seinem Buch „Lone Wolf – The Life and Death of U-Boat Ace Werner Henke", Westport 1993, die Vorgänge aufzuhellen.
** Noch befördert, während er bereits in Gefangenschaft war.

achtet, wie er versuchte, den Drahtzaun um das Arbeitslager Fort Meade, Maryland, zu überklettern. Der Posten rief zweimal 'Halt!' Henke kletterte weiter, und der Posten rief noch einmal 'Halt!', kurz bevor der Gefangene oben am Zaun angelangt war. Als Henke den Zaun überstieg, schoß der Posten und traf den Gefangenen, der daraufhin bewegungslos im Zaun hing.

Der Wachoffizier eilte sofort, nachdem er den Schuß gehört hatte, hinzu und rief den Lagerarzt, als er Henke sah. Der Verletzte wurde mit einer Ambulanz zum Fort Meade-Hospital gefahren, während der Arzt ihm unterwegs Erste Hilfe leistete. Bei Ankunft im Hospital konnte nur noch der Tod des Gefangenen Henke festgestellt werden. Eine gründliche Untersuchung ergab, daß der Posten sich korrekt verhalten und der Gefangene selbst den Tod verschuldet hatte."

Werner Henke
Letzter Dienstgrad: Korvettenkapitän
Kommandant von U 515 von Februar 1942 bis April 1944
6 Feindfahrten mit 337 Seetagen
Ritterkreuz am 17. Dezember 1942
257. Eichenlaub am 4. Juli 1943
Erschossen am 15. Juni 1944

Versenkungsliste von U 515 unter Kapitänleutnant Henke

12.09.42	10.00	paMT	»Stanvac Melbourne«	10.013	10.30 N/60.20 W
12.09.42	00.41	nlMT	»Woensdrecht«	4.668	10.27 N/60.17 W
13.09.42	02.27	brD	»Ocean Vanguard«	7.174	10.43 N/60.11 W
13.09.42	06.34	paD	»Nimba«	1.854	10.41 N/60.24 W
14.09.42	14.10	brD	»Harborough«	5.415	10.03 N/60.20 W
15.09.42	07.14	nwM	»Sörholt«	4.801	10.45 N/60.00 W
16.09.42	06.25	amD	»Mae«	5.607	08.03 N/58.13 W
20.09.42	08.15	brD	»Redpool«	4.838	08.58 N/57.34 W
23.09.42	06.19	nwD	»Lindvangen«	2.412	09.20 N/60.10 W
24.09.42	03.00	amD	»Antinous« =	6.034	09.20 N/60.00 W
12.11.42	00.15	brAD	»Hecla«	10.850	35.43 N/09.54 W
12.11.42	02.12	brDD	»Marne« =	1.920	35.50 N/09.57 W
07.12.42	00.00	brD	»Ceramic«	18.713	40.30 N/40.20 W
04.03.43	– – –	brM	»California Star«	8.300	42.32 N/37.20 W
09.04.43	– – –	frM	»Bamako«	2.357	14.57 N/17.15 W
30.04.43	21.02	brM	»Corabella«	5.682	07.15 N/13.49 W
30.04.43	21.02	brD	»Bandar Shahpur«	5.236	07.15 N/13.49 W
30.04.43	21.02	nlM	»Kota Tjandi«	7.295	07.15 N/13.49 W
30.04.43	22.56	brD	»Nagina«	6.551	07.19 N/13.50 W
01.05.43	05.13	brD	»Clan Macpherson«	6.940	07.58 N/14.14 W
01.05.43	05.13	beM	»Mocambo«	4.996	07.58 N/14.14 W
01.05.43	05.13	brD	»City of Singapore«	6.555	07.55 N/14.16 W
09.05.43	– – –	nwM	»Corneville«	4.544	04.50 N/01.10 W
18.11.43	– – –	brPS	»Chanticlair«	1.350	40.06 N/19.48 W
17.12.43	– – –	brD	»Kingswood«	5.080	05.57 N/01.43 E
19.12.43	– – –	brD	»Phemius«	7.406	05.01 N/00.47 E
24.12.43	– – –	brM	»Dumana«	8.427	04.27 N/06.58 E

Gesamterfolge:
24 Schiffe mit 155.714 BRT versenkt
1 Patrol Ship mit 1.350 tons versenkt
1 Schiff mit 6.034 BRT torpediert
1 Zerstörer mit 1.920 BRT torpediert

Kapitänleutnant

Hans Diedrich von Tiesenhausen

Hans Diedrich von Tiesenhausen wurde am 22. Februar 1913 in Riga, der Hauptstadt Lettlands, als Sohn eines Architekten geboren. Sein Vater starb 1916 in Südrußland, und im Januar 1919 mußte die Familie vor den anrückenden Bolschewisten Riga auf dem Seewege verlassen. In den Jahren 1923 bis 1926 besuchte von Tiesenhausen die Oberrealschule in Göttingen. Anschließend ging er nach Naumburg a. d. Saale, wo er 1933 an der Staatlichen Bildungsanstalt sein Abitur machte.

Es folgte ein Jahr der praktischen Arbeit in Göttingen, ehe Tiesenhausen am 1. April 1934 bei der Kriegsmarine eintrat.

Die Crew 34 war ein Jahrgang, aus dem besonders viele bekannten U-Boots-Kommandanten hervorgegangen sind, so u. a. Erich Topp, Adalbert Schnee, Hans Tillessen, Engelbert Endrass und nicht zuletzt Friedrich Guggenberger, mit dem Tiesenhausen später im Mittelmeer gemeinsam operieren sollte.

Vorerst jedoch dachte der Seekadett Tiesenhausen noch nicht an U-Boote. Er durchlief den üblichen Ausbildungsweg, der mit der infanteristischen Ausbildung auf dem Dänholm bei Stralsund begann. Mit der »Gorch Fock« ging es dann in die Ostsee. In dreieinhalb Monaten wurden den jungen Kadetten auf diesem Segelschulschiff die Grundzüge der Seemannschaft beigebracht. Dies krönte die achtmontige Auslandsreise auf dem Schulkreuzer »Karlsruhe« von September 1934 bis Juni 1935. Sie führte nach Nord- und Südamerika und schloß mit der Fähnrichsprüfung ab.

Vom Juni 1935 bis März 1936 durchlief Tiesenhausen mit seinen Crew-kameraden auf der Marine-Kriegsschule Flensburg-Mürwik die Ausbildung, die mit der Seeoffiziers-Hauptprüfung beendet wurde. Es folgten Waffenlehrgänge, und am 30. September 1936 bekam der Fähnrich z. See ein Bordkommando auf dem Kreuzer »Nürnberg«, wurde dort zum Oberfähnrich z. See und am 1. April 1937 zum Leutnant z. See befördert.

Auf der »Nürnberg« nahm Tiesenhausen auch an den Sicherungsfahrten in den spanischen Gewässern während des Bürgerkrieges teil. Ein Flak-Lehrgang schloß sich an.

Vom 31. März 1938 bis zum 1. Oktober 1939 war Tiesenhausen als Leutnant z. See und Zugoffizier bei der 5. Marine-Artillerie-Abteilung in Pillau. Dort wurde er am 27. Juni 1938 Adjutant und am 1. April 1939 zum Oberleutnant z. See befördert.

Er meldete sich anschließend zur U-Boot-Waffe und wurde am 2. Oktober 1939 auf die U-Boot-Schule Neustadt in Holstein kommandiert. Dort erhielt er bis zum 26. November 1939 die Ausbildung zum Wachoffizier eines U-Bootes. Ein Nachrichtenlehrgang auf der Marineschule in Flensburg-Mürwik bis zum 27. Dezember 1939 schloß sich an.

Am Tage darauf erhielt der Oberleutnant seine Kommandierung als Wachoffizier auf U 23, das unter dem Befehl von Kapitänleutnant Otto Kretschmer stand.

Als I.W.O. fuhr Tiesenhausen jene drei Fahrten unter „Otto dem Schweigsamen“, die später – von der Gegenseite als „Kretschmers Shetland-Paraden“ bezeichnet – ein Begriff wurden.

U 23 hatte Befehl erhalten, herauszufinden, ob die britische Home Fleet die Shetlands aufgesucht hatte, und – falls dies zuträfe – wo sie sich dort aufhalte. Luftaufnahmen von Scapa Flow hatten ergeben, daß die Home Fleet nach Günther Priens tollkühnem Angriff nicht mehr dorthin zurückgekehrt war.

Beim Absuchen der vielen Buchten und fjordartigen Engen erlernte Tiesenhausen das kleine und das große Einmaleins der U-Boots-Fahrer. Er beherrschte Angriffstaktik und Bootsführung so, daß er später zu jenem „für England unheilvollen Schlag“ ausholen konnte, wie Terence Robertson die Versenkung des Schlachtschiffes »Barham« in seinem Buch »Der Wolf im Atlantik«* nannte.

Am 12. Januar 1940 sichtete U 23 vor der Einfahrt der Inganes Bay vier britische Zerstörer und – weiter in die Bucht hinein versetzt – einen großen Tanker. Trotz der Zerstörer wagte Kretschmer den Angriff auf den Tanker. Mittschiffs getroffen flog die »Denmark« mit ihrer Benzinladung in die Luft.

Noch eine Fahrt machte Tiesenhausen unter Kapitänleutnant Kretschmer. Am 12. Februar lief U 23 von Kiel aus. Genau sechs Tage später

---

* Kretschmer-Biographie; deutsche Neuausgabe erschienen Augsburg 1994

stand das Boot im Operationsgebiet und sichtete wenig später einen Konvoi. Kretschmer griff einen Begleitzerstörer an. Der Einzelschuß riß den Zerstörer »Daring« förmlich in Stücke. Zwei Minuten nach dem Treffer war er gesunken.

Nach zwei weiteren Versenkungserfolgen heimgekehrt, übernahm Kapitänleutnant Kretschmer am 1. Mai 1940 U 99. Oberleutnant von Tiesenhausen blieb noch eine Fahrt unter Kapitänleutnant Beduhn auf U 23. Nach einem Torpedolehrgang und einer Baubelehrung stieg er als I.W.O. auf U 93 um.

Kapitänleutnant Klaus Korth, der dieses Boot in Dienst stellte, sagte zu seiner „Neuerwerbung":

„Da ist der I.W.O., Oberleutnant z. See Freiherr von Tiesenhausen, mit dem Mechanikermaat Biedermann von Kapitänleutnant Kretschmers kleinem Boot U 23 gekommen; fronterfahrene, kampferprobte und bewährte U-Boots-Fahrer. Ich schätze mich glücklich, sie an Bord zu haben!"

Auf U 93 machte Tiesenhausen zwei Feindfahrten in den Atlantik, mit Rudelschlachten und Waboverfolgung.

Am 5. Januar 1941 wurde er zum Kommandanten-Schießlehrgang kommandiert. Er sollte endlich sein eigenes Boot erhalten. Vom 17. Februar bis zum 30. März 1941 erfolgte in Emden die Baubelehrung, und einen Tag später stellte Oberleutnant von Tiesenhausen mit U 331 das erste bei den Nordseewerken in Emden gebaute U-Boot in Dienst.

Nach dem Einfahren lief U 331 zu seiner ersten Unternehmung in den Atlantik aus. I.W.O. des Bootes war Oberleutnant z. See Franken; Leitender Ingenieur Oberleutnant (Ing.) Wintermann; II.W.O. Leutnant z. See d. R. Koch.

Als Hitler die Entsendung von deutschen U-Booten ins Mittelmeer befahl, gingen Ende September 1941 die ersten sechs Boote durch die Straße von Gibraltar. Unter ihnen auch U 331. Von Panzerfähren beschossen, mit großen Durchschüssen in der Außenhaut, erreichte U 331 Anfang Oktober als erstes deutsches U-Boot den Stützpunkt Salamis, wo Boot und Besatzung vom Gruppenbefehlshaber Süd, Admiral Förste, begrüßt wurden. Damit unterstand das Boot der 29. U-Flottille unter Korvettenkapitän Frauenheim.

Von Salamis lief U 331 zum Einsatz im Mittelmeer aus. Auf dieser Feindfahrt hatte U 31 nebenher den Auftrag, einen Kommandotrupp unter Leutnant Kiefer, bestehend aus Männern des Sonderverbandes „Lehrregiment Brandenburg"*, an der ägyptischen Küste bei Ras Gibeisa östlich von Marsa Matruk an Land zu setzen. Dieser Trupp hatte Befehl, hinter den feindlichen Linien ein Kommandounternehmen gegen die Bahnlinie entlang der Küste durchzuführen.

---

* Vorher „Lehr- und Baukompanie z.b.V. 800", später „Division Brandenburg" – für den Einsatz hinter den feindlichen Linien ausgebildete Spezialeinheit.

U 331 läuft als erstes deutsches U-Boot in den Stützpunkt Salamis ein. Die Besatzung wird von Admiral Förste, dem BdU Mittelmeer, begrüßt.

U 331 erreichte am Abend des 17. November die angegebene Stelle, eine weite Bucht bei Ras Gibeisa. Das große Schlauchboot des Kommandotrupps wurde aufgeblasen und zu Wasser gebracht. Die Männer unter Leutnant Kiefer und Feldwebel d. Res. Risch verabschiedeten sich und paddelten der Küste entgegen. Es war vereinbart, daß sie nach Durchführung ihrer Aufgabe, noch in der gleichen Nacht, zur Bucht und zum Boot zurückkehren sollten.

Oberleutnant v. Tiesenhausen blieb die ganze Nacht auf der Brücke.

Während dieser Zeit sahen die Männer auf dem Turm des Bootes die Lkw-Kolonnen der britischen 8. Armee Richtung Front rollen. Es waren die Vorbereitungen für den beabsichtigten britischen Vorstoß nach Westen.

Mit Tagesanbruch lief U 331 von der Küste ab und tauchte; der Kommandotrupp war nicht zurückgekehrt. Den ganzen Tag über lag das Boot auf Grund. Nach Einbruch der Dunkelheit tauchte U 331 wieder auf und lief zur Bucht von Ras Gibeisa zurück. Auch in dieser Nacht erschien die Gruppe der „Brandenburger" nicht. Wie Tiesenhausen später in der Gefangenschaft erfuhr, war sie in Gefangenschaft geraten.

Das Boot wandte sich nun der zweiten Aufgabe zu. Sie lautete:

„Störung – wenn möglich Unterbindung – des britischen Nachschubs über See nach Tobruk."

Zwischen Marsa Matruk und Tobruk auf- und abstehend, versuchte U 331 auf Transporter oder Kriegsschiffe zum Schuß zu kommen, tagsüber fast ständig im Unterwassermarsch, da dauernd Flugzeuge in der Luft waren. Nachts tauchte das Boot zum Aufladen der Batterien und zum Durchlüften auf. Die Männer auf dem Turm sahen dann Leuchtgranaten durch die Nacht flitzen. Die Herbstkämpfe hatten am 19. November begonnen. Aus Richtung Tobruk blitzte das ununterbrochene Gewitter der Mündungsfeuer herüber.

Sobald das Boot am Tage auftauchte, waren wenig später auch feindliche Flugzeuge da, und mit Alarmtauchen ging es wieder hinunter. Tage vergingen, ohne daß auch nur ein Schiff gesichtet oder gehorcht wurde.

Der 25. November brach an. Was man an Bord von U 331 nicht wußte, war, daß einen Tag vorher der britische Admiral Cunningham mit seiner Hauptflotte den Hafen von Alexandria verlassen hatte, um den auf Malta stationierten leichten Seestreitkräften bei ihrer Suche nach italienischen Nachschubschiffen Rückhalt zu geben. Cunninghams Flotte lief direkt auf Tiesenhausens zu.

„Horchpeilung aus Norden. Herr Oberleutnant!"

Der Funkmaat gab diese Meldung gegen 08.30 Uhr aus dem Horchraum in die Zentrale. U 331 stand getaucht unter der Küste nördlich Bardia.

„Auf Sehrohrtiefe gehen!" befahl Tiesenhausen.

Durch das Sehrohr sah der Kommandant nichts als die nur wenig bewegte See.

„Auftauchen!"

"Boot ist durch!"

Der Kommandant öffnete das Luk und schwang sich auf den Turm. Mit dem ersten Blick nach oben sah er das Flugzeug, das schon nahe beim Boot stand.

„Alarm!"

Noch gar nicht völlig ausgeblasen, glitt das Boot sofort wieder in die Tiefe. Mit einem letzten Blick hatte Tiesenhausen gesehen, daß dort, wo die breite Horchpeilung herkam, kein Schiff zu sehen war.

Das Boot schnitt schnell unter. Das Flugzeug hatte U 331 offensichtlich nicht ausgemacht, denn es fielen keine Bomben.

„Wir laufen auf die Horchpeilung zu!"

Den ganzen Vormittag hindurch lief das Boot der Horchpeilung entgegen. Noch wußte niemand, ob sie einen Geleitzug oder einen Kriegsschiffsverband vor sich hatten. Die Peilung wanderte langsam nach Norden aus.

Kurz nach Mittag ging U 331 wieder auf Sehrohrtiefe. Der Kommandant sah nichts Verdächtiges und ließ vollends auftauchen.

Auf der Brücke stehend, sichtete Tiesenhausen kurz danach ein Flugzeug, das aber einige Kilometer südlich vom Boot über Land kreiste.

„Wir bleiben oben!" entschied er.

Im Überwassermarsch lief U 331 mit AK nach Nordosten, der Richtung, in der zuletzt die Horchpeilung festgestellt worden war. Jede Schraubenumdrehung brachte das Boot näher an den Gegner heran.

„Rauchwolken, zehn Grad Steuerbord voraus!" meldete der I.W.O. um 14.30 Uhr.

Ob es wirklich Rauchwolken waren oder nur eine Trübung der Kimm, konnte noch nicht entschieden werden. Tiesenhausen ließ den Kurs weiterlaufen, und zehn Minuten später sichtete der I.W.O. Zerstörermasten in ungefähr zwölf Seemeilen Entfernung. Als winzige dünne Nadeln standen sie über der Kimm.

„Größerer Schiffsverband. In der Mitte scheint ein Haufen Schiffe zu liegen. Marschiert nach Süden."

Mit AK lief U 331 dem Verband entgegen, der plötzlich wegzackte und Ostkurs steuerte.

„Läuft uns weg, Herr Oberleutnant!"

"Flugzeug drei Seemeilen achtern!"

Der Kommandant ließ das Boot oben, und wenig später sah er, daß der Verband wieder auf Gegenkurs gegangen war. Er lief nun genau auf U 331 zu. Noch konnte das Boot oben bleiben. Dann mußte es tauchen, um nicht vom Gegner gesichtet zu werden. Es war tatsächlich ein Kriegsschiffsverband.

„Alarmtauchen! Auf Gefechtsstationen!"

In Sehrohrtiefe eingesteuert, lief U 331 weiter. Auf Gegenkurs kamen sich U-Boot und Schlachtschiffs-Verband schnell näher. Daß es sich um Schlachtschiffe handelte, war inzwischen klar. Wie sich im weiteren Verlauf zeigte, waren es drei Schlachtschiffe und acht Zerstörer.

Ab und zu ließ Tiesenhausen das Sehrohr ausfahren. Um 16.00 Uhr war der Gegner genau zu erkennen. Für einen U-Boots-Angriff herrschte ideales Wetter. Durch den leichten Seegang würde das zu kurzen Rundblicken ausgefahrene Sehrohr vom Gegner nicht auszumachen sein. Und das war es, worauf es in diesem Augenblick ankam.

Als das Sehrohr wieder einmal ausgefahren wurde, sah der Kommandant, daß an den Rahen der Schlachtschiffe Flaggensignale geheißt wurden. Er erkannte, wie sich die beiden Zerstörer auf der Backbordseite des Verbandes vorsetzten und in Dwarsstaffel, mit 500 Meter Abstand zueinander, weiterliefen. U 331 mußte nun zwischen diesen beiden Zerstörern durchlaufen, wenn es in sichere Angriffsposition kommen wollte.

Das Sehrohr drehend, beobachtete Tiesenhausen die beiden vorderen Gegner. Als sie schon sehr nahe herangekommen waren, ließ er das Sehrohr einfahren.

Aus dem Horchraum wurde nun laufend zum Turm gemeldet, wie die Schraubengeräusche der beiden Zerstörer wanderten. In der Enge des Turmes befanden sich der Kommandant, der Obersteuermann Walther, der

Gefechtsrudergänger und der Befehlsübermittler für die Feuerleit-Anlage.

Die beiden Zerstörer standen jetzt schon achterlich vom Boot. Abermals glitt das Sehrohr hoch, durchstieß die Oberfläche, und Tiesenhausen konnte sich mit einem schnellen Blick nach achteraus davon überzeugen, daß die beiden Zerstörer nichts bemerkt hatten und ihren Kurs fortsetzten. Die hatten also für ihn keine Bedeutung mehr. Jetzt galt seine Aufmerksamkeit anderen Zielen: den drei massigen Schlachtschiffen, den grauen Stahlkolossen, die unbeirrt die mit leichten Schaumköpfen bedeckte See durchpflügten. Tiesenhausen selbst schilderte nach der Heimkehr von dieser Fahrt dem Kriegsberichter Jochen Brennecke, was zunächst geschah:

„Ich versuchte, hart heranzudrehen. Aber das Manöver gelang nicht mehr bei dem ersten Schiff. Die Gegnerfahrt war zu groß."

Es galt nun, die Übersicht nicht zu verlieren. Die Beobachtungen, die Schätzungen mußten noch schneller erfolgen!

„Sehrohr aus!"

Nach einem schnellen Blick sah Tiesenhausen den zweiten gewaltigen Stahlkoloß heranrauschen. Ein Schlachtschiff älterer Bauart anscheinend. Genau erkannte er es nicht, aber das war nicht wichtig. Wichtig war nur, diesen Riesenkasten auch zu treffen.

Der Kommandant gab die Ruderbefehle zum Herangehen. U 331 wurde in Schußposition gebracht. Tiesenhausen sah das Schlachtschiff im Fadenkreuz. „Viererfächer aus Rohr I bis IV fertig!"

Noch lag das Boot nicht günstig genug. Der Schußwinkel war noch über 90 Grad. Noch mußte gewartet werden. U 331 stand nun fast querab zum Schlachtschiff. Die Mitte des Riesen füllte allein die Optik aus.

„Hartlage, Hartlage!" wurde aus dem Bugraum gemeldet. Aber noch immer war das Boot nicht weit genug herum.

Dann war es soweit. Der Kommandant straffte sich unwillkürlich.

„Viererfächer – lllos!"

Mit dem vorgesehenen Abstand zueinander liefen die Torpedos dem riesenhaften Gegner entgegen. Preßluft blies in den Bugraum. Rauschend schoß die See in die Ausgleichstanks, um das Boot auf Tiefe zu halten.

Das Sehrohr weiterdrehend, sah Tiesenhausen, wie das dritte Schlachtschiff genau auf U 331 zulief.

„Auf 50 Meter gehen. L.I.!"

Es sah so aus, als würde das Boot den gelegten Tiefenrudern folgen, doch dann wurde es plötzlich nach oben gedrückt.

„Boot mit Oberkante Turm durch!" meldete der L.I. aus der Zentrale zum Turm.

„Turm räumen! Schnell, schnell!"

Jetzt konnte nur noch der Rammstoß des Riesen folgen. Das schien dem Kommantanten unvermeidbar. Er wußte, wie nahe das Schlachtschiff dem U-Boot gewesen war.

Obersteuermann Walther warf seine Unterlagen in die Zentrale und

Kptlt. Werner Kraus war mit U 83 im Mittelmeer erfolgreich.

Kptlt. Egon Freiherr von Schlippenbach, Kommandant von U 453.

schloß das Luk zwischen Zentrale und Turm. Wenn das Schlachtschiff jetzt nur den Turm rammte, dann hatten sie noch eine Chance!

Angespannt standen die Männer in der Zentrale. Schraubengeräusche waren zu vernehmen. Und dann erklangen dicht nacheinander drei Trefferdetonationen und dann noch eine vierte.

„Vier Treffer, Herr Oberleutnant!"

Der erwartete Rammstoß kam immer noch nicht, und das Boot war noch immer mit dem Turm über Wasser, es sank einfach nicht!

Tiesenhausen hatte nur Obacht auf das Tiefenmanometer, an dem sich nichts rührte. Endlich schlug der Zeiger nach rechts aus. Das Boot fiel!

Fast 45 Sekunden war U 331 an der Wasseroberfläche gewesen. Warum hatte das Schlachtschiff es nicht gerammt? Warum war die »Valiant« noch nicht über U 331 hergefallen?

Der Zeiger des Tiefenmanometers glitt weiter. 40 Meter gingen durch. Dann 50, 60, 70, 80. Dann stand der Zeiger plötzlich still. Walther klopfte an das Manometer. Was war da los? Das Boot konnte doch nicht plötzlich stehengeblieben sein? Aber alle Bemühungen halfen nichts.

Gunter Jahn, Kommandant von U 596.

KKpt. Fritz Frauenheim war erster Flottillenchef der 23. U-Flottille im Mittelmeer.

Da entsann sich Tiesenhausen einer ähnlichen Situation, die er als I.W.O. auf einem anderen Boot erlebt hatte. Und noch ehe Oberleutnant Siegert, der Leitende Ingenieur, etwas melden konnte, fragt Tiesenhausen:

„Frage vorderes Tiefenmanometer?"

Jetzt erst schaltete der Gast, der auf die Frage des Kommandanten erschreckt „Endstellung!" melden mußte, die richtige Manometerzuleitung für die Zentrale an. Der Zeiger des Zentralemanometers raste weiter und pendelte auf 226 Meter ein.

So tief hatte noch kein deutsches U-Boot gestanden! Einen Augenblick herrschte Hochspannung im Boot. Dann kam die klare, nüchterne Stimme des Kommandanten wieder.

„Na schön! – Werden eben sehen, ob die Röhre das aushält oder nicht!" Der L.I. brachte das Boot auf 250 Meter. Es hielt diesem gewaltigen Druck stand. Kein Leck wurde gemeldet.

„So, hier bleiben wir. Hier unten kann uns keiner!" Der Kommandant lächelte.

Obermaschinist Köchy kam vom Maschinenraum in die Zentrale. Er fragte ahnungslos:

„Haben wir den Zerstörer denn getroffen?"

"Nee, Köchy", belehrte Obersteuermann Walther den Kameraden. „Das war kein Zerstörer. Das war ein Schlachtschiff, dem wir aus 375 Meter Entfernung einen Viererfächer verpuhlt haben."

Der Obermaschinist starrte alle ungläubig an.

„Sie werden sich daran gewöhnen müssen", bestätigte nun der Kommandant.

Es fielen Wabos. Weit entfernt, ungefährlich. Das Boot lief ab. Um 21.00 Uhr wurde, nach dem Auftauchen, über FT die Versenkung eines Schlachtschiffes gemeldet.

Was war in der Zwischenzeit über Wasser geschehen? Welche Schiffe hatte U 331 angegriffen? Die Flaggensignale, die Tiesenhausen durch das Sehrohr sah, hatten eine Formationsänderung eingeleitet. Die drei Schlachtschiffe »Queen Elizabeth«, »Barham« und »Valiant«, die in Kiellinie hintereinander liefen, drehten auf diese Signale hin nach backbord zur Staffel.

Im gleichen Augenblick trafen drei Torpedos von U 331 die »Barham«, und die folgende »Valiant« sichtete unmittelbar darauf den Turm des U-Bootes; nur 130 Yards entfernt, 7 Grad an Steuerbord.

Sofort ließ der Kommandant der »Valiant« sein Schiff hart Steuerbord drehen und mit den Maschinen auf AK heraufgehen, um das U-Boot zu rammen. Gleichzeitig begannen die leichten Maschinenwaffen des Schlachtschiffes zu feuern. Doch das Boot stand so dicht an Steuerbord, daß die Waffen nicht weit genug gesenkt werden konnten und die Geschosse über den Turm hinweggingen.

Da die »Valiant« bereits in der Backborddrehung begriffen war, dauerte es wichtige, entscheidende Sekunden, ehe sie, dem Ruder gehorchend, den Dreh nach Steuerbord aufnahm. Und 35 Yards neben dem Schlachtschiff schnitten Turm und Sehrohr des Bootes, 45 Sekunden nachdem sie aufgetaucht waren, wieder unter. Die »Valiant« hatte den Angreifer nur um Haaresbreite verfehlt.

Zu allem Überfluß mußte die »Valiant« jetzt mit Hartruder nach Backbord drehen, um nicht in die getroffene »Barham« hineinzulaufen.

Drei Torpedos hatten das Schlachtschiff getroffen. Der dritte drang in eine der Munitionskammern und löste eine vierte Detonation aus. Und dann flog die »Barham«, ein Koloß von 31 100 BRT, in wuchtigen Munitionsdetonationen förmlich auseinander. Sie sank 4 Minuten 45 Sekunden nach den Treffern auf 32.34 Grad Nord/26.24 Grad Ost. Trotz der Nähe der anderen Schiffe verloren 862 britische Seeleute das Leben.

Ein winziges U-Boot hatte einen der englischen Riesen versenkt.

Die »Barham« war das einzige britische Schlachtschiff, das im Zweiten Weltkrieg auf freier See von einem U-Boot versenkt wurde.

Zwei Monate später gaben die Engländer diesen schweren Verlust zu. Captain Roskill schrieb dazu in „Royal Navy":

„Die Versenkung der »Arc Royal« durch U 81 (Kapitänleutnant Guggenberger) war die erste Frucht dieser Strategie ... Der nächste Schlag fiel im östlichen Mittelmeer. Am 24. November verließ Admiral Cunningham mit seiner Hauptflotte Alexandria, um den auf Malta gestützten leichten Schiffen bei ihrer Suche nach den italienischen Nachschubschiffen Rückhalt zu verleihen. Am nächsten Nachmittag wurde das Schlachtschiff»Barham von den Torpedos von U 331 getroffen ... Überdies bedeutet dieses Mißgeschick keineswegs das Ende unserer Verluste. Einen Tag, nachdem die Kampfgruppe K während der ersten 'Schlacht in der Syrte' nahezu ausgeschaltet wurde, drangen mehrere von dem Fürsten Borghese mutig geführte Kampfschwimmer durch die für unsere eigenen Schiffe geöffneten Balkensperre in den Hafen von Alexandria ein und beschädigten die beiden Schlachtschiffe »Queen Elizabeth« und »Valiant« schwer. Da die »Barham« gesunken und diese beiden Schlachtschiffe für lange Zeit außer Gefecht gesetzt waren, war Cunningham seines schweren Verbandes beraubt, der die wesentlich stärkere italienische Flotte so lange Zeit zur Untätigkeit verurteilt hatte."

Erst am 27. Januar 1942 – U 331 stand noch immer in See – wurde die Versenkung der »Barham« bekannt.

Nach einer für das Mittelmeer sehr langen Feindfahrt lief U 331 am 21. Februar 1942 in Salamis ein. Es war dem Boot gelungen, eine abgeschossene italienische Torpedoflieger-Besatzung aufzufischen. Capitano Marino Marini und seine Männer waren überglücklich, als sie wieder einen festen Untersatz unter den Füßen hatten.

Gleich beim Anlegen in Salamis wurde dem Verwaltungsoffizier des Stützpunktes, der die Verpflegung sehr genau bemessen hatte – und die italienischen Flieger lebten ja auch nicht nur von Luft und Liebe – eine gekochte Schuhsohle überreicht, damit er einmal probieren konnte, wovon die Besatzung in den letzten Tagen gelebt hatte. Das gab einen Mordsspaß, wie es ja auch gemeint war.

Noch auf der Pier händigte Admiral Förste dem Kommandanten das am 27. Januar verliehene Ritterkreuz aus.

Von Salamis wurde U 331 durch den Korinth-Kanal, die Straße von Messina und vorbei am Stromboli nach La Spezia überführt. Durch den Herzog von Aosta wurde dem nunmehrigen Kapitänleutnant von Tiesenhausen neben Kapitänleutnant Guggenberger und Capitano di Corveta Fürst Borghese* am 2. April die italienische Tapferkeitsmedaille in Silber verliehen.

---

* Befehlshaber der italienischen Kleinkampfmittel-Einheiten „Decima MAS".

Von dort aus ging es zur vierten Feindfahrt. Sie war zunächst eine Minenunternehmung, wobei die Minen vor der Hafeneinfahrt von Beirut verlegt wurden. Außerdem wurde ein Dampfer, der außen an der Mole lag, torpediert. Drei Frachtensegler fielen in den gleichen Gewässern den Granaten von U 331 zum Opfer.

Die nächsten Feindfahrten führten in das westliche Mittelmeer, in den Raum der Balearen. Immer wieder von Flugzeugen unter Wasser gedrückt, stundenlang von Zerstörern gejagt, behauptete sich das Boot. Jedoch traten mehrfach Schäden am Boot ein. Besatzungsangehörige wurden verwundet und mußten ausgetauscht werden.

Dann kam die letzte Feindfahrt. Am 7. November 1942 war U 331 aus La Spezia ausgelaufen. Es gelang Tiesenhausen, an der Küste Algeriens, bei Cap Matifou, einen vor seiner Ankerkette schwojenden leeren Truppentransporter, vor dem ein Wasserbomben werfendes Geleitfahrzeug auf- und abstand, zu torpedieren und auf dem flachen Wasser auf Grund zu setzen. Es handelte sich um den US-Truppentransporter »Leedstown« mit 9135 BRT.

Das Boot entkam der Verfolgungsjagd und versuchte auf weitere Einheiten zum Schuß zu kommen. Am Nachmittag des 17. November 1942 jedoch – ein Jahr hatte U 331 unter schwersten Bedingungen im Einsatz gestanden – kam das Ende.

Nordwestlich Algier wurde U 331 überraschend von Bombern angegriffen. Zum Tauchen war es zu spät und die ersten Bomben machten das Boot völlig tauchunklar. Die Abwehrwaffen waren zerstört. Weitere Angriffe von Bombern und dann von Trägerflugzeugen der »Formidable« brachten neue Schäden. Männer fielen, und der Lufttorpedo einer Swordfish gab dem schon sinkenden Boot den Fangschuß.

„Alle Mann aus dem Boot!" befahl der Kommandant.

U 331 war nicht mehr. Tiesenhausen trat mit 15 Geretteten den Weg in die Gefangenschaft an.

Über das Lazarett in Algier ging es mit einem Lazarettschiff nach England. Vom Marinelazarett Bristol kam Kapitänleutnant von Tiesenhausen über ein Lazarett in London ins Verhörlager. Von hier aus wurde er im Januar 1943 nach London gefahren. In der britischen Admiralität wurde er zu einer Unterredung empfangen. Tiesenhausen sagte nichts aus, was er nicht aussagen durfte. Und die britischen Offiziere achteten diese Einstellung des deutschen Kommandanten.

Im Sommer 1943 wurde Tiesenhausen über das Generalslager Grizedale Hall-Shap (wo vor ihm auch Korvettenkapitän Kretschmer als Gefangener gewesen war) nach Kanada gebracht. Er kam in das Lager Grand Ligne. Im Herbst 1945 ging es nach Gravenhurst, im Sommer 1946 wieder zurück nach England. Im Lodgemore Camp bei Sheffield war er mit den anderen gefangenen U-Boots-Kommandanten bis zum November 1947 zusammen.

Endlich schlug auch für diese Letzten die Stunde der Freiheit. Sie wurden repatriiert und in Holstein entlassen.

Hans Diedrich Freiherr von Tiesenhausen begann noch einmal von vorn. Er durchlief in Lüdinghausen in Westfalen eine Tischlerlehre und machte die Gesellenprüfung. Später wurde er als Zeichner im Möbelbau und in der Architektur tätig und besuchte die Dortmunder Werkkunstschule. Im Herbst 1951 wanderte er nach Kanada aus und baute sich in Vancouver, wo er 1962 auch heiratete, eine neue Existenz auf.

Hans Diedrich Freiherr von Tiesenhausen
Letzter Dienstgrad: Kapitänleutnant
Wachoffizier auf U 23 und U 93 (4 und 2 Feindfahrten)
Kommandant von U 331 vom 31. März 1941 bis 17. November 1942
9 Feindfahrten, davon 8 im Mittelmeer;
einschließlich 1 Kommandounternehmen, 1 Minenunternehmen
Ritterkreuz am 27. Januar 1942

Versenkungsliste von U 331 unter
Kapitänleutnant Hans-Diedrich von Tiesenhausen

10.10.41	04.30 Uhr	brD	Bg A 18	––– BRT	torpediert
25.10.41	16.29 Uhr	BrBB	»Barham«	31.000 BRT	32-24 N/26-24 E
15.4.42	18.33 Uhr	Dampfer		3.000 BRT	torpediert
16.4.42	03.34 Uhr	Dampfer		4.000 BRT	torpediert
16.4.42	abends	3 Fischereifahrzg.		–– –– BRT	versenkt
4.6.42	–– –– Uhr	Zerstörer			Enddetonierer
9.11.42	13.10 Uhr	amD	»Leedstown«	9.135 BRT	vor Algier

Gesamterfolge:
Handelsschiff mit 9.135 BRT versenkt
1 Schlachtschiff mit 31.000 tons versenkt
Mehrere Dampfer torpediert.

Kapitän zur See
Wolfgang Lüth

Wolfgang Lüth wurde am 15. Oktober 1913 in Riga geboren. Er besuchte dort das Gymnasium und meldete sich nach bestandenem Abitur im Jahre 1933 zur Kriegsmarine. Als Kadett fuhr Lüth auf der »Gorch Fock«. Seine Weltreise machte er auf dem Auslandskreuzer »Karlsruhe«. Er wurde nach Ablegung der Seeoffiziers-Hauptprüfung auf der Marineschule in Flensburg-Mürwik am 1. Oktober 1936 zum Leutnant z. See befördert.

Zwei Jahre später meldete Lüth sich als frischgebackener Oberleutnant zur U-Boots-Waffe. Auf U 38 unter Kapitänleutnant Heinrich Liebe machte er die ersten Feindfahrten des Zweiten Weltkrieges. Liebe wurde sein Lehrmeister.

Im Januar 1940 übernahm Wolfgang Lüth mit U 9 ein Boot, dessen geschichtlicher Ruhm auf den Einsatz von Otto Weddigen im Ersten Weltkrieg zurückging. Dieser kleine Typ II B trug als einziges Boot das Eiserne Kreuz am Turm. In den Januarstürmen 1940 lief es zur ersten Feindfahrt an die schottische Ostküste aus. Mit zwei Versenkungserfolgen kehrte das Boot in den Stützpunkt zurück.

Der nächste Einsatz war ein Minenunternehmen. Auf der von U 9 gelegten Sperre sanken zwei Dampfer mit 12 000 BRT. Es gelang dem Kommandanten, noch einen weiteren Dampfer zu versenken und einen Zerstörer zu torpedieren. Im Norwegenfeldzug war U 9 das einzige Boot, das einen Versenkungserfolg erzielte.

Dann lief U 9 Anfang Mai 1940 zu seiner fünften Feindfahrt aus. Operationsgebiet waren die Scheldemündung und der Seeraum vor der französischen Küste.

Beim Ausmarsch sichtete der I.W.O., Oberleutnant Gramitzki, bei Terschelling ein feindliches U-Boot. Es lief mitten in einer Kette von erleuchteten Fischerbooten und fuhr selbst abgeblendet. Noch wußte niemand, ob es nicht ein deutsches Boot war. Der Kommandant gab Befehl, auf die Stelle zuzulaufen. Alles war auf Gefechtsstationen. Die Torpedos im Rohr lagen klar. Mitten durch ein grünschimmerndes Meerleuchten lief das Boot an. Hier der Bericht von Oberleutnant z. See Lüth:

„Wir gehen auf höhere Fahrt, um vor ihn in Schußposition zu kommen. Hoffentlich sieht er unsere Bugsee nicht. Dann zeigt er uns plötzlich das Heck. Wieder hinterher. Das U-Boot scheint hier Patrouille zu fahren.

Eine Stunde drehen wir uns schon um das Boot herum. Dann aber haben wir ihn. Eben hat er seinen Kurs geändert. Wir fahren jetzt mit E-Maschinen, da die Dieselmotoren bei der ruhigen Nacht zu weit zu hören sind. Mit kleiner Fahrt laufen wir auf ihn zu, damit unsere Bugsee nicht zu erkennen ist. Auch unsere Silhouette ist so schmal wie möglich. Der Vorhaltewinkel ist nach Gefühl – über den Daumen gepeilt – eingestellt. Ich gebe Feuererlaubnis. Gramitzki zielt ruhig.

'Rohr eins fertig! Rohr eins – – lllos!'

Wie ein weißer Strich eilt die Torpedolaufbahn auf den Gegner zu. Das Meerleuchten ist schuld daran. Nur nicht entdeckt werden....Wir haben gestoppt, um nicht näher heranzukommen.

'Verflixt', sagt Gramitzki, 'der Torpedo scheint vorn vorbeizulaufen.'

'Nein', antworte ich, 'jetzt habe ich Angst, daß er hinten vorbeigeht!'

Doch! Getroffen!

Eine Feuersäule steigt mittschiffs vom Unterseeboot in die Höhe. Haushoch, masthoch, jetzt 100 Meter hoch. Ein grausiges Schauspiel, das von lauten Detonationen begleitet wird. Seine Torpedos fliegen mit in die Luft.

'Wahrschau, Sprengstücke!' ruft einer....

Wir fahren zur Untergangsstelle, um Schiffbrüchige zu retten. Nichts ist mehr von dem U-Boot zu sehen. Ein Riesenölfleck.

'Arme Kerle!' sagt Gramitzki, 'sind ja auch U-Boots-Fahrer.'"

Es war das französische U-Boot »Doris«, das am 9. März 1940 auf 53.40 Grad Nord/0.4.00 Grad Ost sank. Am 11. 3. folgten die »Viiu« und die »Tringa«.

Wenig später am 23. 5., versenkte U 9 noch den von den Belgiern beschlagnahmten deutschen Dampfer »Sigurd Faulbaums«, der gerade nach England geschleppt werden sollte.

Wolfgang Lüth, eben zum Kapitänleutnant befördert, erhielt ein neues

Boot. Er stellte U 138, einen kleinen Einbaum des Typs II D in Dienst. Einen Teil seiner ihm liebgewordenen Besatzung mußte er zurücklassen. Nach harten Wochen der Ausbildung lief U 138 im September 1940 zur ersten Feindfahrt aus.

Beim Auslaufen ging so ziemlich alles schief. Außerdem streifte das Boot eine Mine. Am zweiten Tag der Feindfahrt stellte der L.I. fest, daß die Regelzelle ein Leck nach außenbords hatte. Es blieb keine andere Wahl, als die Regelzelle vollaufen zu lassen und dafür – weil das Boot nun zu schwer geworden war – Trink- und Waschwasser außenbords zu pumpen, denn heimlaufen wollte niemand an Bord.

Im Nordkanal sichtete U 138 dann einen Geleitzug. Das Boot lief zum Angriff an. Ein riesiger Tanker wanderte ins Visier. Es war die »New Sevilla« (13 801 BRT), die nach zwei Treffern am 20. September 1940 auf 55.48 Grad Nord/07.22 Grad West sank. Zwei weitere Dampfer folgten, die »Boka« und die »Empire Adventure«, und am 21. September wurde noch die »City of Simla« (10 138 BRT) versenkt.

U 138 hatte diesmal einen wichtigen Konvoi aufgefaßt. Nach der Versenkung von vier Schiffen mit insgesamt 34 644 BRT trat das Boot den Rückmarsch an. Ein kleiner „Einbaum" hatte einen großen Erfolg errungen.

Kptlt. Lüth stellt am 27. 6. 1940 U 138 in Dienst.

Auf der zweiten Feindfahrt versenkte U 138 zwei Schiffe und torpedierte ein drittes. Die beiden versenkten Fahrzeuge, beide Tanker, fielen
am 15. Oktober, dem Geburtsag des Kommandanten, U 138 zum Opfer.

Als das Boot am 24. Oktober 1940 wieder im Stützpunkt einlief, erhielt
Kapitänleutnant Lüth das Ritterkreuz*. Er hatte bis zu diesem Zeitpunkt
einen Zerstörer, ein U-Boot und neun Dampfer mit 65 000 BRT versenkt
und zwei Dampfer torpediert.

Im November 1940 übernahm er mit U 43 ein Boot des Typs IX A. Er
hatte damit zum erstenmal ein Boot für ozeanische Verwendung unter seinem Kommando.

Inzwischen hatte sich Lüth bei seiner Besatzung Achtung und Vertrauen
erworben. Sein baltischer Humor und seine sprichwörtliche Ruhe hielten
die Besatzung auch in fast aussichtslosen Lagen zusammen.

Lüths »Wunschkonzert unter Wasser« machte die Runde auf den anderen Booten. In seinem hintergründigen, manchmal auch selbstkritischen
Humor sagte er über die „Kommndantenwünsche" bei einem solchen Kon-
zert:

„Ich wünschte mir oft eine Fuge von Bach. Denn erstens höre ich sie
wirklich gern, und zweitens ist es gut für die Autorität, wenn der Kommandant sich etwas Klassisches wünscht!"

Ein Schlager, der zum Plattenrepertoire gehörte, durfte allerdings auf
jeder Fahrt nur einmal gespielt werden. Und zwar dann, wenn der Kommandant der Besatzung auf diese Weise mitteilte, daß das Boot den Rückmarsch antrete. Es war:

„Blaues Boot, bring mich wieder in die Heimat."

Wenn Oberleutnant Kaschner, der L.I., das Boot eintrimmen wollte, ließ
er stets seinen „Einsteuerungsmarsch" spielen. Und wenn der Schlager
ertönte: „Heut stechen wir ins blaue Meer", dann wußte die Brückenwache, ohne daß der Befehl ausgesungen wurde, daß das Boot bald auftauchen würde und daß sie sich klarzumachen hatte.

Bootsmannsmaat Becker hatte auf der Brücke ein Schild angebracht, das
er von einer Straßenbahn „besorgt" hatte:

„Wer aussteigen will, melde sich rechtzeitig!"

Die Atmosphäre an Bord von U 43 war jedenfalls bestens, als das Boot
zur ersten Feindfahrt auslief.

U 43 stieß im Nordatlantik auf einen Konvoi. Lüth suchte sich das
größte Schiff aus, durchbrach die Bewachung und versenkte am 2. Dezember 1940 die »Victor Ross« (12 247 BRT) durch einen Zweierfächer.

Trotz der wild mit Wabos werfenden Zerstörer blieb er am Geleit. Zwei
weitere Dampfer mit insgesamt 12 419 BRT schoß er aus dem Konvoi heraus.

---

* Als einziger Kommandant eines Einbaumes.

Elf Tage später sichtete das Boot die »Orari« (10 350 BRT) und griff an. Schwer getroffen blieb der Dampfer liegen. Ehe er jedoch den Fangschuß bekommen konnte, wurde U 43 von drei Zerstörern unter Wasser gedrückt.

Vier weitere Feindfahrten machte U 43 noch. Die »Pacific President«, die »Caledonia Monarch«, die »Empire Surf« sanken in den harten Schlachten des Nordatlantik.

Auf seiner vierten Feindfahrt, der 13. insgesamt, vernichtete U 43 aus einem weststeuernden Konvoi zwei Schiffe mit 10 437 BRT und torpedierte ein drittes.

Lassen wir abschließend an dieser Stelle Kaptänleutnant Lüth über seine dreizehnte Feindfahrt berichten, die zugleich die letzte mit U 43 war:

„Ich bin zwar nicht abergläubisch, aber die 13. Feindfahrt fing trotzdem 'gut' an. Das heißt in unserem Falle, wir hatten Pech beim Auslaufen und konnten nun das Beste für die Fahrt hoffen.

Wir folgten dem Vorpostenboot, das uns durch das minenverdächtige Gebiet geleitete. Plötzlich drehten wir immer weiter nach steuerbord; aber Schäfer, unser Gefreiter, der am Ruder stand, merkte es sofort und versuchte, das Ruder nach backbord zu legen. Als sich daraufhin nichts änderte, war für ihn alles klar.

'Ruderversager!' meldete er.

Das hatte uns noch gefehlt! Gerade hier im Minengeleit. Die Backbordmaschine lief große Fahrt zurück, die Steuerbordmaschine voraus, und so konnten wir das Boot langsam wieder auf richtigen Kurs drehen. Obermaschinist Berndt war ein Künstler in seinem Reich. Er behob auch den Schaden an der Ruderanlage schnell.

Oblt. z. See Lüth als Kdt. von U 138 nach der Verleihung des RK.

Wir strebten nach Verlassen des Geleites dem freien Atlantik zu. Das Wetter verschlechterte sich ständig, und in den nächsten drei Tagen war weder die Sonne noch ein Stern am Himmel zu sehen. Als am Mittag des dritten Tages die Sonne für einen Augenblick aus den Wolken brach, wurde sie schnell geschossen. An sich mußte die Sonne um diese Zeit im Süden stehen, aber unsere Sonne stand nicht im Süden, sondern im Südosten. Wir riefen also zur Zentrale hinunter:

'Euer Kreiselkompaß zeigt nicht mehr richtig an!'

Der L.I. mit seinen Männern untersuchte den Kompaß: Die Drehzahl stimmte, ebenso die Temperatur und die chemische Zusammensetzung der Flüssigkeit; die Technik konnte keinen Fehler feststellen. Also gab Oberleutnant Kaschner auf die Brücke:

'Am Kompaß keine Unregelmäßigkeiten; Sonne muß falsch stehen!'

Aber unser Vertrauen in die Sonne war doch größer als zur Technik, und wir verbesserten unseren Kurs um die erkannten Fehler. –

Mitten in der Nacht schrillten plötzlich die Alarmglocken. Ich kletterte schnell auf die Brücke und sah backbord vor uns einen Zerstörer auf uns zukommen. Wir hatten so wenig Fahrt im Boot, daß ein Ausweichen nicht mehr in Frage kam. Der Zerstörer war plötzlich aus dem Dunst herausgekommen, so daß Obersteuermann Petersen, dem III.W.O., nichts anderes übriggeblieben war, als Alarm zu geben. Ich ließ tauchen, und als wir schon auf Tiefe waren, lief der Zerstörer über uns hinweg. Dann hörten wir plötzlich weitere Schraubengeräusche. Wir saßen mitten in einem Geleitzug. Der durfte uns auf keinen Fall entgehen. Es hieß für uns jetzt: rechtzeitig genug auftauchen. Zwei Dampfer liefen gerade über uns hinweg. Ihre Schraubengeräusche entfernten sich langsam. Ihre Hintermänner mußten weit entfernt stehen, denn ihre Schraubengeräusche waren nur ganz leise zu hören. Wir tauchten auf.

Die Sicht hatte sich etwas gebessert, war jedoch zum Glück für uns noch so schlecht, daß wir die Schiffe, die über uns hinweggefahren waren, kaum noch sehen konnten. Wir machten uns an ihre Verfolgung.

Plötzlich klarte es auf. Der Mond kam durch die Wolken. Danach wurde die Sicht so gut, daß wir wie auf dem Präsentierteller standen. Rund um uns herum erkannten wir die Dampfer des Geleitzuges, in dessen Mitte wir aufgetaucht waren. Wir suchten uns die größten Schiffe aus, die weit voraus standen.

Mit offenen Mündungsklappen jagten wir dann neben unseren Opfern her. Es war soweit, und ich ließ an alle Stellen durchgeben:

'Angriff beginnt!'

Wir drehten auf einen Dampfer und wollten ihn auf kurze Entfernung torpedieren. Da sagte Schwantke, der W.O., ganz ruhig:

'Ich glaube, Herr Kaleunt, der dreht auf uns zu!'

Wahrhaftig, es sah so aus, als ob er uns rammen wollte. Wir drehten hart ab und gaben an den Heckraum den Befehl, den Torpedo zum Schuß klar-

KKpt. Lüth nach 204 Tagen in See mit U 181, wieder im Stützpunkt Bordeaux. Links Kpt. z. S. Rösing, FdU West, rechts KKpt. Scholtz, Flottillenchef.

zumachen. Wir hatten Glück; nicht nur das Ausweichen gelang, auch unser Torpedo flitzte nach hinten raus, und ich wandte meine Aufmerksamkeit einem anderen Schiff zu, dem wir nun ausweichen mußten.

Unser auf den ersten Dampfer geschossener Torpedo traf, und wir merkten gleich, daß es sich um einen Munitionsdampfer handelte, der buchstäblich in die Luft flog.

In der ganzen Schiffslänge sahen wir die gesamte Munition unter grellem Leuchten steil in die Luft jagen. Mehrere hundert Meter über dem Schiff stand eine flammende Wand; es war das tollste Feuerwerk, das ich je sah. Eine ungeheure Druckwelle pflanzte sich bis ins Bootsinnere fort. Der Luftdruck war so stark, daß der Zeiger des Barometers so weit nach rechts geschleudert wurde, daß die Skala für Schönwetter nicht mehr ausreichte.

Sämtliche Geleitzerstörer schossen jetzt Leuchtgranaten. Rings um uns flogen große Sprengstücke in die See. Ein zweiter Dampfer wurde von diesen Sprengstücken getroffen und begann zu brennen. Plötzlich ein ohrbetäubender Krach. Dann eine Stimme:

'Der Steuermann ist verwundet!'

Ich drehte mich um und sah, wie Petersen sich den Oberarm hielt. Ein Sprengstück mußte ihn getroffen haben. Dem Aufschlag nach zu urteilen sogar ein schweres.

'An L.I.: Wir haben einen Treffer! Aufpassen, daß das Boot nicht absäuft!' Ein Zerstörer kam auf uns zugebraust und schoß eifrig Leuchtgranaten. Mit AK liefen wir hakenschlagend davon.

Die Brückenwache ging ins Boot. Nur Schwante und ich blieben auf der Brücke. Wir wollten erst tauchen, wenn der L.I. das Boot klar gemeldet hatte.

Gleichzeitig gab unser Funker noch eine Sichtmeldung durch, um Kameraden-Boote an das Geleit zu bringen.

'Klaaar!' rief Kaschner von unten herauf.

Nun war es höchste Zeit zum Tauchen. Alles klappte wie am Schnürchen, und in nullkommanichts waren wir auf Tiefe. Der Zerstörer lief über uns hinweg. Er hatte uns anscheinend nicht bemerkt und warf keine Wabos.

Erst jetzt konnte ich nach Petersen sehen. Er sah belustigt auf seinen entblößten Oberarm. Der Treffer hatte ihn lediglich gestreift und seinen Arm blau und grün gefärbt.

Nach dem Auftauchen sahen wir den Einschlag auf der Brücke. Der Treffer hatte sich bis auf den Druckkörper durchgewühlt und dort fanden wir ihn. Es war eine 10-cm-Granate von der Ladung des Munitionsdampfers.

Ich beschloß, diese Granate als Andenken mitzunehmen. Sorgsam wickelte ich sie in weiche Tücher und schob sie unter meine Koje. Die Tücher hätten zwar eine Detonation nicht verhindert, aber es beruhigte, immer schön vorsichtig gewesen zu sein.

Wir erwischten noch zwei Dampfer und zum Schluß einen großen Tanker. So endete unserer 13. Feindfahrt. Die Granate, die uns so zärtlich berührt hatte, steht nun bei mir zu Hause; als Andenken an eine Fahrt, die zeigt, daß sich auch die Zahl 13 um Glück oder Unglück nicht viel kümmert."

Nach dieser fünften Feindfahrt mit U 43 gab Kapitänleutnant Lüth das Boot an Kapitänleutnant Ambrosius ab. An 192 Tagen hatte U 43 in See gestanden. 13 Schiffe mit 81 950 BRT waren versenkt worden; ein weiteres von 10 350 BRT wurde torpediert. Alle Versenkungen wurden im Nordatlantik erzielt.

Am 9. Mai 1942 stellte Lüth mit U 181 eines der ersten Boote des Typs IX D.2 bei der Deschimag in Bremen in Dienst.

Insgesamt wurden von diesem Bootstyp für weite ozeanische Aufgaben 29 Boote fertig. Es waren die Boote, die mit ihrem Fahrbereich von 31 500 Seemeilen einmal um den ganzen Erdball hätten fahren können, ohne in See Öl übernehmen zu müssen.

Am 12. September lief U 181 von Kiel zu seiner ersten Feindfahrt aus. Operationsgebiet war der Raum Südafrika. Mit den beiden Booten U 177 (Kapitänleutnant Gysae) und U 178 (Kapitänleutnant Dommes) sollte U 181 die vorher im Raum Kapstadt operierende Gruppe „Eisbär" ablösen (siehe auch Kapitel Karl Friedrich Merten).

Anfang November 1942 traf U 181 im Operationsgebiet ein. Am

3. November versenkte es 400 Seemeilen südwestlich Kapstadt auf 37.23 Grad Süd und 13.34 Grad Ost das amerikanische Motorschiff »East Indian« (8159 BRT). Nachdem U 181 Südafrika umrundet hatte, folgte am 8. November die »Plaudit« (5060 BRT), die unter panamesischer Flagge fuhr. Am 10. November traf es den norwegischen Dampfer »K. G. Meldahl« (3799 BRT), und am 13. November sank auf 32.23 Grad Süd/30.07 Grad Ost, unmittelbar vor Port St. Johns, die »Excello« mit 4969 BRT.

Am gleichen Tage wurde Kapitänleutnant Lüth durch FT mitgeteilt, daß ihm mit Wirkung vom gleichen Tage als 142. Soldaten der Wehrmacht das Eichenlaub zum Ritterkreuz verliehen worden war.

Acht weitere Dampfer fielen bis zum 2. Dezember 1942 U 181 zum Opfer. Dann trat das Boot – nach weiteren 14 Tagen vergeblicher Suche – den Rückmarsch an.

Am 8. Januar 1943 wurde U 181 noch auf den Konvoi TM 1 angesetzt, der in seiner Nähe stehen sollte. Doch das Boot bekam keine Fühlung.

Am 18. Januar traf U 181 nach 129 Seetagen in Bordeaux ein. Es hatte auf dieser ersten Feindfahrt zwölf Schiffe mit 58 381 BRT versenkt.

Auch die beiden anderen Boote kamen mit großen Versenkungserfolgen zurück. So versenkten U 177 acht Schiffe mit 49 371 BRT und U 178 sechs Schiffe mit 47 097 BRT.

Gemeinsam mit den Booten U 177, U 178, U 195 (Oberleutnant z. See Steinfeld), U 196 (Kapitänleutnant Kentrat), U 197 (Kapitänleutnant Bartels) und U 198 (Korvettenkapitän Hartmann) sollte U 181 zu seiner nächsten Feindfahrt in das Gebiet zwischen Südafrika und Madagaskar in See gehen.

Am 23. März 1943 lief U 181 aus. Schon während des Anmarsches wurde das Boot auf den Konvoi SL 126 angesetzt, kam aber nicht heran.

Die Besatzung und ihr Kommandant sichten die eingegangene Post.

Lüth nach der Verleihung der Brillanten am 9. August 1943.

Ktp. z. S. Lüth wird Chef der Marineschule Flensburg-Mürwik.

Im Gebiet von Freetown stieß es am 11. April auf die »Empire Whimbrel« (5983 BRT) und versenkte sie.

Am 15. April wurden Korvettenkapitän Lüth durch FT die Schwerter zum Ritterkreuz verliehen. Als Ende April im Raume Südafrika kein Verkehr festgestellt wurde, marschierte U 181 ostwärts von Südafrika nach Norden zum Moçambique-Kanal und versenkte am 11. Mai den britischen Dampfer »Tinhow« vor Laurenco Marques. Erst 16 Tage später wurde ein weiterer Einzelfahrer versenkt, und am 6. Juni die »Harrier«, ein kleiner Kolcher.

Am 21. Juni lief U 181 nach Osten in den befohlenen freien Raum des Indischen Ozeans, um von dem aus der Sunda-Straße kommenden Versorger »Charlotte Schliemann« Öl, Proviant und Torpedos zu übernehmen.

Vom Gegner unbemerkt, ergänzten die sechs in diesem Operationsgebiet stehenden Boote bei der »Charlotte Schliemann«.

Auf dem Marsch ins Operationsgebiet zurück, stellte U 181 am 12. Juli

335

U 181, das Boot von KKpt. Lüth, nach der Verleihung der Brillanten an den Kommandanten, mit allen Versenkungswimpeln.

den britischen Dampfer »Hoi How« nördlich Mauritius auf 19.30 Grad Süd und 55.30 Grad Ost und versenkte ihn. Vier weitere Frachter folgten. Am 11. August 1943 wurde die »Clan MacArthur«, ein Dampfer von 10 528 BRT, vernichtet.

Mit U 196 gemeinsam wurde U 181 Ende August 1943 zur Suche nach U 197 angesetzt. Doch beide Boote konnten dem Kameradenboot nicht mehr helfen; U 197 war schon am 20. August 1943 südlich von Madagaskar durch britische Flieger der Geschwader 259 und 265 versenkt worden.

Als U 181 am 14. Oktober 1943 nach 206 Seetagen wieder in Bordeaux einlief, hatte es auf dieser zweitlängsten Feindfahrt der Kriegsgeschichte zehn Schiffe mit zusammen 45 331 BRT feindlichen Handelsschiffsraumes vernichtet. Insgesamt waren damit durch das Boot unter Wolfgang Lüth auf zwei Feindfahrten in den Südraum 22 Schiffe mit 103 712 BRT versenkt worden.

Am 15. Oktober 1943, seinem 30. Geburtstag, wurden Korvettenkapitän Lüth die ihm schon am 11. August 1943 auf See verliehenen Brillanten zum Ritterkreuz mit Eichenlaub und Schwertern überreicht.

Diese letzte Auszeichnung galt seinen beiden großartigen Feindfahrten mit U 181, während er die Schwerter für seinen Einsatz mit U 43 erhalten hatte. Eine weitere freudige Nachricht erwartete Lüth in der Heimat. Inmitten des großen Paketes Post lag auch ein Brief seiner Frau, in dem ihm die Geburt eines Sohnes angezeigt wurde.

Lüth erhielt kein anderes Boot mehr. Der BdU hatte ihn zum Chef der 22. U-Flottille in Gotenhafen bestimmt. Vorzeitig zum Fregattenkapitän befördert, führte Lüth diese Ausbildungsflottille bis Anfang Juli. Dann wurde er Kommandeur der I. Abteilung der Marineschule Flensburg-Mürwik. Zum Kapitän z. See befördert, übernahm Lüth am 14. September 1944 als letzter Kommandeur diese Schule. Er war noch nicht 31 Jahre alt und damit der jüngste und einzige Offizier, der diese traditionsverbundene Schule leitete und nicht die Admiralsstreifen am Ärmel trug.

Auch nach Kriegsende hielt Kapitän z. See Lüth die Zügel fest in der Hand. In Flensburg-Mürwik befanden sich 400 Offiziere der Marine und die Reichsregierung des Großadmirals Dönitz.

Das „Wachbataillon Dönitz" unter Korvettenkapitän Cremer hatte u. a. auch das Gelände der Marineschule zu bewachen. Als am 13. Mai 1945, um 18.00 Uhr, die zwölf Wachtposten vergattert wurden, ahnte niemand von ihnen, daß in der kommenden Nacht hier etwas Schreckliches geschehen würde.

Es mußten drei Doppelposten gestellt werden. Wachhabender war Maschinenmaat Karl Franz von U 2519, dem Boot von Korvettenkapitän Cremer, das am 3. Mai 1945 in der Kieler Bucht versenkt worden war.

In der Wache von 00.00 Uhr bis 02.00 Uhr hörte einer der Posten, der die Wache am Kommandeurshaus ging, ein Geräusch. Dann erkannte er auf dem Wege vor sich die Umrisse eines Mannes.

„Halt! Wer da? – Parole!"

Die Parole dieser Nacht war „Tannenberg". Doch der Mann sagte sie nicht. Noch einmal rief der Posten, dann schoß er.

Als Maschinenmaat Franz, der Wachhabende, den Schuß hörte, lief er los. Er erkannte die Gestalt des fassungslosen Postens; dann, auf dem Weg liegend, eine andere.

Maschinenmaat Franz beugte sich nieder. Es war – Kapitän z. See Wolfgang Lüth; der Mann, der kurz vorher noch befohlen hatte, sofort nach Anruf zu schießen, wenn der Angerufene die Parole nicht nannte.

Großadmiral Dönitz ordnete für den Toten ein Staatsbegräbnis an, das letzte Staatsbegräbnis des Reiches. Im Rathaus von Flensburg nahm Commander Russel Roberts aus den Händen von Korvettenkapitän Ramm das Protokoll der Untersuchung über diesen Fall entgegen. Wenige Stunden später erteilte Brigadier Churcher die Erlaubnis zum Staatsbegräbnis.

Am 16. Mai 1945, um 10.00 Uhr, begann die Trauerfeier in der Aula der Marineschule. Sechs Ritterkreuzträger – U-Boots-Kommandanten – hielten Ehrenwache.

Wolfgang Lüth ist tot. Sein Sarg wird zur Begräbnisstätte geleitet. Er erhielt das letzte Staatsbegräbnis des Reiches.

Auf dem Dorffriedhof von Adelby am Rande Flensburgs wurde Wolfgang Lüth beigesetzt.

Wolfgang Lüth

Letzter Dienstgrad: Kapitän z. See
Kommandant von U 9, U 138, U 43, U 181
Insgesamt 15 Feindfahrten mit 600 Seetagen
Ritterkreuz am 24. Oktober 1940
142. Eichenlaub am 13. November 1942
29. Schwerter am 15. April 1943
7. Brillanten am 11. August 1943

Versenkungserfolge von U 9, U 138, U 43 und U 181 unter Kapitän zur See Lüth

18.01.40	23.53	swD	»Flandria«	1.179	54.00 N/03.40 W
19.01.40	01.45	swD	»Patria«	1.188	54.–– N/03.30 W
11.02.40	18.20	esD	»Linda«	1.213	58.51 N/01.45 W
09.02.40	– – –	brDT	»San Tiburcio«	5.995	(Mine von U 9)
09.03.40	00.14	frSS	»Doris«	552	53.40 N/04.–– E
11.03.40	00.49	esD	»Viiu«	1.908	Westerhinder Buoy
11.03.40	14.00	brD	»Tringa«	1.930	51.21 N/02.25 E
23.05.40	12.54	dtD	»Sigrun Faulbaums«	3.256	51.29 N/02.38 E
20.09.40	21.20	brDT	»New Sevilla«	13.801	55.48 N/07.22 W
20.09.40	21.23	paD	»Boka«	5.560	55.54 N/07.24 W
20.09.40	21.26	brD	»Empire Adventure«	5.145	Islay

21.09.40	02.27	brD	»City of Simla«	10.138	55.55 N/08.20 W
13.10.40	15.32	nwM	»Dagrun« =	4.562	– – –
15.10.40	05.10	brD	»Bonheur«	5.327	57.10 N/08.36 W
15.10.40	05.15	brMT	»British Glory«	6.933	57.10 N/08.36 W
02.12.40	09.01	brM	»Pacific President«	7.113	56.04 N/18.45 W
02.12.40	09.41	brMT	»Victor Ross«	12.247	56.04 N/18.30 W
06.12.40	22.48	nwD	»Skrim«	1.902	Nordatlantik
13.12.40	20.47	brM	»Orari« =	10.350	49.50 N/20.55 W
06.06.41	20.24	nlD	»Yselhaven«	4.802	49.25 N/40.54 W
17.06.41	03.15	brM	»Cathrine«	2.727	49.30 N/16.-- W
29.11.41	04.11	brD	»Thornliebank«	5.569	41.50 N/29.48 W
30.11.41	19.26	brD	»Ashby«	4.868	36.54 N/29.51 W
02.12.41	09.24	amDT	»Astral«	7.542	35.40 N/24.00 W
12.01.42	08.02	swM	»Yngaren«	5.246	57.-- N/26.-- W
14.01.42	02.54	grD	»Maro«	3.838	Nordatlantik
14.01.42	03.04	paD	»Chepo«	5.582	58.30 N/19.40 W
14.01.42	04.53	brD	»Empire Surf«	6.641	58.42 N/19.16 W
03.11.42	16.22	amM	»East Indian«	8.159	37.23 S/13.34 E
08.11.42	30.55	paD	»Plaudit«	5.060	36.00 S/26.32 E
10.11.42	08.27	nwD	»K. G. Meldahl«	3.799	34.59 S/29.45 E
13.11.42	08.01	amD	»Excello«	4.969	32.23 S/30.07 E
19.11.42	21.25	nwD	»Gunda«	2.241	25.40 S/33.53 E
20.11.42	01.24	grD	»Corinthiakos«	3.562	24.42 S/33.27 E
22.11.42	00.33	amD	»Alcoa Pathfinder«	6.797	26.45 S/33.10 E
24.11.42	07.37	grD	»Mount Helmos«	6.481	26.38 S/34.59 E
24.11.42	20.34	brD	»Dorington Court«	5.281	27.00 S/34.45 E
28.11.42	22.50	grD	»Evanthia«	3.552	35.13 S/34.00 E
30.11.42	05.11	grD	»Cleanthis«	4.153	24.29 S/35.44 E
02.12.42	17.40	paD	»Amaryllis«	4.328	28.14 S/33.24 E
11.04.43	– – –	brD	»Empire Whimbrel«	5.983	02.31 N/15.55 W
11.05.43	04.08	brD	»Tinhow«	5.232	25.15 S/33.30 E
20.05.43	– – –	swM	»Sicilia«	1.633	24.31 S/35.12 E
07.06.43	vorm.	saD	»Harrier«	193	29.-- S/34.-- E
02.07.43	23.15	brD	»Hoihow«	2.798	19.30 S/55.30 E
15.07.43	– – –	brD	»Empire Lake«	2.852	21.27 S/51.47 E
16.07.43	12.00	brD	»Fort Franklin«	7.135	22.36 S/51.22 E
04.08.43	– – –	brD	»Dalfram«	4.558	20.53 S/56.43 E
07.08.43	– – –	brD	»Umvuma«	4.419	20.18 S/57.14 E
11.08.43	– – –	brD	»Clan MacArthur«	10.528	23.-- S/53.11 E

Gesamterfolge:

47 Schiffe mit 221.981 BRT versenkt, darunter das U-Boot »Doris«.

3 Schiffe mit 21.845 BRT torpediert

Korvettenkapitän
Eitel-Friedrich
Kentrat

Eitel-Friedrich Kentrat, am 11. September 1906 in Stahlheim, Elsaß-Lothringen geboren, verließ 1919 mit seinen Eltern die Heimat. In Essen-Altenessen seßhaft geworden, besuchte Kentrat hier das Reform-Realgymnasium. Mit der Obersekunda-Reife 1924 von der Schule abgehend, trat er nach einer einjährigen Volontärzeit 1925 in die Reichsmarine ein. Nach bestandenem Abitur wurde Kentrat 1928 in die aktive Seeoffiziers-Laufbahn übernommen und machte an Bord des Kreuzers »Emden« seine Kadetten-Weltreise, die für alle angehenden Offiziere der Marine obligatorisch war.

1932 wurde Kentrat zum Leutnant z. See befördert und auf das alte Linienschiff »Hessen« kommandiert. Ende 1933 wurde er in Pillau Zugoffizier, wo er 1934 zum Oberleutnant z. See befördert wurde. Als Oberleutnant z. See war Kentrat von 1935 bis 1937 Adjutant auf dem Panzerschiff »Deutschland«. Er erlebte während des Einsatzes im Spanienkrieg den Bombenangriff auf die »Deutschland« bei Ibiza, bei dem 31 Männer des Panzerschiffes den Tod fanden.

Zum Kapitänleutnant befördert, wurde Kentrat Adjutant und Rollenoffizier an Bord des Kadettenschulschiffes »Schlesien«, mit dem er eine große Südamerikareise machte, die ihn nach Chile, Argentinien und Brasilien führte. Anschließend wurde er Kompaniechef in Kiel.

Bei Kriegsausbruch wurde Kentrat als 1. Offizier an Bord eines Hilfskreuzers kommandiert, dessen für den siebenten Mobilmachungstag befohlenes Auslaufen sich jedoch erheblich verschob, da die Kriegsmarine von der englischen Kriegserklärung überrascht wurde und auf diesen Krieg nicht vorbereitet war. So lange Zeit wollte der junge Offizier aber nicht warten. Auf sein Drängen erhielt er eine neue Kommandierung als Artillerie-Offizier an Bord des Schlachtschiffes »Scharnhorst«. Aber auch die »Scharnhorst« – ein Neubau – würde erst in einem halben Jahr gefechts- und auslaufklar sein.

Kapitänleutnant Kentrat meldete sich deshalb zur U-Boots-Waffe, zu der er am 1. Oktober 1939 kommandiert wurde.

Nach einer nur dreimonatigen U-Boots-Ausbildung – die sonst vorgesehenen Torpedo-, Minen- und Artillerielehrgänge brauchte er nicht zu durchlaufen – wurde Kentrat I.W.O. auf U 25 unter Korvettenkapitän Viktor Schütze. Während seiner ersten Feindfahrt auf U 25 lernte Kapitänleutnant Kentrat im Januar und Februar 1940 alles, was ein Kommandant wissen mußte. Er erlebte, wie Schütze, einer der kaltblütigsten Kommandanten, einen Zerstörer versenkte; wie er gleich darauf im Überwasser-Nachtangriff in ein Geleit einbrach und zwei Dampfer herausschoß.

Zurückgekehrt, sollte Kentrat an einem Kommandanten-Lehrgang teilnehmen. Da jedoch wegen der beabsichtigten Norwegen-Unternehmung kein Schulboot zur Verfügung stand, wurde er in Urlaub geschickt.

Ende April wurde Kentrat nach Pillau zur Schulflottille befohlen, wo er U 8 als Kommandant übernahm. Zwei Tage später wurde das Boot zur Feindfahrt ausgerüstet und nach Kiel beordert. Der BdU wollte U 8 an die französische Küste vor Dünkirchen verlegen.

Als das Boot in Kiel eintraf, standen jedoch schon zwei Boote vor Dünkirchen, und zwei weitere Einbäume befanden sich in Reserve. U 8 erhielt ein neues Operationsgebiet: die nordschottische Küste.

Kapitänleutnant Kentrat fand im Operationsgebiet nur ein Lazarettschiff, das er unbehelligt ließ. Da er nicht ohne Erfolg heimkehren wollte, beschloß er, mit dem Einbaum einen Vorstoß in den Atlantik zu unternehmen. Doch das Boot war der hohen Atlantikdünung nicht gewachsen. Nach Ausfall eines Diesels mußte U 8 den Rückmarsch antreten.

Während des Rückmarsches zersplitterte nach einem Fliegerangriff ein Echolot in der rechten Hand des Kommandanten. Kentrat mußte mit einer schweren Handverletzung ins Lazarett Esbjerg/Dänemark eingeliefert werden, wo die Hand operiert wurde.

Nach seiner Genesung beendete der Kapitänleutnant seine Kommandantenausbildung und stellte Anfang 1941 auf der Vulkanwerft in Bremen-Vegesack mit U 74 ein Boot des Typs VII B in Dienst.

Ende März 1941 lief U 74 zur ersten Feindfahrt in den Atlantik aus.

Schon am 2. April sichteten sie im Nordatlantik den Konvoi SC 26 mit 22 Schiffen und riefen die übrigen in der Nähe stehenden Boote heran. Gemeinsam mit U 46 (Endrass), U 73 (Rosenbaum) und U 69 (Metzler)

griff U 74 in der kommenden Nacht das Geleit an.

Das Boot durchstieß die Sicherung und torpedierte zwei Schiffe, die schnell sanken. Wenig später sichtete Kentrat 400 Seemeilen südwestlich Island einen Riesenschatten. Es war der Hilfskreuzer »Worcestershire« (11 402 BRT). Sofort drehte U 74 zum Angriff an. Der Fächerschuß traf den Hilfskreuzer schwer; doch er sank nicht. Der Fangschuß traf ebenfalls; aber U 74 wurde von Zerstörern unter Wasser gedrückt.

Am gleichen Geleit versenkte U 46 den Tanker »British Reliance« (7000 BRT) und U 48 (Herbert Schultze) die »Beaverdale« (9957 BRT).

Als U 74 seine Gegner abgeschüttelt hatte und auftauchte, konnte es keine Fühlung mehr gewinnen. Hohe See, Schnee- und Hagelschauer ließen das Boot nicht rankommen. Unter den überkommenden Brechern begraben, stand die Wache auf dem Turm. Vier Tage verfolgte U 74 das Geleit bis feststand, daß es sich nicht mehr einholen ließ.

Nachdem noch ein Einzelfahrer torpediert werden konnte, trat das Boot den Rückmarsch an.

Zur zweiten Feindfahrt lief U 74 Mitte Mai 1941 wieder in den Nordatlantik aus. Der Funkmaat nahm am 19. Mai einen Kurzspruch von U 94 (Kuppisch) ab. Das Boot hatte den Konvoi HX 126 gesichtet und gab Peilzeichen. Mit U 74 schlossen fünf weitere Boote heran. In der Nacht zum 21. Mai bekam Kentrat Fühlung. Er sah auf der anderen Seite des Konvois die ersten Torpedodetonationen in die Nacht lodern. Leuchtgranaten flitzten über den Himmel, und der Funkraum fing die Seenotmeldungen zweier angegriffener Schiffe auf. Der Zerstörer, der die Flankensicherung fuhr, lief ab. U 74 griff an.

Ein Dampfer von 6000 BRT lief ins Visier. Der Kommandant ließ das Boot zum Angriff andrehen. Der Zweierfächer traf das aufgefaßte Schiff unter der Achterkante Brücke. Eine masthohe Sprengsäule stieg in den Nachthimmel empor. Das Schiff stoppte und funkte Notruf. Noch ehe U 74 zum Fangschuß andrehen konnte, wurde es unter Wasser gedrückt.

Eine vierstündige Waboverfolgung begann. Schäden wurden aus allen Abteilungen gemeldet. Es gelang, die Wassereinbrüche zum Stehen zu bringen. Ruhig und entschlossen lehnte Kapitänleutnant Kentrat in der Zentrale am Kartenpult und gab seine Befehle. Seine hochgewachsene Gestalt schien wie ein Bogen gespannt. Doch die Ruhe in seinem scharfgeschnittenen Gesicht flößte den Männern in der Zentrale Zuversicht ein. Und sie schaffen es wieder einmal.

Als der Zerstörer abgelaufen war, liefen sie hinterher, erreichten den Konvoi und griffen wieder an. Der Einzelschuß traf den aufgefaßten Dampfer achtern und ließ ihn hecklastig in die Tiefe gehen. Steil ragte der Bug aus der See, ehe er mit einem Ruck unterschnitt. Insgesamt wurden neun Schiffe aus diesem Konvoi versenkt und eins torpediert.

Die in See stehenden Boote formierten sich zu einem neuen Suchstreifen. Am Abend des 26. Mai 1941 erhielt U 74 den Befehl, dorthin zu laufen, wo seit ein paar Stunden das deutsche Schlachtschiff »Bismarck« – nur 300 Seemeilen nordwestlich Ouessant – stand. Ein stählernes Netz britischer Einheiten zog sich, von Stunde zu Stunde enger werdend, um das durch Treffer in der Ruderanlage manövrierunfähig gewordene Großkampfschiff zusammen.

U 74 lief mit AK auf die Stelle zu, die Kentrat durch die FT-Sprüche der »Bismarck« als Standort des deutschen Schlachtschiffes festgestellt hatte: 47.40 Grad Nord/14.50 Grad West.

Um 21.05 Uhr kam Oberfunkmaat Hallet auf die Brücke.

„Herr Kaleunt. Funkspruch von »Bismarck«!"

Kentrat las:

„Werde von Trägerflugzeugen angegriffen. Lufttorpedotreffer!"

Das Gesicht des Kommandanten straffte sich, wurde zur Maske. Plötzlich sah er in einem Tagtraum von Sekundenlänge die »Bismarck«, sah, wie sie in die Tiefe ging.

Um 23.25 Uhr meldete sich das Schlachtschiff wieder:

„Bin umringt von »Renown«* und Leichten Streitkräften."

Zwei Tage vorher hatte die »Bismarck« zusammen mit dem Schweren Kreuzer »Prinz Eugen« die »Hood«, das größte Kriegsschiff der Briten, zwischen Grönland und Island gestellt und vernichtet. Die »Hood« war nach einem Volltreffer in die Luft geflogen. Nun sollte es die manövrierunfähige »Bismarck« treffen. Es war 23.40 Uhr, als der Funkraum einen weiteren Funkspruch abhörte:

---

* Schlachtkreuzer; Flaggschiff des Admirals der britischen Gibraltar-Streitkräfte.

„Schiff nicht länger manövrierfähig. Wir kämpfen bis zur letzten Granate."

Mit U 74 lief noch U 556 unter Kapitänleutnant Wohlfahrth zur »Bismarck«. Dieses Boot sichtete in den Abendstunden des 26. Mai die »Ark Royal« und die »Renown«. Es hatte die einmalige Gelegenheit, eines der Schiffe anzugreifen. Wohlfahrth sah, wie die Maschinen auf dem Flugzeugträger »Ark Royal« startbereit standen. Er hätte jetzt einen Schlachtkreuzer oder einen Flugzeugträger vernichten können – doch die Torpedorohre von U 556 waren leer. Der Konvoi HX 126, an dem Wohlfahrt sich verschossen hatte, hatte die beiden Riesen nachträglich gerettet.

U 556 setzte einen FT-Spruch ab:

„Feind in Sicht. Ein Schlachtschiff, ein Flugzeugträger. Kurs 115 Grad, versuche Fühlung zu halten."

Um 06.30 Uhr gab das Boot abermals Fühlungshaltermeldung. Unmittelbar darauf tauchte U 74 aus dem Gischt der Sturmsee vor U 556 auf.

Auf U 556 begann ein Handscheinwerfer zu blinken. Kentrat las mit dem Bootsmannsmaaten der Wache ab:

„Muß Fühlunghalter aufgeben. Brennstoffgrenze erreicht; keine Torpedos!" "Verstanden! Wir übernehmen Fühlunghalter. Gute Heimfahrt!"

Die Klappbuchs auf U 74 vermittelte diesen Spruch des Kommandanten

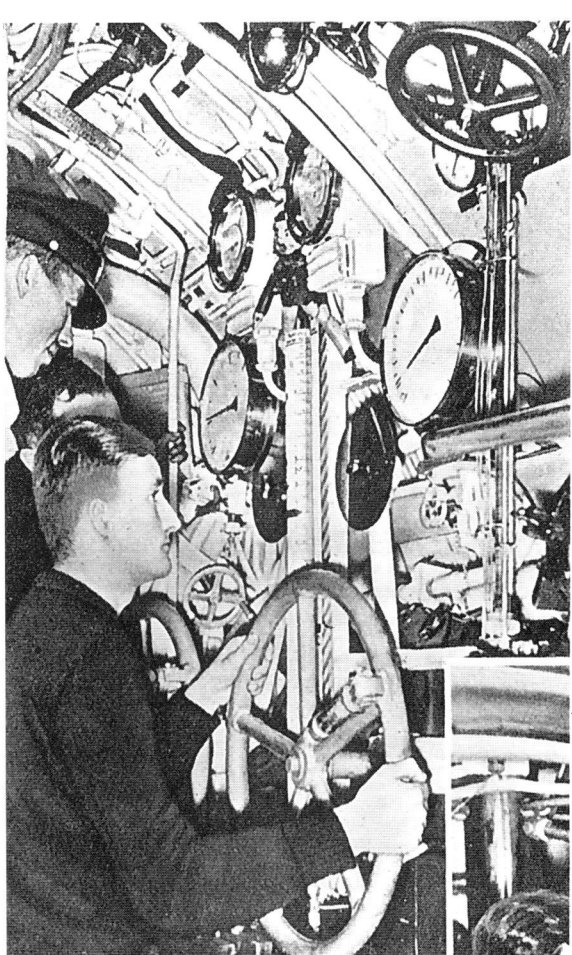

Der Tiefenrudergänger, hinter ihm der L.I. des Bootes.

zum Kameradenboot. Kentrat sah, wie „Päckchen" Wohlfahrth mit erhobenem Arm das Verstandenzeichen gab, und wenig später war U 556 verschwunden.

„Beide AK!" befahl Kentrat. „Äußerste Wachbereitschaft!"

Das Boot knüppelte durch die See. Der Funkspruch von Flottenchef Admiral Lütjens auf der »Bismarck«, ein U-Boot zur Übernahme des KTBs zu schicken, war die letzte Meldung, die Oberfunkmaat Hallet auf U 74 von dem Schlachtschiff erhielt. Wenig später erhielt U 556 vom BdU den Befehl, zur »Bismarck« zu laufen und das KTB zu übernehmen. Doch das Boot war getaucht und konnte den Spruch nicht abnehmen.

U 74 lief weiter durch die Sturmsee. Der Kommandant wollte versuchen, die »Bismarck« zu erreichen. Um 10.38 Uhr − Kentrat war vom Oberfunkmaaten in den Horchraum gerufen worden − hörten Kommandant und Oberfunkmaat starke Sinkgeräusche von der Stelle, wo das Schlachtschiff lag. Dann krachten Unterwasserdetonationen. Die beiden Männer wußten, was das zu bedeuten hatte. Sie kamen zu spät.

Eine Minute später meldete die Brücke Kriegsschiffe in Sicht. Nach oben stürzend, erkannte Kentrat, daß es Schlachtschiffe, Kreuzer und Zerstörer waren.

U 74 ging auf Sehrohrtiefe und lief auf eines der Schlachtschiffe an. Doch so genau der L.I. auch arbeitete, das Boot war nicht auf Angriffstiefe zu halten. Die hochgehende See warf es heraus oder drückte es so tief hinunter, daß das Sehrohr unterschnitt.

Der Kommandant hockte im Sattelsitz des Turmsehrohrs. Alle Rohre waren zum Schuß klargemacht: Es war zum Verzweifeln! Das Boot kam einmal, zweimal, dreimal in Position; doch zum Schuß kam es nicht. Der britische Verband lief plötzlich ab. Einer der Zerstörer hatte das weit herauskommende Sehrohr gesichtet.

Trümmer wanderten am Sehrohr vorbei. Der Kommandant sah Teile der »Bismarck« und dann − Tote, Tote, Tote. Sie hingen in ihren Schwimmwesten, von der hohen See erstickt, von Kälte, vom Herzschlag getroffen. Inmitten der Trümmer tauchte U 74 auf. Die Suche nach Überlebenden begann. Es mußten doch noch Kameraden am Leben sein!

Grauenhaft zog die Prozession der Toten und der Trümmer am Boot vorbei. Kapitänleutnant Kentrat krampfte die Fäuste in die Brückennock.

Gegen 19.05 Uhr wurde ein Schlauchboot gesichtet. Drei Männer waren darin. Einer von ihnen richtete sich halb auf und sackte dann wieder zurück. Das Boot versuchte, nahe genug heranzukommen.

„Ich hole sie ran. Eine Leine her!" befahl der Kommandant.

„Herr Kaleunt, Sie dürfen nicht!" bat der I.W.O. „Sie dürfen das Boot nicht verlassen!"

"Ich kann niemandem den Befehl geben, in diese See hineinzuspringen. Wenn ich versaufe, dann fahren Sie das Boot nach Hause!"

Die drei Schiffbrüchigen kamen dem Kommandanten um wenige

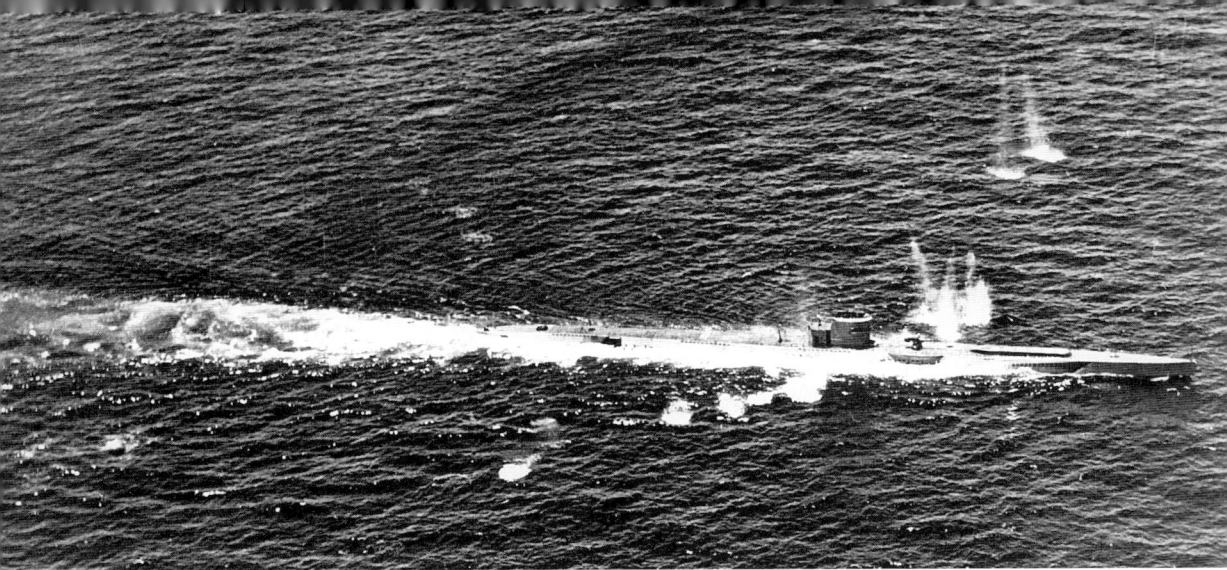

U 118 wird aus der Luft angegriffen.

Sekunden zuvor. Sie sprangen in die See und versuchten, sich auf U 74 zutreiben zu lassen. Ein paar Männer des Bootes waren an Deck geeilt. Angeseilt, immer wieder von Brechern überlaufen, kämpften sie mit der See um das Leben der drei. Sie schafften es und nahmen die Männer an Bord. Im gleichen Augenblick sichtete der I.W.O. ein Flugzeug. In wahnsinniger Eile wurden die drei Überlebenden der »Bismarck« ins Boot geschafft*. U 74 tauchte.

Zwei weitere Tage suchte das Boot noch – vergebens. Dann erhielt es den Befehl, den Rückmarsch anzutreten.

Kurz vor Lorient sichtete der Wachhabende III.W.O. die Blasenbahn eines Torpedos. Mit Hartruder entging U 74 dem Geschoß des englischen U-Bootes, das hier auf dem Wechsel lauerte. Dann war es geschafft.

Die drei Überlebenden der »Bismarck« wurden zur Marinegruppe West nach Paris gebracht. Von ihnen erfuhr das OKM zum erstenmal, wie das Schlachtschiff vernichtet wurde.

Die Besatzung von U 74 war bis zum Rande des Zusammenbruchs erschöpft. Sie wurde geschlossen in Urlaub geschickt. Die schrecklichste Feindfahrt des Krieges lag hinter ihnen.

Auf der dritten Feindfahrt versenkte U 74 aus dem Konvoi SL 81 ein Schiff. Es war die 5415 BRT große »Harlingen«. Weitere Treffermeldungen wurden nicht bestätigt. Es schien fast, als sollte U 74 nur an Konvois Erfolg haben. Jedem Angriff des Bootes folgte unweigerlich die Waboverfolgung. Jede Tonne Schiffsraum mußte buchstäblich mit letztem Einsatz

---

* 110 Männer der »Bismarck« wurden vom Gegner aufgefischt. Der deutsche Dampfer »Sachsenwald«, der ebenfalls sofort den Standort des Untergangs ansteuerte, barg zwei Überlebende. Über 2000 Seeleute aber fanden mit dem Schlachtschiff den Tod.

versenkt werden. Immer gelang es dem Kommandanten, sein Boot heil der Verfolgung zu entziehen.

Zur vierten Feindfahrt lief U 74 am 8. September 1941 von St. Nazaire aus. Das Boot gehörte jetzt zur „Stierflottille" und trug das Emblem am Turm, das einst Engelbert Endrass an den Turm von U 47 gemalt hatte, als das Boot aus Scapa Flow zurückgekehrt war.

Diese Feindfahrt sollte die erfolgreichste des Bootes werden. Am 18. September sichtete U 74 – es hatte vorher schon einen Einzelfahrer von 5000 BRT torpediert – südostwärts Grönland den Konvoi SC 44. Kentrat sah eine riesige Armada von 66 Schiffen mit einem Zerstörer und vier Korvetten als Sicherung. Seine Peilzeichen riefen fünf weitere Boote heran, darunter auch U 552.

Der Kommandant erkannte beim ersten Angriff auf den Konvoi, daß eine Korvette aus der Finsternis heraus in Lage Null auf das Boot zustieß. Ein Ruderkommando ließ das Boot herumgehen.

Die Korvette lief in Schußposition, und der erste Torpedo traf sie genau mittschiffs.

„Korvette macht Notruf! Name »Levis«! meldete der Funkraum.

Der zweite Torpedo traf den Gegner achtern. In der himmelansteigenden Flammenkaskade ihrer detonierenden Wabos wurde die »Levis« zerfetzt.

Kentrat griff erneut an. Das Boot faßte einen Dampfer von 7000 BRT auf. der Zweierfächer traf ihn mittschiffs und achtern und ließ ihn schnell sinken. Es war die »Empire Burton« mit 6965 BRT.

Unter Wasser lief U 74 nach Backbord vom Geleit ab. Die Rohre wurden nachgeladen, und eine Stunde später schloß das Boot abermals heran. Noch war es nicht in Angriffsposition gekommen, als von der anderen Seite Torpedodetonationen emporstiegen. Das mußte U 552 sein.

Noch einmal kam U 74 zum Schuß. Doch der 6000-Tonner sank nicht. Abermals wurde das Boot abgedrängt.

Mit einer Versenkungsziffer von drei Dampfern und einer Korvette sowie nach der Torpedierung von drei weiteren Dampfern lief U 74 am 26. September 1941 wieder in St. Nazaire ein.

Während der nächsten Feindfahrt im OktoberNovember 1941 gelang es U 74 abermals, als erstes Boot einen Konvoi zu sichten. Nicht weniger als 1000 Seemeilen hielt es Fühlung an diesem Geleit und zog die Kameradenboote heran. U 74 schoß einen Dampfer, die 8532 BRT große »Nottingham« aus diesem Geleit heraus, und U 106 (Kapitänleutnant Rasch) versenkte den amerikanischen Tanker »Salinas«.

Am 14. Dezember 1941 lief U 74 gleichzeitig mit U 77 (Kapitänleutnant Schonder) zum Marsch ins Mittelmeer aus. Insgesamt hatten 16 Boote den Befehl erhalten, nacheinander ins Mittelmeer zu gehen. Wieder war es zuerst U 74, das am Abend des 14. Dezember noch im Atlantik ein Geleit, den aus Gibraltar ausgelaufenen Konvoi HG 76, sichtete und Fühlunghal-termeldung gab.

Am 15. Dezember wurde die Gruppe „Seeräuber" gebildet. U 74, das darauf brannte, anzugreifen, erhielt vom BdU den Befehl, weiter ins Mittelmeer zu marschieren und den Konvoi den anderen Booten zu überlassen. Ebenso erging es U 77. Die Entlastung des schwer ringenden deutschen Afrikakorps war wichtiger geworden.

Mit einer seemännischen Meisterleistung lief U 74 im Nacht-Überwassermarsch in die Straße von Gibraltar hinein, um die Stärke der Bewachung festzustellen und diese Beobachtungen an den BdU zu funken. Wegen eines Flugzeuges, von dem das Boot aus den Wolken heraus im Direktflug angegriffen wurde, mußte U 74 dann doch mit Alarmtauchen in den Keller gehen. Mit Hartruderlegen und AK der E-Maschinen gelang es, den Bombenwürfen zu entkommen. Wohlbehalten lief U 74 am 22. Dezember 1941 in La Spezia ein.

Drei Kameradenboote waren auf dem Marsch ins Mittelmeer schwer beschädigt worden. U 208 (Oberleutnant z. See Schlieper) und U 451 (Korvettenkapitän Hoffmann) gingen beim Überführungsmarsch verloren.

Hier in La Spezia erreichte Kapitänleutnant Kentrat am 31. Dezember 1941 der Funkspruch, daß ihm an diesem Tag das Ritterkreuz verliehen worden sei.

Anfang Januar verließ U 74 mit drei anderen Booten La Spezia wieder. Sie hatten Befehl, einen Sperring um Alexandria zu legen und alle auslaufenden britischen Schiffe anzugreifen.

Immer wieder tagsüber von Flugzeugen unter Wasser gedrückt, hielten diese vier Boote Wache. Kein Schiff verließ zu dieser Zeit den britischen Haupthafen im östlichen Mittelmeers. Erstmals seit langer Zeit konnten die großen italienischen Geleite unbehelligt nach Nordafrika laufen und die für die Offensive wichtigen Versorgungsgüter nach Tripolis schaffen.

Ohne auch nur ein einziges Angriffsziel gefunden zu haben, mußte U 74

Ein deutsches U-Boot sinkt nach schweren Bombentreffern.

nach langen Wochen des Auf- und Absteher_s vor der afrikanischen Küste nach La Spezia zurücklaufen. Hier gab Kapitänleutnant Kentrat U 74 an seinen Nachfolger, Oberleutnant z. See Karl Friedrich, ab.

Schon auf der nächsten Feindfahrt wurde U 74 am 2. Mai 1942 östlich von Cartagena durch die britischen Zerstörer »Wishart« und »Wrestler« und Flugzeugen des britischen Geschwaders 202 mit seiner gesamten Besatzung versenkt.

Kapitänleutnant Kentrat erhielt neben einigen anderen Kommandanten den Auftrag, eines der neu in Dienst gestellten großen Boote für ozeanische Verwendung vom Typ IX D-2 in Dienst zu stellen. Er übernahm U 196.

Nach Abschluß der Ausbildung und des Einfahrens lief U 196 am 13. März 1943 von Kiel aus. Operationsgebiet waren der Indische Ozean und der Raum um Madagaskar.

Weder auf dem Marsch noch im Operationsgebiet selbst sichtete das Boot irgendein Schiff. Ende Juni lief es dem Treffpunkt mit dem Versorger »Charlotte Schliemann« entgegen und ergänzte hier die Ölvorräte und Proviant. Anschließend verlegte U 196 in den Raum Madagaskar.

Hier wurde endlich ein Konvoi gesichtet, der aus nur drei Schiffen bestand. Trotz der Bewacher griff Kentrat sofort an und versenkte in einem kühnen Anlauf einen Transporter, die »Nailsea Meadow« mit 4962 BRT, ehe das Boot wieder unter Wasser gedrückt wurde. Drei Tage später – die Küstenverteidigung war nun alarmiert – begann die Jagd auf das Boot. Während dreier Tage und Nächte wurde U 196 fast ständig bebombt. Immer wieder – am Tage und auch in der Nacht – wurde es unter Wasser gedrückt.

Den ersten Ausfällen gesellten sich weitere hinzu. Der Bordarzt, Marine-Oberstabsarzt Dr. Heinz Heidenreich, der diese Fahrt mitmachte, hatte mehr als genug zu tun.

Am 2. 8. 1943 wurde die »City of Oran«, 7323 BRT versenkt. Das Boot wurde oft verfolgt.

Aber immer wieder – oft glaubten die Männer schon, daß sie diesmal an der Reihe seien – brachte Kapitänleutnant Kentrat das Boot aus den Gefahren heraus. Nicht zuletzt war dies der eingespielten Besatzung zu verdanken und vor allem – neben dem L.I., den Wachoffizieren und der seemännischen Nummer Eins – dem E-Maschinen-Obermaschinisten Richter, dem Diesel-Obermaschinisten Kämpf und dem Zentrale-Obermaaten Krause, die in vorbildlicher Pflichterfüllung ihren Mann standen und alle auftretenden Schäden reparierten.

Nachdem die See wieder wie ausgestorben war, trat U 196 den Rückmarsch nach Bordeaux an. Als das Boot am 23. Oktober 1943 an der Pier festmachte, hatte es die längste Feindfahrt, die jemals ein U-Boot gefahren hatte, hinter sich. U 196 war 225 Tage in See gewesen.

349

KKpt. Kentrat nach der längsten Feindfahrt des zweiten Weltkrieges. 225 Tage war das U-Boot in See. Er wird vom FdU West, Kpt. z. S. Rösing (links) und KKpt. Scholtz, dem Flottillenchef, empfangen.

Als Kapitänleutnant Kentrat dem FdU-West, Kapitän z. See Rösing, und dem Flottillenchef, Korvettenkapitän Scholtz, Bericht erstattete, blickten diese beiden Offiziere – selbst erfahrene U-Boots-Kommandanten – erschüttert in das von den ungeheuren Strapazen gezeichnete Gesicht Kentrats.

Oberstabsarzt Heidenreich wurde wegen seiner vorbildlichen Haltung mit dem EK II. Klasse ausgezeichnet. E-Maschinen-Obermaschinist Richter erhielt das EK I. Klasse. Er hatte in einer verzweifelten Situation unter Einsatz seines Lebens das Boot gerettet.

Schon im Februar 1944 – nach der vorhergegangenen Feindfahrt viel zu früh – lief U 196 zur zweiten Unternehmung in den Indischen Ozean aus. Da im Operationsgebiet vor Kapstadt kein Verkehr lief, marschierte das Boot weiter bis ins Arabische Meer.

Kentrat, inzwischen zum Korvettenkapitän befördert, lief aus dem Arabischen Meer zur indischen Küste vor Colombo weiter. Zum ersten Mal stand ein deutsches Boot in diesem Seeraum. Wochen, Monate hindurch wurde kein Schiff gesichtet. Erst am 9. 7. 1944 wurde die »Shakzada« gestellt und versenkt.

Als U 196 nach 150 Seetagen in den neuen U-Boots-Stützpunkt Penang auf der Malayischen Halbinsel einlief, mußte Korvettenkapitän Kentrat, der mit unerhörter Selbstüberwindung seine Schwächeanfälle bis zum Einlaufen in den Stützpunkt niedergekämpft hatte, sein Boot abgeben.

Diese beiden Feindfahrten in so kurzer Folge hatten ihn seelisch und körperlich völlig erschöpft. Der Kommandant war nachtblind geworden, sein Blutdruck war gefährlich gesunken, und er litt trotz der Erschöpfung an Schlaflosigkeit.

Der BdU befahl eine Erholungszeit in Japan. Kentrat gab U 196 an seinen Nachfolger Oberleutnant z. See Werner Striegler ab. Das Boot lief am 28. November 1944 aus Batavia aus und ist seit dem 30. November in der Sundastraße verschollen. Auch von der Gegenseite konnte das Schicksal dieses Bootes nicht aufgeklärt werden. Mit U 196 fanden auch Richter und Kämpf, die beiden Getreuen, den Tod.

Über Singapur flog Korvettenkapitän Kentrat im Herbst 1944 nach Japan. Da nach seiner Wiederherstellung keine Einschiffungsmöglichkeit für die Rückkehr nach Deutschland bestand, übernahm er den deutschen U-Boots-Stützpunkt Kobe in Japan, den er bis Kriegsende führte.

Im Oktober 1947 kehrte auch Kentrat an Bord des amerikanischen Truppentransporters »General Black« nach Deutschland zurück und baute sich mit der ihm eigenen Tatkraft ein neues Leben auf.

Eitel-Friedrich Kentrat
Letzter Dienstgrad: Korvettenkapitän
Kommandant von U 8, U 74 und U 196
10 Feindfahrten mit zirka 500 Seetagen
Ritterkreuz am 31. Dezember 1941

Versenkungserfolge von U 74 und U 196 unter Korvettenkapitän Eitel-Friedrich Kentrat

3.4.42	05.00	brD	Westpool	5.724 BRT	58.12 N/27.40 W
3.4.41	05.01	grD	Leonidas	4.274 BRT	58.12 N/27.40 W
.033 3.4.41	05.39	brCL	Worchestershire	11.402 BRT	-- --/-- --
5.8.41	05.40	brD	Harlingen	5.415 BRT	53.26 N/15.40 W
20.9.41	01.13	brD	Empire Burton	6.966 BRT	61.30 N/35.11 W
20.9.41	01.13	caPE	Levis	925 BRT	61.30 N/35.11 W
7.11.41	22.34	brM	Nottingham	8.532 BRT	53.24 N/31.51 W
11.5.43	23.00	brD	Nailsea Meadow	4.962 BRT	32.04 S/29.13 E
2.8.43	-- --	brD	City of Oran	7.323 BRT	13.45 S/41.16 E
9.7.44	-- --	brD	Shahzada	5.454 BRT	15.40 N/65.30 E

Gesamterfolge:
9 Schiffe mit 49.575 BRT versenkt,
darunter eine Korvette
1 Hilfskreuzer torpediert

Kapitän zur See

Ernst Kals

Als Ernst Kals im April 1924 als Seeoffiziersanwärter in die damalige Reichsmarine eintrat, dachte er nicht einmal im Traum daran, daß er einmal bei der U-Boots-Waffe landen würde, denn diese Waffe war nach dem Ersten Weltkrieg von den Siegermächten gründlich zerschlagen und ein Neuaufbau verboten worden. Vorerst erhielt Kals nach seiner Ausbildung Kommandos auf Linienschiffen, Panzerschiffen, Kreuzern und Torpedobooten.

Bei Ausbruch des Zweiten Weltkriegs diente er als I. Artillerieoffizier auf dem Kreuzer »Leipzig«. Als der Kreuzer im Dezember 1939 durch das britische U-Boot »Ursula« torpediert wurde, entdeckte Kals erstaunlicherweise seine Liebe zur U-Boots-Waffe. Er meldete sich freiwillig und erledigte im Jahre 1940 seine U-Boots-Ausbildung, um Anfang 1941 als „Konfirmand" auf U 37 unter Nico Clausen einzusteigen.

Mit U 37 hatte Kapitänleutnant Clausen, nachdem er am 5. Februar 1941 von Lorient in das Seegebiet um Freetown gelaufen war, aus dem Konvoi HG 53 drei Schiffe – bei neun Torpedoversagern – versenkt, dann eigene Flugzeuge und zum Schluß noch den Schweren Kreuzer »Admiral Hipper« herangerufen, der noch einen Nachzügler versenkte. Der Kreuzer fand am 12. Februar 1941 den Konvoi SL 65, versenkte sieben Schiffe mit 32 806 BRT und beschädigte zwei weitere schwer. Damit hatte Clausen die erste Operation der Seekriegsgeschichte eingeleitet, an der sich U-Boote, Flugzeuge und Überwasserstreitkräfte gleichzeitig beteiligten.

Als U 37 dann am 27. Februar 1941 zu der nächsten Unternehmung aus-lief, kam Ernst Kals an Bord. Da U 37 nicht an den vom B-Dienst gemel-deten Konvoi OB 293 herankam, diente das Boot in den kommenden Wochen als Wetterboot.

Am 16. März wurde dann der Konvoi HX 112 von U 110 (Lemp) gemel-det. U 37 operierte ebenfalls auf diesen Konvoi. Es gelang dem Boot, die Sicherung zu durchbrechen. Als er aber im Unterwasserangriff schießen wollte, wurde es von einem im – plötzlich wegzackenden – Konvoi laufen-den Tanker unter Wasser gerammt.

U 37 mußte die Operation abbrechen und traf am 25. März mit demolier-tem Turm in Wilhelmshaven ein. Ernst Kals hatte seine Feuerprobe bestan-den. Ihm wurde ein neues Boot versprochen.

Zur Baubelehrung fuhr Kals wenig später nach Bremen, wo er bei der Deschimag U 130, ein Boot des Typs IX C, in Dienst stellte.

Nach dem Einfahren in der Ostsee lief U 130 Anfang Dezember 1941 zu seiner ersten Feindfahrt und gleichzeitig Überführungsfahrt nach Lorient aus. Hier sollte das Boot in den Verband der 2. U-Flottille eingegliedert werden. Am Turm des Bootes prangte als Bootswappen ein Ritterhelm mit geschlossenem Visier. Jedes Besatzungsmitglied trug das gleiche Wappen an der Mütze. Mit dem L.I., Oberleutnant (Ing.) Sauerbier, und der see-männischen Nummer Eins, Obersteuermann Stolpner, hatte Korvettenkapi-tän Kals zwei erfahrene U-Boots-Fahrer an Bord.

Zwischen den Shetland-Inseln und den Färöern erreichte U 130 bei orkanartigem Wetter den Atlantik. Obgleich das Boot über Wasser nur langsame Fahrt laufen konnte, da Wind und See genau gegenan standen, wurde von der groben See die Brückenverkleidung eingedrückt und weg-geschlagen. Die Brücke mußte geräumt werden. Der Kommandant fuhr das Boot im Überwassermarsch mit dem Sehrohr aus dem Turm heraus.

Als am 10. Dezember ein Konvoi gesichtet wurde, schloß U 130 heran und griff nachts im Überwasserangriff an.

Trotz der starken Sicherung schoß das Boot einen Frachter, die 5844 BRT große »Kurdistan«, heraus und lief ab, als Geleitzerstörer sich näher-ten. Noch in der gleichen Nacht schloß das Boot abermals heran und ver-senkte die »Star of Luxor«, sowie die »Kirnwood«.

Die Besatzung erhielt durch diesen Erfolg Zuversicht und Vertrauen zum Kommandanten. Wohlbehalten traf U 130 in Lorient ein.

Als der erste Paukenschlag vor der amerikanischen Küste geschlagen werden sollte, war U 130 eines der wenigen dafür einsatzklaren Boote. Es lief gleich den vier weiteren Booten noch im Dezember aus.

Am 13. Januar 1942 begann die Operation vor der nordamerikanischen Küste. U 130 fand im St. Lorenz-Golf und vor der USA-Küste fast frie-densmäßige Verhältnisse vor. Die Leuchtfeuer, Leuchttürme und Leucht-bojen für die Schiffahrt brannten. Die Schiffe selbst fuhren mit gesetzten

KKpt. Kals auf dem Turm von U 130, links von ihm der Bootsmann der Wache.

Lichtern. Nur einzelne Zerstörer standen in See, und die liefen auf genau vorgeschriebenen Routen, „daß man die Uhr nach ihnen stellen konnte".

Für U 130 begann das „Truthahnschießen". Nacheinander wurden vier beladene Tanker und ein Frachter versenkt. Es waren, in der laufenden Reihenfolge der Versenkungen, die »Frisco«, die »Friar Rock«, die »Alexandra Höeg«, die »Olympic«, die »Varanger« und die »Francis E. Powell«. Die »Halo« mit 6986 BRT wurde torpediert.

Korvettenkapitän Kals führte sein Boot mit der Geschicklichkeit eines alten Hasen. Seine Besatzung spielte sich mehr und mehr ein. Die ruhige Zuversicht ihres Kommandanten, sein feiner Humor, die überlegenen und überlegten Aktionen dieses Seemannes ließen sie auch aus den gefährlichsten Situationen herauskommen.

Ernst Kals, keineswegs groß und besonders kräftig, erweckte kaum den Anschein eines Draufgängers. Doch er imponierte durch sein Können und durch seinen Mut, der trotzdem klug abzuwägen verstand. Mit seinen 35 Jahren zählte er nicht mehr zur jungen Garde, doch er bewies, daß es allein auf den Kerl ankam und nicht auf die Jugend, und daß Wagemut und Einsatzbereitschaft durchaus nicht das Vorrecht der Jungen blieben.

Als das Boot Ende Januar den Rückmarsch antrat, hatte es sechs Schiffe mit 36 993 BRT versenkt.

Im März 1942 lief U 130 zu seiner dritten Feindfahrt in die Karibik. Wochenlang stand das Boot in See, ohne auch nur eine Mastspitze zu sichten. Um der Besatzung die starke seelische Belastung zu nehmen, die diese Erfolglosigkeit nun einmal bedeutete, ließ Korvettenkapitän Kals das Boot in Richtung Curaçao laufen und begann in den frühen Morgenstunden des 19. April mit der Beschießung der Ölraffinerien und -lager von Bullenbay auf Curaçao.

„Daß mir alles tadellos klappt, Männer!"

Der Kommandant sah auf seine Uhr. Es war kurz nach drei. U 130 war auf Anlaufkurs gegangen. Die Küste, die wie ein schwarzer, unregelmäßiger Strich herauskam, wurde in den Umrissen deutlich. Ein paar Berge tauchten aus dem Dunst.

„Dort, Herr Kapitän!"

Der Obersteuermann deutete nach vorn. Die Umrisse der hohen Ölbehälter hoben sich vom dunklen Hintergrund der Höhenzüge ab. Mit einem Blick auf das Deck erkannte der I.W.O., daß die Männer am Buggeschütz klarstanden. Er blickte zum Kommandanten hinüber.

„Feuererlaubnis, Eins W.O.!"

Der erste Schuß der Zehnfünf verließ das Rohr. An Land krachte der schmetternde Einschlag. Feuerschein flackerte empor.

„Gut so! Treffer!"

Hintereinander verließen fünf Schuß das Rohr. An Land platzten Tankbehälter auseinander. Flammen schossen in den Himmel empor. Auf einmal blitzte es auch an Land auf, und nun zogen sich die Lichterschnüre kleinkalibriger Leuchtspurgeschosse zum U-Boot herüber, flitzten keinen Meter über den Turm hinweg und verschwanden hinter dem Boot.

Ein Ruderkommando ließ U 130 „spitz" werden, um dem Gegner so wenig wie möglich Angriffsfläche zu bieten. Die Geschoßserien wanderten aus. Zwei, drei Geschütze größeren Kalibers begannen an Land zu feuern. Bedrohlich nahe zischten die Granaten vorbei.

„Feuer einstellen!" befahl der Kommandant. „Geschützbedienung unter Deck!"

In dem Augenblick, als die bisher mit kleinster Fahrt laufenden Diesel mit AK zu wummern begannen, blitzte an Land der Lichtstrahl eines Scheinwerfers auf. Ein zweiter blendete auf, suchend glitten die starken Lichtfinger über die See. Dann erfaßten sie das Boot. U 130 zackte weg und lief mit „beide AK" und Zickzack-Kurven aus der Bucht hinaus, verfolgt vom Geballer der Geschütze. Links und rechts vom Boot wirbelten Einschläge die See auf. „Auf Tauchstationen!" befahl Kals. „Für den Fall, daß sie uns auch noch Flieger auf den Hals schicken, gehen wir in den Keller!"

U 130 tauchte und lief im Unterwassermarsch ab. Noch eine ganze Weile wurden die Einschläge der großkalibrigen Granaten gehorcht.

Wenige Tage später wurde ein Dampfer gesichtet. Ein Zweierfächer ließ ihn sofort stoppen. Flammen schossen aus seinen Aufbauten heraus. Eine dicke schwarze Rauchwolke stieg schräg in die Höhe. Und aus der undurchdringlichen Schwärze krachten Explosionen, welche die Querschotten auseinandersprengten. Dann sackte die »Grenanger« in die Tiefe. Der Tanker »Esso Boston« folgte ihr 24 Stunden später nach.

Wochen vergingen. Es war, als sei die See ausgestorben. Sie kamen nur noch auf einen Frachter zum Schuß, den sie mit zwei Einzelschüssen versenkten.

Als U 130 den Rückmarsch antrat, hatte das Boot genau 75 Tage in See gestanden, dabei aber nur zwei Schiffe mit 13 100 BRT versenkt. Nach dem großen Erfolg vor der kanadisch-amerikanischen Küste war dies ein mageres Ergebnis.

Am 4. Juli 1942 lief U 130 von Lorient zur vierten Feindfahrt aus. Operationsgebiet waren der Mittelatlantik und das Seegebiet um Freetown.

Hier stieß das Boot auf eine „Goldader". Die »Viking Star«, mit Landungsbooten und Autoreifen bis unter die Halskrause beladen, sank tödlich getroffen. Auf der See trieben die Landungsboote und, so weit man sehen konnte, Autoreifen.

Zwei Tanker folgten, beide tiefbeladen; und am 25. Juli wurde rund 500 Seemeilen westlich Freetown auf 10.05 Grad Nord/26.31 Grad West der große Tanker »Tankexpress« mit gut 10 000 BRT gestellt und versenkt. Weitere Frachter folgten. Die »Elmwood« sank am 27.7., die »Danmark« am 30. 7.

Zerstörer jagten das Boot. Flugzeuge bombten es und drückten es immer wieder unter Wasser. Kals nützte seine Chancen gut. Nach der Versenkung von vier Tankern und drei Frachtern mußte das Boot verschossen den Rückmarsch antreten. Und hier auf dem Rückmarsch wurde ein dicker Zweischornsteindampfer gesichtet, der mindestens 20 000 BRT hatte. In nur 800 Meter Seitenabstand passierte er das Boot, das keinen Torpedo mehr hatte, um dieses zielgerecht laufende Schiff zu versenken!

An Bord von U 130 befanden sich auch einige der aufgefischten Handelsschiffs-Kapitäne; darunter ein britischer und ein norwegischer Kapitän sowie ein norwegischer Chief Engineer, die sich – ob sie wollten oder nicht – in das U-Boots-Leben einfügen mußten. Sie bedachten die Zerstörer regelmäßig mit bösen Flüchen, als die Wabo-Jagden einsetzten.

Nach 68 Seetagen legte U 130 am 12. September 1943 wieder in Lorient an. Sieben Versenkungswimpeln verkündeten eine Beute von 51 528 BRT.

Korvettenkapitän Kals erhielt auf der Pier von Lorient für diese vier Fahrten das Ritterkreuz, das ihm schon am 1. September verliehen worden war. Die Besatzung freute sich für ihren Kommandanten, der in seiner bescheidenen Art unter Hinweis auf seine Männer seinen eigenen Anteil an den großen Erfolgen des Bootes hintanstellte.

Am 13. September wurde U 130 zur Werftüberholung ins Slipdock gebracht. Die Besatzung ging törnweise in den verdienten Heimaturlaub, während die zurückgebliebenen Männer im Lager St. Scorff weiter ausgebildet wurden. In der Zeit vom 8. bis 18. Oktober wurde das Boot ausgedockt, lief zur Torpedo-, Brennstoff- und Munitionsübernahme und erledigte die Standprobe mit abschließender Probefahrt, dem Tauchversuch und der Schleife. Nach der Ausrüstung am 25. und 26. Oktober wurde die Schlußtrimmung vorgenommen. U 130 war wieder auslaufbereit.

Am 29. Oktober 1942, um 17.00 Uhr, legte das Boot in Lorient zur fünften Feindfahrt ab. Mit einem Geleit ging es bis zum Punkt „Laterne". Hier wurde das Geleit entlassen, und U 130 setzte seinen Marsch in die Biskaya fort.

Bis 24.00 Uhr hatte das Boot 74 Seemeilen im Überwassermarsch zurückgelegt. Als es gegen 02.00 Uhr Punkt „Kern" erreichte, setzte es den Weg getaucht fort. Im FuMB wurde nichts geortet.

Am 31. Oktober wurde ein FT-Spruch des BdU abgenommen. Er ordnete an, den Südmarsch über DT 60 fortzusetzen.

Zwei Tage später hatte U 130 das Seegebiet bei Finisterre erreicht. Hier mußten die Uhren um eine Stunde zurückgestellt werden. In einem FT an den BdU meldete das Boot:

„06.31 Uhr. Marqu. BE 97. Keine Fliegerortung oder Sichtung. West 2. See 2, bedeckt 2. Kals."

Am Abend ging ein FT-Befehl des BdU ein:

„21.43 Uhr. Auffermann meldet um 14.30 Uhr Geleitzug von etwa

Ein deutsches U-Boot wird vom Bug eines auf Rammkurs laufenden Gegners angepeilt.

7 großen Schiffen in CF 43.99. Ostkurs. Stein, Kals, Hirsacker, Janssen auf vermutetem Kurs nach Gibraltar operieren!"

Korvettenkapitän Kals ging auf 170 Grad. Gegen die starke See konnte das Boot nur 9 Knoten laufen. Um 08.00 Uhr des 3. November steigerte U 130 auf große Fahrt, doch auch so holte das Boot nur 13,5 Knoten heraus. Als der Kommandant auf zweimal große Fahrt gehen ließ, begannen die Abgasleitungen zu glühen.

Da Kals eine Fortsetzung der Suche nach dem von Auffermann gesichteten Konvoi nicht mehr für erfolgversprechend hielt, ließ er über FT anfragen, ob er die Suche fortsetzen solle. Die Antwort des BdU lautete:

„An Kals. Südmarsch fortsetzen!"

Am frühen Morgen des 4. November stand U 130 auf der Höhe von Lissabon und machte befehlsmäßig seinen Wetterspruch. Als das Boot am 5. November die Höhe von Gibraltar erreichte, führte es um 09.01 Uhr eine Kursänderung durch auf 190 Grad. Über den Ostatlantik lief das Boot in den Raum nordwestlich und dann westlich der Karibischen Inseln. Am 8. November nahm es um 08.00 Uhr wieder einen FT-Spruch des BdU auf.

„Amerikaner in Marokko und Algier in großem Stil gelandet. Kals mit hoher Marschfahrt DJ 19 ansteuern!"

Das Boot änderte seinen Kurs auf 55 Grad. Am 9. November traf dann um 12.52 Uhr der entscheidende Funkspruch des BdU ein:

„Piening und Kals bilden Gruppen 'Schlagtot'. Mit höchstmöglicher Dauerfahrt DJ 25 ansteuern."

Eine geringe Kursänderung brachte U 130 auf den befohlenen Kurs. Am anderen Tage, das Boot hatte bereits das Planquadrat DJ 1758 M durchlaufen, traf ein dritter Funkspruch des BdU ein. Er lautete:

„Angriffsräume Kals: Gebiet vor DJ 2524 und 2543. Ran an die Transporter und Kriegsschiffe, wenn sie auch auf flachem Wasser liegen. Voller Einsatz. Sobald bemerkt, Lage melden!"

An der Karte sah der Kommandant, daß das Angriffsgebiet die Reede von Casablanca und der Ölhafen dieser Stadt, Fedala, war.

Das Boot lief der marokkanischen Küste entgegen. Am 11. November mußte es vor einem Flugzeug vom Typ Lysander, welches das Boot aus der Sonne heraus anflog, wegtauchen. Es fielen vier Bomben, die jedoch keine Schäden verursachten. Nach einer Kursänderung erreichte das Boot am Nachmittag des 11. November die 200-m-Linie*. Durch Horchpeilungen wurden mehrfach Suchgruppen von jeweils zwei Zerstörern festgestellt. Kals ließ das Boot tauchen und versammelte die Offiziere in der Zentrale um das Kartenpult, um mit ihnen den Angriff auf die Reede von Fedala zu besprechen.

---

* Wassertiefen-Linie.

Als die Männer am Kartentisch standen, wandte sich der Kommandant an seine Nummer Eins, der die Karten eben ausbreitete.

„Na, Stolpner, dann wollen wir mal überlegen. Was würden wir tun, wenn wir persönlich für die Sicherheit der auf Fedala-Reede liegenden Schiffe verantwortlich wären?"

"Ich würde Minen legen, Herr Kapitän."

„Genau, Stolpner!" Ernst Kals griff zum Bleistift und fuhr damit über die Karte. „Und zwar hier, im rechten Winkel von der Küste aus in die See, denn die Boote würden wahrscheinlich rechtwinklig vom tiefen Wasser her auf die Küste zulaufen."

„Dann werden wir das also nicht tun, Herr Kapitän!" warf der I.W.O. ein.

„Natürlich nicht, Ellmenreich. Wir werden von Norden her, möglichst dicht unter der Küste entlanglaufend, Fedala ansteuern."

„Sehr niedriges Wasser, Herr Kapitän!"

Der I.W.O., Oberleutnant Ellmenreich, machte ein besorgtes Gesicht.

„Das ist für uns vorteilhaft, weil die Asdic-Ortung wegen des flachen Wassers nicht mehr möglich ist."

„Und die Flugzeuge, Herr Kapitän?"

"Die Wahrscheinlichkeit, während der Fahrt auf 20 Meter Tiefe von Flugzeugen gesichtet zu werden, ist trotz der ruhigen See nicht groß, weil das Wasser hier an der Küste grünlichgrau und brackig ist."

„Und für den Fall, wir werden erkannt?" warf der L.I. ein.

„Nun, Sauerbier, Sie machen mit Ellmenreich das Boot zur Selbstvernichtung klar. Falls wir entdeckt werden, müssen wir es sprengen und schwimmend die Küste zu erreichen versuchen." Kals reckte sich. „Ellmenreich, lassen Sie die Besatzung sofort im Bugraum antreten; ich werde ihr den Einsatz bekanntgeben."

Fünf Minuten später war die Besatzung angetreten. Als Gegengewicht waren die vorderen Tauchzellen angeblasen worden. Ernst Kals wandte sich den Männern zu, die ihn erwartungsvoll anschauten.

„Ich habe die Absicht, morgen die US-Landungsflotte in Fedala anzugreifen, Männer! Es ist kein einfaches Unternehmen, denn der Sicherungsring um die Transporter ist sehr dicht. Ich erwarte von jedem von euch vollste Konzentration und hundertprozentige Pflichterfüllung. Der Angriff kann unter Umständen fehlschlagen, das Boot kann verlorengehen. Es ist jedem Manne zur Pflicht gemacht, seinen Tauchretter zu tragen."

Begeistertes Gemurmel lief durch den Bugraum, als der Kommandant geendet hatte. Sie wußten alle, daß ihr Alter das Boot nicht unnötig aufs Spiel setzen und daß er es schon richtig machen würde.

Um 20.24 Uhr tauchte U 130 auf und lief im Überwassermarsch bis zur 30-m-Linie weiter. Im FuMB wurden Schiffsortungen aufgenommen. Ein Überwasser-Nachtangriff war ausgeschlossen. Das Boot würde vorzeitig entdeckt werden.

Kals legte U 130 auf Grund und schickte die Besatzung auf Ruhestationen. Er suchte seine Chance und ließ sich nicht aus blindem Eifer auf unsichere Operationen ein.

Um 13.20 Uhr des 12. November ließ der Kommandant das Boot vom Grund lösen. Er hatte die Absicht, im Unterwassermarsch noch dichter unter die Küste zu laufen und dann entlang der Küste Fedala-Reede von Norden anzusteuern und anzugreifen, wenn er sichere und große Ziele vor den Rohren hatte.

Durch das sparsam ausgefahrene Sehrohr wurde ein Aufklärer gesichtet. Am Strand von Bou Znica kamen vier Fahrzeuge in Sicht, darunter eins von 4000 BRT. Doch das genügte Kals nicht.

Um 14.40 Uhr hallte plötzlich ein grell surrendes Geräusch durch das Boot. Für eine Sekunde waren alle Männer wie erstarrt. Hatte der Gegner eine neue Ortungsmethode?

Dann erkannte der Kommandant, daß es das Geräusch eines im Rohr laufenden Torpedos war. In einem der beiden Heckrohre, in Rohr V, war infolge einer Undichtigkeit der Torpedo selbst angelaufen und ratterte innerhalb des Ausstoßrohres seine Batterie leer.

Kals, der schon seine Pläne für den Angriff soweit festgelegt hatte, daß

Der Bug der »Viscount« nach dem Ramming mit einem deutschen U-Boot.

360

er je zwei gezielte Einzelschüsse auf drei möglichst dicke Schiffe abgeben konnte, bedauerte diesen Ausfall sehr. Die Nerven der Besatzung waren durch den Zwischenfall zum Zerreißen gespannt.

Wenig später hatte das Boot in nur 23 Meter Tiefe leichte Grundberührung. Der Kiel schrappte über den Schlick. Oberleutnant Sauerbier steuerte das Boot geistesgegenwärtig einen Meter höher, und auch dieser Zwischenfall verlief glimpflich.

Um 15.05 Uhr wurde durch das Luftzielsehrohr ein Flugzeug über Fedala-Reede beobachtet. Der Tag war sehr sonnig; der wolkenlose Himmel und die glatte See ließen eine gute Beobachtung – von beiden Seiten – zu. Im Turm saß der Kommandant seit über drei Stunden im Sattelsitz des Sehrohrs und ließ es immer wieder zu kurzen Rundblicken ausfahren.

Um 16.00 Uhr sichtete Kals die auf Fedala-Reede liegenden Schiffe. Er zählte an die 20, darunter einen Flugzeugträger. Dieser schien stand allerdings, für einen Angriff ziemlich ungünstig, weit nach Süden zurückgestaffelt und hatte die ganze Mahalla der Bewacher vor sich. Ferner konnte Kals einen Kreuzer mit Dreibeinmast und zwei Tanker ansprechen. Die übrigen Schiffe waren große Transporter. Einige Bewacher standen westlich der Reede, und in der Nähe des mit kleiner Fahrt getaucht weiterlaufenden Bootes lagen ebenfalls einige Kriegsschiffe.

Ernst Kals verspürte eine prickelnde Erregung. Fast vier Stunden schlich das Boot schon in unheimlicher Flachwasserfahrt an den zwischen den alliierten Einheiten herum. Er durfte das Echolot nicht benutzen, weil das unweigerlich den Gegner herbeigerufen hätte. Zweimal noch ratschte der Kiel über den Grund. Doch immer wieder brachte der L.I. das Boot über die Untiefen hinweg.

Leise gab der Kommandant ins Boot, was er sah. Kühlen Kopfes wägte er seine Chancen ab. Er wollte nicht nur schießen und treffen, sondern das Boot auch heil aus dem sicherlich entstehenden Hexenkessel wieder herausbringen. Er suchte sich drei dicke Transporter aus.

„Boot greift an!"

Kals hatte den Angriffszeitpunkt so gewählt, daß er bei sinkender Sonne zum Schuß kommen mußte. Außerdem beabsichtigte er, den Gegner dadurch irrezuführen, daß er als letztes Ziel ein weiter südlich stehendes Schiff torpedieren wollte. Das würde den Gegner zu der Annahme verleiten, daß das U-Boot, von Norden kommend, nach Süden abgelaufen war. Aber er würde zu diesem Heckschuß aus Rohr VI sowieso wieder nach Norden drehen müssen und auch nach Norden ablaufen.

Die Rohre waren klargemacht, die Mündungsklappen aufgedreht. Kals gab die Schußwerte durch für die drei aufgefaßten Transporter. Der erste war ein moderner Frachter, den er auf 6000 BRT schätzte. Sparsam ließ er sekundenlang das Sehrohr ausfahren. Die beiden Torpedos für den ersten Gegner wurden in Lage und Fahrt Null, Entfernung 1000 Meter und Schußwinkel Null eingestellt.

Um 18.28 Uhr verließ der erste Torpedo Rohr II, und acht Sekunden darauf folgte der zweite gezielte Einzelschuß aus Rohr III. Mit der gleichen Einstellung folgten sieben und zwölf Sekunden nach Schuß zwei der dritte und vierte Torpedo aus Rohr I und IV auf einen Frachter von geschätzten 9000 BRT.

Sofort nach diesen vier Schüssen ließ Ernst Kals das Boot zum Schuß aus Rohr VI herumwerfen. Noch in der Drehung hörten alle im Boot zwei starke Detonationen. Durch das ausgefahrene Sehrohr sah der Kommandant, daß der große, nahe beim Boot stehende Transporter in der Mitte und am Achterschiff getroffen war und bereits nach einer Minute bis zum Freibord unter Wasser lag.

Noch während das Boot drehte, detonierten (117 und 123 Sekunden nach dem Schuß) die beiden zuerst geschossenen Torpedos. Dieses Schiff lag also 1780 Meter entfernt und mußte demnach auch größer als geschätzt sein.

Durch die ungeheure Qualmwolke des zuerst getroffenen, nahebei stehenden Schiffes konnte die Trefferwirkung beim zweiten Transporter nicht erkannt werden. Doch kurz hintereinander wurden mehrere starke Detonationen gehört, die Kommandant und Besatzung den Untergang dieses Schiffes anzeigten.

Um 18.33.07 Uhr fiel der gezielte Einzelschuß aus Heckrohr VI, mit Vorhalterechner und Schußwinkel 180 Grad geschossen. Atemlose Spannung herrschte im Boot. Nach genau 129 Sekunden – demnach lag dieses Schiff 2000 Meter entfernt – dröhnte ein unerhört harter Detonationsschlag durch die See.

U 130 hatte drei große Transporter beschossen und alle drei tödlich getroffen. Das Sinken zweier Schiffe war gehorcht worden. Mit AK der E-Maschinen lief das Boot, immer dicht unter der Küste auf flachem Wasser bleibend, nach Norden zurück.

Wie Korvettenkapitän Kals vermutet hatte, so dröhnten nun südlich hinter dem Boot nacheinander 35 Wabo-Detonationen durch die See. Der Gegner wähnte sie also nach Süden ablaufend.

Plötzlich erstarrten alle im Boot zu völliger Reglosigkeit. Warnend hob der Kommandant den Arm. Mit zirpendem Asdic-Gerät lief ein Zerstörer genau über U 130 hinweg. 30 Meter Wasser hatte die See hier, und zwischen diesen 30 Metern liefen ein U-Boot und sein Jäger. Turm des Bootes und Kiel des Zerstörers konnten nur wenige Meter voneinander entfernt sein.

Die Augen der in der Zentrale versammelten Männer waren auf den Kommandanten gerichtet. Ohrenbetäubend rasselten die Zerstörerschrauben über ihnen. Und als Korvettenkapitän Kals den Zentralemaaten ansah, erkannte er eine solche Gläubigkeit, ein solches Vertrauen in den Augen des Mannes, daß ihn plötzlich mit elementarer Wucht – mehr als je zuvor – die Erkenntnis seiner Aufgabe nicht nur als Kommandant eines Kampfbootes, sondern auch als des einzigen für das Leben seiner Besatzung verantwortlichen Mannes überkam.

Dieses Erleben der Einheit einer U-Boots-Besatzung war Ernst Kals nie vorher so stark, so tief und beglückend zum Bewußtsein gekommen, wie in diesen Sekunden höchster Gefahr. Die Gewißheit, daß sie ihm wie einem Vater vertrauten, schien dem Kommandanten die höchste Auszeichnung.

Als U 130 gegen 23.57 Uhr auftauchte, sahen die Wachgänger auf dem Turm aus Richtung Fedala ein mit greller Flamme brennendes Schiff. Es war der zuletzt torpedierte Transporter. Weiter nach Nordwesten ablaufend, funkte das Boot um 01.46 Uhr an den BdU:

„Bei Tagesangriff auf Fedala-Reede am 12. November versenkt 2 Transporter; Sinken eines weiteren wahrscheinlich Zusammen 22 500 BRT. Lage: Vor Fedala etwa 20 Frachter, 1 Träger. Starke Seebewachung besonders nachts mit Ortung. Tagsüber starke Luftüberwachung. Verkehr nur am Tage auf 30 m. Angriff auf Reede am besten unter Wasser möglich. Kein Asdic auf flachem Wasser. 17 Aale, 145 cbm. DJ 2291. Kals."

Der Kommandant beabsichtigte, nach dem Nachladen aller Rohre am übernächsten Tage noch einmal auf dem gleichen Wege anzugreifen. Aber da war der Schiffsverband verschwunden.

Am 15. November marschierte das Boot weiter in Richtung Mediah-Reede; aber auch hier lagen die begehrten großen Kriegsschiffe nicht. Nur ein „Anderson"-Zerstörer lief mit Suchschlag auf und ab.

In den folgenden Tagen stand U 130 vor der westafrikanischen Küste. Flugzeuge ließen es tagsüber kaum zur Ruhe kommen. Im FuMB-Gerät war ständig auf 141, 145, 154 und 165 cm Empfang.

Am 18. November kam ein Schiff in Sicht. U 130 setzte zum Unterwasserangriff an. Doch es handelte sich um einen neutralen Spanier, die »Maria Teresa«, der unbehelligt weiterschippern durfte. Am 23. November wurde das Boot der neu aufgestellten Gruppe „Westwall" zugeteilt.

Tage und Wochen vergingen. Bei schwerer See mit hoher Dünung wurde Rohr II undicht. Am 9. Dezember wurde die gleiche Undichtigkeit auch bei Rohr I festgestellt. Noch immer hatte das Boot 17 Torpedos. Das FuMB-Gerät hatte ebenfalls einen Defekt, der mit Bordmitteln nicht zu beheben war. Über FT teilte der BdU mit, daß das auslaufende U 463 ein FuMB-Ersatzgerät mitbringen würde.

Am 10. Dezember teilte der BdU dem Boot die Namen der versenkten Schiffe mit. Es waren die »President Cleveland«, die »Pierce« und die »Exeter«*. Die Stimmung im Boot hob sich schlagartig.

Am 23. Dezember traf das Versorgungsboot U 463 unter Korvettenkapitän Wolfbauer ein. Neben dem FuMB erhielt U 130 von diesem Boot noch 9 cbm Brennstoff. Es trat den Rückmarsch an und wurde am 30. Dezember bei Punkt „Laterne" durch deutsches Geleit aufgenommen. In den 63

---

* Ursprüngliche Namen; spätere Namen siehe unten.

Tagen dieses Unternehmens hatte U 130 ganze 7884 Seemeilen zurückgelegt und drei Schiffe mit 34 507 BRT versenkt.

In der Stellungnahme des BdU hieß es:

„Der Angriff auf Fedala-Reede wurde entschlossen, überlegt und ruhig durchgeführt und brachte einen schönen verdienten Erfolg."

U 130 hatte die Transporter »Hugh L. Scott (ex »President Pierce«) mit 12 579 BRT, die »H. Bliss« (ex »President Cleveland«) mit 12 568 BRT und die »Edward Rutledge« (ex »Exeter«) mit 9360 BRT versenkt.

Einem amerikanischen Kriegsberichter, der sich an Bord des ebenfalls gesichteten Schweren Kreuzers befand, gelang es, alle drei Torpedierungen zu fotografieren. Im Jahre 1959 erhielt Kapitän z. See Kals diese einmaligen Dokumente aus den USA übersandt.

Dem Stabe der Landungsflotte Fedala war es vollkommen unerklärlich, daß es einem U-Boot gelungen sein konnte, die aus zwölf Zerstörern und einem breiten Minenfeld bestehenden Sicherungen zu durchstoßen. Durch eine nur eine Seemeile breite Lücke in der Sicherung war U 130 hindurchgestoßen und auf dem gleichen Wege wieder zurückmarschiert.

Dies war eine seemännische und navigatorisch ausgezeichnete Leistung, die nur möglich wurde durch die hervorragende Zusammenarbeit aller Besatzungsangehörigen.

Korvettenkapitän Kals gab sein Boot im Frühjahr 1943 an seinen Nachfolger, Oberleutnant z. See Siegfried Keller, ab und wurde Chef der 2. U-Flottille in Lorient.

Am 28. Februar lief U 130 zu seiner sechsten und letzten Feindfahrt aus. Es wurde am 12. März auf 37.10 Grad Nord/40.21 Grad West durch den US-Zerstörer »Champlin« vernichtet. Mit dem Boot gingen auch die alten Getreuen des Kommandanten unter. Kapitän z. See Kals sagt dazu:

„Jeder einzelne meiner Besatzung hat vertrauensvoll und in höchster Pflichterfüllung in allen Unternehmungen zu mir gestanden. Auch das Unternehmen von Fedala konnte nur zu einem Erfolg werden, weil ich Kameraden um mich wußte, auf die ich mich verlassen konnte."

Möge dieses Kapitel die Erinnerung an U 130 und seine Besatzung wachhalten, die ihren Einsatz mit dem Leben bezahlte.

Als Flottillenchef wurde Kals zum Fregattenkapitän befördert. Er sorgte für seine Kommandanten, und vor allem verstand er es, ihnen das Selbstverstrauen zurückzugeben, wenn sie ohne Erfolge entmutigt zurückkamen.

Als die Biskaya-Stützpunkte geräumt werden mußten, blieb Kals in Lorient zurück. Mit seinen U-Boots-Männern half er bei der Verteidigung dieses Stützpunktes, der sich als Pfahl im Fleisch der Alliierten bis zum Kriegsende halten konnte.

Als Kapitän zur See trat Ernst Kals den Weg in die französische Gefangenschaft an, aus der er als kranker Mann zurückkehren sollte.

Er baute sich mit einem nautisch-technischen Büro eine neue Existenz auf.

Ernst Kals

Letzter Dienstgrad: Kapitän z. See
I. Wachoffizier auf U 37
Kommandant von U 130
5 Feindfahrten von Dezember 1941 bis Januar 1943
281 Seetage als Kommandant
Beschießung der Öllager auf Curaçao
Ritterkreuz am 1. September 1942

Versenkungserfolge von U 130 unter Kapitän z. See Kals

10.12.41	23.54	brD	»Kurdistan«	5.844	56.51 N/16.36 W
10.12.41	23.57	ägD	»Star of Luxor«	5.298	56.57 N/16.34 W
10.12.41	23.57	brD	»Kirnwood«	3.829	56.57 N/16.35 W
13.01.42	01.18	nwD	»Frisco«	1.582	44.50 N/60.20 W
13.01.42	09.48	paD	»Friar Rock«	5.427	45.30 N/50.40 W
21.01.42	22.21	nwMT	»Alexandra Höeg«	8.248	40.53 N/65.56 W
22.01.42	– – –	paDT	»Olympic«	5.335	36.01 N/75.30 W
25.01.42	10.02	nwMT	»Varanger«	9.305	38.58 N/74.06 W
27.01.42	09.43	amDT	»Francis E. Powell«	7.096	38.05 N/74.53 W
27.01.42	13.58	amDT	»Halo« =	6.986	35.23 N/75.20 W
11.04.42	18.55	nwM	»Grenager«	5.393	22.45 N/57.13 W
12.04.42	19.21	amDT	»Esso Boston«	7.699	21.42 N/60.00 W
25.07.42	16.53	nwMT	»Tankexpress«	10.095	10.05 N/26.31 W
27.07.42	17.40	brD	»Elmwood«	7.167	04.48 N/22.00 W
30.07.42	20.48	brM	»Danmark«	8.391	07.00 N/24.19 W
09.08.42	22.37	nwDT	»Malmanger«	7.078	07.13 N/26.30 W
11.08.42	14.27	nwDT	»Mirlo«	7.455	06.04 N/26.50 W
25.08.42	19.44	brD	»Viking Star«	6.445	06.00 N/14.00 W
26.08.42	11.24	brD	»Beechwood«	4.897	05.30 N/14.04 W
12.11.42	18.28	amAP	»Edward Rutledge«	9.360	33.40 N/07.35 W
12.11.42	18.28	amAP	»Tasker H. Bliss«	12.568	33.40 N/07.35 W
12.11.42	18.33	amAP	»Hugh L. Scott«	12.479	33.40 N/07.35 W

Gesamterfolge:
21 Schiffe mit 149.191 BRT versenkt
1 Schiff mit 6.986 BRT torpediert

Fregattenkapitän
Albrecht Brandi

Albrecht Brandi charakterisierte die Rolle eines U-Boots-Kommandanten folgendermaßen:

„Für das Abschneiden eines Bootes ist die gesamte Besatzung entscheidend. Die Erfolge eines Kommandanten sind nur durch die Besatzung möglich, auf deren Schultern der Einsatz ruht. Darum trägt der Kommandant seine Auszeichnungen für die Besatzung."

Den großen, kräftigen Westfalen mit den blauen Augen zog es schon früh zur Marine. Am 20. Juni 1914 in Dortmund geboren, begann er im April 1935 nach dem Abitur seine Seeoffizierslaufbahn. Die Ausbildungszeit gipfelte in der Weltfahrt auf dem Schulkreuzer »Emden«.

Nach einer Sperrwaffen-Ausbildung erhielt Brandi als Oberfähnrich sein erstes Flottenkommando bei einer Minensuch-Flottille. Er wurde Wachoffizier auf M 125 unter Kapitänleutnant Zapp*.

Anschließend wurde Albrecht Brandi als Leutnant z. See Wachoffizier auf M 1 unter Kapitänleutnant Bartels.

M 1 ging zu Beginn des Polenfeldzuges in die Ostsee: U-Jagd in der Danziger Bucht, Hafensicherung gegen feindliche U-Boote; so lautete der Kampfauftrag.

---

* Kapitänleutnant Zapp ging später ebenfalls zur U-Boots-Waffe und erhielt am 23. April 1942 als Kommandant von U 66 das Ritterkreuz.

Als das Boot danach zur Überholung nach Kiel lief, kam es dort während der siebentägigen Werftliegezeit zu jenem heute legendären Silbenrätsel, das Kapitänleutnant Bartels mit seinewm I.W.O. „Scherry" aufsetzte und an den Chef der Organisationsabteilung der U-Boote, Admiral von Friedeburg, schickte. Die ersten und letzten Buchstaben der Auflösung ergaben:

„Bartels und Brandi müssen sofort zur U-Boots-Waffe!"

Anscheinend war die Auflösung für die Operationsabteilung zu schwer, denn es wurde zunächst nichts daraus.

Am 8. April 1940 ging M 1 um 05.45 Uhr ankerauf. An Bord befanden sich zwei Offiziere und 50 Mann einer für Egersund vorgesehenen Radfahr-Schwadron, die in der „Operation Weserübung" nach Norwegen gekarrt wurde. Daß einer der neugierigen Landser im Boot „nur so zum Spaß" die Flutventile aufdrehte und M 1 fast abgebuddelt wäre, sei nur am Rande vermerkt.

Geleitdienst folgte. Es galt, viele Nebenaufgaben zu lösen. So mußte das vor Haugesund auf einen Felsen gelaufene Artillerie-Schulschiff »Bremse« im wahrsten Wortsinne heruntergeboxt werden.

In Norwegen erhielt Brandi das EK II. Zum Oberleutnant befördert, übernahm er am 25. Mai 1940 M 1 als Kommandant, als Kapitänleutnant Bartels Kommandeur des „Hafenschutzverbandes Bergen" wurde.

Im Frühjahr 1941 bewarb sich Albrecht Brandi um die Übernahme zur U-Boots-Waffe. Er tat dies aus dem gesunden Instinkt heraus, daß in diesem Stadium des Krieges nur noch die U-Boots-Waffe eine Chance hatte, an den Feind zu kommen, und daß allein hier auf einen Seeoffizier die große Bewährungsprobe wartete.

Er wußte, daß es auf einem U-Boot mit Schulterstücken und Ärmelstreifen nicht getan war. Auf einem U-Boot galt nur der Kerl. Jede Schwäche wurde von der Besatzung sofort erkannt. Nach langer Feindfahrt in der Stahlröhre standen sich Kommandant und Besatzung aller Äußerlichkeiten entblößt gegenüber. Nichts war zu verbergen. Ein U-Boots-Kommandant mußte hart und in eiserner Selbstzucht seinen Dienst versehen. Jede Nervosität war Gift für die Besatzung.

Brandi wußte, daß die Dienststellung eines Kommandanten zu den schwersten und schönsten Aufgaben gehörte, die einem Seeoffizier übertragen werden konnte.

Er durchlief die U-Boots-Ausbildung in Neustadt in Holstein und anschließend die vorgesehenen Lehrgänge.

Als am zweiten Weihnachtstag des Jahres 1941 U 552 unter Kapitänleutnant Erich Topp aus dem Stützpunkt St. Nazaire auslief, befand sich auch Brandi als „Konfirmand" an Bord. Diese Fahrt, die zuerst in den warmen Süden, nach Ponta del Gada (Azoren) gehen sollte, wurde vom BdU umdirigiert. U 552 – nur für die Südfahrt ausgerüstet – lief aus der tropischen Zone des Golfstromes vor die Küste Neufundlands, in den eisigen Labra-

Die Besatzung von U 617. Brandi mit der weißen Mütze.

dorstrom. Schnee, Hagel und beißender Frost wurden das tägliche Brot der Besatzung. Im Bootsinnern wurde eine Temperatur von ein Grad plus gemessen. Brandi bekam eine Konfirmandenfahrt, die er so leicht nicht wieder vergessen sollte. Doch mit seinem unverwüstlichen Humor meldete er sich jeden Morgen als:

„Obermatrose Brandi zur Stelle!"

Es war eine lehrreiche Fahrt. Und auch daran erinnert sich Brandi schmunzelnd, daß Stabsobersteuermann Säck, die Nummer Eins von U 552, ihn beim Anmorsen eines angehaltenen Schiffes korrigieren mußte.

„Als Signalgefreiter wäre ich eine Flasche gewesen!" sagte er lächelnd.

Am 9. April 1942 stellte Kapitänleutnant Brandi bei Blohm und Voß in

Hamburg sein erstes Boot in Dienst: U 617, ein VII C-Typ.

Einfahren und Abnahmefahrten in der Ostsee folgten. Obgleich außer einem Obersteuermann, zwei Maaten und zwei Männern der Besatzung alle anderen Neulinge auf U-Booten waren, stellten sich die Männer schnell aufeinander ein. Der Tag näherte sich, an dem Brandi mit vier Kameradenbooten gemeinsam zu seiner ersten Feindfahrt als Kommandant auslaufen sollte.

Es war die Zeit unmittelbar nach den ersten überraschenden U-Boots-Verlusten durch plötzlich auftauchende und die Boote selbst in der Nacht sofort ansteuernde Feindkräfte. Die auslaufenden Boote sollten alle das neue FuMB-Kreuz* erhalten.

Für die fünf Boote standen jedoch nur drei Geräte zur Verfügung. Admiral von Friedeburg kam selbst zu den Kommandanten hinaus und erklärte, daß das Los entscheiden müsse, wer ein Gerät bekomme.

In den Stützpunkten war eine Art von Massenpsychose ausgebrochen, daß dieses Gerät ein Allheilmittel gegen die Vernichtung sei.

Brandi zog ein schlechtes Los. Es war für ihn schwierig, seiner Besatzung zu sagen, daß U 617 ohne FuMB-Kreuz auslaufen würde. Wie sich jedoch später herausstellte, kamen die beiden Boote ohne das Gerät besser voran als die drei Boote, die das FuMG-Gerät besaßen. Hinzu kam noch, daß die Eigenstrahlung dieser Geräte so groß war, daß feindliche Flugzeuge allein nach diesen Strahlungen die Boote anfliegen konnten.

U 617 marschierte in den Nordatlantik. Brandi wußte, daß es bei der ersten Feindfahrt darauf ankam, das Vertrauen seiner Besatzung zu erringen. Darum wollte er auch um jeden Preis einen Erfolg, weil nichts die Zuversicht der Besatzung mehr zu stärken vermochte.

Als das Boot am 22. 9. 1942 zwischen Reykjavik und der schottischen Küste stand, wurde ein Einzelfahrer gesichtet. Mit AK setzte sich U 617 vor, tauchte und lief zum Unterwasserangriff an. Die beiden Torpedos trafen den Dampfer »Thor II« und ließen ihn schnell unterschneiden.

Kurz vor Einbruch der Dunkelheit wurde ein Geleit gesichtet. U 617 lief zum Überwasserangriff an. Ein schwerbeladener Tanker, die »Athelsultan«, ging nach dem Zweierfächer brennend auf Tiefe. Eine Stunde darauf folgte die »Tennessee« nach. Wabos krachten, und Zerstörer drängten das Boot ab.

U 617 jagte hinterher und kam noch auf den Dampfer »Roumanie« zum Schuß. Auch dieser Frachter sank. Der Chefingenieur der »Roumanie« konnte aus dem Wasser gefischt werden.

---

* Funkmeß-Beobachtungsgerät. Empfänger für feindliche Ortungsimpulse. Damit sollte das Boot in die Lage versetzt werden, die Impulse des Gegners früher zu erfassen als dieser das Boot. Die Hauptursache für das große U-Boot-Sterben lag allerdings in der Entzifferung des deutschen Funkverkehrs und der damit verbundenen Ortung der Boote, wie wir heute zu wissen glauben.

Auf dem Rückmarsch wurde ein weiteres Geleit unter Wasser angegriffen.

Mit dem letzten Tropfen Brennstoff erreichte U 617 St. Nazaire. Fünf Wimpel flatterten am Sehrohrmast. 21 000 BRT feindlichen Handelsschiffsraums hatte Brandi und seine Besatzung auf dieser ersten Feindfahrt versenkt*.

Anfang November 1942 lief das Boot zu seiner zweiten Feindfahrt aus, abermals in den Nordatlantik. Die Ausfahrt war wegen einer starken Grippe des Kommandanten um einige Tage verschoben worden.

Am 4. November brachte der Funkmaat einen Kommandanten-Funkspruch** auf die Brücke. Brandi sollte durch die Straße von Gibraltar ins Mittelmeer marschieren und den französischen Kriegshafen Toulon anlaufen, von wo aus der Einsatz im Mittelmeer fortgesetzt werden sollte.

Westlich von Gibraltar drückte ein Sunderland-Flugboot U 617 unter Wasser. Die Bomben lagen so dicht beim Boot, daß sie Sekundenbruchteile früher sein sicheres Ende herbeigeführt hätten.

U 617 lief im Unterwassermarsch durch die Meerenge. Da am 8. November die alliierten Landungen bei Oran, Casablanca und Algier begonnen hatten, rechneten die Engländer hier mit massierten Angriffen durch U-Boote.

Das Boot sah sich – nachdem es die Meerenge überwunden hatte – zahlreichen britischen Kriegsschiffen gegenüber. Als ein Verband von mehreren Zerstörern, einigen Transportern und einem Kreuzer im Sehrohr sichtbar wurde, ließ Kapitänleutnant Brandi einen Viererfächer feuern.

Unmittelbar danach mußte U 617 in große Tiefe hinuntergehen. Jedes Beobachten des Schußergebnisses hätte die sichere Vernichtung des Bootes bedeutet. Als die Torpedodetonationen aus der Richtung aufbrandeten, wo sich der erste Zerstörer befinden mußte, wurde allen klar, daß der Gegner getroffen war. Sinkgeräusche wurden aus dem Horchraum gemeldet. Zwei weitere Torpedodetonationen dröhnten***. Das Boot drehte mit Hartruder ab. Vier Stunden dauerte die Waboverfolgung.

Während der Zeit, da auf anderen Booten üblicherweise die Zahl der geworfenen Wasserbomben in der Zentrale auf einer schwarzen Tafel vermerkt wurde und alle Männer gebannt auf diese Tafel starrten, setzte sich Albrecht Brandi in das Kugelschott zum Bugraum und spielte mit einer Gelenkpuppe aus Holz und Bindfaden. Er ließ sie Riesenwellen drehen und die tollsten Verenkungen machen, und auf einmal sahen alle Männer nur noch auf diese Puppe. Die unerträgliche Spannung fiel von ihnen ab, und

---

* Von diesen fünf Schiffen waren vier mit 15 079 BRT gesunken.
** Bei Entschlüsselung durch den Funkmaaten erschien nur das Wort „Kommandanten-Funkspruch" im Klartext, die Dechiffrierung des Textes blieb dem Kommandanten vorbehalten.
*** Für Versenkungen gab es keine Bestätigung.

die Gesichter entspannten sich. Brandi hatte seine Beruhigungsmedizin für die Crew gefunden und behielt sie von diesem Tage an immer bei.

Das Boot kam durch und erreichte Toulon.

Am 24. Dezember 1942 lief U 617 von Toulon aus. Das Mittelmeer-Kampffeld war gefährlicher als jedes andere. In diesem küstennahen Gewässer, das zudem bis in große Tiefen hinein einzusehen war, wimmelte es von Kriegsschiffen, während Dampfer Seltenheitswert besaßen. Brandi sagte einmal zu einem PK-Mann, der ihn nach den Aussichten im Mittelmeer befragte:

„Bis hier ein Kommandant mal eine gute Tonnenzahl versenkt, hat er längst ins Seegras gebissen!"

In 40 Meter Wassertiefe feierte die Besatzung das Weihnachtsfest, das der Kommandant mit dem Schmutt zusammen vorbereitet hatte. Dabei wurde der Marsch ins Operationsgebiet natürlich nicht unterbrochen. Es galt, den für Tunis bestimmten alliierten Nachschubverkehr zu stören und so das schwer ringende Afrikakorps zu entlasten.

Am 28. Dezember traf U 617 auf einen Hochsee-Schleppzug und versenkte die »St. Issey«. Noch am gleichen Abend sichtete der I.W.O., Oberleutnant z. See Niester, einen Zerstörer. Der Treffer ließ ihn unmittelbar in der Mitte durchbrechen*.

Am anderen Morgen wurde ein großer Dampfer gesichtet. Als das Boot auf Schußposition stand, erkannte der Kommandant die Kennzeichnung als Lazarettschiff und ließ U 617 abdrehen.

Am 30. Dezember kam eines der wenigen Geleite in Sicht. Es wurde von einem Zerstörer gesichert. Im Unterwasserangriff drehte U 617 ein. Hell pinkten die auftreffenden Ortungsstrahlen der Asdic-Geräte. Doch Brandi schaffte es, die Sicherung zu unterlaufen. Das Sehrohr zu kurzen Rundblicken und zur Korrektur der Schußwerte heraustippend, wurden die vier Bugtorpedos eingestellt. Sorgsam suchte sich der Kommandant die Frachter aus. Dann kam der Befehl zum Schuß, und die vier gezielten Einzelschüsse verließen die Rohre.

Dreimal hämmerten die Druckwellen der Torpedodetonationen gegen das Boot.

„Zerstörerschrauben in stehender Peilung!"

U 617 ging auf Tiefe und drehte mit Hartruder weg. Die E-Maschinen brummten mit AK, und dann begann das Wabo-Bombardement. Beschädigt gelang es U 617, sich nach mehrstündiger Verfolgung wegzustehlen. Sofort nach dem Auftauchen wurden die Schäden, soweit mit Bordmitteln möglich, behoben; doch es zeigte sich, daß nicht alle repariert werden konnte. Das Boot kehrte nach Toulon zurück.

In Toulon wurde das Boot geflickt und Torpedos nachgeladen. U 617 marschierte nun ins östliche Mittelmeer zum Stützpunkt Salamis. Von hier

---

* Versenkung nicht bestätigt.

aus lief das Boot zur nächsten Feindfahrt aus und kehrte schon wenige
Tage später erfolgreich zurück.

Unmittelbar vor der deutschen Minensperre von Salamis sichtete die
Brückenwache beim zweiten Auslaufen ein feindliches U-Boot. Mit allen
Mitteln versuchten beide Kommandanten zum Schuß zu kommen. Drei
Stunden lang umlauerten sich die beiden stählernen Haie. Eine einzige falsche Entscheidung konnte U 617 vor die Rohre des Gegners bringen.
Brandi brach das Duell ab und ging auf große Tiefe, um den Weitermarsch
fortzusetzen. Beim Tieftauchen stellte sich heraus, daß eines der beschädigten Geräte nicht hundertprozentig instand gesetzt worden war. U 617
kehrte zum Stützpunkt zurück.

Für diesen Kommandanten gab es nichts anderes. Wenn er auslief, dann
mußte er sich felsenfest auf sein Boot verlassen können. Vabanque wurde
nicht gespielt.

Am 10. Januar 1943 lief das Boot erneut aus.

Zwei Tage darauf sichtete U 617 einen Kreuzer und versuchte, ihn anzugreifen. Er entkam mit AK. Am 14. Januar entging dem Boot ein großer
Dampfer, der von fünf Zerstörern begleitet wurde. In der Morgenfrühe des
15. Januar hieß es wieder: „Auf Gefechtsstationen!"

Wenig später ließ der L.I. fluten und U 617 tauchte. Brandi kam aus seiner Kammer herausgestürzt.

„Was ist los, Niester!" fragte er seinen I.W.O., der den Befehl gegeben hatte.

„Schatten, Herr Kaleunt! Zerstörer, von achtern auflaufend!"

"Schraubengeräusche von achtern. Schnell näher kommend!" meldete im gleichen Augenblick der Horchraum. „Auswandernd!" kam eine Minute später die Korrektur.

„Auf Sehrohrtiefe gehen!"

Oberleutnant (Ing.) Klemz pendelte das Boot auf Sehrohrtiefe ein und meldete. Auf das „Aus!" des Kommandanten hin ließ der Zentralemaat den Motor des Luftzielsehrohrs schnurren. Brandi konnte den Zerstörer nicht mehr entdecken. Dafür erkannte er in der Morgendämmerung drei Dampfer mit drei Bewachern in Dwarslinie.

„Ein!"

Brandi enterte auf, ließ sich in den Sattelsitz des Angriffs-Sehrohrs fallen und gab die Schußwerte durch. Bootsmann Stork, die Nummer Eins, gab die Schußunterlagen in den Torpedorechner. Die vier Bugtorpedos wurden zum Schuß vorbereitet. Die Mixer im Bugraum stellten die einzelnen Werte ein und meldeten klar.

„Wir schießen auf den mittleren Frachter! Hat schätzungsweise 4000 BRT; die beiden äußeren haben ebenfalls über 2000 Tonnen. Einzelschuß aus Rohr I – lllos!"

Der zweite Schuß verließ das Rohr; der dritte und vierte folgten. Vier Torpedos liefen auf die vorgesehenen Ziele los. Die Nummer Eins drückte den Knopf der Stoppuhr ein, und aus dem Bugraum kam die Meldung, daß alle Torpedos raus seien. Drei Aale waren auf Frachter, der vierte auf eine Korvette losgemacht.

Drei Torpedodetonationen kurz hintereinander zeigten an, daß mindestens drei Torpedos getroffen hatten.

„Sehrohr aus!"

Brandi sah, daß der große Frachter in der Mitte und der an Backbord laufende getroffen waren. Von den übrigen Dampfern war nichts zu sehen. Aber einer oder die Korvette mußte der dritten Detonation zufolge ebenfalls getroffen sein*. Die übrigen Bewacher warfen Wabos und zwangen U 617, auf Tiefe zu gehen und abzulaufen.

Die Männer im Bugraum luden die Rohre nach. Zwei Stunden später wurden abermals Schraubengeräusche gemeldet. Durch das vorsichtig ausgefahrene Sehrohr erkannte der Kommandant einen Konvoi von vier Dampfern, den vier Korvetten sicherten.

In einem kühnen Anlauf stieß U 617 durch die Sicherung hindurch. Drei Einzelschüsse verließen die Rohre, und alle drei Torpedos – gingen vorbei.

---

* Die Versenkungserfolge auf dieser Feindfahrt konnten nicht genau ermittelt werden. Ein Viertausendtonner war nach eigenem Augenschein gesunken. Hinzu kamen die »Annitsa«, und die »Harbor Jensen«. Ein weiterer getroffener Dampfer wurde eingeschleppt.

Während Brandi am Sehrohr den Konvoi entschwinden sah, lief deutlich sichtbar, keine 100 Meter vom Boot entfernt, eine Korvette vorbei. Brandi konnte sogar die Nummer 233 ablesen.

U 617 lief ab, um die Rohre noch einmal nachzuladen. Zum Durchlüften ging es gegen Mittag an die Oberfläche; dann lief das Boot unter Wasser weiter, um erst nach Einbruch der Dunkelheit wieder aufzutauchen.

Wind und See gingen jetzt mit Stärken 4 bis 5. Die Nacht und der folgende Tag brachten keine Sichtmeldungen. Am Morgen des 17. Januar wurden zwei Frachter – von drei Korvetten geleitet – gesichtet. Sie kamen anscheinend von Malta.

Abermals verließen vier gezielte Einzelschüsse die Rohre. Viermal stiegen Torpedodetonationen in die Höhe. Zwei Frachter sanken schnell. Das Sinken der beiden Korvetten konnte nicht beobachtet werden, wiel das Boot vor der in Lage Null anlaufenden dritten Korvette tauchen mußte.

Wabos detonierten, doch sie lagen weit vom Boot ab und verursachten keine Schäden. Mit Einbruch der Dämmerung konnte U 617 auftauchen. Mehrfach wurde das Boot anschließend wieder unter Wasser gedrückt. Erst als es um 22.08 Uhr zum siebentenmal wieder an die Oberfläche kam, blieb es ruhig. Ein FT-Spruch über die Versenkungserfolge dieser dritten Ausfahrt ging an den FdU-Mittelmeer:

„1. Aus Geleit von 3 Dampfern und 3 Bewachern 1 kleinen und 1 mittleren Dampfer versenkt. 2. Geleit von Malta, 1 normal, 1 großer Frachter, 3 Bewacher. Beide Dampfer versenkt. Treffer auf Bewacher. 3. 1 Heckaal, gehe La Spezia. Brandi."

Unmittelbar darauf wurde U 617 direkt angeflogen und zum Tauchen gezwungen. Kurz nach Mitternacht konnte die Antwort des FdU, Admiral Kreisch, abgehört werden:

„Bravo, Brandi!"

Am 21. Januar 1943 wurde dem Kommandanten das Ritterkreuz des Eisernen Kreuzes verliehen.

Nur wenige Tage blieb U 617 im Stützpunkt, dann lief das Boot wieder aus. Es marschierte an Kreta vorbei in Richtung Tobruk auf die afrikanische Küste zu. Unterwegs wurde eine Kriegsschiffs-Gruppe angegriffen und ein Zerstörer torpediert.

Am 1. Februar 1943 sichtete der Bootsmannsmaat der Wache ein einzeln fahrendes Kriegsschiff. U 617 lief zum Angriff an. Nach einem Zweierfächer, der den englischen Minenkreuzer »Welshman« mittschiffs und achtern traf, und nach Detonation der auf seinem Heck stehenden Minen sank der Kreuzer, völlig auseinandergerissen auf 32.12 Grad Nord/24.52 Grad Ost.

Damit hatte U 617 eines der wichtigsten Schiffe des Mittelmeer-Raumes versenkt. Captain Roskill schrieb über diesen Minenkreuzer in seinem Werk „Royal Navy":

„Wenn man einige wenige Schiffe aller Klassen nennen soll, die mithalfen Malta zu retten, so muß die Wahl auf die »Wasp« der US-Navy, das Nachschubschiff »Breconshire« und den schnellen Minenleger »Welshman« der Royal Navy fallen."

Am 5. 2. gelang es U 617 noch, die »Henrik« und die »Corona« zu versenken.

Weitere Feindfahrten führten U 617 wieder in das westliche Mittelmeer. Einige Zerstörer und Handelsschiffe fielen den Torpedos des Bootes zum Opfer. Der britische Kreuzer »Uganda« wurde torpediert.

Am 11. April 1943 erhielt Kapitänleutnant Brandi das Eichenlaub zum Ritterkreuz. Er selbst sagt über diese hohe Auszeichnung:

„Sie ist nicht durch eine Vielzahl von großen Erfolgen zu erklären, sondern nur dadurch zu verstehen, daß die U-Boots-Fahrt ab Mai 1943 die schlechteste Zeit hatte und daß selbst geringe Versenkungserfolge in diesem Zeitraume schwerer wogen als vorher, weil sie das Vertrauen der U-Boots-Fahrer in ihre Waffe stärkten."

Der Einsatz im westlichen Mittelmeer wurde jetzt besonders erschwert durch die vom Gegner aufgebaute lückenlose Kette von fest stationierten Radar-Beobachtungsstellen an der nordafrikanischen Küste.

Zwischen dem Auftauchen eines U-Bootes, dem Erfassen durch die Landstellen, der Alarmierung von Flugzeugen und Zerstörern und dem Eintreffen des Gegners im Operationsgebiet des U-Bootes vergingen nur 30 Minuten. Diese kurze Zeitspanne jedoch genügte Brandi, um aufzutauchen, die Aufladung der Batterien und die Durchlüftung des Bootes durchzuführen und wieder wegzutauchen, bevor der Gegner erschien. Der Kommandant von U 617 sagt über den Mittelmeer-Einsatz unter diesen Gesichtspunkten:

„Es ist für mich sicher, daß uns bei scharfem Einsatz aller alliierten Kräfte in Ortung, Überwachung und schnellem Einsatz von Flugzeugen und Zerstörern der U-Boots-Einsatz im Mittelmeer unmöglich gemacht worden wäre. Aber ich konnte immer mit den menschlichen Unzulänglichkeiten des Gegners rechnen und sie mit einkalkulieren. Ich kam immer zu anderen Zeiten hoch, damit sich diese Ortungsstellen nicht auf einen festen Turnus einstellen konnten. Und so konnte ich weiter angreifen.

Es wäre dem Gegner ein leichtes gewesen, immer einige Maschinen in der Luft zu haben und ihnen über Funk ständig die Standorte der gesichteten U-Boote mitzuteilen, so daß sie binnen weniger Minuten zur Stelle hätten sein können. Das hätte ein Aufladen und damit den U-Boots-Einsatz überhaupt unmöglich gemacht."

U 617 lief in kurzen Abständen immer wieder aus. Die Liste der versenkten Frachter wurde zwar nicht größer. Zerstörer und Kreuzer jedoch sanken oder wurden torpediert*.

---

* Noch heute sind nicht alle Treffer eindeutig geklärt, weil der Gegner darüber schwieg und die alliierten Quellen teilweise unzugänglich sind.

„Brandi, zwei britische Flugzeugträger, drei Kreuzer und 20 Geleitfahrzeuge stehen im westlichen Mittelmeer, nahe Gibraltar, und halten dort Übungen ab. Unsere Agenten und der B-Dienst haben übereinstimmend das gleiche gemeldet. Sehen Sie, hier!"

Admiral Kreisch hatte den Kommandanten von U 617 zu sich rufen lassen. Die beiden Männer traten an die Karte, und der FdU-Mittelmeer deutete auf die Punkte, an denen die Feindverbände gesichtet worden waren.

Am 29. August lief U 617 zu seiner letzten Feindfahrt aus. Das Boot erreichte den starken Sicherungsring, den die Geleitfahrzeuge um ihre großen Schiffe geschlossen hatten, und unterlief ihn. Mit Schleichfahrt lief U 617 an den Kampfverband heran.

Brandi war entschlossen, sich das größte Schiff herauszupicken. Ein Flugzeugträger wanderte ins Visier. Unmittelbar vor dem Schuß aber zackte der Träger ab.

Stundenlang lief U 617 – ständig in unmittelbarer Nähe der Geleitfahrzeuge und damit der tödlichen Bedrohung – zu immer neuen Angriffen an. Mehrfach wurde das Boot von Geleitfahrzeugen überlaufen und mußte auf größere Tiefe gehen. Brandi sah die »Illustrious« und die »Formidable« und versuchte, sie vor die Rohre zu bekommen.

Doch auch am zweiten und dritten Tage schaffte er es nicht. Unter ungeheurer Nervenanspannung hielt die Besatzung durch. Dann war das Geleit plötzlich verschwunden. Nur die Zerstörer waren noch da. Brandi ließ sein Boot auf sie andrehen, um wenigstens auf sie noch zum Schuß zu kommen.

Sorgfältig fuhr er seinen Angriff. Vier Torpedos verließen die Rohre, je zwei auf einen Zerstörer geschossen. Alle vier Aale fanden ihr Ziel und rissen die Zerstörer förmlich auseinander.

Eine gnadenlose Wabojagd setzte an diesem 11. September 1943 ein. Mit AK ablaufend, versuchte der Kommandant, sein Boot unter die nordafrikanische Küste zu bringen. Es gelang ihm, dem Pulk der wabowerfenden Verfolger zu entkommen.

Eine Stunde nach Mitternacht tauchte U 617 auf. Noch immer wummerten in der Ferne Wabodetonationen. Die Wache hatte Obersteuermann Jalke übernommen. Der Kommandant ging hinunter zum Ortungsgerät.

Wenig später wurde das Boot von einem Flugzeug – im Mondschein, ohne Ortung – direkt angeflogen und mit drei Bomben belegt. Zwei Bomben detonierten nahe beim Boot, und die dritte krachte zwanzig Meter unter dem Kiel auseinander. Die Brückenwache schoß die Maschine mit den Fla-Waffen ab.

Ein Diesel war ausgefallen. Schadensmeldungen liefen von allen Stationen ein. Die elektrische Ruderanlage versagte. Der Rudergänger mußte von nun an das Handruder bedienen.

Mit dem zweiten Diesel ließ Brandi, der auf die Brücke gestürzt war, das Boot in Richtung Melilla, Spanisch-Marokko, laufen. Er wollte versuchen, dort das Boot direkt an die Felsen zu legen und die Schäden zu beheben.

Da die Batterien im Boot zu gasen begannen, mußte die Besatzung an Oberdeck kommen. Nur die Männer, die auf den Stationen dringend benötigt wurden, blieben mit angelegten Tauchrettern im Boot.

Weitere Flugzeuge griffen an. Das Boot versuchte durch Zickzack-Kurse zu entkommen, und die Besatzung an Deck lief ständig um den Turm herum nach Feuerlee, sobald die Maschinen zu kurven begannen.

Dennoch erreichte U 617 eine Stunde vor Tagesanbruch die afrikanische Küste. Hier brummte das mit halber Fahrt und 400 Meter Abstand von der Küste nach Osten laufende Boot auf einen Unterwasserfelsen auf und saß trotz aller Bemühungen fest. Brandi beschloß, das Boot zu sprengen. Doch mit den Sprengpatronen würden sie es nicht von dem Felsen herunterbekommen.

Der I.W.O., Oberleutnant Gautier, machte den Vorschlag, U 617 mit einem Torpedo zu sprengen. Hierzu mußte ein Mann an Bord bleiben, während die Besatzung vorher mit dem Schlauchboot an Land geschickt wurde.

Der Kommandant blieb auf dem Boot. Nur der I.W.O. und die seemännische Nummer Eins ließen sich nicht abweisen. Sie wollten bei ihrem Kommandanten bleiben.

Gemeinsam schlugen sie die Sprengpäckchen an und machten den im Heckrohr liegenden Torpedo mit einer Sprengpatrone scharf.

Die drei Männer standen in Deckung vor der Brücke und warteten auf die Detonation der gezündeten Ladungen. Die Torpedodetonation, in der die kleinen Sprengladungsdetonationen untergingen, schien U 617 aus dem Wasser herauszuheben. Eine Flammensäule stieg aus dem Heck in die Höhe. Heckteile flatterten empor.

Brandi fühlte sich, als schlage ihm jemand mit einem schweren Hammer in den Magen, dann neigte sich das Boot tiefer. Die drei Männer glitten ins Wasser und schwammen auf die Küste zu. Als sich Brandi noch einmal umsah, erkannte er, daß der Bug des Bootes noch immer aus dem Wasser herausragte. Es war also nicht ganz von dem Felsen heruntergekommen.

An Land wurden die Geheim-Unterlagen verbrannt. Dann kam der auf den Uferfelsen postierte Ausguck von den Klippen herunter und meldete, daß der Gegner im Anmarsch sei. Die Männer eilten hinzu und sahen, wie Flugzeuge und zwei Zerstörer, gefolgt von einer Korvette, anliefen und Feuer auf den U-Boots-Bug eröffneten.

Dem Zerstörer »Hyazinth« wurde die „Versenkung" von U 617 zugeschrieben, das am 12. September 1943 von der Besatzung selbst gesprengt worden war.

In Melilla wurde die Besatzung von U 617 durch spanisch-marokkanische Truppen interniert. In Spanien brach Brandi in Cadiz aus. Der deutsche Marine-Attaché hatte ihn mit einem Paß versorgt, der auf den Namen Albert Bergmann lautete. Er sagte ihm auch, daß der Secret Service nach ihm fahnde, um ihn „an Land zu ziehen".

Mehrere Tage hielt Brandi sich in Madrid versteckt. In einem Zivilauto fuhr er nach Irun. Von dort ging es – unter der Diplomatenpost als besondere „Gekadosache" versteckt – nach Biarritz. Von hier aus flog er zur Berichterstattung nach Berlin zum BdU, der eben dabei war, aus Frankreich zu verlegen.

Von Kapitänleutnant Röther, der abgelöst wurde, weil er die Altersgrenze für U-Boots-Kommandanten weit überschritten hatte, übernahm Brandi im Januar 1944 U 380.

Nach einer erfolgreichen Feindfahrt im östlichen Mittelmeer, die sehr kurz verlief, weil alle Torpedos schnell verschossen waren, ging es wieder nach Toulon zurück. Hier im Stützpunkt wurde das Boot am 13. März 1944 durch US-Flieger bebombt und vernichtet.

Im April übernahm Brandi mit U 967 sein drittes Boot. Das Boot lief auf die Höhe der zwischen Marokko und Spanien liegenden Insel Albaron. Abermals begann der Kampf gegen die Übermacht der Geleitfahrzeuge. Auch mit diesem Boot erzielte Kapitänleutnant Brandi Versenkungserfolge, darunter den US-Zerstörer »Fechteler«.

Am 13. Mai 1944 wurde er mit den Schwertern zum Eichenlaub ausgezeichnet.

Als er auf der nächsten Feindfahrt von einer eitrigen Angina befallen wurde, mußte er über Funk behandelt werden. Die Grenze der Leistungsfähigkeit war auch bei Brandi erreicht. Er mußte auf Befehl sein Boot an Oberleutnant z. See Heinz Eugen Eberbach abgeben.

Albrecht Brandi nach Verleihung des Eichenlaubs.

Nach einem Genesungsurlaub wurde Brandi Einsatzleiter der U-Boote in Helsinki. Hier leitete er von seinem Flaggschiff aus den U-Boots-Kampf im Finnischen Meerbusen gegen sowjetische Kräfte. Er war inzwischen zum Korvettenkapitän befördert worden, und am 24. November 1944 wurden ihm noch für seine letzten Einsätze im Mittelmeer die Brillanten zum Ritterkreuz verliehen.

Im Dezember 1944 ging Albrecht Brandi nach Ymuiden und übernahm kurz darauf die Marine-Kleinkampfverbände. Dies war für ihn besonders schwierig und kostete große Einfühlungsgabe und alles Verständnis, da er damit direkter Vorgesetzter seines ehemaligen Kommandanten auf M 1, Bartels, wurde, der die „Biber"-Flottille führte. Durch die vorzeitige Beförderung zum Fregattenkapitän hatte Brandi seinen alten Vorgesetzten überflügelt.

Korvettenkapitän Bartels war an der Konstruktion des „Biber" beteiligt, und es fiel ganz besonders schwer, ihm klarzumachen, daß diese nur ungenügend erprobten Fahrzeuge auch für die eigenen Besatzungen zu einer drohenden Gefahr wurden.

Da waren die „Seehunde" schon bessere Boote. Sie wurden aus vorhandenen und erprobten Einzelteilen anderer U-Boote und Panzer zusammengesetzt, und diese „handgestrickten" Boote fuhren manchen guten Einsatz.

Besondere Freude bereitete es dem Fregattenkapitän, den „Seehund" KU 330 (Kommandant Leutnant Sparbrodt, L.I. Maschinenmaat Janke) willkommen zu heißen und den beiden Männern zur Vernichtung des Zerstörers »La Combattante« gratulieren zu können. Ihnen wurde das Deutsche Kreuz in Gold verliehen.

Als gegen Kriegsende die „Festung Dünkirchen" völlig eingeschlossen war, ließ Fregattenkapitän Brandi drei „Seehunde" mit „Butter-Torpedos" nach Dünkirchen laufen. Oberleutnant Kuppler, Leutnant Sparbrodt und Obersteuermann Fröhnert brachten mit ihren L.Is. die Boote mit 4,5 Tonnen Speisefett glücklich in die Stadt. Auf dem Rückmarsch transportierten die „Seehunde" 13 000 Briefe aus der eingeschlossenen Festung: einzige und für lange Zeit letzte Nachricht für Tausende von Vätern, Müttern und Frauen, daß ihre Angehörigen lebten und daß sie hoffen konnten.

Mit 3000 vollausgerüsteten Männern des Kleinkampfverbandes erlebte Brandi das Kriegsende. Seine schwerste Aufgabe begann.

Brandi wollte diesen Freiwilligen in der Stunde tiefster Verzweiflung den Glauben an das Gute und an die Heimat erhalten. Brandi verstand es, seinen Männern die entehrenden Maßnahmen des Gegners zu ersparen.

Die Freiwilligen des Kleinkampf-Verbandes sollten in Ymuiden ihre Waffen auf einen Haufen werfen und an einer auf den Ruinen flatternden englischen Flagge vorbeimarschieren. Durch einen Unterhändler ließ Fregattenkaptän Brandi den Gegner jedoch wissen, daß seine Truppe die Gewehre gut geölt in einer Turnhalle niederlegen und dort aufbewahren werde.

In tadelloser Ordnung marschierte die „Marine-Division Brandi" dann durch die Trümmer. Es gab bei ihnen keine zügellosen, herumstreunenden Haufen. Hier war das Vertrauen der Männer in ihre Führung erhalten geblieben. Und so konnten die 3000 Männer in ihren Unterkünften bleiben.

Über 100 000 deutsche Soldaten schleuste Brandi durch sein Lager zur Entlassung. Dann fuhren sie auf den eigenen Lkws nach Deutschlands. Auch hier blieben sie nicht untätig. Brandi teilte die Männer zur Arbeit bei den Bauern ein, und so konnten sie auch voll verpflegt werden.

Als sich die ehemaligen Gegner, ein kanadischer General und Fregattenkapitän Brandi, zum letztenmal trafen, sprach der Kanadier deutsch. Die gegenseitige Hochachtung hatte sich von Tag zu Tag mehr gefestigt.

Als letzter ließ sich Brandi in die englische Zone entlassen. Bis zuletzt sorgte er für die ihm anvertrauten Männer. Dann erst begann er – trotz der Schikanen und Behinderungen deutscher Stellen – eine eigene Existenz aufzubauen.

Albrecht Brandi absolvierte zunächst eine Maurerlehre, um seinen Berufswunsch Architekt von der Pike auf zu „studieren", bevor er seine Examen auf der Technischen Hochschule ablegte. Und so half er auch am Aufbau seiner Heimat, der er in fast sechs Kriegsjahren gedient hatte.

Albrecht Brandi
Letzter Dienstgrad Fregattenkapitän
Kommandant von U 617, U 380 und U 967
Einsätze im Nordatlantik und im Mittelmeer
Ritterkreuz am 21. 1. 1943
224. Eichenlaub am 11. 4. 1943
66. Schwerter am 9. 5. 1944
22. Brillanten am 24. 11. 1944

Versenkungserfolge von U 617, U 380 und U 967 unter Fregattenkapitän Brandi

07.09.42	21.57	faDf	»Thor II«	292	62.30 N/18.30 W
23.09.42	00.19	brMT	»Athelsultan«	8.882	58.42 N/33.38 W
23.09.42	01.42	brD	»Tennessee«	2.342	58.40 N/33.41 W
23.09.42	13.58	beD	»Roumanie«	3.563	58.10 N/28.20 W
28.12.42	02.00	brDt	»St. Issey«	810	32.37 N/22.22 E
28.12.42	06.54	brDD	– – – nicht bestätigt	– – –	in die Luft geflogen
13.01.43	06.40	– – –	– – – nicht bestätigt	4.000	gesunken
15.01.43	10.31	grD	»Annitsa«	4.324	33.02 N/21.58 E
15.01.43	10.31	nwM	»Harbor Jensen«	1.862	33.04 N/21.50 E
01.02.43	17.45	brCM	»Welshman«	2.650	32.12 N/24.52 E
05.02.43	08.08	nwD	»Henrik«	1.350	32.11 N/24.46 E
05.02.43	08.08	nwD	»Corona«	3.264	32.11 N/24.46 E
10.04.43	14.00	brCL	»Uganda-Klasse« nicht bestätigt	8.000	torpediert
10.04.43	24.00	brDD	»Tribal-Klasse« nicht bestätigt	1.870	torpediert
13.04.43	07.10	brDD	– – – nicht bestätigt	– – –	torpediert
13.04.43	07.10	brD	»Orcades-Klasse« nicht bestätigt	23.500	torpediert
26.06.43	– – –	brDD	»H-Klasse« nicht bestätigt	1.350	versenkt
06.09.43	abds.	brDE	»Puckeridge«	1.050	40 m E Gibraltar
11.09.43	– – –	brDD	– – – nicht bestätigt	– – –	torpediert
11.09.43	– – –	– – –	– – – nicht bestätigt	– – –	torpediert
05.05.44	04.41	amDE	»Fechteler«	1.300	36.07 N/02.40 W

Gesamterfolge:
12 Schiffe mit 27.909 NRT versenkt; darunter Minenkreuzer »Welshman« und zwei Zerstörer
7 Schiffe mit 33.370 BRT torpediert
Eine Reihe weiterer Treffer sind ungeklärt

Fregattenkapitän
Erich Topp

Der Heringslogger rollte und stampfte in der groben Wintersee des Jahres 1945/46. Die Männer waren dabei, die Netze einzuholen. Unter ihnen auch Erich Topp. Zu 18 Feindfahrten war Topp während des Zweiten Weltkrieges zuerst als Wachoffizier, dann als Kommandant von U 57, U 552 und U 2513 ausgelaufen. Als Verfemte kamen die Männer zurück, die mit jeder Feindfahrt aufs neue ihr Leben für die Heimat aufs Spiel gesetzt hatten. Wer sprach 1945 vom Dank des Vaterlandes, wo nicht einmal das Vaterland selbst übriggeblieben war. Nun, der ehemalige U-Boots-Kommandant ging an die Arbeit. Zunächst als Matrose bei der Heringsfischerei.

Am 2. Juli 1914 wurde Erich Topp in Hannover geboren. Bis zur Obertertia besuchte er die Oberrealschule in Hannover und anschließend die in Celle. Am 1. April 1934 trat er als Seeoffiziersanwärter in die Reichsmarine ein und durchlief bis zum 31. Juli die Grundausbildung auf dem Dänholm bei Stralsund. Hier lernte Erich Topp auch Engelbert Endrass kennen, den Bayern, der sein Freund wurde im besten und tiefsten Sinne des Wortes. Die obligatorische Reise auf der »Gorch Fock« folgte, und am 1. November trat Topp die Auslandsreise auf dem Kreuzer »Karlsruhe« an, die bis zum 31. Juli 1935 dauerte.

Nach bestandenem Abschlußexamen auf der Marineschule in Flensburg-Mürwik wurde er Leutnant z. See. Die üblichen Waffenkurse folgten, ehe er ein Bordkommando als Adjutant auf dem Kreuzer »Karlsruhe« erhielt.

1938 wurde Topp Ausbildungsoffizier auf der MLA in Friedrichsort. Von hier aus meldete er sich zur U-Boots-Waffe und durchlief die diversen Lehrgänge, ehe er als Oberleutnant z. See Wachoffizier auf U 46 unter Kapitänleutnant Herbert Sohler wurde.

Mit diesem Boot erlebte Topp vier Feindfahrten. Bei der vierten im Zuge des Norwegen-Unternehmens blieb auch U 46 erfolglos. Das Boot trat am 17. April den Rückmarsch an.

Im Juni 1940 übernahm Topp U 57, ein Boot des Typs II C. Am Turm des Bootes waren als Wappen schon vom früheren Kommandanten Korth her zwei tanzende rote Teufel mit schwingenden Fackeln angemalt. Dieses Zeichen sollte unter Topp zu einem Begriff unter den U-Boots-Fahrern werden.

U 57 sollte an einem Freitag auslaufen. Aber unter Seeleuten war man da sehr vorsichtig – man sollte nicht an einem Freitag in See gehen. Noch dazu an einem Dreizehnten! So lief das Boot schon am Donnertag offiziell aus und wurde feierlich verabschiedet. Die Fahrt ging allerdings nur bis zur anderen Seite des Hafenbeckens. Dort rüstete U 57 fertig aus und lief am anderen Tag nicht „aus", sondern nur „weiter".

Es schien fast, als hätte dieser Trick nichts genützt: Unterwegs schurrte eine Mine am Bootskörper vorbei! Doch sie detonierte nicht.

Das Boot lief zur Treibstoffergänzung nach Bergen, um so lange wie möglich draußen bleiben zu können. Als U 57 den Korsfjord verließ, wurde es von einem englischen U-Boot angegriffen. Ein Mann der Brückenwache sichtete die Torpedolaufbahn, und mit Hartruderlegen entging U 57 der Vernichtung. Der Versuch, den Gegner zu stellen, mußte nach dem Ausfall des Horchgerätes aufgegeben werden. Das Boot setzte den Weitermarsch fort. Operationsgebiet war der Seeraum nördlich des Minch, zwischen den Hebriden und Schottland, direkt vor der Haustür des Gegners.

Innerhalb von fünf Tagen verschoß U 57 alle sechs Torpedos. Zwei Schiffe, darunter ein Munitionsdampfer, wurden versenkt*. U 57 lief nach Bergen zurück, um neu auszurüsten.

Wenige Tage später lief das Boot von Bergen zur zweiten Feindfahrt aus. Als zwischen den Hebriden und Schottland, also wieder im Minch, ein Konvoi gesichtet wurde, griff Topp an. Er blieb erfolglos.

U 57 lief zum Nordkanal weiter, wo es gelang, einen 5000-Tonner nach drei vergeblichen Anläufen zu versenken, ehe das Boot mit Alarmtauchen vor einer Maschine des Coastal Command in den Keller mußte. Die Bombe, die dicht neben dem Boot in die See schlug, war zum Glück ein Blindgänger. Durch FT wurde U 57 zur Ergänzung nach Lorient befohlen.

Auf dem Marsch dorthin wurde das Boot erneut von einem Flugzeug angegriffen. Aus Bordkanonen feuernd und eine schwere Bombe werfend,

---

* Bei den Schiffen handelte es sich um die »O. A. Brodin« mit 1960 BRT und um den 8652 BRT großen britischen Munitionsdampfer »Manipur«.

versuchte die Feindmaschine, U 57 zu vernichten. Abermals war die geworfene Bombe ein Blindgänger. Mit 15 Einschüssen im Turm und in der Außenhaut legte U 57 in Lorient an. Niemand von der fünfundzwanzigköpfigen Besatzung war verletzt worden.

Nach kurzer Neuausrüstung lief U 57 Anfang August zur dritten Feindfahrt aus. Das winzige Boot klotzte gegen die grobe See an, die mit Stärke 7 bis 8 lief. Abermals fiel das Gruppenhorchgerät aus. Am 3. 8. wurde die »Atos« gestellt und versenkt.

Elf Tage nach dem Auslaufen kam ein großer Dampfer in Sicht. Im Tagesunterwasserangriff versuchte U 57 zum Schuß zu kommen. Aber das Boot war bei der hochgehenden See nicht auf Sehrohrtiefe zu halten. Alles Manövrieren half nichts. Die »Ceramic« entkam*.

Als am dreizehnten Seetag ein Flugzeug aus den Wolken herausstieß und Bomben warf, riß ein Dieselfundament. Instrumente wurden zerstört und die Nockenwelle brach. Mit Alarmtauchen ging U 57 in die Tiefe. Oberleutnant Topp ließ das Boot auf Grund legen.

Nach einer Besprechung entschied er, die Fahrt trotz der nicht zu behebenden Schäden fortzusetzen. U 57 lief in den Nordkanal.

Wenige Stunden darauf traf es auf einen Konvoi. Im ersten Anlauf machte Oberleutnant Topp zwei gezielte Einzelschüsse los. Noch während er das dritte Ziel auffaßte, drehten zwei Geleitzerstörer auf das Boot zu. Im gleichen Augenblick krachten dicht hintereinander die Torpedotreffer.

Dann fiel der dritte Schuß. Unmittelbar darauf baute Leutnant Reichenbach, der hinter der UZO gestanden hatte, das Zielgerät ab und reichte es durch das Luk ins Boot.

„Alarrrm! Schnelltauchen!"

Als Topp sich ins Boot schwang, brandete die Detonation des dritten Torpedos zu ihm herüber. Das Boot kippte an, dann kam die Meldung:

„Wassereinbbruch Bugraum!"

Mit hartem Ruck setzte U 57 bei 45 Meter Wassertiefe auf dem Grund auf. „Vorn anblasen!"

"Wassereinbruch gestoppt! Umsteuerventil war nicht geschlossen!" kam die zweite Meldung durch.

„Da sind sie, Herr Oberleutnant!"

Deutlich waren die Schraubengeräusche der anlaufenden Zerstörer zu vernehmen.

„Alle Maschinen aus!"

Das Surren der Lenzpumpen verstummte. Alle Hilfsmaschinen schwiegen. Das Wabobombardement begann. Während ringsum die See schäumte, mühten sich die Männer im Boot, das vorn eingedrungene Wasser mittels Pützen* auf alle Abteilungen gleichmäßig zu verteilen.

---

* Sie wurde zwei Jahre später von U 515 unter Werner Henke versenkt.
** Seemännischer Ausdruck für Eimer.

Otto Ites kämpfte mit U 94 mehrfach am selben Geleitzug wie Topp.

Die ganze Nacht hindurch wurde das Boot mit Wabos beharkt. Schadensmeldungen trafen aus allen Abteilungen ein. Mit jeder neuen Meldung wurde die Gefahr für das Boot größer.

„Alles auf Ruhestationen!" befahl der Kommandant. „Es geht Grundwache! Durch Kalipatronen atmen!"

Mit Leutnant z. See Reichenbach saß Topp in der Zentrale. Die Nummer Eins, Obersteuermann Säck, schrieb die geworfenen Wabos auf. Die Nacht verging langsam. Den ganzen Morgen hindurch setzten die Zerstörer das Wabobombardement fort. Es wurde Mittag. Plötzlich strich etwas kratzend von vorn nach achtern über das Boot. Es war die Suchtrosse eines Zerstörers. Zum Glück blieben die Ölbunker heil, so daß der Gegner nicht genau wußte, wo das Boot lag.

Erst um 23.56 Uhr konnte U 57 wieder auftauchen. Achteraus vom Boot erkannte der auf den Turm stürzende Kommandant einen gestoppt liegenden Zerstörer. Mit kleiner E-Fahrt schlich das Boot fort. Topp versuchte, mit Nordwestkurs aus dem Nordkanal herauszukommen.

In den frühen Morgenstunden wurden die beiden Oberdecktorpedos umgeladen. Der Kalender zeigte den 23. August 1940. Noch am gleichen Morgen wurde ein Konvoi gesichtet. Mit Alarmtauchen ging es auf Sehrohrtiefe, und mit „Beide E-Maschinen AK" gelang es dem Boot, auf einen großen Tanker und einen Dampfer zum Schuß zu kommen.

Der Zweierfächer traf die »Cumberland« (10 939 BRT). Auf 55.43 Grad Nord/08.10 Grad West begann der Riesentanker über alles zu brennen. Detonationen hallten zu U 57 herüber. Dann ging die »Cumberland« in die Tiefe. Von den beiden beschossenen Dampfern sank die »Saint Dunstan«, während die 5407 BRT große »Havildar« zwar getroffen wurde, aber eingeschleppt werden konnte. Damit hatte der OB 202 allein durch U 57 empfindliche Verluste hinnehmen müssen*.

Am nächsten Abend kam das Boot noch auf den britischen Motortanker »Pecten« zum Schuß. Ein Zweierfächer ließ das 7468 BRT-Schiff sinken.

Eine schwere Waboverfolgung setzte ein. Oberleutnant Topp lief ab und legte sein Boot auf den Grund. Bei einem vor der englischen Küste veranstalteten Festessen kündigte der Kommandant der Besatzung den Rückmarsch an.

Täglich mehrmals in den Keller gejagt, mit einer nach dem Bruch der letzten Dieselkupplung umgebauten Rückwärtskupplung hinkte das Boot heimwärts. Dann stand es endlich vor der Schleuse Brunsbüttel. Sie hatten es geschafft. So schien es jedenfalls.

Doch im gleichen Augenblick, als U 57 in die Schleuse hineinwollte, glitt der norwegische Frachter »Rona« heraus. Er zeigte die rote Backbord-Positionslaterne. Auch auf U 57 wurde rot gezeigt. Alles ging glatt. Auf einmal zeigte die »Rona« mit grün-rot beide Positionslichter. Während das Heck des Norwegers noch im Stillwasser der Schleuse lag, wurde der Bug – schon im Flutstrom stehend – unvermittelt gegen U 57 gedrückt.

Oberleutnant Topp versuchte, mit „Beide AK zurück" freizukommen. Doch die »Rona« hatte das Boot schon mit aller Gewalt gerammt.

„Alle Mann aus dem Boot! Auf Frachter überspringen!" befahl der Kommandant.

Sekundenlang lag der Turm von U 57 genau gleichauf mit dem Deck der »Rona«. Männer sprangen über, andere sprangen in die See und wurden von dem mit vier Meilen laufenden Flutstrom mitgerissen. U 57 sackte wie ein Stein weg und verschwand.

Die »Rona« setzte sofort Boote aus. Stundenlang wurde in der Finsternis nach den Männern gesucht, doch sechs Besatzungsangehörige blieben verschwunden.

---

* Das Boot hatte auf dieser Feindfahrt drei Schiffe mit 24 088 BRT versenkt und eines mit 5407 BRT torpediert.

Als im Morgengrauen die gerettete Besatzung auf der Schleuse angetreten war, meldete der Wachoffizier dem Kommandanten:

„Herr Oberleutnant, Besatzung von U 57 angetreten. Bis auf sechs Mann. – – – Die Besatzung bittet darum, zusammenzubleiben und unter Ihrem Kommando weiterfahren zu dürfen!"

Stumm legte Oberleutnant Topp die Hand an die Mütze. Dann wandte er sich erschüttert ab.

Am 4. Dezember 1940 wurde U 552, ein Boot des Typs VII C, in Hamburg in Dienst gestellt. Kapitänleutnant Erich Topp hatte den BdU gebeten, die alte Besatzung von U 57 übernehmen zu dürfen, was auch zum größten Teil geschah. Nun war U 552 das „Boot der Roten Teufel" und sollte als solches berühmt werden.

Das Boot machte seine Erprobungsfahrten in der Ostsee und erzwang sich nach den in Danzig durchgeführten Restarbeiten trotz des Eisganges seinen Weg durch den Kaiser-Wilhelm-Kanal. Operationsgebiet war der Nordatlantik.

Eben im Operationsgebiet, sichtete U 552 einen Konvoi und griff nach Fühlungshaltermeldung an. Mit Obersteuermann Säck im Turm sitzend, fuhr der Kommandant einen Unterwasserangriff. Fünf gezielte Einzelschüsse ließen keine einzige Detonation folgen. Und doch mußten die Torpedos nach den Berechnungen der Männer getroffen haben. Durch Geleitfahrzeuge wurde das Boot in größere Tiefe gedrückt und abgedrängt. Es sackte nach achtern aus dem Konvoi heraus.

Wenig später erschien in der Abenddämmerung aus der Richtung des Konvois ein großes Schiff, das mit hoher Fahrt und stark zackend durch die See lief. Aus einer geschätzten Entfernung von 1500 Metern ließ Topp einen Dreierfächer schießen. Auch diese Torpedos trafen nicht. Dann erkannten die Männer auf dem U-Boots-Turm, daß sie die Entfernung falsch geschätzt hatten. Das Schiff stand mindestens 4000 Meter vom Boot entfernt. Die Falschschätzung war nicht verwunderlich. Der Dampfer war dreimal größer als anzunehmen war, und so hatte er näher geschienen. Es war der bekannte große französische Passagierdampfer »Ile de France« mit 43 000 BRT. Der letzte in den Rohren liegende Torpedo wurde hinterher gejagt in der Hoffnung, daß er treffen und das Riesenschiff zum mindesten stoppen würde. Doch auch er ging vorbei.

Kurz bevor das Boot den Rückmarsch antreten mußte, kam am 1. März 1941 wieder ein Konvoi in Sicht. Es gelang U 552, in gute Schußposition zu kommen. Topp suchte sich den „fettesten Happen" heraus, einen Tanker. Der Zweierfächer traf die »Cadillac« (12 062 BRT) und auf 59.44 Grad Nord/11.16 Grad West sank der brennende Tanker nach stundenlangem Kampf. Das Boot trat den Rückmarsch an. Auf diesem Marsch in den Stützpunkt wurde noch die 687 BRT große »Reykjaborg« mit einem Torpedo gestoppt und mit der Artillerie versenkt.

Anfang April 1941 lief U 552 abermals in das Operationsgebiet Nordkanal hinaus. Als es dort keinen Verkehr antraf, wurde es in einer Suchharke südlich Island angesetzt. Hier stellte das Boot am 27. April 1941 den Motorfrachter »Beacon Grange« (10 160 BRT) und versenkte ihn auf 62.05 Grad Nord/16.20 Grad West. Gleichzeitig damit wurde die »Commander Horten« versenkt.

Am folgenden Tage nahm das Boot eine Fühlungshaltermeldung von U 123 auf, das den Konvoi HX 221 südlich Island gesichtet hatte. Gleichzeitig mit U 96 (Lehmann-Willenbrock) griff U 552 an. Ein Dampfer von 6000 BRT sank nach einem Doppeltreffer. Es war die »Capulet«, die torpediert wurde, aber nicht sank.

Nachdem U 65 (Kapitänleutnant Hoppe) durch die britische Korvette »Gladiolus« vernichtet wurde, ging die Fühlung verloren. Erst am 30. April fand U 552 die abgesprengte »Nerissa« und versenkte sie am 1. Mai um 00.27 Uhr. Mit einer Versenkungsziffer von 20 000 BRT lief das Boot nach St. Nazaire zurück.

Im ersten Junidrittel 1941 brach U 552 zu seiner dritten Feindfahrt auf. Entgegen den Absichten des BdU hatte Kapitänleutnant Topp darum gebeten, wieder in den Nordkanal gehen zu dürfen. Der „Große Löwe" hatte zugestimmt. Es wurde eine Fahrt, die sich unvergeßlich in die Erinnerung der beteiligten Männer meißelte. In der Mittsommerzeit, bei strahlendhellen Nächten, wurde das Boot immer wieder unter Wasser gedrückt, als es vor dem Eingang des Nordkanals auf Verkehr lauerte.

Hier versenkte U 552 zwei Dampfer mit zusammen 13.453 BRT; die »Ainderby« und die »Chinese Prince«. Dann stieß das Boot auf die einzel fahrende »Norfolk« (10 948 BRT). Der Zweierfächer stoppte das große Schiff, und der Fangschuß ließ es auf 57.17 Grad Nord/11.14 Grad West schnell über das Heck absinken.

Auf dem Rückmarsch traf U 552 auf eine U-Boots-Falle, die das Boot aber ausdampfen konnte. In einem der kurzen Sommerorkane sichtete das Boot noch einen Einzelfahrer von 3000 BRT. Dieser sollte die letzten Torpedos erhalten. Wegen des starken Nordlichtes griff U 552 im Unterwasserangriff an. Der erste Aal sackte einfach weg. Der zweite lief als Kreisläufer über das eigene Boot.

Aufgetaucht sich noch einmal vorsetzend, tauchte das Boot in vorlicher Position abermals und schoß den letzten Torpedo. Der Torpedo traf, deutlich wurde der Aufschlag gehorcht, doch er detonierte nicht. Der Frachter warf Nebelbomben und verschwand hinter einer weißen Wand.

Als U 552 mit drei Versenkungswimpeln am Sehrohr in St. Nazaire einlief, wurde dem Kommandanten das ihm schon am 20. Juni verliehene Ritterkreuz überreicht.

Mit U 57 und U 552 hatte Topp bis zu diesem Zeitpunkt 83 111 BRT feindlichen Schiffsraumes versenkt und zwei Schiffe mit 13 597 BRT torpediert.

Mitte August 1941 zur vierten Feindfahrt ausgelaufen, wurde U 552 auf den Konvoi OG 71 angesetzt, an dem schon acht andere U-Boote rakten. Während das Boot sich nach Bruch einer Dieselkupplung nicht vorsetzen konnte, errangen U 201 (Schnee), U 559 (Heydtmann) und U 204 (Kell) Erfolge. Vom Turm aus konnten die Wachgänger von U 552 die Torpedodetonationen ausmachen.

In der Morgendämmerung des 20. August erreichte U 552 einen versprengten angeschossenen Dampfer. Er wurde durch Artillerie versenkt. Zwei Zerstörer, die über Funk von dem angegriffenen Dampfer herbeigerufen wurden, zwangen U 552 unter Wasser. Das Boot wurde schwer beschädigt und mußte den Rückmarsch antreten.

Die fünfte Feindfahrt ging in das Seegebiet südlich Grönland. Am 18. September 1941 wurde der Konvoi SC 44 von einem Kameradenboot gesichtet, das Fühlungshaltermeldung gab. U 552 gewann Anschluß. Als das Boot gerade zum Angriff anlaufen wollte, wurde der Schatten eines Kameradenbootes vor dem eigenen Boot gesichtet. Hinter dem Heck des anderen Bootes eindrehend, lief U 552 weiter vor. Es gelang ihm, als erstes die Geleitsicherung zu durchbrechen. Zwei gezielte Einzelschüsse trafen nicht. Abermals setzte sich U 552 vor. Die beiden letzten Bugtorpedos verließen die Rohre. Abdrehend schoß Kapitänleutnant Topp auch noch den Hecktorpedo auf einen Tanker. Der Kommandant beobachtete, wie die beiden zuerst aufgefaßten Dampfer getroffen liegenblieben und eines der nachfolgenden Schiffe auf einen getroffenen Frachter aufbrummte. Dann dröhnte die dritte Torpedodetonation beim Tanker. Zwei Schiffe sanken. Das Sinken des dritten konnte nicht mehr beobachtet werden, denn die Geleitzerstörer feuerten nach allen Seiten mit Leuchtgranaten. Hinzu kam ein strahlendes Nordlicht, das die Nacht beinahe zum Tage machte. Dennoch blieb U 552 aufgetaucht und drehte nur ab. Der Kommandant wollte die Fühlung nicht abreißen lassen.

Der panamesische Tanker »T. J. Williams« mit 8212 BRT sank. Der ebenfalls panamesische Dampfer »Pink Star« ging ebenso unter, wie die »Barbro« ein norwegischer Motortanker mit 6325 BRT.

Während im Boot alle Männer dabei waren, die leergeschossenen Rohre nachzuladen, ließ Topp U 552 auf drei Einzelfahrer anlaufen.

Der vorderste Frachter entpuppte sich als Tanker.

Das Boot kam in Schußposition. Der Zweierfächer setzte den aufgefaßten Tanker binnen weniger Sekunden in Flammen. Im Licht dieses rotglühenden Feuers und an dem Geknalle erkannte Topp, daß der dem Getroffenen zunächststehende Dampfer ein Hilfskreuzer war, der nun den Kampf gegen U 552 aufnahm.

Dicht beim Boot schlugen die Granaten ein. Dennoch blieb der Kommandant oben. Zackend versuchte er, dem Granatenhagel zu entkommen.

Als das Boot diesen gefährlichen Gegner eben abgeschüttelt hatte, tauchte ein Zerstörer auf. Auch dieser Verfolger wurde abgehängt. Dann verschwand der brennende Tanker plötzlich von der See.

U 552 verlor die Fühlung am Konvoi und wurde in den Raum der Färöer beordert. Dann erhielt es den Rückmarschbefehl nach St. Nazaire.

Die sechste Feindfahrt sollte Erich Topp gemeinsam mit Engelbert Endrass, U 576, durchführen. Beide Boote liefen in den Nordatlantik. Der B-Dienst meldete den Konvoi HX 156.

Am frühen Morgen des 31. Oktober 1941 gab U 552 Fühlungshaltermeldung. U 567 schloß heran. Noch bevor Endrass' Boot nahe heran war, beschloß Topp, eine Lücke in der Geleitsicherung ausfindig zu machen. Doch der HX 156 war sehr stark gesichert. U 552 schoß darauf einen Zweierfächer auf den amerikanischen Zerstörer »Reuben James«, der völkerrechtswidrig – die USA waren noch „neutral" – auf die U-Boote Jagd machte. Die auf dem Heck bereitliegenden Wabos gingen hoch, und innerhalb einer Minute brach der Zerstörer buchstäblich auseinander.

Vor den übrigen Zerstörern mußte U 552 ablaufen. Auch U 567 drehte ab, um nicht aufgefaßt zu werden. Als die beiden Kommandanten die Gegner abgeschüttelt hatten, liefen die Boote aufeinander zu. Sie blieben nebeneinander liegen. Winksprüche gingen von Brücke zu Brücke.

„Kommandant an Kommandant! Verfolger abgeschüttelt. Was war denn los, Erich?"

"Einen Zerstörer versenkt, Bertel!"

"So, einer ist also weg! Beruhigend! Setzen wir uns wieder vor!"

"Klar! Vorsetzen und dann im Unterwasser-Tagesangriff ran!"

Die Freunde stimmten ihre Angriffsabsichten aufeinander ab. Dann liefen sie hinter dem Konvoi her. Am Nachmittag, als beide Boote genügend vorlich standen, sah Kapitänleutnant Topp, wie U 567 plötzlich hart abdrehte, um sogleich wieder heranzudrehen. Dann erkannte er, daß Endrass wild winkend zu der vom Geleit abgewandten Seite hinüberdeutete. Herumfahrend erkannte Topp zwei Korvetten, die Endrass gesichtet hatte und auf die er den Freund aufmerksam machen wollte.

Beide Boote drehten beschleunigt ab. Während U 552, das dem Gegner am nächsten stand, tauchte, blieb U 567 oben. Der Verfolger wagte nun nicht mehr, dem obengebliebenen Boot nachzujagen, weil ihn dann unweigerlich das getauchte Boot torpediert hätte.

Wie Topp vorausgesehen hatte, so geschah es. Als er auftauchte, empfing er die Fühlungshaltermeldung des Freundes. Da der Konvoi scharf gezackt hatte, würde er allein die Fühlung verloren haben. Als dies dann bei U 567 geschah, brachte U 552 den Kameraden wieder heran.

Drei Stunden später schoß Topp fünf gezielte Einzelschüsse auf das Geleit. Einer davon wurde Kreisläufer, ein zweiter Rohrläufer. Ein Torpedo traf einen Dampfer. Es gelang, den Rohrläufer auszustoßen.

Vier Tage und Nächte rakten beide Boote am Konvoi. Ohne Schlaf, ständig durch die Sicherung abgedrängt, verfolgten sie zäh und verbissen den Gegner. Zum Schuß kamen sie nicht mehr.

Es gelang den Freunden unter Anwendung einiger Tricks auch, gleichzeitig wieder in St. Nazaire einzulaufen. Eine gefahrvolle, nervenaufreibende Jagd war zu Ende.

Da U 567 schneller von der Werft zurückkam, konnten beide Boote diesmal nicht – wie geplant – gemeinsam auslaufen. Am 18. Dezember ging U 567 in See. Als U 552 später auslief, schwieg U 567 schon seit einigen Tagen. Das Boot war am 21. Dezember 1941 im Nordatlantik, nordöstlich der Azoren, durch die Geleitsicherung des Konvois HG 76 (Fregatte »Deptford« und Korvette »Samphire«) versenkt worden. Es wurde niemand gerettet.

Als U 552 am 26. Dezember 1941 St. Nazaire verließ, war ein „Konfirmand" an Bord, dessen Name später in aller Munde sein sollte: Albrecht Brandi. Es sollte eine „leichte" Reise werden, Richtung Azoren-Südraum.

Vor Ponta del Gada wurde der Seeverkehr überwacht. U 552 drang bis in den Hafen ein, fand aber kein Fahrzeug. Am zweiten Abend ging ein Funkspruch ein, mit dem das Boot ein neues Operationsgebiet zugewiesen bekam. U 552 sollte die kanadische Küste ansteuern. Das Boot drehte auf den angegebenen Kurs. Die See wurde gröber.

Am 4. Januar 1942 fiel die Steuerbord-Dieselkupplung aus. Bei hohem Seegang wurde sie repariert. Der Wind briste auf und wehte bald mit Stärke 9. Es wurde kälter. Der Kommandant machte ein bedenkliches Gesicht, denn das Boot hatte nur für den Süden ausgerüstet und keine warmen Sachen oder Elektro-Heizkörper an Bord.

Am 9. Januar kam U 552, mit einer Maschine „Langsame Fahrt" laufend, keinen Meter gegen die grobe See voran. Als am 11. Januar – das Boot hatte inzwischen die Eiszone des Labradorstromes erreicht – die Lufttemperatur auf minus zehn Grad fiel, stand die Brückenwache im Großen Seehund auf dem wild schwankenden Turm. Peitschender Hagel riß den Männern der Wache die Haut auf. Sie hatten keine pelzgefütterten Mäntel mit, Pelzstiefel fehlten ebenfalls.

Dicke Eiszapfen hingen am Minenabweiser und der Bug hatte sich mit einer dicken Eisschicht überzogen.

„Ablösung alle Stunde! Nur immer jeweils ein Mann auf den Turm!" befahl der Kommandant.

Mit peitschendem Schlag riß die dick vereiste Antennen-Zuführung. Die Relingsbespannungen trugen schenkeldickes Eis.

„L.I. an Kommandant: Ventile setzen sich fest. Boot muß tauchen, um das Eis abzutauen!" Die Stimme von Oberleutnant (Ing.) Kiepert klang besorgt. „Auf Tauchstationen!" befahl Topp.

U 552 setzte im Unterwassermarsch seine Fahrt fort. Immer wieder mußten sie in den Keller gehen. Die Besatzung fror jämmerlich. Im Boot wurde plus ein Grad gemessen.

Dann faßten sie den ersten Gegner auf. Die »Dayrose« wurde torpediert und mit Fangschuß einige Seemeilen vor Kap Race versenkt.

Jetzt steuerte Topp St. Johns auf Neufundland an. Von hier aus liefen die Geleite nach Osten. Am Nachmittag des 16. Januar wurde ein auslaufender, von einem Zerstörer geleiteter Dampfer gesichtet, der dicht unter der Küste nach Süden lief. Ein Tanker, von drei Zerstörern gesichert, folgte. In der Nacht wurde wieder ein Dampfer gesichtet. U 552 griff an, doch drei Einzelschüsse gingen vorbei. Als der Kommandant den Dampfer nun mit dem Buggeschütz versenken wollte, war es vereist. Fluchend ließ er das Boot tauchen.

Einen Tag später mußten vier Angriffe auf den Amerikaner »Frances Salman« gefahren werden, ehe der vierte Torpedo ihn – achtern treffend – zum Sinken brachte.

Da wegen der Vereisung ein Umladen der Oberdecktorpedos nicht möglich war, erhielt U 552 den Befehl, zurückzukommen.

Auf dem Rückmarsch wurde noch ein Dampfer mit Artillerie versenkt. Eine strapazenreiche und an Erfolgen arme Feindfahrt ging zu Ende.

Als U 552 in St. Nazaire festmachte, fragte Topp den Flottillenchef, Korvettenkapitän Sohler:

„Ist Bertel noch draußen?"

Das Gesicht des Flottillenchefs wurde schmal.

„Endrass ist draußen geblieben, Topp!"

Auch Kptlt. Klaus Korth war mit U 93 an diesen Konvois im Einsatz. Hier läuft sein Boot gerade in St. Nazaire ein. An Bord die gerettete Besatzung des Deutschen Tankers »Belchen«.

Am 7. März 1942 lief U 552 zur achten Feindfahrt aus. Operationsgebiet war die Ostküste der USA, wo die ersten deutschen U-Boote große Erfolge erzielt hatten. Erich Topp machte seine 15. Feindfahrt.

Einen Tag bevor das Boot Kap Cod erreichte, wurde ein Tanker gesichtet. Zunächst am Rand der Sichtweite folgend, setzte sich das Boot nach Einbruch der Dämmerung vor. Als sich eine Wolke vor den Mond schob, griff U 552 an. Der Gegner wurde plötzlich spitz und versuchte, das U-Boot zu rammen. Auf der Brücke erkannte der Kommandant den Tankerkapitän. Mit Hartruder drehte das Boot und kam 30 Meter vor dem heranbrausenden Tankersteven frei.

„Tanker macht Notruf! Name »Ocana«.

Zum Angriff hinter dem Heck des Schiffes herumgehend, sah Topp seine Chance.

„Rohr I – lllos!"

28 Sekunden später sprang die Torpedodetonation am Heck des Tankers in die Höhe. In Sekundenschnelle entwickelte sich eine gewaltige Flammensäule. In die Maschinenanlage getroffen, sackte das Tankschiff achtern tiefer. Detonationen rissen das Heck auseinander und besiegelten das Schicksal der »Ocana«.

U 552 marschierte jetzt Richtung Pollock-Feuerschiff und von dort bis Nanseat-Beach-Feuerschiff. Bei Tagesanbruch legte es sich auf Grund. In den nächsten Tagen wurden vier Torpedos geschossen, die alle nicht trafen. Fieberhaft suchten die Männer nach den Ursachen der Fehlschüsse. Als sie endlich herausfanden, daß der Geradlaufapparat versagt hatte, atmete der Kommandant auf. Die nächsten Torpedos würden wieder treffen.

Der Kohlefrachter »David A. Atwater« wurde durch 93 Schuß mit der Achtacht vernichtet. Es hieß, Torpedos zu sparen. Am 5. April wurde wieder ein Tanker versenkt, die »Byron T. Benson«. Zwei Tage später traf es die »British Splendour«. Dann war ein großer Frachter des Typs »Nestor Ulysses« an der Reihe. Nachdem ein Torpedo des Zweierfächers den 14 000-Tonner traf, stießen plötzlich zwei Bewacher auf U 552 zu und verhinderten einen Fangschuß.

In der kommenden Nacht wurden die beiden Oberdecktorpedos umgeladen. Am Morgen des 9. April kamen zwei Tanker in Sicht. Um 9.38 Uhr wurde als erster die »Atlas« mit 7137 BRT, um 10.62 Uhr die »Lancing«, ein Norweger mit 7866 BRT angegriffen. Die »Atlas« sank rasch, doch der zweite Tanker lief mit gleicher Fahrt weiter. Der nächste Einzelschuß traf ebenfalls. Das Schweröl entzündete sich und hüllte den Tanker 48 Stunden lang in eine riesige schwarze Fackel, bevor er in die Tiefe ging. Am 10. 4. versenkte Topp noch die »Tamaulipas«, bevor U 552 verschossen den Rückmarsch antrat. Das Boot traf am 27. April 1942 in St. Nazaire ein. Es hatte sieben Schiffe mit 45 731 BRT versenkt und ein Schiff mit 14 000 BRT torpediert. Erich Topp erhielt das Eichenlaub.

Am 9. Juni 1942 lief U 552 zur neunten Feindfahrt aus. Vier Tage später hörte der Oberfunkmaat die Peilzeichen einer FW 200, die einen Gibraltar-England-Konvoi gesichtet hatte. U 552 gab die Meldung mit dem Standort weiter. Dann operierte Topp mit Höchstfahrt auf den Konvoi und sichtete ihn am 13. Juni um 14.30 Uhr. Abermals gab er Peilzeichen.

Vom BdU wurden weitere Boote zur Gruppe „Endrass" zusammengezogen, die diesen Konvoi angreifen sollte. Daß der Name des Freundes zum Gruppennamen gewählt wurde, gab Topp den richtigen inneren Pull. Zweimal brach er in das Geleit ein. Zweimal schoß er aus allen Rohren. Als das Boot zum drittenmal mit den beiden letzten nachgeladenen Torpedos angriff, wurde es abgedrängt.

Der Kommandant war nüchtern und besonnen genug, nicht unnötig Boot und Besatzung aufs Spiel zu setzen. Einige Kameraden waren schon an diesem Konvoi verlorengegangen, dessen Sicherung der berühmte Captain Walker führte. Das Boot behielt Fühlung, und als der BdU die Boote aufforderte, Lage und Erfolg zu melden, sandte U 552 folgenden FT-Spruch: „5 Frachter, 1 Tanker torpediert. 1 Oberflächenläufer, 1 Kreisläufer, 2 Fehlschüsse.*"

Zwei Tage hielt das Boot noch Fühlung. Dann wurde es von Zerstörern mit Wabos eingedeckt. Der Tauchbunker IV erhielt einen Riß, Öl trat aus. Oberleutnant (Ing.) Sellhorn-Timm, der neue L.I., pumpte das Öl in den Regelbunker und spülte den Tauchbunker aus, damit das Boot keine Ölspur nach sich zog. Tags darauf traf der Befehl des BdU ein, die Operation abzubrechen. U 552 lief nach nur neuntägiger Feindfahrt nach St. Nazaire zurück. Eiskalt und nüchtern hatte Topp seine Chance wahrgenommen. U 552 war als einziges Boot der Gruppe „Endrass" am Konvoi zum Erfolg gekommen.

Mitte Juli 1942 lief U 552 zur zehnten Feindfahrt aus. Das war mehr, als je zuvor ein Boot geschafft hatte. Als am 22. Juli von U 71 (Flachsenberg) ein westgehender Konvoi gesichtet wurde, setzte der BdU auch U 552 auf ihn an. Bei hochgehender See mußte das Boot mit geschlossenem Turmluk und ausgeblasenen Untertriebszellen gefahren werden. Es war kein Waffeneinsatz möglich. Mit FT wurde dies gemeldet.

Dennoch gelang es U 552, nach harter Jagd zwei Schiffe aus dem Konvoi herauszuschießen. Es waren die »British Merit«, die allerdings nicht sank, und die »Broompark«. Als das Boot zum Schuß auf einen Tanker eindrehte, feuerte dieser aus seiner Kanone und zwang das Boot unter Wasser.

Der Wind steigerte sich bis Stärke 9. Dann auf 10 bis 11 mit entsprechendem Seegang. Ein Zyklon setzte ein. U 552, das mühsam Fühlung gehalten hatte, wurde von einem Zerstörer unter Wasser gedrückt. Als das Boot wieder auftauchte, war vom Konvoi nichts mehr zu sehen. Es kam zu

---

* Es waren die »Etrib«, »Pelaio«, »Slemdal«, »City of Oxford« und »Thurso«.

einem Funkschlüsselgespräch, durch das sich der BdU über Lage und Erfolgsaussichten an diesem Geleit informierte:

„BdU an Topp. Wie ist die Wetterlage? Was können die Boote der Gruppe 'Wolf' auf Generalkurs 215 Grad laufen?"

„Hier Topp. West-Süd-West 8, See 7, Cyclone, Sicht etwa 400 m, eine Maschine langsame Fahrt."

„Wie war die Abwehr? Und wodurch wurde die Geleitbekämpfung anderweitig schwierig?"

„Starke Sicherung, Angriff erschwert durch plötzliches Einsetzen des Unwetters, das Geleitzug geschickt benutzte zur Kursänderung bis 360 Grad. Dadurch Verlust Fühlung vieler Boote."

„Was halten Sie von der Aussicht, noch irgend etwas von dem Geleit zu erfassen; z. B. abgesprengte Einzeldampfer?"

„Geleit selbst im Unwetter tadellose Formation, bei diesem Wetter bzw. durchschnittlich schlechter Wetterlage in diesem Gebiet halte Möglichkeit, Fühlung zu bekommen, für äußerst gering."

„Glauben Sie, daß die Boote auf Kurs Süd laufen können, und nehmen Sie an, daß dieser Kurs an den mutmaßlichen Standort des Geleitzuges näher heranführt? Auf Kurs Süd oder etwa mehr?"

„Annehme Kursänderung nach Südwest in der Morgendämmerung, wie am Vortage."

„Gut, Topp, jedenfalls sind Ihre beiden Dampfer anhand des Wetters mit Sicherheit weg."

Der BdU brach daraufhin die Operation ab.

Wenige Tage später stieß U 552 nach Ölübernahme aus U 461 (Korvettenkapitän Stiebler) – mit fünf anderen Booten zur Gruppe „Steinbrinck" vereinigt – auf den Konvoi ON 115. Am 3. August torpedierte U 552 auf 45.45 Grad Nord/47.17 Grad West den Motortanker »G. S. Walden«. Gleichzeitig hatte Kapitänleutnant Topp in alter Manier aus allen fünf Rohren geschossen und zwei Dampfer getroffen, die sofort sanken, darunter einen von 8000 BRT. Noch ein vierter Dampfer wurde getroffen*. Der Torpedo aus Rohr V ging vorbei. Mit AK lief U 552 vom Konvoi ab.

Auch U 553 (Thurmann) gelang es in der gleichen Nacht, zum Schuß zu kommen und einen Dampfer zu versenken.

Nach zwei Stunden hatte U 552 nachgeladen und schoß, wieder rangeschlossen, abermals die ganze Chargierung aus rund 1500 Metern. Alle fünf Torpedos ergaben nichts, obgleich die Schußwerte sorgfältig ausgedampft worden waren.

U 552 trat den Rückmarsch an und wurde von einem überraschend aus einer Nebelbank herausstoßenden Zerstörer aus 100 Meter Entfernung beschossen. Nur fünf Meter am Heck des Bootes vorbei lief der Ramm-

---

* Der Gegner bestätigte das Sinken der »Belgian Soldier« mit 7167 BRT und die Torpedierung der 10 627 BRT großen »G. S. Walden«, ein britischer Motortanker.

steven des Gegners ins Leere. U 552 ging mit Alarmtauchen in den Keller.

Als es wieder durchbrach, traf eine 10,5-cm-Granate des Zerstörers den Dieselzuluftschacht im Turm. Durch Wabos entstanden weitere Schäden. Leutnant z. See Säck, jetzt II.W.O., hatte den Gegner zu spät ausmachen können. Aber U 552 kam trotz der schweren Schäden nach unten weg.

Als das Boot am 13. August 1942 in St. Nazaire einlief, war es schon in Schweizer Zeitungen totgesagt worden. Auf dem Zerstörer wollte man genau gesehen haben, wie das „Boot der Roten Teufel" nach den Treffern für immer in die Tiefe ging.

Am 17. August 1942 wurden Erich Topp, eben zum Korvettenkapitän befördert, als zweitem U-Boots-Kommandanten und als 17. Soldaten der deutschen Wehrmacht die Schwerter zum Eichenlaub verliehen. Das Eichenlaub hatte er schon als 10. U-Boots-Kommandant am 11. April 1942 erhalten, als seine Versenkungsziffer die 200 000-Tonnen-Grenze überschritt.

Erich Topp gab sein Boot an Oberleutnant z. See Günter Lube ab und übernahm die Führung der Taktischen U-Flottille in Gotenhafen. Reinhard Suhren, ebenfalls erfolgreicher und erfahrener Kommandant und kurz nach Topp, am 2. September 1942, mit den Schwertern ausgezeichnet, stieß zu ihm.

In Gotenhafen lernten die jungen Besatzungen alles, was diese beiden Kommandanten aus eigenen, teils bitteren Erfahrungen an sie weitergeben konnten. Es gab kein Boot, das Gotenhafen verließ, ehe nicht Kommandant und Besatzung alles beherrschten, was zum Kampf im Atlantik gegen die übermächtig gewordenen Killer Groups gebraucht wurde.

Als die ersten Elektroboote fertig waren, wurde Erich Topp Leiter der Erprobungsgruppe für diese Boote. Seine Erfahrungen wurden in den „Kampfanweisungen für den Typ XXI" niedergelegt.

Dann übernahm er, inzwischen zum Fregattenkapitän befördert, im Februar 1945 eines der neuen Boote als Kommandant.

Am 28. April lief U 2513 aus. Getaucht marschierte Topp am 2. und 3. Mai durch den Großen Belt. Am 4. Mai ging es durch das Skagerrak, und am 5. Mai machte das Boot in Horten am Oslofjord fest.

Am 8. Mai 1945 wurde auch auf U 2513 die Reichskriegsflagge niedergeholt. Am 9. Mai auf tiefes Wasser laufend, ließ Topp die 23 Torpedos und die modernen Geräte und Geheimsachen versenken und lief nach Smörtstein zurück. Die Tage vergingen. Am 28. Mai verholten die vier Elektroboote zum Tygesholmkai. Hier machte auch U 2513 vor dem britischen Zerstörer »Campbell« fest. Lassen wir Fregattenkapitän Erich Topp das letzte Wort zu den Vorkommnissen des 28. Mai 1945 und der folgenden Tage:

„Plötzlich, gegen 16 Uhr: 'Kommandant schnell an Oberdeck kommen!'

Admiral Dönitz an Bord des heimgekehrten U 94. Hinter ihm der neue Kdt. des Bootes, Kptlt. Kuppisch. RK am 14. 5. 1941. Gefallen am 27. 8. 1943 als Kdt. von U 847 im Atlantik.

Dieser deutsche U-Boot-Fahrer wurde von der kanadischen Fregatte „Swansea" aufgefischt.

Vor den Booten stehen englische Soldaten angetreten, unter Gewehr mit aufgepflanztem Bajonett. Auf jedes Boot kommen zwei Offiziere und mehrere Mann, einer die englische Flagge in der Hand. Diese Methode ist uns bekannt....

Englische Soldaten an Bord. Kranke werden mit Bajonetten aus den Kojen getrieben. Nach vier Minuten fehlen mir sämtliche Auszeichnungen, 500 norwegische Kronen und einige Seidenhalstücher. Unter Aufsicht des ablösenden englischen Kommandanten die letzten Habseligkeiten gepackt. Strenger Maßstab .....Mein Halsorden kommt nach meiner Beschwerde aus der Hosentasche eines Seemannes zum Vorschein, wird aber auf dem Wege zum Bahnhof wieder aus meinem Koffer gestohlen.

Englische Offiziere haben ihre Männer nicht in der Hand. Es wird geplündert. Konserven werden wahllos mit dem Bajonett erbrochen, den Spritflaschen die Hälse abgeschlagen. Binnen kurzem betrunkene Soldateska. Als ich an Oberdeck komme, ist die britische Flagge gesetzt. Verlasse mit kurzem Gruß gegen mein Boot den letzten deutschen Boden vor Norwegen. An Bord müssen bleiben: der Leitende Ingenieur und die sechs ältesten Soldaten des technischen Personals, unter anderen mein getreuer Obermaschinist Steimle, der den größten Teil meiner Feindfahrten mitmachte."

Das Lager Krageröy nahm die U-Boots-Männer auf. Hier wurden Topp die letzten Habseligkeiten gestohlen. Am 26. August 1945 betrat er endlich wieder deutschen Boden.

Nachdem er ein Jahr als Matrose der Heringsfischerei gearbeitet hatte, widmete sich Erich Topp von 1946 bis 1950 dem Studium der Architektur an der TH Hannover und war dann an der gleichen Bildungsstätte von 1950 bis 1952 wissenschaftlicher Assistent.

1958 trat Erich Topp in die Bundesmarine ein und war bis 1961 Deputy und Chef des Stabes des deutschen militärischen Vertreters beim Military-Committee (NATO) in Washington. Anfang 1962 wurde er, inzwischen zum Kapitän z. See befördert, Kommandeur der Amphibischen Streitkräfte. Gleichzeitig nahm Topp damit die Geschäfte des Kommandos der U-Boote wahr und inspizierte die Küstenumschlagtruppen der Marine. In dieser Tätigkeit sah er seine Aufgabe und seine Verpflichtung an die Heimat.

Erich Topp
Letzter Dienstgrad: Fregattenkapitän
Als Wachoffizier auf U 46 vier Feindfahrten
Kommandant von U 57, U 552 und U 2513
14 Feindfahrten mit 331 Seetagen (letzte Feindfahrt ohne Feindberührung; nur bis Horten)
Ritterkreuz am 20. Juni 1941
87. Eichenlaub am 11. April 1942
17. Schwerter am 17. August 1942

Versenkungsliste von U 57 und U 552
unter Fregattenkapitän Erich Topp

17.07.40	04.10	swD	»O. A. Brodin«	1.960	59.22 N/03.40 W
17.07.40	22.22	brD	»Manipur«	8.652	58.41 N/05.14 W
03.08.40	08.10	swD	»Atos«	2.162	56.00 N/07.-- W
24.08.40	00.42	brD	»Cumberland«	10.939	55.43 N/07.33 W
24.08.40	00.42	brD	»Saint Dunstan«	5.681	55.43 N/07.18 W
24.08.40	00.42	brD	»Havildar« =	5.407	55.39 N/07.18 W
25.08.40	19.48	brMT	»Pecten«	7.468	56.22 N/07.55 W
01.03.41	23.56	brDT	»Cadillac«	12.062	59.44 N/11.16 W
10.03.41	20.52	isDf	»Reykjaborg«	687	45 m SE Island
27.04.41	02.10	brAPC	»Commander Horten«	227	62.-- N/16.00 W
27.04.41	16.16	brM	»Beacon Grange«	10.160	62.05 N/16.20 W
28.04.41	16.15	brMT	»Capulet« =	8.190	60.16 N/16.10 W
01.05.41	00.27	brD	»Nerissa«	5.583	57.57 N/10.08 W
10.06.41	10.55	brD	»Ainderby«	4.860	55.30 N/12.10 W
12.06.41	04.14	brM	»Chinese Prince«	8.593	56.12 N/14.18 W
18.06.41	03.28	brD	»Norfolk«	10.948	57.17 N/11.14 W
23.08.41	06.48	nwD	»Spind«	2.129	40.43 N/11.39 W
20.09.41	01.38	paDT	»T. J. Williams«	8.212	61.4 N/35.11 W
20.09.41	01.51	paD	»Pink Star«	4.150	61.36 N/35.07 W
20.09.41	03.27	nwMT	»Barbro«	6.325	61.30 N/35.00 W
31.10.41	08.34	amDD	»Reuben James«	1.190	51.59 N/27.05 W
15.01.42	01.38	brD	»Dayrose«	4.113	46.32 N/53.00 W
18.01.42	06.44	amD	»Frances Salman«	2.609	Neufundland
25.03.42	04.13	nlMT	»Ocana«	6.256	42.36 N/65.30 W
03.04.42	03.40	amD	»David A.Atwater«	2.438	37.57 N/75.10 W
05.04.42	04.47	amDT	»Byron T. Benson«	7.953	36.08 N/75.32 W
07.04.42	04.17	brMT	»British Splendour«	7.138	35.07 N/75.19 W
09.04.42	10.52	nwDW	»Lancing«	7.866	35.08 N/75.22 W
09.04.42	09.38	amDT	»Atlas«	7.137	34.27 N/76.16 W
10.04.42	06.27	amDT	»Tamaulipas«	6.943	34.25 N/76.00 W
15.06.42	00.58	brD	»Etrib«	1.943	43.18 N/17.38 W
15.06.42	00.58	brM	»Pelayo«	1.346	43.18 N/17.38 W
15.06.42	00.59	nwMT	»Slemdal«	7.374	43.18 N/17.38 W
15.06.42	04.33	brD	»City of Oxford«	2.759	43.42 N/18.12 W
15.06.42	04.43	brD	»Thurso«	2.436	43.41 N/18.02 W
25.07.42	03.53	brMT	»British Merit« =	8.039	49.03 N/40.36 W
25.07.42	04.09	brD	»Broompark«	5.136	49.02 N/40.26 W
03.08.42	03.05	brMT	»G. S. Walden« =	10.627	45.45 N/47.17 W
03.08.42	03.05	beD	»Belgian Soldier«	7.167	45.42 N/47.13 W

Gesamterfolge:
34 Schiffe mit 192.611 BRT versenkt
5 Schiffe mit 39.400 BRT torpediert

Fregattenkapitän

Heinrich Lehmann-Willenbrock

Heinrich Lehmann-Willenbrock wurde am 11. Dezember 1911 in Bremen geboren. Da sein Vater aktiver Schirmeister in der kaiserlichen Armee war, verlebte der Junge seine Kinderjahre in Metz, wo der Vater in Garnison lag. Von Verden an der Aller über Königshof und Rotehütte im Harz ging es von Garnison zu Garnison.

Als sein Vater verstarb, wurde der junge Lehmann-Willenbrock von 1925 bis 1931 in das Schülerheim des ehemaligen Militär-Waisenhauses in Potsdam gegeben. Während dieser Zeit besuchte er die Potsdamer Oberschule und legte dort im Frühjahr 1931 die Reifeprüfung ab.

Unmittelbar danach, im April 1931, trat er in die Reichsmarine ein und durchlief alle Ausbildungsgänge eines Seeoffiziersantwärters. Es begann mit einer dreimonatigen Grundausbildung in der Schiffsstammabteilung Stralsund, setzte sich in einer viermonatigen Ausbildung auf dem Schulschiff »Niobe« fort, wo er im Oktober 1931 zum Seekadetten befördert wurde, und fand in einer unvergeßlichen einjährigen Weltreise auf der »Karlsruhe« unter Kapitän zur See Wassner einen ersten Höhepunkt. Hier wurde Lehmann-Willenbrock endgültig zum Seemann, der er zeit seines Lebens blieb.

Am 1. März 1933 wurde er zum Fähnrich zur See befördert. Es folgte ein weiteres Jahr der Aus- und Weiterbildung auf der Marineschule zu Flensburg-Mürwick, die mit der Seeoffiziers-Hauptprüfung abschloß. Waffenlehrgänge an der Torpedoschule, der Schiffsartillerieschule und der

Nachrichtenschule in Kiel folgten. Am 1. 1. 1935 wurde er zum Oberfähnrich befördert.

Als solcher tat er Dienst auf dem Linienschiff »Hessen« und dem Panzerschiff »Admiral Scheer«. Am 1. 4. 1935 wurde er Leutnant zur See.

Als Signal- und Divisionsoffizier wurde er nunmehr auf den Kreuzer »Karlsruhe« kommandiert. Es ging abermals auf eine große Fahrt um die Welt, diesmal als Offizier. Auf See wurde er am 1. 1. 1937 zum Oberleutnant befördert.

Danach erreichte ihn die Kommandierung auf das Segelschulschiff der Kriegsmarine »Horst Wessel« unter Kapitän Thiele.

Danach erst, als ihm die Seebeine gewachsen waren und er j e d e r Situation gewappnet gegenüberstehen konnte, ging er im Frühjahr 1939 zur U-Boots-Waffe und absolvierte bis Oktober dieses Jahres die beiden Lehrgänge für U-Boots-Waffenoffiziere und für Kommandanten auf der Schule in Neustadt.

Die Torpedoschule und die Nachrichtenschule zu Flensburg folgten, und mit seiner Beförderung zum Kapitänleutnant am 1. 10. 1939 wurde er Kommandant auf dem Schulboot U 8. Wenig später stieg er auf U 5 über und gehörte damit zur U-Boot-Schulflottille Neustadt in Holstein, die wenig später nach Pillau verlegte.

Mit dem „Einbaum" U 5 war Kptlt. Lehmann-Willenbrock beim Norwegen-Unternehmen dabei, das durch die Torpedomisere mit einem Desaster für die deutsche U-Bootwaffe endete. Die deutschen Boote kämpften nach den Worten von Günther Prien mit „hölzernen Schwertern".

Am Morgen des 14. September 1940 lag U 96 an der Blücherbrücke in Kiel. Auf dem Turm stand Kptlt. Heinrich Lehmann-Willenbrock. An Deck war die Besatzung angetreten. Am rechten Flügel der Crew die drei Offiziere des neuen Bootes: Der I. WO, Oblt. z. S. Horst Hamm, der LI, Oblt. (Ing.) Fritz Grade und der II. WO Lt. z. S. Rodler von Roithberg.

Auf der Blücherbrücke standen Gäste, die der Indienststellung beiwohnten. Darunter auch die drei Kommandanten, welche die drei ersten U-Boote der Nummer U 96 während des Ersten Weltkrieges befehligt hatten.

Lehmann-Willenbrock reckte sich: „Besatzung stillgestanden! Auf Befehl des Oberbefehlshabers der Kriegsmarine, Großadmiral Raeder, stelle ich U 96 in Dienst – – –

Augen rechts! – Heißt Flagge und Wimpel!"

Die Reichskriegsflagge und der Wimpel des Bootes gingen in die Höhe. Das Boot war in Dienst gestellt. Die Gratulanten kamen an Bord. Allen voran KKpt. Jeß, der mit SM U 96 auf acht Feindfahrten im Ersten Weltkrieg 130 000 BRT feindlichen Schiffsraumes versenkt hatte.

Das Bootswappen war ein Sägefisch, der an der Turmflanke angemalt und in die Käppis der 42 Männer eingestickt wurde.

Das Boot trat zur 7. U-Flottille. Es lief am 5. Dezember 1940 aus Kiel aus, erreichte bis zum 9. Dezember die Linie Shetland-Färöer und stand am Morgen des 10. 12. bei Kap Wrath auf der Breite der Stacks Skerries im zugewiesenen Operationsgebiet. Das Boot lief mit Kurs Nordwest und hatte gegen die grobe See anzukämpfen.

Den ganzen 10. 12. über war nicht einmal eine Rauchwolke zu sehen. Erst gegen Mittag des 11. 12. sichtete der Bootsmannsmaat der Wache die erste Rauchsäule, auf die sie zuhielten. Mit AK knüppelte das Boot durch die See. Die Diesel hämmerten ihren harten Takt. Wenig später wurde der Geleitzug gesichtet, der in Richtung Nordkanal lief.

Der auf den Turm gerufene Kommandant ließ den notwendigen Vorlauf herausholen, der einen Unterwasserangriff ermöglichte. Als es so weit war, wurde „Auf Tauchstationen!" befohlen. Die Brückenwache verschwand durch das Turmluk ins Innere des Bootes. Als letzter stieg der Kommandant ein, schlug das Luk dicht und schraubte es zu.

„Luk ist zu!" rief er dem LI zu.

„Fluuten!" Oblt. (Ing.) Grade ließ die Tauchtanks der Reihe nach fluten. Leicht vorlastig stieß U 96 in die See hinunter, wurde in Sehrohrtiefe eingependelt und lief nun nach einer Ruderkorrektur in die Richtung, die der Konvoi dann erreicht haben würde, wenn U 96 dort stand.

Im Sattelsitz des Sehrohrs ließ Lehmann-Willenbrock immer wieder den

U 96 unter Kptlt. Lehmann-Willen-brock unterwegs. Am Turm des Abzeichens des Bootes, ein Wetter-frosch mit Regen-schirm.

„Spargel" zu einem kurzen Ausblick ausfahren. Schon konnte der Horchraum die Schraubengeräusche deutlich hören.

Dann war es so weit: „An Torpedowaffe: Alle Rohre klar zum Unterwasserschuß!"

Im Bugtorpedoraum arbeiteten die Torpedomechaniker, kurz Mixer genannt, daran, die Zähne des Wolfes für den Biß zu schärfen. Die Mündungsklappen wurden nach der Wässerung der Rohre aufgedreht und gemeldet.

Wieder ließ der Kommandant das Sehrohr ausfahren. Ein niedriger Schatten lief in den Ausblick der Optik hinein.

„Ein!" befahl der Kommandant. Leise surrend holte der Elektromotor das Sehrohr wieder zurück.

„Zerstörer-Schraubengeräusche an Steuerbord querab", meldete der Mann im Horchschapp. Der Zerstörer lief an der Backbordflanke des Konvois entlang nach vorn. Als die Geräusche auswanderten, fuhr Lehmann-Willenbrock das Sehrohr erneut aus. Groß und wuchtig ragte ein Dampfer aus der See. Noch eine Ruderkorrektur. Dann ein weiteres Heranschließen. Nun füllte dieser Gegner bereits die ganze Optik aus. Die eingegebenen Daten wurden vom Torpedorechner in die einzugebenden Schußwerte umgesetzt. Der Zielgeber meldete „Hartlage". Lehmann-Willenbrock ließ weitere 200 Meter herangehen. Dann kam sein Kommando:

„Torpedo aus Rohr I – los!"

Das Boot ruckte vorn etwas hoch. Rauschend stob die See in die Ausgleichstanks, als Oblt. (Ing.) Grade den Gewichtsausgleich ausführte.

„Torpedo läuft!" meldete der Mixer. Sekunden vertickten. Wenn alles gut ging, würde der erste scharfe Aal des Bootes in 48 Sekunden den Gegner erreicht haben. Obersteuermann Radermacher, die seemännische Nr. I des Bootes, blickte auf die Stoppuhr. „Noch fünf Sekunden" meldete er, als er den fragenden Blick seines Kommandanten auffing.

„Zeit ist um!" rief er halblaut, und einen Wimpernschlag darauf sah Lehmann-Willenbrock, der das Sehrohr wieder ausgefahren hatte, daß die Trefferfontäne, feuerdurchmischt, mittschiffs am Gegner aufstieg.

„Treffer", sagte er ruhig und dann erst dröhnte die gewaltige Kraft der 350 Kilogramm Trinitrotuluol im Kopf des Torpedos zu ihnen ins Boot.

„Dampfer hat schon Schlagseite. Er sinkt schnell." Dann meldete sich der Funkraum: „Funkraum an Brücke. Dampfer macht Notruf. Es ist der Erzfrachter »Rotorua«. Er hat nach dem Lloydsregister 10 890 BRT. Obersteuermann Radermacher hatte bereits die Uhrzeit notiert: 15.12 Uhr.

„30 Grad Steuerbord!" befahl der Kommandant eine Kursänderung auf den nächsten Gegner. Als der Torpedo lief, schwenkte der anvisierte 7000-Tonner aus der Laufbahn heraus und legte an Geschwindigkeit zu. Dann waberten Nebelschwaden um ihn herum empor. „Dampfer nebelt sich ein", berichtete der Kommandant ins Boot, denn im Unterwasserangriff war er der einzige, der sah, worum es ging und was sich auf der See abspielte.

Lehmann-Willenbrock beobachtete, daß drei Zerstörer zum sinkenden Schiff liefen. Zwei von ihnen schossen Leuchtgranaten, die aber nicht in ihre Richtung gingen.

Als der Geleitzug aus der Sicht entschwunden war, ließ der Kommandant auftauchen. Das Boot holte schnell auf und hängte sich am Rande des Gesichtskreises an den Konvoi an. Es war stockfinster geworden. Mit AK lief U 96 in Richtung Nordkanal. Abermals setzte sich U 96 vor, drehte zu Angriff ein und schoß aus 600 Meter Distanz auf diesen Gegner. Es war die 5419 BRT große »Towa«, ein Dampfer aus den Niederlanden, der um 20.52 Uhr den Doppeltreffer eines Fächerschusses erhielt und brennend auf Tiefe ging.

Das Boot mußte sich von einem Zerstörer absetzen und lief nach dem Schnelltauchen, als der Gegner auf sie eindrehte, unter Wasser weiter. Es kam zum dritten Anlauf gegen ein Schiff dieses Konvois. Um 1.56 Uhr dieses 12. 12. 1940 traf es die »Stureholm«, einen schwedischen Dampfer von 4575 BRT. Seenotraketen stoben gen Himmel. Dann schwammen kleine rote Lämpchen auf der See, die anzeigten, daß Besatzungsmitglieder im Wasser schwammen und auf Rettung warteten.

Der Kommandant ließ in der Generalrichtung weiterlaufen. Aufgetaucht versuchte er wieder Anschluß zu gewinnen. Die See brandete gischtend gegen den Turm, ab und zu kam ein großer Roller über und wusch die Brückenwache, die einander ihr „Wahrschau!" zurief. Obersteuermann Radermacher, der als III.W.O. die Morgenwache ging, sichtete gegen 3.00 Uhr einen Schatten. Zehn Sekunden nach der Sichtmeldung stand der Kommandant bereits auf dem Turm. Er befahl „Auf Gefechtsstationen", nachdem er seine Chance erkannt hatte, noch einmal auf diesen Konvoi zum Schuß zu kommen. Die leergeschossenen Torpedorohre waren inzwischen nachgeladen worden. Mit AK beider „Jumbos", wie die Dieselmotoren mit ihren 2800 PS genannt wurden, kämpfte sich das Boot durch die grobe See.

„Die U-Boot-Zieloptik auf den Turm!" befahl Lehmann-Willenbrock. Das große schwere Glas, das mit der Rechenanlage verbunden war, wurde durchgereicht und auf die Zielsäule in der Mitte des Turmes aufgesetzt. Das Boot holte mehr und mehr auf.

„An Rechenanlage: Rohr I und II klar zum Überwasserschuß!"

Lehmann-Willenbrock sah, wie der Dampfer in die Zieloptik hineinlief. Er gab die Werte ein, und als der Zielgeber „Hartlage" meldete, kam er auf die Vorderkante der Brücke des Dampfers ab.

„Zweierfächer – los!"

Beide Aale verließen die Rohre, klatschten etwas durch und jagten dann mit annähernd 40 Knoten Fahrt dem Ziel entgegen.

Mit Ablauf der geschätzten Zeit bliesen beide Torpedotreffer wie riesige Walspouts am Gegner empor. Nur wenige Sekunden trennten die Detonation des ersten mittschiffs, und des zweiten Torpedos Achterkante Brücke, von einander. Der Dampfer brannte und schrie seinen Hilferuf in die Nacht hinaus. Der belgische 5227 BRT-Frachter »Macedonier« bekam rasch Schlagseite und plötzlich rollte er herum. Einen Augenblick sahen die Männer der Brückenwache die rotgestrichene Unterseite, dann brach das Schiff mit donnerndem Getöse auseinander und sank weg.

Wenig später wurde ein Zerstörer gesichtet. Es ging mit Alarmtauchen in die Tiefe. Der LI ließ zunächst nur die Tanks fünf, vier, drei und zwei fluten. Dadurch erhielt das Boot mehr Vorlastigkeit und ging schneller hinunter. Erst als sie 50 Meter Wassertiefe erreichten, wurde auch der Hecktank geflutet und das Boot abgefangen.

Mit AK der beiden E-Maschinen lief U 96 aus dem Gefahrenbereich hinaus.

„Schraubengeräusche auswandernd", meldete der Mann im Horchraum.

„Er kommt nicht hinter uns her, Herr Kaleunt!" meldete Radermacher.

„Vielleicht findet er noch Schiffbrüchige", meinte Lehmann-Willenbrock, was sich später auch bestätigte.

Drei Stunden später tauchten sie auf, nachdem der Kommandant vorher Luft und See nach möglichen Gegnern abgesucht hatte.

Nach dem Auftauchen zog die Brückenwache auf. Alles wurde mit den Frischluftumwälzern durchgelüftet. Der Backborddiesel schaltete auf Aufladung der E-Maschinen.

Der nächste Tag verlief ereignislos, sofern man drei Alarmtauchaktionen so nennen will. Doch die Gegner, einmal ein Sunderland-Flugboot, dann wieder einige kleinerer Kriegsschiffe, bemerkten das U-Boot nicht.

Erst am Morgen des 14. 12. wurden zwei schnelle Einzelfahrer von Oblt. z. S. Hamm, der die Brückenwache ging, gemeldet. Der Kommandant

Die „Eichenlaubfahrt" von U 96. Die ersten Rauchfahnen sind in Sicht. Die Jagd kann beginnen.

enterte auf den Turm und befahl, den weiter abstehenden zuerst zu nehmen. Das Boot drehte zum Angriffskurs, gewann allmählich eine günstige Position und drehte zum Überwasserangriff ein, da es noch dunkel war. Lehmann-Willenbrock ließ einen Zweierfächer schießen, dem das Schiff jedoch auswich, als es plötzlich einen 30-Grad-Zack einlegte. Beide Torpedos liefen vorbei.

Der Mann im Funkraum meldete, daß der angegriffene Dampfer den zweiten Dampfer vor einem U-Boot warnte.

„Wir nehmen jetzt erst den näher stehenden", entschied der Kommandant. U 96 operierte nun auf den ersten Dampfer, der nach den Schätzungen des Kommandanten etwa 10 000 BRT haben mochte.

Dieser Dampfer, das stellte sich rasch heraus, war ein neues und für ein Handelsschiff sehr schnelles Fahrzeug. Dreimal hofften sie, ihn packen zu können und dreimal zackte der Dampfer rechtzeitig weg. Dann aber hatten sie ihn. Der Dampfer füllte plötzlich die ganze Zieloptik aus. Sie schossen einen Zweierfächer. Das Schiff versuchte noch, wegzudrehen, doch noch im Ansatz dieser Drehung hieben beide Torpedos ein. Es ging jäh mit der Fahrt herunter und funkte Notruf. Aber die »Western Prince« mit ihren satten 10 926 BRT sank nicht. U 96 lief um den waidwunden Koloß herum und gab ihm aus 500 m einen Fangschuß. Flammende Blitze zuckten aus dem Schiff empor.

„Das ist ein Munitionsfrachter. Wir laufen auf Abstand!" Das Boot glitt herum und entging den Eisenteilen, welche die krachenden Detonationen durch die Luft wirbelten. Lehmann-Willenbrock beobachtete, wie die Besatzung in die Boote ging, darunter ein hochgewachsener Mann in Unterkleidung. Später sollte er erfahren, daß es sich um den kanadischen Munitionsminister handelte, der auf diesem Schiff mit der brisanten Ladung nach England fuhr, um dort Liefergespräche zu führen. Er wurde laut Presseberichten gerettet.

Sie mußten in den Keller und liefen ab. Die von einem Flugboot geworfenen Bomben gingen vorbei.

Am 18. Dezember sichteten sie noch einen großen Dampfer. Es war die 10 746 BRT große »Pendrecht«, ein schneller niederländischer Motortanker. Der Torpedo traf das schnelle Schiff zwar, konnte es aber nicht stoppen. Da sich das U-Boot inzwischen verschossen hatte, ließ Lehmann-Willenbrock auftauchen und die »Pendrecht« mit der Artillerie bekämpfen.

Die »Pendrecht« rief Hilfe herbei und zwei weitere leer zurücklaufende Tanker kamen heran und eröffneten das Feuer auf das Boot.

Der Kommandant brach das Gefecht ab, um sein Boot nicht unnötig zu gefährden. Über FT-Spruch wurde der BdU verständigt und der Rückmarsch angetreten.

Mit fünf Versenkungswimpeln am Sehrohr lief U 96 in Lorient ein.

Auf seiner ersten Feindfahrt hatte das Boot unter Kptlt. Lehmann-Willenbrock fünf Schiffe mit 37 037 BRT versenkt und ein Schiff mit 10 746

BRT torpediert, beziehungsweise mit Artillerie beschädigt.

Heinrich Lehmann-Willenbrock wurde mit dem EK I und seine gesamte Besatzung mit dem EK II ausgezeichnet.

Am 9. Januar 1941 lief U 96 zu seiner zweiten Feindfahrt in das Operationsgebiet der Rockall Bank – Western Approaches aus.

Am 16. 1. 1941 wurde hier ein großer Dampfer gesichtet, der überraschend schnell lief. Dennoch kam das Boot auf Schußweite heran. Der Zweierfächer traf die 14 118 BRT große »Oropesa« einen modernen Passagierdampfer, der leer lief. Er brauchte zwei Fangschüsse, ehe er sank.

In der folgenden Nacht wurde ein weiterer schneller Einzelfahrer gesichtet. Diesmal sollte der I.W.O., Oblt. z. S. Hamm, den Gegner mit einem Zweierfächer versenken.

Langsam wuchs der Zweischornsteindampfer in die UZO hinein. Der Dampfer zackte immer wieder in schnellen Kursänderungen weg. Es war ein faszinierendes und zugleich deprimierendes Spiel, denn es schien so, als würden sie diesen Riesen nicht zu fassen bekommen.

Dann aber zackte er genau in ihre Richtung weg, ein Zeichen dafür, daß er von der Anwesenheit eines deutschen U-Bootes keine Ahnung hatte und sich völlig sicher fühlte.

„Jetzt aufpassen, Hamm", schärfte Lehmann-Willenbrock seinem I.W.O. ein. Dieser nickte und korrigierte die Dateneingabe mit zwei neuen Werten. Als der Gegner gerade wieder auf die Generalrichtung einschwenkte und dem Boot seine volle Breitseite zeigte, kam der Befehl zum Torpedoschuß.

Nach Ablauf der Laufzeit bliesen zwei Trefferfontänen empor. Der Dampfer verlangsamte seine Fahrt und blieb wenig später gestoppt liegen. Er tastete den Notruf und auch seinen Namen: »Almeda Star«.

Das Schiff war ein Kühlschiff mit 14 935 BRT. Erst als sich zeigte, daß es nicht sinken würde, ließ Lehmann-Willenbrock noch einen Torpedo schießen, der allerdings auch nicht viel bewirkte. Erst der vierte Torpedo traf offenbar in den Wellenkanal und setzte den Schlußpunkt. Die »Almeda Star«, deren Besatzung größtenteils bereits nach den ersten Treffern in die Boote gegangen war, sank.

In der folgenden Nacht wurde eine neue Sichtmeldung ins Boot hinunter gegeben. Als der Kommandant auf den Turm enterte, reichte ihm der II.W.O. sein Fernglas. „Zehn Grad Steuerbord voraus, Herr Kaleunt!" Noch war an keinen Angriff zu denken, denn es schien sich um ein äußerst schnelles und – wie sich beim Näherkommen herausstellte – stark bewaffnetes Schiff zu handeln. Ein erbittertes Rennen um den notwendigen Vorlauf begann. Mit „Dreimal Wahnsinnige!" gelang es, einen einigermaßen günstigen Schußabstand zu erreichen. Doch der Dampfer hatte gute Ausgucks und sichtete das U-Boot.

Mit raffinierten Zacks, die immer wieder in völlig unregelmäßigen

KKpt. Lehmann-Willenbrock stellt U 256 in Dienst.

Abständen erfolgten, gelang dem Dampfer die Flucht. Ein erster „Verzweiflungsschuß", um den Gegner wenigstens so zu treffen, daß er stoppte oder wenigstens langsamer lief, ging vorbei, der zweite ebenfalls.

Nun hatte das Boot nur noch zwei Torpedos, die auf Deck in den sogenannten „Tuben" lagerten. Aber umladen war bei dieser Verfolgungsjagd nicht möglich. Lehmann-Willenbrock meldete dem BdU und erhielt die Weisung, zur Torpedo- und Brennstoffergänzung nach Lorient einzulaufen. Dort traf U 96 am 22. 1. 1941 ein. Es hatte immerhin zwei große Dampfer mit einer Gesamttonnage von 29 053 BRT versenkt und während dieser Einsatzfahrt insgesamt 2662 Seemeilen zurückgelegt.

Am 30. Januar 1941 lief U 96 bereits zur dritten Feindfahrt aus. Es hatte 14 Torpedos übernommen und Verpflegung sowie Treiböl ergänzt.

Das Operationsgebiet südlich Island wurde am 12. Februar erreicht. Als ein Bewacher in Sicht kam, richtete sich der Kommandant auf einen Geleitzug ein, denn ein Bewacher lief nie allein. So war es auch diesmal, denn U 96, das sich an den Bewacher hängte, wurde an einen Kleinkonvoi mit vier schnellen Schiffen herangeführt.

„Auf Gefechtsstationen!" befahl der Kommandant, als sie nahe genug herangekommen waren. Binnen weniger Sekunden hatte jeder Mann der diensttuenden Wache seinen Sektor besetzt. Alles wurde klargemacht.

Doch zunächst kamen sie nicht heran, weil ein Zerstörer sie abdrängte. Dieser Zerstörer ging plötzlich trotz der hochgehenden See mit seiner

Geschwindigkeit auf AK herauf und hielt direkt auf sie zu. Lehmann-Willenbrock schoß einen Aal, der aber nur hinter dem schnellen Gegner herlief, als dieser die Fahrtstufe erhöhte.

Mit Alarmtauchen ging es unter Wasser. Durch das Gruppenhorchgerät wurden die Schraubengeräusche vieler Schiffe laut.

Als die Schraubengeräusche eines Einzelfahrers geortet wurden, ließ der Kommandant auftauchen und auf den Einzelfahrer zulaufen. Wenig später erfolgte der erste Überwasserschuß dieser Feindfahrt. Der Dampfer drehte unmittelbar nach der Schußabgabe weg, so daß der Torpedo vorbeiging. Der zweite Aal wurde durch ein Stoppen des Gegners ausmanövriert. Es ging nun wieder hinunter auf Sehrohrtiefe, denn offenbar hatte sie dieser Gegner gesichtet. Als sie nahe genug herangeschnürt waren, stellte der Kommandant durch einen Blick durch das Sehrohr fest, daß der Gegner zwei imponierende Geschütze freigemacht hatte und nun die See nach ihnen absuchte. Lehmann-Willenbrock sah die roten Mündungsblitze des Mündungsfeuers. Es handelte sich um einen Hilfskreuzer, der im Geleitzug mitlief.

Sie griffen einen anderen Dampfer an, der inzwischen herangekommen war. Lehmann-Willenbrock ließ einen Einzelschuß feuern. Der Dampfer – es zeigte sich anhand der achtern befindlichen Aufbauten, daß es ein Tanker war – blieb zwar getroffen liegen, aber er sank nicht. Das Schiff lag wie angeschmiedet auf der See.

„Auftauchen", befahl der Kommandant nach einem Rundblick. Und dann: „25 Schuß Feuer frei aus dem Buggeschütz. Wache scharf Ausguck halten. Der Zerstörer kann zurückkommen."

Die Bedienung des Buggeschützes enterte auf Deck ab und eröffnete das Feuer. Die nach dem zweiten Torpedotreffer ausgebootete Besatzung war inzwischen außer Sicht gekommen. In Flammen gehüllt lag der Tanker »Clea« auf der See, seinem Untergang geweiht, aber noch immer nicht endgültig besiegt.

„Der muß noch einen Torpedo haben, Herr Kaleunt!" bemerkte der Bootsmannsmaat der Wache.

Der vierte Torpedo wurde klar gemacht. Aus nur 500 Metern Distanz traf dieser Aal genau hinter dem Bug noch einige Meter vor der Mittschiffsmarke. Nun sackte die »Clea« nach vorn weg. Steiler und steiler stieß das Heck aus der See heraus. Flammen stoben in die Höhe, die drei Minuten später erloschen, als die »Clea« steil nach unten wegsackte und danach nur noch loses Gut im Sinkstrudel kreiselte.

Die »Clea« hatte nach dem Lloyds-Register 8074 BRT, war also schon ein großer Brocken.

Zwei Stunden nach dem Sinken der »Clea« kam mit der 10 516 BRT großen »Arthur F. Corwin«, einem modernen britischen Motortanker, ein weiterer Einzelfahrer in Sicht. Sie glitten näher und näher an diesen Riesen heran, der unermüdlich SSS funkte*.

Aus der Nähe ließ Lehmann-Willenbrock einen Zweierfächer schießen, der voll im Ziel lag. Ein gewaltiger Qualmpilz stieg über dem ständig tiefer sackenden Tanker in die Höhe. Detonationen kündigten sein Ende an. Nach einer Kesselexplosion flog die Brücke wie ein Kinderspielzeug durch die Luft. Dann brach der Tanker auseinander.

Eine Stunde nach Mitternacht wurde Lehmann-Willenbrock wieder auf den Turm gerufen. Die Brückenwache hatte wieder einen Einzelfahrer gesichtet und Lehmann-Willenbrock sprach ihn als „guten Sechstausender" an.

Im Überwasserangriff schlossen sie heran. Die hoch gehende See überschüttete die Brückenwache mit glasgrünen Brechern. Der harte Ostwind pfiff mit Stärke acht. Der über die Wellenberge hinwegjagende Schaum flatterte ihnen in die Gesichter. Dennoch hatten sie den Gegner gesichtet. Der Torpedo traf das Schiff mittschiffs und brachte es binnen weniger Minuten zum Sinken. Es war die »Black Osprey« mit 5589 BRT.

Als Heinrich Lehmann-Willenbrock am 22. Februar seine notwendigen Ergänzungseintragungen in KTB machte und die beiden Tanker und den Dampfer nachtrug, wurde er plötzlich auf den Turm gerufen. Er griff zur Kaffeetasse, schwappte den Rest darin hinunter, schnappte nach seiner Mütze und eilte mit Riesenschritten durch die Zentrale. Er erreichte den Fuß des Niederganges zum Turm und schrie sein „Aufwärts!", damit ihm keiner von oben her auf den Kopf trat. Sekunden später, sich mit gewohntem Schwung durch das Kugelschott schwingend, stand er auf dem Turm.

„Tanker, Herr Kaleunt", meldete der II. Wachoffizier.

„Auf Gefechtsstationen. Boot greift diesen Tanker an", entschied der Kommandant nach einen Blick durch das Fernglas, das ihm der II.W.O. bereithielt.

Wieder lief die gesamte Angriffsabfolge, in die jeder Mann im Boot eingebunden war, wie ein Uhrwerk ab.

„Mindestens 7000-Tonner, Herr Kaleunt!" meinte der II.W.O.. Der Kommandant nickte. Das Boot ging nun mit beiden Dieseln AK voraus und gewann rasch den nötigen Vorlauf, denn dieser Gegner war ein älterer Dampftanker und entsprechend langsamer als seine neuen Schwestern. Dann gingen sie auf Tiefe, weil sie sonst zu früh gesehen werden würden.

Im Unterwassermarsch drehten sie auf diesen Gegner ein.

„Rohr I und II klar zum Unterwasserschuß!" befahl der Kommandant. Der nächste Befehl ließ beide Torpedos hinauszischen. Preßluft der Ausstoßpatronen wölkte in den Bugraum hinein und dann wurden wieder die Sekunden gezählt; aber zwei Sekunden vor der berechneten Laufzeit sah Lehmann-Willenbrock die beiden Trefferfontänen am Gegner emporsteigen.

---

* Warnruffolge für „Submarine".

„Treffer mittschiffs und Achterkante Brücke", gab er der wartenden Besatzung bekannt. Die »Scottish Standard«, 6999 BRT, sank.

Durch das ausgefahrene Sehrohr sichtete der Kommandant nun einen Zerstörer, der offenbar vorher auf der anderen Seite des Schiffes gelaufen war. Das Boot ging mit Alarm tiefer in die See hinunter. Einige Wasserbomben fielen, doch sie wühlten weitab die See auf.

Später wurde bekannt, daß dieser Tanker bereits am Vortage von der I./Kampfgeschwader 40 angegriffen und getroffen worden war und nun mit kleiner Fahrtstufe mit letzter Kraft einen Hafen zu erreichen versucht hatte.

Am 23. 2. sichtete der I. Wachoffizier den Geleitzug OB 288, der von Liverpool »Outward« nach Nordamerika unterwegs war.

Der Kommandant ließ eine Sichtmeldung an den BdU tasten. Ein FT-Spruch von Admiral Dönitz gab den Angriff ab 21.00 Uhr frei. Bis zu dieser Zeit würden sich mehrere U-Boote herangearbeitet haben.

Das Boot setzte eine Reihe Peilzeichen ab und wiederholte dies alle zwei Stunden, um den Kameradenbooten den richtigen Kurs zu weisen. Dann tasteten sie den Standort durch.

Um 20.55 Uhr durchbrach U 96, inzwischen auf Sehrohrtiefe hinuntergegangen, die Wasseroberfläche. Der Kommandant ließ die UZO auf den Turm heraufreichen und auf die Zielsäule aufsetzen. Der I.W.O. nahm in seiner Eigenschaft als Torpedooffizier hinter der UZO Aufstellung und gab die ersten Daten für den Torpedorechner durch.

Ein großer Dampfer lief in die Visiereinrichtung hinein. Er gewann die richtige Lage und der Zielgeber meldete dies. Die Rohre waren zum Schuß klargemacht worden.

Der geschossene Zweierfächer stoppte die »Huntingdon«, einen Briten mit 10 946 BRT. Der Dampfer verlor rasch an Fahrt und lag wenig später schon sehr tief in der See. Seenotraketen und Buntsternschüsse stiegen in den Nachthimmel.

Eine Korvette näherte sich U 96. Eine Ruderkorrektur ließ das Boot herumgehen. Der Geleitzug brach zur Seite aus und vollführte einen unkontrollierten Schwenk. Dies war gut so, denn nun teilten sich auch die Geleitzerstörer in der Aufgabe, die einzelnen Gruppen wieder zusammenzuholen.

Dies war die Chance für U 96, noch einmal zum Schuß zu kommen. Doch dieser Schuß ging vorbei, weil der Gegner das Boot offenbar gesehen hatte. Erst in der kommenden Nacht um 2.41 Uhr kam U 96 abermals heran. Der kleine norwegische Dampfer »Svein Jarl« wurde um 1.16 Uhr des 24. 2. mit einem Einzelschuß getroffen. Der kleine Munitionstransporter flog mit einigen grellen Detonationen in die Luft. Um 2.20 Uhr erfolgte der nächste Angriff. Er galt der 5458 BRT großen »Sirikishna«, ein englischer Dampfer. Die beiden Torpedos, die in einem zeitlichen Abstand von nur vier Sekunden einschlugen, zerrissen das Schiff. Eine gewaltige Kesselexplosion tat ein übriges, so daß der Dampfer nach einer Minute für immer auf Tiefe ging.

Mit Schnelltauchen mußte U 96 verschwinden. Die Waboverfolgung durch einige Zerstörer und zwei Korvetten dauerte zwölf Stunden. Mehr als einmal stand es auf des Messers Schneide.

Die Männer der Freiwache waren vom Kommandanten auf Ruhestation geschickt worden. Sie atmeten durch Kalipatronen. Immer wieder ging Oblt. z. S. Hamm durch das Boot, um sich davon zu überzeugen, daß alles in Ordnung war.

35 der insgesamt über 100 Wasserbomben waren in der Nähe des Bootes detoniert und hatten es durchgeschüttelt. Aber U 96 war durchgekommen. Während der dicksten Waboverfolgung hatte Lehmann-Willenbrock für einige Zeit die Zentrale verlassen und war in die Kommandantenkammer gegangen, um das Kriegstagebuch zu führen. Eines stand fest: nach diesen beiden Erfolgen mußten sie den Rückmarsch antreten, weil die Aale verschossen waren.

Als das Boot wieder auftauchen konnte, ließ der Kommandant den FT-Spruch an den BdU absetzen:

„Verschossen. Insgesamt versenkt: Drei Tanker und vier Dampfer mit geschätzten 55 600 BRT.*"

Bootsmaat Zech der im Funkraum weilte, um etwas zu richten, sah dem Funkmaaten über die Schulter, als dieser den Spruch des BdU auffing. Er las den Inhalt noch vor dem Kommandanten:

„Gut geschossen, Recke, Rückmarsch antreten.**"

Er verlas in der Zentrale den Spruch des BdU und schmunzelte in sich hinein, als er den Jubel seiner Crew hörte.

Das Boot drehte auf Heimatkurs. Es sollte, wie ein nächster FT-Spruch befahl, nach St. Nazaire einlaufen, wo der BdU es begrüßen würde.

Dies wurde als gutes Omen gedeutet und vorsorglich „schneiderte" der Schmutje aus einer alten Weißblechdose ein Ritterkreuz für den Kommandanten.

Am 25. Februar 1941 meldete der Wehrmachtbericht:

„Wie bereits bekanntgegeben, griffen Unterseeboote einen stark gesicherten Geleitzug an und versenkten in zahlreichen hartnäckigen Angriffen 125 000 BRT, darunter einen zur Sicherung eingesetzten Hilfskreuzer. Der Geleitzug wurde aufgerieben.

An dem großen Erfolg der Unterseebootwaffe ist das Boot des Kapitänleutnants Lehmann-Willenbrock mit 55 600 BRT hervorragend beteiligt. Kapitänleutnant Lehmann-Willenbrock hat damit in kurzer Zeit 125 580 BRT feindlichen Handelsschiffsraumes vernichtet."

Bereits am 14. Dezember 1940 war der „Recke" erstmals im Wehrmachtbericht genannt worden, als er mit sechs Versenkungserfolgen eingelaufen war.

Am 26. Februar ging ein FT-Spruch des BdU ein, der Lehmann-Willenbrock davon in Kenntnis setzte, das Hitler ihm das Ritterkreuz verliehen habe.

Nunmehr hängte der Zentralemaat das „selbstgeschneiderte" RK dem Kommandanten um.

Am 28. 2. 1941 lief U 96 in St. Nazaire ein und am anderen Morgen erstattete Lehmann-Willenbrock dem BdU Bericht. Er saß am Lagetisch in der Operationsabteilung. Als ihn Dönitz fragte, was er sich am meisten für sein Boot wünsche, antwortete Lehmann-Willenbrock:

„Einen Torpedo müßten wir haben, Herr Admiral, mit dem wir auch die schnellsten Zerstörer treffen könnten. Ein ganz besonderer Aal, gewissermaßen ein 'Zerstörerknacker'."

---

* Diese Meldung stimmte nicht ganz, denn die Gesamttonnage belief sich auf 49 490 BRT. Um diese Differenz waren zwei der Schiffe, deren Tonnage nicht exakt eruiert werden konnte, geringer gewesen.

** Als „Recke" war Heinrich Lehmann-Willenbrock bei seinen Kameraden bekannt.

Admiral Dönitz nickte. Ein solcher Torpedo war bereits in der Entwicklung, der T-5, aber es sollte noch lange dauern, bevor er zur Front kam.

Hier in der Operationsabteilung des BdU in Kerneval schilderte der Kommandant von U 96 auch die Zähigkeit der Feindschiffe, die beispielsweise für ein einziges Schiff vier (!) Torpedos notwendig machten.

„Da sehen Sie wieder", wandte sich der BdU an die Offiziere seines Stabes: „Vier Torpedos für ein Schiff! Es fehlt uns noch immer die das Rückgrat der Schiffe brechende Abstandspistole. Bei der verwendeten Aufschlagzündung reicht die zerstörende Wirkung der Torpedos nicht aus."

In die Beurteilung zum KTB des Kommandanten schrieb Admiral Dönitz nur zwei Worte:

„Ausgezeichnete Unternehmung!"

Am 12. 4. 1941 war U 96 wieder klar zum Auslaufen. Die in drei Törns in den Urlaub gefahrene Besatzung war zurückgekehrt. Für Oblt. z. S. Horst Hamm schlug die Abschiedsstunde. Er sollte mit U 562 ein eigenes Boot übernehmen, mit dem er einige aufsehenerregende Erfolge erzielte.

Das neue Operationsgebiet des Bootes hieß Island und der Nordkanal, einer der erfolgreichsten, aber auch gefährlichsten Jagdgründe der deutschen U-Boote.

Hier, direkt vor der Haustür des Gegners, waren nicht nur alle Geleitzüge, sondern auch die Einzelfahrer bestmöglich gesichert. Hinzu kam die lückenlose Überwachung aus der Luft durch die Flugzeuge des Coastal Commands.

In diese Hölle fuhr U 96 hinein. Die Männer wußten, was ihrer dort harrte, aber sie vertrauten ihrem Skipper. Sie wußten, wenn sie einer hier heil durchbringen konnte, dann war es ihr „Recke".

Gegner der U-Boote waren die Geleitfahrzeuge. Hier die »Kite«, die Wasserbomben geworfen hat.

Am Morgen des 28. 4. 1941 wurde das erste Schiff entdeckt, dann trat ein Geleitzug über die Kimm. Es waren alles „dicke Pötte" und es sah so aus, als sei dieser Geleitzug besonders wichtig. Später sollte sich herausstellen, daß es sich um den HK 221 handelte, der von Halifax nach England geleitet wurde. Die Sicherung war sehr stark, dennoch lief U 96 im Tages-Unterwasserangriff heran. Das Boot wurde von Zerstörern abgedrängt, von denen einer eine Asdic-Ortungsanlage an Bord hatte, wie das „pinken" der auftreffenden Ortungsstrahlen bewies.

Das Boot glitt nach dem Auswandern der Schraubengeräusche wieder auf den Konvoi zu. Am Nachmittag war es nahe genug herangeschlossen. Dennoch dauerte es bis 19.24 Uhr bevor der Zweier-Fächerschuß lief.

Der riesige Tanker wurde von beiden Aalen beinahe mittschiffs getroffen. Es war der damals supermoderne norwegische Motortanker »Caledonia«, mit 9892 BRT eine begehrte Beute.

Die »Caledonia« stoppte unmittelbar nach dem Aufbranden der beiden Treffer und nun war die Hölle los. Die ganze Mahalla schoß Leuchtraketen, die »Caledonia« feuerte einige Seenotraketen und dann eröffneten die herbeilaufenden Zerstörer das Feuer mit Leuchtgranaten, mit denen sie die ungefähre Richtung zum deutschen U-Boot abstreuten.

Unmittelbar nach diesem Fächerschuß hatte Lehmann-Willenbrock den nächsten Zweierfächer auf einen weiteren Dampfer geschossen und mit einem Einzelschuß einen Dampfer von geschätzten 6000 BRT aufs Korn genommen.

Dieser Fächer traf die 8516 BRT große »Oilfield«, ebenfalls ein moderner Tanker, der unter britischer Flagge lief.

Auch der Tanker wurde voll getroffen und lag eine Minute nach den Treffern unbeweglich und brennend auf der See. Mit heulenden Dampfsirenen ging die »Oilfield« auf Tiefe. Während das Gros der Geleitschiffe die Schiffbrüchigen auffischte, drehten einige Zerstörer auf U 96 ein und zwangen das Boot zum Wegdrehen und Ablaufen. Die dritte Schußabgabe brachte nichts. Nach langer Laufzeit wurde nur ein Endstreckendetonierer gehorcht.

Die neunstündige Verfolgungsjagd auf U 96 verlief wie in einem Alptraum. Das Boot erlitt eine Reihe Schäden, die aber in der kommenden Nacht, als es wieder auftauchen konnte, beseitigt wurden.

Der Konvoi aber war entkommen. Neben U 96 hatte nur U 552 unter Kptlt. Topp Erfolg, als es den Tanker »Capulet« mit 8.190 BRT torpedierte und in Brand setzte. Der Versenkungserfolg für diesen Tanker aber mußte U 201, Kptlt. Adalbert Schnee zugeschrieben werden, der dieses Schiff am 2. 5. 1941 fand und versenkte.

Für U 96 folgte eine lange Zeit der Untätigkeit. Erst am 19. Mai wurde mit der nur 2922 BRT großen »Empire Ridge« das letzte Schiff dieser Feindfahrt versenkt. U 96 trat den Rückmarsch nach St. Nazaire an. Die Gesamttonnage belief sich auf 30 227 BRT und Admiral Dönitz schrieb wiederum in das KTB des Bootes: „Eine ausgezeichnete Unternehmung – Sehr guter Erfolg."

Am 20. Mai 1941 gab der Wehrmachtbericht bekannt:

„Ein Unterseeboot unter Führung von Kapitänleutnant Lehmann-Willenbrock versenkte aus Geleitzügen britische Tankschiffe mit insgesamt 33 000 BRT."

Das Boot hatte wiederum 6436 Seemeilen zurückgelegt.

Die fünfte Unternehmung verlief nicht weniger dramatisch. Am 16. Juni 1941 lief U 96 in Richtung Mittelatlantik aus. Hier sollte der Nachschub für Afrika unterbunden werden.

Am 5. Juli kam ein großer Konvoi in Sicht. Das Boot griff trotz der starken Bewacherkette sofort an. Den ersten Angriff wies ein Zerstörerpulk der Backbordsicherung ab. Erst im zweiten Anlauf kam das Boot in Schußposition.

„Wir greifen einen großen Transporter an. Der verdient einen Viererfächer."

Wenig später gingen sie auf Sehrohrtiefe hinunter, denn inzwischen war es taghell geworden und die Bewacher würden nicht lange fackeln.

Sie kamen gut in Position. Mit nur wenigen Sekunden Abstand jagten die vier Torpedos durch die See auf den großen Dampfer zu, den Lehmann-Willenbrock beinahe exakt auf 12 000 BRT schätzte. Ein Einzelschuß aus dem Heckrohr folgte. Er war auf eine dahinter gestaffelte Großyacht gerichtet.

Mit dem Aufbrennen der Torpedodetonationen wurde das Boot sofort gejagt und auf 170 Meter Tiefe gedrückt. Der Kommandant glaubte, den 12 000-Tonner und das Vermessungsschiff »Challenger« getroffen zu haben. Tatsächlich trafen beide Torpedos nur das 5954 BRT-Schiff »St. Anselm«.

Die »St. Anselm« war bis unter die Lukendeckel voller Munition und barst in einem wahren Feuerwerk auseinander.

Vor angreifenden Zerstörern mußte das Boot mit Alarmtauchen auf Tiefe gehen. Die ersten Wasserbomben fielen genau über dem Heck des Bootes und ließen es weit herumgieren. Mit AK und „beide Tiefenruder hart unten" ging U 96 in die Tiefe. Als das vordere Tiefenruder klemmte, wurde die Sache kritisch. Der Kommandant befahl „Zehn Mann zum Heck!" und glich dadurch die steile Vorlastigkeit aus.

Der nächste Wabofächer ließ einige Manometergläser zerknallen. Flurplatten sprangen aus den Halterungen. Wasser rauschte ins Boot. Die Schadensmeldungen liefen in der Zentrale zusammen, wo der Kommandant seine Befehle gab: eisern und nicht aus der Ruhe zu bringen. Nur so gelang es dem „Recken", das Boot aus der Gefahrenzone hinauszubringen. Die Wasserbombendetonationen klangen immer weiter entfernt, dann waren sie endgültig in Sicherheit.

Auf offener See wurden die Schäden behoben. Obermaschinist Johann-

Das massierte Feuer der Geleitfahrzeuge brachte dieses Boot in tödliche Gefahr.

sen bekam den defekten Diesel wieder hin. Das ausgefallene Funkgerät was sehr bald wieder einsatzbereit, doch in der Frühe des 6. Juli gewann Lehmann-Willenbrock Gewißheit darüber, daß die Feindfahrt abgebrochen werden mußte. Die gravierenden Schäden, die das Boot erlitten hatte, waren mit Bordmitteln nicht zu beheben. Ein FT-Spruch orientierte die Operationsabteilung des BdU und bald darauf ging für U 96 der Rückmarschbefehl ein.

Am 9. Juli lief U 96 in St. Nazaire ein. Das Boot hatte nur ein einziges feindliches Schiff versenkt.

Am 2. August 1941 lief U 96 zu seiner sechsten Feindfahrt aus. Das Boot sichtete während der 42 Seetage keinen einzigen Dampfer. Es wurde mehrfach von Feindflugzeugen angegriffen, konnte sich aber stets durch Alarmtauchen in den „Keller" retten.

Nach einer Fahrt von 6214 Seemeilen lief U 96 am 12. September wieder in St. Nazaire ein.

Dazu Admiral Dönitz:

„Die Erfolglosigkeit des Bootes fällt nicht dem bewährten Kommandanten zur Last. Die Geleitzugunternehmungen haben alle unter ungünstigen Wetterbedingungen gestanden."

Auf der siebten Feindfahrt, die in den Seeraum südlich Grönland führte, sichtete das Boot am 31. Oktober 1941 den Geleitzug OS 10 – Großbritannien – Freetown. Es war bereits dunkel geworden, als sie nahe genug herangekommen waren. Lehmann-Willenbrock ließ die UZO auf den Turm bringen, um einen Überwasserangriff zu fahren. Lt. z. S. Herrmann, der als neuer II.W.O. an Bord gekommen war, nachdem Obtl. z. S. von Roitberg sein eigenes Boot bekommen hatte, meldete sich sofort auf der Brücke.

„Gut Herrmann", meinte der Kommandant, „sehen Sie sich den Konvoi an und achten Sie auf alles, damit Sie den Laden unter Kontrolle bekommen. In zwei Stunden sind dann Sie an der Reihe, wenn Sie Ihre Wache übernehmen."

Wenig später entschied sich der Kommandant, jeweils auf einen Dampfer von geschätzten 8000 und einen von 5000 BRT abzukommen. Erst als es dunkelte, waren sie auf Schußweite herangekommen. Um 22.47 brachte der erste Aal dieser Feindfahrt den niederländischen Dampfer »Bennekom« mit 5998 BRT zur Strecke. Der zweite Dampfer, eine Minute später beschossen, erhielt ebenfalls einen Treffer und geriet in Brand. Die Besatzung fierte die Boote.

Während die »Bennekom« rasch sank, hielt sich der zweite Dampfer, der brennend auf See lag, hartnäckig an der Oberfläche. Und U 96 wurde unter Wasser gedrückt. Als es nach Stunden wieder auftauchte, schwamm der brennende Dampfer noch immer. An einen Fangschuß war angesichts der herumwimmelnden Geleitfahrzeuge nicht zu denken.

Das Boot lief ab und nahm die weitere Verfolgung des Konvois auf. Am Morgen des 1. November erhielt es Fühlung und meldete Standort und Richtung sowie Zahl und die Geschwindigkeit der gesichteten Schiffe. Die ersten Boote kamen heran, wurden aber ebenso wie U 96 abgedrängt. Sie kamen am 3. November auf den SC 52 und 53s zum Schuß und versenkten einige Schiffe aus diesem Geleit, das von Sydney nach England unterwegs war.

Bis zum 4. 11. hatte U 96 die Fühlung mit dem Konvoi verloren. Auch ein Angriff auf den nächsten Konvoi schlug fehl. Vor der nordwestafrikanischen Küste wurde das Boot von einem Flugzeug schwer bebombt. Alle Kreiseltöchter fielen aus, dazu die E-Maschinen, sogar ein Riß im Druckkörper wurde gemeldet.

Lehmann-Willenbrock ließ am späten Abend des 1. Dezember auftauchen. Das Boot war viel zu schwer geworden, weil die Lenzpumpen den laufenden Wassereinstrom nicht bewältigten.

Es gelang dem Kommandanten, das von Bewachern umstellte Boot noch in dieser Nacht im Überwassermarsch aus der Gefahrenzone zu bringen und dann auf freier See den Schaden zu melden, der den Rückmarsch notwendig machte.

Am 6. Dezember lief das Boot in St. Nazaire ein. Auf der Werft wurden 110 schadhafte Stellen am und im Boot gefunden. U 96 war noch einmal davongekommen.

Am 31. Januar 1942 legte U 96 zu seiner achten Feindfahrt an die Nordostküste Amerikas mit Operationsziel Nova Scotia ab. Es gehörte zur dritten Welle, die vor der Ostküste der USA operierte.

Tagelang durch dichten Nebel laufend, sichtete der Ausguck am 19. Februar Backbord querab eine Rauchsäule. Der Kommandant enterte auf den Turm und befahl nach einem Rundblick: „Gefechtsstationen! – Boot greift an!"

Um 23.29 Uhr gab Lehmann-Willenbrock den Befehl zur Schußabgabe. Der Zweierfächer traf das 7965 BRT große britische Motorschiff »Empire Seal« tödlich. Nach genau zwölf Minuten war es, auf ebenem Kiel reitend, in der See verschwunden.

Am folgenden Tage wurde um 4.53 Uhr das US-Motorschiff »Lake Osweya« mit 2398 BRT mit einem Einzelschuß versenkt und am 22. 2. um 2.44 Uhr ging der „lütte" Norweger »Torungen« mit 1948 BRT auf Tiefe. Am Abend dieses Tages kam ein moderner britischer Motortanker in Sicht. Es war die 8888 BRT große »Kars«, die in Brand geschossen wurde. Das in die See ausgelaufene Öl breitete sich als riesiger Flammenteppich aus.

U 96 setzte sich im dichten Nebel weiter nach Süden in Richtung nach Cap Cod und zum Golf von Maine hin ab. Dort sollte der von und nach Boston laufende Schiffsverkehr erfaßt werden.

Es wurde kalt. Bald herrschten im Boot 5 Grad minus und auf der Brücke 15 Grad unter Null. Der Eisansatz wurde so groß, daß das Boot zum Abtauen auf 60 Meter Tiefe hinuntergehen mußte.

Ein Blizzard wurde größtenteils im Unterwassermarsch durchlaufen. Vorher waren bereits die Antenne und der Netzabweiser von den Sturmböen abgerissen worden.

Kurz nach dem Wiederauftauchen wurde U 96 von einem US-Flugboot bebombt. Es lief zwei Stunden lang im Unterwassermarsch weiter, ehe es auftauchte.

Die nächsten Tage und Wochen verliefen ereignislos. Erst am 9. März 1942 kam U 96 zum Schuß auf das norwegische Motorschiff »Tyr« mit 4265 BRT, das mit einem Zweierfächer versenkt wurde.

Am Tage darauf meldete der neue Leitende Ingenieur, Oblt. (Ing.) Dengel, daß das Boot nur noch sparsame Marschfahrt laufen könne, wenn es mit dem noch vorhandenen Treiböl heimkommen wolle.

Das Boot meldete, erhielt den Rückmarschbefehl und erreichte am 23. März 1942 den Einlaufweg nach St. Nazaire. Hier nahm der Funkmaat einen FT-Spruch des BdU auf, der anzeigte, daß dem Kommandanten von

U 96 als 51. Soldaten der Wehrmacht das Eichenlaub zum Ritterkreuz verliehen worden sei.

Nach einer sagenhaften Fahrt von 8018 Seemeilen, kehrte U 96 mit fünf Versenkungswimpeln in seinen Stützpunkt zurück. Hier erfuhr Lehmann-Willenbrock, daß er den Befehl über die 9. U-Flottille in Brest übernehmen solle.

Am 1. 2. 1943 erfolgte seine Beförderung zum Korvettenkapitän. In der 9. U-Flottille, die zeitweise über 40 (!) Boote verfügte, war es KKpt. Lehmann-Willenbrock, der eisern auf Disziplin und Ordnung sah. Als Ende August 1944, nach einigen Bombenangriffen auf den Stützpunkt, auch für diese Flottille das Ende gekommen und Brest von fünf Divisionen das VIII. US-Korps eingeschlossen worden war, gelang es Lehmann-Willenbrock mit einer Crew ausgefuchster Werftarbeiter, das wracke U-Boot U 256 wieder klar zu machen und mit diesem letzten Boot aus Brest auszubrechen.

Am 4. September 1944 lief U 256 zur Überführungsfahrt nach Norwegen aus. In einer 45tägigen Odyssee erreichte das Boot Bergen, wo Lehmann-Willenbrock, am 1. Dezember 1944 zum Fregattenkapitän befördert, die 11. U-Flottille übernahm. Hierher war im Oktober des Jahres auch der Führer der U-Boote-West, Kpt. z. S. Rösing, übergesiedelt. Die 11. und 13. U-Flottille in Bergen und Drontheim waren die letzten, die noch bis zum 1. Mai 1945 ausliefen und letzte Versenkungserfolge erzielten. Am 8. Mai 1945 verabschiedete Lehmann-Willenbrock seine Offiziere und Soldaten mit einem letzten Appell. Er sicherte noch die Versenkung der Torpedos in See und ließ nach einer letzten Flaggenparade Flagge und Wimpel niederholen.

Heinrich Lehmann-Willenbrock blieb auch nach dem Krieg Seemann. Er besuchte nach der Entlassung aus der Kriegsgefangenschaft die Bremer Seefahrtschule und erwarb im Juni 1946 das Patent A 5 als Seesteuermann. Als II. Offizier musterte er auf einen Viermastschoner an. Im Oktober wurde er nach Beschlagnahmung dieses Schiffes Leiter der Schiffshebeabteilung Rheinland-Pfalz. Im Februar 1948 siedelte er nach Hamburg über. Mit drei Kameraden baute er die »Magellan«, ein Boot von 13,7 m Länge, mit dem die vier Seeleute von der Werft in Brake an der Weser nach Madeira liefen. Von dort ging es über Las Palmas bis nach Rio de Janeiro weiter, das am Abend des 6. Dezember erreicht wurde. Weiter ging es nach Buenos Aires, wo das Boot am 4. Januar 1950 in der Darsena Norte, vor dem Jachtclub „Argentino", anlegte. Es hatte bis dahin 7864 Seemeilen (14 531 km) zurückgelegt und an 75 Tagen in See gestanden.

Konteradmiral von Rentzell, Präsident des Jachtclubs „Argentio", verschaffte Lehmann-Willenbrock eine Einladung zur Teilnahme an einer großen Regatta, die Lehmann-Willenbrock als siebter durchmaß.

In die Heimat zurückgekehrt, machte Lehmann-Willenbrock noch das Patent – A 6 – des Kapitäns auf großer Fahrt. Er wurde nun für große Firmen tätig und führte riesige Schiffe über die Weltmeere und blieb immer das, was er zeit seines Lebens war: ein Seemann.

Versenkungsliste von U 96
unter Kapitänleutnant Heinrich Lehmann-Willenbrock

11.12.40	15.12	brD	»Rotorua«	10.890	58.56 N/11.20 W
11.12.40	20.52	nlD	»Towa«	5.419	55.50 N/10.10 W
12.12.40	01.56	swM	»Stureholm«	4.575	Nordatlantik
12.12.40	04.31	beD	»Macedonier«	5.227	57.52 N/08.42 W
14.12.40	08.55	brM	»Western Prince«	10.926	59.32 N/17.47 W
18.12.40	16.15	nlMT	»Pendrecht« =	10.746	59.05 N/17.47 W
16.01.41	03.56	brD	»Oropesa«	14.118	56.28 N/12.–– W
17.01.41	07.45	brD	»Almeda Star«	14.935	58.16 N/13.40 W
13.02.41	15.08	brMT	»Clea«	8.074	NW-Approaches
13.02.41	19.50	brMT	»Arthur F. Corwin«	10.516	60.25 N/17.11 W
18.02.41	02.27	brD	»Black Osprey«	5.589	61.30 N/18.10 W
22.02.41	15.49	brDT	»Scottish Standard«	6.999	59.20 N/16.12 W
23.02.41	23.27	brD	»Huntingdon«	10.946	58.25 N/20.33 W
24.02.41	01.16	nwD	»Svein Jarl«	1.908	59.30 N/21.–– W
24.02.41	02.20	brD	»Sirikishna«	5.458	58.–– N/21.–– W
28.04.41	19.24	nwMT	»Caledonia«	9.892	60.03 N/16.10 W
28.04.41	19.25	brMT	»Oilfield«	8.516	60.05 N/17.–– W
28.04.41	– – –	brD	»Port Hardy«	8.897	60.14 N/15.20 W
19.05.41	03.25	brD	»Empire Ridge«	2.922	90 m W Bloody Foreland
05.07.41	08.29	brD	»Anselm«	5.954	44.25 N/28.35 W
31.10.41	22.47	nlD	»Bennekom«	5.998	51.20 N/51.50 W
19.02.42	23.29	brM	»Empire Seal«	7.965	43.14 N/64.45 W
20.02.42	04.35	amM	»Lake Osweya«	2.398	43.14 N/64.45 W
22.02.42	02.44	nwD	»Torungen«	1.948	44.00 N/63.30 W
22.02.42	22.57	brMT	»Kars«	8.888	44.15 N/63.25 W
09.03.42	21.09	nwM	»Tyr«	4.265	43.40 N/61.10 W

Gesamterfolge:
25 Schiffe mit 183.253 BRT versenkt
= 1 Schiff mit 10.746 BRT torpediert

Fregattenkapitän

Günter Hessler

G ünter Hessler wurde am 14. Juni 1909 in Beerfelde im Kreise Lebus
geboren. Am 5. April 1927 trat er in die damalige Reichsmarine ein
und absolvierte in der 2. Abteilung der Schiffsstammdivision Stralsund die
Grundausbildung.

Als Seekadett machte er drei Monate später seine Reise auf dem Segelschulschiff »Niobe«. Vom 1. September 1927 bis zum 17. März 1929 war
der junge Seekadett an Bord des Kreuzers »Berlin«, auf dem er die unvergeßlichen Auslandsreisen nach Ostasien, Australien und Indien erlebte.

Zur Marineschule Flensburg-Mürwik kommandiert, wurde er am
1. April 1929 zum Fähnrich z. See befördert. Ausbildungskurse an Land
und an Bord folgten. Auf dem Linienschiff »Schlesien« wurde Hessler am
1. Juni 1931 Oberfähnrich z. See und am 1. Oktober 1931 Leutnant z. See
und Wachoffizier.

Nach einer Kommandierung in den Stab der Marinestation der Nordsee
und zu Marineartilleriekursen erhielt Hessler – inzwischen schon Oberleutnant – am 24. September 1934 ein Bordkommando als Wachoffizier
auf dem Torpedoboot »Greif« der 4. Halbflottille und wurde am 1. Oktober
1936 zum Kapitänleutnant befördert. Einen Tag darauf erhielt er ein Kommando als Wachoffizier auf dem Aviso »Grille« bis zum 29. März 1938.
Nach anschließender zweimonatiger Zugehörigkeit zum Besatzungsstamm
der »Gneisenau« wurde er Kadetten-Ausbildungsoffizier auf dem Linien-

schiff »Schlesien«. Das Schulschiff lief nach Westindien und zur Nordküste Südamerikas.

Der 27. März 1939 sollte ein besonderer Tag in der militärischen Laufbahn des jungen Seeoffiziers werden. An diesem Tage wurde er Kommandant eines eigenen Bootes: des Torpodobootes »Falke«.

Als Kommandant von »Falke« erlebte Hessler den Kriegsbeginn. Die Einsatzfahrten zum Minenlegen in der Nordsee und Geleitfahrten wechselten sich ab. Am 31. März 1940 übergab Hessler sein Boot und meldete sich zu den U-Booten. Der Chef der Flottille, Korvettenkapitän Heyke, schrieb am 27. November 1939 in der Beurteilung des jungen Offiziers:

„Kapitänleutnant Hessler trat nach Indienststellung des Bootes mit neuer Besatzung zum bereits eingefahrenen Flottillenverband. Trotz dieser Schwierigkeit hat er sich und das Boot schnell und sicher und sehr gut in die gestellten Aufgaben hineingefunden und sein Boot taktisch, seemännisch und navigatorisch mit Umsicht und großem Geschick geführt. –

Trotz der erst sehr kurzen Fahrzeit als Kommandant würde ich ihm auf Grund seiner sehr guten Veranlagung bereits jetzt die Befähigung zum Flottillenchef zuerkennen. Ein durchaus tüchtiger Offizier, der sich voll bewährt hat. Geeignet als Chef einer T- oder S-Boots-Flottille, zum Zerstörerkommandanten und als Ausbilder, Erzieher in besonderer Verwendung und zur Verwendung in Stäben.“

Aber Hessler ging zur U-Boot-Waffe. Daß er als Wachoffizier und Kommandant von Torpedobooten mit der Torpedowaffe mehr als vertraut war, ermöglichte später die Großzahl der Versenkungen durch Einzelschüsse.

Er durchlief die Ausbildungszeit an Land und an Bord und stellte am 8. Oktober 1940 bei der Deschimag AG in Bremen das IX-B-Boot U 107 als Kommandant in Dienst. Am 12. Oktober legte das Boot ab, lief mit dem Sperrgeleit bis Brunsbüttel und von dort nach Kiel, wo vom 14. bis 18. Oktober die Erprobung durchgeführt wurde. Anschließend ging das Boot noch einmal zum Umballasten ins Dock. Vom 21. bis 26. Oktober erfolgte die zweite Erprobung.

Am 26. Oktober marschierte U 107 in achtstündiger AK-Fahrt nach Danzig. In der Danziger Bucht wurden Erprobungs- und Einzelübungen durchgeführt. Das Torpedoschießen in Gotenhafen beim Torpedo-Erprobungskommando schloß sich an.

Am 15. November 1940 lief das Boot von Gotenhafen nach Memel. Bei der 25. U-Flottille erfolgten nochmals Einzelübungen und eine Torepdoübung und als Krönung all dessen zwischen dem 2. und 15. Dezember die Taktische Übung. Am 20. Dezember machte U 107 in Wilhelmshaven fest. Hier wurden die Restarbeiten durchgeführt, und am 21. Januar 1941 begann die Ausrüstung zur ersten Feindfahrt.

Am 24. Januar lief U 107 aus. Nach dem Prüfungstauchen auf Schillig-Reede ging das Boot nach Helgoland, von wo es kurz nach Mitternacht im Schneetreiben unter Sperrgeleit bis Punkt A geleitet wurde und von dort aus allein den Weitermarsch fortsetzte. Am 28. Januar wurde das vereinbarte Kurzsignal gegeben:

„Habe Nordsee in 60 Grad 50 Minuten passiert."

U 107 erreichte am 31. Januar den Angriffsraum. Am folgenden Tage frischte der Wind von Stärke 4 auf 8 auf, mit Böen von 9 bis 10. Bei der sehr hohen Dünung war ein Waffeneinsatz nur noch beschränkt möglich.

Zwei Tage später wurde am Nachmittag eine Rauchwolke gesichtet. Es war ein Zickzack-Kurs steuernder Einzelfahrer. In der Dunkelheit begann U 107 seinen ersten Angriff. Kurz vor dem Schuß zackte der Dampfer jedoch ab. Erneut setzte sich das Boot vor, und um 00.19 Uhr des 3. Februar fiel der Einzelschuß aus Rohr I. Doch er ging vorbei.

An der Backbordseite aufdampfend, setzte sich U 107 zum dritten Male vor. Aus einer Entfernung von 500 Metern erwischte der Aal den Dampfer unter der Brücke. Eine riesige Qualmwolke hüllte das Boot ein. Zwei Minuten fuhr es blind durch die Rauchwand, durch die Seenotraketen zischten und ab und zu ein Scheinwerfersignal aufleuchtete. Das Boot wartete in der Nähe. Der Fangschuß aus Rohr V traf 20 hinten. Nun sank die »Empire Citizen« (4683 BRT)* sehr schnell über den Achtersteven.

Mit Kurs 130 Grad lief U 107 zur Südkante seines Angriffsraumes weiter und sichtete noch am Abend des gleichen Tages einen Konvoi, bestehend aus zehn Dampfern und zwei oder drei Zerstörern. Das Boot funkte Kurzsignal an den BdU:

„Geleitzug in Sicht Qu. AL 0264. Feind steuert Südwestkurs. – U 107 –."

Durch die grobe See wurde das Vorsetzmanöver sehr erschwert. Bereits bei langsamer Fahrt kamen Brecher über. Da gegen die See nicht mehr geschossen werden konnte, versuchte Kapitänleutnant Hessler, die Luvseite des Konvois zu erreichen. Vom Geleit war nur noch die Spitzengruppe zu sehen, die aus einem Dampfer und zwei Zerstörern bestand.

U 107 griff an. Der Einzelschuß traf den 7000 Tonnen-Frachter in den Maschinenraum. Unter dem Leuchtgranatenfeuer der Zerstörer lief U 107 ab. Wenig später wurde eine Detonation gehorcht. Sie kam von der »Crispin«, die hier sank.

Zwei Stunden dauerte das LG-Schießen der Zerstörer. Vom Konvoi war nichts mehr zu sehen. Das Boot machte kurz nach Mitternacht des 4. Februar eine FT-Meldung an den BdU:

„Geleitzug aufgelöst, abgedrängt und Fühlung verloren. Ein 7000-Tonner, gestern »Empire Citizen«. Qu. 0249 Südwestkurs. – U 107 –."

Die Suche nach dem Geleit wurde fortgesetzt. Gegen Mittag, als der dichte Nebel einmal aufriß, bemerkte der Kommandant einen Zerstörer in Lage Null. Er ließ mit großer Fahrt einen Zack schlagen und schüttelte so den Gegner ab. Als eine Stunde später die Nebelwand an Steuerbord auf-

---

* Ehemaliges deutsches Schiff, das die Briten aufbrachten und für sich in Dienst stellten.

U 107 hat wieder zugeschlagen.

riß, wurde der Zerstörer abermals gesichtet. Mit Hartruder drehte U 107 nach Backbord und lief ab.

Um 14.22 Uhr wurde auch an Backbord ein Zerstörer gesichtet, der 2500 Meter entfernt stand und in Lage Null auf das Boot zulief. Mit Alarmtauchen ging es nach unten. Durch das Sehrohr beobachtete Hessler den Zerstörer, der in 1500 Meter, Lage 10 Grad, mit hoher Fahrt anlief.

„Auf 50 Meter gehen! Horchfahrt!" befahl er, in der Annahme, daß der Zerstörer sie unbedingt gesehen haben mußte.

Doch der Zerstörer hatte sie nicht bemerkt. Er lief weiter, ohne Wabos zu werfen.

Die nächsten zwei Tage verliefen ergebnislos. Das Boot mußte die Suche nach dem Konvoi aufgeben. Am 6. Februar kam in rechtweisend 350 Grad ein Einzelfahrer in Sicht. Das Boot setzte sich vor und tauchte zum Unterwasserangriff. Der Einzelschuß ergab nichts, und da das Boot gleich nach dem Losmachen gedreht hatte, kam es nicht mehr zum Schuß. Es mußte unter Wasser ablaufen, auftauchen und sich dann im Überwassermarsch erneut vorsetzen.

Genau vier Stunden nach dem ersten Aal wurde der zweite Torpedo auf die Reise geschickt. Er traf den Dampfer »Maplecourt« (3388 BRT) hinter der Maschine und ließ ihn schnell sinken.

Am 11. Februar ließ Hessler mit dem Scheinwerfer den Finnen »Tauri« anhalten, der von Petsamo nach Frabana schipperte. Er wurde als Neutraler entlassen. Auch der nächste kleine Dampfer, der am 12. Februar gesichtet wurde, konnte passieren. Mehrfach kamen in den darauffolgenden Tagen Fischlogger in Sicht. Das Boot wich ihnen aus, um sich nicht zu verraten.

Als am 19. Februar ein FT-Befehl des BdU eintraf, hofften die Männer, daß es nun bald wieder etwa zu tun gäbe. Der Spruch lautete:

„Geleitzug. – U 73, 107, 48, 96, 69, 193 am 20. 2., 12.00 Uhr, Vorpostenstreifen von Qu. AM 2111 bis Qu. AM 2377. Tiefe 6 sm, BdU."

Mit Kurs 116 Grad und großer Fahrt lief U 107 dem befohlenen Quadrat entgegen. Am Nachmittag des 20. Februar mußte das Boot vor einer Sunderland tauchen. Gegen 18.14 Uhr kam U 73 in Sicht. Morsesprüche wurden ausgetauscht, und wenige Minuten darauf erreichte U 107 die angegebene Position.

Mehrmals mußte das Boot am 21. Februar Trawlern ausweichen. Von dem Konvoi fand es nicht mal eine Rauchwolke. Am Abend wurde ein FT-Befehl des BdU abgenommen. U 73 und U 107 sollten die Suche abbrechen.

U 107 trat am 22. Februar den Rückmarsch an. Als aber um 16.34 Uhr von U 73 eine Sichtmeldung eintraf, es habe den Konvoi aufgefaßt, beschloß Kapitänleutnant Hessler, mit sparsamer Fahrt nach Norden zu laufen, um diesen Geleitzug zu erwarten. Ein am 23. Februar von U 96 eingehender Funkspruch zeigte dem Kommandanten jedoch, daß der Konvoi 50 bis 60 Seemeilen nördlicher stand, als er erwartet hatte. Der Brennstoff war bis auf 35 Tonnen verbraucht, es bestand also nur noch geringe Möglichkeit, den Konvoi zu erreichen.

Eine Sichtmeldung von der Brücke um 13.05 Uhr enthob Hessler der Überlegung, die er infolge der schlechten Brennstofflage anstellte. U 107 operierte auf den gesichteten Dampfer.

Kurz nach der Kursänderung kam U 95 in Sicht, und um 20.55 Uhr traf U 107 ein italienisches Boot, das ebenfalls auf diesen Dampfer operierte. Da der Brennstoffbestand nur noch die Verfolgung dieses Dampfers zuließ, entschloß sich Hessler, das italienische Boot auszumanövrieren.

Beide Boote drehten fast gleichzeitig zum Angriff auf. In einem Kampf um die nötigen Meter Vorsprung gelang es U 107, zuerst zum Schuß zu kommen. Um 22.42 Uhr lief der Zweierfächer. Einer der Torpedos traf den Dampfer in den Maschinenraum; er bekam 15 Grad Backbord-Schlagseite, sank jedoch nicht tiefer und setzte auch keine Boote aus. Zwei Fangschüsse ergaben nichts. Bei gestopptem Ziel war ein Vorbeischießen unmöglich. Es konnten nur Torpedoversager gewesen sein.

Sechseinhalb Stunden wurde die Jagd fortgesetzt. Die Männer auf den Stationen fieberten. Würden sie diesen Dampfer bekommen? Um 07.58 Uhr fiel der Fächerschuß aus Rohr III und IV. Eine Trefferdetonation stieg an der achteren Ladeluke hoch. Der Dampfer begann zu funken. Es war die »Manistee« (5300 BRT). U 107 lief ab, da das Sinken sicher schien. Kurs 152 Grad, Richtung Lorient. Das Boot funkte an den BdU:

„Insgesamt 4 Dampfer, 21 000 BRT. Verschossen. Qu. AL 2654. – U 107." Am 1. März 1941 machte es um 10.00 Uhr in Lorient fest. Die erste Feindfahrt war zu Ende. Kapitänleutnant Hessler, der schon am

18. November 1939 auf »Falke« das EK II erhalten hatte, wurde mit dem EK I ausgezeichnet. In der Stellungnahme des BdU heißt es über diese erste Feindfahrt:

„Wie bei den Unternehmungen anderer Boote: Torpedoversager, dazu schlechtes Wetter. Sehr gut durchdachte und durchgeführte Unternehmung, guter Erfolg. Die Zähigkeit des Kommandanten bei der Versenkung der »Manistee« ist anzuerkennen."

Vier Wochen später, am 29. März 1941, legte U 107 um 19.30 Uhr von der „Surveillent" ab und lief im Geleit mit U 94 zusammen aus. Operationsgebiet war der Seeraum der Kanaren und vor Freetown. Die Boote marschierten in den befohlenen Kampfraum, und am 7. April schrieb der Kommandant von U 107 einen Satz in das KTB, der für die Stimmung und den Kampfgeist der U-Boots-Fahrer charakteristisch war:

„Langsam wird man ungeduldig, es muß bald etwas passieren."

Einen Tag darauf passierte dann auch etwas. Gegen 04.10 Uhr kam bei heller Mondnacht ein abgeblendeter Dampfer in Sicht. U 107 mußte sofort zum Angriff tauchen und schoß einen Einzelschuß aus Rohr I, der jedoch das Ziel untersteuerte.

Auftauchend nahm das Boot die Verfolgung des unregelmäßig zackenden Gegners auf. Der zweite Einzelschuß traf vorn 30. Die »Eskdene« (3829 BRT) sackte vorn zwar tiefer, blieb aber wild funkend liegen. Beim Morgengrauen begann ein einstündiger Artilleriebeschuß. Erst nach 104 Granaten sank die »Eskdene«.

Während des Schießens zählte die Geschützbedienung 15 Frühzünder und stellte hinterher fest, daß das Rohr durch einen Rohrkrepierer vor der Wiege stark aufgebaucht war. Das Geschütz durfte also nicht mehr benutzt werden; außer zu einer letzten Verteidigung des Bootes.

Am Mittag des gleichen Tages erschien ein weiterer Dampfer. Der Einzelschuß traf ihn unter der Brücke. Innerhalb einer Minute sank die »Helena Margaretha« (3316 BRT) steil über den Vordersteven. Beim Umfahren der Untergangsstelle wurde eine Rauchfahne in der Kimm ausgemacht. Die Stimmung im Boot stieg. Ein Dampfer kam heraus. Um 23.10 Uhr erreichte U 107 die zum Angriff notwendige vorliche Stellung. Es tauchte zum Unterwasserangriff. Der erste Aal ging vorbei, aber der zweite Torpedo traf den Frachter nach 56 Sekunden Laufzeit vorn 10. Die »Harpathian« brach in der Mitte auseinander und sank.

Nachdem das Boot einen FT-Spruch an den BdU abgesetzt hatte, in dem der „feine Südverkehr" hervorgehoben wurde, meldete um 17.08 Uhr ein Ausguck Mastspitzen. Ein schnell laufender Tanker kam heraus. Er fuhr verrückte, halbkreisähnliche Zacks mit leichten Schlangenlinien. Der Anlauf zum Unterwasserangriff stellte höchste Anforderungen an die ohnehin schwierige Tiefensteuerung. Doch er gelang. Um 19.20 Uhr fiel der Fächerschuß aus Rohr V und VI.

Während der erste Torpedo vorne an der Brücke traf, detonierte der zweite 15 Meter hinter der Brücke. Im Vorschiff brennend, bekam der Tanker Schlagseite. Hessler drehte zur Backbordseite, um ihm von dort den Fangschuß zu geben. Durch das Sehrohr erkannte er, wie Boote ausgeschwungen wurden. Während des Manövers ging der Tanker wieder mit der Fahrt an, zeigte dem Boot das Heck und lief ab. An seiner Steuerbordseite schleifte ein Boot, in den Taljen hängend, im Wasser. Hessler sah, wie es von einigen Männern geslipt wurde.

„Kommandant an L.I.: Auftauchen! Boot läuft mit Gegenkurs vom Tanker ab."

„Boot ist durch!" meldete Oberleutnant (Ing.) Engler.

Der Kommandant schwang sich durch das Luk auf den Turm. Der I.W.O., der diese Wache ging, folgte. Die Brückenwache nahm ihre Stationen ein.

„Schießt mit Artillerie, Herr Kaleunt!" meldete Oberleutnant Witte.

„Sieht nicht so aus, als würden sie viel treffen, Kinder! Vati hat Nase, daß sie vorbeigeigen!"

Erleichtert sah die Brückenwache, wie die Granaten einige hundert Meter zu kurz in die See schlugen.

„Wir wiegen ihn in Sicherheit und laufen weiter ab."

Ein Maschinenkommando: Das Boot ging mit der Fahrt herauf. Um 20.17 Uhr ließ der Kommandant wieder auf Verfolgungskurs drehen.

„Funkraum an Brücke. Tanker funkt auf 600-Meter-Welle. Name ist »Duffield«. Hat nach Lloyds Register 8516 BRT."

„Genau unsere Kragenweite, Herr Kaleunt!"

"Macht mindestens zwölf Seemeilen", meldete die seemännische Nummer Eins, Oberbootsmann Seemann.

Das Rettungsboot eines von U 107 versenkten Schiffes wird versorgt.

U 107 begann mit dem Vorsetzmanöver.

„Auf der Mondseite aufdampfend kommen wir dichter ran", erklärte der Kommandant dem I.W.O. „Hinter dem hellen Mondsektor, der bei drei- bis viertausend Meter liegt, ist ein absolut dunkler Streifen."

Da der Mond erst gegen 07.24 Uhr unterging und schon um 08.30 Uhr die Morgendämmerung begann, bedeutete weiteres Warten nur ein sinnloses Vergurken des Brennstoffes. Das Boot lief zum Angriff an.

Um 03.08 Uhr fiel der gezielte Einzelschuß. Der Torpedo traf den Tanker Steuerbord mittschiffs. Eine dunkle Qualmwolke folgte der weißen Treffersäule. Die »Duffield« stoppte, nahm dann aber wieder Fahrt auf. Mit großer Fahrt lief U 107 hinterher. Der nächste Torpedo traf vorn 30. Das Vorschiff des Tankers sackte tiefer. Hessler beobachtete, wie die Besatzung in Asbestanzügen die Flammen zu löschen versuchte. Diese Tankerbesatzung war von einer Zähigkeit, die dem Kommandanten Bewunderung abnötigte. Obgleich jeden Augenblick ein weiterer Treffer hochgehen und den Tanker in die Luft jagen konnte, blieben sie auf ihrem Untersatz und versuchten, ihn klar zu bekommen.

Der Schuß aus Rohr IV, der den Tanker an der Steuerbordseite traf, ließ eine hohe Flammensäule auflodern. Eine gewaltige Qualmwolke verdeckte alles. Für Sekunden hatte Hessler den Eindruck, daß der Gegner gesunken sei, doch als sich der Qualm verzog, lag die »Duffield« noch immer auf der See. Der Torpedo aus Rohr VI traf an der Backbordseite den Maschinenraum. Der Tanker brach in zwei Teile auseinander, die rasch sanken.

Am 13. April kam U 107 auf einen weiteren Dampfer zum Schuß. In drei Anläufen wurden vier Torpedos geschossen. Sie trafen nicht. Es war der erste Dampfer, der dem Boot entkommen konnte.

Kapitänleutnant Hessler entschloß sich, zur kapverdischen Insel San Antao zu laufen und dort im Windschatten der Insel die Oberdecktorpedos umzuladen und die notwendig gewordenen Reparaturen an der Verkleidungskappe von Rohr II durchzuführen. Das Umladen war am 16. April, um 01.30 Uhr, beendet. U 107 hatte wieder vier Torpedos schußbereit.

Auf östlichem Kurs lief das Boot nördlich von San Antao, um den Schiffsverkehr nach Porto Grande festzustellen. Er erhielt am 17. April 1941 einen FT-Befehl des BdU, im Raum westlich und nördlich der Kapverden zu bleiben.

Am 21. April kam ein großer Dampfer in Sicht. Das Vorsetzmanöver begann. Die See war glatt wie ein Spiegel. Es gelang dem Kommandanten nicht, Himmel und See zu unterscheiden, die Linie der Kimm verschwamm im Dunst der Ferne. Kein Windhauch ging. Für einen Angriff hatten sie das ungünstigste Wetter, das es geben konnte. Selbst der kleine Wasserstrudel des ausgefahrenen Sehrohrs mußte weit zu sehen sein. Dennoch ließ Hessler das Boot zum Unterwasserangriff auf dieses große Schiff andrehen, das er auf 7000 BRT schätzte.

Das Sehrohr immer nur für Sekunden ausfahrend, erreichte U 107 seine

Angriffsstellung. Hessler erkannte ein 12,5-cm- und ein 7,5-cm-Geschütz auf dem Frachter, ferner zwei Fla-Maschinenwaffen.

Um 14.20 Uhr fiel der erste Schuß, der nach 33 Sekunden Laufzeit unter dem Schornstein traf. Eine Kesselexplosion erfolgte, der Dampfer verlor Fahrt und stoppte. Hinter seinem Heck durchlaufend, beobachtete Hessler, wie drei Boote gefiert wurden. Ein Teil der Besatzung blieb an Bord.

Der zweite Torpedo traf den Riesen 38 Minuten nach dem ersten Aal Backbord Mitte. Durch das kurz herausgestippte Sehrohr sah der Kommandant, wie plötzlich die Geschütze besetzt wurden und sich in Richtung auf das Sehrohr drehten. Er konnte mit der Sehrohroptik sogar den Namen des Schiffes entziffern: »Calchas«.

Bis an den Bauch im Wasser stehend, kämpften die Geschützbesatzungen gegen das gesichtete U-Boot. Die ersten Granaten schlugen sehr nahe ein.

„Sehrohr ein! Auf 20 Meter gehen!"

Das Boot ging tiefer. Dumpfe Einschläge zeigten an, daß noch immer geschossen wurde.

„Tolle Burschen!" sagte der Kommandant anerkennend. Kurz danach hörten sie die typischen Sinkgeräusche der »Calchas«, die 10 305 BRT hatte.

Als U 107 auftauchte, wurden vier Rettungsboote mit rund 100 Mann Besatzung gezählt.

Am 28. April kam der Dampfer »Wilwood« in Sicht. Da er Amerikaner war, wurde er nicht angehalten. Am Tage darauf traf der FT-Befehl des BdU ein, U 107 solle am 3. Mai aus der »Nordmark« Brennstoff und Proviant ergänzen, um dann anschließend westlich von Freetown zu laufen und dort weiterzuoperieren.

Am 30. April wurde die »Lassell« (7417 BRT) durch einen gezielten Einzelschuß versenkt. Sie sank kurz nach dem Schuß mit starken Unterwasserdetonationen.

Am 3. Mai 1941, gegen 08.00 Uhr, kam die »Nordmark« in Sicht. Nach dem ES-Austausch ging U 107 heran und stellte mittels Schlauchboot die Schleppverbindung zu dem großen Versorger her. Um 14.30 Uhr begann die Treibölübernahme, die um 18.30 Uhr beendet war. Gegen 22.30 Uhr traf auch U 105 am Treffpunkt ein.

Am kommenden Tag hatte die Besatzung von U 107 ihre kleine Sensation: Es ging törnweise zum Baden und Kinobesuch auf die »Nordmark«. Mit Kapitänleutnant Schewe, dem Kommandanten von U 105, tauschte Hessler seine Erfahrungen aus, und nach Einbruch der Dunkelheit lief U 107 ins Operationsgebiet zurück.

Am 9. Mai erfolgte bei der »Egerland« die Torpedoübernahme. Das vollbeladene Boot lag sehr tief im Wasser, und das Torpedoluk mußte immer wieder dichtgeschlagen werden, sooft ein Roller über das Boot hinweglief. Sobald ein Aal im Luk hing, war dies nicht mehr möglich. Wasser drang ins Boot.

Die Arbeit ging die ganze Nacht hindurch, und am Morgen des 10. Mai hatte U 107 wieder 14 Torpedos an Bord. Daneben wurden noch 25 Zentner Kartoffeln, Obstkonserven, Brot, Motoröl, Treiböl und Wasser übernommen. Am 11. Mai wurde die »Egerland« verlassen.

Fünf Tage später erreichte das Boot sein Operationsgebiet vor Freetown, und am gleichen Tage – dem 16. Mai – kam ein Tanker in Sicht, der die argentinische Flagge führte. Eine langwierige Verfolgung begann.

Am 17. Mai, um 00.36 Uhr, fiel der Einzelschuß aus Rohr II. In den Maschinenraum getroffen, stoppte der Tanker. Boote wurden gefiert.

„Boot läuft zum Fangschuß auf die Steuerbordseite!" befahl Günter Hessler, als er sah, daß das große Schiff nicht sinken würde.

Der Fangschuß aus dem Heckrohr traf 20 hinten. Der Tanker sackte achtern tiefer und knickte in der Höhe des achteren Mastes ein. Auftauchend ließ der Kommandant ihn mit der Zehnfünf beschießen. Obgleich wegen des vorhergegangenen Rohrkrepierers mit Granaten ohne Zündladung geschossen wurde, detonierten die Geschosse beim Tanker und rissen große Löcher in seine Bordwand. Die Brücke begann zu brennen. Als wieder eine Granate im Rohr krepierte, mußte der Kommandant das Feuer einstellen lassen.

Der Tanker sank über den Achtersteven. Da der Bug noch zehn Meter herausragte, ließ Hessler das Boot näher herangehen und mit der 2-cm-Flak Löcher in den Bug stanzen. Durch einen Rohrkrepierer wurde die Mündung des Rohres abgerissen und traf einen Mann auf der Brücke, zum

Glück nicht schwer. Der Kommandant schrieb in sein KTB:

„Was haben wir nur für Waffen! Man hat Angst davor."

Der Tanker »Marisa« (8029 BRT) aber war gesunken.

Am 18. Mai traf ein Einzelschuß aus Rohr III den Dampfer »Piako«*
(8286 BRT) nur 120 Seemeilen vor Freetown. Der Frachter funkte:

„7.43 north/15 west »Piako« torpedoed, we passed two trawlers – – –"

Nach dem zweiten Schuß brach das Heck des Dampfers ab, und er sank
über den Achtersteven.

Am 19. Mai kam ein großer Tanker in Sicht, aber das Boot kam nicht
heran. Auf verschiedenen Kursen stand U 107 in den folgenden Tagen im
Operationsgebiet auf und ab. Am 25. Mai erschien abends ein Portugiese,
der nicht angehalten wurde. Das Boot steuerte wieder Freetown an und
sichtete am Abend des 26. Mai eine Rauchsäule. Ein Dampfer mit zwei
Masten und einem dicken Schornstein kam heraus. Um 23.55 Uhr war die
vorliche Position erreicht. Da das UZO ausgefallen war, befahl Kapitänleutnant Hessler „feste Seite 20 Grad" statt „feste Seite 0". Der Schuß, der
um 00.20 Uhr des 27. Mai das Rohr verließ, ging fehl. Der Mann am Vorhalterechner hatte statt „feste Seite" 20 „Lage" 20 eingestellt!

Da der Torpedo die Oberfläche durchbrach und zweimal laut brummte,
wurde er auf dem Dampfer gehorcht, der U-Boots-Alarm gab.

„Wir passieren zu nahe, Herr Kaleunt!" Oberleutnant Krause, der
II.W.O., deutete zur Bordwand des Dampfers hinüber, die höchstens noch
80 Meter vom U-Boot entfernt war.

„Zwozentimeter Feuer frei!"

Hessler sah, wie der Dampfer stoppte. Er erkannte das Geschütz und die
7,6-cm-Flak.

„Auf die Geschütze und in die Brücke halten!"

Oberbootsmaat Seemann begann zu feuern. Das erste Magazin war heraus. Seine Ladenummer setzte das zweite ein. Auch dies wurde hinausge-
feuert. „Brücke brennt, Herr Kaleunt!"

"Munitionsmangel!" meldete die Nummer Eins.

„Ein paar Mann in den Turm! Munition mannen!"

Dieser Ruf des Kommandanten wurde von dem Kriegsberichter, der
diese Reise mitmachte, falsch verstanden. Er hörte „PK-Mann in den
Turm!"

Und da er das Schießen natürlich ebenfalls gehört hatte, schnappte er
sich seine Tonfilmkamera, packte die Kabel und begann aufzuentern.
Mitten im Turm blieb er mit seinen Kabeln und der Kamera hängen. So
sehr er auch zerrte, er kam nicht frei, sondern verhedderte sich nur noch
mehr. Von unten tobten die Munitionsmanner, die die Munition bringen
wollten.

---

* Die »Piako« hatte 6000 Tonnen Butter, 4000 Tonnen Schweinefleisch und 40 000 000 Eier
für Liverpool geladen.

Hessler sah die wilde Wuhling. Es war nötig, daß er durch eigenes Feuer den Gegner daran hintern mußte, an die Geschütze zu gelangen.

„Rudergänger!" brüllte er wild, „tret ihm auf den Kopf, hau ihn in die Zentrale runter!"

Und dann folgte noch eine Reihe kräftiger Flüche, die hier verschwiegen werden sollen, die aber der brave PK-Mann 1953 auf dem ersten U-Boots-Fahrer-Treffen in Hamburg als größte Zigarre seines Lebens bezeichnete!

Zum Glück für U 107 schoß der Dampfer nicht, sondern machte plötzlich wieder Fahrt und zackte weg.

„Heckrohre klar zum Mehrfachschuß!" befahl Hessler. Er hatte blitzschnell erkannt, daß hier der Heckanlauf die größten Chancen bot.

„Rohr V und VI – lllos!"

Die beiden Torpedos liefen. Als die Trefferdetonation emporstieg, setzte der Frachter Boote aus und gab mit FT sein „SSS". Die Entfernung von Freetown betrug nur noch 100 Seemeilen, und der Dampfer hatte schon vor einer Stunde seine erste U-Boots-Warnung gegeben.

Um 01.46 Uhr traf der Torpedo aus Rohr IV, und die »Colonial« (5108 BRT) sank nach backbord kenternd über den Achtersteven. Eine schwierige Situation war noch einmal gut ausgegangen.

Am 28. Mai sank der griechische Dampfer »Papalemos« (3748 BRT). Drei Verletzte des Schiffes wurden vom Bootsarzt behandelt. Die Besatzung, Griechen, Portugiesen und Mulatten, erhielten Zigaretten, Schokolade und etwas Proviant. Auf Täuschungskurs lief U 107 ab, um dann wieder auf den alten Kurs zu gehen.

Am 31. Mai ging die »Sire« (5664 BRT), ein schönes modernes Schiff, nach zwei Schüssen in die Tiefe.

Der 1. Juni 1941 war zugleich erster Pfingsttag. In der Morgenfrühe wußte noch niemand, daß eine Überraschung bevorstand, die leicht böse hätte ausgehen können. Gegen 11.40 Uhr wurde ein Dampfer gesichtet, der sehr schnell aus dem Dunst herauskam. Er zackte so merkwürdig, daß Kapitänleutnant Hessler kein besonderes System erkennen konnte.

Um 14.09 Uhr fiel der Zweierfächer-Schuß. Beide Torpedos trafen hinten 20, und eine ungeheure Qualmwolke verdeckte das Achterschiff des Dampfers. „Boot läuft hinter dem Heck des Dampfers durch. Liegt gestoppt, starke Schlagseite nach steuerbord."

Im Turm hinter dem Sehrohr sitzend, gab Hessler seine Wahrnehmungen an die Besatzung weiter, die wußte, daß mit diesem Schiff die 100 000-BRT-Grenze erreicht sein würde. Hart stießen Schiffstrümmer gegen das Sehrohr.

„Sehrohr ein!"

Eine Weile wartete der Kommandant. „Aus!" befahl er dann.

„Auf Backbordseite kommen Boote zu Wasser. Merkwürdig feine Leute mit schnieflich feinen weißen Päckchen. Da stinkt was!"

Günter Hessler beobachtete weiter. Durch das Luftzielsehrohr untersuchte er den Dampfer genauer.

„Vati sieht Kerle aus dem Aufbau des Signaldecks herauspeilen! An Oberdeck auch Leute versteckt. Die beiden Geschütze sind unbesetzt."

„U-Boots-Falle, Herr Kaleunt!"

"Sieht so aus, Witte! Verflixt große Verschläge vorn und achtern auf den Ladeluken; mit Klappen und Bändern. Sind bestimmt Geschütze drunter! U-Boots-Falle oder Hilfskreuzer, der seine Panic Party von Bord geschickt hat, um uns zu bluffen!"

Eine Stunde beobachtete Hessler den Gegner. Dann gab er den Befehl: „Rohr I klar zum Fangschuß! Rohr I – lllos!"

Nach 23 Sekunden Laufzeit traf der Torpedo und riß die ganze Bordwand des Schiffes auf. Einer der verdächtigen Kästen vorn flog durch die Luft, und zum Vorschein kam eine – 15-cm-Kanone!

Und auf einmal wimmelte es wieder von Leuten auf dem Dampfer, aber sie hatten jetzt keine Gelegenheit mehr, in die Boote zu gehen. Der Dampfer sank, nach backbord kenternd, über den Achtersteven. So fand die U-Boots-Falle »Alfred Jones« (5013 BRT) ihr Ende.

Am 5. und 6. Juni erschienen zwei Amerikaner, die man laufenlassen mußte. Um 22.00 Uhr des 6. Juni ging U 107 auf 270 Grad, um zum Versorgungstreff mit der »Egerland« zu laufen.

In den frühen Morgenstunden des 7. Juni wurde ein FT-Spruch von U 38 aufgefangen:

„»Egerland« Punkt Rot gesunken. Überlebende anscheinend aufgenommen. Leere Flöße und Boot. Suche bei Dunkelheit abgebrochen. Rückmarsch. Brennstoff reicht. »Esso« nicht gesehen. – U 38 –"

U 107 lief in das Operationsgebiet Freetown zurück. Eine sofortige Bestandsaufnahme ergab, daß noch für vier Wochen Proviant an Bord war.

In der hellen Mondnacht wurde ein Schatten gemeldet. Das Boot lief darauf zu. Nach über sechs Stunden kam es zum Schuß. Eine hundert Meter hohe, dünne Wassersäule stieg empor. Auftauchend wartete U 107 auf Heckschußmöglichkeit.

Der Funkraum meldete:

„Dampfer macht Notruf. 'SSS from »Adda«, torpedoed 08.30 north/ 14.39 west'."

Und gleich darauf meldete der Funkmaat auch die Antwort von Freetown: „Your distress! – Ihr Pech!"

"Das sind vielleicht Gemütsmenschen, Herr Kaleunt!" knurrte der I.W.O.

Die »Adda« (7816 BRT) sank über den Achtersteven. Damit hatte U 107 107 000 BRT versenkt.

Am 13. Juni tauchte ein Dampfer auf, der bei den schweren Regenböen immer wieder außer Sicht geriet. Dann kam das Boot doch auf Schußposition. Der Treffer Mitte ließ den Dampfer über das Vorschiff sinken. Auftauchend lief U 107 in die Nähe eines Rettungsbootes und erfuhr vom

Günter Hessler nach der Rückkehr von seiner Feind-fahrt, die die erfolgreichste des Zweiten Weltkrie-ges war.

Kapitän des Schiffes, daß es die »Pandias« (4981 BRT) war, die sich auf der Fahrt vom Bristolkanal nach Alexandrien befand, mit 8000 Tonnen Kohle und elf Spitfire-Jagdflugzeugen an Bord.

Am 17. Juni sollte U 107 gemeinsam mit U A und U 69 den Versorgungsdampfer »Lothringen« treffen, doch der Tanker erschien nicht. Am 18. Juni waren beide Boote am Treffpunkt. Die Kommandanten besprachen sich.

Am 19. 6. mußte U 107 den Rückmarsch antreten. Es funkte am 22. Juni an den BdU:

„U A geht Punkt Anton, Metzler erbittet Culebra 30.6. Punkt Weiß kein Verkehr. NO 5. Kein besserer Vorschlag. Selbst: direkter Rückmarsch. Verschossen, insgesamt 90 272 BRT; EH 34 – U 107 –.“

Am 25. Jui 1941 wurde Günter Hessler über Funk verständigt, daß ihm das Ritterkreuz verliehen worden sei. Was er nicht wußte, war, daß sich der BdU, der ja sein Schwiegervater war, lange nicht entschließen konnte, einen entsprechenden Antrag für seinen Schwiegersohn zu stellen, obgleich dieser schon längere Zeit die Erfolgsgrenze überschritten hatte, die für die Verleihung des Ritterkreuzes Voraussetzung war. Schließlich beendete der ObdM, Großadmiral Raeder, diesen Zustand. Er ließ dem BdU sagen, er selbst stelle jetzt den Antrag, wenn Dönitz dies nicht endlich für Hessler tun würde!

Hessler schrieb über die Verleihung in sein KTB:

„Stolz und Freude über die Auszeichnung, die ich als Anerkennung der Leistung der gesamten Besatzung empfange, sind begleitet von der Erkenntnis, daß das Ritterkreuz erst recht zu vollem Einsatz verpflichtet."

Am 2. Juli 1941 lief U 107 in Lorient ein. Die erfolgreichste Feindfahrt des Zweiten Weltkrieges war zu Ende. Das Boot hatte allein auf dieser Fahrt 14 Schiffe mit insgesamt 86 699 BRT versenkt. Die Stellungnahme des BdU lautete:

„Gut durchgeführte, erfolgreiche Unternehmung. Es spricht für das Können des Kommandanten, daß er nahezu alle gesichteten Dampfer auch gekriegt hat."

Am 8. September 1941 lief U 107 zur dritten Feindfahrt aus. Einsatzgebiet war wieder der Südraum. Hessler, am 1. September zum Korvettenkapitän befördert, wollte auch diese Feindfahrt zu einem Erfolg gestalten.

Am 13. September wurde ein Dampfer gesichtet, doch es handelte sich um einen Amerikaner, der nicht angegriffen werden durfte.

In den Abendstunden des 20. September tauchte ein Geleit auf. Dieser Sierra-Leone-Konvoi bestand aus acht Fahrzeugen und einigen Zerstörern. Dreimal versuchte U 107 in der Nacht heranzukommen, wurde aber jedesmal von einem Zerstörer abgedrängt. Am 21. September war es ebenso. Das Boot machte einen FT-Spruch an den BdU:

„Geleit DT 5618, 350 Grad, 7 sm, 8 Dampfer, 4 Zerstörer, wegen heller Nacht dauernd abgedrängt."

Der BdU befahl dem Boot, weiter Fühlung zu halten und forderte U 67 (Müller-Stöckheim), U 103 (Winter) und U 68 (Merten) auf, sich zu melden. Die Boote wurden auf den Konvoi angesetzt. Eine unbarmherzige Jagd über 1200 Seemeilen folgte. Auch die anderen Boote kamen heran.

Am 22. September, um 00.05 Uhr, schoß U 107 die ersten beiden Torpedos – Fehlschüsse.

Drei Stunden später abermals zwei Schüsse aus den Heckrohren. Auch sie waren Fehlschüsse.

Ein Zerstörer jagte das Boot, und während dieser Zeit rollte der Donner der ersten vier Torpedodetonationen der Kameradenboote über die See. Drei riesige Brandfackeln loderten auf, und um 11.13 Uhr gab U 103 die erste Fühlungshaltermeldung. Um 12.00 Uhr funkte Merten seine Erfolge. U 107 jedoch mußte sich zur Kühlwasserpumpen-Reparatur absetzen.

In der ersten Stunde des 23. September wurden von U 107 abermals Torpedodetonationen gehört. Zäh und verbissen ging U 107 hinterher. Am 24. September kam das Boot wieder zum Schuß. Es machte alle vier Bugtorpedos los, die aber sämtlich zu Fehlschüssen wurden.

Nach einer Stunde war das Nachladen beendet. Um 06.33 Uhr feuerte U 107 zwei Torpedos auf einen großen Tanker von geschätzten 13 000 Tonnen und je einen Einzelschuß auf zwei Dampfer.

Nach vier Minuten Laufzeit trafen beide Torpedos dicht hintereinander den Tanker mittschiffs. Der erste Dampfer wurde unter der Brücke getroffen und der zweite mittschiffs.

„Tanker knickt in der Mitte ein. Mastspitzen berühren sich– durchgebrochen!" Es war der Brite »Lafian« mit 4876 BRT.

Zwei Zerstörer, die an Steuerbord achtern hinter dem Geleit gestanden hatten, kamen auf das Boot zu. Sie wurden in der Dunkelheit ausmanövriert. Nach drei Minuten war vom Tanker nichts mehr zu sehen*.

Nach einem FT-Spruch an den BdU setzte U 107 den Südmarsch fort; denn von dem Geleit waren nur noch vier Zerstörer, drei Bewacher und ein Dampfer übriggeblieben. Insgesamt wurden von diesem Konvoi neun Schiffe versenkt und zwei weitere torpediert.

Tage, Wochen vergingen. U 107 kam nicht mehr zum Schuß. Immer wieder wurde das Boot von Zerstörern gejagt. Der Hauptsender fiel aus. Dann erschien ein amerikanischer Dampfer, der nicht angegriffen werden durfte.

Am 11. November 1941 lief das Boot wieder in Lorient ein, und am 1. Dezember gab der Kommandant das Boot an seinen Nachfolger, Oberleutnant z. See Gelhaus, ab.

Korvettenkapitän Günter Hessler trat als A 1 zum Stab des BdU. In dieser Eigenschaft als Führungsstabsoffizier zeigte er überragende taktische Kenntnisse und Fähigkeiten. Bis Kriegsende unterstand ihm die gesamte operative Gestaltung des U-Boots-Krieges. Vor jedem Einsatz besprach der A 1 die neuesten Ergebnisse der Funkauswertung mit den Kommandanten. Sie gingen bei ihm in die Schule. Jeder der Operationsbefehle, ob es der „Paukenschlag" war oder das große Kapstadt-Unternehmen, wurde von Korvettenkapitän Hessler ausgearbeitet.

Als dann die Zeit des U-Boot-Sterbens kam, wollte Hessler wieder hinaus. Er wollte dabeisein und nicht den Kommandanten aus dem sicheren Port sagen, was sie zu tun hatten. Er wollte sich wieder bewähren, gerade jetzt, in der schwersten Zeit des U-Boots-Krieges.

Kapitänleutnant Mützelburg sollte ihn ablösen, doch Mützelburg sprang beim Baden auf den Druckkörper seines Bootes und brach sich das Genick. Dann sollte es Hartenstein sein. Dessen Boot, U 156, wurde jedoch am 8. März 1943 östlich Barbados durch amerikanische Flieger vernichtet. Korvettenkapitän Hartenstein fand mit seiner gesamten Besatzung den Tod.

---

* Der Dampfer »John Holt« (4975 BRT) und die »Dixcove« (3790 BRT) sanken ebenfalls.

Einer der größten Gegner der Umkommandierung Hesslers war der Chef der Operationsabteilung, Kapitän z. See – später Konteradmiral – Godt. Und Godt war es auch, der aussprach, was alle dachten:

„Gut! Dann kriegt er ein Boot und bleibt nach der zweiten Fahrt draußen, und wir haben keinen A 1 mehr, mit all seiner Erfahrung. Wir haben Kommandanten, aber keine Admiralstabsoffiziere!"

Und so blieb Hessler A 1. Bei jeder Besprechung mit zurückgekehrten Kommandanten saß er rechts von ihnen, ihr KTB in der Hand. Er stellte die nötigen Fragen, er nahm die Kritiken der Kommandanten entgegen und sorgte dafür, daß die festgestellten Mängel an Waffen und Gerät abgestellt wurden. Lief dann ein Kommandant aus, dann wurde er noch zuletzt mit den neuesten Erfahrungen bekannt gemacht. Es war ein ausdrücklicher Befehl des Großadmirals Dönitz, jeden der Kommandanten bestmöglich ausgerüstet an den Feind gehen zu lassen.

So war Hessler Tag und Nacht im Lagezimmer. Er verfolgte an den eingesteckten Fähnchen die Kurse der Boote; er koppelte mit. Und in den Nächten rief der Asto vom Dienst ihn an, sooft ein Funkspruch einging. Ob es zehnmal oder zwanzigmal war, Korvettenkapitän Hessler erschien.

Am 17. November 1944 wurde ihm das Deutsche Kreuz verliehen, und am 1. Dezember 1944 wurde er zum Fregattenkapitän befördert.

Hessler ging mit der U-Boots-Führung nach Plön und dann weiter nach Flensburg, während der Großadmiral im Lager „Forelle" in Plön blieb. Dann kam auch für ihn das Kriegsende.

Am 15. Oktober 1945 wurde Fregattenkapitän Hessler aus englischer Gefangenschaft entlassen und als „freier" Zeuge nach Nürnberg gebracht. Die Engländer versprachen dem Offizier, ihn dort herauszuholen. Sie

Obersteuermann Lehmann (links) und Reservesteuermann Jersch auf dem Turm von U 107.

garantierten seine persönliche Freiheit. Doch die Amerikaner störten sich nicht daran. Günter Hessler wurde sechs Monate im Zeugenflügel des Nürnberger Gefängnisses eingesperrt; in einer Einzelzelle, nachts durch Scheinwerfer angestrahlt.

Anschließend wanderte er weitere sechs Monate von Lager zu Lager und landete im Konzentrationslager Hersbruck. Die Engländer versuchten ihn freizubekommen; doch es gelang ihnen erst, als der Flottenrichter Kranzbühler ihnen den Aufenthaltsort Hesslers angab. Ende September 1946 kam er endlich nach Schleswig-Holstein zurück.

Günter Hessler wohnte in Brunsbüttel mit seiner Frau und seinen drei Kindern. Er wollte Architekt werden und als Maurer beginnen. Doch kein Meister wollte ihn – den „Kriegsverbrecher" – haben.

Im Januar 1947 trat die Kriegshistorische Abteilung der Royal Navy und der US Navy an ihn heran, die Geschichte des U-Boots-Krieges zu schreiben. Er weigerte sich. Als aber sein Schwiegervater ihm sagen ließ, daß er dies tun solle, um einer Verzerrung der Tatsachen vorzubeugen, entschloß Hessler sich doch dazu. So schrieb er bis zum Jahre 1951 an der Kriegsgeschichte der U-Boote.

Er kam schon 1949 mit einem Ingenieur zusammen, der sich schon im Kriege mit der Technik des Aufspritzens von Metallen in einer Panzerwerkstatt beschäftigt hatte. In einer gemeinsamen Firma stellten sie nun Metallspritzanlagen her und führten Aufspritzarbeiten durch. Sie entwickelten die Lichtbogen-Spritztechnik zur Betriebsreife. Hesslers Firma wurde auf diesem Spezialgebiet in Europa führend.

Im Jahre 1951 zog Hessler mit seiner Firma von Brunsbüttel nach Bochum-Gerthe. Zuerst waren es hier, mitten im Ruhr-Revier, nur vier Arbeiter. Im Laufe der Zeit wuchs der Betrieb auf 40 Mann. Im Jahre 1960 wurde die Firma in eine Produktions- und eine Vertriebsfirma geteilt. Die Vertriebsfirma führte Günter Hessler bis zu seiner Pensionierung in alleiniger Verantwortung.

Auf vielen In- und Auslandstagungen, in Fachzeitschriften und auf Vorträgen erwies sich Günter Hessler als Fachmann von hohen Graden, dessen Ausführungen Gewicht hatten.

So bewies Hessler auch im bürgerlichen Leben Zähigkeit und Ausdauer, den Wagemut und das Können eines ehemaligen U-Boots-Kommandanten, der bei allem, was er tut, seine ganze Persönlichkeit einzusetzen gewohnt ist.

Günter Hessler

Letzter Dienstgrad: Fregattenkapitän
Kommandant von U 107 von Oktober 1940 bis Dezember 1941
3 Feindfahrten mit 205 Seetagen
Ritterkreuz am 24. Juni 1941
Deutsches Kreuz in Gold am 17. November 1944
A 1 vom 25. November 1941 bis 31. Mai 1945
Günter Hessler führte von den 8000 Einsatzbesprechungen, die während des Krieges stattfanden, allein 4500.

Versenkungserfolge von U 107 unter Fregattenkapitän Hessler

03.02.41	01.45	brD	»Empire Citicen«	4.683	58.12 N/23.22 W
03.02.41	23.33	brD	»Crispin«	5.051	57.00 N/19.30 W
06.02.41	17.32	caD	»Maplecourt«	3.388	55.39 N/15.56 W
23.02.41	22.42	brD	»Manistee«	5.360	59.30 N/21.00 W
08.04.41	07.42	brD	»Eskdene«	3.829	34.43 N/24.21 W
08.04.41	19.40	brD	»Helena Margareta«	3.316	33.-- N/23.52 W
09.04.41	00.37	brD	»Harpathian«	4.671	32.22 N/22.53 W
09.04.41	19.20	brMT	»Duffield«	8.516	31.13 N/23.24 W
21.04.41	14.20	brD	»Calchas«	10.305	23.50 N/27.-- W
30.04.41	21.55	brM	»Lassell«	7.417	12.55 N/28.56 W
17.05.41	00.36	nlMT	»Marisa«	8.029	06.10 N/18.09 W
18.05.41	22.27	brD	»Piako«	8.286	07.52 N/14.57 W
27.05.41	01.01	brD	»Colonial«	5.108	09.13 N/15.09 W
28.05.41	14.52	grD	»Papalemos«	3.748	08.06 N/16.18 W
31.05.41	07.39	brD	»Sire«	5.664	08.50 N/15.30 W
01.06.41	14.09	brM	»Alfred Jones«	5.013	08.-- N/15.-- W
08.06.41	04.42	brD	»Adda«	7.816	08.30 N/14.39 W
13.06.41	11.57	grD	»Pandias«	4.981	07.49 N/23.28 W
24.09.41	06.31	brD	»John Holt«	4.975	31.12 N/23.32 W
24.09.41	06.33	brD	»Lafian«	4.876	31.12 N/23.32 W
24.09.41	06.33	brM	»Dixcove«	3.790	31.12 N/23.41 W

Gesamterfolge:
21 Schiffe mit 128.882 BRT versenkt

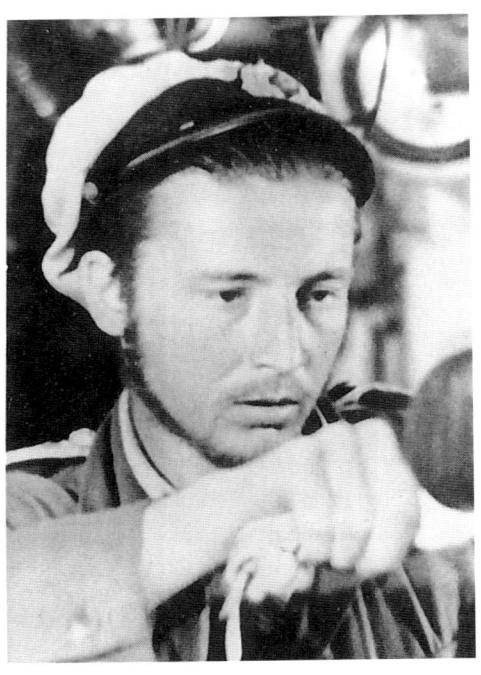

Korvettenkapitän
Adalbert
Schnee

Adalbert Schnee meldete sich im April 1934 zur Kriegsmarine. Er hatte gerade in Greifswald sein Abitur „gebaut". Was den am 31. Dezember 1913 in Berlin geborenen Abiturienten zur See zog, war die Weite, die lockende Ferne und – nicht zuletzt – die Möglichkeit, hier auf See Verantwortung zu tragen für ein Schiff und seine Besatzung. Es schien ihm eine Aufgabe zu sein, die alle Kräfte junger Menschen wachrief und sie zur Hergabe und zum Einsatz ihrer gesamten Persönlichkeit zwang.

Schnee durchlief die Grundausbildung in Stralsund und erhielt am 16. Juni 1934 sein erstes Bordkommando auf der »Gorch Fock«. Die praktische Bordausbildung auf dem Segelschulschiff führte den Seekadetten nach Finnland und Göteborg. Sie ging am 26. September 1934 zu Ende.

Am folgenden Tage auf den Kreuzer »Emden« kommandiert, fuhr Schnee unter Fregattenkapitän Dönitz um Afrika herum nach Indien. Diese Reise weitete das Gesichtsfeld des angehenden Seeoffiziers und vermittelte ihm die Bekanntschaft jenes Mannes, der später für ihn und alle U-Boots-Fahrer zum Vorbild und obersten Befehlshaber wurde. Schon auf »Emden« wurde Dönitz auf den jungen Fähnrich aufmerksam.

Am 26. Juni 1935 ging Schnees Bordkommando auf dem Schulkreuzer zu Ende. Am folgenden Tage begannen die Ausbildungslehrgänge, an deren Ende die Seeoffiziers-Hauptprüfung stand. 1936 wurde Adalbert Schnee – von seinen Freunden längst „Addi" genannt – zum Leutnant zur See befördert.

Am 30. September 1936 als Divisionsleutnant auf den Kreuzer »Leipzig« kommandiert, nahm Schnee an den Sicherungsaufgaben in den spanischen Gewässern teil, ehe er auf Veranlassung des damaligen FdU Dönitz am 20. Mai 1937 zur U-Boots-Waffe übernommen wurde.

Nach der Ausbildung in Flensburg-Mürwik wurde Schnee auf U 23 unter Kapitänleutnant Kretschmer zunächst II. und später I.W.O..

Als die deutschen U-Boote dann am 19. August 1939 in See gingen, war auch U 23 dabei. Das Boot lief bis in die Humber-Mündung, um dort Minen zu legen und den wichtigen Hafen Hull lahmzulegen.

Insgesamt machte Schnee fünf Feindfahrten als Wachoffizier auf U 23.

Am 19. Juli übernahm er U 60, ein Boot des Typs II C. Anfang August lief es zu seiner ersten Feindfahrt aus. Ziel derselben war der Nordkanal, und als U 60 dort am Abend des 13. August das erste Schiff in Sicht bekam, ließ Oblt. z. S. Schnee zum Angriff herangehen. Ein Geleitzug schob sich bei Malin Head über die Kimm. U 60 schloß zum Angriff heran und versenkte daraus den 1787 BRT großen norwegischen Dampfer »Nils Gorthon«. Am nächsten Abend kam er auf einen Dampfer von geschätzten 7000 BRT zum Schuß. Der Aal traf das Schiff, aber über den weiteren Verbleib desselben herrscht Unkenntnis.

Das Boot trat wenig später den Rückmarsch an. Es hatte den ersten wenn auch schmalen Erfolg errungen und die Besatzung brannte darauf, so schnell wie möglich wieder auszulaufen.

Bereits Ende des Monats legte U 60 zu seiner zweiten Feindfahrt ab. Südwestlich der Hebriden stieß es auf einen Konvoi. Schnee ließ diesen über Funk melden und schloß in der mondhellen Nacht zum Angriff heran. Als der Kommandant einen großen Truppentransporter zu Gesicht bekam, stand sein Entschluß, diesen „unter Wasser zu schieben", fest.

Im Überwasserangriff glitt das Boot näher und näher an diesen Riesen heran. Die drei Bugrohre des Bootes waren zum Schuß bereit. Der Torpedo-Wachoffizier hatte seine Position hinter der UZO eingenommen. Schon gab der Zielgeber „Hartlage". Aber Schnee befahl, noch etwas näher heranzugehen. Der Zweierfächer wurde aus etwa 450 Metern Distanz geschossen.

Infolge der sehr hohen Auflaufgeschwindigkeit konnte das Boot nicht mehr rechtzeitig gestoppt oder um den Riesen herumgebracht werden. U 60 kam mit einem harten Ruck an der Bordwand des Transporters zum Stehen. Von der Brücke der »Volendam«, so hieß der Truppentransporter, schoß ein MG, überschoß aber das viel tiefer liegende Boot. Eine Schnellfeuerkanone fiel in das Feuer ein.

„Addy" Schnee reagierte blitzschnell. Über den Achtersteven zurücklaufend und zugleich tauchend, ging er auf Tiefe. Er sagte später zu diesem Manöver:

„Nicht zuletzt verdankt unser Boot seinem tüchtigen Leitenden Ingenieur, Dipl. Ing. Oblt. (Ing.) Lechtenbörger, sein Entkommen. Es gelang ihm, das Boot abzufangen und dann auf der 100-Meter-Wassertiefenlinie einzupendeln."

Mit AK beider E-Maschinen lief das Boot hakenschlagend ab. Dieser Angriff wurde später von der U-Boot-Führung als „klassischer Angriff mit Ausnutzung aller Chancen" dargestellt und den jungen Kommandanten-schülern als Schulbeispiel vorgestellt*.

U 60 setzte sich ab und stieß am 3. 9. 1940 zwei Stunden nach Mitternacht auf den britischen Frachter »Ulva«, der mit einem Torpedo versenkt wurde.

Am 25. Januar 1941 stellte Adalbert Schnee, nunmehr mit dem EK I dekoriert, mit U 201 ein Boot des Typs VII C in Dienst.

Nach dem Einfahren in der Ostsee und den verschiedenen Schießabschnitten, lief U 201 in der letzten Aprilwoche 1941 zu seiner ersten Feindfahrt aus.

Bereits auf dem Ausmarsch wurde ein großes Schiff gesichtet, das sich bei näherem Hinsehen als Tanker entpuppte. Das Schiff schien bereits einmal beschossen zu sein, denn es zeigten sich überall an Deck Brandspuren. Die Besatzung war soeben dabei, den Tanker wieder flott zu machen.

Schnee ließ das Schiff zunächst mit der Artillerie angreifen, dann fiel um 21.14 Uhr der Fangschuß, der den 8190 BRT großen britischen Motortanker »Capulet« sinken ließ.

Nach der Versenkung dieses Tankers wurde das Boot gemeinsam mit

---

* Die »Volendam« hatte 15 434 BRT, sie konnte eingeschleppt werden, so daß sie nur als torpediert auf der Versenkungsliste von U 60 erscheint.

Adalbert Schnee in der Zentrale. Wasserbomben werden geworfen. Alles wartet in gespannter Aufmerksamkeit.

U 94 (Kuppisch), U 110 (Lemp) und U 556 (Wohlfarth) auf den auslaufenden Konvoi OB 318 angesetzt.

Als erster kam Kuppisch mit U 94 an den Geleitzug heran. Er meldete die erste Versenkung und gab erneut eine Standortmeldung ab, auf die U 201 zuhielt.

Am Morgen des 8. 8. hatte das Boot die zum Angriff notwendige Position erreicht und tauchte, um im Unterwasserangriff noch dichter heranzugehen. Um 15.47 fiel der erste Torpedoschuß. Ein 6000-Tonner war ins Visier genommen worden. Der Aufschlag des Torpedos wurde beobachtet, aber es erfolgte keine Detonation*.

Das Boot wurde abgedrängt und kam erst am Vormittag des 9. 5. wieder heran. Wenig später stießen sie auf U 110 und Schnee besprach sich mit Kommandant Lemp, um das gemeinsame Vorgehen zu koordinieren und die Bewachergruppe aufzusplittern.

Dann ging U 201 näher heran.

„Auf Gefechtsstationen!" befahl Schnee. „Boot greift wieder an!"

Es war genau 11.00 Uhr und im Unterwasserangriff schob sich das Boot durch die See. Als zwei Bewacher vor dem Boot auftauchten, ließ Schnee tiefer hinuntergehen und zwischen diesen beiden Booten hindurchsteuern. Die »Amazon« und die »Hollyhock« bemerkten nichts.

Um 14.26 und 14.28 fielen zwei Einzelschüsse. Der Brite »Gregalia« mit 5802 BRT sank, während die torpedierte »Empire Cloud« sich hielt und eingeschleppt werden konnte, so daß ihre 5969 BRT nicht zählten.

Zerstörer liefen auf das Boot zu. Mit Hartruder ging U 201 herum. Der erste Wabofächer detonierte.

U 201 drehte ab, und Schnee ließ auf 140 Meter gehen. Als das Boot tiefer tauchte, detonierte die erste Wabo einer Fünferserie schräg über dem Bug. Der Detonationsdruck ließ U 201 wie einen Fahrstuhl durchsacken. Drei, vier Wabos detonierten in Abständen von wenigen Sekunden hintereinander. Die letzten in 120 Meter Tiefe, nahe dem Boot. Das Licht fiel aus.

„Notbeleuchtung ein! Frage Schäden?"

"Stopfbuchsen machen Wasser!"

"Abgasklappen undicht!"

"Wassereinbruch E-Maschinenraum!"

"Alle Außenbordverschlüsse überholen!"

Das Hauptlicht leuchtete wieder auf. Aus den Räumen trafen nacheinander die Klarmeldungen ein. Alles wurde in knappen Sätzen durchgegeben.

„Horchraum an Kommandant: Weitere Schraubengeräusche. Zweiter Gegner kleiner. Zerstörer ablaufend!"

---

* Es ist möglich, daß diesem Angriff doch noch ein Schiff zum Opfer fiel, denn die 2018 BRT große »Kervegan« wird seit dieser Zeit vermißt.

Eine einzelne Wasserbombe detonierte achtern über dem Boot. Schnee ahnte, was das bedeutete.

„Beide dreimal AK!"

U 201 schoß mit fast acht Seemeilen Fahrt nach vorn, und keine Minute später begann dort, wo die Markierungsbombe geworfen worden war, die See zu kochen. Ein Zehnerteppich dröhnte und donnerte, aber U 201 hatte sich schon einige hundert Meter entfernt.

Das helle Pinken der auftreffenden Asdic-Peilstrahlen zeigte dem Kommandanten, daß der Zestörer wieder Kontakt gefunden hatte. Wenig später hörten sie auch – nach der Meldung aus dem Horchraum – das Mahlen der Zerstörerschrauben. Ein Ruderkommando ließ U 201 herumgehen; mitten in der Schwenkung krachten Wabodetonationen dicht beim Boot. U 201 machte einen förmlichen Satz nach vorn. Die Rudermaschine fiel aus, kam aber wieder klar. Wasserstandsgläser zersprangen; zum zweiten Male fiel die Beleuchtung aus. In dünnen Strahlen zischte Wasser ins Boot. Hart und unheilverkündend blies Preßluft aus. Ein Ölbunker schien beschädigt.

Wie nach dem Kriege bekannt wurde, hatte die »St. Apollo« – ein Fischdampfer unter Oberleutnant Marchington – diese Serie geworfen. Als ein öldurchmischter Wasserschwall emporkam, schrien die Ausgucks auf der Brücke dieses Dampfers:

„U-Boot taucht auf!"

Auf dem Zerstörer »Amazon« glaubte man sogar, sechs schwache Unterwasserdetonationen gehört zu haben.

Interessant ist, daß durch die vielen Wendungen und raffinierten Manöver Schnees Commander Smith, der Kommandant der »Aubrieta«, glaubte, daß er drei verschiedene Boote angegriffen hätte. Sein Gefechtsrudergänger meldete darüber hinaus sogar:

„Sir, wir haben fünf Boote angegriffen; drei davon haben wir versenkt!"

U 201 entkam diesem stundenlangen Wabo-Bombardement. In der Zeit von 12.30 Uhr bis 17.05 Uhr zählte man an Bord des Bootes 99 Wasserbomben. Gegen 21.15 Uhr tauchte das Boot auf und lief nach Südosten ab. Und nun erkannte man auch, warum die Zerstörer sie so lange verfolgen konnten: Einer der Treibstofftanks leckte, und das Boot zog eine Ölspur hinter sich her.

Obgleich der BdU dem Boot wegen der Schäden den Rückmarsch freistellte, blieb U 201 im Operationsgebiet. Schnee sagte seiner Besatzung:

„Wir haben noch sieben Torpedos in den Rohren, und wir werden sie erst verschießen, ehe wir umkehren."

U 201 erzielte noch zwei weitere Versenkungserfolge, ehe es nach Lorient zurücklief.

Auf der nächsten Feindfahrt wurde U 201 im August 1941 gemeinsam mit U 106 (Oesten), U 564 (Suhren), U 204 (Kell) und U 559 (Heidtmann) auf den Konvoi OG 71 angesetzt. Am 20. August griff auch U 552 (Topp)

Kptlt. Schnee (links) im Gespräch mit seinem Kameraden Engelbert Endrass.

den Konvoi an, während U 201 und U 564 am späten Abend des 22. August zum Angriff ansetzten.

Um ein Haar hätte bei dieser Gelegenheit U 564 das Boot von Schnee versenkt. „Teddy" Suhren hatte bereits „Rohr Achtung!" kommandiert, als U 201 – das gerade einen großen Tanker getroffen hatte – mit Hartruder genau in die Schußbahn von U 564 hineindrehte.

Reinhard Suhren war so geistesgegenwärtig, die Hand des T.W.O. festzuhalten und nichts zu sagen, denn jeder Laut hätte die Hand des T.W.O. die elektrische Abfeuerung bedienen lassen, weil ja auf „Rohr Achtung!" nichts anderes als „Lllos!" folgen konnte.

Anschließend rakten die beiden erfahrenen U-Boots-Kommandanten gemeinsam am Geleit und versenkten fünf Schiffe und die Korvette »Zinnia«. Anläßlich der gemeinsamen Berichterstattung beim BdU sagten beide Kommandanten, daß sie auf dieses gefährliche Zusammentreffen hin schon Geburtstag gefeiert hätten. Und noch etwas anderes meldeten sie dem BdU: „Die Zerstörer müssen ein Gerät besitzen, ähnlich unserem DT-Gerät, mit dem sie über Wasser orten können."

Am 31. August 1941 erhielt Adalbert Schnee das Ritterkreuz. U 201 hatte auf dieser Fahrt vier Schiffe mit 7825 BRT versenkt.

Am 16. September 1941 lief U 201 zur nächsten Feindfahrt aus und wurde vom BdU auf den England-Gibraltar-Konvoi OG 74 angesetzt.

Durch Peilzeichen von U 124 (Mohr) gelang es Schnee, in der Nacht zum 21. September ranzuschließen.

Während U 124 drei Dampfer versenkte, kam U 201 ebenfalls zu drei Versenkungserfolgen. Dann wurden beide Boote unter Wasser gedrückt und verloren die Fühlung.

Am 22. September wurden U 124 und U 201 auf den Konvoi HG 73 angesetzt, der einen Tag zuvor von dem italienischen Boot »Torelli« gesichtet worden war. Am 23. September gewann »Da Vinci« (Calda) Fühlung, und das dritte italienische Boot, »Malaspina« (Prini), torpedierte drei Schiffe aus dem Geleit, ehe es von den Geleitzerstörern unter Wasser gedrückt wurde. Es ist seit diesem Zeitpunkt verschollen.

Die deutsche Luftaufklärung fand den Konvoi am 24. September auf der Höhe von Cap Finisterre wieder. Am anderen Morgen schlossen U 124 und U 203 (Mützelburg) heran. U 124 versenkte den britischen Dampfer »Empire Stream« und U 203 einen Tanker. In der folgenden Nacht versenkten beide Boote je zwei Schiffe. U 124, das sich damit verschossen hatte, erhielt Befehl, dennoch am Geleit zu bleiben und U 201 und U 205 (Reschke) heranzuführen.

U 201 gewann am 27. September Fühlung. Im ersten Anlauf schoß das Boot zwei Torpedos, die zwei Dampfer sinken ließen. Abgedrängt und unter Wasser gedrückt, wurde es drei Stunden mit Wabos belegt.

Unbeirrt trotz der starken Bewachung, drehte U 201 noch einmal ran, kam in Schußposition und versenkte zwei weitere Dampfer aus dem HG 73.

Schnee schoß am Morgen um 02.08 und 02.11 Uhr vier Torpedos. Ihnen fielen die 5115 BRT große »Springbank« und der Niederländer »Siremalm« mit 2468 BRT zum Opfer. Ein auf eine Korvette geschossener Torpedo traf, dieses Sicherungsfahrzeug sank jedoch nicht. Am Abend dieses Tages kam U 201 nach dem Nachladen der Rohre noch einmal auf den HG 73 zum Schuß. Der erste Dampfer, die 3103 BRT große »Margareta« sank. Der zweite sank nach dem Treffer über das Heck, wurde aber nicht bestätigt.

Abermals gejagt, entkam das Boot auch diesmal. Da es alle Torpedos verschossen hatte, wurde es vom BdU zurückgerufen und trat am 29. September den Rückmarsch nach Lorient an.

U 201 lief weiter aus. In den härtesten Geleitzugsschlachten stand das Boot am Gegner. Die Nordatlantik- und die Gibraltar-London-Konvois waren die Angriffsziele. Im Winter 1941/42 stand das Boot in den zermürbenden Schlachten des Mahltrichters Atlantik. Kapitänleutnant Schnee führte es heil durch die vierte, fünfte und sechste Feindfahrt. Als er sich nach der sechsten Feindfahrt beim BdU zur Berichterstattung meldete, sagte Admiral Dönitz ihm, daß die siebente seine letzte Feindfahrt werden würde, da er ihn im Operationsstab brauche. Immerhin würde er ja damit

17 Feindfahrten hinter sich gebracht haben; und das war schon soviel wie ein Rekord.

Während dieser Feindfahrten versenkte U 201 drei Schiffe mit 15 313 BRT. Der argentinische Motortanker »Victoria« mit 7417 BRT wurde torpediert.

Am 27. Juni 1942 legte U 201 in St. Nazaire zur letzten Feindfahrt unter Schnee ab. Der Marsch ging nach Süden. Am Abend des 6. Juli sichtete der I.W.O. einen großen Dampfer mit zwei Schornsteinen, der mit hoher Fahrt aus dem Raum der Azoren in Richtung England lief.

„Ist eine Meile schneller als wir, Herr Kaleunt!" meldete der Obersteuermann, der die Berechnungen angestellt hatte.

„Ja, stimmt! Aber wir zacken nicht wie er, und darum können wir ihn kriegen."

Mit AK ließ Schnee das Boot gegen die mit Stärke 6 gehende See anknüppeln. Er wollte versuchen, bis zum Einbruch der Dunkelheit seine vorliche Stellung zu halten und dann zum Schuß ranzudrehen.

Das Boot stieß mit hämmernden Dieseln durch die See. Brecher wuschen über den Turm.

„Herr Kaleunt, der Dieselraum säuft bald ab! Wir stehen bis zu den Knien im Wasser!"

Durch die Lüftungsschächte, deren Öffnungen unter der Brückennock lagen, rauschte die See ins Boot. Die eingeschalteten Lenzpumpen surrten.

Dann war es endlich soweit. Schnee ließ das Boot eindrehen. Aus 1400 Meter Entfernung verließ der Zweierfächer die Rohre und lief schnurgerade auf den Dampfer zu.

Als mittschiffs beim Gegner die beiden Detonationssäulen in die Höhe stiegen, stoppte der Frachter. U 201 lief in weitem Bogen um seine Beute herum.

„Sinkt nicht, Herr Kaleunt!"

"Wir legen noch einen Aal an!"

Der Fangschuß traf den Dampfer mittschiffs. Am Horchgerät wurde der Weg des Torpedos genau verfolgt. Er detonierte nicht.

Trotz der hohen See ließ das getroffene Schiff bereits die Boote zu Wasser. Der vierte Torpedo traf den riesigen Dampfer achtern in die Maschinenräume. Mit einem Ruck stellte er sich auf das Heck und rutschte ab. Es war der Kühldampfer »Avila Star« (14 443 BRT), der auf 38.04 Grad Nord/22.46 Grad West in die Tiefe ging.

Am 10. Juli sichtete U 201 abermals einen Einzelfahrer, der von einer Korvette gesichert wurde. Der Brückenausguck konnte weitere Rauchsäulen hinter der Kimm wahrnehmen. Kapitänleutnant Schnee entschloß sich, zuerst den wertvollen Einzelfahrer abzufangen.

Nach Einbruch der Dunkelheit drehte U 201 zum Schuß ein. Aus kürzester Entfernung lief der Einzelschuß. Die »Cortona« wurde getroffen, funkte „SSS", setzte aber ihre Fahrt fort. Der zweite auf sie gefeuerte Torpedo untersteuerte das Schiff und verschwand im Atlantik.

Der dritte Torpedo traf mittschiffs, unmittelbar darauf platzte die Kesselanlage der »Cortona« auseinander und das Schiff sank.

Im Ablaufen ließ Schnee aus einem der ihnen begegnenden Rettungsboote den Kapitän der »Cortona« an Bord nehmen. Er berichtete dem Kommandanten, daß mehrere „Schnelläufer" des Konvois Befehl erhalten hätten, selbständig nach Südamerika zu laufen.

Zwei Stunden nach Versenkung der »Cortona« traf U 201 zum dritten Male auf einen einzeln fahrenden Frachter. Der Torpedo aus Rohr V, dem Heckrohr, traf den Gegner mittschiffs. Es war die 5242 BRT große »Siris«.

Mit der Achtacht versuchte der Kommandant den Gegner „anzulüften". Doch der feuerte mit seinem 12,7-cm-Geschütz zurück. Nach einem zweistündigen Gefecht sank der Dampfer.

Über FT bat Kapitänleutnant Schnee, diesen Einzelfahrern nach Südamarika folgen zu können. Der BdU entschied jedoch, daß U 201 weiter in Richtung Afrika operieren solle.

So drehte das Boot auf den befohlenen Generalkurs ein. Es war noch nicht weit gekommen, als am 13. Juli wieder ein Einzelfahrer mit Kurs Südamerika gesichtet wurde. Abermals machte das Boot Kursänderung und hängte sich am Rande der Sichtweite an den Frachter an. Während dieses Manövers nahm der Funkmaat die Kurzsprüche eines Kameradenbootes auf, das einen nach Afrika laufenden Konvoi gesichtet hatte und Peilzeichen gab. Nach Einbruch der Dämmerung lief U 201 an. Ein gebrochener Splint ließ den ersten Torpedo losziehen, bevor der Befehl zum Schuß

Die Rückkehr von U 201 von der Eichenlaubfahrt. Mit Eichenlaub stilecht bekränzt.

gegeben wurde. Der zweite Schuß traf ebenfalls nicht. Alle Schußunterlagen wurden nachgeprüft; das Boot hatte richtig gestanden, also wahrscheinlich Torpedoversager.

Erst in der Nacht, gegen 02.30 Uhr, verließ der dritte Torpedo das Rohr, und die »Sithonia«, mit Kohlen für Rio, brach in der Mitte durch. 20 Minuten später war das 7230 BRT große Schiff gesunken.

Noch vor seinem Operationsgebiet hatte U 201 vier Dampfer versenkt.

Zum drittenmal drehte U 201 auf den Generalkurs, Richtung Afrika. Sie wollten nun hinter den anderen Booten herlaufen und sie zu erreichen versuchen. Mit dem Obersteuermann rechnete Schnee die günstigsten Kurse aus, um schnellstens anzuschließen.

Zwei Tage später stand für den Kommandanten, fest, daß er die Kameradenboote nicht mehr erreichen würde. Er beschloß, auf der Südamerika-Route zu bleiben. Abermals einen Tag später wurde ein Tanker gesichtet, der nördlichen Kurs, Richtung Gibraltar, steuerte.

Mit Einbruch der Dunkelheit schloß U 201 heran. Der erste Angriff verlief ergebnislos. Der zweite Torpedo traf den Tanker mittschiffs und ließ ihn binnen kürzester Zeit aufbrennen. Gleich einer riesigen, rotlodernden Fackel stand er auf der See. Ein weiter Teppich des ausgelaufenen Öls brannte ebenfalls. Sechs Stunden brannte diese Tankerfackel. Am anderen Morgen ragte das Heck der »British Yeomen« (6990 BRT) noch immer aus der See. Mit Artillerie wurde der Tanker endgültig versenkt.

Mit einem einzigen Torpedo ging U 201 nach einem Funkspruch des BdU wieder auf den befohlenen Kurs. Tagelang marschierte das Boot unter der weißglühenden Sonne in Äquatornähe. Schnee, in kurzer Tropenhose, hatte seinen Männern erlaubt, das Oberdeck zu betreten. Es wurde für kurze Zeit eine gemütliche Badereise. Für einige Tage konnten die Männer von U 201 Gefahren, Kampf und Tod vergessen.

In der Nacht zum 19. Juli, als das Boot gerade durch die grünglitzernde Herrlichkeit eines Meerleuchtens glitt, meldete der Bootsmannsmaat der Wache:

„Brücke an Kommandant! Zwei Zerstörer in Lage Null!"

Schnee, der in seiner Kammer das KTB schrieb, riß die Mütze vom Haken und lief durch den schmalen Gang. Er schwang sich durch das Kugelschott in die Zentrale und enterte auf. Mit einem Blick erkannte er, daß es zum Tauchen zu spät war.

„Einsteigen! Schnell runter ins Boot!"

Nacheinander verschwanden die Männer der Brückenwache durch das Luk. „Addi" Schnee blieb allein auf dem Turm zurück. Wenn er jetzt tauchen ließ, mußten sie ihn erreichen, ehe er auf genügender Tiefe war.

Die Augen des Kommandanten waren auf die beiden Zerstörer gerichtet. Sie lagen jetzt nur noch 400 Meter vor dem Boot.

„Hart Steuerbord!"

Mit Hartruder glitt U 201 herum.

Der eine der beiden Zerstörer lief plötzlich mit dem richtigen Vorhalte-winkel in AK an. Sein Steven mußte das Boot zersägen, wenn dieses sei-nen Kreisbogen weiterlief.

„Mittschiffs!"

U 201 schien weiterdrehen zu wollen. Doch dann merkte der Komman-dant, wie das Ruder zu wirken begann.

„Hart Backbord!"

Sich weit überlegend ging U 201 auf Gegenkurs. Der Zerstörer, der – 50 Meter vom Boot – schon zum Rammstoß ansetzte, erkannte dieses Manöver zu spät. Zwar drehte er noch nach, aber er schaffte es nicht mehr ganz. Überall im Boot hörten die Männer, wie die Bordwand des Zerstörers im Herumgehen an der Außenhaut des Bootes entlangschrammte. Mit einem Satz schnellte sich Adalbert Schnee durch das Luk.

„Schnelltauchen!"

Er schraubte das Luk dicht. Die Schnellentlüfter wurden gerissen.

„Zehn Mann Bugraum!"

Steil kippte U 201 an und sauste in die bergende Tiefe hinunter. Als das Boot auf 15 Metern anlangte, detonierten die ersten Wabos. Sie lagen zu weit achtern. Weitere Wabos folgten. Zwei Stunden lang hämmerten die Detonationen.

U 201 entkam. Kapitänleutnant Schnee hatte im rechten Augenblick den einzig möglichen Befehl gegeben, der Boot und Besatzung zu retten ver-mochte.

Zwei Tage später erreichte U 201 die afrikanische Küste. Vier Tage stand das Boot vor Freetown auf und ab. Dann schob es sich dicht unter die Hafeneinfahrt, und einen Tag darauf sichtete die Brückenwache in der mondklaren Nacht ein Schiff, das sich wenig später als ein Zerstörer erwies. Da U 201 schon bis auf 2000 Meter heran war, durfte der Kom-mandant das Boot nicht mehr abdrehen, weil es – sobald es die breite Sil-houette zeigte – gesichtet worden wäre.

„Torpedowaffe fertig?"

Der einzige noch vorhandene Aal war klar. Näher ging U 201 heran. Diesmal mußten sie aufs Ganze gehen. Ein Fehlschluß bedeutete in dieser Situation das Ende des Bootes.

„Schießen, Herr Kaleunt!"

Der Torpedo-Offizier sah den Zerstörer in 1200 Meter Entfernung. Doch Schnee schoß nicht. Näher ließ er das Boot heranschließen. Mit jedem Meter wurde der Schuß sicherer. Hinter der UZO stehend, konnte der T.W.O. den Zerstörer immer deutlicher ausmachen.

„Beide halbe Fahrt!" befahl der Kommandant.

Aus dem Turm hallte das Klingeln des Maschinentelegraphen.

„Achthundert Meter, Herr Kaleunt!"

"Hartlage, Hartlage!"

"So, jetzt schieß!" gab Schnee den Schuß frei.

Aus 700 Meter geschossen, lief der Torpedo dem Zerstörer entgegen. Ein Ruderkommando ließ U 201 herumgehen. Donnernd sprangen die Diesel auf die höchste Fahrtstufe. Auf dem Zerstörer wurde man auf das Boot aufmerksam. Auch er begann mitzudrehen. Doch er war nicht schnell genug.

Dicht hinter seinem Schornstein stieg die mächtige Detonationswolke des Treffers in die Höhe. Im ohrbetäubenden Detonationswirbel seiner Wabos wurde der Zerstörer förmlich in Stücke gerissen. Eine Minute nach dem Treffer war nichts mehr von ihm zu sehen.

Nur einen Rettungsring konnte U 201 auffischen. Auf diesem Ring stand: H.M.S. T 137. Er gehörte dem Hilfs-U-Bootjäger »Laertes«.

Am 8. August 1942 traf U 201 in St. Nazaire ein. Sechs Schiffe mit 41 036 BRT und der Zerstörer waren ihm zum Opfer gefallen.

Hier konnte Kapitänleutnant Schnee das ihm während der Fahrt am 15. Juli 1942 verliehene Eichenlaub zum Ritterkreuz empfangen. Er gab das Boot an seinen Nachfolger, Oberleutnant Günther Rosenberg, ab.

Am 17. Februar 1943 wurde U 201 östlich von Neufundland durch den englischen Zerstörer »Fame« versenkt.

Adalbert Schnee kam in den Operationsstab des BdU. Nach 17 Feindfahrten erhielt der besonnene Taktiker, der Geleitzugspezialist, die seiner Erfahrung und seinem Können angemessene Aufgabe. Großadmiral Dönitz schrieb darüber:

„Allgemein war auch dafür gesorgt, daß der operative Admiralstabsoffizier und der diesem für die Geleitzugoperationen besonders zugeteilte Offizier bewährte, fronterfahrene U-Boots-Kommandanten und Geleitzugkämpfer waren. Korvettenkapitän Oehrn, Korvettenkapitän Hessler und Kapitänleutnant Schnee, die diese Dienststellungen längere Zeit im BdU-Stab einnahmen, erfüllten diese Voraussetzungen in vollem Maße."

Der Dienst als Admiralstabsoffizier im BdU-Op. war für Schnee die wertvollste und interessanteste Zeit seines Kriegsdienstes. Vor allem in den beiden letzten Phasen der „Schlacht im Atlantik". Hier erlebte er unmittelbar das ganze Ausmaß der großen Erfolge und die harten Schläge, mit denen die U-Boot-Waffe fast zerschmettert wurde.

Der Einsatz an der Karte ging manchmal Tage und Nächte hindurch, wenn die Boote am Geleit standen und Hinweise und Befehle benötigten, die sie einmal dranhielten und zum anderen wieder heranbrachten, wenn die Fühlung verlorenging. Alle wichtigen Nachrichten mußten den draußen stehenden Booten über Funk mitgeteilt werden, damit sie nach den neuesten Auswertungen operieren konnten.

Die Führung von mehr als 40 Booten an Konvois – wie dies zum Beispiel in den großen Märzschlachten 1943 gegen die Konvois SC 122/HX 129 der Fall war – waren auch für den Stab eine Kette aufreibender Ereignisse. Eine einzige falsche Durchgabe konnte die Erfolge aller Boote zunichte machen. Schnelles Erfassen der Konvois und Weitergabe ihrer Standorte und Kurse an die suchenden Boote entschieden über Erfolg oder Versagen. Schnee war der Spezialist für diese Geleitzugoperationen.

Als der Stab des BdU wieder nach Berlin übersiedelte, gab Schnee – inzwischen Korvettenkapitän – die taktischen Anweisungen für die U-Boot-Waffe heraus, die sämtlich auf den durchgeführten Geleitzugsoperationen und den aus ihnen gewonnenen Erkenntnissen basierten.

Neben seiner Tätigkeit an der Karte, dem Ansatz der Boote, der Durchführung und Leitung der Operationen über Funk, oblag dem jungen, tatkräftigen Offizier auch die Auswertung der Feindfahrt-Ergebnisse für die jungen Kommandanten, die neu zur Front kamen, und die U-Boots-Schulen. So konnten nach den eben erst gemachten Erfahrungen der einlaufenden Boote die jungen Frontboot-Kommandanten, die zur ersten Feindfahrt ausliefen, belehrt werden.

Als die großen Schlachten gegen die Nordmeer-Konvois geschlagen wurden, flog der Korvettenkapitän öfter auf die Sichtmeldungen der Luftwaffe hin nach Norwegen, um von dort aus – in Verbindung mit dem FdU-Nordmeer – die Geleitzugsoperationen taktisch zu lenken.

Dann stellte sich noch einmal eine große Aufgabe für den erfahrenen Taktiker. Das katastrophale Ansteigen der U-Boots-Verluste im Frühjahr 1943, vor allem die erschreckenden Verluste des Monats Mai, trieben die Entwicklungsarbeiten an den neuen Elektrobooten mit Hochdruck voran. Mit diesen neuen U-Boots-Typen, die mit intensiver Unterstützung des BdU entwickelt wurden, begann ein revolutionierender Umschwung in der U-Boots-Waffe. Doch er kam zu spät.

Die Elektroboote der Typen XXI und XXIII sowie das Walther-U-Boot eröffneten völlig neue Aussichten.

Mit dem erfahrenen Ingenieur-Offizier Gerd Suhren*, der – nach ebenfalls langer Fahrzeit als L.I. – zum Operationsstab des BdU getreten war, hatte Schnee neben der allgemeinen Stabstätigkeit die Aufgabe, im Schiffsbau-Kommando mitzuwirken und die Forderung der U-Boot-Kommandanten nach einem auch unter Wasser möglichst schnellen Boot zu vertreten. Ihnen oblag es, die Entwicklung neuer, nur unter Wasser fahrenden U-Boote zu beschleunigen.

Beide Offiziere gingen nun daran, U 2511 das erstes Boot des Typs XXI in Dienst zu stellen.

Nach einer mit großer Eile durchgeführten Ausbildung war U 2511 das einzige Boot dieses Typs, das noch während des Krieges zum Einsatz kam.

Captain Roskill schrieb darüber in seinem Werk „War at Sea":

„Die Admiralität hatte allen Grund, über die Zukunft besorgt zu sein, denn die neuen U-Boote, die eine sehr viel höhere Unterwassergeschwindigkeit besaßen, wurden nun in größerer Zahl fertig. Es war keineswegs unmöglich, daß der Feind die Initiative zurückgewinnen konnte, die wir ihm seit Mai 1943 genommen hatten. Geschah dies, konnte die gesamte aliierte Offensive in Westeuropa in Gefahr geraten."

Am 30. April 1945 lief U 2511 vor Bergen zu seiner ersten Feindfahrt aus. Mit fünf Seemeilen Schleichfahrt lief das Boot ständig unter Wasser nach Westen.

Vier Tage nach dem Auslaufen wurden mehrere Asdic-Peilungen gleichzeitig aufgenommen. Eine der englischen U-Jagdgruppen, die in diesen Gewässern seit Monaten auf der Lauer lagen und fast jedes aufgefaßte Boot vernichteten, lief auf U 2551 zum Angriff an.

Ein Ruderkommando ließ U 2511 um 30 Grad aus dem gelaufenen Kurs ausscheren. Ein weiteres Kommando, und die E-Maschinen begannen stärker zu singen, bis sie das Boot mit einer bis dahin für unmöglich gehalte-

---

* Am 21. Oktober 1940 als erster Ingenieur-Offizier mit dem Ritterkreuz ausgezeichnet; Bruder von Reinhard Suhren.

Die »Starling« hat geworfen. Sie gehörte zu Captain Walkers 2. Support Group. Ihr fiel U 202 zum Opfer.

nen Unterwasserfahrt von 16 Knoten durch die See trieben. Die Ortungsstrahlen wurden schwächer, verstummten. U 2511 war seinen Verfolgern einfach davongelaufen!

„Mensch, Gerd, hättest du das gedacht?"

Der L.I. des Bootes schüttelte den Kopf.

„Jetzt werden wir den Brüdern mal was vorexerzieren, Addi. Sie werden ihre Socken verlieren, wenn sie uns einholen wollen."

Das Boot setzte den Marsch fort. Der Kommandant wollte – da er freie Jagd erhalten hatte – mit U 2511 zum Panama-Kanal.

Doch am 4. Mai traf der Funkspruch des BdU ein, der alle vorbereitenden Arbeiten zunichte machte. Alle in See stehenden Boote erhielten Befehl zur Einstellung der Kampfhandlungen.

Wenige Stunden danach ortete der Horchraum Schraubengeräusche. Auf Sehrohrtiefe auftauchend, sichtete Korvettenkapitän Schnee einen englischen Kreuzer von 10 000 BRT, der durch vier Zerstörer gesichert wurde. Noch einmal fuhr „Addi" Schnee einen Angriff. Er durchbrach die Sicherheitskette der Zerstörer und ging mit U 2511 bis auf 500 Meter an den Kreuzer heran. Nun brauchte er nur noch den Fächerschuß zu befehlen, und dieser Kreuzer würde in die Luft geblasen.

U 2511 ging wieder auf Tiefe und lief unbemerkt vom Gegner ab. Dies war der erste und letzte Angriff, der von einem Boot des Typs XXI gefahren wurde. Später, in Bergen, war es Korvettenkapitän Schnee fast unmöglich, den Kommandanten des englischen Kreuzers davon zu überzeugen, daß sein Boot in bester Schußposition zum Kreuzer gelegen hatte und daß ein Druck auf die Auslösung für den Kreuzer das Ende bedeutet hätte. Erst nach Vergleich der KTBs war der Kreuzerkommandant überzeugt.

Die ganze Unternehmung war getaucht durchgeführt worden! Die alliierten Kommandanten, die dieses Boot in Bergen sahen, sagten übereinstimmend, daß es der deutschen U-Boots-Waffe einen Vorsprung von fünf Jahren gegeben hätte.

Das Boot wurde zum Prototyp aller modernen Nachkriegs-U-Boote der Welt. Die Boote des Typs XXI waren die Vorläufer der Atom-U-Boote.

Adalbert Schnee wurde aus der Gefangenschaft entlassen, doch nicht aus der Gemeinschaft der U-Boot-Fahrer*, die mehr als irgendeine andere Waffengattung das Gefühl für unverbrüchliche Zusammengehörigkeit besitzen. Durch die gemeinsame Fahrzeit war eine Kameradschaft entstanden, die Nachkriegszeit und jede Diskriminierung überdauerte. Immer wieder wird in beglückendem Maße diese Kameradschaft deutlich, wenn ehemalige U-Boots-Fahrer zusammenkommen; vor allem auf dem alle vier Jahre stattfindenden Verbandstreffen.

---

* Im Jahre 1962 wurde der Verband der U-Boots-Fahrer gegründet, Korvettenkapitän Schnee übernahm das Amt des 1. Vorsitzenden.

Ein großer Ölfleck kennzeichnet die Stelle des Unterganges.

Adalbert Schnee

Letzter Dienstgrad: Korvettenkapitän
5 Feindfahrten Wachoffizier auf U 23
Kommandant von U 6, U 201 und U 2551
In 12 Feindfahrten stand Korvettenkapitän Schnee 298 Tage als Komman-
dant in See
Ritterkreuz am 30. August 1941
Eichenlaub am 15. Juli 1942

Versenkungsliste von U 60 und U 201 unter Kapitänleutnant Schnee

13.08.40	21.47	swD	»Nils Gorthon«	1.787	25 m NNE Malin Hd.
31.08.40	00.00	nlD	»Volendam« =	15.434	56.04 N/09.52 W
03.09.40	03.26	brD	»Ulva«	1.401	55.45 N/11.45 W
02.05.41	21.14	brMT	»Capulet«	8.190	60.16 N/16.10 W
08.05.41	15.47	frD	»Kervegan«	2.018	60.-- N/32.-- W
09.05.41	14.26	brD	»Gregalia«	5.802	60.24 N/32.37 W
09.05.41	14.28	brD	»Empire Cloud« =	5.969	61.00 N/32.30 W
19.08.41	04.06	brD	»Ciscar«	1.809	49.-- N/17.-- W
19.08.41	- - -	brD	»Aguila«	3.255	- - - - - -
23.08.41	02.14	brM	»Stork«	787	40.43 N/11.39 W
23.08.41	02.14	brD	»Aldergrove«	1.974	40.43 N/11.39 W
21.09.41	22.50	brD	»Runa«	1.575	46.20 N/22.23 W
21.09.41	23.20	brD	»Lissa«	1.511	47.-- N/22.-- W
21.09.41	23.21	brD	»Rhineland«	1.381	47.-- N/22.-- W
27.09.41	02.08	brD	»Springbank«	5.155	49.10 N/20.05 W
27.09.41	02.11	nwD	»Siremalm«	2.468	49.05 N/20.10 W
27.09.41	23.03	brD	»Margareta«	3.103	50.15 N/17.27 W
27.09.41	23.03	- - -	- - -	- - -	Dampfer gesunken
18.04.42	00.46	arMT	»Victoria« =	7.417	36.41 N/68.48 W
21.04.42	02.36	nwD	»Bris«	2.027	34.-- N/69.-- W
22.04.42	03.29	amD	»San Jacinto«	6.069	31.10 N/70.45 W
22.04.42	09.05	brD	»Derryheen«	7.217	31.20 N/70.35 W
06.07.42	00.39	brD	»Avila Star«	14.443	38.04 N/22.46 W
12.07.42	02.25	brD	»Cortona«	7.093	32.45 N/24.45 W
12.07.42	04.13	brD	»Siris«	5.242	31.20 N/24.48 W
13.07.42	02.21	brD	»Sithonia«	6.723	29.-- N/25.-- W
15.07.42	01.46	brDT	»British Yeoman«	6.990	26.42 N/24.20 W
25.07.42	23.05	brAPC	»Laertes«	545	06.00 N/14.17 W

Gesamterfolge:
24 Schiffe mit 83.129 BRT versenkt
3 Schiffe mit 28.820 BRT torpediert
1 Schiff mit unbekannter Tonnage torpediert und versenkt
1 Geleitfahrzeug versenkt

Stellenbesetzung, Gliederung und Flottillen der U-Boot-Waffe

Im September 1935 wurden die ersten U-Boote in der U-Flottille „Weddigen" zusammengefaßt. Chef der Flottille war KzS Dönitz. Am 01. 01. 36 wurde er zum Führer der Unterseeboote (F.d.U.) ernannt.

Bis zum Ausbruch des Kriegss wurden folgende Flottillen aufgestellt:

„Weddigen"	1. U-Flottille	September	1935
„Saltzwedel"	2. U-Flottille	September	1936
„Lohs"	3. U-Flottille	Oktober	1937
„Emsmann"	5. U-Flottille	Dezember	1938
„Hundius"	6. U-Flottille	Oktober	1938
„Wegener"	7. U-Flottille	Juni	1938

A. Operative Führung

Stellenbesetzung des Stabes bis Oktober 1993:

F.d.U.	KzS u. Kommodore/	
	KAdm. Dönitz	01.36 – 10.39
Stabsoffz. z. b V	KzS von Friedeburg	07.39 – 10.39
1. Asto	KK Godt	01.38 – 10.39
2. Asto	KL von Stockhausen	10.38 – 08.39
	KL Looff	09.39 – 10.39
3. Asto	KL Cohausz	01.39 – 09.39
	KL Pauckstadt	09.39 – 10.39
4. Asto	KL von Stockhausen	08.39 – 10.39
Asto z.b.V.	KL Oehrn	09.39 – 10.39
Verb.-Ing.	FK (Ing.) Thedsen	01.36 – 10.39
Verb.-Arzt	MStArzt Dr. Lübben	10.38 – 10.39
Verb.-Verw. Offz.	KK (V) Dr. Buchholz	– 10.39
Rechtsberater	MKrGerRat Dr. Wespe	– 10.39

Stellenbesetzung des operativen Führungsstabes von 10.39 bis Kriegsende

B.d.U.	Admiral/GrAdmiral Dönitz	10.39 – Kr.Ende
	gleichzeitig Ob.d.M.	02.43 – Kr.Ende
Operationsabteilung:		
Abteilungschef	KAdm. Godt	10.39 – Kr.Ende
1. Admiralstabsoffizier:		
	KL Oehrn	10.39 – 05.40
	KK Hartmann	05.40 – 11.40
	KK Oehrn	11.40 – 11.41
	FK Hessler	11.41 – Kr.Ende
A I op (besetzt ab 10.42)		
	KL Schnee	10.42 – 07.44
	KL Schröteler	07.44 – 12.44
	KK Hechler	04.45 – Kr.Ende

2. Admiralstabsoffizier:

	KK Looff	10.39 – 04.40
	KL Daublebsky von Eichhain	04.40 – 02.43
	KL Cremer m.W.d.G.b.	02.43 – 04.43
	KK Hoschatt	04.43 – Kr.Ende

3. Adrimalstabsoffizier:

	unbesetzt	10.39 – 09.41
	KL Kuppisch	09.41 – 06.42
	KL(MN) Muhr	06.42 – Kr.Ende

4. Admiralstabsoffizier:

	KL von Stockhausen	10.39 – 11.39
	KK Meckel	11.39 – 06.44
	KL Rasch	06.44 – 10.44
	KK Mehl	10.44 – Kr.Ende

5. Admiralstabsoffizier:

	KL Winter	10.39 – 07.41
	KK Dr. Teufer	07.41 – Kr.Ende

6. Admiralstabsoffizier:

	KL Kuppisch	06.42 – 12.42
	KK Schultze	12.42 – 03.44
	KK Witt	03.44 – 09.44
	KL Neid	09.44 – Kr.Ende

Ingenieur-Offizier:

	KL (Ing) Looschen	11.39 – 10.40
	KK (Ing) Scheel	10.40 – 02.43
	KL (Ing) Suhren	02.43 – 07.44
	KL (Ing) Wiebe	07.44 – Kr.Ende

Sitz der Befehlsstelle des B.d.U. und der Operationsabteilung:

Sengwarden bei Wilhelmshaven	11.39 – 09.40
Paris	09.40 – 11.40
Kernevel bei Lorient	11.40 – 03.42
Paris	03.42 – 03.43
Berlin	03.43 – 12.43
Bernau „Koralle"	12.43 – 02.45
Sengwarden bei Wilhelmshaven	02.45 – 04.45
Plön	04.45
Flensburg-Mürwik	05.45

B. Truppendienstliche Führung

Am 17. 10. 1939 wurde aus der Dienststelle F.d.U. der B.d.U. gebildet und die operative Führung von der truppendienstlichen Führung getrennt. Die operative Führung lag in den Händen der Operationsabteilung (B.d.U.op) und die truppendienstliche in den Händen der Organisationsabteilung (B.d.U.Org).
Dem B.d.U.Org. unterstanden truppendienstlich alle Unterseebootsflottillen. Er steuerte den gesamten personellen und materiellen Nachschub für die Unterseeboote.

Stellenbesetzung der Organisationsabteilung

Abteilungschef	KzS von Friedeburg	10.39 – 09.41
2. Admiral der U-Boote	K.Adm/V.Adm. v. Friedeburg	09.41 – 02.43
Kommand. Admiral	Adm/Gen.Adm. v. Friedeburg	03.43 – 05.45
	KzS Dobratz m.W.d.G.b	05.45 – Kr.Ende
Chef d. Stabes	FK Beucke	03.43 – 05.43
	K.Adm Kratzenberg	06.43 – 04.45
	KzS Dobratz	04.45 – 05.45
	FK (Ing) Engler m.W.d.G.b	05.45 – Kr.Ende
Waffenabteilung:		
A II – Torpedo und		
Sperrwaffe	KK Ewert	01.40 – 02.43
	FK Schuch	02.43 – Kr.Ende
A III – Artillerie u.		
Navigation	KK Pauckstadt	10.39 – 10.41
	KL Korth	10.41 – 03.42
	KK Zahn	04.42 – 09.43
	KL Möhlmann	09.43 – 11.44
	KL Lüdden	11.44 – 01.45
A IV – Nachrichtentechn.	KK (NT) Gruncke	10.39 – 07.43
	KL (MN) Grundmann	07.43 – Kr.Ende
Ausbildungsabteilung	KK Salmann	06.41 – 05.45
Technische Abteilung	K.Adm (Ing) Thedsen	10.39 – Kr.Ende
M I	KL (Ing) Huntemüller	12.39 – 03.40
	KK (Ing) Winkler	04.40 – 11.43
	FK (Ing) Teichmann	11.43 – 01.45
	FK (Ing) Engler	01.45 – Kr.Ende
Ärztliche Abteilung	MStArzt Dr. Linne	
	m.W.d.G.b.	10.39 – 08.40
	MStArzt Dr. Kuhnert	09.40 – 02.42
	Flottillenarzt Doz.	
	Dr. habil Pohle	02.42 – Kr.Ende
Personalabteilung		
P I – Offz. Personalien	KK Jeppener-Haltenhoff	02.40 – Kr.Ende
P II – Uffz. u. Mannsch.	KK Müller-Arnecke	01.40 – 11.44
	KL Franken	11.44 – 01.45
	KK Müller-Arnecke	01.45 – Kr.Ende
Verwaltungsabteilung	FK (V) Dr. Buchholz	10.39 – 01.42
	FK (V) Wuttke	01.42 – 07.43
	KzS (V) Dr. Buchholz	07.43 – 01.45
	KK (V) Mursch	01.45 – Kr.Ende
Zentralabteilung		
Z 1	KK von Reiche	06.42 – Kr.Ende
Z 2	KK Schacke	09.40 – Kr.Ende
Gericht d. 2. Admirals		
der Unterseeboote	gebildet Okt. 1941, aufgelöst	
	bei Neuorganisation März 1943	
	MKrGerRat Dr. Breinig	10.41 – 02.43
Rechtsberater des		
Kommand. Admirals	MObKrGerRat Hagemann	03.43 – 02.44
	Flottenrichter Krüger	02.44 – 01.45
	Geschwaderrichter Dr. Meese	01.45 – Kr.Ende

Personalbüro U-Boote	Das Personalbüro Unterseebote wurde am 01.08. 1940 beim 2. Adm. der Ostsee eingerichtet und ab März 1943 dem Komm. Admiral unterstellt.	
Leiter	KK(MA) Schwarting	08.40 – Kr.Ende

C. Frontverbände bis Dezember 1993
1. U-Flottille „Weddigen"

Flottillenchef	KL Looff	10.37 – 09.39
	KL Eckermann m.W.d.G.b.	09.39 – 12.39

2. U-Flottille „Saltzwedel"

Flottillenchef	KK Ibbeken	10.37 – 09.39

3. U-Flottille „Lohs"

Flottillenchef	KL Eckermann	10.37 – 12.39

5. U-Flottille „Emsmann"

Flottillenchef	KK Rösing	12.38 – 12.39

6. U-Flottille „Hundius"

Flottillenchef	KK Hartmann	10.38 – 12.39
	zugleich Kdt. U 37 9.39 – 5.40	
	KL Fischer i. V.	10.39 – 12.39

7. U-Flottille „Wegener"

Flottillenchef	KK Sobe	06.38 – 12.39

F.d.U. West	KsZ Rösing	07.42 – Kr.Ende
1. Asto	KK Daublebsky von Eichhain	03.43 – Kr.Ende
2. Asto	KL Leinemann	05.43 – Kr.Ende
Verb.-Ing.	FK (Ing) Scheel	03.43 – Kr.Ende

Unterstellte Flottillen:
1. U-Flottille
Stützpunkt Kiel/ab Juni 41 Brest. Aufgelöst Sep. 44

Flottillenchef	KK Eckermann	01.40 – 10.40
	KK Cohausz	11.40 – 02.42
	KL Buchholz i.V.	02.42 – 07.42
	KK Winter	07.42 – 09.44

2. U-Flottille
Stützpunkt Wilhelmshaven/ab Juni 40 zusätzlich Lorient/ab Juni 41. Nur Lorient/Boote verlegten im Spätsommer 44 nach Norwegen.

Flottillenchef	KK Hartmann	
	zugleich Kdt. U 37 9.39 – 5.40	01.40 – 10.40
	KK Fischer i.V.	01.40 – 09.41
	KK Fischer	10.40 – 01.43
	FK Kals (1.9.44 KzS)	01.43 – Kr.Ende

3. U-Flottille
Neuaufgestellt März 1941. Stützpunkt Kiel/ab Okt. 41 zunächst La Pallice, dann La Rochelle. Die im Spätsommer noch einsatzfähigen Boote verlegten im Aug. 44 nach Norwegen. Die in La Rochelle verbliebenen Flottillenangehörigen bildeten im Oktober 44 das Regiment „Zapp" und unterstanden dem Festungskommandanten La Rochelle.

Flottillenchef	KK Rösing	03.41 – 07.41
	KL Schultze	07.41 – 03.42
	KL von Reiche i.V.	02.42 – 06.42
	KK Zapp	06.42 – 10.44

6. U-Flottille

Neuaufgestellt August 1941. Bis Mitte 1942 Ausbildungs- und Frontflottille. Aufgelöst August 1944. Stützpunkt Danzig/Febr. 1942 St. Nazaire.

Flottillenchef	KL Frauenheim	Kdo. n. angetr.
	KK Schulz	09.41 – 10.43
	KL Emmermann	10.43 – 08.44

7. U-Flotille

Stützpunkt Kiel/ab Oktober 1940 zusätzlich St. Nazaire, ab Juni 1941 nur noch St. Nazaire. Die einsatzfähigen Boote verlegten bis August 44 nach Norwegen

Flottillenchef	KK Rösing	01.40 – 05.40
	KK Sohler	05.40 – 02.44
	KK Piening	03.44 – Kr.Ende

9. U-Flottille

Aufgestellt November 1941. Aufgelöst Oktober 1944. Stützpunkt Brest.

| Flottillenchef | KL Oesten | 11.41 – 03.42 |
| | KK Lehmann-Willenbrock | 05.42 – 08.44 |

10. U-Flottille

Aufgestellt Januar 1941. Aufgelöst Oktober 1944. Stützpunkt Lorient.

| Flottillenchef | KK Kuhnke | 01.41 – 10.44 |

12. U-Flottille

Aufgestellt Oktober 1942. Aufgelöst August 1944. Stützpunkt Bordeaux.

| Flottillenchef | KK Scholtz | 10.42 – 08.44 |

F.d.U. Norwegen	KzS Peters	01.43 – 05.44
	FK Suhren	05.44 – Kr.Ende
A Org.	FK Eckermann	01.43 – 11.44
AP op	KL Oesten	01.43 – 06.43
	KL Reche	06.43 – Kr.Ende
Verb.-Ing.	KK (Ing) Wahl	01.43 – Kr.Ende
	KK (Ing) Ebell	10.43 – Kr.Ende

Unterstellte Flottillen:

11. U-Flottille

Aufgestellt Mai 1942. Stützpunkt Bergen.

| Flottillenchef | FK Cohausz | 05.42 – (12.44) |

13. U-Flottille
Aufgestellt Juni 1943. Stützpunkt Drontheim.

Flottillenchef	FK Rüggeberg	06.43 – Kr.Ende

F.d.U. Mittelmeer	KK Oehrn m.W.d.G.b.	11.41 – 02.42
	K.Adm. Kreisch	02.42 – 01.44
	KzS Hartmann	01.44 – 09.44
1 Asto	KK Oehrn	11.41 – 05.42
	KK Schewe	05.42 – 09.44
Verb.-Ing.	KK (Ing) Gottwald	02.43 – 02.44
	Kl (Ing) Zschetzsching	02.44 – 07.44

Unterstellte Flottillen:
23. U-Flottille
Aufgestellt September 1941. Mai 1941 aufgegangen in der 29. U-Flottolle.
Stützpunkt Samalis.

Flottillenchef	KL Frauenheim	09.41 – 05.42

29. U-Flottille
Aufgestellt Dezember 1941. Aufgelöst September 1944.
Stützpunkt La Spezia, Toulon, Pola, Marseille, Salamis.

Flottillenchef	KK Becker	12.41 – 05.42
	KK Frauenheim	05.42 – 07.43
	KK Jahn	08.43 – 09.44

Einsatzraum Schwarzes Meer:
30. U-Flottille
Aufgestellt Oktober 1942. Aufgelöst Oktober 1944.
Stützpunkt Konstanza.

Flottillenchef	KL Rosenbaum	10.43 – 05.44
	KL Schöler	05.44 – 07.44
	KL Petersen	07.44 – 10.44

F.d.U. Mitte	FK Merten	05.44 – 06.44
	FK Oehrn	06.44 – 08.44

Diese Dienststelle wurde im Mai 1944 während der Vorbereitungen zur
Invasionsabwehr gebildet. Dem F.d.U. Mitte waren 45 Boote unterstellt.
Am 20. 08.44 wurde die Dienststelle aufgelöst.

F.d.U. West (Bergen)	KzS Rösing	07.42 – Kr.Ende

Der F.d.U. West verlegte im August 1944 von Angers (Frankreich) nach
Bergen (Norwegen).
Stützpunkte Bergen, Kristiansand-Süd, Stavanger.
1., 2. Asto
und Verb.-Ing.   wie bei F.d.U. West (Frankreich)

Unterstellte Flottillen:
11. U-Flottille
Neugliederung September 1944. Stützpunkt Bergen.

Flottillenchef	FK Cohausz	(05.42) – 12.44
	FK Lehmann-Willenbrock	12.44 – Kr.Ende

33. U-Flottille
Aufgestellt September 1944. Stützpunkt Flensburg
Einige Boote befanden sich in Ostasien.

Flottillenchef	KK Schewe	09.44 – 10.44
	KK Kuhnke	10.44 – Kr.Ende

15. U-Flottille
Die Bildung der 15. U-Flottille unter KK Mengersen mit Stützpunkt Kristi-ansand-Süd kam nicht mehr zur Durchführung.

F.d.U. Nordmeer (Narvik) FK Suhren   05.44 – Kr.Ende
Die Dienststelle F.d.U. Norwegen wurde mit Verlegung des F.d.U. West in F.d.U. Nordmeer umbenannt.

A op	KL Reche	06.43 – Kr.Ende
A Org.	KL Zetzsche	11.44 – Kr.Ende
Verb.-Ing.	KK (Ing) Ebel	10.43 – Kr.Ende

Unterstellte Flottillen:
13. U-Flottille
Neugliederung September 1944. Stützpunkt Drontheim.

Flottillenchef	FK Rüggeberg	06.43 – Kr.Ende

14. U-Flottille
Aufgestellt Dezember 1944. Stützpunkt Narvik.

Flottillenchef	KK Möhlmann	12.44 – Kr.Ende

Einsatzraum Ostasien
Die im Einsatzraum Südostasien befindlichen Unterseeboote waren operativ dem B.d.U. op unterstellt. Die sonst von einem Flottillenchef wahrgenommenen Aufgaben lagen in den Händen des „Chefs im Südraum".

Chef Südraum	FK Dommes	03.44 – Kr.Ende

Unterstellt:
Malaya:
    U-Stützpunkt Shannon-Singapore und Penang
                        KK Erhardt
                        KL (W) Grützmacher
Java:
    U-Stützpunkt Djarkarta-Batavia u. Soerbaja.
                        KK Dr. Kandeler
                        KL Hoppe
    U-Stützpunkt Kobe

Leiter	KK Kentrat	01.45 – Kr.Ende

D. Ausbildungsverbände und -Einheiten
Höheres Kommando der Unterseebootsausbildung
Am 15. 01 1943 wurde im Bereich des 2. Admirals der Unterseeboote das Höhere Kommando der Unterseebootsausbildung (H.K.U.) gebildet. Standorte Kiel, dann Plön und April 1945 Neustadt.

Höherer Kommandeur	KzS Schmidt	01.43 – Kr.Ende
Stabsoffz.b.Stabe	KK (Ing) Miller	01.43 – 05.43
	KK (Ing) Schmidt	06.43 – 09.43
	KK (Ing) Wahl	11.43 – 07.44
	KK (Ing) Bahn	07.44 – Kr.Ende

1. Unterseebootslehrdivision (1.U.L.D.)

Die Unterseebootsschule Neustadt wurde 1940 dem B.d.U./Org. unterstellt und am 01. 05. 1940 in 1. Unterseeboots-Schulflotille umbenannt und nach Pillau verlegt. Am 13. 06. 1940 in 1. Unterseebootslehrdivision umbenannt und 1944 nach Hamburg-Finkenwerder verlegt. Aufgelöst Febr./März 1945.

Kommandeur	FK Ibbeken	09.39 – 11.41
	KzS Schmidt	12.41 – 01.43
	KzS Poske	01.43 – 02.45
	KK Heyse m.W.d.G.b.	02.45 – 02.45
Stabsoffz.b.Stabe	KL (Ing) Welsch	03.39 – 08.41
	KL (Ing) Bahn	08.41 – 12.41
	KK (Ing) Schmidt	12.41 – 11.42
	ab 11.42 unbesetzt	

I. Abteilung

Kommandeur	KK Büchel	03.40 – 06.43
	KK Schuhart	06.43 – 01.44
	KK Heyse	01.44 – 03.45

II. Abteilung

Kommandeur	KK (Ing) Zerpka	02.40 – 06.43
	KK (Ing) Miller	06.43 – 11.43
	KK Michel	11.43 – 02.45

Früher eingesetzte Daten als Aufstellung der 1. U.L.D. bedeutet Dienstantritt bei der Unterseebootsschule Neustadt.

21. Unterseebootsflottille

Die Unterseebootsschulflottille, urspr. Unterseebootsschule unterstellt, wurde am 01. 107 1940 in 21. Unterseebootsflottille umbenannt. Aufgelöst März 1945.

Flottillenchef	KL Beduhn	11.37 – 03.40
	KK Büchel	03.40 – 06.43
	KK Schuhart	06.43 – 09.44
	KL Collmann	09.44 – 03.45

Früher eingesetzte Daten als Aufstellung der 21. U-Flottille bedetet Dienstantritt Unterssebootsschule Neustadt.

2. Unterseebootslehrdivision (2.U.L.D.)

Juni 1940 aufgestellt. Schulbetrieb ab 01. 11. 1940.
Standort Gotenhafen. Aufgelöst Jan./März 1945.

Kommandeur	FK Hartmann	11.40 – 11.41
	FK Hashagen	12.41 – 11.43
	KK Ambrosius i.V.	11.43 – 02.44
	KzS Neitzel	01.44 – 01.45
Stabsoffz.b.Stabe	KK (Ing) Looschen	11.40 – 12.41
	KK (Ing) Bahn	12.41 – 01.43
	ab 01.43 unbesetzt	

I. Abteilung

Kommandeur	KK Ambrosius	10.40 – 02.44
	KK Bleichrodt	02.44 – 07.44
	KK Müller-Edzards	07.44 – 11.44
	KK Müller-Arnecke	12.44 – 01.45
	KK Zahn	01.45 – 03.45

II. Abteilung

Kommandeur	KK (Ing) Schmidt	12.40 – 12.41
	KK (Ing) Looschen	12.41 – 02.43
	KK (Ing) Bahn	01.43 – 10.43
	KK Zahn	10.43 – 12.44
	KK (Ing) Rohweder m.W.d.G.b.	12.44 – 02.45

22. U-Flottille

Januar 1941 aufgestellt. Einzelne Boote von JuniAugust 1941 in der Ostsee im Einsatz. Ende des Krieges von Gotenhafen nach Wilhelmshaven verlegt.

Flottillenchef	KK Ambrosius	01.41 – 10.44
	KK Lüth	01.44 – 07.44
	KK Bleichrodt	07.44 – Kr.Ende

3. Unterseebootslehrdivision (3.U.L.D.)

Aufgestellt Sept./Okt. 1943. Standort Neustadt.

Kommandeur	FK (Ing) Schmidt	09.43 – Kr.Ende
Stabsoffz.b.Stabe	KK (Ing) Frhr. v. Engelhardt-Bergshof	10.43 – 02.44
	KL (Ing) Subklew	02.44 – Kr.Ende

I. Abteilung

Kommandeur	KK (Ing) Bahr	10.43 – 02.44
	KK (Ing) Schulze	02.44 – Kr.Ende

II. Abteilung

Kommandeur	KK (Ing) Miller	11.43 – 01.44
	KK (Ing) Subklew i.V	02.45 – Kr.Ende

4. Unterseebootslehrdivision (4.U.L.D.)

Standort Memel. Aufgestellt Febr. 44. Ab Juli 44 teilweise Fronteinsatz Litauen. Aufgelöst November 1944.

Kommandeur	KK (Ing) Miller	02.44 – 11.44

1. Unterseeboots-Ausbildungsabteilung (1.U.A.A.)

Standort Plön. Aufgestellt als U.A.A. Febr. 40, ab April 1941 1. U.A.A.

Kommandeur	FK Rose	02.40 – 05.40
	FK Schmidt	06.40 – 11.41
	KzS Zechlin	11.41 – 04.43
	FK Schünemann	07.43 – 02.45
	FK Pauckstadt	02.45 – Kr.Ende

2. Unterseeboots-Ausbildungsabteilung (2.U.A.A.)

Standort Neustadt, dann Zeven. Aufgestellt April 41.

Kommandeur	FK Kastenbauer	04.41 – 11.41
	FK Schünemann	11.41 – 07.43
	KzS (Ing) Zerpka	07.43 – 03.45
	KK Michel	03.45 – Kr.Ende

3. Unterseeboots-Ausbildungsabteilung (3.U.A.A.)

Standort Pillau, ab Juni 1944 Schleswig.
Aufgestellt April 1943

Kommandeur	FK (Ing) Hohnwald	04.43 – Kr.Ende

Führer der Unterseeboote Ost (F.d.U.Ost)
Die Dienststelle wurde im März 1943 gebildet.
Stützpunkte bestanden in Kiel, Flensburg, Stettin, Danzig, Königsberg, Lübeck, Hamburg, Wilhelmshaven, Gotenhafen und Ende des Krieges in Wesermünde. Dem F.d.U. Ost unterstanden die in der Heimat klarmachenden Boote zum Fronteinsatz (Neubauten und Reparaturboote).

F.d.U. Ost	KzS Schellong	03.43 – Kr.Ende
I a	KK Behrens	08.43 – Kr.Ende
	KK (Ing) Hering	08.45 – 04.45
	KK (Ing) Wessels	04.45 – Kr.Ende

4. Unterseebootsflottille
Stützpunkt Stettin. Aufgestellt Mai 1941.

Flottillenchef	KL Jacobsen m.W.d.G.b.	05.41 – 07.41
	KL Frauenheim	07.41 – 08.41
	KL Jacobsen i.V.	08.41
	FK Fischer	08.41 – Kr.Ende

5. Unterseebootsflottille
Stützpunkt Kiel. Aufgestellt Juni 1941.

Flottillenchef	KK Moehle	06.41 – Kr.Ende
	KK Pauckstadt i.V.	09.42 – 11.42

8. Unterseebootsflottille
Stützpunkt Königsberg, ab Februar 1942 Danzig. Aufgestellt Oktober 1941, aufgelöst Januar 1945.

Flottillenchef	KL Schulz	10.41 – 01.42
	KK Eckermann	01.42 – 01.43
	KK von Schmidt	01.43 – 04.44
	KzS Mahn i.V.	01.43 – 03.43
	FK Pauckstadt	05.41 – 01.45

31. Unterseebootsflottille
Stützpunkt Hamburg, Wilhelmshaven u. Wesermünde.
Aufgestellt September 1943.

Flottillenchef	KzS Mahn	09.43 – 04.45
	KK Emmermann	04.45 – Kr.Ende

32. Unterseebootsflottille
Stützpunkt Königsberg, ab Januar 1945 Hamburg. Aufgestellt April 1944.

Flottillenchef	FK Rigele	04.44 – 03.45
	KK Heyse	03.45 – Kr.Ende

Führer der Unterseeboots-Ausbildungsflottillen (F.d.U.Ausb.)

F.d.U. Ausb.:	KzS Schütze	03.43 – Kr.Ende
1. Asto und Erprobungs-		
leiter neuer U-Boote	KK Schulz	10.43 – 04.45
Verb.-Ing.	KK (Ing) Looschen	03.43 – 03.45
	KK (Ing) Gottwald	03.45 – Kr.Ende

8. Unterseebootsflottille
Die Flottille hat vom 14. 01. 45 – 07. 03 45 auf Hela bestanden und war für

Ausbildungszwecke vorgesehen und aufgestellt
Flottillenchef   KK Franzius   01.45 – 03.45

19. Unterseebootsflottille
Stützpunkt Pillau, ab Februar 1945 Kiel. Aufgestellt Oktober 1943.
Kommandanten-Vorschule, Ausgucksschulung, Hafengrundausbildung für
U-Boote
Flottillenchef   KK Metzler   10.43 – Kr.Ende

20. Unterseebootsflottille
Stützpunkt Pillau. Aufgestellt Juni 1943, aufgelöst Februar 1945.
Vortaktische Ausbildung.
Flottillenchef   KK Mengersen   06.43 – 02.45

23. Untereseebootsflottille
Stützpunkt Danzig. Aufgestellt August 1943, aufgelöst März 1945.
Kommandantenschießausbildung.
Flottillenchef   KK von Bülow   08.43 – 03.45

24. Unterseebootsflottille
Stützpunkt Danzig, dann Memel. dazwischen Juni – Sept. 1941 Drontheim,
Ende des Krieges Gotenhafen und zuletzt Eckernförde. November 1939
wurde die Unterseebootsausbildungsflottille gebildet, die ab April 1940 die
Bezeichnung 1. Unterseebootsausbildungsflottille trug und im Juli 1940 in
24. U-Flottille umbenannt wurde. Aufgelöst März 1945.
Kommandantenschießausbildung, später auch Unterwasserortungsausbil-
dung.
Flottillenchef   KK Weingaertner   11.39 – 07.42
                              KzS Peters   07.42 – 01.43
                              FK Merten   04.43 – 03.45
                              KK Jasper i.V.   04.44 – 07.44

25. Unterseebootsflottille
Stützpunkt Danzig, Juni – September 1941 Drontheim, kurz Memel und
dann Libau. Ende 1944 Gotenhafen und 1945 Travemünde. Aufgestellt
April 1940 als 2. Unterseebootsausbildungsflottille und im Juli 1945 in 25.
U-Flottille umbenannt wurde.
Schießausbildung Unterseeboote.
Flottillenchef   KK Hashagen   04.40 – 12.41
                              KK Jasper   12.41 – 08.43
                              FK Neitzel i.V.   08.43 – 12.43
                              KK Gysae   12.43 – 04.45
                              KK Schulz   04.45 – Kr.Ende

26. Unterseebootsflottille
Stützpunkt Pillau, ab 1945 Warnemünde. Aufgestellt April 1941.
Schießausbildung Unterseeboote.
Flottillenchef   KK von Stockhausen   04.41 – 01.43
                              KK Merten   02.43 – 04.43
                              FK Brümmer-Patzig   04.43 – 03.45
                              KK Bauer   03.45 – Kr.Ende

469

27. Unterseebootsflottille

Stützpunkt Gotenhafen. Januar 1940 als taktische Unterseebootsfrontausbildungsflottille aufgestellt. Umbenannt Juli 1940 in 27. U-Flottille. Aufgelöst März 1945.

Flottillenchef	KK Sobe	01.40 – 12.41
	FK Hartmann	12.41 – 10.42
	KK Topp	10.42 – 07.44
	KL Bauer	07.44 – 03.45

Technische Ausbildungsgruppe für Frontunterseeboote (Agru Front)

Stützpunkt bis März 1945 Hela, dann Bornhom und Eckernförde. Aufgestellt September 1941.

Kommandeur	KK (Ing) Müller	09.41 – 05.44
	KzS (Ing) Heintz	05.44 – Kr.Ende

Erprobungsgruppe Unterseeboote

	KK Schulz zugleich 1. Asto	10.43 – 04.45
	FK Topp (Typ XXI)	08.44 – 01.45
	KK Emmermann (Typ XXIII)	08.44 – 03.45

Unterseeboot-Abnahmekommando (U.A.K.) Kiel

Der Erprobungsausschuß für Unterseeboote wurde am 01. 06. 1935 in Kiel gebildet. Im Januar 1940 in Unterseebootsabnahmekommando umbenannt. 1942 dem 2. Admiral der Unterseeboote unterstellt.

Chef:	KzS Bräutigam	06.35 – 10.44
	KzS (Ing) Hülsmann	10.44 – Kr.Ende
Stabsoffz.b.Stabe	KzS (Ing) Hülsmann	01.40 – 10.44
	KK (Ing) Stahl	10.44 – Kr.Ende
Leiter Zweigst. Danzig	KzS Sachs	02.40 – 11.44
	FK Eckermann	11.44 – 04.45
Gruppenleiter	KzS Sachs	02.40 – 11.44
	KzS Sperling	01.40 – Kr.Ende
	KzS Valentiner	01.40 – 12.44
		02.45 – 03.45
	FK Eckermann	11.44 – 04.45
	KK Borchert	11.44 – Kr.Ende
	KK (Sdf) Kempf	09.44 – Kr.Ende
	KK Kiesewetter	06.41 – 06.44
	KK Koopmann	03.41 – Kr.Ende
	KK List	08.41 – Kr.Ende
	KK v.d. Lühe	10.44 – Kr.Ende
	KK Maurer	04.42 – 12.44
	KK Schäfer	11.44 – 04.45
	KK von Schmidt	10.44 – Kr.Ende
	KK von Siechartshofen	07.40 – 10.41
		10.43 – 12.44
	KK Dr. Sterz	09.40 – Kr.Ende
	KK Ziemer	01.45 – Kr.Ende

Marineärztliches Forschungsinstitut für U-Boots-Medizin
Aufgestellt Januar 1942, aufgelöst August 1944.
Leiter   Flottenarzt Doz. Dr. Lepel   01.42 – 08.44

Klinische Untersuchungsstelle für U-Boot-Fahrer
Die Untersuchungsstelle war dem Marinelazarett Malente unterstellt.
Leiter   MObStArzt Prof. Dr. Essen   12.44 – Kr.Ende

Abwicklungsamt für U-Boote
Im Oktober 1943 gebildet.
Leiter   KzS (V) Benck   10.43 – Kr.Ende

Frontboote mit feindlichen Schiffsversenkungen

Boots-Nr.	Name der Kommandanten versenkte Schiffseinheiten

U 3 Schepke
2 Schiffe mit   2.348 BRT

U 4 von Klot-Heydenfeldt/Hinsch
4 Schiffe mit   6.223 BRT
einschl. br. U-Boot Thistle (1.090)

U 7 Heydel
3 Schiffe mit   5.892 BRT

U 9 Lüth/Petersen
9 Schiffe mit   17.271 BRT
einschl. fr. U-Boot Doris (552)
1 sj. Minen-Sucher als versenkt gemeldet

U 10 Preuß
2 Schiffe mit   6.356 BRT

U 13 Daublebsky von Eichhain/Scheringer/Schulte
7 Schiffe mit   25.982 BRT
1 Schiff von ca. 4.000 BRT als versenkt gemeldet

U 14 Wohlfahrt
9 Schiffe mit   12.362 BRT

U 15 Buchholz/Frahm
3 Schiffe mit   4.632 BRT

U 16 Weingaertner/Wellner
2 Schiffe mit   3.435 BRT

U 17 Behrens
2 Schiffe mit   1.615 BRT

U 18 Mengersen/Fleige/Arendt
4 Schiffe mit   7.036 BRT
10 Schiffe mit ca. 9.100 BRT als versenkt gemeldet, einschl.
2 Kanonenboote u. 1 Hilfs-U-Jäger (alles sj. Schiffe)

U 19 Meckel/Müller-Arnecke/Schepke/Gaude/Ohlenburg
15 Schiffe mit   39.519 BRT
einschl. sj. Minen-Suchboot BTSC-410 (441)
1 Schiff von unbekannter Tonnage als versenkt gemeldet

U 20 Moehle/von Klot-Heydenfeldt/Schöler/Grafen
12 Schiffe mit   29.056 BRT
2 Schiffe von ca. 2.300 BRT als versenkt gemeldet

U 21 Frauenheim/Stiebler
7 Schiffe mit   11.874 BRT
einschl. br. Netztender Bayonet (605)

U 22 Jenisch
7 Schiffe mit   8.422 BRT
einschl. br. Zerstörer Exmouth (1.475) und br. Hilfs-
Minensucher Loch Donn (534)

Boots-Nr.	Name der Kommandanten versenkte Schiffseinheiten

U 23   Kretschmer/Wahlen/Arendt
8   Schiffe mit   25.085 BRT
einschl. br. Zerstörer Daring (1.375)
5 Schiffe mit ca. 8.800 BRT einschl. 2 sj. Minen-Räumboote
und 1 sj. Kanonenboot als versenkt gemeldet

U 24   Jeppener-Haltenhoff/Schöler/Petersen/Landt-Hayen
7   Schiffe mit   17.514 BRT
einschl. sj. Minen-Suchboot T-411 (411)
2 sj. Minen-Räumboote u. 1 sj. U-Jäger als versenkt gemeldet

U 25   Schütze/Beduhn
8   Schiffe mit   50.255 BRT
einschl. br. Hilfs-Kreuzer Scotstoun (17.046)

U 26   Ewerth/Scheringer
8   Schiffe mit   39.854 BRT

U 27   Franz
2   Schiffe mit   624 BRT

U 28   Kuhnke
13 Schiffe mit   56.272 BRT

U 29   Schuhart
12 Schiffe mit   80.688 BRT
einschl. br. Flugzeugträger Courageous (22.500)

U 30   Lemp
17 Schiffe mit   85.451 BRT
einschl. br. Hilfs-U-Jäger Barbara Robertson (325)

U 31   Habekost/Prellberg
13 Schiffe mit   30.993 BRT
einschl. br. Hilfs-Minensucher Glen Albyn (82) u. Promotive
(78)

U 32   Büchel/Jenisch
21 Schiffe mit   121.904 BRT

U 33   von Dresky
11 Schiffe mit   22.831 BRT

U 34   Rollmann
22 Schiffe mit   94.354 BRT
einschl. br. Zerstörer Whirlwind (1.100), br. U-Boot Spearfish
(670) u. nw. Minenschiff Fröya (595)
2 Prisen mit 5.710 BRT eingebracht

U 35   Lott
4   Schiffe mit   7.850 BRT

U 36   Fröhlich
2   Schiffe mit   2.813 BRT

U 37   Hartmann/Oehrn/Clausen
55 Schiffe mit   202.529 BRT
einschl. br. Sloop Penzance (1.025) u. fr. U-Boot Sfax (1379)

U 38   Liebe/Schuch
32 Schiffe mit   170.206 BRT

U 41   Mugler
5   Schiffe mit   22.788 BRT
2 Prisen mit 2.172 BRT eingebracht

Boots-Nr.	Name der Kommandanten versenkte Schiffseinheiten

U 43   Ambrosius/Lüth/Schwantke
        23 Schiffe mit   133.651 BRT
          1 Schiff mit ca. 5.000 BRT als versenkt gemeldet

U 44   Mathes
        8   Schiffe mit   29.608 BRT

U 45   Gelhaar
        2   Schiffe mit   19.313 BRT

U 46   Sohler/Endraß
        26 Schiffe mit   140.198 BRT
          einschl. br. Hilfs-Kreuzer Carinthia (20.277) und Dunvegan
          Castle (15.007)
          1 Schiff mit 4.947 BRT zusammen mit U 47 versenkt

U 47   Prien
        30 Schiffe mit   189.156 BRT
          einschl. br. Schlachtschiff Royal Oak (29.150)
          1 Schiff mit 4.947 BRT zusammen mit U 46 versenkt

U 48   Schultze/Rösing/Bleichrodt/Schultze
        55 Schiffe mit   325.192 BRT
          einschl. br. Sloop Dundee (1.060)

U 50   Bauer
        4   Schiffe mit   16.089 BRT

U 51   Knorr
        6   Schiffe mit   31.020 BRT

U 52   Sakmann
        12 Schiffe mit   54.747 BRT
          1 Schiff mit ca. 8.000 BRT als versenkt gemeldet

U 53   Heinicke/Grosse
        7   Schiffe mit   27.316 BRT

U 55   Heidel
        3   Schiffe mit   11.415 BRT

U 56   Zahn/Harms
        3   Schiffe mit   20.375 BRT
          einschl. br. Hilfs-Kreuzer Transylvania (16.923)

U 57   Korth/Topp
        14 Schiffe mit   67.751 BRT

U 58   Kuppisch/Schonder
        8   Schiffe mit   29.957 BRT

U 59   Jürst/Matz
        19 Schiffe mit   36.617 BRT
          einschl. br. Hilfs-U-Jäger Northern Rover (655) und
          Hilfs-Minensucher Washington (209)

U 60   Schewe/Schnee
        3   Schiffe mit   7.561 BRT

U 61   Oesten
        6   Schiffe mit   20.754 BRT

U 62   Michalowski
        3   Schiffe mit   6.142 BRT
          einschl. br. Zerstörer Grafton (1.350)

U 63   Lorentz
        1   Schiff mit   3.840 BRT
U 65   Stockhausen/Hoppe
        13 Schiffe mit   96.175 BRT
U 66   Zapp/Markworth/Seehausen
        33 Schiffe mit   196.928 BRT
U 67   Müller-Stöckheim
        13 Schiffe mit   71.704 BRT
U 68   Merten/Lauzemis
        35 Schiffe mit   208.716 BRT
            einschl. br. U-Jäger Orfasay (545)
U 69   Metzler/Gräf
        16 Schiffe mit   67.331 BRT
U 70   Matz
        1   Schiff mit   820 BRT
U 71   Flachsenberg
        5   Schiffe mit   38.894 BRT
U 73   Rosenbaum/Deckert
        9   Schiffe mit   65.313 BRT
            einschl. br. Flugzeugträger Eagle (22.600)
U 74   Kentrat
        5   Schiffe mit   27.561 BRT
            einschl. ca. Korvette Levis (925)
U 75   Ringelmann
        4   Schiffe mit   21.046 BRT
            3 Schiffe mit unbekannter Tonnage als versenkt gemeldet
U 76   von Hippel
        2   Schiffe mit   7.290 BRT
U 77   Schonder/Hartmann
        13 Schiffe mit   37.431 BRT
            einschl. br. Zerstörer Grove (1.050)
            5 Segler mit unbekannter Tonnage als versenkt gemeldet
U 79   Kaufmann
        3   Schiffe mit   4.624 BRT
            einschl. br. Kanonenboot Gnat (625)
U 81   Guggenberger/Krieg
        19 Schiffe mit 48.393 BRT
            einschl. br. Flugzeugträger Ark Royal (22.600)
            7 Segler mit unbekannter Tonnage als versenkt gemeldet
            2 Schiffe mit ca. 11.000 BRT als versenkt gemeldet
U 82   Rollmann
        9   Schiffe mit   52.986 BRT
            einschl. br. Zerstörer Belmont (1.190)
U 83   Kraus
        4   Schiffe mit   8.325 BRT
            3 Schiffe mit unbekannter Tonnage als versenkt gemeldet
U 84   Uphoff
        6   Schiffe mit   29.905 BRT

U 85   Greger
        3   Schiffe mit   15.060 BRT
U 86   Schug
        2   Schiffe mit   4.613 BRT
            1 Schiff mit 5.464 BRT zusammen mit U 406 versenkt
U 87   Berger
        5   Schiffe mit   38.014 BRT
U 88   Bohmann
        2   Schiffe mit   12.238 BRT
U 89   Lohmann
        4   Schiffe mit   13.815 BRT
U 91   Walkerling
        6   Schiffe mit   36.952 BRT
            einschl. ca. Zerstörer Ottawa (1.375)
U 92   Oelrich
        3   Schiffe mit   27.000 BRT
U 93   Korth
        8   Schiffe mit   43.392 BRT
U 94   Kuppisch/Ites
        26 Schiffe mit   138.467 BRT
            einschl. br. Hilfs-U-Jäger Northern Princess (655)
U 95   Schreiber
        8   Schiffe mit   44.466 BRT
U 96   Lehmann-Willenbrock/Hellriegel
        29 Schiffe mit   199.182 BRT
U 97   Heilmann/Bürgel/Trox
        16 Schiffe mit   71.240 BRT
            2 Schiffe mit unbekannter Tonnage als versenkt gemeldet
U 98   Gysae
        10 Schiffe mit   52.025 BRT
            einschl. Hilfs-Kreuzer Salopian (10.549)
            1 Schiff mit unbekannter Tonnage als versenkt gemeldet
U 99   Kretschmer
        38 Schiffe mit   244.749 BRT
            einschl. br. Hilfskreuzer Laurentic (18.724), Patroclus (11.314)
            und Forfar (16.402)
            1 Schiff mit ca. 3.600 BRT als versenkt gemeldet
U 100   Schepke
        26 Schiffe mit   137.819 BRT
U 101   Frauenheim/Mengersen
        23 Schiffe mit   118.529 BRT
            einschl. br. Zerstörer Broadwater (1.190)
U 102   von Klot-Heydenfeldt
        2   Schiffe mit   4.505 BRT
U 103   Schütze/Winter/Janssen
        42 Schiffe mit   220.598 BRT
U 104   Jürst
        1   Schiff mit   8.240 BRT

476

U 105 Schewe/Schuch/Nissen
23 Schiffe mit 127.422 BRT
einschl. br. Sloop Culver (1.546)

U 106 Oesten/Rasch
21 Schiffe mit 131.803 BRT
1 Schiff mit ca. 5.000 BRT als versenkt gemeldet

U 107 Hessler/Gelhaus
38 Schiffe mit 217.751 BRT
1 Segler mit unbekannter Tonnage als versenkt gemeldet

U 108 Scholtz/Wolfram
25 Schiffe mit 127.990 BRT
einschl. br. Hilfs-Kreuzer Rajputana (16.444)
1 Schiff mit ca. 6.100 BRT als versenkt gemeldet

U 109 Fischer/Bleichrodt
14 Schiffe mit 88.835 BRT

U 110 Lemp
3 Schiffe mit 10.056 BRT

U 111 Kleinschmidt
5 Schiffe mit 30.171 BRT

U 116 von Schmidt
1 Schiff mit 4.284 BRT

U 118 Czygan
4 Schiffe mit 15.124 BRT
einschl. ca. Korvette Weyburn (1.060)

U 119 von Kameke
1 Schiff mit 2.937 BRT

U 122 Looff
1 Schiff mit 5.911 BRT

U 123 Moehle/Hardegen/von Schroeter
47 Schiffe mit 236.051 BRT
einschl. br. U-Boot P. 615 (683) u. am. Hilfs-U-Jäger
Atik (3.209)

U 124 Schulz/Mohr
48 Schiffe mit 224.053 BRT
einschl. br. Kreuzer Dunedin (4.850) u. fr. Korvette
Mimose (925)
2 Schiffe mit ca. 14.000 BRT als versenkt gemeldet

U 125 Folkers
17 Schiffe mit 82.771 BRT

U 126 Bauer/Kietz
26 Schiffe mit 125.642 BRT
2 Schiffe mit ca. 9.000 als versenkt gemeldet

U 128 Heyse
12 Schiffe mit 83.639 BRT

U 129 Clausen/Witt/von Harpe
29 Schiffe mit 143.792 BRT

U 130 Kals/Keller
25 Schiffe mit 167.350 BRT

477

U 131 Baumann
1 Schiff mit 4.016 BRT
U 132 Vogelsang
9 Schiffe mit 38.393 BRT
einschl. am. Küstenwachkreuzer Alexander Hamilton (2.216)
U 133 Hesse
br. Zerstörer Gurkha mit 1.920 t
U 134 Schendel
3 Schiffe mit 12.147 BRT
U 135 Praetorius
3 Schiffe mit 21.302 BRT
U 136 Zimmermann
6 Schiffe mit 21.446 BRT
einschl. br. Korvette Arbutus (925) u. ca. Korvette
Spikenard (900)
U 137 Wohlfahrt
7 Schiffe mit 25.444 BRT
U 138 Lüth/Gramitzky
6 Schiffe mit 48.564 BRT
U 140 Hinsch/Hellriegel
4 Schiffe mit 13.413 BRT
einschl. sj. U-Boot M-94 (206)
U 141 Schüler
3 Schiffe mit 6.611 BRT
1 Schiff mit unbekannter Tonnage als versenkt gemeldet
U 143 Gelhaus
1 Schiff mit 1.418 BRT
U 144 von Mittelstaedt
sj. U-Boot SS M-78 mit 161 t
U 146 Ites
1 Schiff mit 3.496 BRT
U 147 Hardegen/Wetjen
3 Schiffe mit 8.564 BRT
U 149 Höltring
sj. U-Boot SS M-101 mit 206 t
U 153 Reichmann
3 Schiffe mit 16.156 BRT
U 154 Kölle/Schuch/Kusch
10 Schiffe mit 54.882 BRT
1 Schiff mit ca. 3.200 BRT als versenkt gemeldet
U 155 Piening
26 Schiffe mit 141.521 BRT
einschl. br. Geleitträger Avenger (13.785)
U 156 Hartenstein
18 Schiffe mit 92.889 BRT
U 157 Henne
1 Schiff mit 6.401 BRT

U 158   Rostin
        16 Schiffe mit   91.770 BRT
        1 Schiff mit ca. 8.000 BRT als versenkt gemeldet

U 159   Witte
        22 Schiffe mit   119.533 BRT
        2 Schiffe mit ca. 8.150 BRT als versenkt gemeldet

U 160   Lassen
        26 Schiffe mit   156.082 BRT

U 161   Achilles
        19 Schiffe mit   100.054 BRT
        davon 4 Schiffe gehoben (30.511 BRT) und wieder i.D.
        2 der gehobenen Schiffe mit 15.081 BRT wurden durch U 564
        und U 571 versenkt

U 162   Wattenberg
        13 Schiffe mit   77.662 BRT
        1 Schiff mit ca. 8.000 BRT als versenkt gemeldet

U 163   Engelmann
        4   Schiffe mit   17.011 BRT
        einschl. am. Kanonenboot Erie (2.000)

U 164   Fechner
        3   Schiffe mit   8.133 BRT

U 165   Hoffmann
        3   Schiffe mit   8.754 BRT
        einschl. ca. Patrouillen-Yacht Raccoon (358)

U 166   Kuhlmann
        4   Schiffe mit   7.593 BRT

U 167   Sturm
        1   Schiff mit   4.621 BRT

U 168   Pich
        4   Schiffe mit   15.269 BRT
        6 Segler mit unbekannter Tonnage als versenkt gemeldet

U 170   Pfeffer
        1   Schiff mit   4.663 BRT

U 171   Pfeffer
        3   Schiffe mit   17.641 BRT

U 172   Emmermann
        27 Schiffe mit   152.904 BRT

U 173   Schweichel
        1   Schiff mit   9.359 BRT

U 174   Thilo
        5   Schiffe mit   30.813 BRT

U 175   Bruns
        10 Schiffe mit   40.603 BRT

U 176   Dierksen
        10 Schiffe mit   44.850 BRT
        1 Schiff mit 7.457 BRT zusammen mit U 439 versenkt

U 177   Gysae
        14 Schiffe mit   87.388 BRT

U 178   Ibbeken/Dommes/Spahr
        13 Schiffe mit   86.952 BRT
U 179   Sobe
        1 Schiff mit   6.558 BRT
U 180   Musenberg
        2 Schiffe mit   13.298 BRT
U 181   Lüth/Freiwald
        27 Schiffe mit   138.779 BRT
U 182   Clausen
        5 Schiffe mit   30.071 BRT
U 183   Schäfer/Schneewind
        5 Schiffe mit   26.253 BRT
U 184   Dangschat
        1 Schiff mit   3.192 BRT
U 185   Maus
        9 Schiffe mit   62.761 BRT
U 186   Hesemann
        3 Schiffe mit   18.782 BRT
U 188   Lüdden
        9 Schiffe mit   50.915 BRT
        einschl. br. Zerstörer Beverley (1.190)
        7 Segler mit unbekannter Tonnage als versenkt gemeldet
        1 Schiff mit ca. 5.000 BRT als versenkt gemeldet
U 190   Wintermeyer/Reith
        2 Schiffe mit   7.605 BRT
        einschl. ca. Minen-Suchboot Esquimalt (590)
U 191   Fehn
        1 Schiff mit   5.486 BRT
U 193   Pauckstadt
        1 Schiff mit   10.172 BRT
U 195   Buchholz
        2 Schiffe mit   14.391 BRT
U 196   Kentrat
        3 Schiffe mit   17.739 BRT
U 197   Bartels
        3 Schiffe mit   21.267 BRT
U 198   Hartmann/Heusinger von Waldegg
        11 Schiffe mit   59.690 BRT
U 199   Kraus
        1 Schiff mit   4.161 BRT
        1 Segler als versenkt gemeldet
U 201   Schnee/Rosenberg
        23 Schiffe mit   105.575 BRT
        einschl. br. Hilfs-U-Jäger Laertes (545)
        1 Schiff mit ca. 3.000 BRT als versenkt gemeldet
U 202   Linder/Poser
        9 Schiffe mit   34.596 BRT

Boots-Nr.	Name der Kommandanten versenkte Schiffseinheiten

U 203 Mützelburg/Kottmann
23 Schiffe mit 95.716 BRT
einschl. br. Hilfs-U-Jäger Rosemonde (364)
1 Schiff mit ca. 6.000 BRT als versenkt gemeldet

U 204 Kell
7 Schiffe mit 25.595 BRT
einschl. nw. Zerstörer Bath (1.060)
1 Schiff mit ca. 10.000 BRT als versenkt gemeldet

U 205 Reschke/Bürgel
br. Kreuzer Hermione mit 5.350 t
1 Schiff mit unbekannter Tonnage als versenkt gemeldet

U 206 Opitz
2 Schiffe mit 4.006 BRT
einschl. br. Korvette Fleur de Lys (925)
1 Schiff mit unbekannter Tonnage als versenkt gemeldet

U 207 Meyer
3 Schiffe mit 10.970 BRT

U 208 Schlieper
1 Schiff mit 3.862 BRT

U 209 Brodda
4 sj. Schiffe mit unbekannter Tonnage als versenkt gemeldet

U 211 Hause
2 Schiffe mit 12.587 BRT
einschl. br. Zerstörer Firedrake (1.350)

U 214 Reeder/Stock
3 Schiffe mit 18.266 BRT
1 Schiff mit ca. 7.000 BRT als versenkt gemeldet

U 215 Hoeckner
1 Schiff mit 7.191 BRT

U 216 Schultz
1 Schiff mit 4.989 BRT

U 217 Reichenbach-Klinke
3 Schiffe mit 525 BRT

U 218 Becker/Stock
2 Schiffe mit 525 BRT
1 Segler mit unbekannter Tonnage als versenkt gemeldet

U 220 Barber
2 Schiffe mit 7.199 BRT

U 221 Trojer
11 Schiffe mit 69.589 BRT

U 223 Wächter/Gerlach
5 Schiffe mit 20.761 BRT
einschl. br. Zerstörer Cuckmere (1.300) u. Laforey (1.935)
1 Flak-Landungsboot als versenkt gemeldet

U 224 Kosbadt
2 Schiffe mit 9.614 BRT

U 225 Leimkühler
1 Schiff mit 5.273 BRT

481

U 226   Borchers
        1 Schiff mit   7.134 BRT zusammen mit U 628 versenkt

U 229   Schetelig
        2 Schiffe mit   8.352 BRT

U 230   Siegmann
        4 Schiffe mit   6.453 BRT
        einschl. am. U-Jäger PC 558 (335) und 2 br. Landungsschiffe
        (Tank) LST 305 (1.625) und LST 418 (1.625)

U 238   Hepp
        4 Schiff mit   23.048 BRT

U 242   Pancke
        1 Schiff mit   1.495 BRT
        2 Schiffe mit ca. 1.100 BRT als versenkt gemeldet

U 245   Schumann-Hindenberg
        3 Schiffe mit   17.087 BRT

U 246   Raabe
        ca. Fregatte Teme mit 1.370 t

U 247   Matschulat
        1 Schiff mit   207 BRT

U 250   Schmidt
        sj. U-Jäger MC-105 mit 56 t

U 251   Timm
        2 Schiffe mit   11.408 BRT

U 252   Lerchen
        1 Schiff mit ca. 2.000 BRT als versenkt gemeldet

U 254   Gilardone/Loewe
        3 Schiffe mit   18.967 BRT

U 255   Reche/Harms
     12 Schiffe mit   55.073 BRT
        einschl. am. Zerst. Leopold (1.200)

U 256   Brauel
        br. Sloop Woodpecker mit 1.300 t

U 258   Mässenhausen
        1 Schiff mit   6.198 BRT

U 260   Purkhold
        1 Schiff mit   4.893 BRT

U 262   Franke
        4 Schiffe mit   13.935 BRT
        einschl. nw. Korvette Montbretia (925)

U 263   Nölke
        2 Schiffe mit   12.376 BRT

U 264   Looks
        3 Schiffe mit   16.843 BRT

U 266   von Jessen
        4 Schiffe mit   16.089 BRT

U 268   Heydemann
        1 Schiff mit   14.547 BRT
        zusätzlich der an Bord des vorgen. Schiffes befindlichen br.
        LCT 2239, 2267, 2344 von je 143 t

U 275 Wehrkamp
      1 Schiff mit   4.934 BRT

U 278 Franze
      2 Schiffe mit   8.907 BRT
         einschl. br. Zerstörer Hardy (1.730)

U 286 Dietrich
      1 Schiff mit ca. 3.000 BRT als versenkt gemeldet

U 293 Klingspor
      1 Schiff mit   878 BRT

U 300 Hein
      4 Schiffe mit   17.370 BRT

U 302 Sickel
      3 Schiffe mit   12.677 BRT
         1 Schiff mit unbekannter Tonnage als versenkt gemeldet

U 303 Heine
      1 Schiff mit   4.959 BRT

U 305 Bahr
      4 Schiffe mit   15.605 BRT
         einschl. ca. Zerstörer St. Croix (1.190) und br.
         Fregatte Tweed (1.370)

U 306 von Trotha
      2 Schiffe mit   17.394 BRT

U 307 Herrle
      1 Motorboot von ca. 100 BRT als versenkt gemeldet

U 310 Ley
      2 Schiffe mit   14.395 BRT

U 311 Zander
      1 Schiff mit   10.342 BRT

U 312 von Gaza
      1 Hilfs-U-Jäger als versenkt gemeldet

U 331 von Tiesenhausen
      2 Schiffe mit   40.235 BRT
         einschl. br. Schlachtschiff Barham (31.100)
         1 Leichter und 3 Segler mit unbekannter Tonnage als versenkt
         gemeldet

U 332 Liebe/Hüttemann
      8 Schiffe mit   46.867 BRT
         1 Schiff mit 5.964 BRT zusammen mit U 603 versenkt

U 333 Cremer/Schwaff
      8 Schiffe mit   37.958 BRT

U 334 Siemon
      2 Schiffe mit   14.372 BRT

U 336 Hunger
      1 Schiff mit   4.919 BRT

U 338 Kinzel
      4 Schiffe mit   21.927 BRT

U 344 Pietsch
      br. Sloop Kite mit 1.350 t

U 354   Herbschleb/Sthamer
          3   Schiffe mit   10.894 BRT
              einschl. br. Zerstörer Bickerton (1.300)
              der ca. Geleitträger Nabob (11.420) wurde schwer beschädigt
              und im Krieg nicht mehr repariert
U 355   La Baume
          1   Schiff mit   5.082 BRT
U 356   Ruppelt
          4   Schiffe mit   19.774 BRT
U 358   Manke
          5   Schiffe mit   19.353 BRT
              einschl. br. Zerstörer Gould (1.600)
U 363   Nees
          1   Schiff mit   1.123 BRT
U 365   Wedemeyer/Todenhagen
          4   Schiffe mit   7.175 BRT
              einschl. 2 sj. Minen-Suchboote TSC-114 unt TSC-118 (je 625)
              und sj. U-Jäger (240)
U 370   Nielsen
          sj. Kanonenboot mit 60 t
U 371   Driver/Mehl
          13 Schiffe mit   mit 69.899 BRT
              einschl. br. Minen-Suchboot Hythe (656) und br. Hilfs-U-Jäger
              Jura (545), am. Zerstörer Bristol (1.630)
U 372   Neumann
          4   Schiffe mit   26.401 BRT
              einschl. U-Mutterschiff br. Medway (14.650)
              1 Hilfs-U-Jäger als versenkt gemeldet
U 373   Loeser
          3   Schiffe mit   10.263 BRT
U 374   von Fischel
          3   Schiffe mit   6.122 BRT
              einschl. br. Hilfs-U-Jäger Lady Shirley (477) und
              Rosabelle (525)
U 375   Koenenkamp
          6   Schiffe mit   22.709 BRT
              einschl. br. Hilfs-U-Jäger Vassiliki (191)
              2 Segler mit unbekannter Tonnage als versenkt gemeldet
U 376   Marks
          2   Schiffe mit   10.146 BRT
U 378   Mäder
          po. Zerstörer Orkam mit 1.920 t
U 379   Kettner
          2   Schiffe mit   8.904 BRT
U 380   Röther
          3   Schiffe mit   21.241 BRT
              1 Schiff mit ca. 8.000 BRT als versenkt gemeldet
U 382   Zorn
          am. Zerstörer Leary mit 1.090 t

Boots-Nr.	Name der Kommandanten versenkte Schiffseinheiten

U 384   von Rosenberg-Gruszcynski
        2 Schiffe mit   13.407 BRT
U 386   Kandler
        1 Schiff mit   1.997 BRT
U 390   Geissler
        br. Hilfs-U-Jäger Ganilly mit 545 BRT
U 399   Buhse
        2 Schiffe mit   7.546 BRT
U 402   von Forstner
        14 Schiffe mit   62.439 BRT
        einschl. am. Patrouillen-Yacht Cythere (602)
U 403   Clausen
        3 Schiffe mit   20.084 BRT
U 404   von Bülow
        14 Schiffe mit   70.656 BRT
        einschl. br. Zerstörer Veteran (1.120)
U 405   Hopmann
        5 Schiffe mit   12.054 BRT
        einschl. 2 sj. Schnellboote RPT-1 u. RPT-3 (je 35)
        1 br. Tank-Landungsboot LCT 2341 (143)
        alle 3 Boote befanden sich an Bord von 2 versenkten Schiffen
        1 Schiff mit 3.559 BRT zusammen mit U 589 versenkt
U 406   Dieterichs
        1 Schiff mit   7.452 BRT
        1 Schiff mit 5.464 BRT zusammen mit U 86 versenkt
U 407   Brüller/Korndörfer
        5 Schiffe mit   40.275 BRT
U 408   von Hymmen
        1 Schiff mit 7.191 BRT zusammen mit U 589 versenkt
U 409   Maßmann
        4 Schiffe mit   23.750 BRT
U 410   Sturm/Fenski
        9 Schiffe mit   53.649 BRT
        einschl. br. Kreuzer Penelope (5.270) und am. Tank-Landungs-
        schiff LST 348 (1.625)
        1 Schiff von ca. 5.000 BRT als versenkt gemeldet
U 413   Poel/Sachse
        5 Schiffe mit   32.499 BRT
        einschl. br. Zerstörer Warwick (1.100)
U 414   Huth
        1 Schiff mit   5.979 BRT
U 415   Neide
        3 Schiffe mit   9.282 BRT
        einschl. br. Zerstörer Hurricane (1.340)
U 426   Reich
        1 Schiff mit   6.625 BRT

U 431 Dommes/Schöneboom
10 Schiffe mit   19.715 BRT
    einschl. br. Zerstörer Martin (1.920), nl. Zerstörer Isaak Sweers
    (1.628)
    1 Patrouillen-Yacht, 1 Landungsfahrzeug und 2 Segler mit
    unbekannter Tonnage als versenkt gemeldet

U 432 Schultze/Eckhardt
22 Schiffe mit   76.482 BRT
    einschl. br. Zerstörer Harvester (1.400) und fr. Hilfs-U-Jäger
    Poitou (310)
    1 Schiff mit ca. 6.000 BRT als versenkt gemeldet

U 435 Strelow
10 Schiffe mit   50.139 BRT
    einschl. Minen-Suchboot br. Leda (830)

U 436 Seibicke
5   Schiffe mit   33.091 BRT
    1 Schiff mit ca. 1.500 BRT als versenkt gemeldet

U 438 Franzius
3   Schiffe mit   12.045 BRT
    1 Schiff mit 7.457 BRT zusammen mit U 176 versenkt

U 441 Hartmann
2   Schiffe mit   12.173 BRT

U 442 Hesse
4   Schiffe mit   25.417 BRT

U 443 von Puttkamer
4   Schiffe mit   20.485 BRT
    einschl. br. Zerstörer Blean (1.050)

U 451 Hoffmann
sj. Korvette SKR-27 mit 500 t

U 453 von Schlippenbach/Lührs
7   Schiffe mit   23.637 BRT
    einschl. br. Minen-Suchboot Hebe (830), br. Zerstörer Quail
    (1.705)
    3 Schiffe mit unbekannter Tonnage als versenkt gemeldet

U 454 Hackländer
br. Zerstörer Matabele mit 1.960 t
    1 Schiff mit ca. 2.000 BRT als versenkt gemeldet

U 455 Gießler/Scheibe
3   Schiffe mit   17.685 BRT

U 456 Teichert
6   Schiffe mit   39.093 BRT

U 457 Brandenburg
3   Schiffe mit   24.57 BRT

U 458 Diggins
2   Schiffe mit   7.584 BRT

U 468 Schamong
1   Schiff mit   6.537 BRT

U 475 Stöffler
1 sj. U-Jäger als versenkt gemeldet

U 480 Förster
       5 Schiffe mit   16.290 BRT
          einschl. ca. Korvette Alberni (950) u. br. Minen-Suchboot
          Loyalty (850)
U 481 Andersen
       4 Schiffe mit   885 BRT
          einschl. sj. Minen-Räumboot Z-373 (130)
          1 Hilfs-U-Jäger als versenkt gemeldet
U 482 Graf von Matuschka
       5 Schiffe mit   32.671 BRT
          einschl. br. Korvette Hurst Castle (1.060)
U 483 von Morstein
       br. Zerstörer Whitaker mit 1.300 t
U 486 Mayer
       4 Schiffe mit   20.036 BRT
          einschl. br. Zerstörer Capel (1.085) und Zerstörer Affleck
          (1.300)
U 502 von Rosenstiel
       14 Schiffe mit   69.017 BRT
          1 Schiff mit ca. 2.600 BRT als versenkt gemeldet
U 504 Poske
       16 Schiffe mit   82.135 BRT
U 505 Loewe/Zschech
       8 Schiffe mit   44.962 BRT
U 506 Würdemann
       16 Schiffe mit   86.911 BRT
U 507 Schacht
       19 Schiffe mit   77.144 BRT
U 508 Staats
       14 Schiffe mit   74.087 BRT
U 509 Witte
       5 Schiffe mit   31.343 BRT
U 510 Neitzel/Eick
       14 Schiffe mit   85.717 BRT
          1 Segler mit unbekannter Tonnage als versenkt gemeldet
U 511 Steinhoff/Schneewind
       4 Schiffe mit   34.197 BRT
U 512 Schultze
       3 Schiffe mit   20.619 BRT
U 513 Rüggeberg/Guggenberger
       6 Schiffe mit   29.940 BRT
U 514 Auffermann
       6 Schiffe mit   24.531 BRT
          1 Schiff mit ca. 4.500 BRT als versenkt gemeldet
U 515 Henke
       25 Schiffe mit   157.064 BRT
          einschl. Zerstörer-Mutterschiff br. Hecla (10.850) und br. Sloop
          Chanticleer (1.350)

Boots-Nr.	Name der Kommandanten versenkte Schiffseinheiten

U 516   Wiebe/Tillessen
            16 Schiffe mit   89.575 BRT
               einschl. nl. U-Mutterschiff Colombia (10.972)

U 517   Hartwig
            9   Schiffe mit   27.283 BRT
               einschl. ca. Korvette Charlottetown (900)

U 518   Wißmann/Offermann
            10 Schiffe mit   62.923 BRT

U 521   Bargsten
            4   Schiffe mit   20.301 BRT
               einschl. br. Hilfs-U-Jäger Bredon (750)

U 522   Schneider
            7   Schiffe mit   45.826 BRT

U 523   Pietzsch
            1   Schiff mit   5.848 BRT

U 524   von Steinaecker
            3   Schiffe mit   25.718 BRT

U 525   Drewitz
            1   Schiff mit   3.454 BRT

U 526   Möglich
            1   Schiff mit   3.921 BRT

U 527   Uhlig
            2   Schiffe mit   5.385 BRT
               einschl. br. Tank-Landungsschiff LCT 2480 (143) an Bord
               eines der versenkten Schiffe

U 530   Lange
            2   Schiffe mit   12.063 BRT

U 532   Junker
            8   Schiffe mit   46.895 BRT

U 539   Lauterbach-Emden
            1   Schiff mit   1.517 BRT

U 541   Petersen
            1   Schiff mit   2.140 BRT

U 546   Just
            am. Zerstörer Frederick C. Davis mit 1.200 t

U 547   Niemeyer
            3   Schiffe mit   9.121 BRT
               einschl. br. Hilfs-U-Jäger Birdlip (750)

U 548   Zimmermann/Krempl
            2   Schiffe mit   9.745 BRT
               einschl. ca. Fregatte Valleyfield (1.445)

U 549   Krankenhagen
            am. Geleitträger Block Island mit 8.600 t

U 550   Hänert
            1   Schiff mit   11.017 BRT

U 552   Topp/Popp
            30 Schiffe mit   152.250 BRT
               einschl. am. Zerstörer Reuben James (1.190) und br.
               Hilfs-U-Jäger Commander Horten (227) u. br. Alouette (520)

Boots-Nr.	Name der Kommandanten versenkte Schiffseinheiten	
U 553	Thurmann	
	15 Schiffe mit	85.510 BRT
U 556	Wohlfahrt	
	4 Schiffe mit	18.583 BRT
U 557	Paulshen	
	7 Schiffe mit	36.949 BRT
	einschl. br. Kreuzer Galatea (5.220)	
U 558	Krech	
	22 Schiffe mit	121.163 BRT
	einschl. br. Korvette Gladiolus (925) und br. Hilfs-U-Jäger Bedfordshire (913)	
U 559	Heidtmann	
	5 Schiffe mit	14.542 BRT
	einschl. au. Sloop Parramatta (1.060)	
U 561	Bartels/Schomburg	
	6 Schiffe mit	22.208 BRT
	1 Segler mit ca. 500 BRT als versenkt gemeldet	
U 556	Hamm	
	6 Schiffe mit	37.287 BRT
U 563	Bargsten/von Hartmann	
	4 Schiffe mit	15.335 BRT
	einschl. br. Zerstörer Cossack (1.960)	
U 564	Suhren	
	18 Schiffe mit	95.117 BRT
	einschl. br. Korvette Zinnia (925)	
U 565	Jebsen/Franken/Henning	
	7 Schiffe mit	26.528 BRT
	einschl. br. Kreuzer Naiad (5.750), br. Zerstörer Partridge (1.540) und br. U-Boot Simoon (715)	
	1 Segler und 1 Landungsfahrzeug von unbekannter Tonnage als versenkt gemeldet	
U 566	Borchert/Remus/Hornkohl	
	7 Schiffe mit	40.357 BRT
	einschl. am. Kanonenboot Plymouth (2.265)	
U 567	Fahr/Endraß	
	2 Schiffe mit	6.809 BRT
U 568	Preuß	
	3 Schiffe mit	7.873 BRT
	einschl. br. Korvette Picotee (925) und Salvia (925)	
U 569	Hinsch	
	3 Schiffe mit	8.791 BRT
U 571	Möhlmann	
	7 Schiffe mit	47.134 BRT
U 572	Hirsacker/Kummetat	
	6 Schiffe mit	19.323 BRT
U 573	Heinsohn	
	1 Schiff mit	5.289 BRT
U 574	Gengelbach	
	br. Zerstörer Stanley mit 1.190 t	

Boots-Nr.	Name der Kommandanten versenkte Schiffseinheiten

U 575 Heydemann/Boehmer
    9 Schiffe mit   37.121 BRT
       einschl. br. Korvette Asphodel (1.015)

U 576 Heinicke
    5 Schiffe mit   23.760 BRT

U 587 Rehwinkel
    5 Schiffe mit   24.725 BRT
       einschl. am. Zerstörer J. Jones (1.090)

U 582 Schulte
    6 Schiffe mit   38.826 BRT

U 584 Deecke
    4 Schiffe mit   18.626 BRT
       einschl. sj. U-Boot M-175 (206)

U 586 von der Esch
    2 Schiffe mit   12.716 BRT

U 587 Borcherdt
    2 Schiffe mit   6.619 BRT

U 588 Vogel
    6 Schiffe mit   25.541 BRT
       2 Schiffe von ca. 10.850 BRT als versenkt gemeldet

U 589 Horrer
    sj. Hilfs-U-Jäger SKR-23 mit 163 BRT
       2 Schiffe mit 10.750 BRT zus. mit U 406 u. U 408 versenkt

U 590 Müller-Edzards/Krüer
    1 Schiff mit   5.228 BRT
       1 Schiff von ca. 6.000 BRT als versenkt gemeldet

U 591 Zetzsche
    5 Schiffe mit   23.960 BRT

U 593 Kelbling
    13 Schiffe mit   43.005 BRT
       einschl. br. Zerstörer Tynedale (1.000), Holcombe (1.087),
       am. Minen-Suchboot Skill)815), 2 br. Tank-Landungsschiffe
       LST 333 (1.625) u. LST 387 (1.625)

U 594 Mumm
    2 Schiffe mit   14.333 BRT

U 595 Quaet-Faslem
    1 Schiff mit   5.332 BRT

U 596 Jahn/Nonn
    10 Schiffe mit   41.258 BRT
       1 Landungsfahrzeug, 1 Sloop und 3 Segler mit unbekannter
       Tonnage als versenkt gemeldet

U 598 Holtorf
    2 Schiffe mit   9.295 BRT

U 600 Zurmühlen
    5 Schiffe mit   28.600 BRT

U 601 Grau
    3 Schiffe mit   8.819 BRT

U 603 Bertelsmann/Baltz
    3 Schiffe mit   16.442 BRT
    1 Schiff mit 5.954 BRT zusammen mit U 332 versenkt

U 604 Höltring
    6 Schiffe mit   39.891 BRT

U 605 Schütze
    3 Schiffe mit   8.409 BRT

U 606 Döhler
    3 Schiffe mit   20.527 BRT

U 607 Mengersen
    5 Schiffe mit   35.654 BRT

U 608 Struckmeier
    4 Schiffe mit   35.539 BRT
    1 Schiff mit ca. 5.000 BRT als versenkt gemeldet

U 609 Rudloff
    2 Schiffe mit   10.288 BRT

U 610 von Freyberg
    3 Schiffe mit   15.149 BRT

U 613 Köppe
    2 Schiffe mit   6.192 BRT

U 614 Sträter
    1 Schiff mit   5.730 BRT

U 615 Kapitzky
    4 Schiffe mit   27.231 BRT

U 616 Koitschka
    am. Zerstörer Buck mit 1.570 BRT
    2 Schiffe mit ca. 16.000 BRT als versenkt gemeldet

U 617 Brandi
    11 Schiffe mit   30.389 BRT
    einschl. br. Minenkreuzer Welshmann (2.650), br. Zerstörer
    Puckeridge (1.050)
    4 Schiffe mit unbekannter Tonnage als versenkt gemeldet

U 618 Baberg
    3 Schiffe mit   15.788 BRT

U 619 Makowski
    2 Schiffe mit   8.723 BRT

U 620 Stein
    1 Schiff mit   6.983 BRT

U 621 Schünemann/Kruschka/Stuckmann
    7 Schiffe mit   32.845 BRT
    einschl. br. Infanterie-Landungsschiff Prince Leopold (2.938)
    und am. Tank-Landungsschiff LST 280 (1.490)
    1 Schiff mit ca. 4.000 BRT als versenkt gemeldet

U 624 Graf von Soden-Fraunhofen
    5 Schiffe mit   39.855 BRT

U 625 Benker
    5 Schiffe mit   19.880 BRT
    einschl. sj. Hilfs-Minensucher TSC-58 (557)

U 628   Hasenschar
        4   Schiffe mit   21.765 BRT
            1 Schiff mit 7.134 BRT zusammen mit U 228 versenkt
U 630   Winkler
        1   Schiff mit   9.365 BRT
U 631   Krüger
        2   Schiffe mit   9.145 BRT
U 632   Karpf
        3   Schiffe mit   22.028 BRT
U 634   Dahlhaus
        1   Schiff mit   7.176 BRT
U 635   Eckelmann
        1   Schiff mit   5.529 BRT
U 636   Hildebrandt
        1   Schiff mit   7.169 BRT
U 642   Brünning
        1   Schiff mit   2.125 BRT
            1 Schiff von ca. 7.000 BRT als versenkt gemeldet
U 645   Ferro
        2   Schiffe mit   12.788 BRT
U 651   Lohmeyer
        2   Schiffe mit   11.639 BRT
U 652   Fraatz
        7   Schiffe mit   17.483 BRT
            einschl. br. Zerstörer Heythrop (1.050), Jaguar (1.690) und
            sj. Hilfs-U-Jäger SKR-70 (558)
U 653   Feiler/Kandler
        4   Schiffe mit   12.002 BRT
            einschl. am. Flugzeugtender Gennet (840)
U 654   Forster
        4   Schiffe mit   18.655 BRT
            einschl. fr. Korvette Alysse (900)
U 657   Göllnitz
        1   Schiff mit   5.196 BRT
U 658   Senkel
        3   Schiffe mit   12.146 BRT
U 659   Stock
        1   Schiff mit   4.772 BRT
U 660   Baur
        2   Schiffe mit   10.066 BRT
U 661   von Lilienfeld
        1   Schiff mit   3.672 BRT
U 662   Hermann/Müller
        3   Schiffe mit   18.094 BRT
U 663   Schmid
        1   Schiff mit   5.170 BRT
U 664   Graef
        2   Schiffe mit   13.466 BRT

U 665 Haupt
1 Schiff mit 7.134 BRT

U 666 Engel
br. Fregatte Itchen mit 1.370 t

U 667 Lange
4 Schiffe mit 10.000 BRT
einschl. ca. Korvette Regina (925), am. Tank-Landungsschiff
LST 921 (1.653) und am. Infanterie-Landungsboot
LCI 99 (246)

U 679 Aust
1 U-Jäger von ca. 80 t als versenkt gemeldet

U 701 Degen
9 Schiffe mit 38.144 BRT
einschl. 3 br. Hilfs-U-Jäger Notte Country (541),
Kingston Ceylonite (448) und Stella (440)

U 703 Bielfeld/Brünner
6 Schiffe mit 31.393 BRT
einschl. br. Zerstörer Somali (1.870)
1 sj. Hilfs-U-Jäger als versenkt gemeldet

U 704 Keßler
1 Schiff mit 4.212 BRT

U 705 Horn
1 Schiff mit 3.279 BRT

U 706 von Zitzewitz
3 Schiffe mit 14.055 BRT

U 707 Gretschel
2 Schiffe mit 12.741 BRT

U 711 Lange
3 Schiffe mit 15.301 BRT
einschl. br. Korvette Bluebell (925)

U 714 Schwebcke
2 Schiffe mit 1.651 BRT
einschl. nw. Minenschiff Nordhav (425)

U 716 Dunkelberg
1 Schiff mit 7.200 BRT

U 722 Reimers
1 Schiff mit 2.190 BRT

U 739 Mangold
sj. Minen-Suchboot TSC-120 mit 615 t

U 744 Blischke
2 Schiffe mit 8.984 BRT
einschl. br. Tank-Landungsschiff LST 362 (1.625)
2 Landungsschiffe mit unbekannter Tonnage als versenkt
gemeldet

U 745 von Trotha
2 Schiffe mit unbekannter Tonnage als versenkt gemeldet

U 751 Bigalk
6 Schiffe mit 32.412 BRT
einschl. Geleitträger Audacity (11.000)

493

U 752   Schroeter
    8 Schiffe mit   37.790 bRT
    2 Hilfs-U-Jäger als versenkt gemeldet

U 753   von Mannstein
    3 Schiffe mit   23.117 BRT

U 754   Oestermann
   13 Schiffe mit   55.659 BRT

U 755   Göing
    3 Schiffe mit   3.902 BRT
    einschl. am. Patrouillen-Yacht Muskeget (1.827)

U 757   Deetz
    3 Schiffe mit   16.314 BRT

U 758   Manseck
    1 Schiff mit   6.813 BRT

U 759   Friedrich
    2 Schiffe mit   12.764 BRT
    1 Segler als versenkt gemeldet

U 763   Cordes
    1 Schiff mit   1.499 BRT

U 764   von Bremen
    2 Schiffe mit   1.723 BRT
    einschl. br. Zerstörer Blackwood (1.085)
    1 Landungsschiff als versenkt gemeldet

U 765   Wendt
    am. Zerstörer Donnell mit 1.400 t

U 767   Dankleff
    br. Fregatte Mourne mit 1.370 t

U 772   Rademacher
    4 Schiffe mit   21.053 BRT
    einschl. br. Infanterie-Land. Schiff E. Javelin (7.177)

U 775   Taschenmacher
    br. Zerstörer Bullen mit 1.300 t

U 802   Schmoeckel
    1 Schiff mit   1.621 BRT
    2 Schiffe mit ca. 3.000 BRT als versenkt gemeldet

U 804   Meyer
    am. Zerstörer Fiske mit 1.300 t

U 806   Hornbostel
    ca. Minen-Suchboot Clayquot mit 672 t

U 825   Stölker
    1 Schiff mit   8.262 BRT

U 843   Herwartz
    1 Schiff mit   8.261 BRT

U 848   Rollmann
    1 Schiff mit   4573 BRT

U 852   Eck
    2 Schiffe mit   9.972 BRT

Boots-Nr.	Name der Kommandanten versenkte Schiffseinheiten

U 853 Frömsdorf
   2 Schiffe mit   5.783 BRT
      einschl. am. Korvette Eagle (430)
U 859 Jebsen
   3 Schiffe mit   20.853 BRT
      1 Schiff mit ca. 10.000 BRT als versenkt gemeldewt
U 861 Oesten
   4 Schiffe mit   22.048 BRT
U 862 Timm
   7 Schiffe mit   42.374 BRT
U 870 Hechler
   3 Schiffe mit   6.462 BRT
      einschl. fr. U-Jäger L'Enjou (335) u. am. Tank-Landungsschiff
      LST 359 (1.490)
U 878 Rodig
   ca. Minen-Suchboot Guysborough mit 672 t
U 879 Machen
   1 Schiff mit   6.959 BRT
U 952 Curio
   4 Schiffe mit   19.036BRT
      einschl. br. Korvette Polyanthus (925)
U 953 Marbach
   1 Schiff mit   1.927 BRT
U 956 Mohs
   1 Schiff mit   7.176 BRT
      1 Hilfs-U-Jäger u. 1 Schiff mit ca. 3.000 BRT als versenkt
      gemeldet
U 957 Schaar
   3 Schiffe mit   7.853 BRT
      einschl. sj. Hilfs-U-Jäger SKR-29 (500)
U 958 Groth
   1 Segler mit   40 BRT
U 960 Heinrich
   3 Schiffe mit   10.267 BRT
      einschl. sj. Hilfs-Minensucher TSC-42 (611)
U 967 Brandi
   am. Zerstörer Fechteler mit 1.300 t
U 968 Westphalen
   6 Schiffe mit   26.365 BRT
      einschl. br. Sloop Lark (1.350), br. Sloop Lapwing (1.350) und
      br. Zerstörer Goodall (1.150)
U 969 Dobbert
   2 Schiffe mit   14.352 BRT
U 978 Pulst
   1 Schiff mit   7.176 BRT
U 979 Meermeier
   1 Schiff mit   348 BRT
U 984 Sieder
   3 Schiffe mit   21.550 BRT

U 985   Kessler
        1   Schiff mit   1.735 BRT

U 988   Dobberstein
        3   Schiffe mit   10.369 BRT
           einschl. br. Korvette Pink (925)

U 989   Rodler von Roithberg
        1   Schiff mit   1.791 BRT

U 990   Nordheimer
        br. Zerstörer Mahratta mit 1.920 t

U 991   Balke
        1 Schiff mit ca. 7.000 BRT als versenkt gemeldet

U 992   Falke
        br. Korvette D. Castle mit 1.060 t

U 995   Hess
        1   Schiff mit   7.176 BRT
        2 Schiffe von ca. 8.000 BRT und 1 Minen-Suchboot als
        versenkt gemeldet

U 997   Lehmann
        3   Schiffe mit   2.898 BRT
        einschl. sj. Zerstörer Dejatel'nyj (1.190) und sj. U-Jäger
        BO-229 (105)

U 1004 Hinz
        2   Schiffe mit   2.293 BRT
        einschl. ca. Korvette Trentonian (980)

U 1017 Riecken
        3   Schiffe mit   17.733 BRT

U 1018 Burmeister
        1   Schiff mit   1.317 BRT

U 1022 Ernst
        2   Schiffe mit   1.720 BRT

U 1023 Schroeteler
        nw. Minen-Suchboot NYMS 382 mit 335 t

U 1055 Meyer
        4   Schiffe mit   19.413 BRT

U 1064 Schneidewind
        1   Schiff mit   1.564 BRT

U 1105 Schwarz
        br. Zerstörer Redmill mit 1.300 t

U 1107 Parduhn
        2   Schiffe mit   15.209 BRT

U 1163 Balduhn
        1   Schiff mit   433 BRT

U 1165 Homann
        1 Minen-Räumboot als versenkt gemeldet

U 1172 Kuhlmann
        3   Schiffe mit   3.836 BRT
        einschl. br. Zerstörer Manners (1.085)

U 1195 Cordes
        2   Schiffe mit   18.596 BRT

U 1199 Nollmann
     1   Schiff mit   7.176 BRT

U 1202 Thomsen
     1   Schiff mit   7.176 BRT

U 1203 Seeger
     br. Hilfs-U-Jäger Ellesmere mit 580 BRT

U 1208 Hagene
     br. Korvette Vervain mit 925 t

U 1223 Kneip
     ca. Fregatte Magog mit 1.475 t

U 1227 Altmeier
     ca. Fregatte Chebogue mit 1.474 t
        1 Schiff von 8.000 BRT als versenkt gemeldet

U 1228 Marienfeld
     ca. Korvette Shawinigan mit 90 t

U 1230 Hilbig
     1   Schiff mit   5.458 BRT

U 1232 Dobratz
     4   Schiffe mit   24.531 BRT

U 1274 Fitting
     1   Schiff mit   8.966 BRT

U 1302 Herwartz
     4   Schiffe mit   10.312 BRT

U 2321 Barschkis
     1   Schiff mit   1.406 BRT

U 2322 Heckel
     1   Schiff mit   1.317 BRT

U 2324 von Rappard
     1   Schiff mit   1.150 BRT

U 2336 Klusmeier
     2   Schiffe mit   4.669 BRT

U A   Cohausz/Eckermann
     7   Schiffe mit   40.706 BRT
        einschl. br. Hilfs-Kreuzer Andania (13.950)

U D 3   Rigele
     1   Schiff mit   5.041 BRT

U D 5   Mahn
     1   Schiff mit   7.628 BRT

Träger des Ritterkreuzes und höherer Stufen

Dienst-grad	Name	Vorname	Crew	Verl. Datum	Boots-Nr.
a. Kommandanten, Wachoffiziere und ObdM/BdU					
1. KK	Achilles	Albrecht	34	16.01.43	161
2. KL	Bargsten	Klaus	35	30.04.43	563 – 521
3. KK	Bauer	Ernst	33	16.03.42	120 – 126
4. KL	Bigalk	Gerhard	33	26.12.41	14 – 751
5. KK	Bleichrodt	Heinrich	31	24.10.40	48 – 67 – 109
				E. 23.09.42	
6. FK	Brandi	Albrecht	35	21.01.43	
				E. 11.04.43	
				S. 09.05.44	
				B. 23.11.44	617 – 380 – 967
7. KL	Brasack	Paul	37	31.10.44	737
8. KK	Bülow von	Otto	30	20.10.42	
				E. 25.04.43	3 – 404
9. KK	Clausen	Nicolai	29	13.03.42	142 – 37 – 129 – 182
10. KK	Cremer	Peter-Erich	32	05.06.42	152 – 333 – 2519
11. KzS	Dobratz	Kurt	22	23.01.45	1232
12. FK	Dommes	Wilhelm	29	02.12.42	431 – 178
13. GrAdm	Dönitz	Karl	10	21.04.40	ObdM/BdU
				E. 06.04.43	
14. KL	Eick	Alfred	37	31.03.44	510
15. KK	Emmermann	Carl	34	27.11.42	
				E. 04.07.43	172 – 3037
16. KL	Endrass	Engelbert	34	05.09.40	
				E. 10.06.41	46 – 567
17. OL	Fenski	Horst-Arno	37	26.11.43	34 – 410 – 371
18. KL	Fleige	Karl	24	18.07.44	18 – 4712
19. KK	Forstner Frhr. von	Siegfried	30	09.02.43	59 – 402
20. OL	Förster	Hans-Joachim	38	18.10.44	480
21. KL	Folkers	Ulrich	34	27.03.43	37 – 125
22. KL	Franke	Heinz	36	30.11.43	148 – 262 – 3509 – 2502
23. KK	Franken	Wilhelm	35	30.04.43	565
24. FK	Frauenheim	Fritz	30	29.08.40	21 – 101
25. KL	Gelhaus	Harald	35	26.03.43	143 – 107

	Dienst-grad	Name	Vorname	Crew	Verl. Datum	Boots-Nr.
26.	KL	Guggenberger	Friedrich	34	10.12.41	
				E.	08.01.43	28 – 81 – 847 – 513
27.	KK	Gysae	Robert	31	31.12.41	
				E.	31.05.43	98 – 177
28.	KK	Hardegen	Reinhard	33	23.01.42	
				E.	23.04.42	147 – 123
29.	KK	Hartenstein	Werner	28	17.09.42	156
30.	KzS	Hartmann	Werner	21	09.05.40	
				E.	05.11.44	26 – 37 – 198
31.	KK	Hechler	Ernst	29	21.01.45	870
32.	KL	Heidtmann	Hans	34	12.04.43	2 – 14 – 21 – 59
33.	KL	Hellriegel	Hans-Jürgen	36	03.02.44	140 – 96 – 543
34.	KK	Henke	Werner	33	17.12.42	
				E.	04.07.43	515
35.	OL	Hess	Hans-Georg	40	11.02.45	995
36.	FK	Hessler	Günther	27	24.06.41	107
37.	KL	Heydemann	Günther	33	03.07.43	575
38.	KK	Heyse	Ulrich	33	21.01.43	128
39.	KL	Ites	Otto	35	28.03.42	146 – 94
40.	KK	Jahn	Gunter	31	30 04.43	596
41.	KL	Jenisch	Hans	33	07 10.40	32
42.	Lt	Kaeding	Walter	35	15 05.44	4713
43.	KzS	Kals	Ernst	24	01.09.42	130
44.	KL	Kelbling	Gerd	34	19.08.43	593
45.	KK	Kentrat	Eitel-Friedrich	28	31.12.41	8 – 74 – 196
46.	KL	Koitschka	Siegfried	37	27.01.44	) – 616
47.	KK	Korth	Claus	32	29.05.41	57 – 93
48.	KL	Kraus	Hans-Werner	34	19.06.42	83 – 199
49.	KL	Krech	Günther	33	17.09.42	558
50.	FK	Kretschmer	Otto	30	04.08.40	
				E.	04.11.40	
				S.	26.12.41	23 – 99
51.	KK	Kuhnke	Günther	31	19.09.40	28 – 125
52.	KL	Kuppisch	Herbert	33	14.05.41	58 – 94
53.	KL	Lange	Hans-Günther	37	26.08.44	711
				E.	29.04.45	
54.	KK	Lassen	Georg	35	10.08.42	
				E.	07.03.43	29 – 160
55.	KL	Lehmann	Hans	38	08.06.45	997

	Dienst-grad	Name	Vorname	Crew	Verl. Datum	Boots-Nr.
56.	FK	Lehmann-Willenbrock	Heinrich	31	26.02.41	
				E.	31.12.41	8 – 5 – 96 – 256
57.	KL	Lemp	Fritz-Julius	31	14.08.40	30 – 110
58.	FK	Liebe	Heinrich	27	14.08.40	2 – 38
				E.	10. 06.41	
59.	OL	Limbach	Johann	30	06.02.45	WO 181
60.	KK	Lüdden	Siegfried	36	11.02.44	188
61.	KzS	Lüth	Wolfgang	33	24.10.40	
				E.	13.11.42	
				S.	04.43	
				B.	09.08.43	13 i.V.– 9. 138 – 43 – 181
62.	KL	Marbach	Karl-Heinz	37	22.07.44	29 – 28 – 953 – 3014
63.	KL	Markworth	Friedrich	34	08.07.43	66
64.	KL	Maus	August	34	21.09.43	185
65.	KK	Mehl	Waldemar	33	28.03.44	62 – 72 – 371
66.	KK	Mengersen	Ernst	33	18.11.41	18 – 143 – 101 – 607
67.	KzS	Merten	Karl-Friedrich	26	13.06.42	
				E.	6.11.42	68
68.	KK	Metzler	Jost	32	28.07.41	69 – 847
69.	KK	Moehle	Karl-Heinz	30	26.02.41	20 – 123
70.	KK	Möhlmann	Helmut	33	16.04.43	143 – 571
71.	KK	Mohr	Johann	34	27.03.42	
				E	13.01.43	124
72.	KK	Müller-Stöckheim	Günther	34	27.11.42	67
73.	KL	Mützelburg	Rolf	32	17.11.41	
				E.	5.07.42	10 – 203
74.	KzS	Neitzel	Karl	23	27.03.43	510
75.	FK	Oehrn	Victor	27	21.10.40	14 – 37
76.	KK	Oesten	Jürgen	33	26.03.41	61 – 106 – 861
77.	OLdR	Petersen	Heinrich		05.11.40	WO 99
78.	KK	Piening	Adolf	30	14.08.42	155
79.	KL	Poel	Gustav	36	21.03.44	413
80.	KzS	Poske	Fritz	23	06.11.42	504
81.	KK	Prien	Günther	33/31	18.01.39	
				E.	20.10.40	47
82.	KL	Pulst	Günther	37	28.12.44	978
83.	KL	Rasch	Hermann	34	29.12.42	106
84.	KL	Reche	Reinhard	34	17.03.43	255
85.	FK	Rollmann	Wilhelm	26	31.07.40	34 – 848

	Dienst-grad	Name	Vorname	Crew	Verl. Datum	Boots-Nr.
86.	KK	Rosenbaum	Helmut	32	12.08.42	2 – 73
87.	KzS	Rösing	Hans	24	29.08.40	11 – 48
88.	KK	Rostin	Erwin	33	28.06.42	158
89.	KL	Schaar	Gerhard	37	01.10.44	957 – 2551
90.	FK	Schacht	Harro	26	09.01.43	507
91.	KL	Schepke	Joachim	30	24.09.40	
					E. 1.12.40	3 – 19 – 100
92.	KK	Schewe	Georg	30/28	23.05.41	60 – 105
93.	KK	Schlippenbach				
		Frhr. von	Egon	34	19.11.43	121 – 453
94.	KK	Schnee	Adalbert	34	30.08.41	
					E. 15.07.42	6 – 60 – 201 – 2511
95.	KL	Schneider	Herbert	34	16.01.43	522
96.	FK	Scholtz	Klaus	27	26.12.41	
					E. 10.09.42	108
97.	OL	Schöneboom	Dietrich	37	20.10.43	58 – 431
98.	KK	Schonder	Heinrich	35	19.08.42	53 – 58 – 77 – 200
99.	KL	Schroeteler	Heinrich	33	02 05.45	667 – 1023
100	KK	Schroeter v.	Horst	37	01 06.44	123 – 2506
101	KK	Schuhart	Otto	29	16 05.40	29
102	KL	Schultze	Heinz Otto	34	09 07.42	4 – 141 – 432 – 849
103	KK	Schultze	Herbert	30	01.03.40	2 – 48
104	KK	Schulz	Wilhelm	32	04.04.41	10 – 64 – 124
105.	KzS	Schütze	Victor	25	11.12.40	
					E. 14.07.41	19 – 11 – 25 – 103
106.	KK	Seibicke	Günter	32	27.03.43	436
107.	OL	Sieder	Heinz	38	08.07.44	984
108.	FK	Suhren	Reinhart	35	03.11.40	
					E. 31.12.41	
					S. 01.09.42	564
109.	KL	Staats	Georg	35	14.07.43	80 – 508
110.	KK	Stockhausen				
		von	Hans-Gerrit	36	14.01.41	13 – 65
111.	KK	Strelow	Siegfried	31	27.10.42	435
112.	OL	Stuckmann	Hermann	39	11.08.44	316 – 621
113.	KL	Teichert	Max-Martin	34	19.12.43	456
114.	KL	Thomsen	Rolf	36	04.01.45	
					E. 29.04.45	1202
115.	KK	Thurmann	Karl	28	24.08.42	29 – 553

	Dienst-grad	Name	Vorname	Crew	Verl. Datum	Boots-Nr.
116.	KL	Tiesenhausen Frhr. von	Hans-Diedrich	34	27.01.42	331
117.	KK	Timm	Heinrich	33	17.09.44	251 – 862
118.	FK	Topp	Erich	34	20.06.41	
				E.	11.04.42	
				S.	17.08.42	57 – 552 – 3010 – 2513
119.	KL	Trojer	Hans	36	24.03.43	3 – 221
120.	OL	Westphalen	Otto	38	23.03.45	121 – 968
121.	KK	Winter	Werner	30	05.06.42	22 – 103
122.	KK	Witt	Hans	29	17.12.42	161 – 129 – 3524
123.	KL	Witte	Helmut	34	22.10.42	159
124.	KL	Wohlfahrth	Herbert	33	15.05.41	14 – 137 – 556
125.	KL	Würdemann	Erich	33	14.03.43	506
126.	FK	Zapp	Richard	26	23.04.42	66

b. Leitende Ingenieure

	Dienst-grad	Name	Vorname	Crew	Verl. Datum	Boots-Nr.
1.	KL	Bielig	Gerhard	34	10.02.43	177
2.	OL	Johannsen	Hans	35	31.03.45	802
3.	KL	König	Reinhard	28	08.07.44	123
4.	Lt	Krey	Heinz	39	04.09.43	752
5.	KL	Landfermann	Carl-August	34	27.10.43	181
6.	KL	Lechtenbörger	Willi	33	04.09.43	847
7.	KL	Lichtenberg	Philipp	28	31.03.45	516
8.	OL	Olschewski	Georg	28	23.04.44	66
9.	KL	Panknin	Herbert	34	04.09.43	106
10	KK	Rohweder	Hellmut	35	14.11.43	514
11	KK	Suhren	Gerd	33	21.10.40	37
12	KK	Wessels	Johann-Friedr.	32	09.03.44	198
13	KL	Wiebe	Karl-Heinz	35	22.05.44	178
14	KK	Zürn	Erich	25	23.04.41	48

c. Mannschaftsdienstgrade

	Dienst-grad	Name	Vorname	Crew	Verl. Datum	Boots-Nr.
1.	StOMasch.	Dammeier	Heinrich		12.08.44	270
2.	OStrm.	Jäckel	Karl		28.05.45	29 – 160 – 907
3.	OStrm.	Hofmann	Horst		20.05.45	672
4.	OBtsMt.	Mühlbauer	Rudolf		10.12.44	123 – 170
5.	OMasch.	Prassdorff	Heinrich		21.04.45	1203

Bemerkungen:

Die Leitenden Ingenieure trugen hinter dem Dienstgrad die Bezeichnung (Ing.).

Verl. Datum = Verleihungstag

E = Eichenlaub

S = Schwerter

B = Brillanten

Die 123 Kommandanten mit Ritterkreuz und höherer Auszeichnung gehörten den folgenden Crews an:

Crew	1921	=	1 Kdt.	Crew	1922	=	1 Kdt.
Crew	1923	=	2 Kdt.	Crew	1924	=	3 Kdt.
Crew	1925	=	1 Kdt.	Crew	1926	=	4 Kdt.
Crew	1927	=	4 Kdt.	Crew	1928	=	4 Kdt.
Crew	1929	=	5 Kdt.	Crew	1930	=	9 Kdt.
Crew	1931	=	8 Kdt.	Crew	1932	=	7 Kdt.
Crew	1933	=	18 Kdt.	Crew	1934	=	22 Kdt.
Crew	1935	=	9 Kdt.	Crew	1936	=	9 Kdt.
Crew	1937	=	10 Kdt.	Crew	1938	=	4 Kdt.
Crew	1939	=	1 Kdt.	Crew	1940	=	1 Kdt.

Quellenangabe und Literaturverzeichnis

(Letzteres im Auszug einiger Titel)

Alman, Karl:	Ritter der sieben Meere, Rastatt 1964
ders.:	Angriff, ran versenken, Rastatt 1965
ders.:	Graue Wölfe in blauer See, Rastatt 1967
ders.:	U-Boot-Krieg im Mittelmeer, Herrsching 1985
ders.:	Günther Prien – Der Wolf und sein Admiral, Leoni 1981
ders.:	Großadmiral Karl Dönitz: Vom U-Boot-Kommandanten zum Staatsoberhaupt, Leoni 1983
ders.:	U-Boot-Asse, Wien 1981
ders.:	WOLFGANG LÜTH – Der erfolgreichste U-Boot-Kommandant des Zweiten Weltkrieges, Friedberg 1988
Antier, Jean-Jaques:	Historie mondiale du sous-marin, Paris 1963
Bauer, Hermann:	Das Unterseeboot, Berlin 1931
ders.:	Als Führer der U-Boote im Ersten Weltkrieg, Leipzig t943
B.d.U. Op.:	Gedanken über den Geleitzugkampf mit den im Augenblick zur Verfügung stehenden Waffen, RM 87/218
dies.:	Der Zerstörerknacker G7 ES »Zaunkönig«, RM 87/32
dies.:	An alle U-Boot-Kommandanten, Gkdos 2555 A. RM 8/27
dies.:	Auszug aus der Anweisung an englische Flieger für die U-Boot-Bekämpfung, RM 87/27
dies.:	Operationsbefehl „Atlantik", Nr. 55 vom 5. 5. 1943
dies.:	Operationsbefehl „Monsun", vom 10. 6. 1943
dies.:	Die U-Bootslage Oktober 1943, RM 87/30
Bekker, Cajus:	Kampf und Untergang der Kriegsmarine, Hannover 1953
ders.:	Verdammte See, Oldenburg 1973
Busch, Dr. Harald:	So war der U-Boot-Krieg, Bielefeld 1957
Busch, Fritz-Otto:	Operation „Berlin", Rastatt 1961
ders.:	Großadmiral Karl Dönitz, Rastatt 1963
Brandi, Albrecht:	Meine Mittelmeer-Einsätze, i.Ms. für den Autor
Brustat-Naval und Teddy Suhren:	Nasses Eichenlaub - Als Kommandant und F.d.U. im U-Boot-Krieg, Herford 1983
Chatterton, Edward K.:	"Fighting the U-Boots", London 1963
Cocchia, Aldo:	Sommergibili all'attacco, Rom 1955
ders.:	Convogli, Napoli 1956
Churchill, Winston:	Memoiren, Bern 1954

Cope, H. F.
und Karig, Walter: Battle submerged, New York 1951
Dönitz, Karl: Zehn Jahre und 20 Tage, Bonn 1958
ders.: U-Boot-Waffe, Berlin 1939
ders.: Bedeutung der Seestrategie im Zweiten Weltkrieg, i. Ms. an den Verfasser
ders.: Kräftebinden des U-Boot-Krieges am Mai 1943, i. Ms. an den Verfasser
ders.: Pfingstansprache an U-Boot-Ehrenmal Laboe 1962, i. Ms. an den Verfasser
ders.: Mein wechselvolles Leben, Göttingen, Zürich, Berlin, Frankfurt 1968
ders.: Der Krieg in 40 Fragen, Paris 1970
ders.: Wie ich Günther Prien sah, im Gespräch mit dem Verfasser
ders.: Meine U-Boot-Männer, im Gespräch mit dem Verfasser
ders.: Die Schlacht im Atlantik, in: der deutschen Strategie des Zweiten Weltkrieges, ZS 1964
ders.: Kriegstagebücher, Befehle, KTB 1. und 2. Halbjahr 1941
ders.: Skl Ib 1321/41 gKados, Chefsache, ferner 1. Skl Teil D, PG 31798 und PG 31801a, 15 m. Beide in Abschrift für den Autor
Ernstson, Paul: Zum Gedenken an Wolfgang Lüth, ZS 967
Frank, Dr. Wolfgang: Die Wölfe und der Admiral, Oldenburg 1953
Fraschka, Günter: Mit Schwertern und Brillanten, Rastatt 1961
Godt, Erhard: Der U-Boot-Krieg, in: Bilanz des Zweiten Weltkrieges, Oldenburg 1953
Gröner, Erich: Die deutschen Schiffe der Kriegsmarine und Luftwaffe 1939 – 1945, München 1954
Hardegen, Reinhard: Auf Gefechtsstationen, Leipzig 1943
Hashagen, Ernst: U-Boote westwärts, Berlin 1940
Hessler, Günter: Meine Feindfahrten, i. MS. 1962 – 63
Hartmann, Werner: U-Boot westwärts, Berlin 1940
ders.: Unterlagen und Berichte an den Autor
Hirschfeld, Wolfgang: Feindfahrten, Wien 1982
Kraus, Hans-Wener: U-Boot-Krieg im Mittelmeer, i. MS 1966. an den Autor
Kreisch, Leo: Vom Einsatz deutscher U-Boote im Mittelmeer, i. Ms 1966, an den Autor
ders.: Führungsorganisation und Einsatzgebiete im Mittelmeer, i. Ms. 1966 an den Autor
ders.: Als F.d.U. Mittelmeer im Einsatz, i. Ms. 1966, an den Autor
Kühn, Volkmar: Torpedoboote und Zerstörer im Einsatz, 1939–1945, Stuttgart 1985 (5. Aufl.)
ders.: Schnellboote im Einsatz 1939 – 1945, Stuttgart 1975
Kurowski, Franz: Zu Lande, zu Wasser, in der Luft, Bochum 1976
der.: Krieg unter Wasser, Düsseldorf 1979
ders.: Mit Eichenlaub und Schwerter, Herrsching 1985
ders.: An alle Wölfe: Angriff, Friedberg 1986

505

ders.:	Tondokumente und Gespräche mit U-Boot-Fahrern, Gefechtsberichte, Meldungen, Zeitschriften- und Zeitungsausschnitte von U-Boot-Fahrern aus den Jahren 1945 bis 1994
Lüth, Wolfgang und Korth Klaus:	Boot greift wieder an! Berlin 1944
ders.: (Lüth)	Menschenführung auf einem U-Boot, Original-Vortrag, Weimar 17. 12. 1943
Lusar, Rudolf:	Die deutschen Waffen und Geheimwaffen des Zweiten Weltkrieges, München 1960
Macintyre, Donald:	U-Boat Killer, London 1956
Mars, Alastair:	"Unbroken", true story of a submarine, Edinburgh 1962
Masen, David:	Submarine warfare. – The War at Sea 1940 – 1945, Zs. 1968
Metzler, Jost:	Sehrohr südwärt, Berlin 1943
ders.:	U 69 Die lachende Seekuh, Ravensburg 1954
Miekle, Otto:	Die deutschen U-Boote 1935–1945, München 1959
ders.:	Paukenschlag vor Kapstadt, München 1954
Morison, Samuel E.:	United States Naval Operations in World War II, Vol. I – XV, Boston 1950–1957
Prien, Günther:	Mein Weg nach Scapa Flow, Berlin 1940
Robertson, Terence:	"Jagd auf die Wölfe, Oldenburg 1960
ders.:	Der Wolf im Atlantik, Wels 1962
Rohwer, Dr. Jürgen:	U-Boote, Oldenburg 1962
ders.:	Die U-Boot-Erfolge der Achsenmächte 1939–1945, München 1968
ders.:	Der U-Boot-Krieg und sein Zusammenbruch, in: Entscheidungsschlachten des Zweiten Weltkrieges, Frankfurt/Main 1960
Roskill, S. W.:	The War at Sea Vol I–III–IV, London 1954–56
ders.:	Das Geheimnis von U 110, Frankfurt/Main 1960
ders.:	Royal Navy, Oldenburg 1961
Schepke, Joachim:	U-Bootfahrer von heute, Berlin 1940
Schulz, Joh:	Tödlicher Atlantik, Wuppertal t962
ders.:	Der letzte Torpedo, Balve 1960
ders.:	Fackeln der Vernichtung, Balve 1961
ders.:	Tiger der Meere, Balve 1959
Schuhart, Otto:	Gedenkrede für Wolfgang Lüth. i. Ms.
Turner, John:	Periscope patrol, London 1957

506

Dokumente, Kriegstagebücher und Manuskripte, Einzelberichte Zeitungs- und Zeitschriftenartikel und persönliche Daten stellten zur Verfügung:
Heinrich, Bleichrodt, Volfgang Boehmer, Albrecht Brandi, Peter Erich Cremer, Karl Dönitz, Wolfried Frhr. von Forstner, Horst-Arno Fenski, Walther Gerhold, Reinhard Hardegen, Werner Hartmann. Günther Hessler, Ernst Kals, Eitel-Friedrich Kentrat, Siegfried Koitschka, Hans-Werner Kraus, Georg Lassen, Hans Günter Lange, Karl-Friedrich Merten, Jost Metzler, Viktor Oehrn, Gustav Poel, Hans-Rudolf Rösing, Adalbert Schnee, Klaus Scholtz, Herbert Schultze, Georg-Wilhelm Schulz, Hans Diedrich Frhr. von Tiesenhausen, Erich Topp, Helmut Witte, Johannes Wessels, Heinrich Lehmann-Willenbrock.

Der besondere Dank des Autors gilt Großadmiral a. D. Karl Dönitz, der das gesamte Urmanuskript las, das Kernpunkt dieses Werkes ist, der während der Arbeit wertvolle Hinweise gab und ein Vorwort dafür schrieb, das allerdings für den Druck des Werkes „Ritter der Sieben Meere" nicht mehr rechtzeitig fertig wurde, es wurde für ein späteres U-Boot-Werk eingesetzt, nachdem der Großadmiral einige Änderungen vorgenommen hatte.
Korvettenkapitän Fritz-Otto Busch, ein alter Freund des Autors, unvergessener Chronist des Seekrieges und Chefredakteur einiger Marinezeitschriften, stand dem Autor ebenfalls selbstlos zur Seite.

Danksagung

Der besondere Dank des Autors gilt a l l e n U-Boot-Fahrern, die ihn seit Jahrzehnten in seinem Bemühen um eine exakte und vor allem lückenlose Darstellung der Geschichte des deutschen U-Boot-Krieges unterstützt haben.

Ohne s i e wäre ein solches Werk nicht möglich!

Zu einer Reihe früherer Werke hat Großadmiral a. D. Karl Dönitz in selbstloser Weise beigetragen. Er konnte in vielen Gesprächen die besondere Situation des U-Boot-Krieges deutlich machen.

Das Bundesarchiv/Militärarchiv in Freiburg/Breisgau war ebenfalls seit Jahrzehnten hilfreich. Es hat in dankenswerter Weise immer wieder alles vorhandene Material vorbereitet. Vor allem die Kriegstagebücher des Führers/Befehlshabers der U-Boote, die KTB verschiedener Boote und die KTB der Seekriegsleitung.

Der Verband deutsches U-Boot-Fahrer, in der ersten Phase unter KKpt. Adalbert Schnee, später unter Kpt. z. S. a. D. Diggins, war ebenfalls zur Stelle, wenn es galt, Einzelfragen zu klären.

Aus dem U-Boot-Archiv Westerland im Verband Deutscher U-Boot-Fahrer stammt eine Vielzahl der Fotos, kommen wertvolle Hinweise über Kommandanten und Boote.

Der Gründer und Leiter dieses Archives, Horst Bredow, besorgte auch die kritische Durchsicht eines großen U-Boot-Manuskriptes vor der Drucklegung, aus dem in diesem Werk zitiert wird. Ihm gilt der besondere Dank des Autors.

Dank vor allem auch an die Adresse der vielen U-Boot-Fahrer, die Bilder zur Verfügung stellten, dem Bundesarchiv in Koblenz, das ebenfalls Fotos zur Verfügung stellte und einzelnen anderen Instituten. Hier sei vor allem genannt: Das Imperial War Museum zu London und dessen Photographischer Leiter, James S. Lucas.

Allen gemeinsam war die Bemühung, die Geschichte der deutschen U-Boot-Waffe und ihrer Gegner, die Geleitfahrzeuge an den Konvois, in korrekter Form darzustellen, so wie sie war!

Dortmund, im Juli 1994
Franz Kurowski